La diffusion du droit international pénal dans les ordres juridiques africains

Collection « Études africaines »

dirigée par Denis Pryen et son équipe

Forte de plus de mille titres publiés à ce jour, la collection « Études africaines » fait peau neuve. Elle présentera toujours les essais généraux qui ont fait son succès, mais se déclinera désormais également par séries thématiques : droit, économie, politique, sociologie, etc.

Dernières parutions

San Simon COULIBALY, *Interroger les défunts, orienter les vivants. Analyse ethnolinguistique des causes de la mort en pays toussian*, 2017.

Auguy MAKEY, *Misère de la philosophie négro-africaine*, 2017.

Edwige KOUADIO, *Du fosterage à l'adoption plénière. L'adoption des enfants de la pouponnière d'Adjamé (Abidjan, Côte d'Ivoire)*, 2017.

Patrice MOUNDZA, *Le quotidien des artères urbaines du Congo*, 2017.

Jean-Emery ETOUGHÉ-EFÉ, *Les bars populaires de Libreville. Des construits de sociabilités*, 2017.

Guy MVELLE et Laurent ZANG (Dir.), *L'Union africaine quinze ans après, Tome 2*, 2017.

Guy MVELLE et Laurent ZANG (Dir.), *L'Union africaine quinze ans après, Tome 1*, 2017.

Joachim Emmanuel GOMA-THETHET, Marcel IPARI, Raymond Timothée MACKITHA, *Introduction à l'histoire et aux civilisations des peuples de la Lékoumou (Congo)*, 2017.

Alhousseini MOULOUL, *L'intégration économique et juridique en Afrique*, 2017.

Martial JEUGUE DOUNGUE, *La garantie des droits fondamentaux au Cameroun*, 2017.

Mamadou Billo BARRY, *Gouvernance et coopération internationale en éducation, Le cas de la Guinée*, 2017.

Christine THÉODORE, *Objets d'initiation. Rencontre avec un chasseur dozo. Échanges d'objets d'initiation et modifications des interactions*, 2017.

Pierre GIGUÈRE, *L'accès à l'habitat dans l'Afrique des villes. Un toit pour l'Afrique*, 2017.

Herman Blaise NGAMENI

LA DIFFUSION DU DROIT INTERNATIONAL PENAL DANS LES ORDRES JURIDIQUES AFRICAINS

Préface de Franck LATTY

L'Harmattan

Du même auteur

La liberté de la presse au Cameroun, Essai d'analyse juridique d'une notion aux contours politiques, Editions universitaires européennes, janvier 2012, 152 pages

5-7, rue de l'École-Polytechnique ; 75005 Paris

http://www.editions-harmattan.fr

ISBN : 978-2-343-12855-9

EAN : 9782343128559

AVERTISSEMENT

A mon père FANTCHOU Fidèle, à ma mère KENGNI Cécile et à toute ma famille qui a toujours cru en moi.

A Anne et Henri DOUSSINET pour leur soutien sans faille.

REMERCIEMENTS

J'adresse mes sincères remerciements et exprime toute ma gratitude au professeur Franck LATTY pour avoir gentiment accepté non seulement d'être le directeur de cette thèse, mais aussi pour avoir rédigé sa préface. Son autorité bienveillante, sa grande rigueur scientifique, sa lecture patiente de mes écrits ainsi que ses conseils avisés ont été déterminants dans la progression de cette étude. J'aimerais qu'il puisse trouver ici l'expression de mon éternelle reconnaissance.

Je tiens aussi à exprimer ma reconnaissance à Madame Arlette RAMAROSON, ancienne juge à la Chambre d'appel commune aux Tribunaux pénaux internationaux pour l'ex-Yougoslavie et le Rwanda, pour m'avoir fait l'honneur de faire partie de mon jury de thèse.

Je remercie par la même occasion le professeur Alain PELLET, dont les sages conseils en tout début de thèse m'ont accompagné pendant toutes mes années de recherche.

J'exprime ma profonde reconnaissance à tous mes enseignants et camarades de France (notamment de l'Université d'Auvergne) et du Cameroun (en l'occurrence ceux de l'Université de Dschang) avec qui j'ai partagé la même passion pour la recherche.

Je ne saurais terminer sans avoir une pensée pour mes amis et mes proches dont le soutien et les encouragements répétés ne pouvaient qu'être réconfortants dans l'entreprise solitaire de la recherche. Qu'ils en soient remerciés.

SIGLES ET ABRÉVIATIONS

I. PUBLICATIONS

AFDC	Association française de droit constitutionnel
AFDI	Annuaire français de droit international
AJDA	Actualité juridique droit administratif
AJIL	*American Journal of International Law*
APD	Archives de philosophie du droit
BGBI	*Bundesgesetzblatt*
BYBIL	*British Yearbook of International Law*
EHRLR	*European Human Rights Law Review*
HRLJ	*Human Rights Law Journal*
HRQ	*Human Rights Quaterly*
ICLQ	*International and Comparative Law Quarterly*
ILR	*International Law Reports*
JDI	Journal du droit international
JICJ	Journal of International Criminal Justice
LGDJ	Librairie générale de droit et de jurisprudence
LRTWC	*Law Reports of Trials of War Criminals*
PUF	Presse universitaire de France
RADIC	Revue africaine de droit international et comparé
RBDI	Revue belge de droit international
RCADI	Recueil des cours de l'Académie de droit international de la Haye
RCJB	Revue critique de jurisprudence belge
RDA	Revue de droit africain

Rev. Sc. Crim	Revue de science criminelle
RFDA	Revue française de droit administratif
RGDIP	Revue générale de droit international public
RIDC	Revue internationale de droit comparé
RIDP	Revue internationale de droit pénal
RJPIC	Revue juridique et politique indépendance et coopération
RRJ	Revue de la recherche juridique
RTDH	Revue trimestrielle des droits de l'homme
RUDH	Revue universelle des droits de l'homme
TWC	*Trials of War Criminals before the Nuremberg Military Tribunals under Control Council Law (Recueil des jugements rendus par les tribunaux militaires américains à Nuremberg).*
Virginia JIL	*Virginia Journal of International Law*
YBIL	*Yearbook of International Law*

II. INSTITUTIONS

AADI	Association africaine de droit international
AHJUCAF	Association des hautes juridictions de cassation des pays ayant en partage l'usage du français
AQMI	Al-Qaida au Maghreb islamique
ATNUTO	Administration transitoire des Nations Unies au Timor Oriental
CCPI	Coalition pour la Cour pénale internationale
CDI	Commission du droit international
CEDEAO	Communauté économique des Etats de l'Afrique de l'ouest
CEDIN	Centre de droit international

CEEAC	Communauté économique des Etats de l'Afrique centrale
CEMAC	Communauté économique et monétaire de l'Afrique centrale
CICR	Comité international de la Croix-Rouge
CIJ	Cour internationale de justice
COMESA	*Common Market of Eastern and Southern African*
Cour EDH	Cour européenne des droits de l'homme
Cour IADH	Cour interaméricaine des droits de l'homme
CPI	Cour pénale internationale
CPJI	Cour permanente de justice internationale
FATIM	Force armée tchadienne d'intervention au Mali
ICC	*International Criminal Court*
ICJ	*International Court of Justice*
MINUK	Mission d'administration intérimaire des Nations Unies au Kosovo
MINUL	Mission des Nations Unies au Libéria
MINUSMA	Mission multidimensionnelle intégrée des Nations Unies pour la stabilisation du Mali
MISMA	Mission internationale de soutien au Mali sous conduite africaine
MNLA	Mouvement National pour la Libération de l'Azawad
MUJAO	Mouvement pour l'unité du Jihad en Afrique de l'ouest
NEPAD	*The New Partnership for Africa's Development*
ONU	Organisation des Nations Unies
OUA	Organisation de l'Unité Africaine
RDC	République démocratique du Congo

SADC	*Southern African Development Community*
SdN	Société des Nations
SFDI	Société française pour le droit international
TMG	Tribunal militaire de garnison
TMI	Tribunal militaire international (de Nuremberg ou de Tokyo)
TPI	Tribunal pénal international
TPIR	Tribunal pénal international pour le Rwanda
TPIY	Tribunal pénal international pour l'ex-Yougoslavie
TSSL	Tribunal spécial pour la Sierra Leone
UA	Union africaine
UDEAC	Union douanière et économique d'Afrique centrale
UE	Union européenne
UMA	Union du Maghreb arabe
URSS	Union des Républiques socialistes soviétiques

III. ABREVIATIONS USUELLES

ASPA	*American Service-Members'Protection Act*
C. Cass.	Cour de cassation
CADH	Convention américaine des droits de l'homme
CADHP	Charte africaine des droits de l'homme et des peuples
Cass. Crim.	Chambre criminelle de la Cour de cassation
CE	Conseil d'Etat
CEDH	Convention européenne des droits de l'homme
cf.	confère
cit.	cité

coll.	collection
DDHC	Déclaration des droits de l'homme et du citoyen
dir.	sous la direction de
doc. off.	documents officiels
doc.	document
DUDH	Déclaration universelle des droits de l'homme
éd.	édition/éditeur
ibid.	référence précédente
mél.	mélanges
not.	notamment
ONG	Organisation non gouvernementale
op. cit.	œuvre citée *(opus citatum)*
PIDCP	Pacte international relatif aux droits civils et politiques
PIDESC	Pacte international relatif aux droits économiques, sociaux et culturels
RPP	Règlement de procédure et de preuve
t.	tome
vol.	volume

SOMMAIRE

Avertissement.....7

Remerciements.....11

Sigles et abréviations.....13

Sommaire.....19

Préface.....21

Introduction.....25

PARTIE I. UN PROCESSUS COMPLEXE DE DIFFUSION DU DROIT INTERNATIONAL PENAL DANS LES ORDRES JURIDIQUES AFRICAINS.....57

TITRE I. LES MODALITES VARIABLES DE DIFFUSION DU DROIT INTERNATIONAL PENAL DANS LES ORDRES JURIDIQUES AFRICAINS.....61

Chapitre 1. La diffusion du droit international pénal dans les systèmes monistes africains.....63

Chapitre 2. La diffusion du droit international pénal dans les systèmes dualistes africains.....133

TITRE II. L'EXACERBATION DE LA DIFFICULTE DE DIFFUSION DU DROIT INTERNATIONAL PENAL PAR L'EXISTENCE D'UN PLURALISME JURIDIQUE AU SEIN DES ETATS AFRICAINS.....197

Chapitre 1. La compatibilité des ordres pénaux modernes africains avec les ambitions universalistes du droit international pénal.....201

Chapitre 2. La révélation du relativisme juridique du droit international pénal par les ordres pénaux traditionnels africains.....301

PARTIE II. UNE EFFECTIVITE CONDITIONNELLE DE LA DIFFUSION DU DROIT INTERNATIONAL PENAL DANS LES ORDRES JURIDIQUES AFRICAINS.....367

TITRE I. LA COHERENCE ENTRE LES ORDRES JURIDIQUES AFRICAINS ET LE DROIT INTERNATIONAL PENAL.....373

Chapitre 1. La recherche d'une cohérence normative entre le droit international pénal et les ordres répressifs africains..........................375

Chapitre 2. L'instauration d'une cohérence fonctionnelle entre les juridictions pénales africaines et internationales............................435

TITRE II. L'INFLUENCE DES CHOIX POLITIQUES AFRICAINS SUR LA DIFFUSION DU DROIT INTERNATIONAL PENAL....................489

Chapitre 1. Le nécessaire renforcement de la coopération des Etats africains avec les juridictions pénales internationales....................................493

Chapitre 2. L'instauration en Afrique des modèles politico-juridiques favorables à la diffusion du droit international pénal.........................545

CONCLUSION GENERALE..593

Table des matières...665

PREFACE

Existe-t-il une géographie du droit international pénal, qui justifierait d'en examiner la « diffusion » au sein des seuls ordres juridiques africains ? La discipline peut-elle être « continentalisée » comme l'intitulé de l'ouvrage d'Herman Blaise Ngameni, le laisse entendre, en dépit de l'universalisme qui en est le nécessaire sous-bassement ?

La crise africaine que connaît la Cour pénale internationale à travers les critiques qui l'ont visée et la dénonciation (effective ou provisoirement ? contrecarrée) en 2016 de son Statut par plusieurs Etats africains (Burundi, Gambie, Afrique du Sud,) pourrait constituer l'un des symptômes de cette spécificité continentale.

Les faits sont indiscutables : au 1er juillet 2017, les 24 affaires soumises à la Cour concernent ou ont concerné 24 accusés africains. Des conclusions simplistes en sont rapidement tirées, selon lesquelles la CPI serait l'instrument d'une justice des puissants, aux mains du monde occidental dont elle servirait les velléités sporadiques de châtiment des criminels sans jamais viser ni les grands dirigeants qui en sont issus, ni leurs protégés. George W. Bush et Tony Blair n'ont ainsi jamais été inquiétés pour avoir déclenché et mené la guerre d'Irak, Bachar El-Assad peut ordonner des crimes de masse en Syrie tant que la Russie ne sourcille pas, quand les présidents Kenyatta (Kenya) et Gbagbo (Côte d'Ivoire) ont comparu bon gré mal gré devant la Cour, accusés de crimes dont la gravité serait somme toute moindre.

La nomination en 2011 d'une procureure africaine (Fatou Bensouda) ou le déclenchement de procédures d'examen préliminaire ou d'enquête concernant des situations en Europe (Géorgie, Ukraine), Asie (Afghanistan, Palestine) ou en Amérique latine (Colombie), et même la reprise en 2014 de l'examen préliminaire de la situation en Irak concernant des crimes de ressortissants britanniques à l'occasion de la guerre et de l'occupation de cet Etat, seraient des écrans de fumée trop artificiels pour camoufler le caractère néocolonial de la CPI ou, à tout le moins, la justice à double vitesse dont elle serait l'organe.

Le « tropisme » africain de la Cour pénale a d'autres explications. Il ne faut pas oublier que les Etats africains ont dès l'origine adhéré en nombre au Statut de Rome (et que dans la plupart des affaires, ils ont eux-mêmes saisi la Cour), quand les Etats-Unis, la Russie, la Chine, Israël ou encore la Syrie se sont bien gardées de se lier par cet instrument. C'est aussi négliger que les crimes de la compétence de la Cour sont davantage commis dans des pays instables – et le continent africain en compte malheureusement beaucoup – au système judiciaire défaillant que sur les territoires de démocraties apaisées où l'Etat de droit a fini par s'imposer. Au reste, désigner « l'Afrique » comme terre d'origine des accusés traduits devant la CPI ou des entreprises, même relayées par l'Union africaine, de dénonciation de sa juridiction équivaut à une grossière généralisation qui ne rend pas compte de la subtile diversité de ses composantes. Quoi qu'il en soit, la contestation de la CPI *par certains responsables africains* aux arrière-pensées plus ou moins louables et le manque de coopération de plusieurs Etats avec la juridiction de La Haye ne constituent pas le point de départ, ni même le cœur, du propos d'Herman Ngameni.

Une certaine spécificité africaine, qui justifie le présent ouvrage tiré d'une thèse de doctorat revue et actualisée, réside dans la confluence, lorsque sont en cause des normes pénales d'origine internationale, de divers environnements normatifs que le positivisme étatique ne permet pas, en amont, de concevoir et, en aval, de percevoir, alors qu'ils conditionnent la diffusion effective des normes pénales internationales. Le droit international pénal en effet ne peut se déployer sans l'appui des droits internes, lesquels sont généralement marqués par le système colonial d'antan (romano-germanique ou de *Common Law*) et les options constitutionnelles correspondantes (monisme ou dualisme), tandis que le droit coutumier traditionnel côtoie dans plusieurs pays un droit musulman qui occupe une place importante. Le pluralisme juridique, au sens sociologique du terme (à savoir l'« existence simultanée, au sein d'un même ordre juridique, de règles de droit différentes s'appliquant à des situations identiques »[1]), s'exprime sur le sol africain d'une manière peut-être moins assourdie qu'ailleurs, ce qui n'est pas sans impact sur la diffusion du droit international pénal. La première partie de l'ouvrage d'Herman Ngameni s'emploie ainsi dans un premier temps à analyser les processus de diffusion du droit international pénal dans les ordres juridiques africains et les obstacles qu'il rencontre dans ce contexte post-colonial. La seconde partie fait le constat des défaillances des normes internes africaines au regard du droit international pénal avant de plaider en faveur du renforcement de la coopération des Etats africains avec la justice pénale internationale et de l'instauration de « modèles politico-juridiques favorables à la diffusion du droit international pénal ».

Le choix du terme « diffusion », qui doit être salué, permet de couvrir les modalités multidimensionnelles par lesquelles le droit international peut produire ses effets en droit interne (réception, transposition, intégration, application etc.) sans s'enfermer dans des notions à la définition par trop rigide

---

[1] *Voir* « Pluralisme juridique », *in* A-J. ARNAUD (dir.), *Dictionnaire encyclopédique de théorie et de sociologie du droit*, 2ème édition., Paris, LGDJ, 1993, p. 446.

ou aux contours parfois poreux. D'autres partis pris d'Herman Ngameni pourront être discutés. Ainsi, l'étude n'embrasse pas l'ensemble des instruments de droit international pénal mais se concentre sur le Statut de la CPI. De même, l'approche abstraite tend parfois à prendre le pas sur l'analyse et la systématisation de cas concrets, quand la *lex ferenda* supplée facilement sous sa plume les limites frustrantes de la *lex lata*. Mais le lecteur appréciera sans doute les qualités de chercheur et de pédagogue d'Herman Ngameni, sa belle érudition et son style fluide, la richesse du propos et le sérieux d'une recherche dont la plus large *diffusion* est fort souhaitable, notamment – mais pas seulement – auprès des chancelleries africaines.

Franck LATTY
Professeur à l'Université Paris Nanterre
Directeur du Centre de droit international de Nanterre (CEDIN)

« Le crime ne s'observe pas seulement dans la plupart des sociétés de telle ou telle espèce, mais dans toutes les sociétés de tous les types. Il n'en est pas où il n'existe une criminalité ».

DURKHEIM Emile, *Les règles de la méthode sociologique,* 18ème édition, Quadrige, PUF, Paris, 1973, 149 p., p.65.

INTRODUCTION

1.-Prolégomènes. Il est couramment admis que l'aube des années 1990 marque le début de la diffusion du droit international pénal sur le continent africain avec comme élément de référence, les évènements tragiques survenus au Rwanda entre avril et juillet 1994[2], dont la conséquence a d'ailleurs été la création par le Conseil de sécurité des Nations Unies d'un tribunal pénal international *ad hoc*[3] ayant pour mission de sanctionner la

---

[2] Du 06 avril au 04 juillet 1994, a en effet eu lieu au Rwanda un conflit interethnique opposant les deux principaux groupes tribaux du pays à savoir les Hutu et les Tutsi. Ce conflit caractérisé par un véritable déferlement de haine a débouché sur des massacres de masse. Si aujourd'hui la qualification de génocide pour désigner cet évènement ne souffre d'aucune contestation (voir TPIR, *Le Procureur c. Jean Paul Akayesu,* Décision du 2 octobre 1998, Affaire N°ICTR-96-4-S, §§ 27, 30) il n'en demeure pas moins qu'un certain nombre de chercheurs ont du mal à s'entendre sur le nombre de victimes (sur la polémique au sujet du nombre de victimes du génocide rwandais, lire LUGAN Bernard, *Rwanda : Un génocide en questions,* Editions du Rocher, Clamecy, janvier 2014, 278 p., p.13). Toutefois, la plupart des rapports considérés comme sérieux, font état d'environ 800 000 morts, en majorité des Tutsi, parmi la population rwandaise. Lire le Rapport de l'Organisation de l'Unité Africaine sur le génocide au Rwanda, mai 2000, 295 p., p.15., disponible sur le lien http://cec.rwanda.free.fr/documents/doc/Rapport_OUA

[3] Il s'agit du Tribunal pénal international pour le Rwanda (TPIR) qui fut créé à la faveur de la résolution du Conseil de sécurité de l'ONU n°955 du 8 novembre 1994. Comme le Tribunal pénal international pour l'ex Yougoslavie, le TPIR est un organe subsidiaire du Conseil de sécurité des Nations Unies en vertu de l'article 29 de la Charte des Nations Unies. Sur le sujet, lire notamment DUPAQUIER Jean-François, (dir), *La justice internationale face au drame rwandais,* Editions Karthala, Paris, 1996, 253 p.

commission des atrocités qualifiées de crimes internationaux particulièrement graves. Toutefois, un évènement bien plus ancien démontre l'intérêt du continent noir pour la diffusion des normes internationales pénales. Très peu se souviennent en effet comme l'explique Danilo ZOLO[4], que l'une des tentatives de faire du célèbre procès de Nuremberg une référence judiciaire à l'échelle internationale fut menée par l'Etat éthiopien qui, en août 1949, demanda à l'Italie d'extrader les maréchaux Pietro Badoglio et Rodolfo Graziani en tant que criminels de guerre. L'ambition de l'Ethiopie était de soumettre lesdits criminels au verdict d'un tribunal international, composé au demeurant de juges en majorité non éthiopiens, qui devaient appliquer les principes et les procédures du Statut du Tribunal de Nuremberg.

Même si la demande de l'Ethiopie ne fut suivie d'aucun effet[5], cette anecdote révèle surtout que le droit international pénal n'était pas qu'une simple vue de l'esprit avant le début de la dernière décennie du XXème siècle car cette période correspond moins à celle de sa naissance que de sa systématisation[6]. Ceci est d'autant plus vrai concernant l'Afrique que même s'il y a peu de chance qu'ils soient sanctionnés aujourd'hui, certains crimes commis pendant les guerres de décolonisation dès la fin des années 1950 dans quelques pays africains[7] ou à l'occasion de nombreuses guerres civiles consécutives aux indépendances[8], peuvent entrer dans la catégorie

---

[4] Voir ZOLO Danilo, *La justice des vainqueurs, De Nuremberg à Bagdad*, Editions Jacqueline Chambon, Arles, octobre 2009, 232 p., p.48.

[5] Voir MIGLIOLI Carlo, *La sanzione nel diritto internazionale,* Milan, Giuffrè, 1951, p.69, cité par ZOLO Danilo, *ibid.,* p.48.

[6] En effet, depuis des siècles, des auteurs ont pu grâce à leurs écrits s'imposer comme de véritables précurseurs du droit international pénal. Parmi ceux-ci il faut citer notamment ARISTOTE, CICERON, Saint AUGUSTIN (*La Cité de Dieu,* Vème siècle), Saint Thomas D'AQUIN (*La Somme théologique*, XIIIème siècle), VITORIA (*De Jure Belli*, 1532) GROTIUS (*De Jure Belli ac Pacis*, 1625), VATTEL (*Le droit des gens,* 1758), Francis LIEBER (Code promulgué aux Etats-Unis le 24 avril 1863), Vespasien PELLA (*La criminalité collective des Etats et le droit pénal de l'avenir,* 1925), Henri DONNEDIEU de VABRES (*Les principes modernes du droit pénal international,* 1928).

[7] Il est possible d'évoquer par exemple les guerres en Algérie (1954-1962) ou au Cameroun (1955-1971), où les populations civiles ont beaucoup souffert des affres des conflits opposant des rebelles aux forces gouvernementales. Sur la Guerre d'Algérie, voir CROCHET Bernard, PIOUFFRE Gérard, *Guerre d'Algérie*, Editions de Lodi, Livre d'or, 1er novembre 2013, 336 p. A propos du Cameroun, lire DELTOMBE Thomas, DOMERQUE Manuel, TATSITSA Jacob, *Kamerun ! Une guerre cachée aux origines de la Françafrique (1948-1971),* Editions La découverte, Collection Cahiers libres, 21 octobre 2010, 744 p.

[8] Parmi les guerres civiles post indépendantistes sur le continent africain, la guerre du Biafra au Nigéria apparait comme étant l'une des plus meurtrières avec des centaines de milliers de

d'infractions de droit international pénal. Toutefois, il faut reconnaitre que la notion même de droit international pénal est sujette à controverse car beaucoup de juristes se sont enlisés dans des débats doctrinaux visant à délimiter le champ de la discipline. En effet, si certains auteurs, notamment privatistes, affirment que droit international pénal et droit pénal international sont *« bonnet blanc et blanc bonnet »*, les publicistes quant à eux ont tendance à affirmer que le droit international pénal est une discipline bien autonome et différente du droit pénal international[9].

Pour éviter toute confusion dans l'analyse, il est donc impératif de déblayer le terrain, en essayant de démêler le vrai du faux dans les positions des uns et des autres, ou tout au moins à déceler la position la plus défendable dans les points de vue doctrinaux. Cerner en effet le concept de droit international pénal **(SECTION 1)** est un préalable nécessaire pour éviter des erreurs conceptuelles, qui ne peuvent qu'avoir pour effet de biaiser le résultat de toute démonstration juridique. Aussi, étant donné que l'Afrique sera le principal cadre de référence dans cette étude, il faut souligner que, pour mieux comprendre le degré de pénétration ou le niveau de diffusion du droit international pénal sur le continent africain, il y a tout de même lieu de mettre en exergue la notion de droit pénal telle qu'elle est perçue par les systèmes juridiques africains **(SECTION 2).** Cet exercice ne sera pas anodin dans la mesure où, le droit international pénal fait aussi appel au principe de subsidiarité qui confère des compétences importantes aux juridictions nationales en cas de commission de crimes internationaux. Encore faudrait-il vérifier le niveau d'opérationnalité des systèmes répressifs concernés et en particulier ceux des Etats africains par rapport au droit international pénal. Ces analyses préliminaires permettront de déterminer une démarche méthodologique **(SECTION 3)** qui sera essentielle pour fixer le cap de la recherche.

SECTION 1. Le concept de droit international pénal

2.-Problématique de la définition du droit international pénal. Appréhender la notion de droit international pénal est une opération plutôt

---

victimes. Sur cette guerre, voir BOUTET Rémy, *L'effroyable guerre du Biafra,* Africa éditions, Collection Afrique contemporaine, 1er décembre 2004, 191 p.

9 Sur la divergence de conception entre les auteurs, voir notamment BASSIOUNI Mahmoud Cherif, *Introduction au droit pénal international,* Editions Bruylant, Bruxelles, 2002, 344 p. ; et DE FROUVILLE Olivier, *Droit international pénal, Sources, incriminations, responsabilité,* Editions A. Pedone, Paris, mars 2012, 523 p.

malaisée. Cela supposerait en effet qu'il soit assez simple d'échafauder une définition qui devrait susciter un consensus parmi les juristes ; ce qui ne peut se faire que s'il est délimité en même temps le domaine du droit international pénal qu'il faut essayer de conceptualiser.

3.-Essai de conceptualisation du droit international pénal. Définir la notion de droit international pénal est une véritable quadrature du cercle. Et sur la question, Cherif BASSIOUNI a constaté une opposition entre les tenants du droit privé et ceux du droit public. A ce propos, il affirme qu'*«en Europe, publicistes et privatistes, séparés par leurs méthodes respectives et difficilement assimilables, ont fait que l'on s'est retrouvé avec deux revers de la même médaille, l'un portant l'empreinte du droit pénal international, et l'autre celle du droit international pénal »*[10]. Ainsi, cet auteur propose-t-il une espèce de symbiose des deux disciplines en une seule. Et pour ce faire il s'appuie sur ce qu'il qualifie de *« pragmatisme américain »* qui d'après lui a permis *« l'assimilation des deux aspects de cette nouvelle discipline, à savoir l'aspect international du droit pénal interne et l'aspect pénal du droit international public »*[11]. Par ailleurs, il ajoute que *« les exigences mêmes de cet effort d'assimilation ont conduit à fondre la méthode juridique du droit pénal empruntée au droit privé, et celle du droit international empruntée au droit public, donnant ainsi naissance à une méthode sui generis et donc à ce qui devenait rapidement une nouvelle discipline juridique »*[12].

Si une telle analyse peut être de mise dans le système américain[13] où l'on fait peu la différence entre le droit public et le droit privé, ce qui explique d'ailleurs l'existence d'une discipline unique intitulée *International Criminal Law*, il est constant que, pour la plupart des juristes d'Europe continentale ou plus largement ceux de tradition romano-germanique, une telle approche ne peut apparaître que comme étant une incongruité juridique qui ignore totalement la césure qui existe entre le droit public et le droit privé; césure qui au demeurant est loin d'être artificielle dans la plupart des pays, tant ces deux principales branches de la science juridique font recours à des approches théoriques plutôt différentes.

Ainsi, les notions de *« droit pénal international »* et de *« droit international pénal »* sont-elles largement usitées dans le vocabulaire

---

[10] Lire BASSIOUNI M. Cherif, *Introduction au droit pénal international,* Editions Bruylant, Bruxelles, décembre 2002, 343 p., p.XI.

[11] *Ibid,* p.XI.

[12] *Ibid,* p.XI.

[13] Sur la question, lire DAVID René, JAUFFRET-SPINOSI Camille, *Les grands systèmes de droit contemporains*, Editions Dalloz, Paris, novembre 2002, 553 p., pp.301-345.

juridique pour désigner des réalités différentes; la première est donc supposée être rattachée au droit privé alors que la seconde relève en principe du droit public. Ce présupposé ne vient cependant pas lever toute ambiguïté dans la délimitation du champ de ces disciplines, d'autant plus que le droit pénal revêt même en droit interne une forte dimension publiciste puisque l'Etat est normalement l'unique détenteur du pouvoir de coercition dans les systèmes répressifs nationaux[14]. C'est pourquoi, seule une définition claire et précise des deux concepts permettra de dissiper toute confusion.

4.-Divergence avec le droit pénal international. Le droit pénal international peut se définir à partir de son objet comme l'a démontré David CHILSTEIN[15]. C'est ainsi qu'il affirme qu'il existe deux conceptions fondamentales du droit pénal international puisque selon une approche traditionnelle, cette discipline a pour objet de définir les règles permettant de déterminer l'application du droit pénal interne aux situations ayant un caractère international. Sa conception est à bien des égards similaire à celle défendue par Henri DONNEDIEU DE VABRES car ce dernier considère le droit pénal international comme *« la science qui détermine la compétence des juridictions pénales de l'Etat vis-à-vis des juridictions étrangères, l'application de ses lois criminelles, lois de fond et lois de forme, par rapport aux lieux et aux personnes qu'elles régissent, l'autorité, sur son territoire, des jugements répressifs étrangers »*[16].

Pour André HUET et Renée KOERING-JOULIN, le droit pénal international doit être conçu comme une discipline très large ; c'est pourquoi

---

[14] Frédéric DESPORTES et Francis LE GUNEHEC affirment que *« le droit pénal se rapproche du droit public en ce que l'Etat détient le monopole du droit de punir qu'il exerce au nom de la société tout entière »* (*Droit pénal général,* 6ème édition, Economica, Paris, septembre 2009, 1248 p., p.15).

[15] CHILSTEIN David, *Droit pénal international et lois de police, Essai sur l'application dans l'espace du droit pénal accessoire,* Dalloz, Paris, mars 2003, 467 p., p.2.

[16] Voir, DONNEDIEU DE VABRES Henri, *Les principes modernes du droit pénal international,* Paris, Recueil Sirey, 1928, réimpression des éditions Panthéon-Assas, décembre 2004, 470 p., p.3. Toutefois, il faut préciser que certains auteurs tels qu'Anne-Marie LA ROSA recommandent vivement d'abandonner la définition proposée par Henri DONNEDIEU DE VABRES, car de son point de vue, le droit pénal international est *« l'ensemble des règles gouvernant l'incrimination et la répression des infractions qui soit présentent un élément d'extranéité soit sont d'origine internationale. L'élément d'extranéité signifie que le problème pénal national est en contact avec un ordre juridique étranger qui résulte généralement de la nationalité étrangère de l'auteur ou du caractère extraterritorial de l'infraction ».* Sur cette définition, lire LA ROSA Anne-Marie, *Dictionnaire de droit international pénal, Termes choisis,* 1ère édition, PUF, Paris, avril 1998, 118 p., p.36.

ils affirment de manière lapidaire qu'il est tout simplement une *« branche du droit criminel qui règle l'ensemble des problèmes pénaux qui se posent au plan international »*[17]. Ainsi, son objet sera-t-il d'après eux, de déterminer par exemple la compétence des tribunaux répressifs d'un pays pour juger une infraction commise dans un Etat étranger et la loi applicable à la définition ou à la sanction pénale d'une telle infraction ; d'indiquer si la police d'un pays ou la justice répressive dudit pays peut initier des investigations sur le territoire d'un Etat étranger, si un pays peut ou doit livrer un délinquant qui a trouvé refuge sur son sol à un Etat étranger, ou si un jugement répressif de condamnation est exécutoire dans un autre pays. Au reste André HUET et Renée KOERING-JOULIN vont encore plus loin en affirmant que le droit pénal international peut aussi répondre à la lancinante question de savoir si un pays peut prononcer une peine prévue par son code pénal mais prohibée par une convention internationale à laquelle il est partie [18].

Normalement, il est possible de définir la notion de droit pénal international en séparant la base *« droit pénal »* de l'adjectif *« international »*. D'une part le concept *« droit pénal »,* renvoie non seulement au droit pénal *stricto sensu* ou droit pénal substantiel, qui délimite les infractions punissables, désigne les personnes responsables et fixe les peines encourues ; mais aussi au droit pénal procédural ou à la procédure pénale, qui organise notamment la compétence des juridictions répressives mais aussi les effets de leurs jugements. Ceci suppose donc en termes plus clairs que le droit pénal international est aussi bien un droit pénal international substantiel qu'un droit pénal international procédural.

D'autre part, l'adjectif *« international »* a plusieurs significations dont chacune mérite d'être prise en compte.

En premier lieu, il est généralement admis qu'un problème pénal est international dès lors qu'une infraction présente un élément d'extranéité, c'est-à-dire un élément par lequel elle est en contact avec un ordre juridique étranger ; et cet élément peut être la nationalité étrangère ou le domicile à l'étranger de l'auteur ou de la victime d'une infraction, ou même la commission à l'étranger d'une infraction par le ressortissant d'un Etat, au préjudice d'un étranger ou de son compatriote. Nul besoin de souligner que les infractions comportant des éléments d'extranéité sont légion dans un contexte de mondialisation où, la libre circulation des personnes favorise aussi le déplacement d'individus ayant quitté certains pays dans le simple but

[17] HUET André, KOERING-JOULIN Renée, *Droit pénal international*, PUF, Paris, septembre 2005, 507 p., p.1.

[18] HUET André, KOERING-JOULIN Renée, *op. cit.* p.1.

d'échapper aux poursuites pour des actes répréhensibles qui leur sont imputés[19]. Quoiqu'il en soit, lorsque des infractions présentant des éléments d'extranéité surviennent, il est donc opportun de trouver le moyen de trancher les problèmes liés en particulier à la compétence des tribunaux répressifs et ceux étant en rapport avec la compétence législative[20].

En second lieu, une question pénale peut aussi se poser au plan international alors même qu'une infraction ne présente des liens qu'avec un seul Etat[21]. Le caractère international de l'infraction découle ainsi du fait que l'Etat intéressé est lié par une norme supranationale qui influe sur le droit pénal interne. En effet, il existe plusieurs conventions internationales qui définissent avec assez de précision les actes qu'elles prohibent, sans qu'il soit besoin que ces actes comprennent ou non des éléments d'extranéité[22]. Aussi, un droit continental (droit africain ou droit européen par exemple), peut soit autoriser l'accomplissement d'actes que le droit interne interdit et neutraliser dans la foulée des infractions prévues par un Etat concerné, soit influencer la mise en œuvre des règles internes de droit pénal ou de procédure pénale malgré une absence manifeste d'éléments d'extranéité au cours du procès pénal.

Ceci a fait dire à André HUET et Renée KOERING-JOULIN, que le droit pénal pouvait être *« international » « soit par son objet, soit par sa source »*[23]. Seulement, il est constant que la définition du droit pénal international par sa source est à l'origine de la confusion de cette discipline avec le droit international pénal car certains auteurs ont la forte propension à affirmer que les infractions déterminées par des normes supranationales

---

[19] Sur la question voir MERLE Roger et VITU André, *Traité de droit criminel, Problèmes généraux de la science criminelle, Droit pénal général,* 7ème éditions, CUJAS, Paris, octobre 1997, 1068 p. n°285, p.383ss; BERNASCONI Paolo, « Les infractions transfrontières : terrorisme, trafic de stupéfiants, délits financiers », *in* Mireille DELMAS-MARTY (dir.), *Quelle politique pénale pour l'Europe ?* Economica, 1993, 372 p., p.75ss ; cités par André HUET, et Renée KOERING-JOULIN, *ibid.* p.2.

[20] Les infractions présentant un élément d'extranéité font apparaitre des conflits de juridictions d'une part et les conflits de lois d'autre part ; ces types de conflits étant très récurrents en droit international privé, sont aussi connus, toute proportion gardée, en droit pénal international.

[21] L'hypothèse la plus connue ici est celle d'un ressortissant d'un Etat donné qui commet dans son pays une infraction au préjudice de son compatriote qui est lui-même domicilié dans son pays.

[22] Sur la question, voir notamment la Convention contre le faux monnayage du 20 avril 1929, la Convention des Nations-Unies contre le trafic illicite de stupéfiants et des substances psychotropes du 19 décembre 1988 etc.

[23] HUET André, KOERING-JOULIN Renée, *ibid.*, p.3.

relèvent du droit international pénal, ce qui suppose donc que le droit pénal international ne fait référence qu'aux règles nationales régissant des infractions présentant un élément d'extranéité[24]. Pour dire vrai, les auteurs ont une définition soit *lato sensu,* soit *stricto sensu* de la notion de droit international pénal.

5.-Conception *lato sensu* et *stricto sensu* du droit international pénal. D'entrée de jeu, il faut dire que le concept de droit international pénal fait manifestement appel à deux logiques que d'aucuns considèrent comme étant *a priori* contradictoires ou incompatibles[25]. Le principal argument qui justifie un tel raisonnement est tout simplement lié au fait que si le droit pénal est un droit de hiérarchie et de subordination, le droit international est plutôt un droit d'égalité et de coordination[26]. Aussi, puisque l'ordre juridique international est plutôt fragmenté, toute organisation cohérente d'un système de sanction apparaît comme étant particulièrement difficile, ce qui ne peut avoir pour conséquence que d'inhiber la diffusion de l'aspect pénal du droit international qui implique le déploiement *« des moyens coercitifs pour l'application des décisions »*[27]. Heureusement, comme l'affirme Anne-Laure VAURS CHAUMETTE, le droit international pénal parvient tout de même à dépasser ce qu'elle a qualifié d'« *incompatibilité aprioristique* »[28] tout simplement parce que pour Cherif BASSIOUNI par exemple, *« International Criminal Law is a product of the convergence of two different legal disciplines*

---

[24] Lire MAHIOU Ahmed, « Le processus de codification du droit international pénal », *in* ASCENSIO Hervé, DECAUX Emmanuel, PELLET Alain, (dir.), *Droit international pénal*, Pedone, octobre 2000, 1053 p., pp.37-53., p.38, qui soutient que *« le droit pénal international est constitué par la partie du droit interne qui entend régir les rapports entre le droit pénal national et l'étranger »*car, ajoute t-il, *« pour cette branche du droit, le problème essentiel est celui du rapprochement, de l'harmonisation ou de l'unification des règles nationales par les techniques propres au droit international privé, en vue de résoudre les conflits de lois et de juridictions dans l'espace »*. Il faut préciser à toutes fins utiles que l'article d'Ahmed MAHIOU n'a pas été repris dans la deuxième édition révisée de l'ouvrage *Droit international pénal* précité, paru en octobre 2012 (1280 p.).

[25] VAURS CHAUMETTE Anne-Laure, *Les sujets du droit international pénal, Vers une nouvelle définition de la personnalité juridique internationale ?* Pedone, Paris, 2009, 545 p., p.18.

[26] BASDEVANT Jules, exposé fait à l'occasion de l'affaire des *Phosphates marocains* devant la CPIJ., Série C, n°85, p.1061, cité par MAHIOU Ahmed, « Processus de codification du droit international pénal », *in* ASCENSIO Hervé, DECAUX Emmanuel et PELLET Alain (dir), *Droit international pénal*, Pedone, Paris, 2000, pp.37-53, p.39.

[27] LEJBOWICZ Agnès, *Philosophie du droit international, l'impossible capture de l'humanité*, PUF, Paris, 1999, 442 p., p.58.

[28] VAURS CHAUMETTE Anne-Laure, *ibid.* p.19.

which have emerged and developed along different paths to become complementary and co-extensive »[29].

La conciliation des caractères *a priori* contradictoires fait du droit international pénal une discipline Janus jouissant d'une espèce de dédoublement fonctionnel. Tout d'abord, comme le droit pénal, le droit international pénal est un droit sanctionnateur, puisqu'il intègre des normes internationales secondaires règlementant la responsabilité individuelle pour crimes de droit international[30]. Ces normes *« prévoient une sanction au cas où la norme primaire serait violée »*[31] ce qui est censé assurer *« la conservation du système »*[32].

Le droit international pénal est ensuite une discipline à part entière du droit international public, dans la mesure où il ne prend en compte que des infractions de droit international à l'exclusion donc des infractions de droit interne. A ce propos, Luigi CONDORELLI affirme que l'adjectif *« international » « identifie avant tout l'ordre juridique dont relèvent les interdictions que les crimes ou les infractions sont censées violer, ainsi que la réprobation et la sanction sociales qui s'y rattachent »*[33]. Quant à Stefan GLASER[34], il affirme sans fard que *« le droit international pénal n'est, en réalité, qu'une manifestation du droit international public comme tel, notamment dans le sens qu'il a pour mission de protéger, par des sanctions pénales, les intérêts que le droit international considère comme fondamentaux pour la communauté internationale »*[35]. Les infractions qui font l'objet de

---

[29] BASSIOUNI Cherif, *International Criminal Law*, 1st edition, Transnational Publishers, New York, 1986, t.1 581 p., p.1.

[30] En droit international pénal, ces crimes sont essentiellement le crime contre l'humanité, le crime contre la paix ou crime d'agression, le crime de guerre et le crime de génocide

[31] BOBBIO Norberto, « Nouvelles réflexions sur les normes primaires et secondaires », *in* PERELMAN Chaïm, *La règle de droit, Bruylant*, Bruxelles, 1971, 326 p., (pp.104-122), pp.105-106.

[32] *Ibid.*, p.118.

[33] CONDORELLI Luigi, « Présentation de la IIème partie », *in* ASCENSIO Hervé, DECAUX Emmanuel, PELLET Alain (dir), *Droit international pénal*, Pedone, Paris, 2000, pp.241-247, p.241. Dans la deuxième édition de l'ouvrage *Droit international pénal* précité, publiée en 2012, la présentation de la IIème partie est faite par Hervé ASCENSIO, Emmanuel DECAUX et Alain PELLET, voir pp.471-472.

[34] GLASER Stefan, « La méthode d'interprétation en droit international pénal », *in Revista italiana di diritto e procedura penale,* 1966, pp.757-778, p.777, cité par VAURS CHAUMETTE Anne-Laure, *ibid.*, p.20.

[35] Dans le même ordre d'idée Stanislaw PLAWSKI, est d'avis que le droit international pénal regroupe *« les règles du droit international public qui protègent l'ordre social international en*

réprobations internationales consistent d'une part en *« un comportement illicite qui porte atteinte aux fondamentaux de la société internationale elle-même »*[36] d'autre part, leur définition est assurée par une norme internationale ; enfin elles sont sanctionnées le cas échéant par les juridictions internationales.

D'une manière générale, la définition du droit international pénal telle que dégagée par certains auteurs reste assez vague ; peut-être parce qu'il peut être intellectuellement confortable d'avoir une approche *lato sensu* d'un concept dont les contours restent encore imprécis. Ainsi, Didier REBUT a pu mettre en exergue une conception qui *« détermine les infractions internationales au moyen d'un critère strictement formel tenant à leur définition par le droit international coutumier ou par une convention internationale »*[37]. Une telle approche tend à faire du droit international pénal un corpus de normes juridiques qui portent sur tous les actes répréhensibles faisant l'objet d'une définition sur le plan international qu'il s'agisse des crimes prévus par les statuts des juridictions pénales internationales, à savoir le crime de génocide, le crime d'agression, le crime contre l'humanité et le crime de guerre[38], ou encore d'autres infractions définies internationalement telles que la piraterie, le faux monnayage, la pollution, le proxénétisme, le blanchiment d'argent ou la corruption[39].

Dès lors, il est tout à fait compréhensible que le droit international pénal soit défini comme la branche du droit qui *« recouvre l'ensemble des normes de droit international public qui ont pour but la protection de l'ordre public international par la prohibition de certains comportements qui y portent atteinte, sous peine de sanction exécutoires, ainsi que la répression de ces comportements »*[40]. En fait, Olivier DE FROUVILLE qui est à l'origine de cette définition a précisé que celle-ci était liée à l'impératif de préservation de l'ordre public international visant à protéger d'une part la société des Etats souverains et d'autre part la société humaine universelle.

---

sauvegardant les grandes valeurs de l'humanité », in « La notion du droit international pénal », *Rev. Sc. Crim.*, 1978, pp.789-809, p.791.

[36] LOMBOIS Claude, *Droit pénal international*, 2ème édition, Dalloz, Paris, 1979, 688 p., note 109, p.35.

[37] REBUT Didier, *Droit pénal international*, 1ère édition, Dalloz, Paris, janvier 2012, 659 p., p.3.

[38] A titre indicatif, voir l'article 5 du Statut de la Cour pénale internationale.

[39] REBUT Didier, *Droit pénal international, op. cit.*, p.3.

[40] Voir DE FROUVILLE Olivier, *Droit international pénal, Sources, Incriminations, Responsabilité,* Editions A. Pedone, Paris, mars 2012, 523 p., p.3.

Les différentes formes de criminalité transnationale qui portent atteinte aux intérêts des Etats apparaissent traditionnellement comme des actes qui compromettent l'ordre public des Etats souverains, d'où la nécessité pour ces derniers de développer depuis des siècles, la coopération judiciaire en matière pénale[41]. Mais avec la création des Tribunaux militaires internationaux de Nuremberg et de Tokyo, l'ordre public de la société humaine universelle est venu se superposer à l'ordre public des Etats souverains[42]. Par la suite, les autres juridictions pénales internationales ont réaffirmé la condamnation des actes portant atteinte à l'ordre public de la société humaine universelle et concernant notamment le génocide, le crime contre l'humanité, le crime de guerre mais aussi le crime d'agression ou crime contre la paix qui foule au pied aussi bien les droits souverains des Etats que les droits universels de l'humanité.

En réalité, s'il était autorisé d'avoir une approche *stricto sensu* du droit international pénal, il serait possible d'affirmer que cette discipline est l'ensemble des normes, essentiellement de droit international public, qui organisent la répression des infractions internationales violant les principes d'humanité, laquelle répression pouvant être assurée par une juridiction pénale internationale. Les infractions auxquelles il est fait allusion sont bien entendu les crimes de droit international particulièrement graves à savoir : le crime contre la paix ou crime d'agression, le crime de guerre, le crime contre l'humanité et le crime de génocide. Cette définition repose sur l'idée que seule l'éventuelle compétence d'une juridiction pénale internationale devrait servir de critère déterminant pour identifier le droit international pénal ; ce qui n'est pas en soi illogique, puisque l'ordre international pénal ne peut véritablement exister que s'il se dote à l'image du droit interne, d'un système juridictionnel qui lui est propre.

Mais à vrai dire, cette approche restrictive, qui sera d'ailleurs retenue dans ce travail, permettra surtout de se focaliser par exemple sur l'impact qu'un texte d'une importance capitale comme le Statut de la CPI a sur les ordres juridiques internes, ou encore les rapports de ces derniers avec les

---

[41] La coopération judiciaire remonte au XIIIème siècle avant l'ère chrétienne avec l'adoption du Traité de Perle en 1259 avant J.C entre le pharaon Ramsès II et les Hittites. Ce traité prévoit notamment que *« si un grand du pays d'Égypte fuit et arrive chez le grand chef de Khéta, ou que ce soit une ville du pays de Ramsès, le grand prince d'Égypte, et qu'ils viennent chez le grand chef de Khéta, alors le grand prince de Khéta ne les accueillera pas, mais il les fera ramener à Ramsès, le grand prince d'Égypte, leur seigneur »*. Voir la traduction du Traité de Perle sur http://www.danielturp.org/professeur/activite/enseignement/DRT-2100-A03/documents

[42] DE FROUVILLE Olivier, *op. cit.*, p.3.

juridictions pénales internationales. Dès lors, le droit international pénal ne sera abordé que dans le sens où il fait référence à l'ensemble des règles qui sanctionnent la commission des crimes contre la paix et la sécurité de l'humanité[43] éventuellement devant les juridictions pénales internationales.

Les juridictions pénales internationales[44] qui assurent la protection de l'ordre juridique international, sont celles *« dont la composition ainsi que la procédure sont de nature internationale »*[45]. Seulement, il s'est avéré que certaines instances *a priori* internes sont devenues finalement des juridictions internationales. Parmi celles-ci, il faut citer les tribunaux militaires de l'après Seconde Guerre mondiale qui non seulement appliquaient les normes internationales, mais prononçaient également des sanctions internationales en vertu d'un instrument international qui était la loi n°10 du Conseil de Contrôle allié. En ce qui concerne plus précisément le Tribunal militaire américain de Nuremberg, il n'a pas hésité à affirmer que *« the Tribunal is not a court of the United States as that term is used in the Constitution of the United States. It is not a court martial. It is not a military commission. It is an international*

---

[43] A l'occasion de sa 48ème session de 1996, la Commission du droit international a adopté un projet de code contre la paix et la sécurité de l'humanité (DOC A/ CN.4/L 532 du 8 juillet 1996), qui fait exclusivement allusion aux crimes de d'agression, contre l'humanité, de guerre et de génocide (voir la IIème partie du projet).

[44] D'une manière générale, l'on considère que les principales juridictions pénales internationales sont essentiellement les Tribunaux Militaires Internationaux de Nuremberg et Tokyo (T.M.I.), les Tribunaux Pénaux Internationaux *ad hoc* notamment pour l'ex Yougoslavie et le Rwanda (T.P.I.) et la Cour Pénale Internationale (CPI.). Ainsi certaines juridictions s'étant vues doter d'un statut atypique ne sont pas considérées comme étant des juridictions pénales internationales, c'est le cas du Tribunal Spécial pour la Sierra Leone (T.S.S.L.), les Chambres extraordinaires du Cambodge, les Chambres spéciales pour les crimes graves au Timor Leste, les Chambres *ad hoc* du Kosovo, le Tribunal spécial du Liban. Ces instances ont toutes une nature mixte qui ne permet pas de les qualifier de juridictions pénales internationales car, comme le précise Jean-Marc SOREL elles sont soit des *« juridictions internes comportant des éléments internationaux »*, soit *« des juridictions de nature internationale par leur mode de création mais en réalité nationalisées »*, *in* Hervé ASCENSIO, Elisabeth LAMBERT-ABDELGAWAD, Jean-Marc SOREL, *Les juridictions pénales internationalisées* (Cambodge, Kosovo, Sierra Leone, Timor Leste), Société de législation comparée, Paris, 2006, 383 p., p.12.

[45] CASSESE Antonio, « présentation de la IIIème partie », *in* ASCENSIO Hervé, DECAUX Emmanuel et PELLET Alain (dir.), *Droit international pénal*, Pedone, Paris, octobre 2000, pp.621-631, p.626. Pour l'édition de 2012 de l'ouvrage *Droit international pénal* précité, la présentation de la IIIème partie a été faite par Hervé ASCENSIO, Emmanuel DECAUX et Alain PELLET, voir pp.727-728.

tribunal established by the International Control Council. (...) The Tribunal administers international law »[46].

Cette position a été remise en cause dans l'affaire *Milch* puisqu'à cette occasion, le juge a affirmé que *« It must be constantly borne in mind that this is an American court of justice, applying the ancient and fundamental concepts of Anglo-Saxon jurisprudence »*[47]. Heureusement, cette opinion est restée plutôt marginale à telle enseigne que personne aujourd'hui ne conteste sérieusement le caractère international des tribunaux militaires post-Seconde Guerre mondiale ; et le fait que ces juridictions aient été des tribunaux militaires d'occupation, n'a finalement en rien remis en cause leur dimension internationale. Au reste, pour Anne-Laure VAURS CHAUMETTE, *« qu'il soit mis en œuvre par les juridictions internationales pénales ou par les tribunaux militaires d'occupation, le droit international pénal est un droit de la responsabilité qui permet d'assurer la sauvegarde de l'ordre juridique international »*[48]. Cette responsabilité sera établie lorsqu'un individu aura troublé en quelque sorte l'ordre international en se rendant coupable de la violation des règles du droit des gens, soit en tant qu'auteur du crime de guerre, du crime d'agression, du crime de génocide ou du crime contre l'humanité, soit tout simplement en tant que complice ou instigateur de la commission desdites infractions. Cette dernière conception plutôt restrictive a finalement permis au droit international pénal de se développer et de conquérir une certaine autonomie.

En vérité, le droit international pénal a pendant longtemps eu du mal à s'affirmer comme une discipline autonome de la science juridique. Ceci explique d'ailleurs pourquoi certains n'ont pas hésité à développer l'idée d'une virtualité du droit international pénal, qui n'aurait donc véritablement commencé à prendre forme qu'avec son institutionnalisation sur le plan international.[49]. C'est justement cette institutionnalisation qui a fait défaut

---

[46] Sur la question, voir *Flick and Others*, Tribunal militaire américain de Nuremberg, 22 décembre 1947, TWC., vol. VI, p. 1188 décision confirmée par la Cour d'appel du District of Columbia dans les termes suivants: *« If the Court was not a tribunal of the United States, its actions cannot be reviewed by any court of this country (...). If it was an international tribunal, that ends the matter. We think it was, in all essential respects, an international court » Flick v. Johnson,* 11 mai 1949, 174 F. (2d) 983, cite in *A.J.I.L.,* 1950, pp.187-189, p.189.

[47] Voir Tribunal Militaire Américain de Nuremberg, affaire *Milch*, 20 décembre 1947, *TWC.*, vol. II, p.778.

[48] VAURS CHAUMETTE Anne-Laure, *ibid.*, p. 21.

[49] FREDIANI Sophie, *Les juridictions pénales internationales et les Etats : Etude du face à face*, Thèse de doctorat en droit soutenue à l'université Montesquieu-Bordeaux IV, 18 octobre 2004, 1128 p., p.24.

pendant des décennies, sans doute en partie à cause de la Guerre froide qui a entretenu une friction entre les blocs soviétique et américain, rendant ainsi problématique toute construction de l'ordre juridique international[50]. Au-delà de cette réalité historique, il semble que les Etats aient toujours souhaité faire sanctionner par leurs propres juridictions tous les individus responsables des infractions qui relèvent de leur propre compétence. A cet égard, le principe de subsidiarité prévu par exemple dans le Statut de Rome créant la Cour pénale internationale[51] apparaît comme étant l'une des exigences des Etats qui veulent pouvoir s'appuyer sur leur propre conception du droit pénal même lorsqu'il est question de sanctionner les crimes les plus graves. Seulement, le principe de subsidiarité pouvant soulever le problème de la compatibilité des droits criminels internes avec le droit international pénal, il est utile de s'intéresser par exemple à la notion de droit pénal dans le contexte africain qui servira en plus de principal cadre de recherche tout au long de cette étude.

SECTION 2. La notion de droit pénal dans le contexte africain

6.-Aspect téléologique du droit pénal. Dans toutes les sociétés, il apparait que le droit pénal a pour principal objectif d'apporter des solutions au phénomène criminel qui est susceptible de fragiliser la cohésion au sein du corps social. Sa principale préoccupation sera donc de déterminer les interdits reconnus par tous et dont le non-respect devra entrainer une sanction plus ou moins sévère. Il est certain que cette discipline juridique *« constitue un miroir particulièrement éclairant de l'échelle des valeurs acceptées à un moment donné par la collectivité »*[52]. Toutefois, si les grands systèmes répressifs présentent des points de convergence, il n'en demeure pas moins que le droit pénal est d'abord et avant tout le reflet de la société dans laquelle il se déploie. Rien que sur le continent africain, l'absence d'homogénéité des ordres répressifs internes peut avoir un impact considérable sur la diffusion des normes internationales pénales, puisque dans cette partie du monde, un droit

---

[50] Sur la question, lire LATTY Franck, « La fin de la Guerre froide permet l'émergence laborieuse d'une justice pénale internationale », *in* Serge Cordellier (dir.), *Le nouvel état du monde – Les 80 idées-forces pour entrer dans le 21e siècle*, Paris, La Découverte, 1999, pp.69-71.

[51] Sur la naissance de la Cour pénale internationale, voir notamment LATTY Franck, « La création de la Cour pénale internationale : de Nuremberg à La Haye », *Revue internationale et stratégique*, PUF., n° 33, printemps 1999, pp.85-98.

[52] DEBOVE Frédéric, DUPIC Emmanuel, FALLETTI François, *Précis de droit pénal et de procédure pénale*, 5ème édition, PUF, Paris, octobre 2013, 968 p., p.3.

pénal traditionnel **(§1)** se superpose très souvent à un droit pénal moderne **(§2)** plus proche de la philosophie du droit international pénal que le premier.

§1. **Droit pénal traditionnel africain**

7.-Reflexion générale. Ce qu'il est convenu d'appeler droit pénal traditionnel, fait référence à l'ordre juridique répressif enraciné dans les sociétés africaines et constitué en l'occurrence du droit pénal coutumier **(A)** et du droit pénal musulman **(B)** qui ont préexisté à la colonisation juridique occidentale ; qui était le corollaire d'une colonisation plus politique et militaire qu'a connu l'Afrique à partir de la deuxième moitié du XIXème siècle.

A- Droit pénal coutumier africain

8.-Origines du droit pénal coutumier africain. Le droit pénal coutumier africain fait partie des droits originellement africains c'est à dire des normes juridiques *« des sociétés peuplant l'Afrique avant que ne se manifestent sur le continent des influences étrangères importantes et durables »*[53]. L'Afrique, en particulier celle au sud du Sahara et l'île de Madagascar, a été pendant des siècles régie par des coutumes dans tous les domaines de la vie sociale. Ces coutumes, dont le statut juridique actuel doit être déterminé, sont la résultante des pratiques ancestrales ayant cours dans les différentes ethnies qui peuplent les entités politiques qui sont devenues des Etats modernes à la faveur de la colonisation.

9.-Statut juridique actuel du droit pénal coutumier africain. Il est évident qu'aujourd'hui le droit coutumier africain est en quelque sorte en *« perte de vitesse »* par rapport à l'époque précoloniale, et en particulier à cause du travail de codification qui a été effectué par les juristes africains, tenants d'un ordre juridique plus moderne.[54] Seulement, pour Jean PRADEL il ne faut pas se leurrer sur les effets de l'ordre juridique moderne africain, car *« la législation s'applique surtout aux gens des villes alors que la majorité des individus vit à la campagne, terre d'élection de la coutume. Les tribunaux*

---

[53] VANDERLINDEN Jacques, *Les systèmes juridiques africains,* Editions PUF, Que sais-je ? Paris, août 1983, 127 p., p.7.

[54] L'équilibre du droit coutumier reposait en fait sur un ordre social statique, qui semblait ne pas pouvoir s'adapter à une société moderne caractérisée par l'urbanisation et l'industrialisation.

sont délaissés au profit d'arbitrages coutumiers, même en matière pénale »[55]. L'exemple du Rwanda est révélateur de l'attachement des populations africaines aux normes juridiques ancestrales. En effet, à l'issue du génocide que ce pays a connu en 1994, les autorités politiques ont remis au goût du jour une forme de justice coutumière connue sous le nom de *« gacaca »*[56]. Si à l'origine ces juridictions traditionnelles éloignées au demeurant des pratiques judiciaires modernes, avaient pour ambition de régler les différends familiaux ou de voisinage sur les collines rwandaises ; elles sont devenues à la faveur d'une loi n°40/2000 du 26 janvier 2001[57] portant sur l'organisation et la poursuite de crimes de génocide ou crimes contre l'humanité, de véritables juridictions pénales. Ceci est d'ailleurs une expérience louable, qu'il serait opportun de renouveler dans beaucoup de pays africains où les populations en particulier rurales sont victimes de crimes de masse.

La principale raison à la survivance d'un ordre coutumier traditionnel dans certains Etats africains réside dans le fait que dans les campagnes, les paysans en l'occurrence continuent de mener un mode de vie ancestral, tout en ignorant très souvent les institutions mises sur pied par les pouvoirs publics. Au sujet de la Côte d'Ivoire par exemple, pays où depuis le début des années 2000, de nombreux crimes internationaux ont sans doute été commis, Marc DUMETZ révélait que *« la majorité des individus n'acceptent pas les pratiques nouvelles et les institutions coutumières sont encore vivantes»*[58]. C'est pourquoi, très souvent, les tribunaux étatiques sont *« délaissés au profit d'arbitrages administrés ou, plus fréquemment, de conciliations obtenues en conformité de la tradition»*[59]. Il est manifeste que l'essence du droit coutumier

---

[55] PRADEL Jean, *Droit pénal comparé*, 3ème édition, Dalloz, Paris, octobre 2008, 892 p., p.707.

[56] En kinyarwanda la principale langue parlée au Rwanda, le mot *« gacaca »* signifie *« herbe douce »*, c'est-à-dire l'endroit où l'on se réunit. Pour une étude sur les *« gacaca »*, voir notamment WIBABARA Charity, *Gacaca Courts versus the International Criminal Tribunal for Rwanda and National Courts, Lessons to Learn from the Rwandan Justice Approaches to Genocide*, Nomos, 22 août 2014, 298 p.

[57] Plus précisément la loi rwandaise n°40/2000 du 26 janvier 2001 dispose en son article premier qu'elle *« (...)porte sur l'organisation, la compétence et le fonctionnement des juridictions Gacaca chargées des poursuites et du jugement des infractions constitutives du crime de génocide et d'autres crimes contre l'humanité commis entre le 1er octobre 1990 et le 31 décembre 1994(...). »*.

[58] DUMETZ Marc, *Le droit du mariage en Côte d'Ivoire*, LGDJ, 1975, 421 p., cité par DAVID René, JAUFFRET-SPINOSI, *Les grands systèmes de droit contemporains*, Editions Dalloz, Paris, 2002, 553 p. p.462.

[59] DAVID René, JAUFFRET-SPINOSI, *Les grands systèmes de droit contemporains, ibid.*

africain est en phase avec les aspirations d'une grande partie de la population africaine.

10.-Essence du droit pénal coutumier africain. L'essence de la justice coutumière africaine réside dans le désir de conciliation et de maintien de la paix sociale. Etienne LE ROY est d'ailleurs persuadé que *« la première idée, qui contredit l'image apparente des sociétés africaines, est celle d'une recherche constante de la paix ou de l'apaisement »*[60] ; car en ce qui le concerne, les sociétés africaines *« recherchent la paix non seulement comme condition de la sécurité des personnes et des biens mais, surtout, comme condition de la cohésion sociale »*[61].

Pour le peuple Wolof du Sénégal par exemple, le but de la coutume selon la formule consacrée est d'*«arranger les problèmes pour retrouver la paix comme elle était avant »*[62]. Et la paix ne peut véritablement être garantie que si l'on rétablisse un équilibre entre les intérêts de l'individu et ceux du groupe auquel il appartient. L'équilibre peut aussi résider dans la tentative de conciliation du droit coutumier avec le droit moderne.

11.-Tentatives de conciliation du droit pénal coutumier africain avec le droit pénal moderne. Dans le contexte d'uniformisation et de modernisation du droit par les autorités étatiques, celles-ci ont considéré que l'intérêt du groupe identifié à l'intérêt tribal ou ethnique devait être remplacé par la notion d'intérêt public ou d'intérêt national. Ainsi, dans les pays où le pluralisme juridique, caractérisé par une superposition de juridictions modernes et de juridictions traditionnelles, est de mise comme au Cameroun[63], en République Démocratique du Congo, et surtout dans la plupart des anciennes colonies britanniques, l'Etat détient en général un pouvoir d'homologation, en déclarant ce qui lui parait relever ou non du droit coutumier, alors même qu'il est difficile de dire qu'il est dépositaire d'un réel pouvoir de formation ou de création des droits traditionnels.

Mais, ce pouvoir d'homologation du droit coutumier par l'Etat n'est pas sans intérêt car cela favorise une certaine cohérence dans les ordres

[60] LE ROY Etienne, *Les africains et l'institution de la justice, Entre mimétismes et métissages,* Editions Dalloz, Paris, 2004, 283 p., p.82.

[61] *Ibid.*

[62] *Ibid.*

[63] Voir le décret n°69/DF/544 du 19 décembre 1969 fixant l'organisation et la procédure devant les juridictions traditionnelles au Cameroun oriental, modifié par le décret n°71/ DF/607 du 03 décembre 1971 ; et la loi n°79/4 du 29 juin 1979 rattachant les *Customary Courts* et *Alkali Courts* de l'ex Cameroun occidental au ministère de la justice.

juridiques traditionnels qui le cas échéant, pourront grâce au principe de subsidiarité qui prévaut en droit international pénal, seconder les institutions modernes dans la répression des crimes internationaux sur la base d'une philosophie qui suscitera davantage l'adhésion des populations que le droit moderne. Une réflexion plus nuancée doit être faite au sujet des Etats africains qui reconnaissent la valeur juridique du droit pénal musulman.

B- Droit pénal musulman africain

12.-Avènement du droit pénal musulman africain. Le droit pénal musulman a été introduit sur le continent africain dès la première moitié du VIIème siècle à l'occasion de l'expansion islamique. Celle-ci a commencé effectivement par la conquête de l'Egypte avant d'atteindre aux environs de l'an 650, les frontières de ce qui correspond aujourd'hui à la Tunisie[64]. La dynastie des Omeyyades[65] avec opiniâtreté, conduisit une deuxième vague de conquête qui finit par faire passer tout le Maghreb sous l'empire de l'Islam au tournant du VIIème et du VIIIème siècle[66]. Un temps interrompu par le désert du Sahara, l'Islam continua néanmoins sa pénétration en Afrique sub-saharienne et cela quasi simultanément à l'Est et à l'Ouest du continent, grâce aux voies commerciales. Et le moins qui puisse être dit c'est que, au fur et à mesure que l'Islam progressa en Afrique, son droit se diffusa et régit ainsi la vie des néophytes qui devaient s'imprégner des fondements de leur nouvelle religion[67].

13.-Fondements du droit pénal musulman africain. La vérité c'est que l'Islam n'est pas seulement une religion, mais aussi un mode de vie organisé par le Coran. Ainsi, le Coran demeure sûrement le texte qui confère à l'ensemble des sources du droit musulman *« leur unité profonde »*[68]. Néanmoins, si le Coran est sans conteste la pierre angulaire du droit

---

[64] VANDERLINDEN Jacques, *Les systèmes juridiques africains, op. cit.*, p.27.

[65] Originaire de la tribu arabe des Quraysh qui dominèrent la Mecque au temps du prophète Mahomet, les Omeyyades ont comme ancêtre éponyme Umayya Ibn Abd Shams, qui est aussi un grand Oncle de Mahomet. De 661 à 750 ils fondèrent une dynastie de califes qui gouverna tout le monde musulman. Sur la civilisation des Omeyyades, lire notamment DEGEORGE Gérard, *La grande mosquée des Omeyyades, Damas,* Editions Actes Sud, Paris, 1er septembre 2010, 271 p.

[66] Lire VANDERLINDEN Jacques, *Les systèmes juridiques africains, op. cit.*, p.27ss.

[67] Sur le sujet, lire notamment TOUALBI-THAÂLIBÎ Issam, *Introduction historique au droit musulman : De la Révélation Coranique à la formalisation juridique*, Editions Albouraq, 1er mai 2013, 352 p.

[68] VANDERLINDEN Jacques, *op. cit.*, p.29.

musulman, faisant ainsi reposer d'une certaine façon celui-ci sur la révélation prophétique, il n'en demeure pas moins que les jurisconsultes musulmans sont plutôt divisés quant à la conception qu'ils ont du droit en Islam. Il est possible de recenser au moins quatre écoles juridiques sunnites (hanéfite, malékite, chaféite et hanbalite) et plusieurs écoles non sunnites (en l'occurrence zeydite et djafariste). En outre, il existe plusieurs sources du droit musulman que la doctrine classe en deux principales catégories. D'une part, il y a deux sources dites originelles ou scripturaires à savoir : le Coran et la Sunna, et d'autre part, deux sources dérivées tirées de la raison et de la réflexion des juristes, à savoir : l'idjma et le qiyas. Les deux grandes catégories de sources réunies constituent donc la Charia[69].

Le Coran, à la fois livre saint et soubassement du droit musulman, régit aussi bien le droit pénal de fond que le droit pénal de forme. *« Il se divise en cent quatorze chapitres (sourates) eux-mêmes subdivisés en versets dont une trentaine intéresse le droit pénal et treize la procédure judiciaire»*[70]. La Sunna[71] (littéralement la tradition) qui vient compléter le Coran renvoie à un ensemble de récits appelés les hadiths, qui relatent la manière d'être et le comportement du prophète Mahomet. Mais ces récits n'ayant pas été écrits à la même période, seuls ceux qualifiés d' *« authentiques »* peuvent servir de base à la création juridique à l'exclusion de ceux qualifiés de *« bons »* ou *« faibles »*[72].

Le Coran et la Sunna ne pouvant suffire comme fondement au droit musulman, les savants inventèrent de nouvelles règles qui devaient combiner à la fois religion et raison, sur la base de l'ijtihad[73] qui donna naissance à l'idjma et le quiyâs. L'idjma est l'accord unanime des docteurs de la loi fondé sur le Coran et la Sunna. Ce principe a une *« importance pratique*

---

[69] Lire BLANC François-Paul, *Le droit musulman,* 2ème édition, Dalloz, Paris, janvier 2007, 143 p., p.9.

[70] PRADEL Jean, *Droit pénal comparé,* 3ème édition Dalloz, Paris, 2008, 892 p., p.708-709.

[71] La sunna selon les hadiths englobe tout l'enseignement du prophète en particulier : ses dires, ses actes, ses approbations explicites ou implicites, ses qualités morales personnelles (selon certains savants du hadith comme Boukhari ou Muslim), ses désapprobations, ses délaissements de certains actes. Lire BLANC François-Paul, *ibid,* p.12ss.

[72] PRADEL Jean, *ibid.,* p.709.

[73] La plupart des savants s'accordent à dire que *« l'ijtihad désigne l'effort de réflexion que les oulémas ou muftis et les juristes musulmans entreprennent pour interpréter les textes fondateurs de l'islam et en déduire le droit musulman ou pour informer le musulman de la nature d'une action (licite, illicite, reprouvée...) ».*

exceptionnelle »[74] car il permet à l'Islam de s'arrimer au monde moderne. Le qiyâs qui est un raisonnement par analogie[75], fut développé au IXème siècle pour passer outre l'avis unanime nécessaire des spécialistes, lorsque se posait un problème non résolu par les sources scripturaires. Son but est donc de *« comparer le problème posé à celui qui a été résolu par les sources scripturaires et voir si l'on peut lui appliquer la disposition adoptée par ces dernières»*[76]. Il faut tout de même préciser que de toutes ces sources, seules les scripturaires sont non critiquables, même si elles sont peu nombreuses ; alors que celles qui, plus nombreuses, sont établies par les jurisconsultes sont susceptibles de critiques et d'aménagements. Malgré la concurrence du droit moderne, le droit pénal musulman est souvent pratiqué dans certains Etats africains.

14.-Pratique du droit pénal musulman en Afrique. Dans les pays africains fortement islamisés comme ceux du Maghreb ou de l'Afrique de l'ouest, la Charia reste très présente dans l'esprit des populations même lorsqu'elle n'a pas été érigée en droit commun à cause de l'influence du droit moderne d'inspiration européenne. Dans le domaine criminel, elle régit assez bien les infractions, la procédure et les sanctions (lapidation, amputation des membres…). La tentation islamique est quelquefois si forte que dans des pays tels que la Libye, la Mauritanie, le Soudan et les Etats du Nord du Nigéria, la Charia, malgré l'influence de la colonisation juridique européenne, s'affirme comme une source importante des codes pénaux.

Dans les provinces septentrionales du Nigeria, à majorité musulmane, les codes pénaux contiennent la disposition suivante : *« Toute action ou omission qui n'est pas spécifiquement mentionnée dans le code pénal, mais qui est considérée comme un délit selon le Coran, la Sunna et l'Ijtihad de l'école malékite sera considérée comme un délit selon ce Code de sorte que cette action ou omission sera punie :*

a) d'un emprisonnement jusqu'à cinq ans, ou

b) d'un certain nombre de coups de fouet jusqu'à cinquante ou

---

74 LAMBERT Edouard, *Fonction du droit civil comparé,* 1908, cité par PRADEL Jean, *op. cit.*, p.709.

75 Le raisonnement par analogie, a permis notamment d'étendre l'interdiction de la consommation de vin à des produits apparus ultérieurement à l'instar du whisky, de la drogue ou du tabac.

76 PRADEL Jean, *op. cit,* p.710.

c) d'une amende ... » (article 92 du code pénal du Zamfara)[77].

Toutefois, la nature religieuse du droit pénal pour laquelle certains Etats africains ont opté depuis le début des années 1970, comme la Libye, le Soudan et le Nord du Nigeria, n'est pas sans susciter des difficultés dans des contextes où toute la population n'est pas de confession musulmane. Au Nord du Nigeria, l'introduction de la Charia soulève des questions d'ordre constitutionnel car la Constitution fédérale nigériane interdit expressément aux Etats fédérés d'adopter une religion d'Etat[78].

Par ailleurs, l'infliction des peines corporelles heurte manifestement les standards internationaux en matière de droit de l'Homme, ce qui pourra susciter quelques difficultés, lorsque, au moment de réprimer les crimes internationaux, les Etats ayant adopté la Charia, seront appelés à s'arrimer aux principes sacro-saint du droit international des droits de l'Homme nécessaires pour mettre en œuvre les règles du droit international pénal. A défaut de cette adaptation qui pourra se faire notamment sur la base des sources dérivées (idjma et qiyâs), les Etats africains islamiques ou islamistes, se sentiront peut être obligés d'appliquer le droit pénal moderne, plus conforme aux grands principes de la répression des crimes de guerre, des crimes contre l'humanité, du crime d'agression ou de génocide.

---

[77] PETERS Rudolph, *Crime and punishment in Islamic Law. Theory and Practice from the Sixteenth of the Twenty-first Century.* Cambridge University Press, 2005, p.171, cité par PRADEL Jean, *op cit,* p.711.

[78] D'une manière générale le Nigéria garantit la liberté religieuse, voir notamment le Chapitre IV (article 38-1, 2 et 3) de la Constitution nigériane de 1999 qui prévoit que : «. *(1) Every person shall be entitled to freedom of thought, conscience and religion, including freedom to change his religion or belief, and freedom (either alone or in community with others, and in public or in private) to manifest and propagate his religion or belief in worship, teaching, practice and observance.*

(2) No person attending any place of education shall be required to receive religious instruction or to take part in or attend any religious ceremony or observance if such instruction ceremony or observance relates to a religion other than his own, or religion not approved by his parent or guardian.

(3) No religious community or denomination shall be prevented from providing religious instruction for pupils of that community or denomination in any place of education maintained wholly by that community or denomination ».

§2. **Droit pénal moderne africain**

16.-Droit d'origine coloniale. L'avènement du droit moderne sur le continent africain est surtout consécutif à la colonisation politique qu'a voulu organiser le traité de Berlin de 1885[79]. Ce fameux traité qui ouvre l'ère du partage de l'Afrique entre les Nations européennes impérialistes comme l'Allemagne, la Belgique, l'Espagne, la France, la Grande-Bretagne, l'Italie et le Portugal[80], va faire du continent noir le réceptacle des deux principaux systèmes pénaux occidentaux à savoir : d'une part le droit pénal romano-germanique **(A)** et d'autre part le droit pénal *Common Law* **(B)**.

A- Droit pénal romano-germanique africain

17.-Portée géographique. Le droit romano-germanique appelé encore droit de tradition civiliste, droit romano-civiliste, droit continental européen ou tout simplement droit civil[81], se veut l'héritier du droit romain antique, et applique un système de règles généralement codifiées et interprétées par les juges[82]. En matière pénale, la codification permet de garantir le sacro-saint principe de la légalité des délits et des peines. Les Nations d'Europe continentale ont réussi, par le biais de la colonisation, à imposer le système romano-germanique à certains pays africains, à tel point que, les pays africains d'expression francophones, hispanophones et lusophones se réclament bien de ce système juridique. Par ailleurs, des pays comme la Libye (à l'instar de tous les pays du Maghreb), la Somalie et l'Ethiopie qui a adopté un code pénal d'inspiration française, peuvent être catalogués comme Etats de tradition civiliste prônant en principe la primauté du droit moderne sur les droits traditionnels.

---

[79] Toutefois, l'introduction du droit occidental sur le continent africain remonte au XVIIème siècle avec l'expansion commerciale et maritime des Provinces-Unies des Pays-Bas. A cette époque en effet, les néerlandais transposent dans la colonie du Cap en Afrique australe, un droit romano-hollandais constitué de l'ensemble des sources classiques à savoir : la législation, la coutume, la jurisprudence et la doctrine. Par ailleurs, dès la première moitié du XIXème siècle, le droit américain est importé en Afrique par des anciens esclaves qui vont fonder la République du Libéria le 26 juillet 1847 ; et par la suite le droit libérien sera mâtiné de droit britannique lui-même à la base du droit américain.

[80] Lire VANDERLINDEN, *Les systèmes juridiques africains, op. cit.*, p.43.

[81] La notion de droit civil est très usitée au Québec en référence au concept anglophone de *« civil Law »* employé pour désigner le droit romano-germanique.

[82] Lire DAVID René, JAUFFRET-SPINOSI, *Les grands systèmes de droit contemporains, op. cit.*, p.25ss.

18.-Primauté du droit pénal romano-germanique sur les droits traditionnels africains. En Afrique, lorsque des pays d'Europe continentale se taillèrent de vastes territoires, ils imposèrent, en particulier dans le domaine pénal, leurs systèmes juridiques au sein des entités politiques qu'ils contrôlaient. Pour Jacques VANDERLINDEN, il est constant qu' *« en dépouillant par la voie pacifique du traité ou par celle brutale, de la conquête, les sociétés africaines d'abord d'une partie, ensuite de la totalité de leur pouvoir politique pour y substituer le leur, les puissances européennes ont presque nécessairement ouvert la voie à la primauté de leurs droits»*[83]. La primauté du droit romano-germanique devait passer par le dénigrement systématique du droit coutumier non écrit au profit du droit écrit, et la consécration de la suprématie de la civilisation de l'écriture sur celle de l'oralité. Il ne pouvait en être autrement en particulier dans le domaine pénal, dont le soubassement est bien le principe de la légalité des délits et des peines qui a entrainé la fièvre de la codification du droit européen continental au début du XIXème siècle[84].

Dans les colonies d'Afrique noire française par exemple, il était question d'abolir des pratiques jugées barbares en instaurant dès 1946, la législation criminelle française. Cette législation survécut d'ailleurs à la décolonisation[85] puisqu'après l'indépendance des pays africains sous administration française, *« on la vit se prolonger non seulement sur le plan législatif, ces pays adoptant des codes quasiment identiques à ceux de la France, mais aussi sur le plan jurisprudentiel »*[86]. C'est pourquoi, la Cour Suprême du Congo par exemple a pu combler un vide juridique sur le non-cumul des peines en affirmant le 25 juillet 1980 que *« le droit français doit servir de base en tant que raison écrite»*[87]. Mais, ce type de recommandation n'a pas réussi à éviter la difficile conciliation entre le droit pénal romano-germanique et les pratiques juridiques africaines.

---

[83] VANDERLINDEN Jacques, *ibid.*p.78.

[84] Le code pénal français par exemple remonte à 1810.

[85] Jean PRADEL révèle (note 6 p.827, ouvrage précité) que quelquefois, des textes faits pour les seuls européens à l'époque coloniale furent conservés et appliqués aux indigènes après les indépendances, à l'instar du décret du 30 novembre 1928 sur les adolescents déférés à la justice française dans les colonies qui continua d'être appliqué au Tchad même après le départ des colons. Lire DURAND Claude, *Les tendances du droit pénal au Tchad depuis l'indépendance,* Penant, 1973, p.352., cité par PRADEL Jean, *op. cit.*, p.827.

[86] PRADEL Jean, *ibid.*, p.827-828.

[87] DEMAY DE GOUSTINES, *Les cours suprêmes et hautes juridictions d'Afrique. Bilan de vingt ans de jurisprudence,* colloque organisé par le Centre d'études juridiques et politiques du monde africain, Paris I, 8-10 janvier 1987.

19.-Difficile conciliation entre droit pénal romano-germanique et pratiques juridiques africaines. Le système pénal adopté par les Etats africains francophones postcoloniaux conserva, à l'instar de la France, une conception jacobine du droit criminel dans l'optique de supprimer les coutumes qui étaient fortement liées aux clivages ethniques. Mais, la *« greffe juridique »* ne prit pas toujours, puisque comme il a déjà été souligné, les populations, rurales en majorité, préférèrent recourir à des anciennes formes de preuve (ordalie du poison sur le poulet, consultation de devins et sorciers…), ou encore ignorer la police et les tribunaux modernes pour porter leurs litiges devant les chefs traditionnels. Et à ce propos Jean PRADEL exprime un point de vue plutôt radical car il affirme sans fard que *« la réception du droit pénal français est donc incomplète puisqu'on assiste à un phénomène de coexistence, sans influences réciproques, entre un système traditionnel et un système moderne importé de France, artificiellement transplanté en Afrique et ne s'y appliquant guère que dans les villes »*[88].

Les raisons de cet échec relatif du droit pénal d'inspiration française sont multiples. D'entrée de jeu, la justice est rendue en français, langue dont une grande partie de la population ne saisit pas toutes les nuances ; sans oublier le caractère *a priori* complexe et dispendieux de la justice moderne. Aussi, l'échelle des valeurs est bien différente entre les pays européens et les anciennes colonies africaines. C'est pourquoi, certains pays africains, malgré le maintien d'un fonds juridique romano-germanique, n'ont pas hésité à garantir certains aspects de leur droit traditionnel. Au Maroc par exemple, si le premier code pénal de 1953 était très proche du code pénal français de 1810, celui de 1962 s'en éloigne au profit des valeurs islamiques, en sanctionnant dans l'article 220 *« quiconque emploie des moyens de séduction dans le but d'ébranler la foi du musulman ou de le convertir à une autre religion… »*. Le choc culturel, entre le droit européen et les traditions juridiques africaines, qui ne peut qu'inhiber la diffusion du droit international pénal, persiste aussi, toute proportion gardée, dans les pays africains ayant hérité d'un droit pénal inspiré de la *Common Law*.

---

[88] PRADEL Jean, *ibid.* p.837.

B- Droit pénal *Common Law* africain

20.-Caractéristiques de la *Common Law*. La *Common Law* renvoie au droit de l'Angleterre et aux droits qui se sont forgés à partir de celui-ci[89]. Il est certain que ses caractéristiques traditionnelles l'éloignent par essence de la famille des droits romano-germaniques car *« la règle de droit de la Common Law, moins abstraite que la règle de droit de la famille romano-germanique, est une règle qui vise à donner sa solution à un procès, non à formuler une règle générale de conduite pour l'avenir »*[90]. Pour les *« Common lawyers »*, les règles qui portent sur l'administration de la justice, la procédure, la preuve et même celles concernant l'exécution des décisions de justice ont un statut juridique particulier « *leur préoccupation immédiate étant de rétablir l'ordre troublé et non d'établir les bases de la société»*[91]. Cette approche, qui en matière pénale se traduit par une plus grande souplesse sur le plan normatif, a sans doute favorisé l'introduction de la *Common Law* en Afrique.

21.-Introduction de la *Common Law* en Afrique. Le premier contact de l'Afrique avec la *Common Law* remonte à la première moitié du XIXème siècle ; période au cours de laquelle, les anciens esclaves noirs américains établis sur la côte ouest africaine, vont fonder le 26 juillet 1847 la République du Libéria. Dans ce pays, il était déjà question d'appliquer *« la Common Law et les usages des cours de l'Angleterre et des Etats-Unis d'Amérique, tels qu'on les trouve exposés chez Blackstone, chez Kent, et dans les autres ouvrages faisant autorité»*[92]. Par la suite, l'influence coloniale du Royaume-Uni va être un véritable catalyseur pour l'instauration de la *Common Law* dans certaines entités politiques africaines. Mais, le régime juridique de la *Common Law* en Afrique dépendait en réalité de la nature des *Orders in Council*[93].

En Afrique occidentale (Gambie, Côte de l'Or (Ghana), Sierra Leone…), en Rhodésie du Nord (Zambie), au Nyassaland (Malawi), et en Somalie Britannique, était appliquée la *Common Law*, les doctrines de l'équité

---

[89] Parmi les pays appliquant la *Common Law*, nous pouvons citer entre autres, les Etats-Unis d'Amérique, le Canada, l'Australie, et la plupart des pays africains qui furent placés sous administration britannique à l'époque coloniale.

[90] DAVID René, JAUFFRET-SPINOSI Camille, *op. cit.*, p.18.

[91] *Ibid.*

[92] Disposition citée par DAVID René, JAUFFRET-SPINOSI Camille, *op. cit.*, p.451.

[93] Au Royaume-Uni, cette législation est formellement établie au nom du souverain britannique par son Conseil privé ; à l'époque coloniale elle servait aussi à transposer le droit métropolitain dans les colonies britanniques.

(Equity) et les lois de portée générale *(statutes of general application)* en vigueur en métropole à un moment donné[94].

En Afrique orientale, le droit de référence était celui de l'Inde Britannique *(British India)*[95] ; et les territoires concernés étaient le Kenya, l'Ouganda, le Tanganyika (intégré par la suite à la Tanzanie). Dans tous les cas, les colons britanniques déployèrent les stratégies les plus efficaces pour mettre en œuvre le droit de la métropole.

22.-Mise en œuvre du droit pénal *Common Law* en Afrique. Dans les colonies britanniques d'Afrique, la mise en œuvre du droit pénal d'inspiration métropolitaine fut plus nuancée que dans les colonies françaises par exemple. Si pour certains auteurs[96], les juridictions modernes furent en quelque sorte désorientées en présence des coutumes en Afrique anglaise, Etienne LE ROY par contre soutient qu'il existe « *une perception d'une distance culturelle bien moindre entre la conception du Law du colonisateur britannique et du Custom des colonisés* »[97]. Par ailleurs, il a bien souligné le fait que le colonisateur britannique n'intervenait dans le domaine de la coutume que pour supprimer celles apparaissant comme étant manifestement *« mauvaises »,* et en particulier celles qui dans le domaine judiciaire, faisaient appel aux ordalies considérées comme surannées[98].

Toutefois, malgré le rejet des pratiques coutumières manifestement contraires à l'essence de la *Common Law,* l'administration britannique en Afrique resta fidèle à un certain pragmatisme ; mais surtout au principe de l'administration indirecte *(indirect rule),* qui lui imposait d'interférer le moins possible sur le cours de la justice indigène. Aussi, il devint judicieux de différencier la notion de *custom* (coutume) à celle de *Customary Law* (droit coutumier). Ceci a permis au célèbre anthropologue britannique Max GLUCKMAN de développer une approche comparatiste entre les coutumes africaines et la *Common Law*, afin de dégager les principes juridiques universels *« universal legal principles».*

---

[94] Les textes métropolitains en vigueur étaient pour le Ghana ceux de 1874, pour la Sierra Leone ceux de 1880, pour la Gambie ceux de 1888, pour la Somalie ceux de 1900, pour le Nyassaland (Malawie) ceux de 1902, et la Rhodésie du Nord (Zambie) ceux de 1911.

[95] Les textes de la *British India*, sont ceux de 1897 pour le Kenya, ceux de 1902 pour l'Ouganda, ceux de 1920 pour le Tanganyika.

[96] DAVID René, JAUFFRET-SPINOSI Camille, *op. cit.,* p.453.

[97] LE ROY Etienne, *op. cit.,* p.97.

[98] *Ibid.*

Mais, Etienne LE ROY[99] a quant à lui vivement critiqué cette approche inspirée du structuro-fonctionnalisme cher à RADCLIFFE-BROWN, en faisant remarquer que la démarche de Max GLUCKMAN reposait sur des schèmes de perception occidentaux, qui le condamnaient à un *« péché d'ethnocentrisme si flagrant en usant du droit anglais ou du droit romain comme normes (au sens du « norma » latin, unité de mesure) que ses apports ont été abandonnés par la communauté scientifique surtout britannique»*[100]. Toutefois, malgré cette critique acerbe, une démarche méthodologique basée notamment sur la comparaison peut permettre aujourd'hui de mieux cerner la notion de droit pénal *Common Law* dans le contexte africain, et en particulier dans les pays comme le Kenya et l'Ouganda confrontés à la répression des crimes internationaux sur le fondement d'un droit international pénal fortement influencé par la *Common Law* britannique.

SECTION 3. La démarche méthodologique

23.-Délimitation du sujet et problématique. Aborder la question de *« la diffusion du droit international pénal dans les ordres juridiques »* même circonscrit au seul continent africain, peut apparaître comme *a priori* trop ambitieux, tant le champ de la réflexion dans ce domaine semble incommensurable ; ce qui peut placer le chercheur dans une situation inconfortable à l'issue incertaine.

D'entrée de jeu, s'il n'est pas nécessaire de revenir sur la notion de droit international pénal[101], il faut tout de même préciser ce que l'on entend ici par *« diffusion »*. Bien que ce concept soit polysémique, il ne sera retenu que deux de ses nombreuses acceptions. La première est celle qui fait référence à l'*« action de propager des connaissances, des idées »*[102] ou des savoirs. La seconde plus savante et ayant une connotation anthropologique fait allusion à la *« tendance de toute société à emprunter et à adapter, en fonction de ses traits culturels propres, des systèmes culturels élaborés par d'autres*

[99] LE ROY Etienne, « Comparaison n'est pas raison, Anthropologie juridique et Droit comparé face aux traditions non européennes », *in Scritti in onore de Rodolfo Sacco,* Milano, Giuffré, 1994. 1224 p., p.675-692.

[100] LE ROY Etienne, *Les Africains et l'institution de la Justice*, *op. cit.*, p.98.

[101] Voir les paragraphes 2 et suivants de cette étude.

[102] Voir notamment *Le grand Larousse illustré*, « diffusion » (point n°5), Edition de 2014, p.381.

sociétés »[103]. Dans cette étude, il faudra en réalité combiner ces deux définitions car dans le contexte africain, parler de la diffusion du droit international pénal revient à faire allusion aussi bien à la propagation de celui-ci dans les systèmes juridiques monistes et dualistes africains, qu'à son emprunt par les droits répressifs substantiels ou processuels des pays africains pouvant disposer d'un régime politique ou d'une politique criminelle favorable à la pénétration des normes internationales en droit interne.

Aussi, le fait que la diffusion ait un lien avec les aspects culturels d'une société permettra de mettre en exergue le débat sur l'universalisme ou le relativisme juridique du droit international pénal dans les ordres juridiques africains ; même s'il ne faut pas oublier le fait que le niveau de coopération des Etats africains avec les institutions chargées de veiller au respect des normes internationales pénales est un baromètre permettant de mesurer l'effectivité de la diffusion de celles-ci[104].

De plus, il est évident que, l'idée de diffusion ou d'intégration du droit international en droit interne, peut susciter des reformes juridiques importantes notamment au niveau des règles constitutionnelles[105]. C'est pourquoi, en France par exemple, c'est prenant acte de la décision du Conseil constitutionnel[106] du 22 janvier 1999 qui relevait la non-conformité de certaines dispositions du Statut de Rome par rapport à la Constitution française[107], que le pouvoir constituant dérivé a pu ajouter un article 53-2[108] à la Loi fondamentale française afin de reconnaitre la juridiction de la Cour

---

[103] Pour cette acception, voir la version électronique du dictionnaire Larousse sur le lien http://www.larousse.fr

[104] L'importance de la coopération des Etats avec les juridictions pénales internationales a pu être relevée par des auteurs. A ce sujet, lire notamment la thèse de Muriel UBEDA-SAILLARD sur *La coopération des Etats avec les juridictions pénales internationales,* Thèse de l'Université Paris-Ouest, Nanterre La Défense, 4 décembre 2009, 797 p.

[105] Sur la question, lire TAXIL Bérangère « Méthodes d'intégration du droit international en droits internes » *in Internationalisation du droit, internationalisation de la Justice,* 3ème congrès de l'AHJUCAF, Cour Suprême du Canada, Ottawa, 21-23 juin 2010, 190 p. pp.104-115., not. p.105.

[106] Sur le rôle du juge constitutionnel dans la diffusion des traités internationaux en droit interne, lire TURPIN Dominique, *Droit constitutionnel,* Editions PUF, Quadrige, Paris,septembre 2007, 846 p., pp.816-817.

[107] Voir la décision n°98-408 DC du 22 janvier 1999, *Traité portant Statut de la Cour pénale internationale.*

[108] Voir la loi constitutionnelle n°99-568 du 8 juillet 1999 insérant, au titre VI de la Constitution, un article 53-2 et relative à la Cour pénale internationale. Par la suite, le Statut de la CPI a été ratifié en France le 30 mars 2000, voir la loi n°2000-282 du 30 mars 2000 autorisant la ratification de la Convention portant Statut de la Cour pénale internationale.

pénale internationale[109]. Cette disposition a favorisé l'adoption de plusieurs lois importantes sur la diffusion du droit international pénal en droit français, notamment celle du 26 février 2002 relative à la coopération avec la CPI[110] et celle du 09 août 2010 portant adaptation du droit pénal à l'institution de la CPI[111]. Il est clair que les pays africains souhaitant mettre en œuvre les normes internationales pénales dans leurs ordres juridiques ne sont pas à l'abri des problématiques auxquelles a été confronté le droit français.

Quant à la notion d'ordre juridique, elle peut être considérée comme l'ensemble des règles juridiques agencées de manière cohérente et logique et se caractérisant par leur aspect organique[112]. Mais, le concept ne doit pas être confondu avec la notion de système juridique (romano-germanique ou *Common Law* par exemple) qui peut englober plusieurs ordres juridiques[113]. La meilleure façon d'éviter l'impasse est de délimiter au préalable le champ du sujet sur la base d'une méthodologie rigoureuse, même si la détermination de celle-ci n'est pas sans anicroche. La vérité c'est que, comme l'a si bien dit Jean-Louis BERGEL, *« si pour DESCARTES[114], la méthode semblait unique et universelle, les méthodes sont aujourd'hui diversifiées selon leur domaine d'application et même à l'intérieur d'un domaine déterminé »[115]*. Et pour revenir au sujet traité ici, et qui apparaît finalement comme une contribution d'étude générale des normes internationales pénales basée sur le contexte africain, il est légitime de se poser une série de questions.

Primo, ce sujet ne doit-il concerner que les ordres juridiques internes à l'exclusion de l'ordre juridique communautaire ? A vrai dire, la réponse à

---

[109] Article 53-2 de la Constitution française : *« La République peut reconnaître la juridiction de la Cour pénale internationale dans les conditions prévues par le traité signé le 18 juillet 1998 ».*

[110] Voir la loi n°2002-268 du 26 février 2002 relative à la coopération avec la Cour pénale internationale.

[111] Voir la loi n°2010-930 du 9 août 2010 portant adaptation du droit pénal à l'institution de la Cour pénale internationale. Cette loi fait suite à la décision n°2010-612 DC du 05 août 2010 sur la *loi portant adaptation du droit pénal à l'institution de la Cour pénale internationale.*

[112] Du point de vue de Jacques CHEVALLIER *« par ordre juridique, on entend tout d'abord les relations d'interdépendance qui existent entre les normes juridiques et les constituent en totalité organique, en « système » »*. Lire CHEVALLIER Jacques, « L'ordre juridique », in *Le droit en procès*, PUF, 1983, pp.7-49., p.9.

[113] Il faut tout de même relever le fait qu'en Afrique, le pluralisme juridique fait en sorte que les ordres juridiques s'appuient à la fois sur le droit moderne et sur le droit traditionnel.

[114] DESCARTES René, *Discours de la méthode, Pour bien conduire sa raison, et chercher la vérité dans les sciences* (1637) voir par exemple, l'édition « j'ai lu » du 1er juillet 2001, 96 p.

[115] BERGEL Jean-Louis, *Méthodologie juridique*, PUF, juin 2001, 408 p. p.17.

une telle question doit être nuancée car, si la réflexion portera essentiellement sur les ordres juridiques internes qui sont au premier chef concernés par la problématique de la diffusion des normes internationales pénales, elle fera, il est vrai de manière incidente, référence aux entités juridiques régionales ou sous-régionales dont la coopération ou l'interaction avec les instances pénales internationales peut s'avérer nécessaire.

Secundo, la réflexion devrait-elle s'entendre comme une étude intégrale portant sur l'ordre juridique répressif de chacun des Etats africains ? Certainement pas, puisque cette approche s'est avérée tout de suite comme étant particulièrement mauvaise, car d'une part elle est d'un point de vue méthodologique absolument incongrue étant donné l'ambition de faire une étude générale basée sur des situations pouvant se vérifier dans différents pays africains, et d'autre part, il est constant qu'elle est matériellement impossible dans le cadre d'une seule thèse, le continent africain comportant plus d'une cinquantaine d'Etats[116].

Toutefois, il est possible de surmonter cet écueil en rappelant qu'en Afrique, il y a globalement quatre grands systèmes de droit répressif, à savoir d'une part le droit pénal coutumier et le droit pénal musulman qui constituent le droit pénal traditionnel africain, et d'autre part le droit pénal romano-germanique et le droit pénal *Common Law*, qui forment le droit pénal moderne africain. Ainsi, si l'on divise l'Afrique en quatre grands systèmes de droit criminel, il sera possible de faire allusion à la diffusion du droit international pénal dans les ordres juridiques internes africains conçus d'un point de vue systémique avec les ordres juridiques romano-germaniques ou *Common Law* d'une part et les ordres juridiques coutumiers ou musulmans d'autre part, même s'il faudra aussi prendre en compte les systèmes monistes et dualistes africains qui font référence aux mécanismes d'insertion des traités en droit interne.

Seulement, il faut préciser que dans les pays africains, si le droit moderne (*Common Law* ou droit romano-germanique) est bel et bien d'origine étatique, il cohabite la plupart du temps avec un droit traditionnel (droit musulman ou droit coutumier) qui est souvent un droit de la société qui concurrence ou complète le droit de l'Etat. C'est le phénomène du pluralisme juridique qui a été révélé par l'anthropologie et la sociologie du droit. Ainsi, Franck LATTY a pu dire qu'une *« brèche a été ouverte par les anthropologues et les sociologues du droit qui, en développant la théorie du « pluralisme juridique », ont mis en avant d'autres formes de juridicité et ont*

---

[116] Le 09 juillet 2011, après avoir proclamé son indépendance, le Soudan du Sud est devenu le 54e Etat africain.

par là même affranchi la définition du droit de son origine étatique »[117]. La prégnance du pluralisme juridique en Afrique peut d'ailleurs pousser à se demander s'il est possible de garantir la diffusion du droit international pénal dans les ordres juridiques africains. Cette interrogation est d'autant plus pertinente que le lien d'un Etat avec le droit international dépend non seulement de son ordonnancement juridique, mais aussi de sa situation politique ; c'est pourquoi la réponse à une telle problématique permettra de justifier le plan du travail.

24.-Plan. D'entrée de jeu, il faut souligner le fait que le droit international en général et le droit international pénal en particulier, d'une part énoncent des règles internationales précises ou imposent des obligations aux Etats concernés. D'autre part, ils peuvent établir des organisations internationales ayant une vocation et une compétence bien déterminées. Ces deux principales prérogatives du droit international ont été cumulées par le Statut de Rome, notamment à l'égard d'Etats africains l'ayant ratifié.

Il faudra donc songer à mettre en exergue la coordination de l'ordre juridique international pénal avec les ordres juridiques des grands systèmes pénaux africains, en s'appuyant entre autres sur les mécanismes institutionnels de coordination des règles internationales et nationales. Ceci permettra d'assurer une certaine cohérence entre les différents ordres juridiques au sein d'un système structuré et équilibré ; puisqu'un bon système juridique correspond d'abord et avant tout à *« l'ensemble coordonné en un tout logique des règles contenues explicitement ou implicitement »*[118] autour des ordres juridiques bien déterminés. Seulement, comme l'a fait Jacques VANDERLINDEN, il faut préciser que le concept de *« système juridique »* a au moins deux acceptions. *« Dans un cas, il désigne un ensemble de droits dont certains caractères communs permettent de les regrouper en un système ou famille. (...) Dans l'autre cas, il désigne l'ensemble des droits d'application dans un même Etat et les mécanismes organisant leur interaction »*[119].

Quoi qu'il en soit, une réflexion ayant un lien avec les systèmes juridiques oblige très souvent le chercheur à recourir à une approche comparative. Cette approche est bien de mise dans le cadre de cette étude puisque, les possibilités de diffusion des normes internationales pénales

---

[117] Voir LATTY Franck, *La lex sportiva, Recherche sur le droit transnational*, coll. Études de droit international, Martinus Nijhoff Publishers, Leiden/Boston, 2007, 849 p., p.8.

[118] DU PASQUIER Claude, *Introduction à la théorie générale et à la philosophie du droit*, Neufchâtel-Paris, Delachaux et Niestlé, 6e édition, 1988, 364 p., n° 161.

[119] VANDERLINDEN Jacques, *Les systèmes juridiques africains, op. cit.*, p.3.

peuvent varier d'un ordre juridique à un autre, même si dans le cadre africain, le peu de pratique et le difficile accès à la jurisprudence nationale en matière de droit international pénal peuvent contraindre le chercheur à s'orienter vers une approche essentiellement théorique. Mais ici, il faudra en réalité s'appuyer sur une approche pluraliste, puisque la démarche comparative sera complétée par une démarche inductive ou déductive. En effet, la simplicité de l'approche comparative ne permet pas de dire s'il est réellement possible d'assurer la diffusion du droit international pénal dans les ordres juridiques internes d'autant plus que, le processus de diffusion du droit international pénal dans les ordres juridiques africains est assez complexe **(PARTIE I)**, du fait notamment de l'hétérogénéité des systèmes juridiques en présence (monistes et dualistes par exemple) ou des particularismes culturels que le droit ne saurait ignorer. Par ailleurs, une approche casuistique qui porte plutôt sur l'interprétation et sur l'application des textes incorporés dans un système juridique[120], révèle que l'effectivité de la diffusion du droit international pénal dans les ordres juridiques africains est conditionnée par une série de facteurs **(PARTIE II**

---

[120] Voir EISENMANN Charles, *Cours de droit administratif,* Paris, les cours de Droit, LGDJ ,1969 cité par NACH.MBACK Charles, *Démocratisation et décentralisation,* Paris Karthala, PDM, 2003, 528 p., p.45.

PARTIE I

UN PROCESSUS COMPLEXE DE DIFFUSION DU DROIT INTERNATIONAL PENAL DANS LES ORDRES JURIDIQUES AFRICAINS

25.-Importance du mécanisme d'insertion dans le processus de diffusion du droit international pénal dans l'ordre juridique interne. Le droit international pénal est une émanation de l'ordre juridique international ; or il est constant que *« la continuité entre l'ordre juridique international et l'ordre juridique interne n'est ni automatique, ni absolue»*[121]. Même si la coutume internationale, pratique générale et constante, a constitué pendant longtemps la pierre angulaire d'un droit international pénal embryonnaire, elle a depuis quelque temps et en particulier avec l'adoption du Statut de Rome créant la CPI, fait l'objet en grande partie d'une codification ; ceci afin de réduire toute contestation relative à la mise en œuvre du principe *« nullum crimen sine lege, nulla poena sine lege »*.

La diffusion du droit international pénal sur le continent africain se fait ces dernières années essentiellement de manière conventionnelle par les Etats qui ont choisi de ratifier le traité qui a donné naissance à la CPI. L'intérêt majeur des normes internationales conventionnelles en Afrique est que celles-ci viennent taire définitivement toute contestation politique soulevée par des Etats nouveaux qui ne se sentaient pas en général liés par la coutume internationale ; car beaucoup ont défendu *mordicus* l'idée selon laquelle *« des Etats qui n'étaient pas nés à l'époque où la règle coutumière s'est formée ne peuvent, par hypothèse, avoir participé à la pratique (générale) sur laquelle celle-ci repose »*[122].

---

[121] Voir SINKONDO Marcel, *Droit international public*, Editions ellipses, Paris, 1999, 508 p., p.36.

[122] VERHOEVEN Joe, *Droit international public*, Editions Larcier, Bruxelles, 2000, 856 p., p.328.

Par ailleurs, pour garantir le respect du principe *« pacta sunt servanda »* (principe d'exécution de bonne foi des traités)[123], tous les Etats ont l'obligation d'insérer dans leurs ordres juridiques internes, des traités qui établiront des droits et des obligations pour les particuliers. L'insertion est censée favoriser l'effectivité de la diffusion des normes conventionnelles en droit interne ; ainsi, pourront-elles s'imposer à l'égard *« non seulement de toutes les autorités étatiques, gouvernants et administration, à quelque échelon de la hiérarchie qu'elles se trouvent placées, mais encore des ressortissants de l'Etat »*[124]. Ce qu'il est convenu d'appeler le devoir d'insertion est considéré comme une obligation non pas de moyens (adoption d'un moyen quelconque pour assurer l'insertion du traité), mais de résultat (assurer l'applicabilité effective du droit international)[125]. Mais, la manière dont cette obligation est respectée a été laissée à la discrétion des Etats, ce qui explique d'ailleurs la variabilité des modalités de diffusion des normes de droit international pénal dans les ordres juridiques africains **(TITRE I)**, car si certains Etats africains en particulier anglophones ont fait le choix de s'appuyer sur un dualisme plutôt rigide, d'autres par contre ont opté pour un monisme qui pour les Etats francophones, a été insufflé par la Constitution française du 04 octobre 1958[126].

Seulement, l'insertion d'une norme conventionnelle ne peut se faire efficacement que si celle–ci est en accord avec le droit interne. Pendant longtemps, il était admis que le pluralisme juridique qui prévaut dans la plupart des Etats africains, ne constituait pas une difficulté majeure pour l'introduction des traités dans l'ordre juridique interne, car ce qu'il importait c'était la conformité du traité en question avec un droit moderne, en général compatible, du moins dans sa philosophie et sa conception avec le droit international. Mais au Rwanda, on a constaté que ces dernières années, le droit coutumier a été mis à contribution dans le cadre de la répression des crimes internationaux, quitte à instaurer non plus un rapport hiérarchique entre l'ordre juridique traditionnel et l'ordre juridique moderne, mais plutôt un rapport de système. Ce type de pluralisme juridique ne peut qu'exacerber la difficulté de

---

[123] Voir article 26 de la Convention de Vienne du 23 mai 1969 sur le droit des traités qui dispose que : *« tout traité en vigueur lie les parties et doit être éxécuté par elles de bonne foi »*. Par ailleurs, la CIJ a l'occasion d'un litige a rappelé qu' *« un des principes de base qui préside à la création et à l'exécution d'obligations juridiques, quelle qu'en soit la source, est celui de la bonne foi »*. CIJ, 20 décembre 1974, Australie contre France, Rec., p.268.

[124] DAILLIER Patrick, FORTEAU Mathias, PELLET Alain, *Droit international public*, LGDJ, 8ème édition, Paris, novembre 2009, 1709 p., p.251.

[125] Sur la question lire VIRALLY Michel, « Cours général de droit international public », *in RCADI,* 1983-V, pp.13-382, p.211.

[126] En réalité, la France avait déjà opté pour un système moniste dans la Constitution de 1946.

la diffusion du droit international pénal dans les ordres juridiques africains **(TITRE II)** puisque l'insertion d'un traité implique nécessairement son applicabilité et son effectivité dans l'ordre juridique interne.

TITRE I

LES MODALITES VARIABLES DE DIFFUSION DU DROIT INTERNATIONAL PENAL DANS LES ORDRES JURIDIQUES AFRICAINS

26.-Raisons de la variabilité des modalités de diffusion du droit international pénal dans les ordres juridiques africains. Comme le rappelle encore l'Institut du droit international dans une de ses résolutions, *« il appartient en principe au système juridique de chaque Etat de prévoir les moyens les plus appropriés pour assurer l'application du droit international au niveau national »*[127]. Ce leitmotiv est le corollaire du principe de la liberté de choix qui se veut respectueux de la souveraineté des Etats contractants, qui ont le loisir de définir eux-mêmes les modalités de diffusion ou d'insertion d'un traité dans leurs ordres juridiques respectifs. Ainsi, pour atteindre les résultats exigés, un système moniste n'agira certainement pas de la même manière qu'un système dualiste. La *« colonisation juridique »* du continent africain par des Nations européennes attachées à l'un ou à l'autre système, a fait en sorte que les modalités d'introduction des traités en droit interne puissent varier considérablement d'un Etat à un autre. C'est pourquoi, on peut constater que certains Etats africains ont de fortes propensions monistes, c'est-à-dire qu'ils sont disposés à mettre en œuvre les traités internationaux immédiatement sans recourir à une procédure spéciale d'insertion des traités en droit interne, alors que d'autres s'appuient au contraire sur une logique très dualiste, dont la conséquence est l'adoption d'un acte spécial pour l'insertion d'un traité international en droit interne.

Toutefois, comme l'a remarqué Claudia SCIOTTI-LAM, il y a une confusion qui règne *« autour des notions de dualisme et de monisme, due largement à la pratique des Etats qui ont tendance à s'inspirer des deux*

---

[127] Institut de droit international, « Résolution sur l'activité du juge interne et les relations internationales de l'Etat », 7 septembre 1993, *Annuaire de l'Institut de droit international*, 1993, vol. 65-1, p.318-323, p.318.

systèmes »[128]. C'est la raison pour laquelle, parlant de ces notions, elle recommande vivement *« de distinguer entre la théorie (qui est trop abstraite) et la pratique des Etats (qui est trop confuse) »*[129].

27.-Modalités de diffusion : entre théorie et pratique. Concernant la pratique des Etats, le monisme et le dualisme ne visent que la position de ces derniers par rapport au droit international conventionnel, à l'exclusion du droit international général. En effet, le droit international général qui touche principalement la coutume et les principes généraux de droit, *« fait l'objet dans tous les Etats d'un traitement semblable, bénéficiant systématiquement d'une solution moniste puisqu'il est immédiatement applicable par les juridictions nationales, que ce soit en vertu d'une disposition constitutionnelle ou d'une jurisprudence bien établie »*[130]. Puisqu'il n'y a pas lieu de faire la distinction entre les Etats monistes et les Etats dualistes à propos du droit international général (droit international coutumier et droit international des principes généraux de droit), il conviendra donc d'étudier essentiellement la diffusion du droit international pénal conventionnel et en particulier du Statut de Rome dans les ordres juridiques africains, laquelle diffusion sera bien différente selon que l'on sera dans un Etat africain moniste **(CHAPITRE 1)** ou dualiste **(CHAPITRE 2)**, malgré quelques nuances qu'il conviendra de relever.

---

[128] SCIOTTI-LAM Claudia, *L'applicabilité des traités internationaux relatifs aux droits de l'Homme en droit interne*, Bruylant Bruxelles, 2004, 728 p., p.114.

[129] SCIOTTI-LAM Claudia, *op. cit.*, p.115.

[130] SCIOTTI-LAM Claudia, *op. cit*, p.120.

CHAPITRE 1

LA DIFFUSION DU DROIT INTERNATIONAL PENAL DANS LES SYSTEMES MONISTES AFRICAINS

28.-Monisme et contexte africain. De manière générale, il apparaît que la plupart des Etats d'Afrique francophone[131] ont, même s'ils ne sont pas les seuls[132], adhéré aux thèses monistes à l'égard des traités internationaux. Aujourd'hui bon nombre de ces Etats[133] ont ratifié le Statut de Rome créant la Cour pénale internationale ; mais encore faudrait-il comprendre la logique sur la base de laquelle ces pays peuvent introduire dans leurs ordres juridiques le droit international pénal conventionnel qui devrait leur permettre en vertu du principe de subsidiarité, de contribuer efficacement à la répression des crimes internationaux.

29.-Logique moniste de diffusion du droit international en droit interne. La compréhension de la logique de diffusion du droit international pénal en particulier et du droit international en général dans les pays africains monistes, ne peut se faire sans un exposé préalable de la théorie moniste. Ce qu'il faut toujours garder à l'esprit c'est le fait que pour cette dernière, *« le critère du droit n'est pas la volonté mais l'existence de normes »*[134]. L'idée est qu'il existe un ordre juridique unique reposant sur une norme originaire et dont le droit international et le droit interne ne sont que des branches. La conséquence est qu'il ne devrait y avoir aucune contradiction entre le droit international et le droit interne ; et l'unité entre ceux-ci peut d'ailleurs être

---

[131] Parmi les Etats monistes il faut citer ceux de l'Amérique latine, de l'Europe centrale et orientale, à l'exception de l'Allemagne qui reste un Etat dualiste dans la pratique.

[132] Certains Etats africains non francophones (lusophones et hispanophones) comme le Cap Vert par exemple, semblent avoir opté pour un système moniste.

[133] En novembre 2016, parmi les Etats africains francophones membres de la CPI, nous pouvons citer notamment: le Bénin, le Burkina Faso, le Burundi (qui en octobre 2016 a annoncé son retrait du Statut de la CPI), la Côte d'Ivoire, le Congo, les Comores, le Djibouti, le Gabon, la Guinée, Madagascar, le Mali, le Niger, la République Centrafricaine, la République Démocratique du Congo, le Sénégal, le Tchad et la Tunisie.

[134] SCIOTTI-LAM Claudia, *op. cit.* p.118.

établie soit en les coordonnant soit en subordonnant l'un à l'autre. Pour les monistes en général c'est la solution de la subordination qui est de mise, sauf qu'il existe deux variantes de la subordination ; l'une prévoyant la soumission du droit international au droit interne et l'autre par contre faisant primer le droit international sur le droit interne infra-constitutionnel.

Du point de vue de Hans KELSEN[135], la solution faisant primer le droit interne sur le droit international équivaut sans doute à une forme à peine voilée de la théorie dualiste, qui garantit la souveraineté de l'Etat au détriment du droit international. Mais en Afrique, les fondements des systèmes monistes sont *a priori* favorables au droit international **(SECTION 1).** En effet, la solution moniste qui a été retenue par les pays africains est celle qui garantit la primauté du droit international sur le droit interne infra-constitutionnel. Ainsi, en cas de contradiction entre la norme internationale et la norme interne, c'est la première qui devra prévaloir. Cette conception du monisme a bien évidemment des conséquences particulières **(SECTION 2)** en ce qui concerne la mise en œuvre du droit international pénal dans les ordres juridiques concernés.

SECTION 1. Les fondements des systèmes monistes africains *a priori* favorables au droit international pénal

30.-Justification de la conception moniste dans les Etats africains. L'approche moniste africaine avec primauté du droit international et par conséquent du droit international pénal sur le droit interne infra-constitutionnel, repose sur le fait que cette conception est très souvent reconnue par les internationalistes sinon comme étant la seule défendable ou du moins comme étant la plus convaincante. François RIGAUX est persuadé qu'en *« acceptant le monisme comme hypothèse d'analyse du droit positif, il y a des arguments logiques en faveur de la primauté du droit international, ne serait-ce déjà que parce que l'autre version du monisme aboutit à un pluralisme de fait, en raison de la démultiplication des systèmes de droit étatique exerçant leur primauté sur le droit international »*[136]. Krystina MAREK, abonde dans le même sens en faisant remarquer que *« la conception moniste avec primauté du droit international (...), en supprimant au maximum*

[135] KELSEN Hans, « Théorie du droit international public », *in RCADI,* 1953-III, p.5-203, p.189.

[136] RIGAUX François, « KELSEN et le droit international », *in RBDI,* 1996, 758 p., pp.381-408, p. 403.

les contradictions et les difficultés, fournit des solutions logiques, cohérentes et acceptables »[137].

La conception moniste africaine est donc celle qui est le plus compatible avec le droit international[138] en général et le droit international pénal en particulier **(§1)**, ce qui ne peut que favoriser, au moins en théorie, une mise en œuvre inconditionnelle du droit international pénal dans certains Etats africains **(§2)**.

§1. **La conception moniste africaine en principe compatible avec le droit international pénal**

31.-Portée et limites de la compatibilité. La conception moniste africaine est *a priori* compatible avec le droit international car ce dernier, que ce soit du point de vue doctrinal ou jurisprudentiel, ne reconnait qu'un monisme qui est de nature à garantir sa primauté, puisque son efficacité dépend surtout de la possibilité qu'il a de résister aux contradictions du droit interne et de le supplanter. Mais la primauté du droit international sur le droit interne doit être relativisée puisqu'elle n'est effective en réalité que sur les normes législatives ; par conséquent, le droit international pénal n'aura dans les pays africains monistes qu'un caractère supralégislatif **(A)** avec une inféodation manifeste aux dispositions d'ordre constitutionnel, même si les constitutions de quelques Etats semblent avoir opté pour l'ébauche d'une constitutionnalisation de certains traités internationaux dont on pourrait déduire celle des règles du droit international pénal **(B)**.

---

137 MAREK Krystina, « Les rapports entre le droit international et le droit interne à la lumière de la jurisprudence de la Cour Permanente de Justice Internationale », *in RGDIP,* 1969, p.260-298, p.265.

138 Claudia SCIOTTI-LAM explique que *« du point de vue des organes internationaux et particulièrement des organes chargés de contrôler le respect du droit international par les Etats, on constate que seule la théorie du monisme avec primauté du droit international peut être retenue »*. Par ailleurs elle précise bien que *« le fait qu'en réalité, une norme de droit interne contraire au droit international peut subsister et s'appliquer ne signifie pas que le droit international et le droit interne sont deux ordres juridiques hermétiques, mais que le droit international ou l'ordre juridique originaire censé régir les relations entre ces deux droits ne dispose pas des moyens de sanctionner efficacement la contradiction »*. SCIOTTI-LAM Claudia, *L'applicabilité des traités internationaux relatifs aux droits de l'Homme en droit interne, op. cit.*, p.119.

A- Le caractère supra-législatif du droit international pénal dans les Etats monistes africains

32.-Plan. Le principe du caractère supralégislatif du droit international pénal qui est de mise dans certains Etats africains, repose sur un fondement juridique **(1)** qu'il convient de mettre en exergue avant de voir dans quelle mesure il s'applique au Statut de Rome **(2)**.

1. Les fondements du caractère supralégislatif du droit international pénal

33.-Influence du droit français et exigences du droit international. La plupart des Etats monistes africains ont clairement repris les dispositions de l'article 55 de la Constitution française du 04 octobre 1958[139], qui énonce que *« les traités ou accords régulièrement ratifiés ou approuvés ont dès leur publication une autorité supérieure à celle des lois... »*[140]. En empruntant cette disposition constitutionnelle, des pays africains essentiellement de culture francophone ont voulu manifester leur volonté de se conformer aux règles de droit international public. Seulement, la suite du texte commun à la Constitution française et à certaines constitutions africaines, évoque une condition de réciprocité, dans la mesure où l'autorité supérieure de l'accord ou du traité à celle des lois est subordonnée à *« son application par l'autre partie »*. Et cette condition de réciprocité a, contrairement à l'impression que donne le texte, été étendue aux conventions multilatérales par le juge constitutionnel français dans une décision du 15 janvier 1975[141]. Cette

[139] Cette disposition devait être en phase avec une tradition moniste inaugurée par les articles 26 et 28 de la Constitution du 27 octobre 1946 (IVème République française).

[140] A ce propos, voir l'article 45 de la Constitution camerounaise du 18 janvier 1996, l'article 72 de la Constitution centrafricaine de 2004, l'article 87 de la Constitution ivoirienne du 1er août 2000, l'article 116 de la Constitution malienne du 25 février 1992, l'article 80 de la Constitution Mauritanienne du 12 juillet 1991, l'article 215 de la Constitution de la République Démocratique du Congo de mai 2005, l'article 190 de la Constitution rwandaise du 03 juin 2003. La liste des pays africains monistes ayant reproduit textuellement l'article 55 de la Constitution française n'est pas exhaustive. Aussi certains pays comme l'Algérie essaient d'apporter une modification textuelle, à l'article 55 de la Constitution française dont ils s'inspirent manifestement ; même si cela ne change pas grand-chose du point de vue des conséquences juridiques (lire notamment l'article 132 de la Constitution algérienne qui dispose plutôt *que « Les traités ratifiés par le Président de la République, dans les conditions prévues par la Constitution, sont supérieurs à la loi »*.

[141] Voir décision n° 74-54 DC du 15 janvier 1975 sur la Loi relative à l'interruption volontaire de grossesse.

démarche des constituants français et africains francophones a vivement été critiquée. Certains[142] n'hésitent pas à dire qu'elle est franchement maladroite, surtout à cause des aléas qu'elle introduit aussi bien dans la lettre que dans l'application des constitutions respectives. Par ailleurs, s'il est possible malgré tout de reconnaitre dans cette disposition une référence plutôt vague à la règle d'exception d'inexécution reconnue en droit international[143], il n'en demeure pas moins qu'elle entraine des difficultés d'appréciation et d'interprétation quasi insurmontables pour les juges. On ne doit pas manquer de souligner que l'ensemble du texte cité qui est le soubassement juridique de la plupart des systèmes monistes africains, ne vise explicitement que les traités, à l'exclusion de la coutume internationale ou des principes généraux du droit.

Par conséquent, en ce qui concerne précisément le droit international pénal, seul le Statut de Rome créant la CPI, bénéficiera véritablement d'une efficacité juridique dans les Etats africains monistes l'ayant ratifié. Il faudra donc espérer que la coutume internationale, qui constitue pourtant un domaine important du droit international pénal, ne sera pas totalement déconsidérée par des Etats pratiquant un droit romano-germanique qui aborde tout phénomène coutumier avec beaucoup de circonspection. Mais il convient de relativiser une telle inquiétude ; et cela pour deux raisons au moins. La première c'est que la plupart des règles coutumières du droit international pénal ont été codifiées par le Statut de Rome. Ensuite, il découle d'une décision de la Cour internationale de justice de 1996 portant sur la licéité de la menace ou de l'emploi d'armes nucléaires, qu'il existe parmi les règles coutumières reconnues de longue date, des principes bénéficiant d'une portée juridique particulière. Ce sont des *« règles fondamentales qui s'imposent d'ailleurs à tous les Etats, qu'ils aient ou non ratifié les instruments conventionnels qui les expriment, parce qu'elles constituent des principes intransgressibles du droit international coutumier »*[144].

De plus, comme l'a souligné François TERRE, *« il n'est pas exclu que, dans l'ordre international des sources du droit, on reconnaisse l'existence d'une autre hiérarchie dans la mesure où l'on y reconnaît l'existence d'un jus cogens* [145]*: il s'agit ou il s'agirait de normes impératives*

---

142 DUPUY Pierre-Marie, KERBRAT Yann, *Droit international public*, 11ème édition, Dalloz, septembre 2012, 929 p., pp 456-457.

143 Sur l'exception d'inexécution voir notamment, DUPUY Pierre-Marie, KERBRAT Yann, *Droit international public, op.cit.*, p.348., §309.

144 Voir la décision sur la licéité de l'emploi d'armes nucléaires devant la Cour internationale de Justice - Avis consultatif CIJ, 8 juillet 1996.

145 Sur la notion de *jus cogens*, lire VIRALLY Michel, « Réflexions sur le *« jus cogens »*.», *in Le droit international en devenir*, Essais écrits au fil des ans, 1990, 477 p., p.147ss.

du droit international auxquelles aucune dérogation ne serait permise et dont la violation, à l'occasion de la conclusion de traités ou d'accords internationaux, entraînerait la nullité de ceux-ci »[146]. Relèvent essentiellement du *jus cogens*, la plupart des règles inhérentes à la protection des droits de l'Homme, aussi bien en temps de paix qu'en temps de guerre (réprobation du génocide, du crime de guerre et du crime contre l'humanité)[147].

Pour revenir au Statut de Rome qui est bien entendu un traité devant être mis en œuvre dans l'ordre juridique des Etats parties, il faut dire que la garantie de sa primauté sur la loi devra être assurée au moins *a priori* par un juge ordinaire par le truchement d'un contrôle de conventionalité.[148] Mais, en général, lorsqu'un conflit entre une loi et un traité surgit, le juge interne aura sans doute la propension de concilier dans un premier temps les principes qui s'imposent à lui à savoir d'une part la primauté du droit international et d'autre part le respect de la loi. Pour la plupart des auteurs[149], cette conciliation se fera par le biais de l'interprétation qui dans plusieurs Etats africains peut être considérée comme une véritable règle juridique obligatoire, puisque comme l'a défendu dans l'une de ses célèbres conclusions le procureur général français MATTER *« il existe en quelque sorte une présomption que la loi n'a pas voulu empiéter sur le traité»*[150]. Seulement, ce raisonnement n'est pas judicieux dans tous les cas, car il faut distinguer l'hypothèse où le traité est en conflit avec une loi antérieure, de celle où il est remis en cause par une loi postérieure.

La première hypothèse faisant référence à la contrariété du traité avec la loi antérieure, ne soulève guère de problèmes juridiques, puisque dans tous les pays y compris ceux de tradition juridique dualiste, les traités ont une valeur au moins égale à celle des lois. Par conséquent, leurs dispositions prévalent *a priori* sur celles des lois antérieures, si l'on se contente de faire

---

146 TERRE François, *Introduction générale au droit*, 9e édition, Dalloz, Paris, août 2012, 652 p., p 215.

147 Voir toujours sur la notion de *jus cogens,* KOLB Robert, *Théorie du ius cogens international, Essai de relecture du concept*, PUF, 30 septembre 2001, 401 p.

148 Dans le contexte français, le contrôle de conventionalité est assuré d'une part, par le juge judiciaire depuis 1975 (voir l'arrêt de principe de la Cour de cassation du 24 mai 1975, *Administration des douanes c. Société des cafés Jacques Vabre*) et d'autre part, par le juge administratif depuis 1989 (CE, Ass., 20 octobre 1989, *Nicolo*).

149 Voir notamment, DAILLIER Patrick, FORTEAU Mathias, PELLET Alain, *op cit,* p.314.

150 Concl. Sur Cass. Civ., 22 décembre 1931, Sanchez, S. 1932.1.257.

une simple application du principe *lex posterior priori derogat.*[151] Ainsi, il est constant que les juges administratifs africains qui s'inspirent largement de la jurisprudence du Conseil d'Etat français, considèreront sans difficulté qu'un traité prévaut sur une loi antérieure, au regard des dispositions constitutionnelles[152].

En ce qui concerne les lois postérieures, quelques difficultés ont pendant longtemps subsisté lorsque celles-ci étaient manifestement contraires aux engagements internationaux. Même en France, la position du juge administratif était plutôt ambiguë, car ce dernier ne manquait pas de subterfuges pour ne pas se prononcer clairement sur certaines questions qui lui étaient soumises. D'une part il pouvait considérer grâce à son pouvoir d'interprétation, que les dispositions de la loi postérieure devaient être interprétées de telle sorte qu'elles soient conformes aux traités en vigueur[153]. D'autre part, lorsqu'il y avait conflit entre le contenu du traité ou les mesures prises en application de ses dispositions et une loi postérieure, le Conseil d'Etat considérait, jusqu'à l'arrêt *Nicolo* du 20 octobre 1989[154] qu'on se trouvait confronté à un problème de constitutionnalité qui échappait à la compétence de la juridiction administrative. Le juge estimait en effet que si l'on faisait prévaloir le traité sur la loi cela revenait à juger que le législateur en adoptant une loi contraire à un traité préexistant, avait méconnu la hiérarchie des normes établies par la Constitution, alors même qu'il estimait ne pas détenir la compétence de principe pour procéder à un contrôle de constitutionnalité des lois.

Mais, cette position du juge administratif français a beaucoup évolué depuis notamment l'arrêt *Nicolo* précité[155] à telle enseigne qu'elle est aujourd'hui plus proche de celle du juge judiciaire. Ce dernier a assez tôt eu le courage de faire prévaloir les dispositions d'un traité sur une loi postérieure[156]. Ceci était déjà en soi une révolution jurisprudentielle qui faisait

---

[151] En guise d'illustration à la mise en œuvre de ce principe, voir la jurisprudence française tant judiciaire (Cf. Cass. Req., 25 juillet 1887, D. 1888. 1.5, n. *Sarrut* ; ou Cass. Crim., 13 décembre 1983, *Skandar,* Bull. p.880) qu'administrative (cf. CE , 23 décembre 1949, *Société Cominfi,* Leb. P. 670 ou CE, Ass., 7 juillet 1978, *Croissant,* Leb. P. 292).

[152] A ce propos voir la décision du Conseil d'Etat français du 15 mars 1972, *Dame veuve Sadok Ali,* Rec., p. 213 ; 7 juillet 1978, *Croissant,* Rec., p. 292.

[153] Voir CE, 27 avril 1987, *Berder et Satmar.*

[154] Voir BOULOUIS Jean, à propos de l'arrêt *Nicolo, in RGDIP* 1990, p. 91-102 ; DEHAUSSY Jacques, *JDI*/1 1990, p.5 et s.

[155] Voir notamment les arrêts, *Koné* (3 juillet 1996), *Aquarone* (6 juin 1997), *Sarran* (30 octobre 1998).

[156] Voir Cour de Cassation française, arrêt du 24 mai 1975, *Société des cafés Jacques Vabre.*

en sorte que lorsqu'un traité dûment reçu en droit interne était suffisamment clair et précis, l'on soit fondé à invoquer ses dispositions devant les juridictions compétentes. Toutefois, si l'on a parlé de révolution, il ne s'agit que d'une révolution sur le plan interne, car à l'échelon international ce qui est de mise c'est l'obligation pour les Etats de faire appliquer par leurs juridictions leurs obligations conventionnelles, sous peine de voir engager leur responsabilité internationale. C'est le principe de la primauté du droit international sur le droit interne qui interdit expressément aux Etats de se prévaloir de leur législation interne pour ne pas mettre en œuvre les traités internationaux qu'ils ont ratifiés[157]. C'est tout simplement le corollaire du principe « *pacta sunt servanda* »[158]qui suppose que si l'Etat est libre de déterminer souverainement le système juridique qui lui permettra de régler les rapports entre le droit international et le droit interne, il n'est pas pour autant dispensé de l'obligation qui existe sur le plan international, d'exécuter de bonne foi les dispositions des traités en question. Par conséquent, le caractère supralégislatif des conventions internationales s'est imposé comme une évidence, du moins sur le plan théorique, car en la matière, la pratique révèle une autre réalité en particulier en ce qui concerne l'application du Statut de la CPI.

2. Application du principe au Statut de la CPI

34.-Illustration. Le caractère supralégislatif du Statut de la Cour pénale internationale peut se vérifier à la lumière du droit de la République Démocratique du Congo (RDC), qui est un exemple plutôt intéressant et ceci à double titre. Premièrement, des années de conflits armées dans ce pays ont engendré la commission des crimes internationaux les plus graves tels que des crimes de guerre et des crimes contre l'humanité. Deuxièmement, la RDC est un Etat partie au Statut de Rome de la CPI, texte qu'elle a ratifié le 11 avril 2002. En tant que pays à tendance moniste, la RDC n'exige aucune loi de transposition pour qu'un traité acquière la qualité de norme juridique au niveau national. Les constitutions et autres textes fondamentaux successivement adoptés depuis 1994, ont constamment rappelé que les traités et accords internationaux régulièrement conclus ont, dès leur publication, une

---

[157] Article 27 de la Convention de Vienne sur le droit des traités du 23 mai 1969 « *Une partie ne peut invoquer les dispositions de son droit interne comme justifiant la non-exécution d'un traité* ».

[158] Article 26 de la Convention précité : « *Tout traité en vigueur lie les parties et doit être exécuté par elles de bonne foi* ».

autorité supérieure à celle des lois.[159] En se référant aux textes constitutionnels de 2003 et de 2006[160] il est évident que les traités bénéficient sans aucune ambiguïté d'une position supérieure à celle des lois. Ainsi, en cas de conflit entre le droit national et le droit international, c'est ce dernier corpus qui devra prévaloir en vertu des constitutions sus-évoquées.

Seulement, le Statut de Rome a été adopté sous l'empire du Décret-loi constitutionnel de 1997, or ce texte reste plutôt silencieux sur la question de la hiérarchie des normes nationales et internationales. Comme le dit Avocats Sans Frontières dans une étude de mars 2009, *« si une juridiction décidait de se référer à ce décret, elle devrait définir elle-même la position des traités internationaux dans la hiérarchie des normes et pour ce faire, la juridiction pourrait se laisser guider par les constitutions de 2003 et de 2006, qui reprennent d'ailleurs la même hiérarchie que celle de la loi constitutionnelle de 1994»*[161]. Cette réflexion est d'autant plus pertinente que l'on peut, à la lecture des différentes constitutions de la RDC, considérer qu'il existe une véritable coutume constitutionnelle qui s'appuie sur une conception kelsenienne de la hiérarchie des normes.

Il faut souligner tout de même que l'application directe du Statut de Rome au détriment de la législation congolaise semble diverger d'une juridiction à une autre ; même si globalement, l'étude des décisions laisse apparaitre divers raisonnements échafaudés par les juges et qui sous-tendent la supériorité du Statut de la CPI sur le droit interne. Excepté dans quelques décisions comme dans le cadre de l'affaire *Kilwa*[162], les juges congolais ont très souvent fondé leurs décisions sur les dispositions constitutionnelles de 2006 qui confèrent une primauté aux traités internationaux régulièrement

---

[159] Voir article 112 de l'Acte constitutionnel de la transition (1994), article 193 de la Constitution de la transition de la République Démocratique du Congo du 4 avril 2003, Journal officiel numéro spécial du 5 avril 2003 (Constitution de 2003), article 215 de la Constitution de la République Démocratique du Congo du 18 février 2006, Journal Officiel, numéro spécial du 18 février 2006 (Constitution de 2006).

[160] *Ibid.*

[161] Avocats Sans Frontières, Etude de jurisprudence, *L'Application du statut de Rome de la Cour pénale Internationale par les juridictions de la République Démocratique du Congo*, mars 2009, 143 p., p.21, voir le site www.asf.be

[162] Voir décision de la Cour Militaire du Katanga, Affaire *Kilwa,* 28 juin 2007, RP 010/2006, p.30. Dans cette affaire la juridiction a fait une simple référence au Statut de Rome sans citer les dispositions constitutionnelles ou les principes qui justifient son application. Voir également les affaires *Kahwa* et *Bavi* et les décisions rendues par la Cour Militaire de la Province Orientale.

approuvés et publiés[163]. Dans une fameuse affaire *Milobs*, le Tribunal Militaire de Garnison (TMG) de l'Ituri a décidé que *« le droit positif congolais a introduit dans son arsenal des lois le Statut de la Cour pénale internationale, lequel devient désormais un instrument juridique faisant partie intégrante de la législation pénale congolaise ».*[164] Un autre TMG, celui de Mbandaka a quant à lui dans une décision sur les *mutins de Mbandaka,*[165] fait référence à la Constitution de transition de 2003 qui permet de justifier l'application du principe du caractère supralégislatif du Statut de la CPI.

35.-Justification de l'application du principe. Quoi qu'il en soit, beaucoup de juges évoquent les lacunes ou les contradictions de la législation congolaise pour justifier le recours aux dispositions du Statut de Rome. Le Statut et le droit pénal militaire congolais présentent d'ailleurs des divergences notables en matière d'incriminations, et plus particulièrement en ce qui concerne la définition des crimes de guerre et des crimes contre l'humanité. Ainsi, dans l'article 166 du Code pénal militaire congolais[166], le

---

[163] Le Tribunal Militaire de Garnison (TMG) de l'Ituri s'est par exemple fondé pour chacune de ses décisions sur la Constitution de 2006, notamment dans les affaires *Kahwa* du 2 août 2006 et l'affaire *Milobs*, 19 février 2007.

[164] TMG de l'Ituri, affaire *Milobs* précitée.

[165] TMG de Mbandaka, affaire des *mutins de Mbandaka*, 20 juin 2006.

[166] Article 166 de la Loi n°024/2002 du 18 novembre 2002 portant Code Pénal Militaire, Journal Officiel numéro spécial du 20 mars 2003. Il ressort de cet article que : « *Constituent des crimes contre l'humanité et réprimées conformément aux dispositions du présent Code, les infractions graves énumérées ci-après portant atteinte, par action ou par omission, aux personnes et aux biens protégés par les Conventions de Genève du 12 août 1949 et les Protocoles Additionnels du 8 juin 1977, sans préjudice des dispositions pénales plus graves prévues par le Code Pénal ordinaire ;*

1. les tortures ou autres traitements inhumains, y compris les expériences biologiques;

2. le fait de causer intentionnellement de grandes souffrances ou de porter des atteintes graves à l'intégrité physique ou à la santé ;

3. le fait de contraindre à servir dans les Forces Armées de la puissance ennemie ou de la partie adverse un prisonnier de guerre ou une personne civile protégée par les Conventions ou les Protocoles Additionnels relatifs à la protection des personnes civiles pendant la guerre ;

4. le fait de priver un prisonnier de guerre ou une personne civile protégée par les Conventions ou les Protocoles Additionnels relatifs à la protection des personnes en temps de guerre, de son droit d'être jugé régulièrement et impartialement selon les prescriptions de ces dispositions ;

5. la déportation, le transfert ou le déplacement illicites, la détention illicite d'une personne civile protégée par les Conventions ou les Protocoles Additionnels ;

6. la prise d'otages ;

7. la destruction ou l'appropriation des biens, non justifiées par des nécessités militaires telles qu'admises par le droit des gens et exécutées sur une grande échelle de façon illicite et arbitraire ;

législateur intègre à la définition des crimes contre l'humanité un certain nombre d'incriminations constitutives plutôt de crimes de guerre dans le Statut de la CPI. C'est pourquoi, dans l'affaire des *mutins de Mbandaka* sus-

---

8. les actes et les omissions non légalement justifiés, qui sont susceptibles de compromettre la santé et l'intégrité physique ou mentale des personnes protégées par des Conventions relatives à la protection des blessés, des malades et des naufragés, notamment tout acte médical qui ne serait pas justifié par l'état de santé de ces personnes ou ne serait pas conforme aux règles de l'art médical généralement reconnues ;
9. sauf s'ils sont justifiés dans les conditions prévues au point 8, les actes consistant à pratiquer sur les personnes visées au point 8, même avec leur consentement, des mutilations physiques, des expériences médicales ou scientifiques ou des prélèvements de tissus ou d'organes pour des transplantations, à moins qu'il s'agisse de dons de sang en vue de transfusions ou de dons de peau destinée à des greffes, pour autant que ces dons soient volontaires, consentis et destinés à des fins thérapeutiques ;
10. le fait de soumettre la population civile ou des personnes civiles à une attaque ;
11. le fait de lancer une attaque sans discrimination atteignant la population civile ou des biens de caractère civil, tout en sachant que cette attaque causera des pertes en vies humaines, des blessures aux personnes civiles ou des dommages aux biens de caractère civil, qui seraient excessifs par rapport à l'avantage militaire concret et direct attendu, sans préjudice de la criminalité de l'attaque dont les effets dommageables, même proportionnés à l'avantage militaire attendu, seraient incompatibles avec les principes du droit des gens, tels qu'ils résultent des usages établis, des principes de l'humanité et des exigences de la conscience publique ;
12. le fait de lancer une attaque contre des ouvrages ou installations contenant des substances dangereuses, tout en sachant que cette attaque causera des pertes en vies humaines, des blessures aux personnes civiles ou des dommages aux biens de caractère civil, qui seraient excessifs par rapport à l'avantage militaire concret et direct attendu ;
13. le fait de soumettre à une attaque des localités non défendues ou des zones démilitarisées ;
14. le fait de soumettre une personne à une attaque tout en la sachant hors de combat ;
15. le transfert dans un territoire occupé d'une partie de la population civile de la puissance occupante, dans le cas d'un conflit armé international, ou de l'autorité occupante dans le cas d'un conflit armé non international ;
16. le fait de retarder sans justification le rapatriement des prisonniers de guerre ou des civils ;
17. le fait de se livrer aux pratiques de l'apartheid ou à d'autres pratiques inhumaines ou dégradantes fondées sur la discrimination raciale donnant lieu à des outrages à la dignité humaine ;
18. le fait de diriger des attaques contre les monuments historiques, les archives, les œuvres d'art ou les lieux de culte clairement reconnus qui constituent le patrimoine culturel ou spirituel des peuples et auxquels une protection spéciale a été accordée en vertu d'un arrangement particulier alors qu'il n'existe aucune preuve de violation par la partie adverse de l'interdiction d'utiliser ces biens à l'appui de l'effort militaire, et que ces biens ne sont pas situés à proximité immédiate des objectifs militaires ».

évoquée, le juge n'a pas hésité à déclarer que le code pénal militaire *« entretient une confusion entre le crime contre l'humanité et le crime de guerre qui du reste est clairement défini par le Statut de Rome de la Cour pénale internationale »*[167]. Dans un jugement avant dire droit au sujet de l'affaire *Songo Mboyo*, le même juge a constaté des divergences entre le Statut de Rome et le code militaire à propos de la définition de la notion de crime contre l'humanité. Et en ce qui concerne la définition des crimes de guerre telle qu'on la retrouve dans l'article 173 du code pénal militaire, elle est si différente de celle contenue dans le Statut qu'elle apparaît comme n'ayant aucun rapport avec la conception retenue par le droit international humanitaire classique[168]. Au reste, les principaux tribunaux militaires de garnison[169] ont constaté ce qui peut être qualifié à juste titre de conflit des normes.

A l'occasion de l'affaire *Bavi,* les juges militaires de l'Ituri se sont appuyés à la fois sur les décisions des principales juridictions militaires et sur la Constitution de 2006 pour écarter les dispositions pénales nationales afin de mettre en œuvre *« en toute sécurité les dispositions essentielles du Statut de Rome sur les crimes contre l'humanité et les crimes de guerre »*[170]. Ceci était d'autant plus utile que le code pénal militaire omet d'évoquer certains actes qualifiés par le Statut de Rome soit de crimes contre l'humanité comme les disparitions forcées, soit de crimes de guerre à l'instar du recrutement d'enfants soldats et l'homicide intentionnel.

La reconnaissance de la primauté du Statut de Rome sur la législation congolaise, permet de résoudre quelques difficultés liées à la détermination des peines à infliger aux personnes responsables de la commission des crimes internationaux et soumises au droit de la RDC. En effet, comme l'a constaté Avocats sans frontières dans l'étude précitée, le code pénal militaire de 2002 ne prévoit par exemple aucune peine en cas de crimes de guerre. Ainsi, au-delà du fait que le Statut de Rome occupe une place prépondérante dans la hiérarchie des instruments juridiques congolais, un certain pragmatisme a poussé les juges à privilégier ce texte au détriment de la législation congolaise. Dans l'affaire *Bongi*[171] par exemple, le juge du TMG de l'Ituri appelé à se prononcer sur des faits qualifiés de crimes de guerre, essaie de combler ce

---

[167] Voir TMG de Mbandaka, Affaire *mutins de Mbandaka* précitée.

[168] Voir article 173 de la Loi n°024/2002 du 18 novembre 2002 portant Code Pénal Militaire, Journal Officiel numéro spécial du 20 mars 2003. Le contenu de cet article est le suivant : *« par crime de guerre, il faut entendre toutes infractions aux lois de la République commises pendant la guerre et qui ne sont pas justifiées par les lois et coutumes de la guerre ».*

[169] Il s'agit notamment des TMG de Mbandaka et de l'Ituri.

[170] Voir TMG de l'Ituri, Affaire *Bavi*, 19 février 2007.

[171] Voir affaire *Bongi* du TMG de l'Ituri, 24 mars 2006.

qu'il a lui-même qualifié de *« lacune criante »* du code pénal militaire en considérant que *« le législateur congolais n'avait nullement l'intention de laisser impuni ce crime atroce dont il a reconnu la haute gravité en ratifiant le traité de Rome »*[172]. Il a dès lors considéré que l'absence de peine devait être mise sur le compte d'une *« erreur matérielle »*, et qu'il était logique de *« combler les lacunes de la législation interne en trouvant appui sur le traité de Rome »*[173]. Cela était d'autant plus légitime à ses yeux que la mise en œuvre du Statut de Rome ne heurtait pas le principe de légalité puisque la ratification de cet instrument, a fait en sorte que ce texte fasse partie de *« l'arsenal des lois de la RDC en vertu du monisme juridique avec primauté du droit international »*[174], d'où la faculté de mettre en œuvre tant les éléments matériels des crimes de guerre que les peines prévues par l'article 77 du Statut de Rome. Et pour défendre cette analyse, le juge s'appuie souvent sur les opinions de certains experts pénalistes congolais[175] pour qui la description des crimes de guerre par le droit congolais était tellement divergente de celle du Statut de Rome que l'on pourrait considérer qu'il s'agit en fait de deux listes de crimes différents ; à telle enseigne qu'il est inutile de s'interroger sur la question des conflits de loi.

Il est clair que sur le fond, les juges congolais ne se sont pas trompés dans leur compréhension des règles qui régissent la sanction des crimes internationaux tels que le crime de guerre et le crime contre l'humanité. Le préambule du Statut de Rome rappelle en effet aux Etats que *« les crimes les plus graves qui touchent l'ensemble de la communauté internationale ne sauraient rester impunis et que leur répression doit être effectivement assurée par les mesures prises dans le cadre national »*. Ceci d'autant plus que, toujours selon les termes dudit préambule, *« il est du devoir de chaque Etat de soumettre à sa juridiction criminelle les responsables de crimes internationaux»* ; ce qui place les Etats dans l'obligation de prendre toutes les mesures nationales nécessaires à cette fin. Alors, pour respecter le triptyque pénal de dissuasion, prévention, et répression, le juge congolais n'avait pas

---

[172] *Ibid.*

[173] *Ibid.*

[174] *Ibid.*

[175] Parmi ces pénalistes nous pouvons citer Me Franck MULENDA, ou M. MUTATA LUABA, *Droit pénal militaire congolais. Des peines et des incriminations de la compétence des juridictions militaires en RDC,* Editions du Service de documentation et d'études du ministère de la justice et garde des sceaux, Kinshasa, 2005, p.572.

d'autres choix que de s'appuyer sur les dispositions pertinentes du Statut de Rome[176].

La primauté du droit international pénal conventionnel se vérifie aussi lorsque le juge congolais décide, sans obligation expresse du Statut de Rome[177], d'opter pour la réclusion à perpétuité prévue pour la CPI dans l'article 77 du Statut[178], au détriment de la peine de mort qui existe dans le code pénal militaire pour sanctionner soit le génocide[179], soit les crimes contre l'humanité[180]. Et pour se justifier, il n'hésite pas à évoquer le principe général de l'application de la peine la plus douce, qui doit être retenu à l'occasion d'un conflit de lois. Par conséquent, dans l'affaire *mutins de Mbandaka* précitée, les juges ont relevé que : *« le Statut de Rome, moins sévère aux prévenus paraît le mieux adapté en disposant des mécanismes protecteurs des droits des victimes (...) en outre, en présence de deux lois en conflit, la plus favorable au prévenu sera d'application »*[181]. Ce raisonnement a d'ailleurs été le même dans l'affaire *Songo Mboyo*[182]. Par ailleurs, une juridiction d'appel, plus précisément la Cour militaire de la province Orientale a dans l'affaire *Bongi*, affirmé que *« les dispositions du traité de Rome sont plus humanisantes, en effet, moins sévères par la peine, la peine capitale y étant méconnue contrairement au code pénal militaire...que c'est pour ces motifs que la Cour militaire(...) a décidé d'appliquer le Traité de Rome »*[183]. La décision de cette

---

[176] Sur la question, voir FICHET-BOYLE Isabelle, MOSSE Marc « L'obligation de prendre des mesures internes nécessaires à la prévention et à la répression des infractions », *in* ASCENCIO Hervé, DECAUX Emmanuel, PELLET Alain (dir.), *Droit international pénal*, Editions A. Pedone, Paris, octobre 2012, 1280 p., pp.1055-1070.

[177] L'article 80 du Statut de la CPI dispose que : *« rien dans le présent chapitre (chapitre VII : Les peines) n'affecte l'application par les États des peines que prévoit leur droit interne, ni l'application du droit des États qui ne prévoient pas les peines prévues dans le présent chapitre ».*

[178] Une exception doit tout de même être apportée à cette lecture du Statut de Rome, car, si effectivement l'article 77, n'évoque pas l'exécution capitale comme sanction pouvant être mise en œuvre dans le cadre de la CPI, il n'en demeure pas moins que l'article 80 dispose clairement dans le cadre du chapitre consacré aux peines que rien dans ledit chapitre *« n'affecte l'application par les Etats des peines que prévoit leur droit interne, ni l'application du droit des Etats qui ne prévoient pas les peines prévues dans le présent chapitre ».*

[179] Article 164 du code pénal militaire congolais.

[180] Articles 167 et 168 du code pénal militaire congolais.

[181] TMG de Mbandaka, Affaire *mutins de Mbandaka* du 20 juin 2006 précitée.

[182] Lire la décision du TMG, dans l'affaire *Songo Mboyo* du 12 avril 2006, et aussi jugement avant dire droit du 20 janvier 2006 ; ou encore décision en appel du 7 juin 2006 de la Cour militaire de l'Equateur.

[183] Cour Militaire de la Province Orientale, Affaire *Bongi,* 4 novembre 2006.

juridiction est d'ailleurs très en phase avec une vogue qui sur le continent africain, tend à reconnaitre un statut particulier aux dispositions des instruments internationaux qui font référence directement ou indirectement aux droits fondamentaux, et qui peuvent même dans certains pays, être érigés en valeurs de rang constitutionnel.

B- L'ébauche d'une constitutionnalisation des règles relatives au droit international pénal dans certains Etats monistes africains

36.-Particularité de la constitutionnalisation des normes internationales pénales. Très peu de constitutions font directement référence aux règles du droit international pénal. A ce sujet la France, même si elle ne fait qu'une allusion discrète à cette discipline dans l'article 53-2[184] de sa Constitution qui reconnaît la légitimité de la Cour pénale internationale, il n'en demeure pas moins que sur la question, elle doit plutôt faire figure d'exception. Néanmoins, il faut souligner que la plupart des Etats ont amorcé une constitutionnalisation de certaines normes internationales, en l'occurrence celles du droit international des droits de l'homme. Le droit international pénal ayant intégré les standards internationaux en matière de protection des droits fondamentaux, il est donc possible d'en déduire d'une certaine façon sa constitutionnalisation **(1)**, même si celle-ci reste plutôt limitée **(2)**.

1. La déduction d'une certaine constitutionnalisation des règles du droit international pénal

37.-Constitutionnalisation indirecte des normes internationales pénales. Une constitutionnalisation indirecte et même inconsciente de certains principes réaffirmés notamment dans le Statut de Rome, a été opérée par les constituants des Etats monistes africains en particulier francophones, lorsque ceux-ci ont décidé d'accorder un statut particulier à quelques traités des droits

---

[184] L'adoption de l'article 53-2 de la Constitution française est consécutive à une décision n° 98- 408 DC du Conseil Constitutionnel en date du 22 janvier 1999, qui estimait que le Statut de Rome et notamment son article 27 qui dénie l'immunité aux responsables politiques, était en contradiction avec la loi fondamentale française. La loi constitutionnelle n°99-568 du 08 juillet 1999, insérant au titre VI de la Constitution (Des traités et accords internationaux) une nouvelle disposition, prévoit dans son article unique consacré à l'article 53-2 que *« La République peut reconnaître la juridiction de la Cour pénale internationale dans les conditions prévues par le traité signé le 18 juillet 1998.»*

de l'Homme par le biais d'une évocation de ces instruments dans les préambules des différentes constitutions concernées. Au regard du degré d'imprégnation du droit international pénal par le droit international des droits d'Homme, la constitutionnalisation d'au moins une partie de ses règles peut être à juste titre présumée.

La technique qui permet de conférer une valeur constitutionnelle aux règles du droit international des droits de l'Homme et incidemment aux règles du droit international pénal, consiste en général à les évoquer dans le préambule de la Constitution. Au Gabon par exemple, dans une déclaration préambulaire, le constituant déclare que *« le peuple gabonais (...) affirme solennellement son attachement aux droits de l'Homme et aux libertés fondamentales tels qu'ils résultent de la Déclaration des droits de l'Homme et du citoyen de 1789, consacrés par la Déclaration universelle des droits de l'Homme de 1948, par la Charte africaine des droits de l'Homme et des peuples de 1981 et par la Charte nationale des libertés de 1990 »*. Il est évident qu'une telle disposition fait penser au préambule de la Constitution française du 04 octobre 1958 qui dispose que *« le peuple français proclame solennellement son attachement aux droits de l'Homme et aux principes de la souveraineté nationale tels qu'ils ont été définis par la Déclaration de 1789, confirmée et complétée par le préambule de la Constitution de 1946»*. La similitude entre les deux préambules ne peut faire l'objet d'aucune contestation, même si, comme exception tout de même à ce qui apparait comme la manifestation d'un mimétisme juridique, la Constitution gabonaise fait également référence comme on l'a constaté, à certains instruments internationaux à l'instar de la Charte Africaine des Droits de l'Homme et des Peuples, alors que le constituant français s'était limité aux textes internes.

La similitude du préambule de la Constitution gabonaise avec celui de la France, devrait avoir pour conséquence de favoriser une construction prétorienne de la juridiction constitutionnelle gabonaise proche de celle de la France qui a consacré dans une fameuse décision du 16 juillet 1971[185], la valeur constitutionnelle du préambule de la Constitution de la Vème République et par extension, bien entendu celle des textes auxquels il fait référence.

[185] Conseil constitutionnel, décision n°71-44 DC 16 juillet 1971, *Liberté d'association.*

Les préambules des constitutions d'autres Etats africains tels que la Côte d'Ivoire[186], le Mali[187], la Mauritanie[188], la République centrafricaine[189], et le Togo[190], font clairement référence aux instruments juridiques relatifs aux droits de l'Homme, et leur confèrent ainsi une valeur constitutionnelle. Comme l'affirme à juste titre Claudia SCIOTTI-LAM, *« en dépit du silence des constitutions sur la signification exacte de la référence aux traités internationaux de droits de droits de l'Homme dans le préambule, on pourrait en déduire que ces instruments obtiennent valeur constitutionnelle, par extension, comme dans le cas de la Déclaration de 1789 et du préambule de la Constitution de 1946 en France »*[191]. Elle précise surtout que les Etats d'Afrique francophone ne pouvaient objectivement pas ignorer la jurisprudence du Conseil constitutionnel et du Conseil d'Etat, qui dans le cadre français, accordent une valeur constitutionnelle aux textes visés par le préambule. Ainsi, est-elle convaincue que c'est une jurisprudence similaire que devraient développer les juridictions des Etats africains concernés.

---

[186] Préambule de la Loi N°2000-513 du 1er août 2000 portant Constitution de la Côte d'Ivoire *« le peuple de Côte d'Ivoire...proclame son adhésion aux droits et libertés tels que définis dans la Déclaration universelle des Droits de l'Homme (DUDH) de 1948 et dans la Charte africaine des Droits de l'Homme et des Peuples(CADHP) de 1981».*

[187] Le préambule de la constitution du Mali du 25 février 1992 dispose que : *« Le peuple souverain du Mali (...) souscrit à la DUDH du 10 décembre 1948 et à la CADHP ».*

[188] D'après les termes du préambule de la Constitution de Mauritanie du 12 juillet 1991 *« (...) fort de ses valeurs spirituelles et d'un rayonnement de sa civilisation, (le peuple mauritanien) proclame en outre, solennellement, son attachement à l'Islam et aux principes de la démocratie tels qu'ils ont été définis par la DUDH du 10 décembre 1948 et par la CADHP du 28 juin 1981, ainsi que dans les autres conventions auxquelles la Mauritanie a souscrit ».*

[189] A la lecture du préambule de la Constitution de la République Centrafricaine du 5 décembre 2004, il apparait que *« le peuple centrafricain réaffirme son adhésion à la DUDH du 10 décembre 1948, aux Pactes internationaux relatifs d'une part aux droits économiques, sociaux et culturels et d'autre part aux droits civils et politiques du 16 décembre 1966, à la CADHP du 27 juin 1981 et aux conventions internationales dûment ratifiées ».*

[190] Le préambule de la Constitution de la IVème République togolaise du 14 octobre 1992 révisée en 2002 dispose : *« Nous, le peuple togolais, (...)convaincu qu'un tel Etat ne peut être fondé que sur le pluralisme politique, les principes de la Démocratie et de la protection des Droits de l'Homme tels que définis par le Charte des Nations Unis de 1945, la Déclaration Universelle des Droits de l'Homme de 1948 et les Pactes Internationaux de 1966, la Charte Africaine des Droits de l'Homme et des Peuples adoptée en 1981 par l'Organisation de l'Unité Africaine... ».*

[191] SCIOTTI-LAM Claudia, *op.cit,* p.276.

A ce propos, la référence au droit malgache est plutôt pertinente. Le préambule de la Constitution de Madagascar du 18 septembre 1992[192], remplacée par celle du 11 décembre 2010, précisait que le peuple Malagasy souverain adopte *« la Charte internationale des droits de l'Homme ainsi que la CADHP (Charte africaine des droits de l'homme et des peuples) »* et les considérait comme *« partie intégrante de son droit positif »*. Sur la base de cette simple référence préambulaire, la Haute Cour constitutionnelle de Madagascar avait pu consacrer la valeur constitutionnelle de la CADHP. Même si aucune disposition de ce préambule ne précisait qu'on doit accorder une valeur constitutionnelle aux instruments internationaux de droits de l'Homme visés, la Haute Cour constitutionnelle avait décidé qu'un arrêt d'un tribunal *« entrait en violation de la Charte internationale des droits de l'homme et de la CADHP qui font partie de l'ordre juridique interne de Madagascar tel qu'énoncé dans le préambule de la Constitution de la République de Madagascar »*[193] avant de conclure à son inconstitutionnalité.

Un raisonnement analogue a été adopté par le juge constitutionnel sénégalais. Le préambule de la Constitution sénégalaise du 7 mars 1963, révisée le 2 mars 1998, et remplacée le 22 janvier 2001 disposait que *« le peuple du Sénégal proclame solennellement son indépendance et son attachement aux droits fondamentaux tels qu'ils sont définis dans la Déclaration des Droits de l'Homme et du Citoyen (DDHC) de 1789 et dans la Déclaration Universelle du 10 décembre 1948 »*. Malgré l'absence d'une référence directe au droit international conventionnel, le Conseil constitutionnel sénégalais avait à diverses occasions, déclaré inconstitutionnelles des dispositions internes en se fondant concomitamment sur la Constitution elle-même, la DDHC (Déclaration des droits de l'homme et du citoyen) de 1789, la DUDH (Déclaration universelle des droits de l'homme), la CADHP et le PIDCP (Pacte international relatif aux droits civils et politiques), alors même que la Constitution n'avait expressément mentionné ni la CADHP, ni le PIDCP.

Pour lever toute ambiguïté, certaines constitutions d'Etats d'Afrique francophone précisent que le préambule a une valeur constitutionnelle. Ceci

---

192 A l'issue d'un référendum constituant du 17 septembre 2010 une nouvelle constitution est entrée en vigueur le 11 décembre 2010 instituant ainsi la IVème République malgache.

193 Décision de la Haute Cour constitutionnelle n°01-HCC/D2 du 14 février 2001. Cette décision mentionne en plus des instruments que nous avons évoqués, le PIDCP, ainsi qu'une décision de la Commission européenne des droits de l'Homme. Et en ce qui concerne la valeur constitutionnelle de la DUDH, voir Haute Cour constitutionnelle de Madagascar, 7 mai 1997, décision n°07-HCC/D3, disponible sur le site internet de l'Association des Cours constitutionnelles ayant en partage l'usage du français : http//www.accpuf.org.

vient également taire toute polémique concernant la portée constitutionnelle des instruments juridiques internationaux consignés dans le préambule. A titre d'exemple, le préambule de la Constitution camerounaise du 2 juin 1972, révisée le 18 janvier 1996 et le 14 avril 2008 dispose que : *« le peuple camerounais affirme son attachement aux libertés fondamentales inscrites dans la DUDH, la Charte des Nations Unies, la CADHP et toutes les conventions internationales y relatives et dûment ratifiées »*[194]. Afin de conférer une force juridique incontestable au préambule, le constituant camerounais a adopté dans le corps de la Constitution, un article 65 qui dispose que *« le préambule fait partie intégrante de la Constitution »*.

Au Tchad, c'est le préambule de la Constitution du 14 avril 1996, modifiée le 15 juillet 2005 qui dispose que *« (...) le présent préambule fait partie intégrante de la Constitution »*[195]. Au Burundi, après le préambule qui fait référence à la DUDH, aux deux Pactes internationaux relatifs aux droits de l'homme et à la CADHP, l'article 19 de la Constitution du 18 mars 2005 prévoit que *« les droits et devoirs proclamés et garantis, entre autres, par la Déclaration universelle des droits de l'homme, les Pactes internationaux relatifs aux droits de l'homme, la Charte africaine des droits de l'homme et des peuples, la Convention sur l'élimination de toutes les formes de discrimination à l'égard des femmes et la Convention relative aux droits de l'enfant font partie intégrante de la Constitution de la République du Burundi »*. Au Bénin également, le préambule de la Constitution du 11 décembre 1990, après avoir visé un certain nombre de textes internationaux, précise que ceux-ci *« font partie intégrante de la présente Constitution et du droit béninois et ont une valeur supérieure à la loi interne »*[196], tout en sachant que ces textes peuvent bien entendu avoir un lien avec le droit international pénal.

38.-Conséquences du lien entre les droits de l'homme et le droit international pénal. Pour revenir sur le lien que ces différents instruments

[194] Voir le préambule de la loi n° 96/ 06 du 18 janvier 1996 portant révision de la Constitution du 02 juin 1972.

[195] Un autre préambule, celui de la Constitution comorienne du 7 juin 1992 s'attribue aussi une valeur juridique en disposant que « ce présent préambule fait partie intégrante de la Constitution ». Lire OLINGA Alain Didier, « l'Afrique face à la globalisation des techniques de protection des droits fondamentaux », *in RJPIC*, 1999, p.67-84, p.72.

[196] Le préambule de la Constitution du Bénin du 11 décembre 1990 dispose que : *« Nous, peuple béninois, (...) réaffirmons notre attachement aux principes de la démocratie et des droits de l'homme tels qu'ils ont été définis par la Charte des Nations Unies de 1945 et la Déclaration des droits de l'homme de 1948, à la CADHP adoptée en 1981 par l'organisation de l'Unité Africaine, ratifiée par le Bénin le 20 janvier 1986 et dont les dispositions font partie intégrante de la présente constitution et du droit béninois et ont une valeur supérieure à la loi interne »*.

juridiques énoncés dans les préambules entretiennent avec le droit international pénal, il faut partir de l'idée que le droit répressif moderne ne saurait faire l'économie des droits de l'homme. La DDHC de 1789 mentionnée directement par les préambules des constitutions gabonaise et sénégalaise, apporte un certain nombre de garanties relatives au bon déroulement du procès pénal. Ainsi, la Déclaration de 1789 consacre-t-elle par exemple une place importante à la sûreté dans trois de ses articles (articles 7, 8 et 9)[197], c'est-à-dire au droit de ne pas être incarcéré arbitrairement ; ce qui suppose la légalité des incriminations, la légalité des peines, la non rétroactivité de la loi pénale et la présomption d'innocence[198].

Une autre source de référence à savoir la DUDH, que l'on retrouve dans la plupart des préambules des constitutions des Etats d'Afrique francophone, met l'accent sur les libertés physiques transposables en droit pénal (articles 3 à 14)[199]. Ces libertés physiques concernent essentiellement le

---

[197] DDHC du 26 août 1789 (extraits) : Article 7 : *« Nul homme ne peut être accusé, arrêté ou détenu que dans les cas déterminés par la loi et selon les formes qu'elle a prescrites. Ceux qui sollicitent, expédient, exécutent ou font exécuter des ordres arbitraires doivent être punis; mais tout citoyen appelé ou saisi en vertu de la loi doit obéir à l'instant; il se rend coupable par la résistance ».*

Article 8 : *« La loi ne doit établir que des peines strictement et évidemment nécessaires, et nul ne peut être puni qu'en vertu d'une loi établie et promulguée antérieurement au délit, et légalement appliquée ».*

Article 9 : *« Tout homme étant présumé innocent jusqu'à ce qu'il ait été déclaré coupable, s'il est jugé indispensable de l'arrêter, toute rigueur qui ne serait pas nécessaire pour s'assurer de sa personne doit être sévèrement réprimée par la loi ».*

[198] Lire MBORANTSUO Marie-Madeleine, *La contribution des cours constitutionnelles à l'Etat de droit en Afrique,* Edition Economica, 2007, 365 p., p 269.

[199]Extraits de la DUDH de 1948 ; Article 3 :*« Tout individu a droit à la vie, à la liberté et à la sûreté de sa personne ».*

Article 4 :*« Nul ne sera tenu en esclavage ni en servitude ; l'esclavage et la traite des esclaves sont interdits sous toutes leurs formes ».*

Article 5 :*« Nul ne sera soumis à la torture, ni à des peines ou traitements cruels, inhumains ou dégradants ».*

Article 6 :*« Chacun a le droit à la reconnaissance en tous lieux de sa personnalité juridique ».*

Article 7 :*« Tous sont égaux devant la loi et ont droit sans distinction à une égale protection de la loi. Tous ont droit à une protection égale contre toute discrimination qui violerait la présente Déclaration et contre toute provocation à une telle discrimination ».*

Article 8 :*« Toute personne a droit à un recours effectif devant les juridictions nationales compétentes contre les actes violant les droits fondamentaux qui lui sont reconnus par la constitution ou par la loi ».*

Article 9 :*« Nul ne peut être arbitrairement arrêté, détenu ou exilé ».*

droit à la vie, le droit à la liberté et le droit à la sûreté. S'agissant de cette dernière, il faut mentionner qu' *« une attention toute particulière est portée aux règles de procédure pénale »*, de manière à garantir les droits des personnes suspectées d'avoir commis des actes répréhensibles. Le PIDCP du 16 décembre 1966, adopté par bon nombre de constitutions africaines apporte des garanties similaires aux individus.[200]

La CADHP reconnaît elle aussi le droit à la sûreté dans ses articles 6 et 7, en insistant comme les textes précédents sur des notions telles que la légalité des délits et des peines, la non rétroactivité de la loi, et le principe de l'individualisation de la peine. Ces notions sont reprises par le Statut de la CPI, qui réaffirme dans son chapitre III[201], successivement les principes

---

Article 10 :*« Toute personne a droit, en pleine égalité, à ce que sa cause soit entendue équitablement et publiquement par un tribunal indépendant et impartial, qui décidera soit de ses droits et obligations, soit du bien-fondé de toute accusation en matière pénale dirigée contre elle »*.

Article 11 :*« Toute personne accusée d'un acte délictueux est présumée innocente jusqu'à ce que sa culpabilité ait été légalement établie au cours d'un procès public où toutes les garanties nécessaires à sa défense lui auront été assurées. Nul ne sera condamné pour des actions ou omissions qui, au moment où elles ont été commises, ne constituaient pas un acte délictueux d'après le droit national ou international. De même, il ne sera infligé aucune peine plus forte que celle qui était applicable au moment où l'acte délictueux a été commis »*.

Article 12 :*« Nul ne sera l'objet d'immixtions arbitraires dans sa vie privée, sa famille, son domicile ou sa correspondance, ni d'atteintes à son honneur et à sa réputation. Toute personne a droit à la protection de la loi contre de telles immixtions ou de telles atteintes »*.

Article 13 :*« Toute personne a le droit de circuler librement et de choisir sa résidence à l'intérieur d'un État. Toute personne a le droit de quitter tout pays, y compris le sien, et de revenir dans son pays »*.

Article 14 :*« Devant la persécution, toute personne a le droit de chercher asile et de bénéficier de l'asile en d'autres pays. Ce droit ne peut être invoqué dans le cas de poursuites réellement fondées sur un crime de droit commun ou sur des agissements contraires aux buts et aux principes des Nations Unies »*.

[200] En ce qui concerne le PIDCP, voir notamment les articles 6 à 15.

[201] Voir le chapitre III du Statut de Rome consacré aux principes généraux du droit pénal.

nullum crimen sine lege (article 22) [202]et *nulla poena sine lege* (article 23)[203], le principe de la non rétroactivité *ratione personae* (article 24)[204], et le principe de la responsabilité pénale individuelle (article 25)[205]. Il est évident que même

---

[202] Article 22 du Statut de la CPI:*« 1. Une personne n'est responsable pénalement en vertu du présent Statut que si son comportement constitue, au moment où il se produit, un crime relevant de la compétence de la Cour.*
2. La définition d'un crime est d'interprétation stricte et ne peut être étendue par analogie. En cas d'ambiguïté, elle est interprétée en faveur de la personne qui fait l'objet d'une enquête, de poursuites ou d'une condamnation.
3. Le présent article n'empêche pas qu'un comportement soit qualifié de crime au regard du droit international, indépendamment du présent Statut ».

[203] Article 23 du Statut de la CPI : *« Une personne qui a été condamnée par la Cour ne peut être punie que conformément aux dispositions du présent Statut ».*

[204] Article 24 du Statut de la CPI: *«1. Nul n'est pénalement responsable, en vertu du présent Statut, pour un comportement antérieur à l'entrée en vigueur du Statut.*
2. Si le droit applicable à une affaire est modifié avant le jugement définitif, c'est le droit le plus favorable à la personne faisant l'objet d'une enquête, de poursuites ou d'une condamnation qui s'applique ».

[205]Article 25 du Statut de la CPI : *« 1. La Cour est compétente à l'égard des personnes physiques en vertu du présent Statut.*
2. Quiconque commet un crime relevant de la compétence de la Cour est individuellement responsable et peut être puni conformément au présent Statut.
3. Aux termes du présent Statut, une personne est pénalement responsable et peut être punie pour un crime relevant de la compétence de la Cour si :
a) Elle commet un tel crime, que ce soit individuellement, conjointement avec une autre personne ou par l'intermédiaire d'une autre personne, que cette autre personne soit ou non pénalement responsable;
b) Elle ordonne, sollicite ou encourage la commission d'un tel crime, dès lors qu'il y a commission ou tentative de commission de ce crime;
c) En vue de faciliter la commission d'un tel crime, elle apporte son aide, son concours ou toute autre forme d'assistance à la commission ou à la tentative de commission de ce crime, y compris en fournissant les moyens de cette commission;
d) Elle contribue de toute autre manière à la commission ou à la tentative de commission d'un tel crime par un groupe de personnes agissant de concert. Cette contribution doit être intentionnelle et, selon le cas :
i) Viser à faciliter l'activité criminelle ou le dessein criminel du groupe, si cette activité ou ce dessein comporte l'exécution d'un crime relevant de la compétence de la Cour; ou
ii) Être faite en pleine connaissance de l'intention du groupe de commettre ce crime.
e) S'agissant du crime de génocide, elle incite directement et publiquement autrui à le commettre;
f) Elle tente de commettre un tel crime par des actes qui, par leur caractère substantiel, constituent un commencement d'exécution mais sans que le crime soit accompli en raison de circonstances indépendantes de sa volonté. Toutefois, la personne qui abandonne l'effort

si le Statut de Rome ne bénéficie pas directement d'une certaine constitutionnalisation à l'instar de certains textes internationaux tels que la DUDH, le PIDCP, ou la CADHP, il n'en demeure pas moins que ces instruments juridiques ont consacré des principes analogues à ceux du Statut de Rome, d'où la déduction d'une certaine constitutionnalisation des règles du droit international pénal, laquelle constitutionnalisation reste cependant limitée.

2. Les limites à la constitutionnalisation des règles du droit international pénal

39.-Raisons de la limitation de la constitutionnalisation des normes internationales pénales. La constitutionnalisation des règles du droit international pénal qui ne résulte au demeurant, comme on l'a constaté, que d'une simple déduction, est plutôt limitée. Il faut en effet souligner que si les droits fondamentaux liés au procès pénal, contenus dans le Statut de Rome et dans les autres instruments évoqués dans la plupart des préambules des constitutions des Etats d'Afrique francophone, bénéficieraient d'une certaine garantie constitutionnelle, cette garantie ne s'applique en général qu'à eux seuls, et non aux instruments dont ils sont issus. Et pour reprendre, Claudia SCIOTTI-LAM, *« généralement, les préambules des constitutions d'Etats d'Afrique francophone se réfèrent aux droits fondamentaux de la personne humaine tels qu'ils résultent des instruments en tant que tels, contrairement aux clauses constitutionnelles adoptées suivant le modèle de l'article 55 de la Constitution française qui, elles, accordent l'applicabilité immédiate aux traités en tant que tels, sans différencier selon le contenu des dispositions »*[206]. L'article 7 de la Constitution béninoise par exemple indique que sont intégrés dans la Constitution *« les droits et les devoirs proclamés et garantis par la CADHP »,* et non pas la CADHP tout court. Cette formulation ambigüe pourrait laisser croire que, les dispositions de la CADHP qui ne garantissent pas directement des droits et des devoirs comme leurs règles institutionnelles et procédurales concernant par exemple le mécanisme de contrôle du respect du traité, ne sont pas *ipso facto* intégrées dans le bloc de constitutionnalité.

---

tendant à commettre le crime ou en empêche de quelque autre façon l'achèvement ne peut être punie en vertu du présent Statut pour sa tentative si elle a complètement et volontairement renoncé au dessein criminel.

4. Aucune disposition du présent Statut relative à la responsabilité pénale des individus n'affecte la responsabilité des États en droit international ».

[206] SCIOTTI-LAM Claudia, *op. cit.*, p.280-281.

En vérité, comme l'ont constaté certains auteurs, à l'égard de la Constitution, *« la place des règles internationales, (...) même si de façon générale elle fait l'objet de quelques dispositions constitutionnelles (...), est sans doute la moins clairement définie à l'heure actuelle »*[207]. Si en la matière le rôle du juge constitutionnel n'est pas exclusif, il est sans aucun doute primordial. Seulement, en Afrique francophone, sa jurisprudence est très peu développée en ce qui concerne la portée juridique du droit international et notamment des instruments juridiques internationaux non expressément cités par la Constitution. Néanmoins, si l'on s'appuie sur le raisonnement du Conseil constitutionnel français dans sa décision du 15 janvier 1975[208], on pourrait conclure que les traités non expressément visés par les constitutions des Etats d'Afrique francophone et notamment le Statut de la CPI, ne sont pas intégrés dans le bloc de constitutionnalité.

Toutefois, pour Serge SUR et Jean COMBACAU, *« il n'en résulte nullement qu'ils sont inférieurs à la Constitution, mais que l'autorité conventionnelle se définit sur d'autres bases qu'un rapport hiérarchique ou même qu'un rapport d'égalité »*[209]. Malgré tout, les dispositions constitutionnelles en rapport avec le droit international sont sujettes à plusieurs interprétations en fonction des Etats. Et finalement, la conception que le juge interne se fait dans ce domaine de sa propre compétence, doit être prise en compte dans la détermination de la valeur des règles du droit international dans un ordre juridique.

En France par exemple, l'on a pu constater que la jurisprudence la plus récente apparaît en priorité comme *« une application d'un droit interne d'origine internationale ».*[210] Si une telle situation semble être *a priori* choquante, à la lumière d'une certaine conception des rapports entre les ordres juridiques que l'on veut hiérarchiser, avec comme le défendent les internationalistes, un droit international primant sur le droit interne, il faut tout de même relativiser le caractère néfaste d'une telle position jurisprudentielle. Il ne faut en effet pas oublier que *« le juge national, qui se vit d'abord comme un organe du droit interne et non comme un agent d'exécution du droit international, trouve les moyens de garantir l'adéquation de l'un à*

---

[207] COMBACAU Jean, SUR Serge, *Droit international public*, 10ème édition, Montchrestien, lextenso éditions, Paris, octobre 2012, 820 p., p.202.

[208] Voir décision n° 74-54 DC du 15 janvier 1975 précitée.

[209] COMBACAU Jean, SUR Serge, *op cit*, p.202.

[210] ALLAND Denis, « Le juge français et le droit d'origine internationale », *in* DUPUY Pierre-Marie (dir.) *Droit international et droit interne dans la jurisprudence comparée du Conseil constitutionnel et du Conseil d'Etat*, Paris, Editions Panthéon-Assas, LGDJ 2001, 128 p.,p.48.

l'autre »[211]. Telle est du moins l'idée défendue par Pierre-Marie DUPUY et Yann KERBRAT, qui au demeurant ont fait le constat selon lequel *« les pratiques judiciaires nationales varient considérablement en fonction d'une diversité de facteurs de nature autant sociologique et, dans bien des cas, historique, que strictement juridique ».*[212]

Cette analyse est très pertinente pour comprendre la position du juge à l'égard du droit international dans les Etats d'Afrique francophone ; car comme en France, l'office de ce dernier consiste d'abord et avant tout à mettre en œuvre le droit interne. Il a ainsi pendant longtemps eu la forte propension à s'appuyer essentiellement sur le droit interne dans le rendu de ses décisions ; et sa formation l'a très souvent conduit sinon à méconnaitre le droit international, du moins à le négliger totalement dans sa jurisprudence. Il ne pouvait en être autrement, car l'absence de familiarité d'un juge très attaché au droit écrit, du fait de sa culture romano-germanique, avec des notions telle que la coutume qui occupe une place centrale en droit international, ne pouvait que le placer dans une situation inconfortable.

Par ailleurs, à côté d'éléments essentiellement techniques, un élément purement psychologique vient expliquer pourquoi les juges dans les Etats d'Afrique francophone se montrent parfois très réservés à l'égard de l'applicabilité du droit international dans l'ordre juridique interne. Ils se considèrent avant tout comme étant liés par la Constitution nationale et par conséquent ne s'estiment *« habilités à considérer intégrées les normes du droit international à la légalité qu'ils ont à charge de faire respecter que s'ils trouvent pour ce faire un appui suffisamment ferme et dépourvu d'ambiguïté dans le texte constitutionnel lui-même »*[213]. Malheureusement, comme on l'a constaté, les dispositions constitutionnelles des Etats d'Afrique francophone, comme partout ailleurs, sont loin d'être précises dans l'énoncé des règles juridiques internationales. De plus, elles n'accordent pas une place particulière au droit international pénal, qu'elles donnent souvent l'impression d'ignorer tout bonnement, ce qui laisse entendre qu'en la matière, le juge national a un rôle important à jouer dans le cadre de sa jurisprudence.

40.-Rôle important du juge interne pour la constitutionnalisation des normes internationales pénales. Il ne faut pas perdre de vue le fait que d'une manière générale, la différence de perception entre les juges internes et les internationalistes est très importante. Les premiers qui tirent leurs

---

211 DUPUY Pierre-Marie, KERBRAT Yann, *Droit international public*, 11ème édition, Dalloz, Paris, septembre 2012, 929 p., p.458.

212 DUPUY Pierre-Marie, KERBRAT Yann, *Idem,* pp.458-459.

213 DUPUY Pierre-Marie, KERBRAT Yann, *op. cit,* p.459.

compétences du droit interne défendent *mordicus* l'idée selon laquelle, les règles internes et notamment constitutionnelles devraient prévaloir sur le droit international. Les seconds par contre, ont la forte propension à soutenir la primauté de l'ordre juridique international, en considérant que la portée du droit international dans l'ordre interne ne saurait être soumise aux caprices d'un juge national qui peut avoir une trop grande marge de manœuvre quand il s'agit d'interpréter les normes internationales. Mais, l'option moniste de certains Etats africains devrait suffire à relativiser la divergence de point de vue entre partisans du droit interne et promoteurs du droit international ; en considérant qu'il existe non pas un rapport hiérarchique que l'on voudrait voir exister entre les différents ordres juridiques, mais plutôt un rapport de système qui les inscrit dans une logique de complémentarité plutôt que de conflit.

Néanmoins, ce rapport de système ne signifie en aucun cas que les textes internationaux visés par le juge constitutionnel devraient être considérés comme faisant partie *ipso facto* du bloc de constitutionnalité. En République du Congo par exemple, le juge constitutionnel pourtant très attaché au droit écrit, a reconnu la valeur coutumière des principes consacrés par la Convention pour la prévention et la répression du crime de génocide du 9 décembre 1948. En 1998, dans un avis, ce juge[214] considère que *« la République du Congo est également partie à la Convention du 9 décembre 1948 relative à la prévention et à la répression du crime de génocide, en vertu de la théorie de la succession d'Etats[215] d'une part ; et d'autre part, en vertu de ce que les normes contenues dans ladite convention du 9 décembre 1948, sont de nos jours considérées comme l'expression du droit des gens c'est-à-dire, comme des normes impératives et obligatoires pour tous et auxquelles nul Etat ne peut valablement se soustraire »*[216].

En commentant cet avis, Delphine Edith Emmanuel ADOUKI fait remarquer à juste titre que *« la position du juge congolais présente le principal avantage de fournir un fondement, à la fois conventionnel et coutumier, à la prohibition du génocide considéré, par ailleurs, implicitement comme une*

---

[214] Lire ADOUKI Delphine Edith Emmanuel, « La consécration du *jus cogens* par le juge constitutionnel congolais. Commentaires critiques de l'Avis de la Cour Suprême n°007/CS/98 du 24 mars 1998 », *in RDA,* n°29/04, 2004, p.41-57.

[215] L'ancienne puissance coloniale de la République du Congo, à savoir la France, a signé la convention sur la prévention et la répression du crime de génocide le 11 décembre 1948 et l'a ratifiée le 14 octobre 1950. Le Congo, ayant accédé à l'indépendance le 15 août 1960, l'on peut considérer que c'est grâce au mécanisme de la succession d'Etats que ce pays est partie à ladite convention, c'est du moins, le point de vue du juge dans l'avis précité.

[216] Voir l'avis consultatif n°007/CS/98 du 24 mars 1998 *in Revue de droit africain,* n°29/04, 2004, p.83-85.

norme de jus cogens »[217]. On aurait pu espérer que le juge qui est au demeurant un juge constitutionnel aille plus loin dans son raisonnement, en se prononçant sur le rapport entre la Convention de 1948, et la Constitution congolaise dont le préambule précise que, fait *« partie intégrante de la présente Constitution, les principes fondamentaux proclamés et garantis par tous les textes internationaux pertinents dûment ratifiés relatifs aux droits humains »*[218]. Seulement, le juge congolais n'a pas voulu prendre ce risque et s'est donc contenté de mettre en œuvre un principe cher aux Etats monistes à savoir l'application sans condition des règles du droit international des droits de l'homme et incidemment du droit international pénal.

§2. Les systèmes monistes africains favorisant une mise en œuvre sans condition du droit international pénal

50.-Motifs de l'application inconditionnelle du droit international pénal. Le droit international pénal sanctionne aussi la violation des normes impératives du droit international général *(jus cogens)*[219] prévues dans l'article 53 de la Convention de Vienne sur le droit des traités. C'est ainsi que le Statut de Rome créant la CPI essaie de concilier les principes du droit international humanitaire avec ceux du droit international des droits de l'homme. Par conséquent, bon nombre de dispositions de ce Statut devraient bénéficier d'une application inconditionnelle au sein des systèmes monistes l'ayant adopté, d'autant plus que ledit Statut exclut toute possibilité de réserve[220]. Cette application inconditionnelle peut se traduire par l'exclusion éventuelle d'un certain nombre d'exigences qui conditionnent la mise en œuvre effective d'un traité.

En effet, outre la ratification, la réciprocité et la publication font partie d'un florilège de conditions auxquelles un traité doit être soumis avant qu'il puisse produire tous ses effets dans l'ordre juridique interne. Mais, concernant

[217] ADOUKI Delphine Edith Emmanuel, *Le Congo et les traités multilatéraux*, Editions L'Harmattan, Paris, 254 p., 2007, p.138.

[218] Préambule de la Constitution de la République du Congo du 20 janvier 2002.

[219]Article 53 de la Convention de Vienne du 23 mai 1969 sur le droit des traités *« Est nul tout traité qui, au moment de sa conclusion, est en conflit avec une norme impérative du droit international général. Aux fins de la présente Convention, une norme impérative du droit international général est une norme acceptée et reconnue par la communauté internationale des Etats dans son ensemble en tant que norme à laquelle aucune dérogation n'est permise et qui ne peut être modifiée que par une nouvelle norme du droit international général ayant le même caractère ».*

[220] Article 120 du Statut de Rome : *« le présent Statut n'admet aucune réserve ».*

précisément les deux dernières obligations sus-évoquées, il apparait que les juges internes, sous l'influence de la jurisprudence internationale, ont la forte propension de considérer qu'en l'absence de condition de réciprocité **(A)** et de publication **(B)**, il n'existe pas d'empêchement dirimant à la mise en œuvre des traités relatifs au droit de l'homme auxquels l'on peut apparenter compte tenu de leurs objectifs, ceux relatifs au droit international pénal.

A- L'absence de condition de réciprocité dans le cas des traités relatifs au droit international pénal

51.-Intérêt de la condition de réciprocité. L'absence de condition de réciprocité sur la scène internationale peut être considérée comme une sorte d'anomalie, car du point de vue de Robert KOLB, *« la réciprocité joue un rôle particulièrement éminent dans le droit international public parce que celui-ci régit une société paritaire, dominée par les relations bilatérales ou bilatéralisables »*[221]. C'est pourquoi, même dans les systèmes monistes et en l'occurrence ceux des Etats d'Afrique francophone, la Constitution exige la condition de réciprocité pour l'application des traités internationaux sur le modèle de l'article 55 de la Constitution française. La réciprocité repose sur l'idée selon laquelle, un traité ne peut trouver à s'appliquer dans l'ordre juridique d'un Etat partie que si l'autre Etat partie met lui-même en œuvre tous les moyens visant à appliquer le traité sur la base d'exigences similaires dans son ordre juridique.

Pour la plupart des auteurs, *« la vérification du caractère synallagmatique de l'engagement exigerait pour le surplus, celle d'une correspondance parfaite des différentes obligations stipulées au traité aux fins de s'assurer qu'elles emportent en particulier les mêmes limitations de souveraineté »*[222]. Pourtant, le principe de réciprocité comporte tout de même quelques limites.

52.-Limites du principe de réciprocité. L'idée aujourd'hui bien établie de valeurs universelles partagées par l'ensemble de la communauté internationale, vient fragiliser le principe de la réciprocité. Ces valeurs, qui bénéficient d'un régime normatif leur garantissant une supériorité

---

[221] KOLB Robert, *Réflexions de philosophie du droit international, Problèmes fondamentaux du droit international public : Théorie et philosophie du droit international.* Editions de Bruylant, éditions de l'Université de Bruxelles, 2003, 434 p., p.318.

[222] FAVOREU Louis et alii, *Droit constitutionnel,* 16e édition (2014), Dalloz, Paris, septembre 2013, 1070 p., p.184.

hiérarchique au sein du droit international, ont favorisé la consolidation d'un ordre public international dont le respect est une obligation juridique inconditionnelle faisant fi du principe de réciprocité. Ainsi, la mise en œuvre de certains traités n'est plus conditionnée par le bon vouloir des parties liées par une obligation conventionnelle. Si en matière commerciale par exemple, la condition de réciprocité pourrait permettre à l'Etat qui l'exige, de se *« protéger contre des cocontractants peu scrupuleux qui ne respecteraient pas leurs engagements conventionnels à son égard »*[223], lorsque se pose par contre la question des droits de l'homme on considère ceux-ci comme des *« obligations absolues, dues en toute circonstance, non à un Etat, mais à des individus, indépendamment de l'attitude d'autres Etats »*[224]. Tel est d'ailleurs le fondement **(1)** de l'application **(2)** de l'exception favorisant l'exclusion du principe de réciprocité pour les traités relatifs droit international pénal.

1. Le fondement de l'exclusion du principe de réciprocité

53.-Principe de l'exclusion de l'obligation de réciprocité pour certains traités. L'exclusion de l'obligation de réciprocité lorsqu'il s'agit des traités qui pourraient influer sur le droit international pénal comme ceux relatifs aux droits de l'Homme, découle du fait que ceux-ci bénéficient d'un traitement particulier en droit international. Cela ne vient pas seulement du fait qu'en général ces traités sont des conventions multilatérales, car contrairement à ce que l'on a tendance à imaginer, l'article 60-2 de la Convention de Vienne sur le droit des traités prévoit que dans certaines conditions, une violation substantielle d'un traité multilatéral par l'une des parties autorise la suspension de l'application du traité par les autres parties dans leurs relations avec l'Etat auteur de la violation[225]. L'obligation de

[223] SCIOTTI-LAM Claudia, *op.cit.*, p.298.

[224] KOLB Robert, *Idem*, p.329.

[225] Article 60-2 de la Convention de Vienne sur le droit des traités *: « Une violation substantielle d'un traité multilatéral par l'une des parties autorise :*

a) Les autres parties, agissant par accord unanime, à suspendre l'application du traité en totalité ou en partie ou à mettre fin à celui-ci :

i) Soit dans les relations entre elles-mêmes et l'Etat auteur de la violation;

ii) Soit entre toutes les parties;

b) Une partie spécialement atteinte par la violation à invoquer celle-ci comme motif de suspension de l'application du traité en totalité ou en partie dans les relations entre elle-même et l'Etat auteur de la violation;

réciprocité est exclue par exemple pour les traités de droits de l'homme car cette exigence n'est tout simplement pas en phase avec leur objet[226]. L'obligation des Etats cocontractants n'est pas réciproque mais plutôt objective, puisque les droits de l'homme, dont on doit sanctionner la violation *via* le droit international pénal, existent indépendamment de leurs intérêts spécifiques ; ce qui peut d'ailleurs se vérifier dans la pratique.

54.-Pratique de l'exclusion de l'obligation de réciprocité. Sur le plan international, la CIJ a été la première juridiction à prendre position en faveur de l'exclusion de la condition de réciprocité pour les traités visant à protéger des intérêts spécifiques de l'humanité. Dans un avis de 1951 à propos de la Convention sur la prévention et la répression du crime de génocide, elle précise en effet que *« dans une telle convention les Etats contractants n'ont pas d'intérêts propres ; ils ont seulement, tous et chacun, un intérêt commun : celui de préserver les fins supérieures qui sont la raison d'être de la Convention. Il en résulte que l'on ne saurait, pour une convention de ce type, parler d'avantages ou de désavantages individuels des Etats non plus que d'un exact équilibre contractuel à maintenir entre les intérêts et les charges »*[227]. En gros, dans le cas des traités portant sur la répression des crimes les plus graves, l'intérêt à préserver *« a un caractère absolu plutôt que réciproque. Il s'agit, pour ainsi dire d'une obligation envers le monde entier plutôt qu'envers certaines parties ».*[228]

Même si pour l'instant il n'y a pas eu de résonance africaine d'un tel raisonnement et notamment dans le cadre de la Cour Africaine des Droits de l'Homme et des Peuples, le droit comparé permet de mieux saisir l'intérêt que revêt l'exclusion de la condition de réciprocité pour certains traités spécifiques. Dans le cadre européen par exemple, la Commission européenne des droits de l'homme, a estimé que *« les obligations souscrites par les Etats contractants dans la Convention (Convention Européenne des Droits de l'Homme) ont essentiellement un caractère objectif, du fait qu'elles visent à protéger les droits fondamentaux des particuliers contre les empiètements des*

---

c) Toute partie autre que l'Etat auteur de la violation à invoquer la violation comme motif pour suspendre l'application du traité en totalité ou en partie en ce qui la concerne si ce traité est d'une nature telle qu'une
violation substantielle de ses dispositions par une partie modifie radicalement la situation de chacune des parties quant à l'exécution ultérieure de ses obligations en vertu du traité ».

226 Sur la question, lire PROVOST René, « Reciprocity in Human Rights and Humanitarian Law », *BYBIL,* 1994, p.383-454.

227 CIJ, Avis consultatif du 28 mai 1951, *Réserves à la Convention sur le génocide.* Voir le site internet http://www.icj-cij.org

228 FITZMAURICE Gerald, « Deuxième rapport sur le droit des traités », *Annuaire de la Commission du droit international,* 1957, II, p.54. Traduit et cité par SCIOTTI-LAM Claudia, *op.cit.,* p.300, note de bas de page n°844.

Etats contractants, plutôt qu'à créer des droits subjectifs et réciproques entre ces derniers »[229]. Aussi, elle a eu l'occasion de préciser que *« le principe général de réciprocité en vigueur en droit international et la règle figurant à l'article 21(1)*[230] *de la Convention de Vienne sur le droit des traités relative aux relations bilatérales aux termes d'un traité multilatéral ne s'appliquent pas aux obligations découlant de la CEDH »*[231]. Par ailleurs, la Cour européenne des droits de l'homme a apporté quelques éclairages et quelques précisions sur la notion d'obligations objectives découlant des traités relatifs aux droits de l'homme. Dans la décision *Irlande contre Royaume-Uni* de 1978, elle déclare tout simplement qu' *« à la différence des traités internationaux de type classique, la Convention déborde le cadre de la simple réciprocité entre Etats contractants. En sus d'un réseau d'engagements synallagmatiques bilatéraux, elle crée des obligations objectives qui, aux termes de son préambule bénéficient d'une garantie collective »*[232].

Un raisonnement analogue a été repris par la Cour interaméricaine des droits de l'homme, qui a aussi conclu qu'à l'instar des autres traités portant sur les droits de l'homme, la Convention américaine n'est tout simplement pas un traité multilatéral ordinaire, dont le but serait d'instaurer un échange réciproque de prérogatives à l'égard des Etats contractants. Le but de la Convention est plutôt la protection des droits fondamentaux des êtres humains *« indépendamment de leur nationalité et contre tous les Etats contractants. En concluant ces traités de droits de l'homme, les Etats sont supposés se soumettre eux-mêmes à un ordre juridique au sein duquel, pour le bien commun, ils assument des obligations variées, non à l'égard d'autres Etats mais à l'égard de tous les individus se trouvant sous leur juridiction »*[233].

---

229 Commission européenne des droits de l'homme, décision du 11 janvier 1961, *Autriche contre Italie,* Requête n°788/60, Annuaire de la CEDH, vol.4, 1961, p.117-183, p. 141.

230 Article 21 de la Convention de Vienne sur le droit des traités : effets juridiques des réserves et des objections aux réserves : *« 1. Une réserve établie à l'égard d'une autre partie conformément aux articles 19, 20 et 23 :*

a) Modifie pour l'Etat auteur de la réserve dans ses relations avec cette autre partie les dispositions du traité sur lesquelles porte la réserve, dans la mesure prévue par cette réserve; et

b) Modifie ces dispositions dans la même mesure pour cette autre partie dans ses relations avec l'Etat auteur de la réserve ».

231 Voir décision de la Commission européenne des droits de l'homme du 6 décembre 1983, *France et autres contre Turquie,* Requêtes n°9940 à 9944/82, DR n°35, p.143.

232Voir arrêt Cour EDH, 18 janvier 1978, *Irlande contre Royaume-Uni.*

233 Cour IADH, Avis consultatif du 24 septembre 1982 sur les effets des réserves à la CADH, Série A n°2, n°OC/82§ 29. Publié à la RUDH 1992, p.294-298. Il est intéressant de relever que dans son raisonnement la Cour interaméricaine mentionne expressément dans son avis, les décisions de la CIJ, de la Commission et de la Cour Européenne des Droits de l'Homme, ce qui

La règle de non réciprocité a aussi été érigée en principe général applicable à tous les traités de protection des droits de l'homme par le Comité des droits de l'homme, qui considère que *« les instruments relatifs aux droits de l'homme, et le Pacte (PIDCP) tout particulièrement, ne constituent pas un réseau d'échanges d'obligations interétatiques. Ils visent à reconnaitre des droits aux individus. Le principe de la réciprocité interétatique ne s'applique pas, sauf peut-être dans le contexte limité des réserves aux déclarations touchant la compétence du Comité faites au titre de l'article 41 »*[234]. Ici, le Comité apporte une petite exception à l'exclusion du principe de réciprocité pour les traités portant sur les droits de l'homme, au cas où ces traités prévoiraient un mécanisme de contrôle international ; puisque pour certains traités, un Etat peut toujours émettre une réserve dans le cadre d'un recours interétatique à l'occasion de l'acceptation de la compétence de l'organe de contrôle, même s'il est précisé que cette acceptation ne devrait jouer qu'à l'égard des Etats ayant également accepté la compétence du Comité des droits de l'homme pour les recours interétatiques[235].

Par contre, sur la question de la réciprocité, le droit humanitaire est assez proche du droit conventionnel des droits de l'homme, puisque le Comité International de la Croix Rouge (CICR) a considéré que le principe de réciprocité ne pouvait pas s'appliquer à propos des Conventions de Genève. Dans son commentaire consacré à l'article premier desdites conventions, le CICR souligne qu' *« en prenant d'emblée l'engagement de respecter les clauses du traité, les Parties contractantes montrent bien le caractère particulier que revêt la Convention. Il ne s'agit pas d'un contrat de réciprocité, qui lie un Etat avec son co-contractant dans la seule mesure où ce dernier respecte ses propres obligations, mais plutôt d'une série d'engagements unilatéraux, solennellement assumés à la face du monde*

---

pourrait être intéressant pour la Cour Africaine des Droits de l'Homme et des Peuples parfois à cours d'inspiration jurisprudentielle.

[234] Voir l'observation générale n°24 (52) du 2 novembre 1994 sur les réserves au PIDCP, §17, adoptée par le Comité des droits de l'homme lors de sa 1382ème séance, 52ème session, doc. CCPR/C/21/rev.1/Add.6. Publiée dans la RUDH 1995, p.59-62, p.61.

[235] La Charte sociale européenne pose elle aussi une condition de réciprocité dans la mesure où les Etats cocontractants ne sont *a priori* tenus d'accorder les droits qu'ils reconnaissent au regard de la Charte qu'aux ressortissants des Etats l'ayant ratifiée. Mais dans le but de rappeler les limites de la réciprocité dans la dite Charte, un comité d'experts indépendants avait affirmé que *« bien que la Charte autorise les Etats à ne pas accepter toutes ses dispositions, il est clair, en vertu du paragraphe 1 de l'annexe qu'un Etat doit appliquer les dispositions qu'il a acceptées aux ressortissants de tous les autres Etats ayant ratifié la Charte, indépendamment du fait que ces Etats n'ont pas accepté les mêmes dispositions »*.

représenté par les autres Parties contractantes. Chaque Etat s'oblige aussi bien vis-à-vis de lui-même que vis-à-vis des autres »[236].

En général, on considère qu'un certain nombre d'explications viennent justifier l'exclusion de la condition de réciprocité pour certains traités. Ces explications sont d'une part théoriques **(a)** et d'autre part plus empiriques **(b)**.

a) **Les explications théoriques du rejet de la condition de réciprocité pour certains traités**

55.-Présomption d'une volonté antérieure à la ratification du traité. La principale explication théorique du rejet de la condition de réciprocité entre les Etats au sujet de certains traités, réside dans le fait qu'il existe en fait une certaine réciprocité en dehors même de l'application des traités. Ainsi, considère-t-on qu'une certaine dose de réciprocité persiste dans la phase préalable à la ratification du traité, même si elle ne doit pas compter au moment de son application. Un traité multilatéral à l'instar du Statut de Rome, crée tout simplement un réseau d'engagements synallagmatiques qui favorise d'une certaine façon, le respect de l'aspect plus classique de la réciprocité. Ici, on peut tout simplement considérer que chaque Etat a d'une manière ou d'une autre un intérêt propre dans la ratification du traité en cause, sans quoi il ne le ratifierait tout simplement pas.

56.-Prise en compte d'intérêts supérieurs au principe de réciprocité. L'intérêt peut résider, pour le cas d'un traité visant à réprimer les crimes considérés comme particulièrement graves par la communauté internationale, dans le fait d'avoir le sentiment d'appartenir à un club de Nations partageant des valeurs considérées comme universelles, irréductibles, voire humanistes. Ceci ne peut qu'être un élément de satisfaction pour des pays accordant une place particulière à la préservation des droits de l'homme, qui est un facteur important pour assurer la paix aussi bien sur le plan interne qu'international. On peut même aller plus loin en disant que certains traités peuvent être considérés par des Etats comme un élément de stabilisation de l'ordre politique interne.

Lorsque les Etats d'Afrique francophone qui ne sont pas forcément des modèles de démocratie, ont décidé de ratifier le Statut de la CPI, c'était certainement parce qu'après avoir pris conscience du fait que leur situation

---

[236] Commentaire de l'article premier des Conventions de Genève par le CICR, cité dans PICTET Jean (dir), *Les Conventions de Genève, Commentaires I*, 1952, p.26 et 30. Aussi voir COULEE Frédérique, *Droit des traités et non-réciprocité, recherches sur l'obligation intégrale en droit international public,* Thèse de doctorat, soutenue le 12 mai 1999 à l'Université de Panthéon-Assas (Paris II), ronéotypée, 620 p., p.206.

géopolitique ne les mettaient pas à l'abri des soubresauts politiques les plus tumultueux, il valait mieux faire peser une épée de Damoclès sur la tête de tous ceux qui seraient tentés par la commission d'actes qualifiés de génocide, de crimes de guerre et de crimes contre l'humanité, actes qui ne peuvent que déstabiliser les structures politiques en place. On ne doit cependant pas trop relativiser la sincérité des Etats de plus en plus préoccupés par la préservation des droits des individus, même si en Afrique, très souvent, la ratification d'un traité et en particulier d'un traité portant sur les droits de l'homme, est d'abord et avant tout une opportunité pour redorer le blason de la diplomatie d'un Etat en donnant sur la scène internationale, l'image d'un pays attaché à la préservation des droits fondamentaux.

Mais au-delà de l'intérêt propre d'un Etat, il faut surtout songer à l'intérêt des individus et de la communauté internationale. C'est une idée intéressante si l'on veut comprendre pourquoi en ce qui concerne des traités comme le Statut de Rome, la réciprocité n'existe pas après la ratification[237]. D'entrée de jeu, il faut retenir qu'Emmanuel DECAUX par exemple a réussi à identifier trois sortes de réciprocité dans un traité : la réciprocité lors de la conclusion du traité qui émane de la création d'obligations, la réciprocité comme condition spécifique de l'exécution des obligations et enfin, la réciprocité dans le cadre de la sanction des obligations[238]. Toutefois, pour certains traités, seule subsiste la réciprocité au moment de la conclusion du traité, laquelle est d'ailleurs différente de la réciprocité dans l'hypothèse de la conclusion d'un traité classique pour la simple raison que *« les engagements des parties ne correspondent pas à un marchandage, mais à une solidarité plus grande (...) »*[239]. C'est pourquoi, le principe qui permet à un Etat d'exciper de la mauvaise application ou de la non application d'un traité par un autre Etat pour y mettre fin, ou tout simplement pour suspendre son application en tout ou partie, n'est pas de mise pour le Statut de Rome par exemple[240]. L'article 60-5 de la Convention de Vienne sur le droit des traités prévoit d'ailleurs que le principe ne s'applique pas *« aux dispositions relatives à la protection de la personne humaine contenues dans des traités de caractère humanitaire, notamment aux dispositions excluant toute forme de représailles à l'égard des personnes protégées par lesdits traités »*.

---

[237] Lire SIMMA Bruno, « International Human Rights and General International Law: A Comparative Analysis », *CCAEL*, 1993, vol. IV-2, p. 153-236, p.200.

[238] DECAUX Emmanuel, *La réciprocité en droit international*, LGDJ, Paris, 1980, 374 p., p.13.

[239] DECAUX Emmanuel, *Ibid.*, p.61.

[240] Ce principe est clairement évoqué par les articles 60-1 et 60-2 de la Convention de Vienne sur le droit des traités du 23 mai 1969.

Avec le temps, cette règle a pu devenir une coutume internationale s'appliquant aux Etats ayant ou non ratifié la Convention de Vienne[241]. Il est constant qu'une telle disposition peut s'appliquer notamment au Statut de la CPI, car si ce traité porte essentiellement sur le droit international pénal, il n'en demeure pas moins que cette discipline est un prolongement du droit humanitaire et vise aussi d'une certaine façon à assurer la protection de la personne humaine.

En réalité, l'article 60-5, est la résultante d'un amendement recommandant de prendre en compte non seulement les Conventions de Genève de 1949, mais aussi, *« les autres conventions également très importantes concernant le statut des réfugiés, la répression de l'esclavage, l'interdiction du génocide et la protection des droits de l'homme en général. Pour ces conventions, la violation par une partie ne doit en aucun cas avoir pour conséquence de frapper des individus innocents »*[242]. Mais, toutes ces considérations théoriques ne doivent pas faire oublier les aspects plus empiriques de l'exclusion de la condition de réciprocité pour certains traités.

b) **Les explications empiriques de l'exclusion de la condition de réciprocité pour certains traités**

57.-Deux principales explications. De manière empirique, l'exclusion de la réciprocité pour certains traités en particulier ceux portant sur le droit international pénal, apparait comme une évidence, soit parce qu'il existe un organe international de contrôle chargé de s'assurer de façon plus ou moins objective du bon respect du traité, soit parce qu'il existe tout simplement des obstacles pratiques dans l'application de l'obligation de réciprocité.

58.-Existence de l'organe international de contrôle. L'institutionnalisation d'un contrôle international établit une certaine distinction entre les traités protégeant les intérêts de l'humanité et la plupart des traités. Pour les traités ayant un lien avec les droits de l'homme, l'obligation objective qui pèse sur les Etats exclut tout rapport de réciprocité. Dès lors, il devient important de mettre sur pied d'autres mécanismes de contrôle du respect des engagements contractés. En matière commerciale par exemple, un Etat lésé peut prendre des mesures de rétorsion visant à rétablir l'équilibre rompu à la suite de la violation d'un traité synallagmatique par l'un de ses cocontractants. Par contre quand un traité portant sur les droits de

---

[241]Lire ABRAHAM Ronny, « L'applicabilité directe devant la juridiction administrative », *in RUDH,* 1991, p.275-280, p.279.

[242] Propos d'un certain RUEGGER, lors de la 21ème séance du 13 mai 1969, cité par DECAUX Emmanuel, *La réciprocité en droit international*, LGDJ, Paris, 1980, 374 p., p.308.

l'homme est violé, ce sont les individus qui en font les frais. Par conséquent, il est plus judicieux *« de confier la tâche délicate de constater et de sanctionner la violation à un organe neutre et indépendant, qui pourra être saisi par les individus comme par les autres Etats contractants. L'existence de tels organes est à la fois la cause et la conséquence de l'absence d'un principe de réciprocité dans l'application des traités de droits de l'homme »*[243]. Dans le cadre du Statut de Rome, si les individus ne peuvent pas directement saisir la CPI en cas de carence de leur Etat d'origine dans la répression de certains crimes particulièrement graves, ils peuvent voir en la personne du Procureur de cette juridiction, une autorité fiable pour défendre leur cause auprès de la Cour, ce qui rend inopérant une éventuelle condition de réciprocité, qui peut au demeurant rencontrer des difficultés pratiques dans sa mise en œuvre.

59.-Difficultés dans l'application de la condition de réciprocité. En ce qui concerne justement les difficultés pratiques suscitées par la mise en œuvre de la condition de réciprocité, elles sont d'une telle complexité qu'elles ne peuvent que conforter la logique de son exclusion pour certains traités. Ainsi, est-il exclu d'imaginer un seul instant qu'en Afrique par exemple, continent où les conflits armés sont souvent la cause d'une forme de nomadisme, que des refugiés issus d'un Etat quelconque et installés dans un autre Etat mais victimes dans celui-ci de crimes contre l'humanité, ne puissent se voir accorder tous les droits reconnus aux victimes dans le Statut de Rome, sous le prétexte que la réciprocité n'est pas évidente entre les Etats en cause et tous parties au Statut de la CPI. La difficulté s'aggraverait si l'Etat d'origine des réfugiés n'est pas partie au Statut de Rome, contrairement à l'Etat hôte. Ce dernier ne pourra donc en aucun cas évoquer une hypothétique réciprocité et serait dans l'obligation de mettre en application le principe de subsidiarité imposé par le Statut de la CPI, principe qui l'oblige à réprimer tous les crimes internationaux commis sur son sol.

De plus, au-delà du statut particulier des droits de l'homme, il est traditionnellement admis que la condition de réciprocité est plutôt inappropriée pour les traités multilatéraux quel que soit leur objet[244]. En matière de traités communautaires par exemple, il existe un juge chargé de veiller au bon respect des dispositions du traité qui engage les Etats parties ; même si, dans la réalité les Etats peuvent développer une application différente de l'exclusion de la condition de réciprocité.

---

243 SCIOTTI-LAM Claudia, *ibid.*, p.306.

244 Lire LACHAUME Jean-François, « Juridiction administrative et contrôle de réciprocité des traités et accords internationaux (article 55 de la Constitution)», *in RFDA,* 1999, 1314 p. (volumes 1 et 2), pp.937-949, pp.944-945.

2. L'application de l'exclusion du principe de réciprocité dans les ordres juridiques internes d'Afrique francophone

60.-Plan. L'exclusion de la condition de réciprocité semble soulever une problématique constitutionnelle dans les Etats d'Afrique francophone **(a)** seulement, une bonne lecture des dispositions constitutionnelles de ces pays nous fait remarquer qu'une obligation de réciprocité est tout simplement impossible à mettre en œuvre dans le cadre des traités relatifs au droit international pénal **(b)**.

a) **La problématique constitutionnelle de l'exclusion de la condition de réciprocité pour les traités relatifs au droit international pénal dans les Etats d'Afrique francophone**

61.-Exposé de la problématique. Comme on l'a déjà souligné, la plupart des Etats d'Afrique francophone ont tout simplement repris dans leurs constitutions l'article 55 de la Constitution française du 04 octobre 1958, qui dispose que *« les traités ou accords régulièrement ratifiés ou approuvés ont dès leur publication, une autorité supérieure à celle des lois, sous réserve, pour chaque accord ou traité, de son application par l'autre partie »*[245]. Ceci suppose tout simplement que les autorités des Etats d'Afrique francophone ne devraient appliquer un traité que si les autorités de l'Etat contractant en font de même. Ainsi, peut-on légitimement se poser la question de savoir si les dispositions d'un traité excluant expressément la condition de réciprocité pour leur mise en œuvre pourraient être considérées comme contraires aux constitutions des Etats d'Afrique francophone[246]. La question est pertinente, mais ne peut pour l'instant trouver de réponse claire dans le droit des Etats concernés, seulement, le droit français qui sert de référence nous apporte quelques éclairages sur la question.

62.-Début de réponse à la problématique. En France, la Cour de cassation et le Conseil d'Etat ont tout simplement refusé d'assurer le contrôle du respect de la condition de réciprocité, en considérant qu'une telle mission

[245] Cette disposition a été reprise *in extenso* par l'article 98 de la Constitution sénégalaise du 22 janvier 2001, par l'article 116 de la Constitution malienne du 27 février 1992, ou encore l'article 87 de la Constitution ivoirienne du 23 juillet 2000.

[246] Sur la question, lire notamment COULEE Frédérique, *Droit des traités et non-réciprocité, recherches sur l'obligation intégrale en droit international public,* Thèse de doctorat, soutenue le 12 mai 1999 à l'Université Panthéon-Assas (Paris II), ronéotypée, 620 p., p.431.

incombait au ministère des affaires étrangères[247]. Du point de vue de la Cour de cassation, *« en l'absence d'initiative prise par le Gouvernement pour dénoncer une convention ou suspendre son application, il n'appartient pas aux juges d'apprécier le respect de la condition de réciprocité dans les rapports entre les Etats prévu par l'article 55 de la Constitution du 4 octobre 1958 »*[248]. Aussi, le Conseil d'Etat considère qu' *« il n'appartient pas au juge administratif d'apprécier si et dans quelle mesure les conditions d'exécution par l'autre partie d'un traité ou d'un accord sont de nature à priver les stipulations de ce traité ou de cet accord de l'autorité qui leur est conférée par l'article 55 »*[249].

Cette apparente neutralité des juges français par rapport à la condition de réciprocité a été très vite relativisée par la doctrine qui signale que les juridictions *« semblent disposées à écarter la condition de réciprocité sans consultation préalable du ministère des affaires étrangères lorsqu'il s'agit de traités relatifs aux droits de l'homme »*[250]. Il y a lieu de penser qu'une telle démarche est transposable dans le contexte des Etats d'Afrique francophone d'autant plus que la plupart des courants doctrinaux défendent avec opiniâtreté le rejet d'une condition de réciprocité pour certains traités ayant des incidences sur les droits fondamentaux. L'idée qui est défendue est que *« la soustraction à la pure logique du synallagmatisme emporte, en tout cas, l'inadmissibilité de la réciprocité, au cas où l'une des parties à un traité concernant les droits de l'homme violerait ses obligations »*[251] ; de plus, *« (...) les traités assurant la protection des droits de l'homme bénéficient d'un régime plus favorable que celui des autres traités sur un point non négligeable. Ils échappent au jeu de la réserve de réciprocité (...). Une doctrine unanime professe que, par sa nature même, une convention multilatérale qui garantit des droits engendre une obligation dont le respect absolu s'impose non à titre de contrepartie des droits consentis par les autres Etats signataires mais à raison des engagements pris à l'égard des personnes bénéficiaires »*[252]. Il y a fort à parier qu'une telle position soutenue aussi bien

---

[247] Voir CHABERT Cyril, « L'applicabilité directe de la Convention de New-York sur les droits de l'enfant : une question en voie de réexamen ? », *in RRJ* 1997, p.615-650, p.635.

[248] Cour de cassation française, civ. Ière, 6 mars 1985, *RGDIP,* 1985, p.358.

[249] Conseil d'Etat français, Assemblée, 29 mai 1981, *Rekhou,* Rec. Lebon, p.219, *RGDIP,* 1982, p.65.

[250] Lire SCIOTTI-LAM Claudia, *ibid.,* p.309.

[251] WACHSMANN Patrick, *Les droits de l'homme*, coll. Connaissance du droit, 3ème édition, Dalloz, Paris, 1999, 173 p., p.118.

[252] DUBOUIS Louis, « La portée des instruments internationaux de protection des droits de l'homme dans l'ordre juridique français » *in* SMITH Eivind (dir), *Les droits de l'homme dans*

par la doctrine que par la jurisprudence française, sera tout simplement reprise par les juridictions des Etats d'Afrique francophone, non à cause d'un manque d'ingénierie jurisprudentielle originale, mais à cause d'une certaine cohérence systémique et fonctionnelle entre le droit français et les droits africains francophones.

En ce qui concerne plus précisément le Statut de la CPI, le Conseil constitutionnel français, rompant avec une certaine tradition jurisprudentielle[253], a dans une décision n°98-408 DC du 22 janvier 1999, indiqué qu'au regard de l'objet dudit Statut, les obligations qui en découlent, *« s'imposent à chacun des Etats parties ; qu'ainsi, la réserve de réciprocité mentionnée à l'article 55 de la Constitution n'a pas lieu de s'appliquer »*[254]. Au sujet de l'objet du Statut portant création de la CPI, le Conseil constitutionnel français fait référence à *« la création d'une juridiction internationale permanente destinée à protéger les droits fondamentaux appartenant à toute personne humaine, en sanctionnant les atteintes les plus graves qui leur seraient portées, et compétente pour juger les responsables de crimes d'une gravité telle qu'ils touchent l'ensemble de la communauté internationale »*[255]. Cette jurisprudence peut bien évidemment être d'un grand intérêt pour les Etats d'Afrique francophone, même si d'une manière générale, leurs constitutions semblent avoir clairement opté pour une impossibilité de mise en œuvre de la condition de réciprocité pour les traités de droit international pénal.

b) L'impossibilité de la mise en œuvre de la condition de réciprocité pour les traités relatifs au droit international pénal dans les Etats d'Afrique francophone

63.-Exposé de la question. Une lecture attentive des dispositions constitutionnelles de certains Etats d'Afrique francophone révèle que très souvent, les constituants dans ces pays ont adopté des garde-fous pouvant

---

le droit national en France et en Norvège, Collection droit public positif, Presse Universitaire d'Aix-Marseille, Economica, Paris, 1990, 204 p., p.131-156, p.139.

[253] Dans un premier temps, le Conseil constitutionnel français semblait admettre l'existence d'une obligation de réciprocité pour les traités relatifs aux droits de l'homme. Voir notamment Conseil constitutionnel français, 15 janvier 1975, *Loi sur interruption volontaire de grossesse,* (IVG), Rec., p.19. Voir COULEE Frédérique, *ibid.,* p. 427.

[254] Conseil constitutionnel, 22 janvier 1999, *Traité portant Statut de la Cour pénale internationale,* décision n°98-408, Rec., p.29.

[255] Conseil constitutionnel, *ibid.,* Rec., p.29.

garantir une meilleure applicabilité des traités relatifs au droit international pénal dans l'ordre juridique interne. On ne reviendra pas ici sur le mécanisme juridique qui permet d'accorder une valeur constitutionnelle aux dispositions de certains traités, soit à la faveur du préambule, soit à travers un article exprès de la Constitution. La conséquence logique de ce traitement spécifique accordé dans les ordres juridiques internes des Etats d'Afrique francophone aux traités ayant un lien avec les droits fondamentaux, est que ceux-ci ne sont tout simplement pas soumis à l'obligation de réciprocité, comme il est d'ailleurs possible de le vérifier.

64.-Vérification de l'exclusion de la réciprocité pour certains traités. La condition de réciprocité dans les Etats d'Afrique francophone ; malgré la reprise *in extenso* de l'article 55 de la Constitution française, ne joue tout simplement pas pour les traités qui ont été érigés en principe de rang constitutionnel. Dès lors, seuls les traités ayant un rang supralégislatif et infra-constitutionnel sont soumis à la condition de réciprocité. Seul un Etat tel que la Tunisie semblait encore avoir une position ambigüe en la matière. En effet la précédente Constitution de ce pays posait une condition de réciprocité sans toutefois constitutionnaliser les droits reconnus dans les traités[256]. Dans l'ancien article 32[257] de la Constitution tunisienne, le constituant s'était contenté d'affirmer que *« les traités n'entrent en vigueur qu'après leur ratification et à condition qu'ils soient appliqués par l'autre partie. Les traités ratifiés par le Président de la République et approuvés par la Chambre des députés ont une autorité supérieure à celle des lois »*. Il revenait donc au juge et notamment au juge constitutionnel tunisien de se prononcer éventuellement sur la portée juridique du Statut de la CPI que la Tunisie a ratifié en 2011[258]. C'est lui qui devait le cas échéant dire si le Statut de Rome, au regard de son importance, pourrait être érigé en norme de valeur constitutionnelle, et faire ainsi en sorte que la condition de réciprocité devienne tout simplement inopérante. Le rôle du juge constitutionnel Tunisien en matière d'applicabilité des traités est encore plus accru aujourd'hui avec la nouvelle Constitution du 26 janvier 2014 dont l'article 20 qui est particulièrement laconique se contente d'énoncer que : *« les traités internationaux approuvés par l'Assemblée*

---

[256] En juin 2013 avait été rendu public un projet pour une nouvelle constitution tunisienne. Celle-ci est finalement entrée en vigueur le 26 janvier 2014.

[257] L'article 32 de la loi n° 59-57 du 1er juin 1959 (25 *doul kaâda* 1378), portant promulgation de la Constitution de la République Tunisienne avait été modifié par la loi constitutionnelle n° 97-65 du 27 octobre 1997 et par la loi constitutionnelle n°2002-51 du 1er juin 2002.

[258] Le 24 juin 2011, le Gouvernement tunisien a remis au Secrétaire Général de l'ONU M. Ban Ki-Moon, son instrument d'adhésion au Statut de Rome de la Cour pénale internationale. Ce statut entré en vigueur le 1er septembre 2011 pour la Tunisie, a fait de ce pays le 116ème Etat membre de la CPI.

représentative et ensuite ratifiés, ont un rang supra-législatif et infra-constitutionnel ».

D'une manière générale, les constituants des Etats d'Afrique francophone considèrent que l'obligation de réciprocité n'est pas de mise pour les traités relatifs aux droits de l'homme auxquels l'on peut rattacher des dispositions du Statut de la CPI. C'est pourquoi, Alioune SALL par exemple déclare que *« s'agissant des constitutions africaines, il va de soi, par exemple, que le respect de la Charte Africaine des Droits de l'Homme et des Peuples proclamé dans les préambules, ne saurait être compromis par les manquements éventuels d'un ou de quelques autres Etats parties »*[259].

Les traités ayant un rapport avec les droits fondamentaux s'imposent plus à cause de l'objet sur lesquels ils portent, que sur la nature de l'engagement de l'Etat les ayant ratifiés. Si l'objectif est d'ajouter aux dispositifs juridiques internes un catalogue supplémentaire de droits et libertés afin de mieux protéger les individus, il est constant que les constituants d'Afrique francophone n'ont tout simplement pas voulu que la condition de réciprocité soit prise en compte en matière de traités de droit international pénal. Par ailleurs, les textes internationaux qu'ils soient appelés conventions ou déclarations ont à quelques exceptions près, une valeur constitutionnelle à partir du moment où leur objet est de garantir les droits et libertés des individus. L'obligation de réciprocité peut donc être considérée comme inexistante pour les traités de droit international pénal ; ceci a bien évidemment une incidence sur la condition de publication qui peut elle aussi être supprimée.

B- La suppression de la condition de publication dans le cas des traités relatifs au droit international pénal

65.-Position du problème. Une application rigoureuse de l'obligation de publication qui concerne toutes les normes juridiques, peut constituer un obstacle à la diffusion des dispositions d'un traité international en droit interne. Le problème se pose avec une plus grande acuité pour les traités conférant un quelconque droit aux particuliers, car tant qu'ils ne sont pas portés à la connaissance du public, les juges nationaux ont la forte propension à affirmer que les traités sont tout simplement inapplicables. Il n'est donc pas surprenant que l'on puisse déclarer que *« la nécessité de la publication*

---

[259] SALL Alioune, « Le droit international dans les nouvelles constitutions africaines », *in RJPIC,* 1997, p.339-352, p.350.

constitue le dernier frein qui soit de nature à retarder l'applicabilité des traités dans l'ordre juridique interne »[260].

Normalement, l'obligation de publier une règle de droit a pour but de garantir une certaine sécurité au profit non seulement des individus, mais aussi de l'ordre juridique. La sécurité qui est bien évidemment essentiellement juridique, voudrait qu'un traité ne puisse être mis en œuvre que s'il a d'abord été au préalable publié. Ceci permettra à l'individu d'être avant tout informé des obligations qui lui sont éventuellement imposées ou de se prévaloir des droits qui lui sont accordés par les instruments juridiques internationaux. C'est sur ce second point que la condition de publication devient problématique, puisque *« lorsqu'un individu invoquera un traité de droits de l'homme ratifié mais non publié par l'Etat, le juge se verra dans l'obligation de refuser d'appliquer le traité pour défaut de publication, en vertu de la règle de condition de publication préalable »*[261]. L'obligation de publication a bien évidemment un caractère néfaste pour les traités relatifs au droit international pénal **(1)**, c'est pourquoi certains courants doctrinaux et même jurisprudentiels militent de plus en plus pour un rejet progressif de la condition de publication pour certains traités **(2)**.

1. Le caractère néfaste de l'obligation de publication pour les traités relatifs au droit international pénal

66.-Principe de la publication des traités. Aujourd'hui, la plupart des Etats et en l'occurrence, les Etats monistes africains conditionnent l'application d'un traité à sa publication dans un journal officiel ou dans un recueil officiel interne. L'exigence de la condition de réciprocité est, comme on le sait, prévue par les constitutions des Etats d'Afrique francophone. C'est le cas par exemple de l'article 45 de la Constitution camerounaise du 18 janvier 1996[262], ou de l'article 11-2 de la Constitution du Cap Vert du 25 septembre 1992 qui dispose que *« les Traités et les Accords internationaux dûment approuvés ou ratifiés sont appliqués dans l'ordre juridique capverdien après leur publication officielle et leur entrée en vigueur dans l'ordre*

---

[260] VISSCHER (De) Paul, « Les tendances internationales des constitutions modernes », *in RCADI,* 1952-II, p.511-578, p.558.

[261] SCIOTTI-LAM Claudia, *ibid.,* p.315.

[262] Article 45 de la Constitution camerounaise du 18 janvier 1996, telle que modifiée par la loi n°2008/001 du 14 avril 2008 : *« Les traités ou accords internationaux régulièrement approuvés ou ratifiés ont, dès leur publication, une autorité supérieure à celle des lois, sous réserve pour chaque accord ou traité, de son application par l'autre partie ».*

juridique international, dans la mesure où ils créent des liens internationaux pour le Cap Vert ».

Un traité qui serait immédiatement applicable dans un ordre juridique interne pourrait affecter la situation juridique des individus. Aussi, pour protéger ceux-ci de la rigueur de la maxime *« nul n'est censé ignorer la loi »,* la publication des traités pouvant les lier devient une obligation juridique pour les autorités compétentes. C'est pourquoi, en général, l'on considère qu'il est normal que *« dans un pays démocratique, un citoyen ne peut pas être lié par des règles ou être sanctionné pour leur violation, si ces règles sont gardées secrètes à son égard ou si elles n'ont pas au moins été portées à sa connaissance par des mesures normales de publication »*[263]. Ainsi, les juges des Etats monistes ont-ils coutume de refuser l'application d'un traité ratifié mais non publié lorsqu'il est invoqué par les justiciables. Ceci peut être très préjudiciable pour ces derniers car dans la plupart des systèmes juridiques francophones, calqués sur le modèle français, la décision du Gouvernement de ne pas publier un traité, ne peut faire l'objet d'un contrôle par le juge administratif, que ce soit dans le cadre d'un recours pour excès de pouvoir, ou d'un recours de plein contentieux, car cela correspond à une hypothèse d'acte de Gouvernement[264] insusceptible d'être contesté par voie contentieuse[265], mais pouvant tout de même faire l'objet d'une critique doctrinale.

67.-Critique du principe de la publication des traités. Il est difficile d'admettre comme le prétendent certains auteurs que la publication d'un traité est la condition *sine qua non* de sa mise en œuvre en droit interne ; car elle a pour conséquence de faire fi de la disposition constitutionnelle des Etats monistes qui voudrait qu'un traité soit directement applicable.

L'attitude du juge et en l'occurrence du Conseil d'Etat français, qui consiste à accorder une trop grande marge de manœuvre à l'Exécutif, a pour conséquence d'instaurer une forme de dualisme *de facto*, car l'abstention d'un gouvernement de publier un traité, comportement d'ailleurs récurrent notamment en Afrique, aura pour conséquence de paralyser son application *« dans l'ordre juridique interne en ne faisant pas procéder à la*

---

263 SEIDL-HOHENVELDERN, « Transformation or adoption of International Law into Municipal Law », *in ICLQ,* 1963, p.88-124, p.105.

264 ALLAND Denis, « Droit international et droit interne », *in* ALLAND Denis (dir.), *Droit international public*, coll. Droit fondamental, droit international et droit communautaire, PUF, Paris, 2000, 807 p., p.351-397, p.380.

265 Dans le cadre français, voir pour la décision de ne pas publier un traité : CE, 4 novembre 1970, *de Malglaive,* Rec Lebon. p.635.

publication au Journal officiel »[266]. Ceci a bien évidemment des conséquences graves pour les traités relatifs aux droits fondamentaux, car à défaut de publication, leurs dispositions ne peuvent normalement être invoquées par les principaux concernés à savoir les individus. Une telle inquiétude se comprend aisément lorsqu'il est question d'étudier le droit des Etats d'Afrique francophone ; puisque pour ces pays la question des droits de l'homme est quelquefois secondaire, et la signature d'un traité accordant des prérogatives aux individus, n'est pas forcément suivie d'effet concret dans leurs ordres juridiques. Très souvent, le plus important pour les pays africains est tout simplement de donner sur la scène internationale, l'illusion d'une exemplarité en matière de protection des droits fondamentaux.

Toutefois, *« quel que soit l'Etat moniste concerné, le pouvoir exécutif enfreint le droit interne et ses obligations découlant du traité lorsqu'il refuse de publier ce dernier. La seule sanction de l'absence de publication qui s'offre spontanément aux juges est de refuser d'appliquer le traité »*[267] . L'effet utile du traité au profit des individus est tout simplement neutralisé par le défaut de publication. Heureusement, il est de plus en plus admis y compris par certains juges, que l'effet pervers de la condition de publication est un motif pour la rejeter dans le cadre des traités ayant des incidences sur les droits des individus.

2. Le rejet progressif de la condition de publication pour certains traités

68.-Justification du rejet éventuel de la condition de publication. On observe de plus en plus dans les Etats monistes, des prises de position visant à exclure la condition de publication pour les traités reconnaissant des droits au profit des individus. L'argument avancé est que les autorités nationales sont dans tous les cas soumises à un traité dès son entrée en vigueur au niveau international ; et à partir du moment où celui-ci énonce plutôt des droits que des obligations à l'égard des individus, on ne peut pas considérer que l'absence de leur publication porte atteinte à la sécurité juridique. Seulement, le droit international pénal réserve aussi bien les droits que les

---

[266] DECAUX Emmanuel, EISEMANN Pierre Michel, GOESEL-LE BIHAN Valérie, STERN, « Rapport sur la France » *in* EISEMANN Pierre Michel (dir.), *L'intégration du droit international et communautaire dans l'ordre juridique national, étude de la pratique en Europe,* Kluver Law International, La Haye, 1996, 587 p., p.241-286, p.257 et p.260.

[267] SCIOTTI-LAM Claudia, *ibid.*, p.319.

sanctions aux individus[268] ce qui suppose l'aménagement dans la pratique de la condition de publication.

69.-Aménagement dans la pratique de la condition de publication. Pour certains pays tel que la Tunisie par exemple, on a pu affirmer à juste titre que *« la jurisprudence s'achemine vers l'adoption de conventions dont le texte n'a pas été publié au journal officiel. Si une personne a eu connaissance de l'existence d'une convention ratifiée par son Etat, d'après les documents officiels de Nations Unies*[269] *ou d'autres organisations internationales dont la Tunisie est membre, ou d'après quelque autre moyen de diffusion, cette personne peut invoquer l'application en vue de garantir ses droits »*[270].

La nécessité de préserver les droits de l'homme est donc une raison pour appliquer un traité même en l'absence de publication dans le contexte tunisien. A contrario, un traité qui ne garantirait aucun droit aux individus, ou leur imposerait plutôt des obligations devrait contraindre le juge tunisien à exclure sa mise en œuvre lorsqu'il ne serait pas publié ; ceci afin de *« protéger le citoyen de l'application d'un texte dont il ignore l'existence puisqu'il n'a pas fait l'objet d'une publicité dans le cadre du territoire »*[271]. Pour le juge tunisien, l'obligation de publication n'est obligatoire que si le traité empiète sur les droits des particuliers, mais elle devient sans importance si ceux-ci invoquent les dispositions d'une convention non publiée qui leur sont favorables.

Une relecture de l'article 32 ancien de la Constitution tunisienne du 1er juin 1959 (ceci est valable pour l'article 20 de la Constitution du 26 janvier 2014), permit d'ailleurs de remarquer que l'obligation de publication n'y figurait pas expressément, car ledit article disposait tout simplement que *« les*

---

[268] Voir PINTO Roger, « Le juge devant les traités non publiés de la France », *in Le juge et le droit public*, Mélanges offerts à Marcel WALINE, tome 1, 858.p. LGDJ, Paris, 1974, p.233-239, p.236.

[269] Il existe une obligation d'enregistrement et de publication des traités prévue par l'article 102 de la Charte des Nations Unies qui a d'ailleurs été reprise par l'article 80 de la Convention de Vienne sur le droit des traités. Le dépositaire du traité peut d'ailleurs procéder de sa propre initiative à l'enregistrement du traité (article 80 de la Convention de Vienne), mais en général, c'est le secrétariat de l'ONU qui publie le Recueil des traités enregistrés, qui peuvent dès lors être invoqués devant toutes instances onusiennes et notamment devant la CIJ.

[270] Voir le document constituant la première partie des rapports des Etats parties, ONU, Tunisie, HRI/CORE/1/ Add.46, 8 juin 1994, § 105.

[271] ELLOUMI Taïeb, « La justice et les conventions internationales », *in* Rafâa Ben Achour, Slim Laghmani, *Droit international et droits internes : développement récents*, Colloque des 16-17-18 avril 1998, Rencontre internationale de la Faculté des Sciences Juridiques, Politiques et Sociales de Tunis, Pedone, Paris, 1998, 318 p., p.289.

traités n'ont force de loi qu'après leur ratification. Les traités dûment ratifiés ont une force supérieure à celle des lois, sous réserve de leur application par l'autre partie ». Cette disposition avait poussé certains auteurs à conclure que *« la Constitution tunisienne a délibérément omis la condition de publication pour permettre l'application par les tribunaux nationaux des traités non publiés lorsqu'ils sont favorables aux individus ou aux particuliers »*[272]. D'autres par contre soutiennent avec force que la loi tunisienne n°64 du 25 juillet 1993, qui prévoit que les lois ne peuvent être invoquées par les citoyens et appliquées par les juges que quatre jours après leur publication, doit être étendue aux conventions internationales.

En l'absence de dispositions juridiques claires sur le sort à réserver aux traités non publiés dans les pays monistes africains ayant pourtant ratifié les conventions tel que le Statut de la CPI, il reviendra au juge de faire preuve de sagacité pour concilier la nécessité de rester en phase avec l'esprit du droit positif, et l'obligation de préserver les droits fondamentaux des individus. Une certaine logique juridique propre aux systèmes monistes, peut venir éclairer le juge africain francophone notamment, dans le rendu des décisions portant sur l'applicabilité ou le rejet des dispositions d'un traité non publié. En matière de traité portant sur le droit international pénal, un raisonnement plutôt cohérent est de mise. L'on peut considèrer en effet que, si l'obligation de publier les traités ratifiés est dictée par le besoin de garantir la sécurité juridique ; c'est-à-dire au final la protection de l'individu contre l'application d'un acte contraignant dont il ignorait jusqu'à l'existence, il ne serait pas incongru d'admettre la validité d'un traité non publié, si celui-ci octroyait plutôt des droits à l'individu ou visait, comme c'est le cas de certaines dispositions du Statut de la CPI, à lui accorder une protection particulière.

Mais, un tel raisonnement ne peut être retenu que si un individu se situe dans le cadre d'une relation avec l'Etat ou ses démembrements ; car dans le cadre d'un rapport avec un autre particulier, faire prévaloir les droits qui lui sont concédés par un traité non publié ne peut qu'être préjudiciable à l'autre justiciable, qui n'est pas censé connaitre les dispositions d'un instrument juridique qui n'a pas été porté à la connaissance du public par une publication. Ceci est bien évidemment de mise pour le Statut de la CPI qui accorde une certaine importance au principe de la légalité des délits et des peines *(nullum crimen nulla poena sine lege)* ; d'autant plus que bon nombre d'Etats d'Afrique francophone l'ont déjà ratifié, car globalement, les systèmes monistes dans leur fonctionnement, sont plutôt favorables au droit international pénal, d'où d'ailleurs l'intérêt d'en tirer les conséquences.

---

272 SCIOTTI-LAM Claudia, *ibid.*, p.321.

SECTION 2. Les conséquences des conceptions monistes africaines favorables au droit international pénal

70.-Plan. La grande perméabilité des systèmes monistes africains par rapport aux normes de droit international a eu comme principale conséquence, la mise sur pied de façon progressive, d'une application directe des traités internationaux dans l'ordre juridique interne **(§1)** avec comme corollaire, une meilleure reconnaissance juridictionnelle du droit international en général et du droit international pénal en particulier **(§2)**.

§1. L'applicabilité directe du droit international pénal dans les ordres juridiques monistes africains

71.-Problématique liée à la notion d'applicabilité directe d'un traité. Lorsque les traités portant sur le droit international pénal sont adoptés par les systèmes monistes, la suite logique est qu'ils puissent bénéficier d'une applicabilité directe. Ainsi lesdits traités seront *ipso facto* appliqués dans l'ordre juridique interne soit par la volonté du constituant, soit par celle du législateur.

Néanmoins, le concept d'applicabilité directe d'un traité, de droit international pénal par exemple, en droit interne **(A)**, n'est pas d'une grande clarté ce qui pourrait constituer un empêchement à la mise en œuvre directe du traité en droit interne[273]. Il est en effet possible de s'interroger sur la réelle différence entre l'introduction d'un traité en droit interne et l'applicabilité directe. Concernant plus précisément les traités ayant un rapport avec le droit international pénal, le caractère restrictif de l'applicabilité directe peut avoir pour conséquence de les priver d'une partie de leurs effets devant les juges. Aussi, la mise en œuvre de l'applicabilité directe d'un traité relatif au droit international pénal dépendra du critère retenu **(B)** ; car il existe d'une part un critère objectif qui peut favoriser une plus grande efficacité des traités portant sur le droit international pénal en droit interne, et d'autre part, un critère subjectif qui soumet l'applicabilité directe d'un traité à l'intention des Etats.

---

[273] Sur la question, lire VERHOEVEN Joe « La notion d'applicabilité directe du droit international », *in RBDI,* 1980, p.243-264.

A- L'applicabilité directe d'un traité de droit international pénal en droit interne

72.-Signification du principe de l'applicabilité directe. Comme le relève certains auteurs, *« la confusion règne au sein de la doctrine et de la jurisprudence quand il s'agit de définir l'applicabilité directe des traités en droit interne (...)»*[274]. Pourtant, on aurait pu tout simplement affirmer qu'un traité bénéficie d'une applicabilité directe *(self-executing),* lorsqu'il fait directement naitre dans l'ordre juridique interne des droits et des obligations au profit des personnes privées, physiques et morales[275].

Mais, les opinions de certains auteurs quant à la possibilité de s'entendre sur la définition de la notion d'applicabilité directe d'un traité en droit interne sont des plus pessimistes. Ils soutiennent en effet qu' *« il n'y a quasiment aucune expression juridique qui soit aussi indispensable en tant que terme technique et qui suscite en même temps autant de confusion que le terme « self executing » (ou self executory)»*[276]. Ainsi dans la confusion, le terme applicabilité directe peut selon les auteurs, désigner à la fois une chose et son contraire. On peut malgré tout considérer qu'un traité est directement applicable si une juridiction peut le mettre en œuvre sans qu'on ait besoin d'adopter au préalable des mesures d'exécution visant à le préciser ou à le compléter ; à condition bien entendu, de bien faire la différence entre l'applicabilité directe et l'applicabilité immédiate des traités internationaux en droit interne **(1)**. De plus, il convient aussi, pour une meilleure diffusion du droit international pénal dans l'ordre juridique moniste, de conférer à la notion d'applicabilité directe, une interprétation plus large **(2)**.

---

[274] SCIOTTI-LAM Claudia, *L'applicabilité des traités internationaux relatifs aux droits de l'homme en droit interne*, Bruylant Bruxelles, 2004, p.335. Voir aussi GREWE Constance, RUIZ-FABRI Hélène, *Droits constitutionnels européens*, coll. Droit fondamental, Droit politique et théorique, PUF., Paris, 1995, 661 p., p.166, § 130. Lire également, PETROVIC Drazen, *L'effet direct des accords internationaux de la communauté européenne : A la recherche d'un concept,* publication de l'Institut Universitaire des Hautes Etudes Européennes et Internationales (IUHEI), Genève, PUF, Paris, 2000, 304 p., p.27.

[275] Voir DUPUY Marie-Pierre, KERBRAT Yann, *Droit international public,* 11ème édition Dalloz, Paris, septembre 2012, 929 p., p.449-450.

[276] VAN PANHUIS. J, cité par IWASAWA Yuri, « The doctrine of self-executing treaties in the United States : a Critical Analysis », *Virginia JIL,* vol. 263, 1986, p.627-692, p.635, note 38; traduit par SCIOTTI-LAM Claudia dans l'ouvrage précité, p.335.

1. La distinction entre l'applicabilité directe et l'applicabilité immédiate

73.-Nature de la distinction entre l'applicabilité directe et l'applicabilité immédiate. On a souvent la forte propension à croire qu'applicabilité immédiate et applicabilité directe font double emploi. Pourtant, si les deux notions sont voisines, elles sont aussi tout à fait distinctes. En effet, l'on parle d'applicabilité immédiate d'une norme conventionnelle lorsque celle-ci n'a besoin d'aucune règle interne pour produire ses effets dans l'ordre juridique interne, alors que l'applicabilité directe renvoie plutôt à l'absence de la nécessité d'adopter des mesures d'exécution.

Pour simplifier l'on peut même dire que l'applicabilité immédiate renvoie à une simple technique d'introduction des traités dans l'ordre juridique interne. Ainsi pour Joe VERHOEVEN, *« est immédiatement applicable la règle internationale qui peut être appliquée par une autorité nationale sans être soumise à des formalités d'introduction qui en conditionnent l'efficacité interne »*[277]. Ce qui est important de noter c'est que l'applicabilité immédiate est l'apanage des Etats monistes, et se distingue bien des méthodes d'introduction des traités dans les Etats dualistes[278]. L'idée qui sous-tend la notion d'applicabilité immédiate est toute simple, car elle consiste à faire en sorte qu'un traité soit *ipso facto* applicable dans un Etat dès son entrée en vigueur au niveau international.

L'applicabilité directe par contre suppose que le traité ait été au préalable introduit dans le droit interne soit à la faveur d'une applicabilité immédiate dans le cadre d'un Etat moniste, soit par le truchement d'une incorporation, qui est la méthode d'introduction des traités la plus favorable au droit international dans les Etats dualistes. Par conséquent, *« déterminer si une norme conventionnelle est d'application directe revient à se demander si cette norme peut être appliquée par les autorités internes sans faire l'objet au préalable de mesures d'exécution »*[279]. D'une manière générale, la doctrine semble avoir opté pour une absence de nécessité de mesures d'exécution lorsqu'il s'agit de déterminer l'applicabilité directe d'un instrument juridique international. Ainsi pour un auteur tel que Karel VASAK, *« on dira qu'un traité est self executing lorsqu'il est directement applicable par le juge interne*

---

[277] VERHOEVEN Joe, « La notion d'applicabilité directe du droit international », *in RBDI,* 1980, p.243-264, p.252.

[278] Les principales méthodes d'introduction des traités dans les Etats dualistes sont les méthodes de transformation et d'incorporation sur lesquelles nous reviendrons dans les prochains développements.

[279] SCIOTTI-LAM Claudia, *ibid.,* p.338.

et qu'il n'a pas besoin d'être complété par des mesures internes d'exécution »[280]. Dans la même lignée, GANSHOF VAN DER MEERSCH, affirme que *« le terme direct signifie que l'application de la règle n'est pas subordonnée à l'accomplissement d'une mesure législative ou règlementaire »*[281]. Joe VERHOEVEN quant à lui suppose que *« dans la question de l'applicabilité dite directe, l'on entend par « direct » le fait que la règle internationale puisse être appliquée alors même que les autorités nationales n'ont adopté aucune mesure particulière d'exécution »*[282].

Dans tous les cas, tous les auteurs que nous avons cités s'accordent sur un point essentiel, c'est qu'une convention internationale produit des effets directs si elle peut être mise en œuvre dans l'ordre juridique interne sans aucune mesure d'exécution d'ordre interne. Partant d'une telle idée, l'on peut considérer que les Etats d'Afrique francophone, s'appuyant sur une conception chère à Hans KELSEN et visant à abolir les frontières entre les ordres juridiques nationaux et internationaux, accordent une place de choix aux traités internationaux dans leurs ordres juridiques[283].

Ainsi, le Statut de Rome par exemple devrait pouvoir échapper aux mesures d'exécution dans les Etats monistes africains. Mais une fois de plus, il ne faut pas confondre la démarche matérielle qui permet d'exécuter un traité, avec la mesure formelle qui porte sur l'introduction d'un traité en droit interne. Il faut donc retenir que *« par mesure d'exécution, il y a lieu d'entendre des interventions législatives, réglementaires ou administratives destinées à donner concrètement effet à la règle internationale et non des interventions dont le seul objet est d'introduire celle-ci dans l'ordre interne de l'autorité saisie, conformément aux exigences propres de son ordre constitutionnel »*[284].

Concernant plus précisément les mesures d'exécution, ce qu'il faut souligner c'est que très souvent, dans les Etats monistes, bien que les traités ratifiés doivent *a priori* être considérés comme faisant partie de l'ordre juridique interne, il peut arriver que les normes internationales ne soient applicables que si le législateur ou même le pouvoir règlementaire prenne des

---

[280] VASAK Karel, *La Convention Européenne des Droits de l'Homme,* Bibliothèque constitutionnelle et de sciences politiques, LGDJ, Paris, 1964, 326 p., p.229, §444.

[281] GANSHOFF VAN DER MEERSCH W.J., « La règle d'application directe », *in RBDI,* 1980, p. 345-354, p.350.

[282] VERHOEVEN Joe, cité par SCIOTTI-LAM Claudia, *ibid.,* p.339.

[283] Sur la question, lire DUPUY Pierre-Marie, KERBRAT Yann, *op. cit.,* p.452.

[284] VERHEOVEN Joe, *ibid.,* p.245.

dispositions de mise en œuvre préalables[285]. Ceci peut d'ailleurs contribuer au renforcement de la distinction entre l'applicabilité directe et l'applicabilité immédiate.

74.-Renforcement de la distinction entre l'applicabilité directe et l'applicabilité immédiate. La grande nuance entre l'applicabilité directe et l'applicabilité immédiate repose sur le fait que la première ne se limite pas seulement aux rapports entre le droit international et le droit interne, mais touche également contrairement à la seconde, les litiges de droit interne ne faisant intervenir aucune norme internationale. En gros, *« la question de l'applicabilité directe se pose pour n'importe quelle disposition juridique : une disposition internationale (traité, acte des organisations internationales) ou nationale (Constitution, loi) »*[286]. Au-delà des traités, il existe donc d'autres dispositions soit constitutionnelles, soit législatives qui ne sont pas forcément d'application directe dans l'ordre juridique interne[287]. Seulement, si les normes juridiques de droit interne sont d'application immédiate dans leur ordre juridique, seuls les systèmes monistes accordent ce privilège aux normes internationales.

En effet, il convient de souligner que dans les Etats dualistes, une norme internationale peut elle aussi être directement applicable alors qu'elle ne sera jamais considérée comme étant immédiatement applicable. Néanmoins, il ne faut pas se leurrer car il est couramment admis que *« l'applicabilité directe des traités est plus facilement admise dans les pays qui adoptent la conception moniste que dans ceux qui se rallient à la théorie dualiste »*[288]. Ceci est peut être en partie lié au fait que l'on a aujourd'hui, une conception très étroite de la notion d'applicabilité directe ; et c'est d'ailleurs

---

[285] En France par exemple, malgré l'existence du fameux article 55 de la Constitution française, le juge avait pris la résolution selon laquelle, la Convention relative aux droits des enfants n'était pas forcement d'application directe dans l'ordre juridique français. En effet, selon les termes de l'article 40-3 a) de ladite convention, *«les Etats parties s'efforcent de promouvoir l'adoption de lois, procédures, la mise en place d'autorités et d'institutions spécialement conçues pour les enfants suspectées, accusés ou convaincus d'infraction à la loi pénale, et en particulier, d'établir un âge minimal au-dessous duquel les enfants seront présumés n'avoir pas la capacité d'enfreindre la loi pénale ».*

[286] IWASAWA Yuri, « The doctrine of self-executing treaties in the United States: a critical analysis », *Virginia JIL,* vol. 263, 1986, p.627-692, p.634. Cité par SCIOTTI-LAM Claudia, *ibid.,* p.343.

[287] Voir BUERGENTHAL, « Self-executing and non-self-executing treaties in national and international law » *in RCADI,* 1992 –IV, p.301-400, p.369.

[288] WAELBROECK Michel, *Traités internationaux et juridictions internes dans les pays du Marché commun,* Pedone, Paris, 1969, 348 p., p.186, §172.

pourquoi beaucoup militent en faveur de l'élargissement de l'interprétation d'un tel concept.

2. Les effets de l'élargissement de l'interprétation de la notion d'applicabilité directe pour les normes internationales pénales dans les systèmes monistes africains

75.-Principe de l'élargissement de l'interprétation de la notion d'applicabilité directe. On a encore du mal à déterminer tous les éléments qui entrent dans la définition de la notion d'applicabilité directe. Si pour une partie de la doctrine, l'absence de prise en compte des mesures d'exécution devrait suffire pour parler d'applicabilité directe, certains considèrent qu'à ce premier élément il faudrait adjoindre un second portant sur la création de droits ou d'obligations à l'égard des particuliers. Le problème est qu'une telle conception a pour conséquence de réduire les chances pour une norme internationale de bénéficier du régime de l'applicabilité directe.

Pourtant, il est de plus en plus affirmé qu'*«est directement applicable la norme conventionnelle qui crée des droits et des obligations dans le chef des particuliers sans qu'il soit nécessaire d'adopter de mesure d'exécution »*[289]. Cette vision plutôt restrictive de l'applicabilité directe, est inspirée d'une vieille décision de la Cour Permanente de Justice Internationale (CPJI)[290]. Dans un célèbre avis consultatif n°15 du 3 mars 1928 sur la compétence des tribunaux de Dantzig, cette juridiction affirmait que *« l'objet même d'un accord, dans l'intention des parties contractantes pouvait être l'adoption, par les parties, de règles déterminées, créant des droits et des obligations pour les individus, et susceptibles d'être appliquées par les tribunaux nationaux »*[291]. Depuis longtemps, cet avis est considéré comme le socle sur lequel repose la définition de la notion d'applicabilité directe.

Mais la condition particulière de la création de droits ou d'obligations évoquée par la CPJI peut laisser croire que *« lorsque l'objet d'un accord international n'est pas de conférer des droits ou d'imposer des obligations*

---

289 Voir SCIOTTI-LAM Claudia, *ibid.*, p.346.

290 En 1922, juste après la Première Guerre mondiale, la CPJI est créée sous la houlette de la Société des Nations ; mais dès 1946, elle est remplacée par la CIJ qui fait partie intégrante du système onusien.

291 CPJI, 3 mars 1928, avis consultatif, *Tribunaux de Dantzig,* Série B, n°15, p.17-18.

aux particuliers, les tribunaux n'ont pas à en connaitre »[292]. On pourrait penser que les conventions relatives aux droits de l'homme, ou celles portant précisément sur le droit international pénal, ne sont pas concernées par une telle interprétation car elles accordent toutes, soit directement, soit de façon incidente des droits aux individus. Seulement, même pour cette catégorie de norme, l'obligation de reconnaissance des droits subjectifs a pour conséquence de restreindre le champ de l'applicabilité directe, puisque chaque justiciable qui revendiquera à son profit l'applicabilité directe d'une norme internationale, devra démontrer que ladite norme lui reconnait des droits spécifiques. Beaucoup ont dénoncé ce qui apparaissait comme une confusion entre l'applicabilité directe et des notions voisines telle que l'invocabilité d'une norme conventionnelle[293]. En réalité, l'absence d'applicabilité directe ne devrait pas priver les normes conventionnelles de leurs effets juridiques dans les Etats africains monistes. Ces normes feront malgré tout partie du droit interne même si dans les systèmes constitutionnels monistes *« tous les traités sont du droit national ; mais ils ne produisent pas tous les mêmes effets »*[294], notamment sur les institutions juridictionnelles.

76.-Effets de l'élargissement de l'interprétation de la notion d'applicabilité directe sur les institutions juridictionnelles. Il est impératif d'étendre le domaine de l'application directe à toutes les conventions, afin de permettre aux justiciables de les invoquer devant les juridictions compétentes même en l'absence de mesures d'exécution et peu importe le résultat escompté. Pour y parvenir, on a souvent préconisé d'interpréter dans un sens beaucoup plus large, la notion de création des droits au profit des particuliers ou tout simplement d'ignorer cette condition. On peut ainsi considérer qu'une convention n'attribuant que de façon incidente des droits aux particuliers, puisse bénéficier dans son intégralité d'une application directe. Si l'on s'intéresse de plus près au Statut de la CPI, on se rendra tout de suite compte que cet instrument juridique n'est pas à proprement parler une convention se focalisant uniquement sur l'énoncé des droits fondamentaux, mais qu'il fait d'abord et avant tout office d'acte constitutif d'une organisation internationale. Pourtant, il est constant qu'un nombre important des

---

[292] WAELBROECK Michel, « Portée et critère de l'applicabilité directe des traités internationaux », note sous Cour de cassation belge, 21 avril 1983, *RCJB* 1985, p.22-42, p.33 et note 6.

[293] Sur la question, lire les observations du commissaire du Gouvernement au Conseil d'Etat français dans l'affaire *GISTI* du 23 avril 1997, à propos de l'application des articles 24-1, 26-1 et 27-1 de la Convention de New York relative aux droits de l'enfant du 26 janvier 1990.

[294] ABRAHAM Ronny, « Les effets juridiques, en droit interne, de la Convention de New York relative aux droits de l'enfant », conclusions sur Conseil d'Etat, Section, 23 avril 1997, *GISTI, in RFDA,* 1997, p.585-596, p.593.

dispositions dudit Statut ne nécessite pas la prise des mesures nationales d'exécution et jouissent par conséquent d'une applicabilité directe.

Le fait est que la juridiction permanente qu'est la Cour pénale internationale a été instituée pour sanctionner des criminels internationaux en se basant essentiellement sur les dispositions du Statut de Rome qui peut dès lors être considéré comme un instrument juridique *« auto-exécutoire »*. Aussi peut-on considérer que *« sans aucun doute possible, une majorité des articles est suffisamment claire et précise pour que la Cour (CPI) puisse engager des procès équitables dans des délais raisonnables. Le Statut de Rome prévoit en outre les peines*[295]*qu'encourent les auteurs des crimes énoncés »*[296]. Par ailleurs, la grande préoccupation des rédacteurs du Statut était de faire en sorte que ce texte soit en phase avec les principes fondamentaux du droit pénal ; et en particulier le principe de la légalité des délits et des peines. Ceci explique d'ailleurs pourquoi les dispositions de cet instrument jouissent non seulement d'une grande clarté, mais aussi d'une grande précision. Et la précision ici est de rigueur, car elle a souvent fait défaut dans les conventions relatives au droit international pénal, ce qui les a privées de la possibilité de jouir d'une applicabilité directe. Au reste, un texte tel que la Convention contre la torture recommande explicitement aux Etats d'adopter une loi de mise en œuvre criminalisant la torture, tout en inscrivant une peine adéquate dans leur législation[297].

---

[295] Article 77 du Statut de la CPI

« Peines applicables :

1. Sous réserve de l'article 110, la Cour peut prononcer contre une personne déclarée coupable d'un crime visé à l'article 5 du présent Statut l'une des peines suivantes :

a) Une peine d'emprisonnement à temps de 30 ans au plus ; ou

b) Une peine d'emprisonnement à perpétuité, si l'extrême gravité du crime et la situation personnelle du condamné le justifient.

2. À la peine d'emprisonnement, la Cour peut ajouter :

a) Une amende fixée selon les critères prévus par le Règlement de procédure et de preuve ;

b) La confiscation des profits, biens et avoirs tirés directement ou indirectement du crime, sans préjudice des droits des tiers de bonne foi ».

[296] Avocats Sans Frontières, *L'application du Statut de Rome de la Cour Pénale Internationale par les juridictions de la République Démocratique du Congo,* Etude de jurisprudence, mars 2009, p.19.

[297] Convention contre la torture et autres peines ou traitements cruels, inhumains ou dégradants, du 10 décembre 1984 ; article 4 : *« 1. Tout Etat partie veille à ce que tous les actes de torture constituent des infractions au regard de son droit pénal. Il en est de même de la tentative de pratiquer la torture ou de tout acte commis par n'importe quelle personne qui constitue une complicité ou une participation à l'acte de torture.*

Néanmoins, il est difficile d'admettre que l'ensemble du dispositif juridique consacré à la CPI puisse faire l'objet d'une applicabilité directe dans les Etats monistes africains. A titre d'exemple, le règlement de procédure et de preuve (RPP) de la CPI, est établi en principe pour les affaires pendantes devant la Cour, plutôt que devant les juridictions nationales[298]. Ce règlement adopté et entré en vigueur le 9 septembre 2002, dispose d'ailleurs qu'il *« n'affecte en rien les règles de procédure qu'applique tout tribunal ou système juridique national dans le cadre de poursuites nationales »*[299]. Mais malgré tout, le Règlement reste une source d'inspiration pour les législations nationales présentant quelques lacunes dans leur procédure pénale. La République démocratique du Congo (RDC) s'en est d'ailleurs inspirée lorsque le Tribunal Militaire de Garnison (TMG) de Mbandaka a dans l'affaire *Songo Mboyo*, décidé de recourir aux dispositions du RPP[300]. Pourtant, le RPP n'a pas été inséré dans l'ordre juridique interne congolais par une procédure spécifique ; d'où la question de savoir s'il a la même valeur juridique dans le droit congolais que le Statut de Rome. Cependant, l'article 52 dudit Statut peut laisser croire que lorsqu'un Etat partie y adhère, l'on puisse considérer qu'il a aussi accepté le Règlement, car celui-ci *« entre en vigueur dès son adoption par l'Assemblée des Etats parties... »*. Le caractère *« auto-exécutoire »* du Règlement comme d'ailleurs du Statut doit être précisé par les juges, afin de lever toute ambiguïté sur leur applicabilité directe. C'est pourquoi, il est vivement recommandé de faire *« une référence au caractère autosuffisant du Statut, et ce même lorsque la réception du Traité dans l'ordre interne a été mentionnée, se devrait d'être précisée afin de renforcer la justification juridique du fondement des jugements. Il appartient en outre aux juges de vérifier si, pour chaque article invoqué (ou chaque ensemble d'articles), les conditions d'application directe sont remplies, et ce grâce à l'examen du caractère suffisamment clair et précis de l'article »*[301]. Il revient donc en grande partie aux juges nationaux de déterminer le caractère *« auto-exécutoire »* d'une convention internationale, en se basant bien entendu sur les critères de l'applicabilité directe.

---

2. Tout Etat partie rend ces infractions passibles de peines appropriées qui prennent en considération leur gravité ».

[298] Aussi, il faut souligner que l'article 88 du Statut de Rome encourage les Etats Parties à inscrire dans leur législation des procédures visant à faciliter la réalisation de la coopération avec la CPI.

[299] Voir le Règlement de Procédure et de Preuve (RPP) adopté par l'Assemblée des Etats Parties, New York 9 septembre 2002, Note explicative du titre.

[300] TMG Mbandaka, Affaire *Songo Mboyo,* 12 avril 2006, RP 084/05.

[301] Avocats Sans Frontières, *ibid.,* p.20.

B- Les critères de l'applicabilité directe et leurs effets sur les systèmes monistes africains

77.-Plan. Une norme conventionnelle est directement applicable sur la base d'un certain nombre de paramètres retenus soit par la jurisprudence, soit par la doctrine. Ainsi, d'une manière générale, l'on considère qu'une applicabilité directe est liée soit à un critère subjectif **(1)**, soit à un critère objectif **(2)**.

1. Le critère subjectif de l'applicabilité directe et les systèmes monistes africains

78.-Importance du critère subjectif de l'applicabilité directe. Il est certain que le simple fait de définir la notion d'applicabilité directe ne suffit pas pour savoir si réellement une norme conventionnelle peut être considérée comme effective dans un ordre juridique interne. Ce raisonnement est valable aussi bien pour les systèmes dualistes que pour les systèmes monistes.

Sur la base d'une simple logique juridique, il est presqu'incongru qu'une norme conventionnelle bénéficiant d'une applicabilité immédiate soit soumise à un critère supplémentaire pour sa mise en œuvre. Pourtant, ce qu'il ne faut pas oublier, c'est que *« les normes conventionnelles font souvent l'objet d'un traitement spécifique prenant en compte des éléments subjectifs pour déterminer si elles sont directement applicables, ce qui, en général, conduit à affaiblir singulièrement leur portée »*[302]. Le critère subjectif repose sur la volonté d'un sujet, dont l'intention serait déterminante pour l'applicabilité d'un traité et en particulier d'un traité ayant un rapport avec le droit international pénal. Mais, l'intention peut aussi bien être celle de l'Etat du *for,* où la question de l'applicabilité du traité se pose, que celle de l'ensemble des Etats parties au traité en cause. Sur ce dernier point plus précisément, il est assez fréquent de voir des juges internes décider de l'applicabilité directe d'une convention internationale en déterminant l'intention des Etats contractants.

Le critère subjectif reposant sur l'intention des Etats parties a été retenu par la Cour Permanente de Justice Internationale. Dans son avis consultatif du 3 mars 1928, cette juridiction fut appelée à répondre à la question de savoir si l'accord international conclu entre la Pologne et la ville libre de Dantzig et portant sur le *« statut des fonctionnaires du chemin de fer*

302 SCIOTTI-LAM Claudia, *ibid.*, p.357.

de Dantzig, créait au bénéfice de ces derniers des droits directement invocables devant les tribunaux de Dantzig »[303]. La réponse de la Cour fut on ne peut plus claire puisqu'elle considéra que *« l'objet même d'un accord, dans l'intention des parties contractantes, (peut) être l'adoption, par les parties, de règles déterminées, créant des droits et des obligations pour les individus, et susceptibles d'être appliquées par les tribunaux nationaux »*[304].

Seulement, une telle position jurisprudentielle peut aujourd'hui être considérée et à juste titre, comme étant quelque peu anachronique si l'on tient compte de l'évolution de la conception que l'on se fait du droit international. Aussi, l'intention des Etats n'étant pas toujours aisée à déceler dans le traité, il est couramment admis que ce qui devrait être pris en compte c'est d'abord et avant tout, la finalité des traités. Par conséquent, concernant le Statut de la CPI par exemple, on pourrait considérer que sa finalité qui est la sanction de certains crimes internationaux particulièrement graves, permet de présumer de la volonté des Etats parties d'admettre une applicabilité directe dudit Statut. Cette présomption n'est pas hasardeuse lorsqu'elle porte sur des systèmes juridiques monistes comme ceux de certains Etats africains qui sont en principe favorables à une applicabilité directe des conventions internationales, surtout lorsque celles-ci ont un impact sur la préservation des droits fondamentaux. Mais elle cache mal les limites du critère subjectif de l'applicabilité directe.

79.-Limites du critère subjectif de l'applicabilité directe. La présomption sus-évoquée ne peut qu'être simple, puisque le contenu de l'article 80 du Statut se trouvant dans le chapitre consacré aux peines est assez déroutant lorsqu'il laisse apparaitre que *«rien dans le présent chapitre n'affecte l'application par les États des peines que prévoit leur droit interne, ni l'application du droit des États qui ne prévoient pas les peines prévues dans le présent chapitre »*. Finalement, cette disposition nous fait comprendre que le Statut de Rome a, à l'instar de nombreux textes internationaux y compris ceux consacrés aux droits de l'homme, refusé de se prononcer clairement sur l'applicabilité directe de ses dispositions. Cela n'est pas au fond très surprenant car le Statut de la CPI, comme d'ailleurs toutes les conventions ayant un rapport avec le droit international pénal[305], est un traité multilatéral

---

303 DUPUY Pierre-Marie, KERBRAT Yann, *op. cit.*, p.450.

304 CPJI, 3 mars 1928, avis consultatif, *Tribunaux de Dantzig*, série B, n°15, p.17 et 18.

305 Il s'agit notamment de : la Convention de 1948 sur la prévention et la répression du crime de génocide, les quatre Conventions de Genève de 1949, ou encore la Convention de 1984 sur la torture et autres peines ou traitements cruels inhumains et dégradants. Les dispositions les plus pertinentes de ces textes internationaux ont d'ailleurs été reprises pour la plupart, par le statut de la CPI.

dont les Etats parties sont aussi bien des Etats dualistes que des Etats monistes, tous attachés à la liberté de choix des moyens d'introduction d'un traité dans leur ordre juridique interne. Il ne faut surtout pas oublier le fait que dans les relations internationales, *« (...) les auteurs d'un traité sont généralement indifférents à son statut dans l'ordre juridique interne et laissent cette question au droit national, spécialement dans le cas des grandes conventions multilatérales auxquelles adhèrent à la fois des Etats monistes et des Etats dualistes »*[306].

Par ailleurs, il s'est avéré qu'un nombre considérable d'Etats ne sont pas partisans de la thèse favorable aux traités *« self-executing »*. Richard LILLICH considère avec une pointe de plaisanterie, que vu qu'un trop grand nombre d'Etats n'accordent aucun crédit au caractère *« auto-exécutoire »* d'un traité, *« les efforts menés pour découvrir l'intention des parties à la plupart des traités multilatéraux n'ont pas beaucoup plus de chance d'aboutir que les tentatives faites au Moyen Âge pour capturer la licorne »*[307]. Certes, mais ce qu'il dit est sans doute quelque peu exagéré car l'intention des Etats d'accorder une applicabilité directe à une convention multilatérale à laquelle ils sont parties, peut se retrouver le cas échéant dans leurs règles juridiques internes. Dans tous les cas, les Etats restent maîtres de la détermination des moyens d'introduction d'un traité dans leur ordre juridique, avec comme possibilité d'opter ou non pour l'applicabilité directe d'une convention. C'est pourquoi, les parties à une convention multilatérale préfèrent en général s'appuyer sur une position unilatérale pour une question qui a une incidence sur leur ordre juridique. Pour ce qui est des systèmes monistes, il est possible d'affirmer qu'ils pourraient favoriser l'applicabilité directe des traités relatifs au droit international pénal.

Mais, un tel raisonnement qui s'appuie exclusivement sur le critère subjectif d'applicabilité directe des traités est plutôt critiqué[308]. En effet, ledit critère comporte bon nombre d'inconvénients sur le plan pratique. D'une part, il a pour conséquence de fragiliser l'efficacité, le but et l'objet du traité et d'autre part, il a pour effet d'intégrer des paramètres politiques dans la mise en œuvre des traités internationaux ; puisqu'il favorise la neutralisation de la portée des normes conventionnelles dans les Etats, en l'occurrence africains qui adoptent plus les traités internationaux qu'ils ne les mettent vraiment en

---

[306] ABRAHAM Ronny, « Les effets juridiques, en droit interne, de la Convention de New York relative aux droits de l'enfant », conclusions sur Conseil d'Etat, Section, 23 avril 1997, *GISTI, RFDA,* 1997, p.585-596, p.590.

[307] LILLICH Richard, « Invoking International Human Rights Law in Domestic Courts », *Cincinnati Law Review,* 1985, p.367-415, p.373. Cité par SCIOTTI-LAM Claudia, *ibid.* p.362.

[308] Sur la question, voir les commentaires de SCIOTTI-LAM Claudia, *ibid.* p.437.

œuvre. Aussi, est-il plus opportun de s'appuyer plutôt sur le critère objectif de l'applicabilité directe des traités internationaux.

2. Le critère objectif de l'applicabilité directe et les systèmes monistes africains

80.-Signification du critère objectif de l'applicabilité directe. Lorsque l'applicabilité d'une norme conventionnelle ne peut découler expressément d'une intention manifeste des Etats parties, la solution consiste en général à s'appuyer sur son contenu afin de déterminer si sa mise en œuvre est tributaire ou non d'une mesure d'exécution. C'est donc sur la base d'un critère objectif que l'applicabilité de la norme sera déduite. Pour que celle-ci puisse être appliquée directement dans l'ordre juridique interne, il est évident qu'elle doit être à la fois *« juridiquement et matériellement complète »*[309]. C'est pourquoi, l'imprécision du contenu des normes coutumières a pour conséquence de les exclure du champ de l'applicabilité directe des normes en droit interne.

Sur la base du critère objectif, les juges nationaux vont tout simplement procéder à une vérification aux fins de savoir si la norme conventionnelle invoquée est suffisamment claire, précise et complète pour être directement applicable au litige qu'ils auront à trancher[310]. Vu que la question de l'applicabilité directe se pose après l'introduction d'une convention internationale en droit interne, il n'y a donc pas de raison que celle-ci ne puisse bénéficier du même traitement que les normes internes par les juges nationaux ; à condition que ces derniers puissent connaitre la portée et les limites du critère objectif de l'applicabilité directe.

81.-Portée et limites du critère objectif de l'applicabilité directe dans les systèmes monistes. Le choix du critère objectif au détriment du critère subjectif étudié préalablement, a pour conséquence de limiter les risques qu'un texte international ne puisse bénéficier d'une applicabilité directe. Quand il s'agira d'une norme ayant un rapport avec les intérêts des

---

309 DUPUY Pierre-Marie, KERBRAT Yann, *ibid.*, p.450.

310 En France par exemple, le Conseil d'Etat a pu dire à l'occasion de l'arrêt *GISTI* (Groupe d'Information et de Soutien des Immigrés) qu'*« (...)une stipulation doit être reconnue d'effet direct par le juge administratif lorsque, eu égard à l'intention exprimée des parties et à l'économie générale du traité invoqué, ainsi qu'à son contenu et à ses termes, elle n'a pas pour objet exclusif de régir les relations entre États et ne requiert l'intervention d'aucun acte complémentaire pour produire des effets à l'égard des particuliers(...) »*. Conseil d'Etat, arrêt *GISTI*, 11 avril 2012.

individus comme le Statut de la CPI par exemple, le rôle du juge sera toujours de se demander si elle est suffisamment précise et complète pour bénéficier d'une applicabilité directe.[311] La grande distinction entre le critère subjectif et le critère objectif réside dans le fait que contrairement au premier, ce dernier ne pousse pas le juge à rechercher l'intention des Etats parties aux traités pour savoir si la disposition en cause bénéficiera ou non d'une applicabilité directe.

Ainsi, lorsqu'un juge africain aura à déterminer si le Statut de la CPI peut être mis en œuvre dans son ordre juridique interne sans aucune mesure d'exécution, il pourra s'appuyer essentiellement sur la teneur des dispositions dudit Statut. Il va sans dire que sa décision dépendra de la nature des dispositions juridiques internes relatives à l'application des traités internationaux. Néanmoins, il faut tout de même reconnaitre qu'en la matière, le juge dispose en général un certain pouvoir d'appréciation et une liberté d'interprétation plus ou moins importante.

Une chose importante mérite tout de même d'être soulignée. Si le caractère clair et précis d'une norme peut la dispenser des mesures d'exécution en droit interne ; il ne faut pas conclure pour autant qu'une norme plutôt vague ne bénéficiera jamais de l'applicabilité directe. En effet, on peut très bien concevoir que les dispositions d'un traité puissent tout simplement venir compléter un dispositif juridique interne, ou alors que les règles juridiques préexistantes dans un Etat puissent servir de base à leur applicabilité directe[312].

Bon nombre de textes en rapport direct avec le droit international pénal, se sont limités à qualifier d'acte répréhensible un certain nombre de comportements sans toutefois assortir directement ceux-ci de sanctions pénales. Ainsi, l'article 5 de la Convention sur la prévention et la répression du crime de génocide dispose tout simplement que *« les parties contractantes*

---

[311] Sur ce point, il est évident que les juges des Etats africains francophones qui sont pour la plupart à tendance moniste, se montreront davantage réceptifs au critère objectif, que les juges des Etats africains anglophones soumis à un système dualiste qui est beaucoup moins perméable au droit international.

[312] Au sein du Conseil de l'Europe par exemple, la plupart des Etats sont parties à la Convention de New York contre la torture et autres peines ou traitements cruels inhumains et dégradants du 10 décembre 1984 ; pourtant, l'article 3 de la CEDH, interdit les mêmes actes. Il est constant que, la Convention contre la torture a malgré son imprécision, au sujet notamment des sanctions à infliger aux tortionnaires, bénéficié d'une applicabilité directe dans la plupart des Etats membres du Conseil de l'Europe, car entre 1950 date de l'adoption de la CEDH et 1984, les Etats parties avaient eu le temps nécessaire d'adopter les mesures d'exécution permettant réprimer la torture.

s'engagent à prendre, conformément à leurs constitutions respectives, les mesures législatives nécessaires pour assurer l'application des dispositions de la présente Convention, et notamment à prévoir des sanctions pénales efficaces frappant les personnes coupables de génocide (...) ».

Aussi, pour la Convention contre la torture et autres peines ou traitements cruels inhumains et dégradants du 10 décembre 1984, *« tout Etat partie veille à ce que tous les actes de torture constituent des infractions au regard de son droit pénal. Il en est de même de la tentative de pratiquer la torture ou de tout acte commis par n'importe quelle personne qui constitue une complicité ou une participation à l'acte de torture »*[313]. Il est évident que cette convention comme d'ailleurs celle sur la prévention et la répression du crime de génocide, peut difficilement bénéficier d'une applicabilité directe au sein d'un ordre juridique interne. Le contenu des deux instruments juridiques n'est en effet pas suffisamment clair et précis pour pouvoir être mis en œuvre sans mesure interne d'exécution. Par ailleurs, concernant précisément la Convention contre la torture et autres peines ou traitements cruels, inhumains et dégradants, il faut signaler que si elle a bien défini l'acte de torture[314], elle a tout de même brillé par son mutisme à propos des traitements cruels inhumains et dégradants, *« formes les moins spectaculaires et les plus insidieuses d'atteintes à la dignité de l'homme... ainsi laissées dans une zone d'ombre où, nécessairement, les droits fondamentaux sont moins bien protégés »*[315]. Il faut aussi tout simplement reconnaitre qu'une norme qui exige des Etats parties qu'ils adoptent eux-mêmes des sanctions pénales, pour

---

313 Article 4 de la Convention de New York du 10 décembre 1984 contre la torture et autres peines ou traitements cruels, inhumains et dégradants.

314 Article 1er Convention contre la torture : *« 1. Aux fins de la présente Convention, le terme "torture" désigne tout acte par lequel une douleur ou des souffrances aiguës, physiques ou mentales, sont intentionnellement infligées à une personne aux fins notamment d'obtenir d'elle ou d'une tierce personne des renseignements ou des aveux, de la punir d'un acte qu'elle ou une tierce personne a commis ou est soupçonnée d'avoir commis, de l'intimider ou de faire pression sur elle ou d'intimider ou de faire pression sur une tierce personne, ou pour tout autre motif fondé sur une forme de discrimination quelle qu'elle soit, lorsqu'une telle douleur ou de telles souffrances sont infligées par un agent de la fonction publique ou toute autre personne agissant à titre officiel ou à son instigation ou avec son consentement exprès ou tacite. Ce terme ne s'étend pas à la douleur ou aux souffrances résultant uniquement de sanctions légitimes, inhérentes à ces sanctions ou occasionnées par elles ».*

315 SUDRE Frédéric, *La CEDH*, PUF, « Que Sais-je ? », 6ème édition 2005, p.86. Cité par HUET André, KOERING-JOULIN, *Droit pénal international*, 3ème édition, Thémis droit, P.U.F., Paris, 2005, 507 p., p.105.

réprimer l'acte qu'elle considère pourtant comme répréhensible, ne peut pas être directement applicable devant une juridiction pénale.

Toutefois, afin d'éviter de tirer des conclusions hâtives, il ne faut pas perdre de vue le fait que la détermination de la nécessité des mesures d'exécution pour l'applicabilité directe doit se faire *in concreto* à l'occasion d'un litige devant le juge compétent. Ce dernier a donc un rôle important dans la détermination de l'applicabilité directe d'une norme conventionnelle. Au reste, sur la question de la détermination de l'applicabilité directe sur la base du critère objectif, Bérangère TAXIL assure que *« l'ensemble des juridictions étatiques possède ce pouvoir d'interprétation des traités internationaux considéré comme partie intégrante de la fonction juridictionnelle (...), l'interprétation directe par le juge de la nature précise et complète du traité international a permis de conceptualiser les critères de l'applicabilité directe »*[316]. Mais, la limite au rôle du juge dans la détermination de l'applicabilité directe consiste dans le fait que les traités ayant des effets sur les droits fondamentaux à l'instar du Statut de Rome n'exigent pas souvent l'adoption de mesure d'exécution. Ceux-ci verront donc assez rarement leur applicabilité directe être déniée par le juge.

Il convient malgré tout de souligner le fait qu'il existe une sorte d'interdépendance entre les normes nationales et internationales, à telle enseigne qu'elles apparaissent très souvent comme formant un écheveau complexe de règles juridiques se complétant mutuellement. Ainsi ces normes peuvent se compléter aussi bien sur le plan matériel, que sur le plan formel. Sur le plan matériel, par exemple, un traité portant sur un acte répréhensible peut très bien trouver son complément sous forme de sanction adéquate au comportement incriminé dans l'ordre juridique national. Du point de vue formel, il n'est pas du tout exclu qu'il existe au sein d'un Etat, une juridiction dotée de la compétence et du pouvoir d'appréciation nécessaire pour mettre en œuvre les dispositions d'une convention.

Aussi, il ne faut pas oublier un élément important, c'est que l'applicabilité directe d'une norme peut évidemment dépendre de la place qu'elle occupe au sein de la hiérarchie des normes. Ainsi, si elle est en conflit avec une norme interne de rang hiérarchique supérieur, il est fort à parier qu'elle ne bénéficiera d'une éventuelle applicabilité directe que si la norme concurrente est abrogée ou modifiée. De plus, il est parfois difficile de faire l'impasse sur les circonstances de l'espèce puisque *« le juge ne peut faire abstraction des éléments propres à l'affaire qu'il tranche tels que le statut des*

---

316 TAXIL Bérangère, « Les critères de l'applicabilité directe des traités internationaux aux Etats-Unis et en France », *in RIDC,* volume 59, numéro 1, 2007, pp.157-176., p.164.

parties au procès, le résultat recherché par l'une ou l'autre des parties et l'étendue de la compétence du juge interne par rapport à leurs attentes. Ces éléments peuvent être déterminants pour l'applicabilité d'un traité relatif aux droits de l'homme. Il se peut donc qu'une norme conventionnelle soit applicable dans un cas mais pas dans l'autre uniquement en raison de différences entre circonstances de l'espèce »[317]. Ceci est d'autant plus vrai que contrairement à la méthode subjective, la méthode objective contraint le juge à examiner de manière circonstanciée non seulement les dispositions de la convention internationale invoquée, mais aussi le contenu des normes juridiques internes et les circonstances de l'espèce. Ainsi, le critère objectif permettant de déterminer l'applicabilité directe d'une norme internationale sera mis en œuvre de façon objective et de bonne foi ; ce qui facilitera d'autant plus une certaine reconnaissance juridictionnelle du droit international pénal dans les ordres juridiques monistes africains.

§2. La reconnaissance juridictionnelle du droit international pénal dans les ordres juridiques monistes africains

82.-Plan. Le renforcement du pouvoir prétorien de sanction des crimes internationaux par les juges nationaux et notamment de ceux des systèmes monistes africains **(A)** est bien la principale conséquence de l'insertion du droit international pénal dans l'ordre juridique interne. Par contre, lorsque cette insertion fait défaut, l'on assiste à une proclamation sans fard de l'incompétence du juge **(B)** pour sanctionner un criminel sur la base des normes internationales qui n'ont pas été au préalable transposées dans l'ordre juridique interne selon les règles prescrites.

A- Le renforcement du pouvoir prétorien de sanction des crimes internationaux dans les systèmes monistes africains

83.-Etendue du rôle du juge dans l'application des dispositions expresses des traités. Aujourd'hui, l'arsenal juridique de la plupart des Etats africains n'est pas suffisamment adapté à la répression des crimes internationaux tels que le génocide, les crimes de guerre, et les crimes contre l'humanité. Ainsi l'adoption des conventions internationales portant sur de telles infractions ne peut qu'avoir pour conséquence de doter les juges répressifs des Etats monistes africains, en général attachés au principe de la

[317] SCIOTTI-LAM Claudia, *ibid.*, p.443.

légalité des délits et des peines, d'instruments d'appoint leur permettant de sanctionner efficacement les délinquants poursuivis.

Ce qu'il faut préciser c'est qu'à partir du moment où un traité est jugé applicable, le juge a la possibilité et même l'obligation de lui donner plein effet dans le cadre d'un procès sans toutefois attendre que l'une des parties au litige s'en prévale[318]. *« Cette application conduit le juge à rechercher la solution du litige, non pas dans sa réglementation nationale, mais dans le traité international, celui-ci ayant « une autorité supérieure à celle des lois » »*[319]. La tâche du juge reviendra tout simplement à déterminer si les dispositions de la norme conventionnelle sont claires et précises, car *« il appartient essentiellement à l'autorité judiciaire d'en faire application aux espèces, lorsque leur sens et leur portée sont clairs et ne présente pas d'ambiguïté »*[320]. Mais le juge peut aussi disposer d'un pouvoir d'interprétation.

84.-Pouvoir d'interprétation du juge. La mise en œuvre effective d'un traité par le juge interne ne peut se faire que si celui-ci détient un réel pouvoir d'interprétation. Si l'on se fie au droit comparé et en l'occurrence au droit français qui apparaît comme étant le système moniste par excellence, on verra que le pouvoir d'interprétation des traités internationaux par le juge interne a connu quelques vicissitudes. Pendant longtemps le juge français a considéré que *« les conventions internationales sont des actes de haute administration qui ne peuvent être interprétées... que par les puissances entre lesquelles elles sont intervenues »*[321] ; d'où l'idée que toute juridiction répressive française était *« tenue de surseoir à statuer jusqu'à ce que le Gouvernement français, qu'il lui appartient de consulter à ce sujet, ait officiellement interprété »*[322] la norme conventionnelle. Mais, cette jurisprudence très critiquable de la chambre criminelle de la Cour de cassation française a été abandonnée au profit d'une position déjà adoptée par les chambres civiles de la Cour de cassation et le Conseil d'Etat. Dorénavant, l'on

[318] Sur ce point, voir la décision de la Cour de Cassation française : Crim., 18 février 1971, B., n°57.

[319] HUET André, KOERING-JOULIN Renée, *Droit pénal international*, Thémis Droit, PUF., Paris, 2005, p.12.

[320] Cour de cassation française : Crim., 26 juillet 1867, B., n°170 ; 1er décembre 1966, D., 1967, 23 ; 21 juin 1973, B., n°292.

[321] Cour de cassation française : au sujet des traités d'extradition, Crim., 18 juillet 1851, B., n° 292 ; 4 juillet 1867, B., n°151 ; 19 janvier 1982, B., n°16, et au sujet d'autres traités : Crim., 24 mars 1953, B., n°115 ; 29 juin 1972, B., n°226 ; 3 juin 1985, B., n°212 ; 10 mai 1988, B., n°201.

[322] Cour de cassation française, 3 juin 1985, B., n°212.

considère qu' *« il est de l'office du juge d'interpréter les traités internationaux invoqués dans la cause soumise à son examen, sans qu'il soit nécessaire de solliciter l'avis d'une autorité non juridictionnelle »*[323].

Après une interprétation en bonne et due forme par le juge, qui aura pour effet de dissiper toute ambigüité dans la compréhension du traité, celui-ci devra être mis en œuvre en lieu et place de toute disposition juridique interne. Ceci est tout simplement l'application du principe de la primauté du traité sur les normes juridiques infra-constitutionnelles. Lorsque le traité est postérieur à la loi, sa primauté par rapport à celle-ci ne fera aucun doute, puisqu'il sera juste question d'appliquer l'adage *lex posterior derogat priori*. De plus, si le traité n'est en principe pas rétroactif, il n'en demeure pas moins que conformément au principe de la rétroactivité *in mitius*[324], il est possible d'envisager que les dispositions plus douces d'un traité portant sur le droit répressif puissent être appliquées aux incriminations prévues par une loi nationale antérieure. En ce qui concerne les traités antérieurs, les Etats monistes optent en général pour leur primauté au détriment des lois postérieures. Par ailleurs, la primauté de l'accord de Londres du 8 août 1945 et de son annexe portant Statut du Tribunal militaire international de Nuremberg, sur les lois nationales postérieures, qui n'a jamais vraiment été contestée, a contribué à faciliter l'acceptation d'une idée de la suprématie des normes internationales pénales antérieures par rapport aux lois nationales postérieures.

Dans tous les cas, il est fréquent de voir les juges nationaux viser expressément les dispositions d'un traité international à l'occasion d'un litige. En République démocratique du Congo par exemple, le juge n'a pas hésité à recourir aux dispositions du Statut de Rome dans une affaire de viol, en considérant que cet *« acte inhumain se définit différemment selon que l'on se trouve en droit interne ou en droit international. En effet, l'interprétation comprise dans les éléments des crimes, source complémentaire au Statut de Rome, donne au viol une extension très large comprenant ainsi tout acte inhumain à connotation sexo-spécifique »*[325]. L'application directe du Statut de Rome par le juge congolais lui a permis non seulement de sanctionner le viol en tant que crime contre l'humanité[326], mais aussi d'adopter une

---

[323] Cour de cassation française : Crim., 11 février 2004, B., n°37.

[324] La rétroactivité *in mitius* ; est une exception au principe de la non rétroactivité de la loi. En vertu de cette règle, l'on considère qu'une disposition pénale plus douce et donc plus favorable aux justiciables devrait prévaloir sur les dispositions pénales plus sévères.

[325] Tribunal Militaire de Garnison de Mbandaka, affaire *Songo Mboyo,* 12 avril 2006, RP 084/05, p.27.

[326] Voir les éléments du crime contre l'humanité dans l'article 7 du Statut de Rome.

interprétation plus large de la notion de viol que celle retenue initialement par le droit pénal congolais. Sur ce dernier point, il faut préciser que pendant longtemps, le droit interne congolais n'incriminait que les actes de viol commis sur les femmes, alors que l'annexe consacrée aux éléments des crimes du Statut de Rome précise en gros que les hommes et les femmes peuvent être victimes de viol. Aussi, après avoir rappelé ces éléments, le juge congolais s'est appuyé sur une conception plus large de la notion de viol.

La friction entre l'ordre répressif congolais et les dispositions du Statut de Rome n'est en réalité pas surprenante, tant il peut exister des différences conceptuelles entre le droit international pénal et les droits répressifs africains. C'est pourquoi, la diffusion des normes internationales pénales dans les ordres juridiques internes est essentielle, car cela permettra d'une part d'écarter de l'arsenal juridique interne les normes qui sont manifestement contraires aux standards juridiques internationaux et d'autre part, cela évitera de se voir imposer l'incompétence des juges nationaux pour mettre en œuvre les normes internationales non insérées en droit interne, à l'occasion d'un litige.

B- La proclamation de l'incompétence du juge en cas d'absence d'insertion du droit international pénal dans les systèmes monistes africains

85.-Logique de l'obligation d'insertion. Le défaut d'insertion du droit international pénal y compris dans les Etats monistes, peut avoir des incidences graves concernant la répression des crimes internationaux. Il faut toujours garder à l'esprit que l'un des aspects de la diffusion du droit international reste l'insertion des traités en droit interne.

Dans les pays africains monistes d'inspiration romano-germanique pour la plupart, le principe de légalité qui implique qu'un criminel ne puisse être sanctionné que si son acte est considéré comme étant expressément répréhensible par le droit, est la pierre angulaire de tout l'édifice pénal. Par conséquent, l'absence d'introduction des normes internationales pénales dans l'arsenal juridique national ne peut avoir que pour conséquence de priver un juge de base légale qui lui serait nécessaire pour réprimer des actes tels que le crime de guerre, le crime contre l'humanité et le génocide, qui bien qu'étant sanctionnés en droit international, ne bénéficient pas toujours d'un régime juridique adéquat dans les ordres répressifs nationaux.

Cette analyse n'est pas une simple hypothèse d'école car il suffit de consulter les annales judiciaires africaines pour se rendre compte que certains vides juridiques ont confronté les institutions judiciaires à un véritable déclinatoire de compétence lorsqu'elles étaient amenées à se prononcer sur la sanction d'un supposé responsable de crimes internationaux. L'affaire Hissein Habré est une des illustrations d'une telle situation.

86.-Illustration. L'affaire *Hissein Habré* qui a défrayé la chronique pendant des années permet de bien comprendre l'importance de l'insertion du droit international pénal dans les droits internes. Ancien dictateur déchu du Tchad depuis le 1er décembre 1990 à l'issue d'un coup d'Etat organisé par Idriss Deby, Hissein Habré[327] s'était réfugié au Sénégal où sa présence était plus ou moins tolérée par les autorités politiques. Mais sa quiétude sera vite remise en cause lorsqu'un collectif de victimes tchadiennes appuyées par quelques ONG, vont *ester* en justice devant une juridiction pénale sénégalaise en janvier 2000, afin qu'il soit sanctionné pour crimes contre l'humanité, actes de torture et barbarie[328].

A la mi-février 2000, les avocats d'Hissein Habré formulèrent une requête en annulation de l'inculpation à la chambre d'accusation de la Cour d'appel de Dakar sous le motif que les juridictions sénégalaises étaient incompétentes pour juger l'accusé et cela pour trois raisons : d'abord, l'Etat sénégalais ne connaissait pas le principe d'universalité, ensuite les actes de torture reprochés à l'accusé devaient être considérés comme prescrits étant donné que le Sénégal n'avait pas rendu imprescriptible le crime de torture. Enfin l'absence de base légale devait justifier l'incompétence des juges pour sanctionner l'ex dictateur car le code pénal sénégalais n'a incorporé l'acte de torture qu'en 1996 alors que les actes incriminés avaient été commis entre 1982 et 1990. Quant aux crimes contre l'humanité, ils étaient tout simplement absents du dispositif répressif sénégalais. Et sur ce dernier point, un arrêt de la chambre d'accusation de la Cour d'appel de Dakar datant du 4 juillet 2000 donna gain de cause aux avocats d'Hissein Habré en considérant que le crime contre l'humanité n'avait pas été inséré dans le droit pénal sénégalais et ne pouvait en conséquence être pris en compte sans violer le principe de

---

[327] Arrivé à la tête de l'Etat tchadien à la faveur d'un putsch visant à renverser son prédécesseur Goukouni Oueddei, le 07 juin 1982, Hissène Habré dirigea son pays d'une main de fer et se rendit coupable d'une élimination systématique de ses opposants, commettant ainsi à l'occasion, de nombreux crimes contre l'humanité jusqu'à sa chute le 1er décembre 1990.

[328] Voir l'acte d'inculpation sur le site de l'ONG Human Rights Watch : http://www.hrw.org/french/themes/habre-inculpation.html.

légalité[329]. L'arrêt de la chambre d'accusation fut confirmé le 20 mars 2001 par la Cour de cassation sénégalaise.

Dans un commentaire, Marc HENZELIN souligne le fait que l'arrêt de la chambre d'accusation de Dakar contient probablement *« toutes les objections que peuvent formuler des pénalistes classiques à l'encontre de la mise en œuvre directe du droit international pénal dans les ordres juridiques nationaux »*[330], en particulier lorsque cette juridiction défend l'idée selon laquelle *« (la justice pénale) a toujours manifesté son autonomie par rapport aux autres normes juridiques (...) cette particularité est due au caractère sanctionnateur du droit pénal qui tend à la protection des intérêts comme ceux des individus en cause et exige un certain formalisme de procédure »*.

Aussi, des auteurs tel que BECCARIA[331] défendent l'idée selon laquelle le raisonnement pénaliste repose sur un syllogisme qui porte sur un acte ou une omission, une norme de comportement et une peine. Ainsi, pour chaque infraction, tout juge doit faire un syllogisme précis entre la majeure, qui est la norme de comportement prévue par la loi, la mineure, qui est l'action conforme ou non à la loi, et pour finir, la conséquence qui est la liberté ou la peine, et plus exactement la catégorie de peine à mettre en œuvre en cas de condamnation. De plus, comme l'a si bien dit Raymond GASSIN *« si vous interrogez un pénaliste pour savoir ce qu'est une infraction pénale, il vous répondra invariablement que l'on entend par là « tout acte prévu et puni par la loi de cette sanction spécifique que l'on appelle la peine et cet acte seulement »*[332]. C'est pourquoi, en droit interne, du moins dans les systèmes romano-germaniques qui n'accordent qu'une valeur très accessoire à la coutume, la norme de comportement considérée comme étant répréhensible doit être prévue par la loi nationale: c'est la signification de la maxime *« nullum crimen sine lege »*. Au reste, dans l'affaire *Hissein Habré,* la position de la Chambre d'accusation de Dakar doit être bien comprise car en vérité, elle *« ne nie pas forcément le droit, voire l'obligation, pour l'Etat sénégalais*

---

329 La Cour fit également savoir que le Sénégal n'était pas compétent pour connaître des crimes commis au Tchad par un tchadien contre les tchadiens.

330 HENZELIN Marc, « Droit international pénal et droits pénaux étatiques. Le choc des cultures », *in* HENZELIN Marc, ROTH Robert, *Le droit pénal à l'épreuve de l'internationalisation*, LGDJ, GEORG librairie de l'Université, Bruylant, mai 2002 ; 355 p., p.68-118, p.73.

331 BECCARIA Cesare, *Des délits et des peines* (1762), traduction, Chevallier, Genève, Droz, 1965, Chapitre. IV.

332 GASSIN Raymond, « Le crime existe-t-il ? » *in* Université de droit, d'économie et des sciences d'Aix-Marseilles, *Problèmes actuels de sciences criminelles XII*, Aix-en-Province, Presses universitaires d'Aix-Marseilles, 1999, pp.9-32, p.9.

de poursuivre et juger Hissène Habré sur la base d'une coutume internationale éventuelle relative à l'interdiction du crime contre l'humanité ou sur la base de la Convention contre la torture, mais elle déclare que seul le droit pénal national est applicable »[333].

En fait, la juridiction sénégalaise s'est contentée de rappeler au législateur national son obligation d'intégrer le droit international pénal dans l'ordre juridique interne. Ceci est la principale explication de la réticence des juges sénégalais à poursuivre ou juger Hissein Habré pour des actes qualifiés de crimes contre l'humanité ou crimes de torture, qui n'étaient pas prohibés comme tels par le droit national au moment où les faits avaient été commis, d'autant plus que les actes incriminés ne jouissaient pas d'une précision irréprochable en droit international pénal. De plus, les décisions sénégalaises ne constituent qu'une application très récurrente en droit interne des principes de la licéité et de la prévisibilité qui interdisent qu'un sujet de droit puisse être condamné si le comportement qui lui est reproché n'est pas prévisible.

L'absence d'incorporation du crime contre l'humanité[334] et du crime de torture dans la législation sénégalaise au moment où les faits étaient commis, obligeait les juges à admettre que l'accusé ne pouvait faire l'objet d'aucune sanction. En agissant ainsi, les juges ont moins voulu remettre en cause le droit international pénal que refuser de l'insérer dans l'ordre juridique interne par voie prétorienne. Ils sont finalement restés fidèles au principe de la séparation des pouvoirs, tout en s'appuyant sur le principe de légalité. La Cour de justice de la CEDEAO[335], juridiction communautaire d'Afrique de l'ouest, a d'ailleurs abondé dans le même sens que les juges sénégalais. Cette juridiction avait critiqué l'acharnement procédural visant à trouver toutes les astuces juridiques devant faciliter la sanction d'Hissein Habré ; attitude qui avait poussé l'Etat sénégalais à aller jusqu'à réformer le système pénal afin de créer les moyens légaux pouvant fonder la répression des faits reprochés à l'accusé. Dans une décision rendue le 18 novembre 2010, la Cour de justice de la CEDEAO soulignait le fait qu'elle *« constate l'existence d'indices concordants de probabilité de nature à porter atteinte aux droits de l'Homme de Monsieur Hissein Habré sur la base des reformes constitutionnelles et législatives opérées par L'Etat du Sénégal. Dit qu'à cet égard l'Etat du Sénégal doit se conformer au respect des décisions rendues par ses juridictions nationales notamment au respect de l'autorité de la chose jugée. En*

[333] HENZELIN Marc, *ibid.*, p.80.

[334] Il faut signaler que le Sénégal a bien ratifié le Statut de Rome de la CPI le 2 février 1999.

[335] La CEDEAO (Communauté Economique des Etats de l'Afrique de l'Ouest), est une organisation intergouvernementale ouest africaine née le 28 mai 1975.

conséquence, la Cour ordonne au Sénégal le respect du principe absolu de non rétroactivité »[336].

Dans l'affaire *Hissein Habré,* il est manifeste que les juges sénégalais ont bien dit le droit, même s'il est difficile de soutenir qu'ils ont rendu justice ; car l'accusé avait manifestement violé les principes d'humanité qui malheureusement étaient moins protégés par le droit sénégalais que par le droit international au moment du déclenchement de la procédure judiciaire. C'est pourquoi, malgré toutes les critiques que l'on peut formuler contre la position des juges sénégalais, il faut reconnaitre que ceux-ci ont fait l'effort de respecter les règles qui conditionnent la mise en œuvre du droit international dans un système moniste comme celui du Sénégal.

87.-Transition conclusive. Les mécanismes de diffusion des traités internationaux dans les systèmes monistes africains apparaissent comme étant relativement simples ; ce qui devrait faciliter l'introduction du droit international pénal dans les ordres juridiques d'un certain nombre de pays africains qui se rattachent la plupart du temps à la tradition juridique romano-germanique. Il est vrai que même dans les systèmes monistes, la diffusion des normes internationales en droit interne est soumise à une série d'exigences, mais c'est dans les systèmes dualistes, notamment africains, que la diffusion du droit international pénal par exemple sera plus complexe.

---

[336] Cour de justice de la CEDEAO, Affaire *Hissein Habré c. République du Sénégal,* du 18 novembre 2010, ROLE GENERAL No. *ECW/CCJ/APP/07/08* ARRET NO: *ECW/CCJ/JUD/06/10*, disponible sur le site http://www.hrw.org/fr/news/2010/11/18/arr-t-cedeaoecowas-ruling-hissein-habr-c-r-publique-du-s-n-gal.

CHAPITRE 2

LA DIFFUSION DU DROIT INTERNATIONAL PENAL DANS LES SYSTEMES DUALISTES AFRICAINS

88.-Avènement du dualisme en Afrique. L'existence du dualisme sur le continent africain, est l'une des survivances les plus éclatantes de la colonisation juridique britannique dont les effets sont encore visibles dans la plupart des ordres juridiques des Etats d'Afrique anglophones[337]. Seulement, il faut tout de même mentionner que le dualisme n'est pas l'apanage du système juridique britannique, puisque certains Etats d'Europe continentale comme l'Allemagne et dans une certaine mesure l'Italie ont adopté ce système. Mais l'aventure coloniale de ces deux pays ayant été moins concluante, c'est *via* la *Common Law* britannique que le système dualiste a été transposé dans certains Etats africains qui n'ont pas remis en cause sa philosophie générale.

89.-Philosophie du dualisme. Le dualisme comme son nom l'indique, prône contrairement au monisme, une dualité absolue entre l'ordre juridique interne et l'ordre juridique international. L'idée qui est de mise c'est qu'il ne peut exister qu'une forme de *« juxtaposition entre ordre international et ordres internes, de telle sorte que les règles de chacun d'eux dépendent de conditions de validité spécifiques et s'appliquent à des sujets comme à des situations juridiques différents »*[338]. La conséquence est qu'il n'existe aucun lien possible entre les différents ordres juridiques (international et interne) à

---

[337] Sur le continent africain, les pays d'expression anglophone sont essentiellement l'Afrique du Sud, le Botswana, l'Ethiopie, la Gambie, le Ghana, le Kenya, le Lesotho, le Libéria, le Malawi, l'Île Maurice, la Namibie, l'Ouganda, la République-Unie de Tanzanie (y compris Zanzibar), les Seychelles, la Sierra Leone, le Soudan, le Swaziland, la Zambie et le Zimbabwe. Il convient tout de même d'évoquer les cas particuliers du Cameroun pays bilingue constitué d'une majorité de francophones (80% environ) et d'une minorité d'anglophones (20% environ) et du Rwanda qui, francophone après plusieurs décennies, est devenu progressivement un Etat anglophone par décision des autorités politiques qui voulaient imposer un nouveau système linguistique après le génocide de 1994.

[338] COMBACAU Jean, SUR Serge, *op. cit.* p.183.

telle enseigne que chacun jouit d'une grande autonomie par rapport à l'autre. Chaque pays reste maître de son ordre juridique, et les traités internationaux sont des conventions synallagmatiques ne conférant des droits et des obligations qu'aux entités étatiques, à l'exclusion des particuliers.

La conception dualiste a été défendue avec conviction à la fin du XIXème siècle et pendant la première moitié du XXème siècle, par des théoriciens allemands (LABAND, TRIEPEL[339]) et italiens (ANZILOTTI[340], CAVAGLIERI), probablement parce qu'étant issus de pays nouvellement unifiés, ceux-ci considéraient que participer aux relations internationales ne devait en aucun cas compromettre la souveraineté de l'Etat ou porter atteinte à l'autonomie du droit interne[341]. Malgré tout, le dualisme s'accorde avec une certaine *« philosophie de l'autolimitation de l'Etat qui ne consent à se soumettre au droit que dans la seule limite de sa libre acceptation »*[342].

90.-Acceptation des traités dans le dualisme. L'acceptation d'un traité dans l'ordre juridique interne des Etats dualistes se fera par le truchement d'un acte spécifique adopté par le législateur, ou plus rarement par le pouvoir exécutif.

Pour conférer un effet juridique au droit international conventionnel en droit interne, les Etats dualistes ont le choix entre plusieurs mécanismes juridiques. Il est possible de recourir tout d'abord à une méthode de transformation qui aura pour effet de reprendre la substance d'un traité international en droit interne plutôt que le traité en lui-même. Ensuite, les Etats dualistes peuvent s'appuyer sur la méthode de référence aux conventions internationales dans une loi permettant au juge d'appliquer les dispositions du traité en tant que tel, mais dans un champ d'application qui se veut plutôt restreint. Enfin la méthode d'incorporation leur permettra de diffuser en droit interne un traité dans son entièreté (ou presque, selon les cas), avec la possibilité d'être appliqué tel quel dans l'ensemble de l'ordre juridique interne.

L'étude des systèmes dualistes et en particulier ceux des Etats africains, laisse apparaitre une certaine complexification des méthodes de transformation et de référence aux traités **(SECTION 1).** Heureusement, ce

---

339 TRIEPEL Heinrich, « Les rapports entre le droit interne et le droit international », *in RCADI, 1*-77, 1923.

340 ANZILOTTI Dionisio, *Cours de droit international*, Paris, Librairie du Recueil, Sirey, 1929, 534 p.

341 A ce propos, voir COMBACAU Jean, SUR Serge, *op. cit.*, p.184.

342 DUPUY Pierre-Marie, KERBRAT Yann, *op. cit.*, p.452.

phénomène est contrebalancé par l'efficacité de la méthode d'incorporation des traités **(SECTION 2)**, qui s'avère être plus favorable au droit international en général et au droit international pénal en particulier.

SECTION 1. La complexification des méthodes de transformation et de référence aux traités relatifs au droit international pénal dans les systèmes juridiques dualistes africains

91.-Effets de la complexification. Si dans les systèmes dualistes les méthodes de transformation et de référence aux traités apparaissent comme étant trop complexe, c'est en partie parce que la première n'apporte qu'une garantie limitée à la mise en œuvre des traités internationaux dans l'ordre juridique interne **(§1)**, alors que la seconde n'est que d'une efficacité très limitée pour l'application des normes conventionnelles en droit national **(§2)**.

§1. L'insuffisance des garanties apportées par la méthode de transformation des traités relatifs au droit international pénal dans le contexte africain

92.-Plan. La méthode de transformation des traités en droit interne est celle qui est abondamment utilisée par les systèmes juridiques dualistes ; et les Etats africains concernés ne font d'ailleurs pas exception à la règle. Pourtant, les insuffisances qui découlent de cette méthode sont évidentes. Mais, pour mieux cerner les lacunes de la méthode de transformation **(B)**, il faut au préalable comprendre la logique qui la sous-tend **(A)**.

A- La logique de la méthode de transformation et son impact sur les Etats dualistes africains

93.-Signification de la méthode de transformation. La logique de la méthode de transformation est simple ; il faut faire muter une norme conventionnelle de nature internationale en une norme de nature nationale. Pour que la transformation puisse s'opérer, *« un acte national est spécialement adopté ou spécialement modifié pour transcrire les dispositions d'un traité dans l'ordre juridique interne, de sorte que seule la substance de* *ces dispositions se retrouve dans l'acte national en question »*[343]. Le terme de transformation vaut tout son pesant d'or dans la mesure où, le mécanisme juridique en question aura pour but de changer les caractères généraux d'un traité qui perdra ainsi sa forme initiale dans l'acte juridique interne de transposition. La méthode de transformation peut avoir pour conséquence de tronquer la nature de la disposition conventionnelle qui selon les cas subira des modifications plus ou moins importantes. Ainsi, la transformation va au-delà d'une simple mutation formelle, puisqu'elle a aussi un caractère matériel dont les effets sont très importants.

94.-Effets de la méthode de transformation. La plupart du temps, la méthode de transformation aura pour conséquence de pousser un Etat qui voudrait introduire une disposition juridique internationale dans son droit interne à adopter ou modifier une loi qui portera sur les questions qui intéressent la disposition visée. A titre d'illustration, le Ghana, pays dualiste, a ratifié la Charte Africaine des Droits de l'homme et des peuples (CADHP) le 24 janvier 1989 ; texte qui garantit notamment la liberté religieuse (article 8)[344]. Pourtant, il a fallu que ce pays adopte le 14 juin 1989 la loi 221, connue sous le nom de *Religious Bodies Registration Law* (loi sur l'enregistrement des organisations religieuses), pour que l'article 8 de la Charte Africaine des Droits de l'Homme et des Peuples prenne effet dans l'ordre juridique ghanéen.

L'objectif de cette opération était tout simplement de mettre en phase le droit ghanéen avec un traité international qui avait pourtant déjà été ratifié. Un justiciable qui voudrait donc invoquer la liberté religieuse telle que prévue dans la CADHP, se réfèrera plutôt aux dispositions de la loi de transformation adoptée par les autorités nationales, même si la dite loi peut comporter des dispositions pas forcément en accord avec l'esprit des dispositions de la Charte. Néanmoins, il existe une querelle doctrinale visant à apporter des précisions sur la méthode de transformation.

95.-Querelle doctrinale sur la méthode de transformation. Une partie de la doctrine réfléchit encore sur le sens qu'il faut donner véritablement à la notion de transformation des traités internationaux en droit interne. Ainsi, il est fréquent de vouloir opposer la transformation active à la transformation

---

343 SCIOTTI-LAM Claudia, *L'applicabilité des traités internationaux relatifs aux droits de l'homme en droit interne*, Bruylant, Bruxelles, 2004, p.135.

344 L'article 8 de la Charte Africaine des Droits de l'Homme et des Peuples dispose : *« La liberté de conscience, la profession et la pratique libre de la religion, sont garanties. Sous réserve de l'ordre public, nul ne peut être l'objet de mesures de contrainte visant à restreindre la manifestation de ces libertés ».*

passive. A ce propos Martin SCHEININ[345] à pendant longtemps soutenu que la transformation active était celle qui résultait d'un texte interne spécial, alors que la transformation passive résultait plutôt de la modification apportée à des lois préexistantes. Mais, il a finalement été obligé de se dédire en reconnaissant par la suite qu'il fallait regrouper les notions qu'il qualifiait auparavant de transformation active et de transformation passive sous le seul vocable de transformation ; par contre, dorénavant, le concept de transformation passive devait être utilisé pour désigner le mécanisme de déclaration d'harmonie[346].

Aussi, certains auteurs soutiennent plutôt l'idée que le terme transformation porte d'une manière très large sur l'ensemble des méthodes d'intégration du droit international dans les ordres juridiques internes des pays dualistes[347]. Pire encore, il arrive même que l'on considère que la notion de transformation n' a qu'un caractère imagé ou métaphorique, puisque les mesures prises par le Gouvernement ou le législateur pour assurer la diffusion du contenu d'un traité international ratifié pourraient être considérées comme une simple mise en conformité du droit interne par rapport aux engagements internationaux, ceux-ci n'étant par conséquent pas insérés dans l'ordre juridique national. Ainsi, s'il est possible de parler d'une transformation, il s'agit moins de celle du droit international que de celle du droit interne. Le but serait donc d'opérer les modifications de l'ordre juridique interne nécessaires pour assurer l'exécution des obligations internationales de l'Etat[348]; ce qui suppose que celui-ci souhaite véritablement s'appuyer sur les objectifs de la mise en œuvre de la méthode de transformation.

---

345 SCHEININ Martin, «The status of Human Rights Conventions in Finnish Domestic Law », *in* ROSAS Allan (dir.), *International Human Rights Norms in Domestic Law: Finnish and Polish Perspectives,* Finnish Lawyers Publishing Company, Helsinki, 1990, 299 p., p. 25-43, p. 27; KOFOD OLSEN Birgitte, « Incorporation and Implementation of Human Rights in Denmark » , *in* SCHEININ Martin (dir.*), International Human Rights Norms in the Nordic and Baltic Countries,* NIJHOFF Martinus, La Haye, 1996, 310 p., p.227-246, p.229. Cité par SCIOTTI-LAM Claudia, *ibid,* note de bas de page n°394.

346 SCHEININ Martin, «General Introduction to International Human Rights Norms in Nordic and Baltic Countries », *in* SCHEININ Martin (dir.), *International Human Rights Norm in the Nordic and Baltic Countries*, NIJHOFF Martinus, la Haye, 1996, 310 p.,p.11-26, p.13.

347 A propos, lire par exemple MARCOFF Marco, « Les règles d'application indirecte en droit international », *in RGDIP,* 1976, p.386-424, p.389.

348 Voir TREVES Tullio et FRIGESSI di RATTALMA, « Rapport sur l'Italie », *in* EISEMANN Pierre Michel (dir.), *L'intégration du droit international et communautaire dans l'ordre juridique national, étude de la pratique en Europe,* Kluwer Law International, La Haye, 1996, 587 p., p.365-406, p.377.

96.-Objectifs de la mise en œuvre de la méthode de transformation. La méthode de transformation constitue aussi très souvent une forme d'interprétation ou de traduction du droit international en droit interne. Ainsi, pour certains Etats dualistes africains, la transformation du Statut de Rome de la CPI consistera tout simplement à traduire ses dispositions substantives de manière à ce qu'elles soient comprises par le juge interne. Ce qui sera donc en quelque sorte, la traduction du Statut de Rome en langage courant des ordres juridiques concernés[349]. En effet, l'idée avancée est que la phraséologie juridique internationale n'est pas toujours adaptée à l'ordre juridique interne ; d'où le risque de confusion qu'il faudrait à tout prix éviter en ayant recours à une terminologie que l'on est censé maitriser parfaitement.

Dès lors, la rédaction de la loi de transformation d'un traité en ayant recours au lexique usuel du droit interne, aura pour intérêt de faciliter sa compréhension aussi bien par les autorités publiques que par les justiciables[350]. Au fond, ce ne serait que d'une certaine façon logique, car les traités sont la plupart du temps la résultante de compromis et de concessions politiques entre des pays parlant très souvent des langues différentes et ayant recours à un vocabulaire juridique dont les nuances peuvent apparaitre d'un Etat à l'autre.

L'obligation de l'Etat en question étant d'abord et avant tout de respecter ses engagements, les partisans de la méthode de transformation soutiennent que pour sa meilleure compréhension au sein de l'ordre juridique interne, la solution la plus adéquate consisterait à diffuser la substance du traité par le mécanisme de la transformation, plutôt que de le reprendre comme tel en utilisant un lexique internationaliste qui n'est pas forcément intelligible pour les destinataires de l'instrument conventionnel. En ce qui concerne la répression pénale par exemple, il est constant qu'elle est différente selon que l'on se trouve en droit international ou en droit interne. C'est sans aucun doute un raisonnement qui revêt une certaine cohérence et une certaine logique. Toutefois, en analysant avec plus de rigueur la méthode de transformation, on se rend assez vite compte qu'elle comporte des lacunes dont les conséquences sur l'applicabilité des traités ne sont pas négligeables.

---

349 Lire SEIDL-HOHENVELDERN Ignaz, « Transformation or Adoption of International Law into Municipal Law » *in ICLQ,* 1963, p.88-124, p.104.

350 Sur la question, voir le point de vue de DANELIUS Hans, « The ECHR in the Case-Law of the Supreme Court of Sweden » *in The Dynamics of the Protection of Human Rights in Europe: Essays in honours of H.G. Schermers,* vol. III, NIJHOFF Martinus, Dordrecht, 1994, 416 p., p.113- 121, p.113.

B- Les lacunes découlant de la méthode de transformation

97.-Portée des lacunes. La méthode de transformation laisse apparaitre de nombreuses lacunes qui peuvent avoir pour effet de dénaturer l'esprit et la substance d'un traité. Par conséquent, l'introduction d'une convention en droit interne par le truchement d'un tel mécanisme, s'avère en général être d'une certaine façon compromise, puisque l'opération laisse très souvent apparaître des insuffisances portant non seulement sur le contenu de la loi de transformation **(1)**, mais aussi sur l'interprétation dynamique ou évolutive d'un traité **(2)**.

1. Les insuffisances liées au contenu de la loi de transformation d'un traité

98.-Risques de distorsion dans le contenu des traités. Eviter les distorsions entre un traité et sa loi de transformation n'est pas chose aisée, puisque le pari est difficile à tenir même si l'Etat est de bonne foi. Et parlant de la bonne foi, celle-ci fait souvent défaut lors de la transformation d'un traité en vue de son application en droit interne. Certains auteurs considèrent en effet la transformation comme un moyen détourné pour un Etat de se *« tailler une loi sur mesure »*[351], lui permettant de ne pas respecter fidèlement ses engagements internationaux.

Mais, le recours à la méthode de transformation peut aussi reposer sur la bonne foi et la volonté manifeste d'un Etat de diffuser les dispositions d'un traité dans l'ordre juridique interne. Il sera dans ce cas question de *« faciliter l'application des dispositions normatives en droit interne, en éliminant tout élément obscur ou toute ambiguïté contenue dans le traité »*[352]. Très souvent, le législateur profite de l'opportunité qui lui est offerte pour prendre position sur les questions politiques qui impliquent la mise en œuvre d'un traité dans l'ordre juridique interne[353]. Cette prise de position n'est pas anodine dans le contexte africain où les dispositions de certains traités sont difficilement mises en œuvre dans les ordres juridiques internes. L'on sait par exemple que certaines règles du Statut de Rome sont boudées par les Etats qui considèrent

---

[351] Pour John H. JACKSON, « (...) Legislatures may wish to tailor the act of transformation in certain ways (...) »; JACKSON John. H, « Status of treaties in domestic legal systems: a policy analysis », i*n AJIL*, 1992, p.310-340, p.324.

[352] SCIOTTI-LAM, *ibid.*, p.139.

[353] Voir JACKSON H. John, « Status of treaties in domestic legal systems: a policy analysis », *in AJIL*, 1992, p.310-340, p.325.

que celles-ci laissent apparaitre en filigrane une volonté inavouée des pays occidentaux de se livrer à une forme de néocolonialisme juridique qui foulerait au pied l'histoire, la sociologie et la culture des peuples dont le pouvoir d'influence à l'occasion de la rédaction des traités est plutôt négligeable[354]. La réalité c'est que d'une manière générale, *« lorsqu'un traité porte sur un domaine politique sensible pour la souveraineté nationale (défense, sécurité, justice pénale), il peut heurter les traditions et principes internes. Tel est le cas lorsque le droit international incite, voire impose aux Etats de passer outre les immunités des chefs d'Etat pour réprimer des crimes graves de droit international. Dès lors, le législateur va se réapproprier le contenu du traité pour l'adapter au contexte national, quitte à ne pas en respecter fidèlement le texte »*[355].

Autre argument mis en avant par les tenants de la méthode de transformation, c'est que celle-ci, contrairement à l'incorporation, permet de garantir le principe de la séparation des pouvoirs puisqu'elle confère au juge une marge de manœuvre plutôt réduite qui l'empêche d'interférer dans le domaine du législateur, lorsque l'occasion lui est donnée de statuer sur le caractère directement applicable d'une norme conventionnelle[356].

Néanmoins, le recours à la méthode de transformation ne repose pas toujours sur des intentions nobles. En effet, elle facilite souvent des distorsions au moment de la diffusion du contenu d'un traité dans l'ordre juridique des Etats qui ont la latitude d'adopter des dispositions qui leur permet d'être dispensés d'un certain nombre d'obligations qui sont pourtant consignées dans la norme conventionnelle. La transformation devient par conséquent une option intéressante pour les Etats de mauvaise foi qui se réservent la possibilité de violer les dispositions d'un traité lorsqu'ils le jugent opportun[357]. Finalement, le mécanisme de la transformation est dévoyé, puisqu'il ne permet plus d'opérer une simple diffusion du droit international dans l'ordre juridique interne, mais apparaît plutôt comme un redoutable moyen

---

[354] Sur le sujet, lire notamment MEGRET Frédéric, « Cour pénale internationale et néocolonialisme : au-delà des évidences », *in* VILMER Jeangène Jean-Baptiste, *L'Afrique face à la justice pénale internationale*, Etudes internationales, volume XLV, n°1, mars 2014, 171 p., pp.27-48.

[355] TAXIL Bérangère « Méthodes d'intégration du droit international en droits internes », *in Internationalisation du droit, internationalisation de la Justice,* 3ème congrès de l'AHJUCAF, Cour Suprême du Canada, Ottawa, 21-23 juin 2010, 190 p., p.104-115, p.111.

[356] Sur la question, lire, CAMERON Iain, « The Swedish experience of the European Convention on Human Rights since Incorporation », *in ICLQ,* 1999, p.20-56, p.42, note 60.

[357] Lire JACKSON H. John, « status of treaties in domestic legal systems: a policy analysis », *in AJIL,* 1992, p.310-340, p.325.

d'empêcher les juges nationaux d'appliquer les règles substantielles contenues dans le traité. Pour éviter un tel phénomène, l'une des solutions est l'activation du mécanisme de la responsabilité internationale de l'Etat, dont l'efficacité est malheureusement très relative. De plus, il existe plusieurs modèles de transformation des traités.

99.-Différents modèles de transformation des traités et leurs effets. Phénomène plutôt troublant, il n'existe pas en réalité un modèle unique de transformation des traités en droit interne. Ainsi, *« selon que la loi visant à transformer indique ou non l'origine internationale des droits qu'elle garantit, l'attitude des juges amenés à l'appliquer sera différente »*[358]. Pourtant, rien dans le comportement du législateur ne peut permettre objectivement de savoir pourquoi il a opté pour telle ou telle méthode de transformation[359]. Il est juste possible de savoir si le législateur a recouru à une transformation discrète ou plutôt à une transformation muette.

La transformation est qualifiée de discrète lorsqu'il est manifeste que le législateur a voulu introduire un tant soit peu les dispositions d'un traité en droit interne, mais en y faisant allusion de manière plutôt modérée. Il faut tout de même souligner qu'il existe deux principales catégories de transformation discrète ; dans la première, le traité est indiqué dans le titre de la loi ou dans son préambule ; et dans la seconde, la référence au traité existe dans l'annexe de la loi plutôt que dans le corps de celle-ci[360]. Sur ce second point, il faut citer le cas de la Tanzanie dont l'attitude du législateur au moment de l'adoption de la loi mettant en œuvre la Convention de Vienne sur les relations diplomatiques et celle sur les relations consulaires a été pour le moins singulière[361]. En effet contrairement à la tradition législative tanzanienne qui

---

[358] SCIOTTI-LAM Claudia, *ibid.*, p.140.

[359] A propos du Royaume-Uni, pays dualiste par excellence, Dominik LASOK faisait déjà remarquer en 1966 qu'*« il est difficile ici de deviner à quels critères a obéi le législateur dans le choix de tel ou tel mode d'incorporation. Il est évident qu'il existe une certaine gradation dans l'anonymat des sources destinées à modifier le droit anglais, sources qui proviennent de la législation internationale. Cette gradation semble être plutôt instinctive que préméditée et il est difficile d'y trouver une logique quelconque »*. LASOK Dominik, « Les traités internationaux dans le système juridique anglais », *in RGDIP*, Pedone, Paris, vol. LXX, (1966), p.961-994, p.986.

[360] Voir DUTHEIL DE LA ROCHERE Jacqueline, « Le droit international fait-il partie du droit anglais ? », *in Le droit international : unité et diversité,* Mélanges offerts à Paul Reuter, Pedone, Paris, 1981, 584 p. p.243-268, p.252.

[361] Sur la question lire KABUDI John, *Human rights jurisprudence in East Africa: a comparative study of fundamental rights and freedoms of the individuals in Tanzania, Kenya*

voudrait que l'on mentionne le titre d'un traité dans la loi de transposition *(Implementation Act),* celle portant sur lesdites conventions de Vienne, ne fait pas expressément allusion à celles-ci. Les dispositions les plus pertinentes de ces conventions qui sont citées en annexe restent tout simplement soumises aux dispositions de la loi par le législateur ; ce qui ne peut que déboucher sur une éventuelle négation des normes conventionnelles sous le prétexte de respecter le principe de légalité. On imagine aisément l'inconvénient d'une telle démarche pour la mise en œuvre du Statut de Rome dans un Etat dualiste africain.

En ce qui concerne les lois de transformation qualifiées de *« muettes »,* elles ne citent tout simplement pas les traités qu'elles sont supposées insérer dans l'ordre juridique interne. Ainsi, ces lois *« (...) ne mentionnent aucunement la convention, pas plus dans le titre que dans le préambule, et ne la reproduisent pas davantage en annexe »*[362].

Ce mécanisme de transformation est en général de mise lorsqu'un texte de codification[363] est censé intégrer les dispositions d'un traité nouvellement ratifié. A l'occasion de l'adoption d'un code, le législateur peut rappeler au Gouvernement la nécessité de s'appuyer, dans le cadre du projet de lois, sur les dispositions pertinentes d'un traité international qui ne sera pourtant pas expressément désigné. Ainsi, bon nombre de codes de procédure pénale ou de codes pénaux africains pourraient être truffés de dispositions du Statut de la CPI sans que ce dernier ne soit forcément cité par les instruments législatifs. Cela ne se fera pas sans susciter des difficultés auprès du juge qui devra éventuellement trouver un fondement juridique à un recours au Statut de Rome ou à la jurisprudence de la CPI[364].

Néanmoins, on peut à juste titre penser qu'en cas de doute sur la conformité des dispositions législatives au Statut, le juge se réservera le droit

---

and Uganda, coll. Verfassung und Recht in Übersee, n°15, Nomos Verlagsgesellschaft, Baden-Baden 1995, 392 p., p.28.

[362] LASOK Dominik, *ibid.,* p.986.

[363] A titre de droit comparé, le législateur italien a procédé à une transformation dans une loi de délégation portant sur l'élaboration du nouveau code de procédure pénale lorsqu'il a contraint le Gouvernement à prendre en compte les dispositions d'une convention internationale (la CEDH) relatives au droit de la personne et au procès pénal.

[364] Sur un raisonnement analogue, relativement à l'application de la CEDH par le juge italien, voir, VALABREGA Piero Vittorio, « Invoking the application of the ECHR in the italian Supreme Criminal Cour », *The Finnish yearbook of international law,* 1995, p.279-315, p.303 ;cité par SCIOTTI-LAM Claudia, *L'applicabilité des traités internationaux relatifs aux droits de l'homme en droit interne,* Bruylant, Bruxelles, 2004, p.142.

de recourir aux résolutions du législateur, qui pourraient être par exemple un acte de délégation recommandant vivement au Gouvernement de tenir compte des règles du droit international pénal au moment de la rédaction du projet de loi. En effet, un simple acte de délégation du Législatif pour le compte de l'Exécutif devrait pouvoir suffire pour éclairer la lanterne du juge à l'occasion d'une prise de décision[365].

De même, une transformation muette peut avoir pour effet d'arrimer les dispositions juridiques internes à celles d'une norme internationale sans toutefois faire expressément allusion à celle-ci. Ainsi, seule la déclaration du Gouvernement par exemple, reconnaissant que la modification du droit interne était liée à la nécessité de se conformer aux règles du droit international, mettra clairement l'analyste sur la piste d'une transformation muette[366]. Dans une telle situation, le juge national devra faire preuve de vigilance, mais aussi de courage pour s'appuyer sur les déclarations d'un gouvernement qui lui permettront à juste titre de s'inspirer des dispositions d'une convention internationale et même de la jurisprudence internationale y relative, à l'occasion d'un dialogue qui devrait exister entre lui et le juge international. Toutefois, sur ce dernier point, certains auteurs[367] sont persuadés que la transformation muette ôte la possibilité aux droits reconnus par un traité d'être appliqués à la lumière de la jurisprudence internationale[368]. En vérité, il

---

[365] A titre d'illustration, il faut souligner que dans une de ses décisions, un juge italien plus précisément celui du Tribunal de première instance (Pretura) de Milan, s'est appuyé sur une loi de délégation, pour remettre en cause certaines dispositions du code de procédure pénale italien, et notamment les articles 461 et 565. En effet le juge avait tout simplement déclaré que les dispositions attaquées, foulaient aux pieds les principes imposés par les articles 6-3, b) et c) de la CEDH et l'article 14-3, b) et c) du PIDCP relatifs aux droits de la défense, et constituaient par conséquent une entrave au respect des conventions internationales concernant les droits de la personne et le procès pénal ratifiés par l'Italie.

[366] Au Canada par exemple, la révision de l'article 31 du code civil québécois, visait en réalité à se conformer aux dispositions de l'article 12 de la Convention sur les droits de l'enfant, lequel article conférait davantage de droits à ce dernier que le système juridique canadien. Pourtant, n'eût été la déclaration du ministre québécois de la justice, reconnaissant que la révision de l'article 31 du code civil était liée à la nécessité de se conformer au droit international, il était objectivement difficile de deviner qu'une telle réforme visait en fait à intégrer dans le droit québécois les règles de la convention relatives aux droits de l'enfant par le mécanisme d'une transformation muette. Sur la question, lire, Les publications du Québec, Tome 1, 1993, p.30, LAVALLEE, « La Convention internationale relative aux droits de l'enfant et son application au Canada », *in RIDC,* 1996, p.605-630, p.615.

[367] Voir SCIOTTI-LAM Claudia, *ibid.,* p.144.

[368] A propos de la CEDH par exemple, Gérard COHEN-JONATHAN évoque son opposition à *« ... une thèse, quelque fois proposée en doctrine, qui tend à nationaliser (ou...privatiser...) les dispositions normatives de la convention pour les incorporer d'une manière strictement*

faut admettre que la transformation qu'elle soit muette ou discrète, n'est pas la méthode la plus satisfaisante de diffusion du droit international dans l'ordre juridique des Etats dualistes, eu égard au risque de distorsion trop important.

Les distorsions peuvent en effet découler de la création d'une différence entre le droit garanti dans une convention et celui qui est consigné dans la loi de transformation, *« soit en raison d'une traduction erronée, soit du fait de l'intervention déterminante d'un groupe de pression au moment de la rédaction de la loi »*[369]. Dans les Etats et notamment les Etats africains qui ont opté pour le système dualiste, le recours à la transformation comporte comme risque majeur le fait pour le législateur de ne pas adopter un texte respectant à la lettre les dispositions de la norme conventionnelle[370].

Dans un premier temps, il ne faut pas perdre de vue le fait que les distorsions peuvent découler d'un certain nombre d'erreurs qui peuvent être purement matérielles et involontaires, mais qui ne tronqueront pas moins les dispositions du traité qui seront reprises par la loi nationale. Ce type de distorsion résulte en général de la traduction et de la mauvaise interprétation d'un traité lorsqu'il faut le transcrire d'une langue à une autre. Par conséquent, la transformation ne pourra être concluante si elle entraine des erreurs matérielles qui peuvent au demeurant porter sur les dispositions substantielles d'une norme conventionnelle. En ce qui concerne la transformation des dispositions du Statut de la CPI dans les Etats dualistes africains, toute erreur matérielle ne pourrait avoir pour conséquence que de créer des divergences entre ledit Statut et les lois nationales de transformation. Ceci est d'autant plus vrai que la phraséologie en matière criminelle est particulièrement précise ; ce qui explique que la moindre distorsion puisse susciter des problèmes de conformité entre le Statut de Rome et les lois nationales de transformation[371],

---

matérielle dans l'ordre public national ». COHEN-JONATHAN Gérard, « Conclusions générales », *in La proclamation des droits de l'homme et l'évolution du droit international,* Colloque de la SFDI, Pedone, Paris, 1998, 344 p., p.307-341, p.315.

369 SCIOTTI-LAM Claudia, *ibid.*, p.145.

370 Pour une analyse similaire, voir DANELIUS Hans, « The ECHR in the Case-Law of the Supreme Court of Sweden », *in The dynamics of the protection of human rights in Europe: Essays in Honour of H.G. Schermers*, vol. III, NIJHOFF Martinus, Dordrecht, 1994, 416 p. p.113-121, p.113.

371 Sur la question, voir l'article de MELANDER Göran, « Incorporation and Implementation of Human Rights in Sweden», *in* SCHEININ Martin (dir.), *International Human Rights Norms in the Nordic and Baltic Countries,* NIJHOFF Martinus, La Haye, 1996, 310 p., p.295-302, p.298. Dans ce texte, l'auteur défend notamment l'idée selon laquelle, très souvent la loi de transformation se montre moins protectrice des droits fondamentaux que la norme conventionnelle, ce qui est en réalité une violation manifeste de celle-ci.

qui sur le plan des droits garanties par exemple, sont en général moins protectrices que les normes du droit international ayant un rapport avec les droits fondamentaux.

Ensuite, comme l'a si bien dit Claudia SCIOTTI-LAM, *« le processus d'adoption de la loi de transformation offre la possibilité aux groupes de pression nationaux de tous horizons d'intervenir pour influencer le législateur, le conduisant à s'éloigner, parfois considérablement, de la version originale du traité, au point d'entrainer des violations flagrantes »*[372]. En effet, pour les lobbies qui ne participent pas directement à l'élaboration des traités sur le plan international, la méthode de transformation est tout simplement une chance inouïe de faire prévaloir leurs volontés à l'occasion de l'adoption de la loi de transposition.

Toutefois, il faut souligner à toutes fins utiles qu'en ce qui concerne la diffusion des règles du Statut de la CPI dans les ordres juridiques africains, la plupart de ces groupes de pression à l'instar de la Coalition pour la Cour pénale internationale (CCPI)[373], militent plutôt en faveur d'une meilleure prise en compte des dispositions du Statut de Rome dans les ordres juridiques internes. Mais, malgré les intentions prétendument bonnes des lobbies, il n'en demeure pas moins que les autorités politiques chargées de transposer les dispositions d'un traité en droit national devraient se montrer très vigilantes face aux sollicitations pressantes de certaines organisations de la société civile qui oublient très souvent que les traités multilatéraux sont en réalité la conséquence d'un compromis entre les intérêts nationaux et les aspirations de la communauté internationale. Du coup, les autorités politiques compétences doivent-elles faire preuve de prudence face aux pressions exercées par des acteurs externes aux traités, ceci afin d'éviter que les divergences entre le texte initial du traité et de la loi n'exacerbent un peu plus un phénomène lié à la

---

[372] Voir SCIOTTI-LAM Claudia, *ibid.*, p.146; qui s'inspire des réflexions de CHARLESWORTH Hilary, « Australia's Split Personality: Implementation of Human Rights Treaty Obligations in Australia », *in* ALSTON Philip et CHIAM Madelaine (dir.), *Treaty-Making in Australia: Globalization versus Sovereignity?*, The Federal Press in association with The Centre for International and Public Law, Faculty of Law, Australian National University, 1995, 309 p., p.129-141, p.134.

[373] Née le 10 février 1995 à New York, la CCPI est une véritable constellation d'institutions composée de plus de 2500 organisations de la société civile dont la mission est de travailler dans une synergie devant favoriser la coopération avec la CPI. Présente dans plus de 150 pays, la CCPI est particulièrement dynamique sur le continent africain, où elle lutte contre l'impunité des personnes qui se sont rendues coupables de génocide, de crimes de guerre et de crimes contre l'humanité.

méthode de transformation à savoir ; les insuffisances relatives à l'interprétation dynamique d'un traité.

2. Les insuffisances relatives à l'interprétation dynamique d'un traité

100.-Démonstration. La méthode de transformation s'accorde mal avec une interprétation dynamique d'un traité opérée notamment par les juridictions internationales. La vérité c'est que les lois de transformation ont la réputation d'être des instruments juridiques ayant un caractère statique. Par conséquent, elles peuvent difficilement s'adapter aux nouvelles interprétations effectuées notamment par les instances internationales compétentes.

Aussi, pour répondre aux multiples condamnations qui pourraient être prononcées à l'échelle internationale contre les Etats dualistes ayant recours à la transformation ; ceux-ci ont développé l'habitude de recourir à une nouvelle loi de transformation chaque fois qu'ils étaient condamnés[374]. Cela signifie tout simplement que les Etats dualistes africains, ayant eu recours à la transformation pour les normes de droit international pénal, auront l'option après une interprétation évolutive de certains traités, d'adopter de nouvelles lois de transformation qui seront plus en phase avec les nouvelles règles en vigueur. C'est une analyse qui est intellectuellement concevable. Mais c'est sans compter avec le fait que dans la pratique, les Etats africains et en particulier ceux ayant opté pour le dualisme, se montrent plutôt réticents lorsqu'il s'agit de faire une application des normes internationales n'étant pas en phase avec leurs règles juridiques internes.

Ainsi, si un revirement est toujours possible au sein de ces Etats en ce qui concerne l'application du droit international, il s'agit en général d'un revirement pouvant être défavorable à celui-ci. Au Kenya par exemple, une motion adoptée par le Parlement le 22 décembre 2010[375], demandait expressément au Gouvernement de prendre les mesures appropriées en vue d'assurer le retrait de la signature du Kenya du Statut de la CPI. De plus, l'acte

---

[374] Dans un pays tel que la Finlande qui a très souvent eu recours à la méthode de transformation, le Parlement a dû répondre aux condamnations pour violation du PIDCP, prononcées par le Comité des droits de l'Homme, en adoptant une loi de transformation. Celle-ci visait en effet à introduire dans le droit finlandais, la substance de l'article 9-4 du PIDCP, tel qu'interprété par le Comité des droits de l'Homme. Sur la question lire Comité des droits de l'homme, *Vuolanne c. Finlande* (265/87), Rapport du Comité des droits de l'Homme 1989, p.249-258.

[375] Sur la question, voir ; Amnesty International, Déclaration publique, AFR 32/019/2010 (public), 22 décembre 2010.

parlementaire exigeait sans fard l'abrogation de la loi sur les crimes internationaux, texte qui diffuse en réalité les dispositions du Statut de Rome dans l'ordre juridique interne kenyan, tout en incitant le Gouvernement à rompre tout lien avec CPI[376], tout simplement parce que cette institution avait appelé le Kenya à respecter les dispositions de son Statut auquel il était partie. Mais, il est tout de même possible de relativiser les insuffisances de la méthode de transformation dans le domaine de l'interprétation des traités.

101.-Relativisation des insuffisances. Les institutions de contrôle comme la CPI, ont vocation à déterminer au gré de leurs propres mécanismes, en quoi les législations nationales sont en contradiction avec les normes conventionnelles. Ceci permet de pallier la manie qu'ont les Etats dualistes à transformer les traités internationaux en droit interne de manière aléatoire, sans toutefois prendre les mesures qui permettraient d'en assurer la meilleure interprétation possible. C'est une forme de transformation par *« adaptation législative continue »*[377] car *« pour éviter de se trouver en violation de leurs obligations internationales(...) les Etats devraient continuellement modifier ou adopter une nouvelle loi afin de respecter les décisions des tribunaux internationaux, ce qui nécessite un processus coûteux incessant, sans jamais s'avérer parfaitement satisfaisant »*[378].

Les critiques formulées contre la méthode de transformation ne doivent pas faire oublier les quelques avantages qu'elle procure aux systèmes juridiques dualistes. Tout abord, la transformation permet aux ordres juridiques nationaux d'opérer de constants réajustements de leurs législations internes, afin de les arrimer au droit international. Ceci permet sans conteste d'éviter une rupture trop brutale avec une tradition juridique bien ancrée ; laquelle rupture aurait pour conséquence de remettre en cause la sécurité juridique qui revêt une certaine importance aux yeux des justiciables. Ensuite,

---

376 Cette affaire fait suite, à la requête présentée le 15 décembre 2010 par le procureur de la CPI, Luis Moreno-Ocampo, aux fins de la délivrance de citations à comparaitre concernant six citoyens kenyans pour des crimes contre l'humanité, commis à l'occasion des violences postélectorales ayant eu lieu au Kenya en 2007/2008. En effet, si l'initiative du procureur a pu jouir de la faveur de la société civile kenyane et internationale, elle a été vivement critiquée par les autorités politiques, qui l'ont considérée comme une simple ingérence de la justice internationale dans les affaires internes du Kenya.

377 FLAUSS Jean-François, « L'incorporation de la Convention Européenne dans le droit suédois », *in Liber amicorum Marc-André Eissen*, Bruylant, Bruxelles, 1995, 487 p., p.141-156, p.147.

378 Voir SCIOTTI-LAM Claudia, *ibid.*, p.150, aussi, BUERGENTHAL Thomas, « Modern Constitutions and Human Rights Treaties », *in Columbia Journal of Transnational Law*, vol. 36, 1997, p.211-223, p.214.

la méthode de transformation permet aux autorités chargées de mettre en œuvre les normes conventionnelles, de bénéficier d'une plus grande marge de manœuvre dans la diffusion des dispositions du traité qui peuvent être considérées comme prioritaires ou fondamentales, à l'exclusion des principes qui apparaissent comme étant accessoires pour l'ordre juridique national.

La transformation peut ainsi permettre de combler les vides juridiques ou de régler des problèmes ponctuels et urgents à caractère politico-juridique, comme la répression des crimes de guerre, des crimes de génocide ou des crimes contre l'humanité en cours à l'occasion d'un conflit armé. Il peut en effet s'avérer beaucoup plus aisé de se référer à quelques dispositions seulement d'un traité plutôt qu'à l'ensemble du texte dans une loi de transposition[379]. Autre atténuation quant aux lacunes de la transformation, c'est que la modification d'une loi contraire[380] à une norme conventionnelle n'est pas l'apanage des systèmes dualistes, mais peut également s'avérer utile dans les Etats monistes. Enfin, la méthode de transformation reste malgré tout un mécanisme complémentaire à la méthode d'incorporation jugée plus concluante, même si elle présente une efficacité limitée à l'instar de la méthode de référence aux traités.

§2. **L'efficacité limitée de la méthode de référence aux traités relatifs au droit international pénal dans les ordres juridiques africains**

102.-Explications. Parmi les mécanismes de diffusion des traités dans les Etats dualistes, la méthode de référence aux traités apparait comme l'une des plus atypiques. C'est en effet une notion qui peut prendre des formes différentes en fonction du choix opéré par l'Etat concerné. Cette méthode présente à bien des égards une efficacité supérieure à celle de la transformation, même si elle ne jouit pas d'une grande clarté dans sa mise en œuvre **(A)**, sans oublier le fait que son inadéquation pour la garantie de certains traités et en l'occurrence ceux portant sur le droit international pénal **(B)** est incontestable.

---

379 Il arrive très souvent que les Etats décident d'adopter un traité sous *« bénéfice d'inventaire »* afin de ne transposer dans leur ordre juridique, que des dispositions en phase avec leur philosophie juridique interne, ou même en fonction des options politiques du moment.

380 Au demeurant, comme on l'a déjà vu, l'adoption d'un traité international peut pousser les Etats monistes à modifier non seulement les lois dont les disposions ne sont pas en phase avec la norme conventionnelle, mais aussi la constitution, afin de garantir une plus grande cohérence juridique à l'intérieur du système.

A-L'absence de clarté dans la mise en œuvre de la méthode de référence

103.-Signification de la méthode de référence. La définition de la méthode de référence peut dans un premier temps laisser croire qu'elle est une notion facile à cerner. Pourtant, dans la pratique, la référence aux normes conventionnelles peut prendre des formes multiples.

D'une manière lapidaire, l'on considère la méthode de référence comme étant l'une des multiples options offertes aux Etats dualistes pour introduire de manière substantielle les normes conventionnelles dans leur droit interne[381]. Aussi, contrairement à la transformation précédemment étudiée, la méthode de référence est supposée favoriser l'application d'un traité international en tant que tel par le juge interne. Plus concrètement, c'est un mécanisme juridique qui vise à insérer dans une loi, une clause garantissant la primauté d'une norme conventionnelle sur la loi en question, et même sur l'ensemble de la législation dans un domaine bien précis. On a souvent voulu croire que la méthode de référence pouvait être comparée à la méthode d'incorporation. Seulement contrairement à cette dernière, *« la méthode de référence ne joue pas pour l'ordre juridique interne dans son ensemble, et le traité ne pourra être appliqué en tant que tel que dans les limites prévues par la loi qui fait référence au traité »*[382]. Ainsi, est-il fréquent qu'un législateur prévoit que les dispositions d'une loi doivent être appliquées en tenant compte des restrictions découlant des obligations conventionnelles liant l'Etat[383].

Pour les Etats dualistes africains, l'opération consistera tout simplement à énoncer dans une loi que ses dispositions doivent être conformes par exemple au Statut de la CPI, ou à toutes les conventions internationales

---

[381] Lire SCHEININ Martin, « General introduction to international Human Rights Norms in Nordic and Baltic Countries », *in* SCHEININ Martin (dir.), *International Human Rights Norms in the Nordic and Baltic Countries*, NIJHOFF Martinus, La Haye, 1996, 310 p., p.11-26, p.14; Lire aussi EGGEN Kyrre, « Incorporation and implementation of Human Rights in Norway », *in* SCHEININ Martin (dir.), *International Human Rights Norms in the Nordic and Baltic Countries*, NIJHOFF Martinus, La Haye, 1996, 310 p., p.203-220, p.205; et dans le même ouvrage, lire l'article de ZIEMELE Ineta « Incorporation and implementation of Human Rights in Latvia », p.73-110, p.85.

[382] SCIOTTI-LAM Claudia, *L'applicabilité des traités internationaux relatifs aux droits de l'homme en droit interne*, Bruylant Bruxelles, 2004, p.151.

[383] Sur la question voir SMITH Carsten, « The interaction between the European Convention and the protection of Human Rights and the fundamental Freedoms within the Norwegian legal system », *in Protection des droits de l'homme: perspective européenne*, Mélanges à la mémoire RYSSDAL Rolv, HEYMANN Verlag KG, Köln, 2000, 1585 p. , p.1297-1316, p.1303; Lire également EGGEN Kyrre, *ibid,* p.205.

ayant un rapport avec le droit international pénal. Par conséquent, si la loi en question est un code et en l'occurrence un code pénal, ses dispositions devront être interprétées comme accordant une primauté aux règles du droit international pénal[384]. Le juge national sera en effet contraint d'admettre que la loi ne lui reconnait la possibilité de mettre en application ses dispositions que dans la mesure où celles-ci sont conformes à certains traités expressément désignés. En clair, il est possible de supposer qu'un juge interne puisse écarter une législation nationale se trouvant en conflit avec une norme conventionnelle. Ceci pourra donc permettre comme dans le cadre d'une incorporation, l'applicabilité d'une convention internationale au détriment des lois contraires.

La méthode de référence peut permettre aux Etats dualistes africains de s'appuyer de manière circonstancielle, sur les techniques propres aux systèmes monistes, puisqu'elle donne la latitude aux autorités nationales d'appliquer tels quels, les traités qui conserveront ainsi leurs formes internationales. C'est un mécanisme qui crée en effet une zone moniste *(sector monism)*[385] au sein des Etats dualistes, au point où la loi contenant une clause de référence est souvent comparée à une *« quasi-incorporation »*, car même si le domaine de la loi en question est en général limité, il n'en demeure pas moins que la norme conventionnelle concernée doit bénéficier d'une prise en compte dans l'ordre juridique interne[386]. Certains n'ont d'ailleurs pas hésité à comparer les lois contenant des clauses de référence à des lois d' *« orientation moniste »*[387], en évoquant en passant un monisme *« à la carte »*[388]. Il est vrai que le législateur a ici la faculté, bien qu'exceptionnelle et dans certains domaines bien précis uniquement, de conférer un pouvoir au juge lui

---

384 Pour une analyse similaire voir SMITH Carsten, *ibid.*, p.1303.

385 SCHEININ Martin, « General introduction to international Human Rights Norms in Nordic and Baltic Countries», *in* SCHEININ Martin (dir.), *International Human Rights Norms in the Nordic and Baltic Countries*, NIJHOFF Martinus, La Haye, 1996, 310 p., p.11-26, p.14; SMITH Carsten, « The interaction between the European Convention and the protection of Human Rights and the fundamental Freedoms within the Norwegian legal system», *in protection des droits de l'homme: perspective européenne*, Mélanges à la mémoire RYSSDAL Rolv, HEYMANN Verlag KG, Köln, 2000, 1585 p., p.1297-1316, p.1303.

386 Lire ROTHWELL R. Donald, « Quasi-Incorporation of International Law in Australia: Broadcasting standards, Cultural sovereignty and international trade », *Federal Law Review*, 1999, vol. 27, n°3.

387 OLINGA Alain-Didier, « Considérations sur les traités dans l'ordre juridique camerounais », *in RADIC*, 1996, p.283-308. p.294. Lire aussi CRAWFORD James et EDESON W.R., « International Law and Australian law » *in* RYAN K.W. (dir.), *International Law in Australia*, 2ème édition, The Law Book Company, Sydney, 1984, 523 p., p.71-135, p.80.

388 SCIOTTI-LAM Claudia, *ibid.*, p.152.

permettant de mettre en œuvre directement des conventions internationales, ce qui peut accroitre la portée de l'absence de clarté de la méthode de référence.

104.-Portée de l'absence de clarté de la méthode de référence. Le contenu des clauses de référence n'est pas le même pour tous les traités internationaux ; et c'est là que l'absence de clarté de la méthode de référence quant à l'applicabilité des traités internationaux apparait comme une évidence. Les clauses de référence dépendent en effet soit de la nature des traités visés, soit de leur propre portée en droit interne.

Sur le premier point, il faut préciser que la plupart du temps, les lois font référence à une norme conventionnelle de manière générale sans s'attarder sur le contenu ou le domaine de celle-ci. Mais en général, la norme en question est en fait une convention internationale garantissant des droits spécifiques aux particuliers[389]. Si l'on se penche par exemple sur l'article 2 alinéa 1 du code pénal camerounais, on verra qu'il est écrit que *« les règles de droit international ainsi que les traités dûment promulgués et publiés s'imposent au présent code ainsi qu'à toutes les dispositions pénales »*[390]. Cette disposition est intéressante à un double titre. Dans un premier temps, elle fait référence de façon indiscriminée à l'ensemble des règles de droit international ce qui inclut bien évidemment la coutume, et en l'occurrence la coutume pénale internationale. Puis, les traités visés devraient concerner au premier chef le Statut de la CPI qui est la norme conventionnelle pénale par excellence[391]. Mais, il faut mentionner que très souvent, le législateur peut juste faire référence soit à certaines dispositions conventionnelles portant sur un domaine précis, soit sur un ou plusieurs traités en particulier[392]. En réalité, cela dépendra de la portée de la clause de référence en droit interne.

---

[389] Voir SCIOTTI-LAM Claudia, *ibid.*, p.153, pour elle, ces clauses de référence visent en l'occurrence les conventions portant sur les droits de l'homme.

[390] Sur le commentaire de cette disposition, voir OLINGA Alain-Didier, « Considérations sur les traités dans l'ordre juridique camerounais », *in RADIC,* 1996, p.283-308, p.294.

[391] Il faut tout de même souligner que, jusqu'à cette date (août 2014), le Cameroun n'a toujours pas ratifié le Statut de la CPI.

[392] Très souvent, en effet, le législateur camerounais s'est montré beaucoup plus précis dans l'énoncé de certaines dispositions légales. Ainsi, dans l'article 3 du code de la nationalité camerounais, il est mentionné que *« les dispositions relatives à la nationalité contenues dans les traités ou accords internationaux dûment ratifiés et publiés s'appliquent au Cameroun, même si elles sont contraires aux dispositions de la législation camerounaise ».* Sur cette disposition, lire les commentaires d'OLINGA Alain-Didier, *ibid.*, p.294.

En ce qui concerne précisément la portée de la clause de référence dans l'ordre juridique interne, certaines formules permettant de garantir la primauté et l'application des traités dans la seule loi qui les énonce peuvent être empruntées par le législateur africain. Ainsi, est-il par exemple possible de disposer que *« cette loi s'applique sous réserve des obligations internationales de l'Etat, y compris les obligations conventionnelles résultant d'un accord entre l'Etat et un ou plusieurs autres Etats »*[393]. Le législateur pourra aussi préciser qu' *« en cas de divergence entre les dispositions de la loi et un traité international auquel l'Etat est partie, ce sont les dispositions du traité international qui s'appliquent »*[394].

Aussi, il peut arriver que la clause de référence portant sur l'application et la primauté des dispositions conventionnelles, concerne non seulement la loi dont elle est issue, mais aussi, l'ensemble de la branche du droit interne à laquelle elle appartient. Il est possible de présumer par exemple que l'article 2 alinéa 1 du code pénal camerounais précité prévoit la primauté des traités non seulement sur toutes les dispositions du code pénal, mais aussi sur l'ensemble des autres lois pénales. Par contre, la référence peut concerner certains domaines du droit national et pas d'autres. Il est par exemple possible de voir une clause faire expressément référence à la primauté du droit international sur les normes pénales, ou civiles sans que cela ne soit valable pour les autres branches du droit interne[395]. C'est là où réside précisément le peu d'efficacité de la méthode de référence, ainsi que son inadéquation avec une meilleure garantie de la diffusion du contenu des traités portant sur le droit international pénal.

---

[393] Formulation s'inspirant de la disposition d'une loi australienne, la Great Barrier Reef Marine Park Act (loi fédérale sur le parc marin de la grande barrière de corail) (Commonwealth), 1975 s.65 (2), texte cité dans CRAWFORD James et EDESON W.R. «International Law and Australian Law », *in* RYAN K.W. (dir.*), International Law in Australia*, 2ème édition, The Law Book Company, Sydney, 1984, 523 p., p.71-135, p.80.

[394] Cette disposition, est tirée d'une clause, de « la loi sur l'entrée et la résidence des citoyens étrangers et des apatrides dans la République de Lettonie », n°27/28, 1992, citée par ZIEMELE Ineta, « Incorporation and Implementation of Human Rights in Latvia », *in* SCHEININ Martin (dir.), *International Human Rights Norms in the Nordic and Baltic Countries*, NIJHOFF Martinus, La Haye, 1996, 310 p., p.73-110, p.84.

[395] A l'époque soviétique par exemple, il était possible de trouver des clauses de référence en droit civil mais pas en droit social. L'explication à un tel phénomène était que, si le droit civil était essentiellement juridique, le droit social par contre revêtait une forte dimension politique et idéologique. Par conséquent, le droit international ne pouvait trouver à s'appliquer en matière sociale qu'à la seule condition qu'elle ne heurte pas le dogme ou l'orthodoxie politique.

B- L'inadéquation de la méthode de référence avec la garantie des traités relatifs au droit international pénal

105.-Portée de l'inadéquation. La méthode de référence qui est une technique qui garantit à travers une disposition législative la primauté du traité sur une loi, est très peu recommandable lorsqu'il est question d'assurer l'application d'un certain nombre de traités qui ont besoin d'être mis en œuvre dans l'ensemble de l'ordre juridique interne, où ils devraient bénéficier d'une application sans aucune limitation possible. Certes, l'on a pu voir que les clauses de référence peuvent le cas échéant favoriser l'applicabilité d'une norme conventionnelle en droit interne[396]. Toutefois, dans la grande majorité des cas, ce mécanisme a révélé des limites qui peuvent compromettre une diffusion efficace du droit international pénal en droit interne, si jamais il était pris en compte par les législateurs dans les Etats dualistes africains.

Le principal reproche qui est fait à la méthode de référence, c'est la confusion qu'elle risque souvent d'instaurer dans l'esprit des juges. En effet, cette technique révèle la difficulté qu'ont certains Etats d'opter de façon tranchée soit pour un système dualiste, soit pour un système moniste. Ainsi, le juge se trouve-t-il écartelé entre différents modes de fonctionnement liés aux différents systèmes moniste et dualiste. Le législateur le place en effet dans une situation très inconfortable, l'obligeant à statuer en s'appuyant sur des règles propres à l'un ou l'autre système ; un peu comme s'il contraignait le juge à opérer un choix que lui-même ou le constituant n'avait pas su faire. Les risques d'inadéquation de la méthode de référence par rapport aux traités sont donc très élevés. Mais ce qui est plus préoccupant c'est les effets d'une telle inadéquation.

106.-Effets de l'inadéquation. Une action combinée du constituant et du législateur est nécessaire pour donner une orientation moniste ou dualiste au système. Par conséquent, en l'absence de disposition constitutionnelle claire, toute initiative unilatérale du législateur comporte le risque de dérouter encore plus le juge. Au Maroc par exemple, on a pu voir une ordonnance royale[397] prévoir, contrairement à la Constitution qui était silencieuse, que *« les dispositions des traités ou accords internationaux ratifiés et publiés*

[396] En effet, la méthode de référence peut permettre l'introduction des dispositions d'un traité en droit interne, dans les Etats dualistes, surtout lorsque le juge prend la résolution d'y recourir effectivement à l'occasion d'un litige.

[397] Il s'agit plus précisément de l'article premier de l'ordonnance royale (dahir) du 06 septembre 1958 portant code de la nationalité marocaine.

prévalent sur celles de la loi interne »[398]. Il est vrai que le Maroc semble être catalogué comme un Etat moniste, et que l'article précité semble employer les termes auxquels ont recours les constituants dans les Etats de tradition moniste. Mais, il faut tout de même signaler que l'article sus-évoqué avait été adopté alors qu'aucune disposition analogue n'était prévue dans la Constitution marocaine. Pour le juge, cela peut poser un certain nombre de problèmes, puisqu'il doit répondre à la question de savoir si la disposition qui émane en fait d'un texte portant sur la nationalité peut être élargie à l'application d'un autre traité comme le Statut de la CPI par exemple. Aussi, une autre ordonnance royale contradictoire pourrait placer le juge dans un dilemme, le contraignant à choisir entre deux textes antagonistes et par conséquent entre deux systèmes différents. Ainsi, l'on pourrait trop facilement basculer d'un système moniste à un système dualiste.

Par ailleurs, il ne faut surtout pas perdre de vue une réalité qui est constante ; c'est que *« dans les Etats considérés comme étant de tendance dualiste, la clause de référence bouleverse également l'ordre normal des choses, en privant les juges de leurs repères sur le rapport entre droit international et droit interne »*[399]. Les juges nationaux dans les systèmes dualistes risquent en effet d'être embarrassés par le recours du législateur à une clause de référence leur demandant de tenir compte des dispositions d'un traité, plutôt que de celles d'une loi sur laquelle ils ont l'habitude de s'appuyer.

De plus, en Afrique comme ailleurs, en l'absence de dispositions expresses contenues dans la Constitution, le dualisme repose sur la coutume et la tradition juridique des Etats concernés. Le Cameroun par exemple a pendant longtemps été considéré comme un Etat dualiste parce que la Constitution de 1960 n'avait pas clairement opté pour un système moniste. Aussi, même si depuis 1972 l'article 45 de la Constitution a instauré un système moniste au Cameroun sous le modèle de l'article 55 de la Constitution française, cela n'a pas empêché les autorités camerounaises de continuer à évoquer les clauses de référence contenues dans la loi. C'est ainsi que dans un premier rapport (daté de 1988) remis au Comité des droits de l'homme sur le

---

[398] Voir le bulletin officiel marocain du 12 septembre 1958, p.1492, *in* OUAZZANI CHAHDI Hassan, « L'article 31 de la Constitution de 1972 et le droit des traités », (Maroc), *Revue marocaine du droit et d'économie du développement,* 1982, p.87-107, p.97. Il faut préciser que la Loi fondamentale actuelle du Maroc remonte au Dahir numéro 1-11-91 du 27 chaabane 1432 (29 juillet 2011) portant promulgation du texte de la Constitution.

[399] SCIOTTI-LAM Claudia, *ibid.,* p.157.

fondement de l'article 40 du PIDCP[400], elles ont souligné le fait que *« le code pénal consacre en son article 2 la primauté des règles de droit international ainsi que des traités ratifiés et promulgués au regard de la loi pénale. Il est donc possible d'en déduire qu'en droit camerounais, les traités régulièrement ratifiés et promulgués ont une valeur supérieure à celle de la loi »*[401]. Dans un rapport subséquent, le Gouvernement camerounais adopte une attitude moniste déduite non pas des dispositions de la Constitution, mais plutôt du code pénal et du code de la nationalité[402]. Pourtant, il y a quand même lieu de s'interroger car *« comment pourrait-on soutenir (...) qu'une disposition contenue dans un texte législatif, au champ matériel bien délimité, vaudrait pour tout l'ordre juridique au sein duquel ce texte s'insère? »*[403].

L'on pourrait toujours essayer de trouver une réponse par rapport aux règles du droit international pénal en affirmant que les clauses de référence du code pénal camerounais les concernent au premier chef. Mais, *quid* alors du code de procédure pénale et de toutes les autres branches du droit qui peuvent subir l'influence des normes conventionnelles en matière pénale ? Et sur cette question d'ailleurs, il faut s'interroger sur ce que ferait le juge s'il était confronté à des clauses de référence ayant des portées juridiques différentes.

---

[400] Article 40 du PIDCP : *«1. Les Etats parties au présent Pacte s'engagent à présenter des rapports sur les mesures qu'ils auront arrêtées et qui donnent effet aux droits reconnus dans le présent Pacte et sur les progrès réalisés dans la jouissance de ces droits:*
a) Dans un délai d'un an à compter de l'entrée en vigueur du présent Pacte, pour chaque Etat partie intéressé en ce qui le concerne;
b) Par la suite, chaque fois que le Comité en fera la demande.
2. Tous les rapports seront adressés au Secrétaire général de l'Organisation des Nations Unies qui les transmettra au Comité pour examen. Les rapports devront indiquer, le cas échéant, les facteurs et les difficultés qui affectent la mise en œuvre des dispositions du présent Pacte.
3. Le Secrétaire général de l'Organisation des Nations Unies peut, après consultation du Comité, communiquer aux institutions spécialisées intéressées copie de toutes parties des rapports pouvant avoir trait à leur domaine de compétence.
4. Le Comité étudie les rapports présentés par les Etats parties au présent Pacte. Il adresse aux Etats parties ses propres rapports, ainsi que toutes observations générales qu'il jugerait appropriées. Le Comité peut également transmettre au Conseil économique et social ces observations accompagnées de copies des rapports qu'il a reçus d'Etats parties au présent Pacte.
5. Les Etats parties au présent Pacte peuvent présenter au Comité des commentaires sur toute observation qui serait faite en vertu du paragraphe 4 du présent article ».

[401] Voir le rapport du Gouvernement camerounais, présenté au Comité des droits de l'homme le premier novembre 1988, CCPR/C/36/Add.4.

[402] OLINGA Didier-Alain, « Considérations sur les traités dans l'ordre juridique camerounais », *in RADIC*, 1996, p.283-308, p.295.

[403] OLINGA Didier-Alain, *ibid.*, p.295.

Il serait sans doute obligé d'opter de façon presque arbitraire pour la clause qui lui semblerait être la plus pertinente ou la plus efficace. Or, le juge national étant d'abord et avant tout le garant d'une meilleure application des normes juridiques internes, il y a fort à parier que sa position sera pour la plupart du temps défavorable au droit international considéré par les Etats dualistes comme un ensemble de règles externes au système juridique national.

Un autre écueil qui découle de la méthode de référence et que le juge aura du mal à surmonter, c'est qu'étant une autorité juridictionnelle d'un Etat dualiste, il n'a pratiquement aucune expérience en matière d'applicabilité immédiate des traités internationaux. En effet, le leitmotiv pour les Etats dualistes c'est que les traités internationaux n'ayant pas bénéficié d'une incorporation n'ont pas d'effet en droit interne. La clause de référence de nature législative veut donc rompre avec cette tradition, en instaurant à marche forcée une conversion à un monisme dont le juge ignore tous les rouages. Mais, la pratique juridictionnelle révèle qu'en général le juge répugne à s'aventurer dans un domaine du droit qui lui échappe complètement.

Ainsi, il est évident que lorsque le juge d'un Etat dualiste africain sera confronté à une clause de référence trop alambiquée, il n'y a aucun doute qu'il aura la forte propension à s'appuyer sur un mécanisme auquel il est familier. L'un des mécanismes qu'il aura par devers lui est sans conteste le principe de l'interprétation de la loi en conformité avec le traité international[404].

Autre point important, c'est que la clause de référence est généralement activée lorsqu'un élément d'extranéité entre en ligne de compte[405]. L'élément d'extranéité en matière de normes internationales pénales repose sur deux facteurs au moins. D'une part, le responsable des crimes internationaux peut être remis à une juridiction internationale pénale à l'instar de la CPI si l'Etat compétent pour le juger ne peut ou ne veut le faire. D'autre part, les crimes de droit international pénal heurtent, par leur gravité, toute la conscience humaine et concernent à ce titre toute la communauté internationale des Etats. Pourtant, la clause de référence est très peu propice à une application universelle et efficace des règles du droit international. On pourrait penser qu'il suffit *« d'intégrer systématiquement dans tous les textes législatifs ou réglementaires, en espérant qu'elle sera sanctionnée par le juge, une réserve générale d'application des dispositions conventionnelles contraires »*[406]. Mais une telle solution n'est pas du tout satisfaisante pour

[404] Voir SCIOTTI-LAM Claudia, *ibid.*, p.159 et p.506ss.

[405] OLINGA Didier-Alain, « Considérations sur les traités dans l'ordre juridique camerounais », *in RADIC,* 1996, p.283-308, p.296, note 27.

[406] Voir OLINGA Didier-Alain, *ibid.*, p.296.

assurer la diffusion des normes internationales pénales en droit interne. En effet, comme on le sait, des lois différentes peuvent contenir des formules antagonistes ou connaitre quelques omissions préjudiciables à l'applicabilité des normes conventionnelles. Dans l'impossibilité d'inscrire dans la Constitution le principe général de la primauté des traités sur les lois sans passer d'un système dualiste à un système moniste, l'idéal est de recourir à la méthode d'incorporation des traités qui a prouvé son efficacité dans les systèmes juridiques dualistes.

SECTION 2. L'efficacité de la méthode d'incorporation des traités dans les systèmes dualistes africains

107.-Constat. La méthode d'incorporation qui est un mécanisme permettant d'inserer un traité tel quel dans l'ordre juridique interne, apparait comme le mécanisme le plus efficace de diffusion des traités internationaux dans les Etats dualistes. Une étude plus globale de la notion révèle qu'elle est la meilleure option dualiste qui reste aux Etats africains pour donner pleine application aux dispositions du Statut de la CPI ou à l'ensemble des normes conventionnelles portant sur le droit international pénal. Toutefois, cette méthode étant apparemment ignorée par la plupart des Etats africains se réclamant du dualisme, l'analyse ici portera essentiellement sur une réflexion théorique visant à démontrer l'intérêt qu'il y a à la préconiser au détriment des autres mécanismes d'introduction des traités dans les ordres juridiques des Etats dualistes.

Ce qu'il faut savoir c'est que la plupart des systèmes dualistes sont plutôt réticents lorsqu'il s'agit de recourir à la méthode d'incorporation à l'occasion de l'introduction d'une norme conventionnelle dans leur ordre juridique interne. Pourtant, cette technique d'insertion du droit international a prouvé son efficacité comme moyen d'introduction du droit international en droit interne. En effet, la méthode d'incorporation bénéficie d'une plus grande simplification par rapport aux autres techniques dualistes d'introduction des traités en droit interne **(§1)**. Aussi, l'efficacité de la méthode d'incorporation est renforcée par le fait qu'elle favorise un certain rapprochement entre le système dualiste et le système moniste **(§2)**.

§1. **La plus grande simplification de la méthode d'incorporation favorable à la diffusion du droit international pénal dans les Etats dualistes africains**

108.-Plan. La simplification de la méthode d'incorporation par rapport aux autres mécanismes de diffusion du droit international dans les Etats dualistes découle d'une part du fait que celle-ci jouit d'une très grande clarté dans sa conception théorique **(A)**. D'autre part, la simplification de cette technique réside également dans sa mise en œuvre **(B)**.

A- La clarté de la conception théorique de la méthode d'incorporation

109.-Raisons de la clarté. Si la méthode d'incorporation peut favoriser la diffusion des normes internationales pénales dans les Etats africains dualistes, c'est tout d'abord parce qu'elle jouit d'une grande clarté. En effet, la loi qui permet de la mettre en œuvre est facilement identifiable même si la définition de celle-ci peut souvent s'avérer complexe ou fluctuante. D'une manière générale, cette loi dite d'incorporation *« consiste en une loi de portée générale qui déclare que le traité, en tout ou en partie, s'applique en tant que tel en droit interne »*[407]. Aussi, en général, cette loi se voit annexer le texte du traité à incorporer dans l'ordre juridique interne, à tel point que la confusion doctrinale sur la notion d'incorporation n'est pas du tout justifiée.

110.-Absence de justification de la confusion doctrinale concernant l'incorporation. Il est important d'éviter de confondre comme l'a fait Göran MELANDER[408], la notion d' *« incorporation »* avec les autres techniques d'introduction des normes conventionnelles dans les systèmes juridiques dualistes. Dans la même confusion, Carmen LAVALLEE, faisant allusion à la notion d'incorporation, prétend que celle-ci peut renvoyer à une loi s'inspirant des dispositions d'un traité sans l'obligation d'en reproduire le texte intégral ou même de signaler son origine internationale ; ce qui en vérité,

---

[407] SCIOTTI-LAM Claudia, *L'applicabilité des traités internationaux relatifs aux droits de l'homme en droit interne,* Bruylant, Bruxelles, 2004, p.162.

[408] Dans un article, cet auteur confond en effet la méthode d'incorporation avec des notions telles que la transformation et la déclaration d'harmonie. Voir, MELANDER Göran, « Incorporation and implementation of Human Rights in Sweden », *in* SCHEININ Martin (dir.), *International Human Rights Norms in the Nordic and Baltic Countries,* NIJHOFF Martinus, La Haye, 1996, 310 p., p.295-302, p.296.

n'est le cas que lorsque l'on se situe dans l'hypothèse d'une transformation[409]. Quant à Rainer HOFMANN, il considère que l'incorporation *(Inkorporation)* d'un traité en droit interne peut se réaliser par le truchement d'une transformation[410] ; ce qui n'est évidemment pas exact, de même que l'expression *« modalités d'incorporation »* ne peut englober l'ensemble des techniques de diffusion des traités dans les Etats dualistes comme le soutient Jean DHOMMEAUX[411].

La confusion ne s'arrête pas là car il est fréquent de voir regrouper toutes les méthodes de diffusion du droit international dans les Etats dualistes sous un même vocable, qui peut varier selon les pays ou les auteurs. Pour Marco MARCOFF par exemple, toutes les méthodes dualistes d'introduction des traités correspondent à la transformation[412]. Dans le même sillage, John JACKSON considère que l'expression *« acte de transformation »*, peut correspondre à des notions telles que l'incorporation, l'adoption ou la réception[413]. Comme on le constate, les auteurs sont loin de s'accorder sur la terminologie à employer pour qualifier la diffusion du droit international dans les Etats dualistes[414].

L'on peut aussi craindre que les Etats africains dualistes, par effet mimétique, n'empruntent un vocabulaire qui contribuera à exacerber la difficulté d'identification de la méthode d'incorporation. Celle-ci est en effet désignée différemment selon les Etats, car si en Italie elle est qualifiée d'ordre

---

[409] Lire LAVALLEE Carmen, « La Convention internationale relative aux droits de l'enfant et son application au Canada », *in RIDC,* 1996, p.605-630, p.614.

[410] HOFMANN Rainer, « Das Dänische Gesezt vom 29. April 1992 zur innerstaatlichen Anwendbarkeit der Europäischen Menschenrechtskonvention », (littéralement, « Les sens du droit danois du 29 Avril 1992 sur l'applicabilité nationale de la Convention européenne des droits de l'homme ») EuGRZ, 1992, p.253-256, p.253.

[411] DHOMMEAUX Jean, « Monismes et dualismes en droit international des droits de l'homme », *in AFDI,* 1995, p.447-468, p.453.

[412] MARCOFF Marco, « Les règles d'application indirecte en droit international », *in RGDIP,* 1976, p.386-424, p.389.

[413] JACKSON H. John, « Status of treaties in domestic legal, systems: a policy analysis», *in AJIL,* 1992, p.310-340, p.315.

[414] Sur la question, lire Mirko Roš, *Die unmittelbare Anwendbarkeit der europäischen Menschenrechtskonvention, ein Beitrag zur lehre der Self-Executing Treaties, (L'applicabilité directe de la Convention européenne des droits de l'homme, une contribution à l'enseignement de l'auto-exécution des traités),* coll. Etudes suisses de droit international, vol. 8, Schulthess Polygraphischer Verlag, Zürich, 1984, 210 p., p.56.

d'exécution *(ordine d'esecuzione)*[415], en Finlande on la connait sous le nom d'acte in *blanco*[416]. De plus, très souvent, l'on a recours à des notions telles que la *« transformation globale »*[417], la *« loi de couverture »*[418] ou la *« loi enveloppe »*[419], comme substituts au concept d'incorporation[420].

Toutefois, malgré les divergences terminologiques, la technique d'incorporation est facile à identifier ; et de manière lapidaire, l'on fait la différence entre les lois classiques d'incorporation **(1)** et les lois spéciales d'incorporation **(2)**.

---

[415] Voir VALABREGA Piero Vittorio, « Invoking the application of the ECHR in the Italian Supreme Criminal Court », *The Finnish yearbook of International Law*, 1995, p.279-315, p.280.

[416] Lire PELLONPÄÄ Matti, «The Implementation of the ECHR in Finland», *in* Allan Rosas (dir.), *International Human Rights Norms in Domestic Law : Finnish and Polish Perspectives*, Finnish Lawyers, Publishing Company, Helsinki, 299 p., 1990, p.44-67, p.46.

[417] A ce propos, voir WILHELM Christophe, *Introduction et force obligatoire des traités internationaux dans l'ordre juridique suisse*, Etudes suisses de droit international, vol. 82, Schulthess Polygraphischer Verlag, Zürich 1993, p.86.

[418] DHOMMEAUX Jean, « Monismes et dualismes en droit international des droits de l'homme », *in AFDI,* 1995, p.447-468, p.455, note 40, cité par SCIOTTI-LAM Claudia, *L'applicabilité des traités internationaux relatifs aux droits de l'homme en droit interne*, Bruylant, Bruxelles, 2004, p.164.

[419] Lire WENGLER Wilhelm, « Réflexion sur l'application du droit international public par les tribunaux internes », *in RGDIP,* 1968, p.921-990, p.935.

[420] Le concept d'incorporation a été clairement défini notamment par la Cour Européenne des Droits de l'Homme ; et aujourd'hui, lorsque beaucoup d'auteurs parlent d'incorporation, ils entendent en fait s'appuyer sur l'acception dégagée par ladite Cour. Parmi ces auteurs nous pouvons citer, CORELL Hans, « Incorporation of the European Convention seen from a Swedish point of view », *in* REHOF L.A., GULMAN .C (dir.), *Human Rights in domestic law and development assistance policies of the Nordic Countries*, NIJHOFF Martinus, Dordrecht, 1989, 212 p., p.153-159, p.153 ; MOSE Erik, « Incorporation des conventions de droits de l'homme dans le droit norvégien », *RUDH,*1992, p.386-387, p.387 ; FLAUSS Jean-François « L'incorporation de la Convention européenne dans le droit suédois », *in* Liber amicorum EISSEN Marc-André, Bruylant, Bruxelles,1995, 487 p., p.141-156, p.150 ; MELANDER Göran, « Incorporation and Implementation of Human Rights in Sweden», *in* SCHEININ Martin (dir.), *International Human Rights Norms in the Nordic and Baltic Countries*, NIJHOFF Martinus, La Haye, 1996, 310 p., p.295-302, p.297; DANELIUS Hans, « The ECHR in the Case-Law of the Supreme Court of Sweden», *in The dynamics of the protection of human rights in Europe:* Essays in Honour of H.G. Schermers vol. III, NIJHOFF Martinus, Dordrecht, 1994, 416 p., p.113-121, p.114.

1. Les lois classiques d'incorporation

111.-Mise en œuvre des lois classiques d'incorporation. Certaines lois d'incorporation sont cataloguées comme classiques pour la simple raison qu'elles correspondent à celles qui sont le plus couramment utilisées ; et notamment dans les pays tels que l'Allemagne, l'Italie et les Etats nordiques. Mais elles pourraient aussi être mises en œuvre dans les systèmes juridiques dualistes africains, avec éventuellement des ajustements nécessaires.

Si l'on veut s'inspirer par exemple du modèle de l'Allemagne, on se focalisera sur le fait que dans ce pays, le législateur a bien la faculté d'approuver un traité international (loi d'approbation) et de l'incorporer en même temps (loi d'incorporation) en droit interne par le biais d'un même texte législatif[421]. Pendant longtemps, certains auteurs[422] ont voulu remettre en cause la réalité de l'incorporation en droit allemand, car la loi d'incorporation de certains instruments juridiques tels que la CEDH par exemple ne présentait aucun contenu matériel, et se bornait à dire que le texte en question était approuvé. Pourtant, la dite loi donnait en réalité une autorisation au Gouvernement de ratifier la norme juridique conventionnelle.

A l'instar de l'Allemagne, l'Italie a en en ce qui concerne l'incorporation de la CEDH dans l'ordre juridique interne, adopté dès 1955 une loi (loi n°848 du 4 août 1955)[423] qui est en même temps une loi d'approbation et une loi d'incorporation, et qui pourrait elle aussi servir de cadre de référence pour les systèmes dualistes africains.

Ce mécanisme a en tout cas permis à l'Allemagne, après une modification constitutionnelle suite à une loi du 29 novembre 2000[424], et à l'Italie, d'incorporer le Statut de Rome dans leurs ordres juridiques respectifs.

---

[421] Voir par exemple la loi d'incorporation de la CEDH du 7 août 1952, prise en application l'article 59-2 de la Loi Fondamentale allemande de 1949; lire Bundesgesetzblatt (BGBI), 1952 II, p.685. Article 59-2 de la Loi Fondamentale allemande de 1949 : « Les traités réglant les relations politiques de la Fédération,
ou relatifs à des matières qui relèvent de la compétence législative fédérale, requièrent l'approbation ou le concours des organes respectivement compétents en matière de législation fédérale, sous la forme d'une loi fédérale (…) ».

[422] Voir par exemple GEIGER Rudolf, *Grundgesetz und Völkerrecht, (Die Bezüge des Staatsrechts zum Völkerrecht und Europarecht), Juristische Kurz-Lehrbücher)*, 2ème édition, Verlag C.H. Beck, Munich 1994, 432 p. p.172.

[423] Voir Gazzetta Ufficiale n°221, 24 septembre 1955.

[424] Voir *Bundesgesetzblatt I,* no 52 (2000), 1er décembre 2000, p.1633.

Ces incorporations ont pu être effectives grâce aux lois de ratification adoptées le 26 juillet 1999 pour l'Italie[425] et le 11 décembre 2000 pour l'Allemagne.

L'étude des mécanismes de diffusion des normes du droit international dans d'autres Etats à l'instar des pays scandinaves[426] ou encore l'Islande, permet de comprendre davantage les subtilités des lois classiques d'incorporation. Dans ces pays, les lois d'incorporation disposent en général que la norme conventionnelle y compris ses protocoles ont force de loi dans l'ordre juridique interne[427]. De plus, il peut même arriver comme c'est souvent le cas en Islande que le législateur prévoit que la loi puisse entrer en vigueur sans délai, ceci afin de faciliter le respect par l'Etat de ses engagements internationaux.

En Norvège, les traités, et en l'occurrence ceux relatifs au droit international pénal, sont incorporés en droit interne à la faveur des mesures législatives[428]. Aussi, dans ce pays, le législateur a la possibilité d'incorporer dans l'ordre juridique interne plusieurs traités internationaux par le truchement d'une même loi[429]. La loi d'incorporation peut aussi disposer que le traité incorporé et en particulier lorsqu'il est en rapport avec les droits fondamentaux, a une portée supérieure aux lois nationales. Cette supériorité des normes conventionnelles par rapport aux lois internes a des conséquences logiques sur l'incorporation du Statut de Rome dans l'ordre juridique interne.

112.-Conséquences du recours aux lois classiques d'incorporation. Il faut dire que dans la plupart des pays et à commencer par les pays africains, l'adoption du Statut d'une juridiction internationale comme

---

425 La technique d'incorporation a notamment permis à l'Italie d'insérer dans son ordre juridique des textes d'une importance particulière tels que le PIDCP et le PIDESC le 25 octobre 1977, mais aussi la Convention internationale contre la torture le 12 janvier 1989.

426 Les pays scandinaves sont essentiellement, le Danemark, la Norvège et la Suède.

427 Sur l'incorporation des normes conventionnelles dans les Etats nordiques, lire SUNDBERG W.F. Jacob, « The European Convention on Human Rights and the Nordic Countries », *in GYIL*, 1997, vol.40, p.181-242; KOFOD OLSEN Birgitte, « Incorporation and Implementation of Human Rights in Denmark », *in* SCHEININ Martin (dir.), *International Human Rights Norms in the Nordic and Baltic Countries*, *in* NIJHOFF Martinus, La Haye, 1996, 310 p., p. 227-246, p. 248; STEFANSON M. Stefan, ADALSTEINSSON Ragnar « Incorporation and Implementation of Human Rights in Iceland ». *in* NIJHOFF Martinus, La Haye, 1996, 310 p., p.169-194, p.195, cités par SCIOTTI-LAM Claudia, *ibid*, p.169.

428 L'article 110-c de la Constitution norvégienne dispose en effet que *« les autorités de l'Etat ont pour responsabilité le respect et la garantie des droits de l'homme. Les dispositions spécifiques pour la mise en œuvre des traités en la matière seront déterminées par la loi ».*

429 Voir par exemple, la loi du 21 mai 1999 sur le renforcement du statut des droits de l'homme en droit norvégien ; circulaire G-45/99 du 31 mai 1999 du ministère de la justice de Norvège.

la CPI, est très souvent perçue comme une exception à la Constitution[430]. En effet, la reconnaissance de la compétence de la CPI apparait comme étant une limitation manifeste des pouvoirs souverains que la Constitution attribue traditionnellement à certains organes de l'Etat tels que l'Exécutif, avec une immunité du chef de l'Etat remise en cause par le Statut de Rome (article 27), ou le judiciaire, avec l'obligation de partager une compétence concurrente avec la CPI à l'occasion de la répression des infractions qualifiées de génocide, de crime de guerre, ou de crime contre l'humanité (articles 1er et 17).

Pour toutes ces raisons, une loi d'incorporation du Statut de Rome devrait être mise en œuvre suivant la procédure traditionnellement de mise pour la révision de la Constitution et qui nécessite le vote d'une majorité qualifiée au Parlement. Ceci est d'autant plus opportun qu'en général, les lois classiques d'incorporation ne contiennent pas en réalité des dispositions matérielles et se contentent d'opérer un renvoi à la norme conventionnelle prise dans son intégralité ; ce qui n'est pas le cas pour les lois spéciales d'incorporation.

2. Les lois spéciales d'incorporation

113.-Identification des lois spéciales d'incorporation. Certaines lois d'incorporation sont qualifiées de spéciales pour la simple raison qu'elles se démarquent de celles qui sont considérées comme classiques. D'aucuns diront qu'il s'agit là d'un truisme ; pourtant, au regard de la diversité des lois spéciales d'incorporation, la meilleure manière de les identifier c'est de reconnaitre qu'il existe un point de démarcation entre elles et les lois classiques d'incorporation. Comme ces dernières, les lois spéciales d'incorporation ne sont pas à proprement parler des mécanismes de diffusion du droit international dans les Etats dualistes africains, même si du point de vue théorique et au regard de leurs objectifs, elles revêtent une dimension intéressante pour tous les pays qui se réclament du dualisme.

114.-Objectifs des lois spéciales d'incorporation. Les lois spéciales d'incorporation peuvent intervenir pour souligner l'intérêt que le législateur accorde aux dispositions d'une norme conventionnelle. Ainsi, il n'est pas exclu qu'après la ratification et la publication d'un traité lui accordant une

[430] En ce qui concerne précisément le Statut de Rome, son article 27 remettant en cause l'immunité des responsables politiques, constitue en soi une exception aux droits constitutionnels à la fois des parlementaires et des chefs d'Etats.

valeur de droit interne, le législateur vienne apporter quelques clarifications par rapport au rang hiérarchique de la convention qui a pourtant fait l'objet d'une ratification[431]. Cela s'explique par le fait que contrairement à ce qui a cours dans les systèmes monistes, les systèmes dualistes entretiennent un certain flou quant à la portée juridique des traités insérés dans l'ordre juridique interne. C'est pourquoi, lorsqu'il est question d'accorder une valeur juridique particulière à un traité, des pays dualistes comme l'Autriche par exemple, n'hésitent pas à adopter une loi spéciale qui peut au demeurant avoir un caractère constitutionnel[432] et qui vise à conférer une valeur juridique spécifique aux dispositions d'une norme conventionnelle[433]. Dès lors, il est possible de dégager les particularités des lois spéciales d'incorporation.

115.-Particularités des lois spéciales d'incorporation. L'une des grandes particularités des lois spéciales d'incorporation réside dans leur autonomie par rapport à la ratification. Elles peuvent ainsi intervenir très longtemps après que celle-ci ait été effectuée. Globalement, elles peuvent insister sur le fait que les dispositions du traité en question font partie du droit interne et surtout bénéficient d'une primauté sur les dispositions législatives contraires qui doivent être frappées de nullité.

Autre particularité des lois spéciales d'incorporation c'est qu'elles peuvent aller jusqu'à prévoir une procédure particulière pour l'application des dispositions d'un traité international[434]. En ce qui concerne par exemple la diffusion du droit international pénal, ceci pourrait passer non seulement par la mise sur pied d'un dispositif juridique visant à faire appliquer les dispositions du Statut de la CPI en droit interne, mais aussi par la création des

---

431 Pour un exemple portant sur le droit autrichien, lire TRETTER Hannes, « Fundamental Rights in Austria », *in* BLACKBURN Robert, POLAKIEWICZ Jörg, *Fundamental Rights in Europe, the ECHR and its Member States*, 1950-2000, Oxford University Press, Oxford, 2001, 1090 p., pp.103-165, p.105.

432 Le 4 mars 1964 l'Autriche a adopté une loi constitutionnelle, visant à conférer aux dispositions de la CEDH, un rang constitutionnel, au même titre que les droits fondamentaux contenus dans la Constitution.

433 Voir POLAKIEWICZ Jörg et JACOB-FOLTZER Valérie, « The European Human Rights Convention in Domestic Law: the impact of Strasbourg cas-Law in States where direct effect is given to the Convention», (Première partie), *in HRLJ,* 1991, p.65-85, p.67.

434 A Malte par exemple, la « loi sur la Convention européenne (The European Convention Act)» a prévu une procédure particulière pour l'application des droits de la CEDH en octroyant une compétence à la première chambre de la Cour Civile (The First Hall of the Civil Court) lui permettant de statuer sur les droits de la Convention.

passerelles pouvant faciliter la saisine de la CPI ou la coopération avec cette dernière.

Les mesures procédurales qui peuvent accompagner les lois spéciales d'incorporation sont une véritable innovation par rapport aux lois classiques d'incorporation qui sont beaucoup plus vagues sur la manière dont un traité doit être appliqué en droit interne. Toutefois, les lois spéciales d'incorporation sont en général partielles, car loin d'incorporer toutes les dispositions d'un traité, elles se contentent très souvent des dispositions substantielles en omettant celles qui portent par exemple sur les institutions supranationales ou sur la procédure devant celles-ci.

De plus, si la plupart du temps la loi d'incorporation souligne le fait que les autorités publiques ne peuvent agir en violation des dispositions du traité incorporé, il n'en demeure pas moins que très souvent, le Parlement en tant que législateur n'est pas frappé par l'interdiction[435]. Il faut également souligner qu'il n'est pas exclu qu'au mépris du respect des dispositions du traité, une loi spéciale d'incorporation puisse disposer qu'en cas d'incompatibilité manifeste entre la loi parlementaire et le contenu du traité, les juridictions supérieures ont la faculté de faire une déclaration d'incompatibilité n'ayant aucune conséquence sur la procédure mise en branle[436]. Mais, une mesure plus favorable au droit international peut aussi prévoir que les juridictions doivent dans la mesure du possible, interpréter les lois ou les dispositions de droit interne dans le sens où elles seraient compatibles aux engagements découlant de la ratification d'un traité par l'Etat.

Comme on le constate, les lois spéciales d'incorporation peuvent prendre diverses formes et ne sont pas toujours identiques d'un pays à l'autre, et peuvent même varier d'un traité à l'autre au sein d'un même pays. En réalité, c'est souvent l'importance que le traité revêt aux yeux de la communauté internationale, ainsi que les pressions que celle-ci serait en mesure d'exercer que les Etats et en particulier les Etats dualistes, naturellement peu favorables au droit international, adoptent au gré des

---

[435] Sur une mesure analogue dans le cadre des lois d'incorporation spéciales, voir l'article 6-1 de la loi d'incorporation de la CEDH (Human Rights ACt du 4 novembre 1998) dans l'ordre juridique britannique « *It is unlawful for a public authority to act in a way which is incompatible with a Convention right* ». L'intégralité du texte de cette loi d'incorporation est disponible sur le site http://www.legislation.gov.uk.

[436] Dans ce cas, les juridictions se trouveront dans l'obligation d'appliquer la loi quitte à ce que le Gouvernement avec l'appui du Législateur intervienne dans la procédure en cours pour faire prévaloir les dispositions du traité.

opportunités politiques, des mesures internes qui peuvent être les plus favorables aux normes conventionnelles. Aussi, même si l'on est en droit de critiquer la méthode d'incorporation des traités en droit interne, il n'en demeure pas moins que c'est celle qui peut être le plus simplement mise en œuvre dans les systèmes juridiques dualistes.

B- La simplification de la mise en œuvre de la méthode d'incorporation

116.-Plan. La simplification de la mise en œuvre de la méthode d'incorporation est liée non seulement à sa malléabilité **(1)**, mais aussi au fait qu'elle peut rendre effective l'application des dispositions des traités incorporés en droit interne **(2)**.

1. La malléabilité de la méthode d'incorporation

117.-Effets de la malléabilité de la méthode d'incorporation. La méthode d'incorporation permet aux Etats de recourir au mécanisme qui est le plus en phase avec l'esprit de leur philosophie juridique. C'est cette malléabilité qui rend possible le développement d'une kyrielle de lois d'incorporation différentes les unes des autres. Ainsi, on a pu remarquer que l'incorporation partielle permettait par exemple à un Etat de ne pas incorporer les dispositions d'un traité qui étaient jugées indésirables ou incompatibles avec ses principes juridiques fondamentaux. De même, une incorporation peut être *« nuancée »* dans la mesure où *« des variations minimes apparaissent entre le contenu du traité et celui de la loi »*[437], ce qui n'est pas sans risque pour une bonne insertion des traités en droit interne.

118.-Risques dus à la malléabilité de la méthode d'incorporation. Il faut reconnaitre que les limites ou même les nuances que la méthode d'incorporation peut apporter aux traités ne vont pas sans soulever quelques difficultés. Il est donc en général préférable qu'une incorporation partielle soit délaissée au profit d'une incorporation totale ou en bloc. Cette dernière est beaucoup plus compatible avec le système moniste qu'une incorporation partielle, puisqu'à l'instar des systèmes monistes, l'incorporation totale d'un traité dans un contexte dualiste vise en fait à faire en sorte que la norme conventionnelle fasse partie des règles à appliquer par les instances nationales.

---

[437] SCIOTTI-LAM Claudia, *L'applicabilité des traités internationaux relatifs aux droits de l'homme en droit interne*, Bruylant, Bruxelles, 2004, p.178.

En ce qui concerne les nuances qui peuvent être apportées aux dispositions d'un traité par rapport à la version initiale, il est incontestable qu'elles sont susceptibles de créer une confusion évidente entre le mécanisme de transformation et la méthode d'incorporation.

Si l'on revient sur l'incorporation partielle, nul ne peut contester le fait qu'elle comporte un risque non négligeable d'omission des dispositions substantielles du traité incorporé. Le risque est d'autant plus grand dans les Etats dualistes africains, du moins en ce qui concerne l'incorporation des dispositions d'un traité comme le Statut de Rome, que ceux-ci ne sont pas des modèles de démocratie. Par conséquent, il y a lieu de craindre que les dispositions du Statut de la CPI portant sur les droits fondamentaux ou sur les libertés des individus ne soient mises de côté[438]. Ceci aura pour conséquence de favoriser une incorporation sélective des règles du droit international pénal dans les ordres juridiques des Etats dualistes africains. Pourtant, l'engagement des Etats à préserver les droits fondamentaux des accusés à l'occasion de la répression des crimes consignés dans le Statut de Rome reste primordial, tant l'expérience a démontré que le déploiement de la machine judiciaire consécutive à la commission d'infractions qualifiées de crime de guerre, de crime contre l'humanité ou de génocide peut être considéré comme un acte de vengeance dirigé contre les vaincus. Pour éviter que la justice ne soit considérée comme celle des vainqueurs[439] contre les vaincus, il devient donc impératif de concilier les droits des victimes avec ceux des accusés prévus dans le Statut de Rome[440].

---

[438] En guise de rappel il faut dire que, le Statut de la CPI s'appuie sur les standards les plus élevés en matière de protection des droits fondamentaux des individus à l'occasion d'un procès pénal. Ainsi, l'on considère par exemple que tous les accusés devant la CPI devraient bénéficier d'un procès équitable et cela peu importe la gravité des crimes qu'on leur impute. A ce titre, il faut espérer que les Etats se sentiront « *moralement* » liés par les mêmes exigences que la CPI.

[439] Lire, ZOLO Danilo, *La justice des vainqueurs, De Nuremberg à Bagdad,* Editions Jacqueline Chambon, Actes Sud, 03 octobre 2009, 231 p.

[440] Sur les droits de l'accusé dans le Statut de Rome, lire l'article 67 qui dispose que « *1. Lors de l'examen des charges portées contre lui, l'accusé a droit à ce que sa cause soit entendue publiquement, compte tenu des dispositions du présent Statut, équitablement et de façon impartiale. Il a droit, en pleine égalité, au moins aux garanties suivantes :*

a) Être informé dans le plus court délai et de façon détaillée de la nature, de la cause et de la teneur des charges dans une langue qu'il comprend et parle parfaitement ;

b) Disposer du temps et des facilités nécessaires à la préparation de sa défense et communiquer librement et confidentiellement avec le conseil de son choix ;

c) Être jugé sans retard excessif ;

Toutefois, toujours sur le registre des droits applicables, il est constant que certains Etats dualistes africains, au regard de l'opinion mitigée qu'ils ont vis-à-vis de certaines règles du droit international, auront la forte propension à adopter une attitude circonspecte à l'égard de l'article 21 du Statut de la CPI. Cet article prévoit en effet la possibilité de s'appuyer sur *«(...) les traités applicables et les principes et règles du droit international, y compris les principes établis du droit international des conflits armés »*[441]. De même, il est dit que *«l'application et l'interprétation du droit prévues au présent article doivent être compatibles avec les droits de l'homme internationalement reconnus et exemptes de toute discrimination fondée sur des considérations telles que l'appartenance à l'un ou l'autre sexe tel que défini à l'article 7, paragraphe 3, l'âge, la race, la couleur, la langue, la religion ou la conviction, les opinions politiques ou autres, l'origine nationale, ethnique ou sociale, la fortune, la naissance ou toute autre qualité»*[442].

L'incorporation éventuelle des dispositions de l'article 21 du Statut, qui n'est pas expréssement obligatoire pour les Etats malgré l'aide qu'il peut apporter au juge interne dans sa pratique jurisprudentielle, ne peut que soulever des difficultés pour des pays africains qui, s'ils consentent à réprimer

---

d) Sous réserve des dispositions du paragraphe 2 de l'article 63, être présent à son procès, se défendre lui-même ou se faire assister par le défenseur de son choix ; s'il n'a pas de défenseur, être informé de son droit d'en avoir un et, chaque fois que l'intérêt de la justice l'exige, se voir attribuer d'office un défenseur par la Cour, sans frais s'il n'a pas les moyens de le rémunérer ;
e) Interroger ou faire interroger les témoins à charge et obtenir la comparution et l'interrogatoire des témoins à décharge dans les mêmes conditions que les témoins à charge. L'accusé a également le droit de faire valoir des moyens de défense et de présenter d'autres éléments de preuve admissibles en vertu du présent Statut ;
f) Se faire assister gratuitement d'un interprète compétent et bénéficier des traductions nécessaires pour satisfaire aux exigences de l'équité, si la langue employée dans toute procédure suivie devant la Cour ou dans tout document présenté à la Cour n'est pas une langue qu'il comprend et parle parfaitement ;
g) Ne pas être forcé de témoigner contre lui-même ou de s'avouer coupable, et garder le silence sans que ce silence soit pris en considération pour déterminer sa culpabilité ou son innocence ;
h) Faire, sans prêter serment, une déclaration écrite ou orale pour sa défense ; et
i) Ne pas se voir imposer le renversement du fardeau de la preuve ni la charge de la réfutation.
2. Outre toute autre communication prévue par le présent Statut, le Procureur communique à la défense, dès que cela est possible, les éléments de preuve en sa possession ou à sa disposition dont il estime qu'ils disculpent l'accusé ou tendent à le disculper ou à atténuer sa culpabilité, ou sont de nature à entamer la crédibilité des éléments de preuve à charge. En cas de doute quant à l'application du présent paragraphe, la Cour tranche ».

441 Voir article 21 al.1-b du Statut de la CPI.

442 Lire l'article 21 al 3 du Statut de la CPI.

tout naturellement les crimes contenus dans ledit Statut, peuvent se montrer plutôt réfractaires à l'idée de mettre sur pied un système de répression qui s'appuie impérativement sur les standards internationaux des droits de l'homme garantis par les traités qu'ils n'auraient que, soit partiellement incorporés dans leur ordre juridique, soit totalement ignorés.

Aussi, y a-t-il risque que les Etats africains et en particulier ceux se réclamant du dualisme, considèrent les dispositions de l'article 21 du Statut de Rome précité comme étant une source d'insécurité ou de trouble dans leurs ordres juridiques internes. Il est vrai, et c'est important de le relever, que l'énoncé de l'article 21 sus-évoqué peut laisser croire que les obligations de respecter les droits garantis qu'il contient ne s'adresse qu'à la CPI, mais c'est sans compter avec le fait que le Statut de Rome est en réalité un efficace instrument visant à faire respecter certaines règles de droit international des droits de l'homme aux Etats qui ne les ont pas encore incorporées dans leur ordre juridique. De ce point de vue la malléabilité de la méthode d'incorporation présente quelques avantages.

119.-Avantages de la malléabilité de la méthode d'incorporation. La malléabilité de la méthode d'incorporation des traités internationaux a comme avantage pour les Etats qui y recourent, de permettre à ceux-ci d'opérer, dans la mesure où le droit international le tolère[443], un tri dans les dispositions juridiques de la norme conventionnelle à incorporer. Par conséquent, les normes juridiques internationales non incorporées dans le droit interne ne pourront logiquement être invoquées devant le juge national, de même que celui-ci ne sera pas tenu de les respecter à l'occasion de ses prises de décision. Ceci est d'autant plus important pour les Etats dualistes que ceux-ci craignent très souvent que les traités ratifiés mais non incorporés dans l'ordre juridique national, ne soient mis en œuvre alors même que les circonstances politiques et les exigences juridiques au regard des reformes qui doivent être entreprises, ne peuvent le permettre. Or la technique du renvoi aux dispositions de certains traités internationaux qui est récurrente dans le Statut de Rome, est de nature à encourager les juridictions nationales particulièrement audacieuses, à appliquer les dispositions d'un traité qui, même ayant fait l'objet d'une ratification n'a pas forcément été incorporé en droit interne, pratique qui bien évidemment pourrait remettre en cause les dispositions législatives nationales[444]. La conséquence serait que les traités qui

---

[443] Voir par exemple les dispositions relatives aux réserves aux traités des articles 19 à 23 de la Convention de Vienne sur le droit des traités du 23 mai 1969. Mais il faut dire tout de suite que le Statut de la CPI exclut toute possibilité de réserve (article 120).

[444] Le Royaume-Uni, pays dualiste par excellence a par exemple manifesté une vive opposition aux dispositions de l'article 53 de la CEDH qui auraient pu le contraindre à appliquer les

en principe ne pouvaient produire aucun effet en droit interne, pourraient dorénavant être considérés comme étant indirectement incorporés dans le système juridique national.

Ainsi, l'exclusion de certaines dispositions d'un traité international dans une loi d'incorporation n'est autre que la manifestation d'une volonté de ne pas accorder à la norme conventionnelle plus d'effet que souhaité. De plus, l'incorporation nuancée évoquée dans les lignes précédentes peut favoriser dans la loi d'incorporation la redéfinition de certains concepts utilisés dans le traité, ceci de manière à limiter leur portée ou leurs effets en droit interne[445].

Par ailleurs la question des réserves, bien qu'exclues par le Statut de le CPI (article 120) mais pas clairement par les autres traités relatifs au droit international pénal[446], et des protocoles, peut soulever quelques difficultés à l'occasion de l'incorporation d'un traité dans un ordre juridique interne. En effet, *« les réserves entrainent une modification de l'obligation internationale imposée à l'Etat qui devrait être logiquement répercutée en droit interne et appliquée par les tribunaux nationaux »*[447]. La conséquence logique c'est qu'elles doivent figurer dans la loi d'incorporation afin que la juridiction nationale compétente pour l'examiner, puisse en prendre acte le cas échéant. Par contre, en cas de retrait d'une réserve, la malléabilité de la loi d'incorporation devrait faire en sorte que la mesure prise entraine la modification de l'annexe où la réserve retirée était mentionnée.

En ce qui concerne les protocoles adoptés postérieurement à l'entrée en vigueur du traité dans l'ordre juridique interne, ils peuvent soulever les mêmes problèmes que le retrait d'une réserve. Ainsi, une modification découlant d'un protocole et en particulier d'un protocole additionnel à un traité, ne pourra être prise en compte en droit interne qu'après modification de

---

dispositions d'un certain nombre de traités ratifiés mais non incorporés dans l'ordre juridique interne puisque l'article en question dispose qu'*«aucune des dispositions de la présente Convention ne sera interprétée comme limitant ou portant atteinte aux droits de l'homme et aux libertés fondamentales qui pourraient être reconnus conformément aux lois de toute partie contractante ou à toute autre Convention à laquelle cette partie contractante est partie».*

445 Sur la question, lire le commentaire de SCIOTTI-LAM Claudia sur l'incorporation nuancée de certaines dispositions de la CEDH dans l'ordre juridique britannique, *in L'applicabilité des traités internationaux relatifs aux droits de l'homme en droit interne,* Bruylant, Bruxelles, 2004, pp.186ss.

446 Voir notamment la polémique à propos d'une réserve concernant la Convention sur la prévention et la répression du crime de génocide de 1948; CIJ, *Affaire des activités armées sur le territoire du Congo, RDC c. Rwanda,* 3 février 2006.

447 SCIOTTI-LAM Claudia, *ibid.,* p.194.

la loi d'incorporation ayant intégré ledit traité dans l'ordre juridique national. Seulement, la modification de la loi d'incorporation suite à l'adoption d'un protocole à un traité international, dépendra des mécanismes juridiques mis en œuvre par chaque Etat concerné.

Pour aller plus loin, il faut relever que le fait que la méthode d'incorporation implique en général que le traité soit introduit en tant que tel dans l'ordre juridique étatique a pour conséquence louable de faire en sorte que la jurisprudence de l'institution juridictionnelle organisée par le traité soit incorporée en même temps que la norme conventionnelle. Ainsi, pour le Statut de Rome, il n'est pas exclu qu'à l'occasion de son incorporation, les Etats dualistes africains puissent faire expressément référence à la jurisprudence de la CPI. Mais comme on peut le comprendre, la prise en compte de la jurisprudence de la CPI dans la loi d'incorporation est moins une obligation qu'un devoir pour le législateur national[448].

Mais, ce qui n'est qu'un devoir pour le législateur, peut très bien être une obligation pour le juge national qui devra instaurer un dialogue avec le juge international afin de garantir une applicabilité effective des traités incorporés.

2. L'applicabilité effective des traités incorporés

120.-Portée de l'effectivité des traités incorporés. Dans les Etats dualistes, la méthode d'incorporation est sinon la seule, du moins la plus efficace pour assurer une applicabilité effective des traités internationaux en droit interne. Il n'est donc pas étonnant que pour assurer l'applicabilité des normes conventionnelles dans les systèmes

dualistes, aussi bien la doctrine[449] que les organes internationaux de contrôle[450] prennent ouvertement fait et cause pour l'incorporation.

---

[448] Sur une réflexion analogue portant sur la mise en œuvre de la jurisprudence de la CEDH en droit interne, lire FELDMAN David, « Remedies for violations of Convention Rights under the Human Rights Act », *in EHRLR,* 1998, p.691-711, p.693.

[449] Sur les auteurs s'étant ouvertement prononcés en faveur de l'incorporation voir, SCIOTTI-LAM Claudia, *ibid,* p.218, note de bas de page n°648.

[450] Parmi les organes internationaux de contrôle favorables à la technique d'incorporation, on peut citer : la Cour Européenne des Droits de l'Homme (décision du 6 février 1976, *Syndicat suédois des conducteurs de locomotives*, Série A n°20,§50), le Comité des droits de l'homme (observations sur le rapport présenté par l'Islande en application de l'article 40 du PIDCP,

La doctrine estime à juste titre qu'une application de bonne foi d'un traité international dans un Etat dualiste implique nécessairement son incorporation en droit interne. L'obligation d'incorporation d'une norme conventionnelle dans un contexte dualiste, s'explique par le fait qu'elle constitue en réalité le moyen le plus efficace de doter le juge interne de la possibilité de s'appuyer sur les dispositions d'un traité international ratifié par l'Etat. Il n'est donc pas surprenant que les organes internationaux de contrôle de l'exécution des traités[451] puissent avoir la forte propension à encourager pour les Etats dualistes, un recours à la technique de l'incorporation jugée plus fiable que la transformation et la méthode de référence.

Ainsi, malgré la rareté du recours à la technique d'incorporation sur le continent africain, la Commission africaine des droits de l'homme et des peuples avait ouvertement pris fait et cause pour une telle procédure en ce qui concerne l'insertion de la CADHP dans les Etats dualistes africains[452]. C'est pourquoi, lorsque le Nigéria avait décidé de revenir sur l'incorporation de la CADHP dans son ordre juridique, cela avait suscité une critique acerbe de la Commission qui considérait sans doute qu'*« à partir du moment où le traité a été incorporé, il ne serait plus possible de se réorienter vers d'autres solutions, considérées comme moins efficaces »*[453].

En effet, contrairement à la transformation ou la méthode de référence, la technique de l'incorporation peut favoriser une applicabilité directe des normes conventionnelles dans l'ordre juridique interne d'un Etat dualiste. Comme on le sait, le but de l'applicabilité directe est de donner la possibilité aux juges, et même de leur imposer d'appliquer les dispositions d'un traité international nouvellement insérées en droit interne. En ce qui concerne l'applicabilité directe *via* l'incorporation dans le cadre du dualisme, il faut préciser qu'elle est tributaire de la volonté du législateur qui met en œuvre un tel mécanisme par le truchement d'une loi; contrairement aux

---

CCPR/C/79/Add.26, 1993,§11), le Comité des droits économiques, sociaux et culturels (observations finales sur le troisième rapport présenté par le Royaume-Uni, 12 décembre 1997, E/C.12/1/Add.19, §21), et la Commission africaine des droits de l'homme et des peuples (Avis du 22 mars 1995, 17ème session de la Commission africaine des droits de l'homme et des peuples, Communication 129/94, *Civil Liberties Organization vs Nigeria,* §17 et conclusions, *in* HRLJ, 1997, p.35-36.) ; SCIOTTI-LAM Claudia, *ibid,* notes de bas de page n°651, 661, 667, 674.

[451] Voir note précédente.

[452] Lire l'avis du 22 mars 1995, 17ème session de la Commission africaine des droits de l'homme et des peuples, Communication 129/94, Civil Liberties Organization vs Nigeria, §17 et conclusions, *in HRLJ,* 1997, p.35-36.

[453] Voir SCIOTTI-LAM Claudia, *ibid.,* p.226.

systèmes monistes qui s'appuient la plupart du temps sur les dispositions constitutionnelles. Seulement, l'effectivité des traités incorporés dans les Etats dualistes présente de nombreuses limites.

121.-Limites de l'effectivité des traités incorporés. Contrairement à ce qui a cours dans les Etats monistes, une applicabilité immédiate d'un traité international n'est pas de mise dans les Etats dualistes[454]; ce qui explique que chez ceux-ci, il soit nécessaire de recourir à un mécanisme particulier de diffusion de la norme internationale en droit interne. Ce n'est donc que grâce à une incorporation que l'on pourrait espérer voir un traité produire tous ses effets dans un pays dualiste. Seulement, il faut préciser qu'en ce qui concerne l'applicabilité directe, un traité incorporé par un texte législatif peut être logé à la même enseigne qu'une norme bénéficiant d'une applicabilité immédiate[455].

De plus, même si l'on semble croire que le monisme s'accommode mieux de l'applicabilité directe que le dualisme, il est de plus en plus prouvé qu'en réalité, *« il n'existe pas de différence sensible à cet égard entre les différents systèmes»*[456]. Ceci peut d'ailleurs expliquer le fait que les Etats dualistes peu favorables à l'applicabilité directe des normes internationales dans leurs ordres juridiques, répugnent très souvent à recourir à la méthode d'incorporation qui risque de leur imposer un monisme *de facto*. A cet égard, les Etats africains dualistes sont en très grande majorité fortement hostiles à l'incorporation, en préférant d'autres mécanismes de diffusion qui peuvent contribuer à vider une norme conventionnelle de sa substance. C'est en réalité une attitude souverainiste propre à l'ensemble des Etats dualistes et qui consiste en général à privilégier le droit national au détriment du droit international. Une telle position est sans doute plus tranchée encore en ce qui concerne les normes internationales pénales car pendant longtemps, on a considéré que le droit criminel faisait partie du domaine réservé des Etats et que par conséquent, en la matière, leur compétence exclusive ne pouvait

---

[454] Sur la question, lire, BUERGENTHAL Thomas, « Self-Executing and Non-Self-Executing Treaties in National and International Law », *in RCADI*, 1992-IV, p.301-400, p.369.

[455] Lire DOMINICE Christian, « Le droit international coutumier dans l'ordre juridique suisse », *in* BELHUMEUR Jeanne et CONDORELLI Luigi (dir.), *L'ordre juridique international : entre tradition et innovation*, Recueil d'études, Publication de l'Institut Universitaire des Hautes Etudes Internationales de Genève, PUF, Paris, 1997, 535 p., p.397-419,p.399; CHOFFAT Paul Jean, *L'applicabilité directe de l'Accord de libre-échange du 22 juillet 1972 entre la CEE et la Confédération suisse,* Thèse, Université de Lausanne, Faculté de droit, 1977, 239 p.,p.22.

[456] WAELBROECK Michel, *Traités internationaux et juridictions internes dans les pays du Marché commun*, Pedone, Paris, 1969, 348 p., p.186, §172.

souffrir d'aucune limite. Si ce raisonnement *« westphalien »* est manifestement anachronique au regard de l'évolution du droit international depuis quelques décennies, il n'en demeure pas moins qu'il est encore de mise dans la philosophie juridique de la plupart des Etats dualistes du monde contemporain.

Par conséquent, les pays qui ont opté pour le dualisme se donnent en réalité la latitude d'accepter une applicabilité directe des traités au cas par cas, en recourant s'ils le souhaitent, à une loi d'incorporation. Celle-ci devient en quelque sorte l'instrument qui permettra au juge national d'appliquer directement les dispositions d'un traité international à l'occasion d'un litige. On peut ainsi concevoir que l'effet utile de l'incorporation d'une norme conventionnelle dans un Etat dualiste puisse favoriser une certaine présomption d'applicabilité directe[457]. Seulement, on est conscient qu'une telle présomption est moins évidente dans un système dualiste que dans un système moniste, pourtant, le renforcement de l'efficacité de la méthode d'incorporation et partant, l'applicabilité effective des traités incorporés, passe par le rapprochement des deux systèmes.

§2. **Le renforcement de l'efficacité de la méthode d'incorporation par le rapprochement du système dualiste au système moniste**

122.-Réel rapprochement dans le cadre d'une incorporation législative. La méthode d'incorporation est, comme on l'a vu, la technique qui rapproche le plus le monisme au dualisme. Si on la compare par exemple avec d'autres mécanismes tels que la transformation, on se rendra compte que si celle-ci contraint les autorités nationales à appliquer le droit interne en se basant sur les règles interprétatives du droit interne, l'incorporation par contre prône l'application d'un traité international tel quel. Ceci suppose que les autorités nationales compétentes doivent tenir compte de l'entrée en vigueur du traité sur le plan international, de sa terminaison éventuelle, des réserves émises par l'Etat et les règles interprétatives relatives au droit international telles qu'elles ont été prévues dans la Convention de Vienne sur le droit des traités du 23 mai 1969[458]. L'idée est toute simple ; il est question de faire en

[457] SCIOTTI-LAM Claudia, *ibid.*, p.421.

[458] Sur la question, voir GEIGER Rudolf, Grundgsetz und Völkerrecht, (Die Bezüge des Staatsrechts zum Völkerrecht und Europarecht), Juristische Kurt-Lehrbücher, 2ème édition, Verlag C.H. Beck, Munich 1994, 432 p., p.173.

sorte que la loi d'incorporation même inchangée, ne puisse pas compromettre une diffusion des dispositions modifiées d'un traité en droit interne.

De plus, le caractère général ou non de l'acte qui permet l'application d'un traité en droit interne que l'on pose comme critère de distinction entre le monisme et le dualisme comporte une limite. En effet, s'il est vrai que dans un Etat moniste les traités jouissent d'une validité immédiate et d'une applicabilité directe dans le droit interne, dans un Etat dualiste, lorsqu'il se produit une incorporation législative, les effets sont quasi identiques, ce qui est moins le cas pour une incorporation règlementaire.

123.-Rapprochement limité dans le cadre d'une incorporation règlementaire. Lorsque le traité est incorporé en droit interne à la faveur d'un acte règlementaire plutôt que d'une loi, et en particulier lorsque le traité a un caractère programmatoire[459], il est constant que le règlement d'incorporation aura une nature infra-législative. Ainsi, lorsque surviendra un conflit de normes, les autorités nationales n'auront pas d'autres options que de faire primer la loi sur le traité incorporé par décret. Pourtant, en droit international pénal, les cas de dispositions pouvant être considérées comme ayant un caractère programmatoire ne manquent pas. En effet, si on se limite à la simple question des fonds au profit des victimes que consacre l'article 79 du Statut de Rome[460], on comprendra qu'en réalité, loin de se cantonner à la constitution d'un fonds, qui sera mis à la disposition de la CPI par les Etats membres, le Statut en réalité encourage vivement les Etats parties à mettre sur pied le cas échéant, un fonds d'indemnisation au profit des victimes dans leurs propres ordres juridiques. Si une telle disposition est salutaire pour les victimes qui constituent très souvent les parents pauvres du système de la répression internationale pénale, il n'en demeure pas moins que la constitution d'un fonds spécial visant à indemniser des demandeurs à un procès pénal peut impliquer

---

[459] Dans des Etats dualistes comme la Finlande par exemple, alors que le PIDCP a été incorporé par une loi, le PIDESC l'a été via une « ordonnance présidentielle » car le caractère programmatoire de ce dernier texte, le faisait relever du domaine règlementaire. Sur la question, voir SCHEININ Martin, « The status of the covenant on Civil and Political Rights in Finland », *in* REHOF L.A., GULMAN C. (dir.), *Human Rights in Domestic Law and Development Assistance Policies of the Nordic Countries*, NIJHOFF Martinus, Dordrecht, 1989, 212 p., p.195-201, p.199.

[460] Article 79 du statut de la CPI (fonds au profit des victimes) *« 1. Un fonds est créé, sur décision de l'Assemblée des Etats Parties, au profit des victimes de crimes relevant de la compétence de la Cour et de leurs familles.*

2. La Cour peut ordonner que le produit des amendes et tout autre bien confisqué soient versés au fonds.

3. Le fonds est géré selon les principes fixés par l'Assemblée des Etats Parties ».

l'engagement des dépenses considérables qui ne pourra se faire que par le truchement d'un acte programmatoire à l'instar d'un décret.

Mais, les décrets ont ceci de particulier qu'ils peuvent être remis en cause assez aisément soit par un texte législatif, soit par un autre acte décrétal. Par conséquent, ils ne constituent certainement pas les actes juridiques les plus fiables pour l'incorporation d'une norme internationale en droit interne. On peut donc comprendre pourquoi lorsqu'il est question d'incorporer efficacement un traité international en droit interne, les Etats ont la forte tendance à s'appuyer essentiellement sur un instrument législatif qui en termes de garantie présente un avantage considérable par rapport à un acte règlementaire qui peut à tout moment, être remis en cause par un acte de même portée pris par le pouvoir exécutif. La conséquence directe d'une telle démarche, c'est la revalorisation du statut du traité international dans l'ordre juridique interne **(A)**, qui passe bien entendu par la consolidation du rôle des instances d'exécution des traités **(B)**.

A- La revalorisation du statut du traité international dans l'ordre juridique interne

124.-Plan. Pour comprendre pourquoi les traités incorporés bénéficient d'une certaine revalorisation dans les pays dualistes, il faut bien cerner les techniques qui permettent de déterminer leur rang hiérarchique en droit interne **(1)** et qui encouragent une certaine tendance à la primauté de la loi d'incorporation du traité sur les lois ordinaires **(2)**.

1. Les techniques de détermination du rang hiérarchique des traités incorporés

125.-Problématique de la hiérarchie des traités incorporés. Comme on l'a déjà souligné *« en cas d'incorporation d'un traité (...), la question du rang hiérarchique accordé en droit interne au traité incorporé est fondamentale car l'incorporation ne peut être considérée comme efficace que si elle se fait à un rang hiérarchique au moins supérieur au rang législatif »*[461]. Certes, mais comment faire en sorte qu'une loi d'incorporation puisse jouir d'une valeur juridique supérieure à celle des autres instruments législatifs de même nature et par conséquent ayant en principe la même portée juridique ?

[461] Lire SCIOTTI-LAM Claudia, *L'applicabilité des traités internationaux relatifs aux droits de l'homme en droit interne,* Bruylant, Bruxelles, 2004, p.200.

En effet, si l'on peut considérer qu'une loi d'incorporation a certainement une primauté sur les lois ordinaires antérieures, la difficulté survient lorsqu'il est question de la situer par rapport aux autres lois postérieures contraires.

La difficulté qui naitra sûrement du *« conflit de normes »* entre la loi d'incorporation du traité et une loi ordinaire postérieure et contraire sera exacerbée par le fait que dans tous les cas, l'Etat devra respecter l'idée selon laquelle aucun pays ne peut évoquer les dispositions de son droit interne pour se départir de ses obligations internationales[462]. Ainsi, les règles traditionnelles en matière de *« conflit de normes »* bien que vivement recommandées par certains, s'avèrent très souvent inappropriées.

Pourtant, les partisans d'un système dualiste pur et dur, préconisant une attitude circonspecte vis-à-vis des traités internationaux, continuent de défendre l'idée selon laquelle une loi d'incorporation doit avoir la même valeur hiérarchique que l'acte qui l'incorpore en droit interne[463]. La plupart des traités étant incorporés par le truchement d'une loi, il faudrait conclure que ceux-ci ont en général la valeur d'une loi ordinaire. C'est pourquoi, à première vue, le recours aux règles classiques de règlement de conflits entre normes d'un rang hiérarchique analogue semble s'imposer. Pourtant, comme on le sait elles sont très peu adaptées en matière d'incorporation.

Si les Etats africains dualistes ayant finalement fait le choix de l'incorporation pour les normes du droit international pénal décidaient de recourir aux règles de résolution des *« conflits de normes »*, il y a fort à parier que le Statut de Rome, texte du droit international pénal par excellence, tombera sous le coup soit de la règle *lex posterior*, soit de la règle *lex specialis*, soit sera, et c'est assez rare, soumis à la règle de l'interprétation conforme.

126.-Règle *lex posterior*. La règle *lex posterior* implique qu'une loi d'incorporation doit rester tributaire du principe de la primauté de la loi postérieure. Même si elle est vivement recommandée par certains auteurs[464],

---

[462] Voir l'article 27 de la convention de Vienne sur le droit des traités du 23 mai 1969 (droit interne et respect des traités) qui dispose qu'*« Une partie ne peut invoquer les dispositions de son droit interne comme justifiant la non-exécution d'un traité. Cette règle est sans préjudice de l'art. 46 »*.

[463] Voir par exemple SCHEININ Martin, « Incorporation and implementation of Human Rights in Finland », in SCHEININ Martin (dir.), *International Human Rights Norms in the Nordic and Baltic Countries,* NIJHOFF Martinus, La Haye, 1996, 310 p. , p.257-281, p.258.

[464] Voir notamment, SCHLETTE Volker, « Les interactions entre les jurisprudences de la Cour européenne des droits de l'homme et la Cour constitutionnelle fédérale allemande », *in RFDC,* 1996, p.747-768, p.750 ; SCHEININ Martin, « Incorporation and implementation of Human Rights in Finland », *in* SCHEININ Martin (dir.), *International Human Rights Norms in the*

cette règle n'est pas du tout satisfaisante dans l'hypothèse d'une incorporation antérieure à une loi ordinaire contraire ; puisque dans une telle situation, la loi normale primera sur la loi d'incorporation avec comme conséquence, la remise en cause des dispositions du traité incorporé. Il est constant que la règle *lex posterior* est très peu pratique lorsqu'il s'agit de faire appliquer efficacement les dispositions d'un traité international en droit interne. A propos de la diffusion des règles découlant du Statut de Rome, il est évident que la CPI ne pourra que dénoncer un principe pouvant entrainer la primauté des dispositions d'une loi postérieure, au détriment de celles de son Statut incorporé par une loi antérieure. Mais *quid* de la règle *lex specialis* ?

127.-Règle *lex specialis*. En ce qui concerne la règle *lex specialis* applicable à une loi d'incorporation, elle implique que celle-ci devrait primer les lois ordinaires générales, nonobstant l'ordre chronologique d'adoption de ces lois[465]. Par conséquent, une loi d'incorporation considérée comme une règle d'exception ou spéciale, pourrait déroger à une autre loi ayant un caractère général à condition bien entendu que les deux textes portent sur la même matière. C'est sur ce dernier point que peut subvenir une difficulté car il n'est pas exclu qu'un Etat, ayant fait le choix de ne plus appliquer certaines dispositions d'un traité, décide de s'en affranchir subtilement en adoptant une loi qui, bien que ne relevant pas de la même matière qu'un traité incorporé, remet en fait en cause subrepticement certaines de ses dispositions. De plus, dans la pratique, les juridictions nationales considèrent la règle *lex specialis* comme très peu adaptée aux réalités prétoriennes, et par conséquent n'y ont pratiquement jamais recours, et préfèrent plutôt s'appuyer sur la technique de l'interprétation conforme.

128.-Technique de l'interprétation conforme. Les juges internes auront le réflexe de recourir à une technique qui leur permettra, au moins en apparence, d'éluder un conflit de normes, et ainsi de trouver une solution qui *a priori* semble ne pas compromettre la conception nationale du principe de la hiérarchie des normes juridiques. C'est pourquoi, ils ont la plupart du temps, une préférence pour la règle de l'interprétation conforme. Cette technique qui ne se limite pas exclusivement aux traités internationaux, est malgré tout d'un grand intérêt pour la promotion des normes conventionnelles dans l'ordre juridique interne. Ce qu'il faut surtout garder à l'esprit, c'est le fait que

---

Nordic and Baltic Countries, NIJHOFF Martinus, La Haye, 1996, 310 p. , p.257-281, p.259 ; MABAKA Placide, « L'incorporation de la CEDH dans l'ordre juridique britannique », *in RTDH,* 2000, p.11-42, p.37.

465 Lire ZIMMERMANN Andreas, « Fundamental Rights in Germany », *in* BLACKBURN Robert, POLAKIEWICZ Jörg, *Fundamental Rights in Europe, the ECHR and its Member States*, 1950-2000, Oxford University Press, Oxford, 2001, 1090 p., pp.335-354, p.340.

l'interprétation d'une norme conformément à une autre est un exercice plutôt récurrent chez les juges ; et lorsque l'ordre juridique international est aux prises avec l'ordre juridique interne il faut évidemment trouver le moyen de désamorcer le conflit de normes qui se pose.

La vérité c'est que beaucoup de dispositions juridiques ont un caractère polysémique, ce qui permettra au juge d'avoir une grande marge de manœuvre à l'occasion de l'interprétation de la norme[466]. L'interprétation faite par un juge africain notamment, devra évidemment être cohérente avec l'esprit du système juridique. De plus, l'interprétation conforme s'appuie sur une norme de référence qui peut être un traité international. Nul besoin de préciser que la norme de référence internationale pour la répression des crimes de droit international pénal n'est autre que le Statut de la CPI.

Ainsi, les dispositions d'une loi d'incorporation des normes du droit international pénal devront être interpretées dans le sens de leur conformité au Statut de Rome. Ceci sera d'autant plus recommandable que les dispositions de la loi d'incorporation manqueront de précision ou de clarté, à telle enseigne qu'au final, l'interprétation conforme pourrait apparaitre comme un moyen légitime visant à appliquer les règles de droit interne tout en respectant les exigences plus explicites du droit international.

Lorsque l'on s'interroge sur la justification juridique d'une telle technique, il apparait que le raisonnement peut varier selon que le traité a été ou non introduit en droit interne. Dans l'hypothèse où le traité a été introduit dans l'ordre juridique interne, l'interprétation conforme est amplement justifiée et ne souffre d'aucune contestation, puisqu'une norme incorporée est susceptible de jouir d'une applicabilité directe. Par contre, lorsqu'une norme n'a pas encore fait l'objet d'une incorporation, la justification de sa prise en compte en droit interne est beaucoup moins convaincante. Pourtant, même à ce niveau, les défenseurs de la légitimité de l'interprétation conforme ne manquent pas. Mais, il y a tout de même à ce sujet, quelques divergences sur les fondements de l'interprétation conforme. Un auteur tel que Lord BRIDGE défend l'idée d'une interprétation conforme n'entrainant pas une transposition du droit international en droit interne. C'est pourquoi il affirme sans fard que *« lorsque l'on est confronté à un choix simple entre deux interprétations possibles de certaines dispositions légales, la présomption conduisant les tribunaux à préferer celle qui évite tout conflit entre le droit interne et les obligations du traité international est une simple règle d'interprétation qui*

466 Sur la question, lire SCIOTTI-LAM Claudia, *ibid.*, p.507.

n'implique aucune importation de droit international en droit interne »[467]. Pour lui, il est important d'éviter tout risque d'incorporation judiciaire qui empièterait sur les prérogatives du pouvoir législatif. Seulement, un point de vue plus judicieux voudrait que les juges *« incorporent le traité au moyen d'une interprétation judiciaire »*[468].

Quoiqu'il en soit, l'interprétation conforme, loin de favoriser un rapport horizontal, impose plutôt une relation verticale entre la norme interprétée et la norme de référence. L'explication à cela c'est qu' *« à la différence de l'interprétation conciliatrice, visant au respect simultané de deux normes contradictoires en les interprétant dans des sens convergeants sans établir de hiérarchie entre elles, l'interprétation conforme implique une distorsion plus ou moins grande de la norme interprétée afin de respecter la norme de référence dont l'interprétation ne varie pas au cours de l'exercice »*[469]. En un mot, une interprétation du droit interne conformément aux traités exige que la norme de référence soit placée à un rang supérieur à celui de la norme interprétée[470]. Certains semblent même vouloir qu'une telle approche soit érigée en véritable principe général devant s'appliquer dans la plupart des systèmes juridiques nationaux et en particulier les systèmes dualistes. Ainsi, le leitmotiv c'est qu'*« en cas de doute, une règle doit toujours être interprétée en tenant compte des règles supérieures et de façon à la rendre conforme à celles-ci »*[471].

Quoiqu'il en soit, l'interprétation conforme vient pallier l'absence d'applicabilité directe d'un traité international, en favorisant une incorporation qu'il est convenu de qualifier d'indirecte, même si cette dernière

---

[467] Voir Lord BRIDGE, *in* House of Lords, Court of Appeal, R *v. Home Office ex parte Brind*, 1991. 1 A.C. 696, p.748.

[468] Voir le juge BHAGWATI in « Domestic Application of Human Rights Norms », *in* Judicial Colloquium in Abuja, Nigeria, 9-11, December 1991, *Developing Human Rights Jurisprudence: The Domestic Application of international Human Rights Norms*, vol. 4, Commonwealth Secretariat, London, 1992, 280 p., p.23-33, p.32. Dans la même lignée, voir également DUGARD John, « The Application of Customary International Law Affecting Human Rights by national tribunals », *in American Association of International Law Proceedings of the 76th Annual Meeting*, 1982, p.245-251, p.247.

[469] Voir SCIOTTI-LAM Claudia, *ibid.*, p.508.

[470] Sur la question, voir l'analyse de BLECKMANN Albert, Begriff und Kriterien der innerstaatlichen Anwendbarkeit völkerrechtlicher Verträge (Versuch einer allgemeinen Theorie des self-executing Treaty auf rechtsvergleichender Grundlage), Schriften zum öffentlichen Recht, n°123, Duncker & Humblot, Berlin, 1970, 333 p., p.88.

[471] Voir MANIN Philippe, « De l'utilisation des directives communautaires par les personnes physiques ou morales », *in AJDA,* 1994, p.259-269, p.265.

n'est pas toujours dénuée d'éfficacité[472]. De plus, l'interprétation conforme peut bénéficier d'une incontestable légitimité lorsqu'elle est prévue par les dispositions constitutionnelles. Dans ce cas, le constituant habilite ou oblige le juge national à interpréter et à appliquer le droit interne à la lumière du droit international.

La plupart des clauses constitutionnelles d'interprétation ont un caractère général[473], dans la mesure où elles fixent les règles de conformité de l'ensemble du droit interne par rapport à l'ensemble du droit international. C'est le cas de l'article 233 de la Constitution d'Afrique du Sud du 4 décembre 1996, qui recommande à chaque juridiction lorsqu'elle procède à l'interprétation d'une loi, de toujours privilégier une interprétation raisonnable de ladite loi, de manière à ce qu'elle soit dans toute hypothèse conforme au droit international[474].

Lorsqu'on sait que l'Afrique du Sud, pays dualiste africain par excellence, a bien ratifié le Statut de la CPI le 27 novembre 2000[475], l'on peut à juste titre supposer que la loi entrée en vigueur le 16 août 2002[476] et incorporant les dispositions dudit Statut en droit sud-africain, ne pourra être interprétée par le juge sud-africain que dans le sens de sa conformité avec les règles du droit international pénal. Par ailleurs, une autre disposition de la Constitution sud-africaine, à savoir l'article 39-1 prévoit qu'à l'occasion de l'interprétation de la déclaration des droits *(Bill of Rights),* les juridictions

---

[472] Sur la question, voir MARTINEAU Robert Jr, « Interpreting the Constitution: The use of International Human Rights Norms », *in HRQ,* 1983, p.87-107, p.96., ou encore LILLICH Richard, « Invoking International Human Rights Law in Domestic Courts », *Cincinnati Law Review,* 1985, p.367-415, p.408.

[473] Il faut tout de même souligner qu'il existe des clauses d'interprétation à portée restreinte se limitant à des domaines bien précis tels que les droits de l'homme par exemple.

[474]Lire la version anglaise de l'article 233 de la Constitution d'Afrique du Sud du 04 novembre1996 : Application of international law « *When interpreting any legislation, every court must prefer any reasonable interpretation of the legislation that is consistent with international law over any alternative interpretation that is inconsistent with international law* ».

[475] Toutefois, en octobre 2016, l'Afrique du Sud a mis en branle la procédure visant à se retirer du Statut de la CPI (sur la procédure, voir l'article 127 du Statut de Rome) ; lire à ce sujet « Pourquoi des États africains se retirent de la Cour pénale internationale ? », Le figaro, 26 octobre 2016, http://www.lefigaro.fr/international

[476] Sur cette loi *(International Criminal Court Act 2002),* voir DU PLESSIS Max, « South Africa's implementation of the Rome Statute », *in Power and Prosecution, Challenges and Opportunities for International Criminal Justice in Sub-Saharan Africa,* Kai AMBOS, Ottilia A. MAUNGANIDZE (Eds.), Göttingen Studies in Criminal Law and Justice, Volume 24, 2012, 202 p., pp.23-38.

doivent prendre en considération le droit international, mais aussi, peuvent prendre en compte les droits étrangers[477]. On ne peut pas comprendre l'importance d'une telle disposition si on fait abstraction du fait que certaines dispositions d'un traité tel que le Statut de Rome s'appuient clairement sur les règles du droit international des droits de l'homme et en l'occurrence sur celles portant sur le procès équitable[478]. Par conséquent, à l'occasion de l'interprétation conforme de la loi d'incorporation du Statut de la CPI, le juge sud-africain pourra s'appuyer le cas échéant soit sur l'article 39-1, soit sur l'article 233 de la Constitution.

Toujours est-il que l'interprétation d'une norme interne en conformité avec un traité international ne devrait pas soulever de difficulté à partir du moment où elle a été expressément élaborée pour mettre en œuvre ledit traité, d'autant plus que très souvent, pour garantir la primauté de l'instrument juridique international, la tendance est d'accorder une certaine primauté à la loi d'incorporation du traité sur les lois ordinaires.

2. La tendance à la primauté de la loi d'incorporation du traité sur les lois ordinaires

129.-Portée de la tendance à la primauté des lois d'incorporation. Une étude des systèmes dualistes pratiquant la méthode d'incorporation revèle que ceux-ci ont tendance à accorder une certaine primauté à la loi d'incorporation d'un traité au détriment des lois nationales ordinaires. C'est en tout cas ce que l'on a pu observer en Europe, à l'occasion notamment de l'adoption des lois d'incorporation de certains instruments juridiques particulièrement important tels que la CEDH. Si pour ce dernier texte une étude[479] a permis de déceler sa primauté sur les lois nationales ordinaires, aucun travail serieux ne permet à ce jour de dire concrètement si l'ensemble des pays dualistes veulent, à travers leurs lois d'incorporation du Statut de la CPI, conférer à ce texte un rang hiérarchique supérieur aux autres lois.

---

477 Article 39-1de la Constitution sud africaine de 1996 : Interpretation of Bill of Rights « *When interpreting the Bill of Rights, a court, tribunal or forum must promote the values that underlie an open and democratic society based on human dignity, equality and freedom; a) must consider international law; and c) may consider foreign law* ».

478 Voir notamment l'article 67 du Statut de Rome qui porte sur les droits de l'accusé.

479 Voir notamment, SCIOTTI-LAM Claudia, *L'applicabilité des traités internationaux relatifs aux droits de l'homme en droit interne,* Bruylant, Bruxelles, 2004, p.161ss.

Pourtant, un raisonnement juridique par déduction ou par induction permettra d'arriver dans certaines hypothèses, à cette conclusion.

En réalité, dans les Etats dualistes, l'adoption d'une disposition constitutionnelle visant à accorder un rang supérieur à la norme d'incorporation au détriment des lois normales est une pratique rare, mais qui est plutôt théoriquement admise. On a d'ailleurs constaté que dans le cas de l'Afrique du Sud, les articles 39-1 et 233 de la Constitution prévoyaient une sorte de principe général de la primauté de la norme internationale sur la loi interne. Aussi, il n'est pas exclu que les Etats dualistes africains, en ce qui concerne la mise en œuvre des règles de droit international pénal, et en l'occurrence les dispositions du Statut de Rome, décident même d'incorporer ce dernier texte dans leurs constitutions[480] de manière à lui garantir définitivement un statut supérieur aux normes infra-constitutionnelles.

De plus, il existe un mécanisme simple qui consiste à conférer un rang supra-législatif à une loi d'incorporation. L'idée c'est de régler en amont tout éventuel conflit pouvant survenir entre une loi antérieure ou postérieure et une norme conventionnelle. Ainsi, en général, une loi ordinaire sera considérée comme nulle dans les limites de son incompatibilité aux dispositions d'un traité incorporé[481]. Mais, à condition de trouver une justification suffisamment convaincante au sujet de la primauté d'une loi d'incorporation sur les lois ordinaires. En effet, les pays africains dualistes d'expression anglophone ont hérité de la tradition juridique britannique qui manifeste un certain attachement au principe de la souveraineté parlementaire, qui permet au législateur de pouvoir remettre en cause les lois antérieures par de nouvelles mesures législatives. Pour préserver effectivement ladite souveraineté, le Royaume-Uni avait par exemple mis sur pied un système qui permettait à des juridictions supérieures telles que la *House of Lords* et le *Judicial Committee of the Privy Council*, de prononcer une déclaration d'incompatibilité *(declaration of incompatibility)*, lorsqu'elles constataient une contradiction

[480] Cette pratique est de mise dans un Etat dualiste tel que l'Autriche, qui, dans l'optique d'assurer la mise en œuvre des dispositions de certains traités tels que la CEDH, a purement et simplement adopté une loi constitutionnelle permettant à ce dernier instrument de bénéficier d'une protection à caractère constitutionnel.

[481] Sur un raisonnement analogue, voir l'article 3 (2) de la loi maltaise d'incorporation de la CEDH : « *Where any ordinary law is inconsistent with the Human Rights and Fundamental Freedoms, the said Human Rights and Fundamental Freedoms shall prevail, and such ordinary law, shall, to the extent of the inconsistency, be void* ».

manifeste entre les dispositions d'un traité incorporé et celles d'une loi ordinaire[482].

Mais, il faut préciser que suite aux réformes constitutionnelles de 2005, les compétences de ces juridictions ont été transférées à la Cour Suprême. De plus, il faut souligner le fait qu'en réalité, au Royaume-Uni, la déclaration d'incompatibilité n'affecte pas la validité de la loi, et ne remet en cause ni ses effets, ni son exécution. Seul le Gouvernement qui, disposant du pouvoir de participer à une telle procédure, peut au final décider s'il y a lieu ou non de réviser la loi. Ceci s'explique par le fait que dans la pratique, au Royaume-Uni, *« la loi instaure un mécanisme de délégation permanente du pouvoir législatif à l'exécutif »*[483].

Il semble qu'en effet, la souveraineté parlementaire ait été construite plus en opposition avec le Judiciaire qu'avec l'Exécutif. Aussi, seul le ministre compétent peut permettre à des parties à un litige de bénéficier des effets de la déclaration d'incompatibilité, en prenant une décision en vue de corriger la loi contestée.

Toujours dans l'optique de garantir une certaine protection à la loi d'incorporation, une autre solution peut consister à disposer dans la Constitution qu'aucune loi, ni aucun autre acte juridique ne peut entrer en vigueur s'il apparait que cela aurait pour conséquence de remettre en cause les obligations conventionnelles de l'Etat. Une telle mesure ne vise en aucun cas à accorder un statut constitutionnel aux traités internationaux, mais signifie tout simplement qu'aucune loi ordinaire ne peut être en contradiction avec une loi d'incorporation d'un traité sans violer les dispositions de la Constitution[484]. La conséquence c'est que le juge dans le cadre d'un éventuel contentieux constitutionnel est habilité à effectuer un contrôle de constitutionnalité, en tout cas dans les pays dualistes qui l'admettent[485], d'une loi ordinaire dont les

---

[482] Voir par exemple, l'article 4 (2) *Human Rights Act* : *« If the court is satisfied that the provision is incompatible with a Convention right, it may make a declaration of that incompatibility ».*

[483] Sur la question, voir MABAKA Mukwabuhika Placide, « L'incorporation de la CEDH dans l'ordre juridique britannique », *in RTDH,* 2000, p.11-42, p.35.

[484] Un tel dispositif a déjà été expérimenté par un pays tel que la Suède ; et à ce sujet, voir CAMERON Iain, « The Swedish Experience of the European Convention on Human Rights since Incorporation », *in ICLQ,* 1999, p.20-56, p.24.

[485] Un pays comme le Royaume-Uni par exemple, Etat dualiste par excellence, ne reconnait pas à proprement parler, le contrôle de constitutionnalité, et préfère s'appuyer sur le principe de la souveraineté du Parlement.

dispositions peuvent avoir un impact sur celles d'un traité incorporé en droit interne.

De surcroit, même lorsqu'une loi d'incorporation ne jouit pas d'un statut constitutionnel, ses dispositions peuvent encore être considérées comme des *« règles dérivant d'une source qui se rattache à une compétence atypique et qui, comme telles, ne sont pas susceptibles d'abrogation ou de modification par les dispositions d'une loi ordinaire »*[486], puisqu'il faut reconnaitre qu'il existe d'une certaine façon, une *« force particulière de résistance de la législation d'origine conventionnelle par rapport à la législation ordinaire postérieure »*[487].

On a pleinement conscience du fait qu'un tel raisonnement peut être considéré comme une hérésie juridique dans les Etats dualistes qui par nature, préfèrent mettre sur pied tous les gardes-fous visant à garantir la primauté de leur ordre juridique sur le droit international. Pourtant, il est possible de dégager une justification de la primauté de ce dernier sur au moins l'ordre juridique interne infra-constitutionnel.

130.-Justification de la tendance à la primauté des lois d'incorporation du traité. En général, toute construction doctrinale visant à défendre une position originale est *a priori* reçue avec circonspection. Cependant, toute démonstration portant sur la primauté des traités en droit interne n'est pas si artificielle que cela lorsqu'on se refère par exemple au sacro-saint principe *pacta sunt servanda*[488], qui oblige en fait les Etats à prendre toutes les dispositions internes qui sont de nature à faciliter le respect de leurs obligations internationales. De même, en ce qui concerne très précisément les normes conventionnelles en matière de droit international pénal, il est constant que leur objet, à savoir, la repression des crimes les plus graves qui heurtent la conscience humaine, leur confère un statut particulier en droit conventionnnel. Ainsi, si l'on se réfère au seul Statut de la CPI, on pourrait affirmer que ses dispositions, loin de se limiter à l'instauration de

---

[486] Voir la jurisprudence de la Cour constitutionnelle italienne, du 19 janvier 1993, affaire *Kasim et Noureddin*, n°10, Rivista di Diritto Italiano, 1993, p.255.

[487] Cour de cassation italienne (Chambre pénale), 10 juillet 1993, Medrano, n° 2194, Rivista di Diritto Italiano, 1993, p.531 ; Rivista Internazionale di Diritti dell'Uomo, 1994, p.580-584; avec une traduction de SCIOTTI-LAM Claudia, *ibid*, p.213-214.

[488] Voir la règle *pacta sunt servanda* dans la Convention de Vienne sur le droit des traités, et notamment l'article 26 qui dispose que *« Tout traité en vigueur lie les parties et doit être exécuté par elles de bonne foi »* et son corollaire l'article 27 qui prévoit que *« Une partie ne peut invoquer les dispositions de son droit interne comme justifiant la non-exécution d'un traité ».*

simples normes, consacre en réalité des principes qui devraient prévaloir sur des normes contraires, et cela quelque soit leur rang.

Par ailleurs, au-delà de la nature particulière des conventions portant sur le droit international pénal, il existe, pour les Etats ayant manifesté d'une manière ou d'une autre leur intention d'être partie à un traité, une obligation générale de ne pas priver ledit traité de son objet et de son but avant son entrée en vigueur[489]. Un tel principe consacré par l'article 18 de la Convention de Vienne sur le droit des traités du 23 mai 1969, est particulièrement important en ce qui concerne les Etats africains dualistes qui, bien qu'ayant pris l'engagement sur le plan international de respecter les règles de droit international pénal découlant notamment du Statut de la CPI, s'abstiendraient dans les faits d'adopter toute loi d'incorporation ou de prendre toute mesure interne visant à donner plein effet aux règles prescrites par le droit international. Pourtant, comme on l'a vu, dans les Etats dualistes, la mise en œuvre des mécanismes de diffusion des traités est nécessaire pour leur applicabilité en droit interne, d'autant plus que les techniques juridiques telles que l'incorporation sont favorables à la consolidation du rôle des instances d'exécution des traités.

B- La consolidation du rôle des instances d'exécution des traités par l'incorporation

131.-Constat. Il est clairement apparu que l'incorporation permettait en quelque sorte de consolider le rôle des instances chargées de l'exécution des traités. Cela passe bien entendu par le rééquilibrage des rapports entre certains organes constitutionnels. C'est ainsi que l'incorporation opère par exemple une certaine délimitation des compétences entre le pouvoir législatif et le pouvoir judiciaire **(1)**. De plus, elle favorise le renforcement d'une certaine complémentarité entre les instances nationales et internationales de contrôle de l'exécution du traité **(2)**.

---

[489] Voir l'article 18 de la convention de Vienne sur le droit des traités qui dispose qu' *« Un Etat doit s'abstenir d'actes qui priveraient un traité de son objet et de son but:*

a) lorsqu'il a signé le traité ou a échangé les instruments constituant le traité sous réserve de ratification, d'acceptation ou d'approbation, tant qu'il n'a pas manifesté son intention de ne pas devenir partie au traité; ou

b) lorsqu'il a exprimé son consentement à être lié par le traité, dans la période qui précède l'entrée en vigueur du traité et à condition que celle-ci ne soit pas indûment retardée ».

1. La délimitation des compétences entre le pouvoir législatif et le pouvoir judiciaire en matière d'exécution des traités

132.-Tentative d'équilibre entre des rôles du Législatif et du Judiciaire en matière d'incorporation. Une étude empirique de la méthode d'incorporation a permis de se rendre compte que contrairement aux idées reçues, elle ne provoque pas un certain déséquilibre entre le pouvoir législatif et le pouvoir judiciaire au profit de ce dernier[490]. Au contraire, dans certaines circonstances, l'incorporation permet plutôt, de créer ou de rétablir un certain équilibre entre ces différents pouvoirs d'Etat.

Il faut partir du postulat que dans un Etat dualiste, la plupart du temps, c'est le pouvoir législatif qui détient seul le droit de décider des effets à donner aux dispositions d'un traité international en droit interne. Par conséquent, un traité n'ayant pas fait l'objet d'une incorporation par un acte législatif ne peut, en principe, être mis en œuvre par un juge national. En revanche, lorsqu'un traité est incorporé dans l'ordre juridique interne, et fait par conséquent partie des normes auxquelles les juridictions nationales se refèrent, certains considèrent que cela crée en réalité, une certaine distorsion dans la délimitation traditionnelle des compétences entre le Législatif et le Judiciaire, ce qui constituerait en soit une « *révolution constitutionnelle* »[491].

C'est pourquoi, lorsqu'il était question par exemple de tirer les conséquences de l'incorporation de la CEDH dans les Etats dualistes européens, d'aucuns n'ont pas hésité à conclure qu' *« il est évident que l'intégration de la Convention européenne des droits de l'homme dans l'ordre juridique interne est de nature à affecter l'équilibre établi constitutionnellement entre le pouvoir législatif et le pouvoir judiciaire. La responsabilité du respect de la Convention est susceptible d'être transférée des autorités politiques, investies démocratiquement, vers le juge qui ne profite pas d'une légitimité comparable »*[492]. Il est en effet reconnu qu'en général, il revient à l'Exécutif et au Législatif de mettre en œuvre les traités ratifiés par l'Etat, et qu'en la matière, le Judiciaire, n'a que des compétences résiduelles. L'explication à cela c'est que l'application d'une norme

---

[490] Sur la question, lire LYELL Nicholas, «Whither Strasbourg ? Why Britain should think long and hard before incorporating the European Convention on Human Rights», *in EHRLR*, 1997, p.132-140, p.137.

[491] Voir EWING K.D. et C.A. GEARTY, « Rocky Foundations for Labour's New Rights », *in EHRLR,* 1997, p.146-151, p.147.

[492] FLAUSS Jean-François, « L'incorporation de la Convention européenne dans le droit suédois », *in Liber amicorum* Marc-André Eissen, Bruylant, Bruxelles, 1995, 487 p., p.141-156, p.141.

conventionnelle en droit interne revêt une forte dimension politique que seuls des organes particuliers tels que le Parlement, jouissant au demeurant d'une certaine légitimité démocratique du fait des élections, devraient favoriser. Pour certains, il n'est donc pas question *« d'incorporer en bloc le traité, sans quoi le législateur perdrait tout contrôle sur son application et le juge obtiendrait toute latitude en la matière, mais de laisser au législateur la possibilité de décider, au cas par cas, quelles sont les mesures à prendre pour mettre en œuvre le traité »*[493].

133.-Tendance à la primauté du juge en matière d'incorporation. Le fait que l'incorporation augmente les pouvoirs du juge ne peut être contesté. Mais, considéré que cela constitue un danger réel pour le pouvoir législatif est une exagération qui ne peut que reposer sur une mauvaise appréciation de la situation. D'entrée de jeu, le Judiciaire est bien l'un des trois pouvoirs d'Etat, bénéficiant à ce titre d'un certain nombre de compétences à caractère politique pouvant se répercuter sur la mise en œuvre des traités dans l'ordre juridique interne. Il n'est donc pas surprenant de voir un juge être habilité par la Constitution ou même par la loi, pour connaitre des affaires relatives à la portée juridique des traités incorporés en droit interne.

De plus, il est couramment admis que le simple fait pour le législateur d'adopter une loi d'incorporation vise en effet à permettre au juge de faire respecter les dispositions du traité incorporé, en s'appuyant sur une base juridique nécessaire à l'exercice de la fonction de juger[494]. En même temps, grâce à son pouvoir d'interprétation, le juge pourra se rendre compte du fait que le législateur a ou non respecté les dispositions de la norme conventionnelle incorporée. Le rôle du juge devient même fondamental à l'occasion d'une incorporation ayant un caractère supra-législatif, puisque cela peut constituer une contrepartie à l'absence d'un véritable contrôle de constitutionnalité qui prévaut dans les pays dualistes anglophones[495] qui par

---

[493] SCIOTTI-LAM Claudia, *L'applicabilité des traités internationaux relatifs aux droits de l'homme en droit interne,* Bruylant Bruxelles, 2004, p.231 ; JENSEN Asbjørn, « Incorporation of the European Convention seen from a Danish point of view», *in* REHOF. L.A. et GULMAN. C. (dir), *Human Rights in domestic law and development assistance policies of the Nordic Countries*, Martinus Nijhoff, Dordrecht, 1989, 212 p., p.161-170, p.164.

[494] Lire NORGAARD Carl Aage, « La mise en œuvre des accords internationaux en matière de droits de l'homme dans un système juridique national », in Commission européenne pour la démocratie par le droit, *Les rapports entre le droit international et le droit interne*, coll. Science et technique de la démocratie n°5, Conseil de L'Europe, Strasbourg, 1993, 119 p., p.18.

[495] Sur l'absence de contrôle de constitutionnalité en Grande Bretagne, lire ANDREWS. Neil H. « L'Angleterre doit-elle adopter une déclaration des droits assortie d'un contrôle juridictionnel des lois ? », *in AFDC,* 1989, p.35-56, p.39.

mimétisme ont copié l'ancien système juridique de la Grande Bretagne. Mais dans ce pays, comme dans la plupart des pays dualistes, la véritable crainte est que l'incorporation ne donne en fait la possibilité au juge de prendre des décisions politiques qui devraient normalement revenir au pouvoir législatif au regard de sa légitimité démocratique[496].

C'est bien évidemment un raisonnement absurde tant l'on sait que derrière la plupart des manifestations juridiques, se cachent en réalité des intentions politiques avouées ou inavouées. Toutefois, il faut reconnaitre qu'en général, les traités internationaux énoncent des normes tellement vagues qu'en la matière, les Etats possèdent une très grande marge de manœuvre qui est en fait guidée par des considérations politiques. On dévine alors à quel point ces considérations politiques peuvent constituer un obstacle pour la mise en œuvre d'une norme conventionnelle dans les Etats africains, et en particulier lorsque ladite norme prévoit des dispositions que les autorités politiques considèrent comme un obstacle à la jouissance de leurs privilèges traditionnels. Si l'on se limite au seul contenu de l'article 27 du Statut de la CPI qui dénie toute immunité aux autorités politiques coupables des crimes prévus dans le Statut[497], on verra qu'à lui seul, il peut constituer un obstacle politique à la mise en œuvre des règles du droit international pénal dans certains Etats africains.

Pour les pays africains dualistes en l'occurrence, qui ont d'ailleurs en grand nombre ratifié le Statut de Rome, il est difficile de recourir à un mécanisme juridique tel que l'incorporation qui aura pour effet de permettre une diffusion effective d'un texte qui, à bien des égards, viendra sans doute remettre en cause un certain nombre de principes juridiques garantis

---

[496] Lire à ce sujet les commentaires de JACOB Francis G., « The Convention and the English judge », *in Protection des droits de l'homme : la dimension européenne,* Mélanges en l'honneur de G.J. Wiarda, Carl Heymanns Verlag AG, 1990, 758 p., p.273-279, p.275.

[497] L'article 27 du statut de la Cour Pénale Internationale porte sur le défaut de pertinence de la qualité officielle et prévoit en substance que *« 1. Le présent Statut s'applique à tous de manière égale, sans aucune distinction fondée sur la qualité officielle. En particulier, la qualité officielle de chef d'État ou de Gouvernement, de membre d'un gouvernement ou d'un parlement, de représentant élu ou d'agent d'un État, n'exonère en aucun cas de la responsabilité pénale au regard du présent Statut, pas plus qu'elle ne constitue en tant que telle un motif de réduction de la peine.*
2. Les immunités ou règles de procédure spéciales qui peuvent s'attacher à la qualité officielle d'une personne, en vertu du droit interne ou du droit international, n'empêchent pas la Cour d'exercer sa compétence à l'égard de cette personne ».

traditionnellement par un législateur souverain[498]. Certains peuvent donc en conséquence craindre qu'un tel chamboulement juridique ne soit la cause d'un déséquilibre institutionnel qui profiterait essentiellement au pouvoir judiciaire.

Mais, il faut voir les choses autrement car s'il existe un déséquilibre institutionnel entre le Législatif et le Judiciaire, ce déséquilibre ne peut être qu'antérieur à une incorporation qui vient remettre en cause une certaine suprématie du Parlement sur les instances juridictionnelles qui est de mise dans les pays dualistes, notamment ceux de culture juridique britannique. Par conséquent, le grand mérite de l'incorporation est finalement de rétablir un certain équilibre entre les différents organes impliqués dans l'exécution dans l'ordre juridique interne, des dispositions d'un traité international. De même, nul ne peut contester le fait que cette technique juridique favorise dans bien des cas le renforcement d'une certaine complémentarité entre les instances nationales et internationales chargées du contrôle de l'exécution d'un traité.

2. Le renforcement d'une certaine complémentarité entre les instances nationales et internationales de contrôle de l'exécution du traité

134.-Enjeux du renforcement de la complémentarité. La perception qu'ont la plupart des Etats africains aujourd'hui du rôle des instances chargées de diffuser ou de contrôler l'exécution des règles de droit international pénal, telles que la CPI, révèle que seule une bonne coopération entre cette dernière et les organes nationaux de contrôle de l'exécution des traités pourrait atténuer la suspicion que les autorités nationales nourrissent

---

[498] L'article 27 du Statut de la CPI, remet en effet en cause l'immunité consacrée par le législateur à certaines autorités politiques dans la plupart des pays. Mais il faut souligner que cet article a été ignoré par l'Union Africaine, qui refusant en 2011 de remettre à la CPI, le président soudanais Omar Al Bashir poursuivi pour les crimes commis dans la région du Darfour, avait préferé évoquer comme raison de leur non coopération avec l'instance pénale internationale, l'article 98 du Statut de Rome sous prétexte que celui-ci contredisait l'article 27. Cet article 98 dispose en effet que « *1. La Cour ne peut présenter une demande d'assistance qui contraindrait l'État requis à agir de façon incompatible avec les obligations qui lui incombent en droit international en matière d'immunité des États ou d'immunité diplomatique d'une personne ou de biens d'un État tiers, à moins d'obtenir au préalable la coopération de cet État tiers en vue de la levée de l'immunité.*
2. La Cour ne peut présenter une demande de remise qui contraindrait l'État requis à agir de façon incompatible avec les obligations qui lui incombent en vertu d'accords internationaux selon lesquels le consentement de l'État d'envoi est nécessaire pour que soit remise à la Cour une personne relevant de cet État, à moins que la Cour ne puisse au préalable obtenir la coopération de l'État d'envoi pour qu'il consente à la remise ».

vis-à-vis de toute sorte de critique émise par les organes supranationaux sur la manière dont elles appliquent le droit international.

Aussi, l'incorporation dans les Etats dualistes peut apparaitre comme étant le moyen le plus efficace qui permettra aux juges nationaux de se prononcer eux-mêmes sur l'interprétation qui pourrait être donnée à telle ou telle disposition d'un traité. Cela évitera par conséquent toute tentative d'immixtion d'une instance internationale telle que la CPI, qui se trouverait dans l'obligation de se prononcer sur le défaut d'applicabilité des règles du droit international pénal en droit interne, en décidant de sanctionner elle-même un criminel qu'un Etat ne veut ou ne peut poursuivre[499]. Mais la complémentarité entre la CPI et les instances nationales de contrôle a d'autres conséquences sur l'exécution du Statut de Rome.

135.-Conséquences du renforcement de la complémentarité. L'intérêt de la compétence des juridictions nationales découlant d'une bonne incorporation de la norme conventionnelle en droit interne réside dans le fait que les décisions prises par les juges nationaux sont en général mieux acceptées et plus respectées par les autorités nationales et même par l'opinion publique, que celles prises par certains organes internationaux qui peuvent émettre des décisions juridictionnelles ou de simples avis consultatifs[500]. Même si ce point de vue n'est pas partagé par tous[501], il est incontestable que l'attitude souverainiste des pays dualistes les pousse en général à préférer s'appuyer sur les décisions rendues par leurs propres juridictions plutôt que sur celles émisent par les instances juridictionnelles internationales.

---

[499] L'article 17§1-a du Statut de Rome prévoit en effet que : *« 1. Eu égard au dixième alinéa du préambule et à l'article premier, une affaire est jugée irrecevable par la Cour lorsque : a- L'affaire fait l'objet d'une enquête ou de poursuites de la part d'un État ayant compétence en l'espèce, à moins que cet État n'ait pas la volonté ou soit dans l'incapacité de mener véritablement à bien l'enquête ou les poursuites (...) ».*

[500] Pour une réflexion portant notamment sur les éffets négatifs des arrêts de la Cour EDH en droit interne, et en l'occurrence la décision du 27 septembre 1995, *Mc Cann et autres*, Série A n° 324, condamnant le Royaume-Uni sur le fondement de l'article 2 de la CEDH consacrant le droit à la vie , après une intervention militaire contre L'IRA à Gibraltar, lire KENTRIDGE Sydney, « Parliamentary supremacy and the Judiciary under a Bill of Rights : some lessons from the Commonwealth », *in Public Law,* 1997, p.96-112, p.101.

[501] Certains auteurs préfèrent en effet reconnaitre une certaine primauté au rôle des instances internationales de contrôle au détriment des juridictions nationales qui d'après eux ne jouiraient pas de la même considération ou du même prestige. Voir à ce sujet un point de vue rapporté par JACOBS G. Francis, « The Convention and the English Judge » *in Protection des droits de l'homme : la dimension européenne,* Mélanges en l'honneur de G.J. Wiarda, Carl Heymans Verlag AG, 1990, 758 p., p.273-279, p.277.

Néanmoins, au-delà des polémiques et des opinions tranchées, l'incorporation devrait pouvoir normalement favoriser un dialogue entre le juge national et le juge international. Ce dialogue pourrait se concrétiser dans le cadre d'une collaboration jurisprudentielle. Mais, cette collaboration sera la plupart du temps informelle et discrète, puisqu'elle permettra au juge national de se prononcer sur l'exécution des traités en droit interne en s'appuyant par exemple sur la jurisprudence d'un juge international, plus impartial, mais aussi, en principe plus compétent pour se prononcer sur l'application des dispositions des normes conventionnelles. Quoiqu'on dise, le rôle des organes internationaux de contrôle à l'instar de la CPI ne pourrait qu'être facilité par l'incorporation. En effet, le contrôle national de l'application d'un traité en droit interne par le juge national ouvre la voie à un éventuel contrôle effectué cette fois-ci par un organe international de contrôle[502], qui essaiera de concilier la logique juridique du juge interne, avec les exigences impératives du traité[503].

L'on reconnait aussi que l'un des plus grands atouts de l'incorporation est qu'elle permet de mieux faire connaitre un traité en droit interne tout en lui garantissant une réelle chance d'être appliquée[504]. C'est en effet *« l'occasion d'attirer l'attention tant des autorités publiques, législatives, administratives et judiciaires, que du public sur l'existence et la portée d'un traité en droit interne »*[505]. De plus, il faut souligner le fait que les aspects à la

---

[502]Lire FROWEIN Jochen, PEUKERT Wolfgang, *Europäische Menschenrechtskonvention-Kommentar,* Engel, Kehl Strasbourg 1985, 604 p., p.304, §12. DOLVA Trond, « Pro et Contra Incorporation of the European Convention into Scandinavian law », *in* REHOF L.A. et GULMAN. C (dir.), *Human Rights in Domestic Law and Development Assistance Policies of the Nordic Countries*, Martinus Nijhoff, Dordrecht, 1989, 212 p., p.171-175, p.174.

[503] Très souvent, les Etats auront intérêt à ce que le juge national, rende une décision crédible à l'échelle internationale de manière à préserver leur réputation aux yeux du reste de la communauté internationale, sans oublier le fait qu'il vaut mieux « laver le linge sale en famille ». Voir à propos, ZANDER Michael, *A Bill of Rights ?*, 4ème édition, Sweet and Maxwell, London, 1997, 179 p., p.62; JACONELLI Joseph, *Enacting a Bill of Rigths, the legal problems*, Clarendon Press, Oxford, 1980, 328 p., p.259; KENTRIDGE Sydney, « Parliamentary supremacy and the Judiciary under a Bill of Rights : some lessons from the Commonwealth », *in Public Law,* 1997, p.96-112, p.102.

[504] Voir SUNDBERG Frederik, « La question de l'effet direct de la CEDH, la situation dans les pays scandinaves », *in* TAVERNIER Paul (dir.), *Quelle Europe pour les droits de l'homme ?*, Bruylant, Bruxelles, 1996, 513 p., p.109-123, p.118.

[505] SCIOTTI-LAM Claudia, *ibid.,* p.235. L'auteure s'appuie notamment sur le rapport du comité islandais chargé d'étudier la question de l'incorporation de la CEDH en droit interne, cité par STEFANSSON M. Stefan et ADALSTEINSSON, « Incorporation and implementation

fois symbolique[506] et éducatif qui découlent d'une incorporation encouragent les Etats à appliquer dans leurs ordres juridiques les dispositions des traités incorporés. Mais cela ne les empêchera pas de faire en sorte que leurs juridictions soient complémentaires par rapport aux juridictions internationales, plus expérimentées pour régler toute question de portée internationale.

Au reste, en droit international pénal, il existe une complémentarité de principe entre la CPI et les juridictions nationales aussi bien des Etats monistes que des Etats dualistes[507]. L'incorporation peut constituer, en tout cas pour les pays dualistes africains, un instrument efficace permettant de dissiper tout flou artistique dans l'application des dispositions du Statut de Rome[508]. Elle pourrait permettre en effet aux juridictions nationales non seulement de s'inspirer directement des dispositions du Statut, mais aussi, de s'appuyer le cas échéant sur la jurisprudence de la CPI. Le rôle des juridictions nationales est d'autant plus opportun que le Statut de Rome leur reconnait une compétence particulière dans la répression des crimes les plus graves qui touchent l'ensemble de la communauté internationale puisque ladite répression est *« effectivement assurée par des mesures prises dans le cadre national et par le renforcement de la coopération internationale »*[509].

L'effectivité d'une complémentarité entre les juridictions nationales et internationales découlant de la coopération juridictionnelle préconisée par le Statut de Rome, favorisera un plus grand épanouissement du droit international pénal. Mais, sans l'incorporation des dispositions d'un traité en droit interne, la coopération entre les juges des Etats dualistes et les juges internationaux est difficilement concevable. On sait en effet que dans les Etats

---

of Human Rights in Iceland », *in* SCHEININ Martin (dir.), *International Human Rights Norms in the Nordic and Baltic Countries,* Martinus Nijhoff, La Haye, 1996, 310 p., p.169-194, p.183.

[506] Sur la question, voir CHARLESWORTH Hilary, « Australia's Split Personality : Implementation of Human Rights Treaty Obligations in Australia », *in* ALSTON Philip et CHIAM Madeleine (dir.), Treaty-Making in Australia: Globalization Versus Sovereignty?, The Federation Press in association with The Centre for International and Public Law, Faculty of Law, Australian National University, 1995, 309 p., p.129-141, p.133.

[507] Voir l'article premier du statut de la CPI qui dispose qu'*«Il est créé une Cour pénale internationale (la Cour) en tant qu'institution permanente, qui peut exercer sa compétence à l'égard des personnes pour les crimes les plus graves ayant une portée internationale, au sens du présent Statut. Elle est complémentaire des juridictions criminelles nationales. Sa compétence et son fonctionnement sont régis par les dispositions du présent Statut. ».*

[508] Pour une réflexion analogue portant sur les effets de l'incorporation en droit interne, lire SUNDBERG Frederik, *ibid.*, p.120.

[509] Voir le préambule du Statut de la CPI.

dualistes, les juges considèrent que les normes juridiques de référence sont prioritairement celles qui sont secrétées par l'ordre juridique interne ; et l'incorporation est donc pour ainsi dire le seul moyen qui permettra au juge national de partager avec son homologue international le même objectif, qui consistera à faire appliquer les dispositions d'un traité international.

D'une manière générale, la complémentarité découlant de la méthode d'incorporation pourrait éviter la sanction d'un Etat dualiste par un organe international de contrôle. Ceci s'explique par le fait qu'un Etat ayant incorporé un traité dans son ordre interne, peut réagir promptement par le truchement d'une décision de justice à une mesure prise par un organe international de contrôle, soit à son encontre, soit à l'encontre d'un autre Etat. Du coup, l'incorporation devient un outil permettant de prévenir les condamnations afin d'éviter d'en subir les effets. Ce qu'il ne faut pas oublier c'est que dans tous les systèmes internationaux de contrôle bénéficiant d'un organe juridictionnel comme la CPI par exemple, la jurisprudence de cet organe, ainsi que sa capacité à critiquer, même à défaut de pouvoir sanctionner effectivement les Etats ayant violé les dispositions d'un traité, poussent ceux-ci à incorporer au plus vite le traité afin d'éviter dans la mesure du possible, tout comportement contraire à la jurisprudence de l'organe international de contrôle[510].

136.-Conclusion. Finalement, l'incorporation présente des avantages non seulement pour l'ordre juridique international, puisqu'elle favorisera la diffusion d'un traité international dans l'ordre juridique interne d'un Etat dualiste, mais aussi, pour l'Etat qui aura décidé d'y recourir, dans la mesure où elle permettra à celui-ci d'éviter toute critique pouvant être émise par un organe international de contrôle. C'est à la fois une nouveauté et un avantage considérable par rapport aux autres modes traditionnels d'introduction des traités dans l'ordre juridique des Etats dualistes tels que la méthode de transformation, ou celle de référence aux traités internationaux.

Pourtant, la plupart des Etats dualistes africains répugnent encore à expérimenter la technique d'incorporation notamment en matière de droit international pénal. C'est sans doute parce que ces Etats ont du mal à accepter le principe d'un partage de compétences avec des institutions internationales pour des questions pénales qu'ils considèrent comme relevant de leur souveraineté exclusive.

---

[510] Pour une analyse similaire portant sur l'incorporation des Pactes Internationaux relatifs aux droits de l'homme dans l'ordre juridique interne, lire KÄLIN Walter, MALINVERNI Giorgio, NOVAK Manfred, (dir.), *La Suisse et les Pactes des Nations Unies relatifs aux droits de l'homme*, Nouvelle Littérature Juridique, Helbing und Lichtenhahn, Bâle, 1994, 253 p., p.33.

CONCLUSION DU TITRE I

137.-Diffusion contrastée du droit international pénal dans les systèmes monistes et dualistes africains. Il est surprenant de voir à quel point les modalités de diffusion du droit international pénal sur le continent africain peuvent dépendre de la nature du système moniste ou dualiste, sur lequel l'Etat a décidé de s'appuyer afin de définir la nature des rapports de son ordre juridique avec les normes internationales. Dans les Etats africains monistes, une simple ratification d'un traité comme le Statut de Rome, suivie d'une publication en bonne et due forme suffira pour dire qu'il est pleinement introduit dans l'ordre juridique interne avec l'obligation que cela implique pour l'Etat en cause de réprimer en droit interne les crimes de droit international pénal relevant de la compétence de la CPI.

Pourtant, dans les Etats dualistes africains, la ratification n'est qu'une étape certes nécessaire, mais pas suffisante pour l'applicabilité d'un traité international en droit interne. C'est pourquoi, l'attitude triomphaliste de la société civile internationale, qui a la forte propension de croire que lorsqu'un Etat dualiste africain a ratifié le Statut de la CPI, cela supposerait qu'il est *ipso facto* intégré dans l'ordre juridique interne, relèverait sinon d'une totale ignorance des mécanismes de fonctionnement des systèmes dualistes, du moins d'une naïveté absolument déconcertante[511].

Au demeurant, si malgré tout, l'intégration est effective dans l'ordre juridique interne, encore faudrait-il savoir par quel mécanisme elle a été opérée. L'on sait en effet que les techniques de transformation et de référence aux traités auxquelles ont recours certains Etats dualistes n'offrent que des garanties très limitées pour la mise en œuvre d'un traité international dans l'ordre juridique interne. Ainsi, l'incorporation est apparue comme le mécanisme le plus efficace pour diffuser les traités dans les pays dualistes, au regard des avantages qu'elle offre pour l'applicabilité des traités internationaux dans l'ordre juridique interne. Malheureusement, beaucoup de pays dualistes africains répugnent encore à recourir à cette dernière technique, qui aurait pour conséquence de rapprocher leurs systèmes juridiques internes

[511] Depuis plusieurs années, un conglomérat d'ONG et d'associations connues sous le nom de Coalition pour la Cour Pénale Internationale (CCPI) mène une véritable campagne de ratification universelle du Statut de Rome. Si cette campagne est nécessaire, elle oublie souvent de s'intéresser au sort qui est réservé au Statut de la CPI dans les différents ordres juridiques internes qui l'ont ratifié car une ratification n'a de sens, en particulier vis-à-vis du droit interne d'un Etat dualiste, que si l'Etat en cause a pris toutes les mesures utiles pour qu'une norme conventionnelle puisse le cas échéant, être invoquée devant le juge à l'occasion d'un litige.

des systèmes monistes, avec qui, ils n'ont pas la même conception du droit international.

Mais, en réalité, que l'on soit dans un système moniste ou dans un système dualiste africain, la diffusion du droit international pénal en droit interne, dépendra non seulement de la volonté de l'Etat de prendre des engagements sur le plan international et de les respecter, mais aussi des capacités dudit Etat à surmonter les contradictions entre son droit interne et l'ordre juridique international. C'est un point sur lequel il convient de réfléchir puisque pour les Etats africains, les difficultés de diffusion du droit international pénal sont exacerbées par un pluralisme juridique auquel ils font en général face.

TITRE II

L'EXACERBATION DE LA DIFFICULTE DE DIFFUSION DU DROIT INTERNATIONAL PENAL PAR L'EXISTENCE D'UN PLURALISME JURIDIQUE AU SEIN DES ETATS AFRICAINS

138.-Origines du pluralisme juridique dans les États africains. Au début de la colonisation du continent africain au XIXème siècle, les juristes européens qui avaient la responsabilité de transposer le droit de la métropole vers les nouvelles colonies défendaient généralement l'idée selon laquelle, les règles juridiques faisaient partie d'un système monolithique puisque le droit ne pouvait être envisagé que comme *« un tout homogène, un bloc sans fissure »*[512]. C'est le résultat d'une culture très jacobine[513] qui s'est développée pendant longtemps chez des spécialistes du droit qui étaient persuadés qu'en amont de tout phénomène juridique se trouvait l'État centralisateur, détenteur d'une souveraineté et d'un pouvoir sans partage d'édiction des règles.

C'est ainsi qu'en matière pénale par exemple, les puissances coloniales ont pris la résolution dès les origines, de bannir certaines coutumes locales qu'elles jugeaient anachroniques lorsqu'elles n'étaient pas qualifiées de barbares. Progressivement, le système répressif français fut imposé en Afrique et à Madagascar où le code pénal de la métropole entra en vigueur dès 1946 avec comme conséquence, une compétence exclusive pour les juridictions de droit français sur les questions pénales. Dans la partie du continent africain placée sous domination anglaise, des codes pénaux et des codes de procédure criminelle fondés sur le droit pénal anglais ont été imposés, sauf en Sierra-Leone où la *Common Law* avait force de loi à

---

[512] CARBONNIER Jean, *Sociologie juridique*, 2ème édition Quadrige, PUF, 2004, 416 p., p.356.

[513] Le triomphe de la culture jacobine remonte à la fin du XVIIIème siècle lorsque le club des Jacobins arrive à imposer en France une pensée idéologique, qui promeut, l'indivisibilité de la souveraineté et le centralisme étatique. Dans son esprit, un tel mouvement s'oppose à toute forme de communautarisme juridique, et prône l'unité du Droit.

l'exclusion de tout code[514]. Il ne faut pas aussi oublier le fait que dans les colonies portugaises[515], espagnoles[516], ou même italiennes[517] d'Afrique, c'est le droit romano-germanique de l'Europe continentale qui était de mise.

Néanmoins, les tentatives d'assimilation juridique opérées par les puissances coloniales se sont soldées par un échec. En effet, au moment de la décolonisation, les nouveaux dirigeants africains ont renoncé à l'idée d'instaurer un système juridique homogène calqué sur celui des anciens colonisateurs. Il ont au contraire opté pour une acculturation juridique[518], puisqu'ils ont favorisé la juxtaposition de la culture juridique coloniale et de la culture juridique autochtone.

Dans la mesure où les conflits sont devenus inévitables entre les règles autochtones et les règles étrangères, il s'est produit dans les sociétés africaines, un phénomène que l'on qualifie en général de pluralisme juridique et qui n'est pas sans conséquence sur la diffusion du droit international pénal en droit interne. Il faut tout de même être prudent quant à la qualification du concept de pluralisme juridique car *« la vérité est qu'il n'existe pas un pluralisme, mais des phénomènes de pluralisme, d'une extrême diversité, et qu'il faudrait tenter de classer »*[519]. Ceci peut expliquer pourquoi des auteurs ont du mal à dégager une définition définitive du concept de pluralisme juridique.

139.-Définition et impact du pluralisme juridique. Jacques VANDERLINDEN a dit dans un premier temps que le pluralisme juridique

---

[514] Sur la question, voir DAVID René, JAUFFRET-SPINOSI Camille, *Les grands systèmes de droit contemporains*, Editions Dalloz, Paris, 2002, p.449.

[515] Les anciennes colonies portugaises sont essentiellement l'Angola, le Cap-Vert, la Guinée Bissau, le Mozambique.

[516] La colonie espagnole par excellence a été la Guinée Équatoriale qu'elle a dirigé de 1778 à 1968.

[517] Certains pays tels que l'Érythrée, l'Éthiopie, la Libye ou la Somalie dite italienne, ont été pendant quelque temps placés sous la coupe de l'Italie qui voulait s'affirmer comme une puissance coloniale sur le continent africain.

[518] Une des conséquences les plus directes de la colonisation du continent africain c'est l'acculturation des anciens colonisés. Aujourd'hui ; cette acculturation est à la fois intellectuelle, sociale, économique et juridique. Sur la question, lire CARBONNIER Jean, *Flexible droit, pour une sociologie du droit sans rigueur*, 9ème édition, LGDJ, Paris, 1998, 447 p., p.18.

[519] CARBONNIER Jean, *Sociologie juridique*, 2ème édition Quadrige, PUF, 2004, 416 p., p.358. Dans son ouvrage précité, le doyen CARBONNIER explique que la nature protéiforme du pluralisme juridique est liée au fait qu'il repose sur des phénomènes qui peuvent être à la fois collectifs et individuels, de concurrence et de récurrence, catégoriques ou diffus.

consiste en *« l'existence au sein d'une société déterminée de mécanismes juridiques différents s'appliquant à des situations identiques »*[520]. Mais, par la suite, remettant en cause sa propre définition, il finira par conclure que *« le pluralisme juridique est la situation, pour un individu dans laquelle des mécanismes juridiques relevant d'ordonnancements différents sont susceptibles de s'appliquer à cette situation »*[521]. Si des travaux fort intéressants visant à mieux cerner la notion de pluralisme juridique ont été réalisés[522], il n'en demeure pas moins que sur la question, la confusion n'a pas été totalement dissipée. Néanmoins, l'étude faite par Santi ROMANO[523] sur la dimension organisationnelle du pluralisme juridique est suffisamment pertinente pour faire comprendre le mécanisme qui a favorisé l'hétérogénéité des droits africains, qui se manifeste par la superposition de deux ordres juridiques différents ; à savoir d'une part, l'ordre juridique traditionnel et d'autre part, l'ordre juridique moderne.

---

[520] Cette définition fut proposée par Jacques VANDERLINDEN en 1969 au moment de la synthèse finale des travaux du colloque international consacré au pluralisme juridique, organisé par le Centre d'Histoire et d'Ethnologie juridiques de l'institut de sociologie de l'Université libre de Bruxelles.

[521] Voir VANDERLINDEN Jacques, *« Vers une nouvelle conception du pluralisme juridique »*, *in Revue de la Recherche Juridique,* Droit prospectif, Vol 2, 1993, pp.573-583, p.583.

[522] En plus de Jean CARBONNIER qui a mené une réflexion très intéressante dans ses ouvrages précités (, *Sociologie juridique*, 2ème édition Quadrige, PUF, 2004, 416 p. et *Flexible droit, pour une sociologie du droit sans rigueur*, 9ème édition, LGDJ, Paris, 1998, 447 p.) visant à mieux cerner le concept de pluralisme juridique, la notion a fait l'objet d'une étude par d'autres auteurs. Ainsi, l'on peut citer notamment, ERLICH, *Fundamental principles of the sociology of law*, Cambridge, Harvard Un. Press., 1913, traduit en 1936 par MOLL L. Walter; PETRAZYCKI Léon, *Law and Morality* Un. Press. 1955, traduit par BABB. W. Hugh; WEBER Max, *On Law in Economy and Society*, Cambridge, Harvard, UN. Press. 1954, traduit par HILS S. Edwards et RHEINSTEIN Max, pp. 6-17. Voir également le juriste italien ROMANO Santi, *L'ordre juridique*, 1918, traduit par François et P. Gothot, 1975, § 25 et s. En France, c'est Georges GURVITCH, qui passe pour être le fondateur du concept de pluralisme juridique grâce notamment à son ouvrage intitulé : *L'expérience juridique et la philosophie pluraliste du droit*, 1935, Paris, Pedone. Lire aussi, CORNU Gérard, *Cours de droit civil*, D.E.S., 1970-1971, *les cours de droit*, Paris, 1971, pp.81 et s ; LEVY-BRUHL H, *Tensions et conflits au sein d'un même système juridique*, CIS, 1961 (30), pp.35 et s ; ROULAND Norbert, *Aux confins du droit*, 1991 (chap. IV, Le droit au pluriel) ; SERIAUX et alii., *Le pluralisme juridique* (Colloque d'Aix, 1991) ; BELLEY Jean-Guy, *Conflit social et pluralisme juridique en sociologie du droit*, thèse, Paris II, 1977 ; SIDIBE Sow Amsatou, *Le pluralisme juridique en Afrique, L'exemple du droit successoral sénégalais*, LGDJ, 1991, 383 p.

[523] Voir ROMANO Santi, *L'ordre juridique*, traduction française *d'Ordinamento giuridico*, Dalloz, 2ème édition 2002, 174 p.

En matière pénale, la dimension organisationnelle du pluralisme juridique révèle clairement que la diffusion des normes du droit international pénal sur le continent africain, conséquence directe du principe de subsidiarité qui prévaut en matière de répression internationale pénale, ne se fera pas sans difficulté. S'il y a en effet une certaine compatibilité entre les ordres pénaux modernes africains avec les ambitions universalistes du droit international pénal **(CHAPITRE 1)**, il n'en demeure pas moins que la survivance des ordres pénaux traditionnels africains est révélatrice d'un certain relativisme juridique du droit international pénal **(CHAPITRE 2)**.

CHAPITRE 1

LA COMPATIBILITE DES ORDRES PENAUX MODERNES AFRICAINS AVEC LES AMBITIONS UNIVERSALISTES DU DROIT INTERNATIONAL PENAL

140.-Raisons de la compatibilité. Nul ne peut aujourd'hui contester le fait que plus encore que les autres branches du droit international public, le droit international pénal nourrit une véritable ambition universaliste. Une telle ambition ou même prétention peut d'ailleurs expliquer sa nature hybride ; puisque tout en étant fortement ancré dans le droit international public, il s'est largement inspiré des concepts, des principes et préceptes juridiques dérivés du droit international humanitaire, du droit international des droits de l'homme, mais aussi des droits pénaux nationaux[524]. Ceux-ci ont d'ailleurs permis l'émergence d'une coutume internationale pénale qui a été déterminante pour la construction du droit international pénal[525].

Ayant vu le jour à l'occasion des vicissitudes de l'histoire mondiale[526], le droit international pénal a dès les origines développé le réflexe de s'appuyer sur les systèmes juridiques répressifs les plus influents au monde, à savoir d'une part le droit pénal romano-germanique et d'autre part le droit pénal de *Common Law*. Mais en réalité, il y a une explication historique qui permet de

---

[524] Voir CASSESE Antonio, SCALIA Damien, THALMANN Vanessa, *Les grands arrêts de droit international pénal*, Editions Dalloz, Paris, septembre 2010, 475 p., p.3.

[525] Bien qu'elle soit une source autonome, la coutume internationale doit beaucoup à la jurisprudence nationale d'autant plus que, l'article 38 du Statut de la CIJ reconnait le rôle joué par les décisions judiciaires nationales dans la construction du droit international public.

[526] Anne-Laure VAURS CHAUMETTE rappelle que la naissance du droit international pénal est consécutive à la Seconde Guerre mondiale avec la création des Tribunaux Militaires de Nuremberg et de Tokyo, même s'il a dû se développer et se consolider avec les conflits yougoslaves et rwandais, grâce au soutien d'une organisation internationale telle que l'ONU. Voir, VAURS CHAUMETTE Anne-Laure, *Les sujets du droit international pénal, Vers une nouvelle définition de la personnalité juridique internationale* ? Editions A. Pedone, Paris, 2009, p.17.

comprendre l'influence que ces deux systèmes exercent sur l'édification des normes internationales pénales.

Il faut souligner qu'en effet, au moment de la mise sur pied de ce qui devait alors constituer le soubassement du droit international pénal à l'occasion du procès de Nuremberg, il y avait une surreprésentation à la fois de diplomates, au moment de la rédaction du Statut du tribunal militaire, et de responsables juridictionnels (juges, avocats et membres du ministère public), à l'occasion du procès, qui étaient issus des pays appartenant à l'un ou l'autre système juridique[527]. Par la suite, ces deux systèmes juridiques d'origine occidentale qui avaient déjà fortement imprégné les droits africains à la faveur de la colonisation, ont favorisé la systématisation du droit international pénal au cours de la dernière décennie du XXème siècle[528].

Comme on l'a constaté, il existe un fond juridique commun entre le droit international pénal, fortement influencé par le droit romano-germanique ainsi que la *Common Law*, et les ordres pénaux modernes africains issus de la colonisation juridique occidentale. Ainsi, à l'instar du droit international pénal, les droits modernes africains assurent la promotion d'une dimension fonctionnelle et régulatrice du droit criminel **(SECTION 1)**, d'autant plus que

---

[527] À l'issue des accords de Londres du 08 août 1945, les pays qui étaient en droit d'envoyer des représentants au procès de Nuremberg étaient seulement au nombre de quatre à savoir ; les Etats-Unis, la France, le Royaume-Uni et l'ex URSS. Chacune de ces puissances pouvait nommer un juge et son suppléant. C'est ainsi que les Etats-Unis étaient représentés par Francis Bibble et son suppléant John Parker, la France par le Professeur Henri Donnedieu de Vabres et son suppléant Robert Falco, le Royaume-Uni par Justice Lawrence et son suppléant Normann Birkett et l'ex URSS par le major général Iona Timofeïevitch Nikitchenko et son suppléant le lieutenant-colonel A.F. Volchov. Au niveau du ministère public, les Etats-Unis étaient représentés par Robert Jackson, la France par François de Menthon, puis par Auguste Champetier de Ribes, le Royaume-Uni par Sir Hartley Shawcross, l'ex URSS par le général Roman. A Rudenko et le colonel Y. V. Pokrovsky. Ces représentants étaient aidés dans leurs fonctions par les meilleurs experts juridiques originaires de chacun de leurs pays respectifs. Sur les coulisses du Tribunal militaire de Nuremberg, lire notamment WIEVIORKA Annette, *Le procès de Nuremberg,* Editions Liana Levi, Collection Piccolo, septembre 2009, 312 p.

[528] Les TPI *ad hoc* pour l'ex Yougoslavie et le Rwanda, ont été créés en 1993 et 1994 comme organes subsidiaires du Conseil de sécurité de l'ONU. Si cette dernière organisation a pendant des décennies œuvré en faveur du développement du droit international pénal via la commission du droit international, le code des crimes contre la paix et la sécurité de l'humanité qu'elle a soutenu n'a été adopté qu'en 1996. Aussi la CPI, organisation internationale indépendante n'a effectivement vu le jour qu'en 2002, après l'entrée en vigueur du Statut de Rome adopté en 1998. Lire HUET André, KOERING-JOULIN Renée, *Droit pénal international,* Editions PUF, Collection Thémis, Paris, septembre 2005, 507 p., p.27ss.

sur la question, ils se basent tous sur des fondements théoriques communs **(SECTION 2)**.

SECTION 1. La promotion commune d'une dimension fonctionnelle et régulatrice du droit criminel moderne

141.-Constat. Une étude des systèmes pénaux modernes africains révèle qu'à l'instar du droit international pénal, ils promeuvent une dimension à la fois fonctionnelle et régulatrice du droit criminel. La dimension fonctionnelle du droit criminel suppose que la règle pénale doit être conçue comme un instrument opérationnel, suffisamment pratique pour rétablir grâce à la peine[529] qui est infligée au délinquant, l'ordre juridique et social troublé.

La dimension régulatrice de l'ordre juridique pénal moderne découle du fait que le droit contribue à la modération de la vie en société en favorisant le respect des normes basées sur les bonnes mœurs, la morale ou la religion[530]. La régulation doit imposer le respect d'un ordre public collectif instauré par le détenteur du pouvoir juridique. Ce dernier peut d'ailleurs être un législateur étatique garant de l'ordre social national, ou un titulaire du pouvoir normatif à l'échelle internationale[531] dont la responsabilité serait d'une certaine façon de veiller au respect d'un ordre social qui est cette fois-ci supranational ou international. Le droit devient par conséquent le catalyseur des comportements considérés comme souhaitables au sein du groupe. *« Il promeut l'acceptable et diffuse la norme, véritable outil intellectuel de canalisation des pulsions et des intérêts humains. Il est une sorte de*

---

[529] Le responsable du trouble causé au bon fonctionnement de l'ordre juridique doit accepter la peine qui lui est infligée en guise de compensation pour le dommage subi par la société nationale ou internationale ; puisque l'origine philosophique grecque du concept de peine, *noivn* fait effectivement allusion à la compensation ou la réparation.

[530] JEANCLOS Yves, *Droit pénal européen, Dimension historique,* Editions Economica, Paris, juin 2009, 581 p., p.11.

[531] Sur la scène internationale, les détenteurs du pouvoir normatif sont essentiellement les Etats, qui contribuent à la construction du droit international grâce aux traités qu'ils adoptent, les juges internationaux mais aussi nationaux dont les jurisprudences peuvent consolider le développement des principes généraux de droit ou la coutume internationale. Néanmoins, il ne faut pas oublier le rôle des organisations internationales telles que la CPI, mais surtout l'ONU, dont l'un de ses organes à savoir le Conseil de sécurité fait d'après la formule consacrée, « la loi mondiale » via les résolutions qu'il adopte. Sur les acteurs du droit international, lire notamment DUPUY Pierre-Marie, KERBRAT Yann, *Droit international public,* Editions Dalloz, Paris, septembre 2012, 929 p., p.27ss.

navigateur guidant l'homme à travers les obstacles déposés sur son chemin par la nature ou ses semblables »[532].

C'est en vérité une idée sous-jacente dans l'ensemble des systèmes juridiques qu'ils soient traditionnels ou modernes. Ce qui fait la particularité des droits pénaux modernes africains et du droit international pénal, c'est qu'ils ont en réalité une définition partagée de la nature des rapports criminels **(§1)**, en plus d'une reconnaissance commune d'un ordre pénal moderne bipolaire **(§2)**.

§1. La définition partagée de la nature des rapports criminels

142.-Conception commune du phénomène criminel. Les systèmes pénaux d'inspiration occidentale qu'ils soient de nature romano-germanique ou de tradition *Common Law* ont une conception analogue de la notion de crime. C'est pourquoi, l'on peut constater aisément que le droit international pénal et les systèmes pénaux modernes africains ont une approche identique lorsqu'il est question de déterminer la nature des rapports criminels dans le cadre d'une infraction pénale. Ainsi, l'ordre international pénal, à l'instar des ordres pénaux modernes africains, se montre-t-il suffisamment précis lorsqu'il faut établir non seulement le type de relation juridique qui puisse exister entre les différents protagonistes d'un comportement criminel **(A)**, mais aussi entre ceux-ci et la société nationale ou internationale **(B)**.

A- La précision des rapports criminels entre les protagonistes de l'infraction

143.-Plan. La détermination des rapports criminels entre les différents protagonistes d'une infraction pénale est une opération élémentaire dans tout système pénal moderne. A ce sujet, on peut d'ailleurs constater qu'aussi bien les codes pénaux africains que le Statut de Rome par exemple, s'efforcent de définir clairement le statut du responsable pénal **(1)** qui justifie la qualité de victime **(2)**.

---

532 JEANCLOS Yves, *op. cit.*, p.12.

1. Le statut du responsable pénal

144.-Présentation. Que l'on soit en droit international pénal ou en droit pénal interne (moderne bien-entendu), l'on considère en général que *« la personne responsable est celle qui est punissable »*[533]. Paul FAUCONNET soutient que *« la responsabilité est la qualité de ceux qui doivent, l'irresponsabilité la qualité de ceux qui ne doivent pas, en vertu d'une règle, être choisis comme sujets passifs d'une sanction »*[534]. Le responsable pénal est donc celui qui, impliqué dans une infraction est tenu d'en assumer les conséquences pénales et plus exactement de subir la sanction afférente à l'infraction commise. Pourtant, la portée de la responsabilité pénale **(a)** ne suffit pas à faire passer sous silence ses limites **(b)**.

a) **La portée de la responsabilité pénale**

145.-Principe de la responsabilité des personnes physiques. D'entrée de jeu, il faut préciser à toutes fins utiles que le droit international pénal ne reconnait que la responsabilité pénale des personnes physiques[535]. C'est ainsi qu'en 1946, le procureur américain au tribunal de Nuremberg Robert JACKSON, soulignait dans sa plaidoirie que *« la compétence du tribunal ne s'étend qu'aux « personnes » et le Statut ne prend pas ce terme au sens large, comme le font parfois certains actes pour y inclure d'autres personnes que les personnes physiques »*[536]. Cette déclaration est bien sûr valable pour les juridictions internationales pénales postérieures puisque les statuts des tribunaux *ad hoc* et de la CPI, ne confèrent compétence à ces

---

[533] PRADEL Jean, *Droit pénal général,* Editions Cujas, Paris, septembre 2010, 726 p., p.335.

[534] FAUCONNET Paul, *La responsabilité*, Alcan, 1920, p.11.

[535] Dans certaines législations nationales, la responsabilité pénale des personnes morales est admise pour certaines infractions. Voir notamment les lois sénégalaises n°2009-16 du 02 mars 2009 relative à la lutte contre le financement du terrorisme et n°2008-11 du 25 janvier 2008, portant sur la cybercriminalité. Aussi, une réflexion a pu être menée en droit international sur la répression des personnes morales. Lire TRAPASSO Maria Teresa, « Responsabilité pénale des personnes morales et crimes internationaux : Réflexions sur le principe de complémentarité », *in* GIUDICELLI-DELAGE Geneviève, MANACORDA Stefano (dir.), *La responsabilité pénale des personnes morales : Perspectives européennes et internationales,* Société de législation comparée, Association de Recherches pénales européennes, Collection de l'UMR de droit comparé de Paris, Volume 30, Paris, avril 2013, 303 p., pp.295-300.

[536] *Procès des grands criminels de guerre devant le Tribunal militaire international de Nuremberg,* 14 novembre 1945–1er octobre 1946, Edité à Nuremberg, 1947, t. 8, p.359.

juridictions qu'à l'égard des personnes physiques[537]. Les entités abstraites connues plus couramment sous le nom de personnes morales, ne peuvent faire l'objet d'aucune sanction devant les juridictions internationales pénales.

En droit pénal moderne africain comme en droit international pénal, il faut qu'un certain nombre de conditions soient remplies pour qu'un individu considéré comme délinquant soit déclaré responsable. Dans un premier temps, l'intéressé doit avoir eu un comportement extérieur ayant un rapport avec l'élément matériel de l'infraction qu'on lui impute[538]. De plus, l'individu doit laisser apparaitre certaines dispositions psychologiques de nature antisociale[539]. Il est évident que l'acte antisocial doit être volontaire. Ceci explique le fait que le code pénal camerounais par exemple dispose qu' *« est pénalement responsable celui qui volontairement commet les faits caractérisant les éléments constitutifs d'une infraction avec l'intention que ces faits aient pour conséquence la réalisation de l'infraction »*[540]. L'élément psychologique est donc en général important pour qu'une infraction pénale soit consommée en droit pénal moderne[541]. Il n'est donc pas surprenant que le Statut de la CPI prévoit que *« sauf disposition contraire, nul n'est pénalement responsable et ne peut être puni à raison d'un crime relevant de la compétence de la Cour que si l'élément matériel du crime est commis avec intention et connaissance »*[542].

Pour arriver à établir la responsabilité d'un délinquant, il faut partir d'un postulat qui est reconnu par la plupart des droits pénaux africains et accentué par le droit international pénal[543] qui veut que la sanction pénale s'impose à tous les individus quels qu'ils soient et cela peu importe leur

---

[537] Article 6 du Statut du TPIY, article 5 du Statut du TPIR, article 25 paragraphe 1 du Statut de Rome.

[538] Sur la responsabilité du délinquant, lire notamment DEBOVE Frédéric, DUPIC Emmanuel, FALLETTI François, *Précis de droit pénal et de procédure pénale,* 5ème édition, PUF, Paris, septembre 2013, 968 p., p.143ss.

[539] *Ibid.*

[540] Article 74 de la loi n°67/LF/1 du 12 juin 1967 faisant office de code pénal camerounais.

[541] Il faut toutefois souligner le fait que pour la plupart des contraventions, l'absence d'élément intentionnel ne constitue pas un empêchement dirimant à la sanction pénale. Voir MERLE Roger, VITU André, *Traité de droit criminel, Problèmes généraux de la science criminelle. Droit pénal général,* 7ème édition Cujas, 1068 p., p.744ss.

[542] Article 30 du Statut de la CPI.

[543] Contrairement à la plupart des droits nationaux, le droit international pénal ne reconnait en principe ni immunité (voir article 27 du Statut de Rome), ni privilège de juridiction à aucune autorité étatique.

statut[544]. Si l'on revient sur l'exemple historique de la juridiction militaire de Nuremberg, on verra qu'en 1947, elle insiste sur le fait que les individus sont indépendamment de leur statut des sujets potentiels de la répression pénale.

Ainsi, « *International law, as such, binds every citizen just as does ordinary municipal law. Acts adjudged criminal when done by an officer of the Government are criminal also when done by a private individual* »[545]. En ce qui concerne donc la répression des crimes particulièrement graves tels que les génocides, les crimes de guerre, les crimes contre l'humanité et le crime d'agression ou contre la paix, aucun individu ne peut en principe se prévaloir d'un quelconque statut pour échapper à la sanction pénale. Il est important de souligner qu'en droit pénal moderne, aussi bien les décideurs que les exécutants peuvent faire l'objet d'une sanction si leurs comportements sont considérés comme étant pénalement répréhensibles ; et contrairement à ce que l'on croit, la justification d'un tel principe ne se fait pas seulement à l'aune du droit international, mais trouve bien son fondement en droit interne.

Il existe en effet en droit interne, des infractions qui résultent d'une participation par concertation entre les délinquants[546]. Ceux-ci agissent en général selon un plan concerté qui peut être mis en œuvre soit entre personnes parfaitement égales, soit entre personnes se trouvant dans un rapport hiérarchique avec une distinction entre cerveau et simple exécutant.

Dans l'ordre juridique interne, le cerveau sera sanctionné pour avoir provoqué la commission d'un crime soit par dons, promesses, menaces, ordres, abus d'autorité ou de pouvoir[547]. Pour le droit international pénal, il

---

[544] Au Cameroun par exemple, le code pénal dispose dans son article premier que « *la loi pénale s'impose à tous* ».

[545] *Flick and Others*, Tribunal militaire américain de Nuremberg, 22 décembre 1947, I.L.R., vol. 14, Case n°122, p. 269. La position du tribunal de Nuremberg qui s'est dégagée de cette jurisprudence, a inspiré la Convention pour la prévention et la répression du génocide dont l'article 4 dispose que « *les personnes ayant commis le génocide ou l'un quelconque des autres actes énumérés à l'article 3 seront punies, qu'elles soient des gouvernants, des fonctionnaires ou des particuliers* ».

[546] PRADEL Jean, *Droit pénal général,* 19ème édition, Cujas, Paris, septembre 2012, 756 p., p.365. Aussi, l'article 25§3 du Statut de la CPI, reconnait la notion d'infraction concertée lorsqu'il dispose qu'une personne peut être pénalement responsable d'un crime si « *elle contribue de toute autre manière à la commission ou à la commission ou la tentative de commission d'un tel crime par un groupe de personnes agissant de concert* ».

[547] L'article 24 du code pénal malien prévoit par exemple que : « *Seront punis comme complices d'une action qualifiée crime ou délit :*

sera celui qui *« ordonne, sollicite ou encourage la commission d'un tel crime, dès lors qu'il y a commission ou tentative de commission de ce crime »*[548]. Bien entendu, la provocation d'un instigateur d'infraction doit être directe, individuelle, et suivie d'effet. Quant au simple exécutant, il correspond en général à celui qui commet un crime *« que ce soit individuellement, conjointement avec une autre personne ou par l'intermédiaire d'une personne, que cette personne soit ou non pénalement responsable »*[549]. Malgré le principe de la responsabilité des personnes physiques pour crimes graves en droit interne, la question des immunités se pose pour certains dirigeants politiques.

146.-Question des immunités. En ce qui concerne les immunités de certains responsables politiques, en principe sans objet en droit international pénal[550], comme cela ressort de l'article 27[551] du Statut de Rome, elles sont

---

Ceux qui, par dons, promesses, menaces, abus d'autorité ou de pouvoir, machinations ou artifices coupables, conseils, injonctions, auront provoqué à cette action ou donné des instructions, indications, renseignements, pour la commettre ».

548 Article 25§3-b, du Statut de la CPI.

549 Article 25§3-a du Statut de la CPI.

550 L'immunité *rationae materiae* est inopposable en droit international pénal. C'est pourquoi, la CPI a pu émettre en 2007 et 2009 respectivement, un mandat d'arrêt à l'encontre du ministre d'Etat chargé des affaires humanitaires du Soudan Ahmad Muhammad HARUN (*Procureur c. Ahmad Muhammad Harun*, ICC-02/05-01/07-2 et Corr., Mandat d'arrêt, chambre préliminaire I de la CPI, 27 avril 2007), et un autre à l'encontre du président de la République soudanaise, M. Omar Al BASHIR (*Procureur c.O. H. A. AL BASHIR*, ICC-02/05-01/09, mandat d'arrêt, Chambre préliminaire I de la CPI., 4 mars 2009).

551 L'article 27 portant sur le défaut de pertinence de la qualité officielle dispose que *« 1. Le présent Statut s'applique à tous de manière égale, sans aucune distinction fondée sur la qualité officielle. En particulier, la qualité officielle de chef d'État ou de gouvernement, de membre d'un gouvernement ou d'un parlement, de représentant élu ou d'agent d'un État, n'exonère en aucun cas de la responsabilité pénale au regard du présent Statut, pas plus qu'elle ne constitue en tant que telle un motif de réduction de la peine.2. Les immunités ou règles de procédure spéciales qui peuvent s'attacher à la qualité officielle d'une personne, en vertu du droit interne ou du droit international, n'empêchent pas la Cour d'exercer sa compétence à l'égard de cette personne ».* Mais il y a comme une contradiction entre l'article 27 et l'article 98 du statut de Rome qui semble réduire la portée de l'immunité, lorsqu'il dispose que *« 1. La Cour ne peut présenter une demande d'assistance qui contraindrait l'État requis à agir de façon incompatible avec les obligations qui lui incombent en droit international en matière d'immunité des États ou d'immunité diplomatique d'une personne ou de biens d'un État tiers, à moins d'obtenir au préalable la coopération de cet État tiers en vue de la levée de l'immunité. 2. La Cour ne peut présenter une demande de remise qui contraindrait l'État requis à agir de façon incompatible avec les obligations qui lui incombent en vertu d'accords internationaux selon lesquels le consentement de l'État d'envoi est nécessaire pour que soit remise à la Cour une personne*

souvent considérées comme un point de friction entre les systèmes pénaux nationaux et le système international pénal. Pourtant, au regard du droit constitutionnel des Etats africains, il est difficile d'imaginer qu'une autorité politique responsable de crimes de guerre, de crimes contre l'humanité ou de crime de génocide, puisse se prévaloir d'une quelconque immunité en droit interne.

En effet, on sait qu'en réalité l'immunité des parlementaires n'est possible que dans la mesure où ils ne se rendent pas coupable de crimes graves, puisque leur irresponsabilité peut être remise en cause par le règlement intérieur de leur assemblée ou leur inviolabilité levée par leurs pairs à l'occasion d'une poursuite pénale[552]. Quant aux chefs d'Etats, à l'instar de la plupart des pays du monde, les Etats africains ont prévu l'infraction de haute trahison[553] sanctionnant les actes les plus graves qui compromettent l'intérêt

---

relevant de cet État, à moins que la Cour ne puisse au préalable obtenir la coopération de l'État d'envoi pour qu'il consente à la remise ».

[552] Sur la responsabilité pénale des parlementaires, l'article 61 de la Constitution sénégalaise du 22 janvier 2001 prévoit qu'*« aucun membre du Parlement ne peut être poursuivi, recherché, arrêté, détenu ou jugé à l'occasion des opinions ou votes émis par lui dans l'exercice de ses fonctions.*
Aucun membre du Parlement ne peut, pendant la durée des sessions, être poursuivi ou arrêté, en matière criminelle ou correctionnelle, qu'avec l'autorisation de l'assemblée dont il fait partie.
Le membre du Parlement ne peut, hors session, être arrêté qu'avec l'autorisation de l'assemblée dont il fait partie, sauf en cas de crime ou délit flagrant, tel que prévu par l'alinéa précédent ou de condamnation pénale définitive.
La poursuite d'un membre du Parlement ou sa détention du fait de cette poursuite est suspendue si l'assemblée dont il fait partie le requiert.
Le membre du Parlement qui fait l'objet d'une condamnation pénale définitive est radié de la liste des parlementaires sur demande du Ministre de la Justice ». Voir dans le même sens, l'article 38 de la Constitution gabonaise du 26 mars 1991, l'article 114 de la Constitution tchadienne du 31 mars 1996, l'article 53 de la Constitution togolaise du 14 octobre 1992, l'article 69 de la Constitution tunisienne du 27 janvier 2014…

[553] Le crime de haute trahison concerne en général les hommes d'Etat à l'instar du président de la République ou du Premier ministre. Ceux-ci bénéficient normalement d'un privilège de juridiction et sont jugés pour les pays francophones, soit devant une haute cour de justice (article 101 de la Constitution sénégalaise du 22 janvier 2001, article 78 de la Constitution gabonaise du 26 mars 1991, article 53 de la Constitution camerounaise du 18 janvier 1996) soit devant une cour constitutionnelle (article 163 de la constitution de la République Démocratique du Congo du 18 février 2006). Pour les pays anglophones c'est en général la procédure d'*impeachment* qui sera mise en branle notamment contre le président de la République. L'article 145§1 de la Constitution kenyane dispose par exemple que : *« A member of the*

supérieur de l'Etat. Il est constant que tout comportement d'un dirigeant politique visant à anéantir une partie de la population[554], élément constitutif d'un Etat ne peut qu'être considéré comme un acte de trahison vis-à-vis du peuple dont il est en principe le responsable de la sécurité.

En vérité, si la question de l'immunité des responsables politiques se pose souvent au moment de la répression des crimes internationaux, c'est moins pour des raisons juridiques que politiques, car à défaut d'une immunité réelle dont ils pourraient se prévaloir, les responsables politiques ont souvent la forte propension de se servir des structures de l'Etat pour organiser leur impunité. Toutefois, si l'immunité n'est pas à proprement parler un obstacle à la responsabilité pénale en droit international, il n'en demeure pas moins que celle-ci n'est pas sans limites.

b) **Les limites de la responsabilité pénale**

147.-Observation empirique. La responsabilité pénale des individus peut être limitée en raison de certaines caractéristiques ou de certains facteurs intrinsèques[555]. Que l'on soit en droit international pénal ou en droit pénal interne, la commission d'un crime n'est pas toujours un critère suffisant pour conclure à la responsabilité pénale d'un individu. D'une manière générale, le droit pénal prévoit des hypothèses où la responsabilité pénale peut être restreinte voire complètement annihilée. Il est d'ailleurs assez fréquent d'invoquer les causes objectives et subjectives d'irresponsabilité pénale[556].

Les causes objectives d'irresponsabilité pénale portent sur la réalisation d'une infraction qui malgré son existence, ne peut donner lieu ni à aucune poursuite, ni à aucune condamnation, sur la base d'un certain nombre

---

National Assembly, supported by at least a third of all the members, may move a motion for the impeachment of the President (...) ».

[554] En République Démocratique du Congo par exemple, l'article 165 de la Constitution dispose qu' *« il y a haute trahison lorsque le Président de la République a violé intentionnellement la Constitution ou lorsque lui ou le Premier ministre sont reconnus auteurs, co-auteurs ou complices de violations graves et caractérisées des droits de l'homme... »*

[555] Voir la réflexion faite par VAURS CHAUMETTE Anne-Laure, *Les sujets du droit international pénal, Vers une nouvelle définition de la personnalité juridique internationale ?* Editions A. Pedone, Paris 2009, 545 p., p.386ss.

[556] Voir notamment MAYAUD Yves, *Droit pénal général*, 4ème édition, PUF, Paris, juillet 2013, 699 p., pp.447-536 ; KOLB Patrick, LETURMY Laurence, *Droit pénal général*, 2ème édition, Gualino éditeur, Lextenso éditions, Paris, 2008, 512 p., pp.279-339.

de considérations n'ayant pas de lien avec le délinquant[557]. La situation peut paraître absurde puisque la responsabilité pénale est exclue alors même qu'un acte apparemment répréhensible a été commis.

Quant aux causes subjectives d'irresponsabilité ou d'atténuation de la responsabilité pénale, elles sont souvent considérées comme des causes de non-imputabilité[558]. Ici, l'irresponsabilité repose sur des données subjectives, puisqu'elle est attachée à la personne de l'auteur ou du complice de l'infraction. Il ne suffit donc pas qu'un acte quelconque trouble l'ordre social pour que l'on puisse conclure à une responsabilité pénale. Il est aussi nécessaire de pouvoir personnaliser la réprobation pénale, car un acte objectivement criminel peut ne pas être subjectivement imputable à son auteur.

Toutefois, il est difficile de considérer les causes objectives et subjectives d'irresponsabilité pénale comme point d'ancrage d'une étude comparée entre les droits pénaux africains et le droit international pénal. Ce qu'il faut savoir c'est que si en droit interne des causes objectives d'irresponsabilité pénale telles que la prescription de l'action publique, l'immunité politique ou encore l'amnistie[559], sont couramment admises, elles sont traitées avec circonspection par le droit international pénal[560]. De même, sur les causes subjectives d'irresponsabilité pénale à l'instar du statut de mineur[561] du délinquant ; le système international pénal ne partage pas la

---

[557] MAYAUD Yves, *Droit pénal général*, 4ème édition, PUF, Paris, juillet 2013, p.447.

[558] KOLB Patrick, LETURMY Laurence, *Droit pénal général*, 2ème édition, Gualino éditeur, Lextenso éditions, Paris, 2008, p.311.

[559] Lire l'article de KOUDOU Gallo Blandine, « Amnistie et impunité des crimes internationaux », *in* Droits fondamentaux n°4, janvier-décembre 2004, pp.67-95 ; disponible sur www. Droits-fondamentaux.org.

[560] Sur les motifs d'exonération de la responsabilité pénale en droit international pénal, lire DE FROUVILLE Olivier, *Droit international pénal, Sources, Incriminations, Responsabilité,* Editions A. Pedone, Paris, mars 2012, 523 p., p.419ss.

[561] Sur la qualité de mineur d'un criminel, le Statut de Rome dispose en son article 26 intitulé précisément, « incompétence à l'égard des personnes de moins de 18 ans », que *« La Cour n'a pas compétence à l'égard d'une personne qui était âgée de moins de 18 ans au moment de la commission prétendue d'un crime ».* Pourtant, l'examen de quelques codes pénaux africains révèle que même s'il existe une excuse atténuante pour les mineurs de moins de 18 ans, il n'en demeure pas moins qu'ils sont au moins partiellement responsable pénalement de leurs actes. Voir notamment l'article 80 alinéa 2, 3, et 4 du code pénal camerounais *(«1-Le mineur de dix ans n'est pas pénalement responsable. 2- Le mineur de dix à quatorze ans pénalement responsable ne peut faire l'objet que de l'une des mesures spéciales prévues par la loi. 3- Le mineur âgé de plus de quatorze ans et de moins de dix-huit ans pénalement responsable bénéficie de l'excuse atténuante »)* ; lire aussi article 14 du code pénal kenyan *(« 1- A person*

même conception que la plupart des droits nationaux. Par conséquent, il est plus judicieux de faire la part entre les motifs de limitation de la responsabilité pénale exclus par le droit international pénal, et ceux qu'il admet.

148.-Concernant les motifs exclus de limitation de la responsabilité pénale. Dans le système international pénal, les motifs d'exonération de la responsabilité pénale ou même d'atténuation de la peine font partie des moyens de défense qui s'inscrivent *«dans les principes généraux du droit pénal, et le Tribunal international doit les prendre en compte pour trancher les affaires portées devant lui »*[562]. Certains de ces moyens de défense sont bien entendus irrecevables et ne permettent pas à l'accusé de bénéficier d'un traitement spécifique devant un juge. Globalement, on considère que l'auteur d'un crime de droit international ne peut invoquer comme cause exonératoire sa qualité officielle, la doctrine du *quoque* c'est-à-dire la réciprocité, et encore moins la doctrine de la juste cause.

L'irrecevabilité de l'invocation de la qualité officielle du criminel comme cause d'irresponsabilité en droit international pénal découle du fait que pendant longtemps, des agents étatiques ont eu la fâcheuse habitude d'exciper de la souveraineté de leurs pays pour s'exonérer de leurs crimes[563]. Aussi, dès la fin de la Seconde Guerre mondiale, les Tribunaux Militaires Internationaux de Nuremberg et de Tokyo ont conclu que *« la situation officielle des accusés, soit comme chefs d'Etats, soit comme hauts fonctionnaires, ne sera considérée ni comme une excuse absolutoire ni comme un motif de diminution de la peine »*[564]. Cette disposition a été homologuée

---

under the age of eight years is not criminally responsible for any act or omission. 2- A person under the age of twelve years is not criminally responsible for an act or omission unless it is prove that at the time of doing the act or making the omission he had capacity to know that he ought not to do the act or make the omission. 3- A male person under the age of twelve years is presumed to be incapable of having carnal knowledge »).

562 T.P.I.Y., Kordić et Čerkez, jugement, § 449, cité par DE FROUVILLE Olivier, *Droit international pénal, Sources, incriminations, responsabilité*, Editions A. Pedone, Paris, mars 2012, 523 p., p.419.

563 Dans le projet de Code des crimes de la Commission du Droit International (CDI) l'on considère en effet qu' *« il serait paradoxal que les individus qui sont, à certains égards, les plus responsables des crimes visés par le Code puissent invoquer la souveraineté de l'Etat et se retrancher derrière l'immunité que leur confèrent leurs fonctions »*. (Commentaire de l'article 7 du projet de Code des crimes de la CDI, Ann. CDI, 1996, vol. II, 2ème partie, p.59).

564 Voir l'article 7 du Statut du Tribunal international de Nuremberg, dont les dispositions similaires ont été adoptées par l'article 6 du Statut du Tribunal international de Tokyo avec comme nuance que la qualité officielle et une action justifiées par un ordre gouvernemental

par les statuts des juridictions internationales subséquentes (article 7§2 du Statut du TPIY, article 6§ 2 du Statut du TPIR[565] et article 27§1 du Statut de la CPI[566]) ainsi que par la pratique juridictionnelle internationale[567].

La notion de *tu quoque*[568] comme moyen de défense, consiste à soutenir qu'une partie dans un conflit ayant commis des crimes, n'a aucune légitimité pour faire poursuivre ou punir les ressortissants de l'autre partie. C'est un argument qui avait déjà été rejeté à Nuremberg[569], et ensuite par le TPIY qui a considéré que *« le tu quoque n'était pas un moyen de limiter la responsabilité pénale d'un accusé »*[570]. De même, on admet aujourd'hui que l'exclusion du *tu quoque* comme cause d'exonération fait partie des *« principes et règles du droit international, y compris les principes établis du droit international des conflits armés »,* reconnus par l'article 21 du Statut de la CPI[571].

En ce qui concerne la juste cause, elle vise à défendre l'idée selon laquelle, la légitimité d'un acte peut suffire pour justifier les crimes qui ont été commis. Toutefois, malgré son invocation devant certaines juridictions de

---

sont des circonstances pouvant *« être considérées comme atténuantes dans le verdict, si le Tribunal décide que la justice l'exige ».*

565 Article 7§2 du Statut du TPIY, article 6§ 2, du Statut du TPIR[565] *« la qualité officielle d'un accusé, soit comme chef d'État ou de gouvernement, soit comme haut fonctionnaire, ne l'exonère pas de sa responsabilité pénale et n'est pas un motif de diminution de la peine. ».*

566 Article 27§1 du Statut de Rome *« Le présent Statut s'applique à tous de manière égale, sans aucune distinction fondée sur la qualité officielle. En particulier, la qualité officielle de chef d'État ou de gouvernement, de membre d'un gouvernement ou d'un parlement, de représentant élu ou d'agent d'un État, n'exonère en aucun cas de la responsabilité pénale au regard du présent Statut, pas plus qu'elle ne constitue en tant que telle un motif de réduction de la peine ».*

567 Rien qu'à propos du continent africain, des mandats d'arrêt ont été émis contre des chefs d'Etats en exercice ou déchus ; il s'agit notamment de Charles TAYLOR (Libéria), d'Omar AL BASHIR (Soudan), de Laurent GBAGBO (Côte d'Ivoire) et de Muammar KADHAFI (Libye).

568 Expression latine traduite littéralement par « *toi aussi* » ou *« pareil pour toi ».*

569 Voir notamment les jurisprudences *Ohlendorf et al.,* 10 avril 1948, *in L.R.T.W.C.,* vol. IV, p.457 ; *Von Leeb and others,* 28 octobre 1948, *in L.RT.W.C.,* vol. XII, p.64; et décision du 11 avril 1949, *von Weizsaecker et al.* (Ministries Trial), T.W.C., vol. XIV, pp.322-323).

570 Ch. III, *Prlic et consorts,* Ordonnance portant admission d'éléments de preuve relatifs au témoins Veso Vegar, Chambre de première instance III, 5 mai 2009, p.2 ; voir aussi Ch., *Kupreskic et al.,* Décision relative aux éléments de preuve portant sur la moralité de l'Accusé et le moyen de défense de *tu quoque*, 17 février 1999.

571 Voir en ce sens, le commentaire de DE FROUVILLE Olivier, *ibid.,* p.424.

nature internationale[572] elle n'est pas considérée comme une cause absolutoire de la responsabilité pénale.

En revanche, le droit international pénal partage avec les droits pénaux internes et notamment africains, les mêmes causes d'irresponsabilité pénale qui portent sur la déficience mentale permanente ou passagère, l'ordre reçu, l'état de nécessité, la légitime défense[573].

149.-Concernant les motifs admis de limitation de la responsabilité pénale. La déficience mentale permanente ou passagère est une des premières causes d'irresponsabilité pénale retenues aussi bien en droit interne qu'en droit international. Elle est consacrée par la plupart des droits pénaux modernes africains, que l'on se situe dans un contexte de *Common*

---

[572] La juste cause a été soulevée sans succès devant le TSSL, dans l'affaire *Fofana et Kondewa* (Ch. I, judgement, SCSL-04-14-T, 2 août 2007, SCSL-04-14-T-796, T. Ch. I, 9 octobre 2007, et arrêt de la Chambre d'appel du 28 mai 2008).

[573]Lire DE FROUVILLE Olivier, *op. cit.,* p.425ss. D'autres causes d'exonération de la responsabilité pénale existent en droit international telles que les représailles (voir le jugement *Milan Martic* du 12 juin 2007, §§466-467), ou encore l'erreur de fait ou l'erreur de droit (voir article 32 du Statut de la CPI), mais leur trop grande spécificité ne permet pas de trouver leurs pendants en pénal africain. Mais, l'article 122-3 du code pénal français consacre l'erreur de droit comme cause d'irresponsabilité pénale dans la mesure où *« n'est pas pénalement responsable la personne qui justifie avoir cru, par une erreur sur le droit qu'elle n'était pas en mesure d'éviter, pouvoir légitimement accomplir l'acte ».*

Law[574] ou de droit romano-germanique[575]. En général, la déficience mentale peut être liée soit à une maladie mentale, soit à une intoxication involontaire. La maladie mentale est souvent considérée comme une cause d'exonération ou d'atténuation de la responsabilité pénale devant les juridictions internationales pénales[576]. Pour les Etats africains, on peut dire qu'un *« (...) principe général du droit suivi, en fait, tant par les systèmes de tradition civiliste que par les systèmes de Common Law veut que l'altération du*

---

[574] Il ressort des codes pénaux des pays africains anglophones tels que le Botswana (article 11 du code pénal), le Kenya (article 12 du code penal), la Tanzanie (article 13 du code penal) ou l'Ouganda (article 11 du code penal) que: *«A person is not criminally responsible, for an act or omission, if at the time of doing the act or making the omission he is, through any disease affecting his mind, incapable of understanding what he is doing, or knowing that he ought not to do the act or make the omission; but a person may be criminally responsible for an act or omission, although his mind is affected by disease, if such disease does not in fact produce upon his mind one or other of the effects mentioned in reference to that act or omission»*. De même, la section 27 (b) du code pénal ghanéen prévoit que *« when a person is accused of crime, the special verdict provided for by the Criminal Code in the case of insanity shall only be applicable... if he did the act in respect of which he is accused under the influence of an insane delusion of such a nature as to render him, in the opinion of jury or of the court, an unfit subject for punishment of any kind in respect of such act »*. La section 78 (1) du code pénal d'Afrique du sud dispose que *« A person who commits an act or makes an omission which constitutes an offence or who at the time of such commission or omission suffers from a mental illness or mental defect which make him or her incapable (a) of appreciating the wrongness of his or her act or omission; (b) of acting in accordance with an appreciation of the wrongness of his or her act or omission, shall not be criminally responsible for such act or omission »*;voir l'article de YEO Stanley « The insanity defence in the criminal laws of the Commonwealth of Nations », Singapour Journal of Legal Studies, 2008, pp.241-263.

[575] L'article 105 du code pénal ivoirien dispose qu' *« Il n'y a pas de responsabilité pénale lorsque l'auteur des faits est atteint lors de leur commission d'une altération de ses facultés mentales, ou d'un retard anormal de son développement, tels que sa volonté est abolie ou qu'il ne peut avoir conscience du caractère illicite de son acte »*, cette disposition a été adoptée mutatis mutandis par la plupart des codes pénaux des Etats africains d'inspiration romano-germanique.

[576] Toutefois concernant le recours à la maladie mentale comme moyen de défense, les TMI et les TPI *ad hoc* insiste sur le fait que seul *« un réel handicap mental puisse être retenu comme circonstance atténuante »*, (voir affaire *R. Hess* devant le tribunal de Nuremberg et les affaires *krstic*, §714, *Mucic et consort,* §590). Aussi, pour le Statut de Rome *«1. (...) une personne n'est pas responsable pénalement si, au moment du comportement en cause :*
a) Elle souffrait d'une maladie ou d'une déficience mentale qui la privait de la faculté de comprendre le caractère délictueux ou la nature de son comportement, ou de maîtriser celui-ci pour le conformer aux exigences de la loi » (article 31§ 1-a).

discernement de l'accusé soit à prendre en compte dans la sentence (...) »[577]. L'altération du discernement pouvant découler aussi de l'intoxication, il n'est pas étonnant que cette dernière soit aussi reconnue comme une cause d'exonération de la responsabilité pénale[578].

Concernant la notion d'ordre reçu, elle suppose la réunion d'un certain nombre de conditions portant aussi bien sur l'obligation légale d'obéir aux ordres et l'ignorance de l'auteur quant à l'illégalité de l'ordre, que sur le fait que l'acte ne doit pas être manifestement illégal. Sur la question, les dispositions du Statut de Rome ne souffrent d'aucune ambiguïté. L'article 33 dudit texte prévoit en effet que *« 1. Le fait qu'un crime relevant de la compétence de la Cour a été commis sur ordre d'un gouvernement ou d'un supérieur, militaire ou civil, n'exonère pas la personne qui l'a commis de sa responsabilité pénale, à moins que :a) Cette personne n'ait eu l'obligation légale d'obéir aux ordres du Gouvernement ou du supérieur en question; b) Cette personne n'ait pas su que l'ordre était illégal; et c) L'ordre n'ait pas été manifestement illégal.2. Aux fins du présent article, l'ordre de commettre un génocide ou un crime contre l'humanité est manifestement illégal »*. C'est une

---

[577]Extrait de la jurisprudence *Mucic et consorts* du TPIY, cité par Olivier de FROUVILLE, *op. cit.*, pp.426-427. Pour un pays de tradition *Common Law*, voir l'article 12 du code pénal Kenyan précité. En ce qui concerne les pays de culture civiliste l'article 78 du code pénal camerounais dispose que *« 1. La responsabilité pénale ne peut résulter du fait d'un individu atteint d'une maladie mentale telle que sa volonté a été abolie ou qu'il n'a pu avoir conscience du caractère répréhensible de son acte. 2. Au cas où la démence n'est pas totale, elle constitue une excuse atténuante »*.

[578]L'état d'intoxication n'est néanmoins en général considéré que comme un élément pouvant favoriser la clémence dans l'exécution de la sentence ; voir notamment, l'affaire *Chusaburo*, Cour militaire britannique de Kuala Lumpur, 1er février 1946, Case n°10, *in* LRTWC., vol. III, 1948, p.78 ; le jugement *Vasiljevic*, 29 novembre 2002, §282. Le Statut de la CPI ne reconnait l'intoxication comme motif d'exonération que dans la mesure où elle n'est pas volontaire ; et son article 31§1-b dispose que « *1. (...) une personne n'est pas responsable pénalement si, au moment du comportement en cause:(...) ; b) elle était dans un état d'intoxication qui la privait de la faculté de comprendre le caractère délictueux ou la nature de son comportement, ou de maîtriser celui-ci pour le conformer aux exigences de la loi, à moins qu'elle ne se soit volontairement intoxiquée dans des circonstances telles qu'elle savait que, du fait de son intoxication, elle risquait d'adopter un comportement constituant un crime relevant de la compétence de la Cour, et qu'elle n'ait tenu aucun compte de ce risque »*. En droit interne africain, l'article 79 du code pénal camerounais dispose que *« l'intoxication qui n'est pas volontaire est assimilée à la maladie mentale »*, puisque comme le prévoit aussi l'article 13 alinéa 2-a du code pénal kényan, un individu peut se prévaloir de l'intoxication à condition que *« the state of intoxication was cause without his consent by the malicious or negligent act of another person »*.

disposition qui existe toute proportion gardée dans la plupart des codes pénaux des Etats africains[579], et dont le but est de dispenser un simple exécutant de la sanction des crimes commis sous les ordres d'un supérieur hiérarchique qui devrait dès lors en assumer toute la responsabilité.

L'état de nécessité, que l'on relie souvent à la contrainte en droit international pénal, porte sur une menace objective ayant un lien avec les circonstances qui entourent la commission de l'acte. Pour cette cause exonératoire de responsabilité pénale, l'article 104 du code pénal ivoirien a recours à une formulation qui est très proche de celle de l'article 31§1-d du Statut de la CPI et prévoit qu' *« il n'y a pas d'infraction lorsque les faits sont commis pour préserver d'un danger grave et imminent la vie, l'intégrité corporelle, la liberté ou le patrimoine de l'auteur de l'acte ou d'un tiers, et à la condition que le danger ne puisse être écarté autrement et que l'auteur use de moyens proportionnés aux circonstances »*[580].

Toutefois, c'est bien la légitime défense qui demeure le moyen classique de défense en droit pénal moderne. Elle vise à exonérer de la responsabilité pénale l'auteur d'un acte visant à contrecarrer une attaque imminente et illicite, à condition que l'acte soit raisonnable et proportionnée

---

[579] Certains pays africains se sont manifestement inspirés de l'article 122-4 du code pénal français qui dispose que *« N'est pas pénalement responsable la personne qui accomplit un acte prescrit ou autorisé par des dispositions législatives ou réglementaires. N'est pas pénalement responsable la personne qui accomplit un acte commandé par l'autorité légitime, sauf si cet acte est manifestement illégal »*. Ainsi dans la même logique, l'article 103 du code pénal ivoirien énonce qu'*« il n'y a pas d'infraction lorsque l'auteur agit sur ordre de l'autorité légitime. Dans ce cas celui qui donne l'ordre est responsable de l'acte exécuté et punissable dans la mesure où cet acte ne dépasse pas l'ordre donné. Les dispositions du présent article ne sont pas applicables si l'ordre est manifestement illicite »*. Pour l'article 83 du code pénal camerounais *« la responsabilité pénale ne peut résulter d'un acte accompli sur les ordres d'une autorité compétente à laquelle l'autorité est légitimement due. Les dispositions de l'alinéa précédent ne sont toutefois pas applicables si l'ordre est manifestement illégitime »*.

[580] L'article 31§1-d du Statut de Rome dispose que *« 1. Outre les autres motifs d'exonération de la responsabilité pénale prévus par le présent Statut, une personne n'est pas responsable pénalement si, au moment du comportement en cause : (...)d) Le comportement dont il est allégué qu'il constitue un crime relevant de la compétence de la Cour a été adopté sous la contrainte résultant d'une menace de mort imminente ou d'une atteinte grave, continue ou imminente à sa propre intégrité physique ou à celle d'autrui, et si elle a agi par nécessité et de façon raisonnable pour écarter cette menace, à condition qu'elle n'ait pas eu l'intention de causer un dommage plus grand que celui qu'elle cherchait à éviter. Cette menace peut être :i) Soit exercée par d'autres personnes ; ii) Soit constituée par d'autres circonstances indépendantes de sa volonté »*.

à l'ampleur du danger. C'est d'une certaine façon la mise en œuvre de la maxime hégélienne selon laquelle, *« l'attaque est la négation du droit, la défense est la négation de cette négation, et donc l'affirmation du droit »*[581]. Etant reconnu par l'ensemble des droits nationaux[582], la légitime défense a été érigée en principe général de droit par le droit international pénal[583].

Quoiqu'il en soit, il apparait que les droits pénaux modernes africains ainsi que le droit international pénal, mettent un point d'honneur à déterminer avec précision le statut du responsable d'une infraction pénale ; et c'est avec la même rigueur qu'ils déterminent la qualité de victime.

2. La qualité de victime

150.-Conceptions diverses de la qualité de victime. Si pendant longtemps le droit criminel moderne s'est surtout préoccupé de la personnalité du délinquant ou du criminel, il faut souligner que depuis quelques décennies, il a mené une réflexion très poussée sur la qualité de victime[584]. Au reste, la notion de victimologie que le doyen CARBONNIER préférait d'ailleurs écrire

---

[581] HEGEL Georg Wilhelm Friedrich, *Grundlinien der Philosophie des Rechts*, 1820. Cité par DONNEDIEU DE VABRES Henri, *Traité élémentaire de droit criminel et de législation pénale comparée,* 2ème édition, Sirey, Paris, 1943, note 131, 936 p., p.229.

[582] L'article 100 du code pénal ivoirien a une conception de la légitime défense très proche de celle qui prévaut en droit international pénal, il prévoit qu' *«il n'y a pas d'infraction lorsque les faits sont commandés par la nécessité actuelle de défense de soi-même ou d'autrui ou d'un bien juridiquement protégé contre une attaque injuste, à condition que cette dernière ne puisse être écartée autrement et que la défense soit concomitante et proportionnée aux circonstances, notamment au danger et à la gravité de l'attaque, à l'importance et à la valeur du bien attaqué ».* Sur une conception analogue de la légitime défense en droit pénal africain, voir notamment l'article 31 du code pénal angolais et l'article 84 du code pénal camerounais.

[583] L'article 31§1-c du statut de la CPI prévoit que la légitime défense peut être invoquée si la personne en cause *« a agi raisonnablement pour se défendre, pour défendre autrui ou, dans le cas des crimes de guerre, pour défendre des biens essentiels à sa survie ou à celle d'autrui ou essentiels à l'accomplissement d'une mission militaire, contre un recours imminent et illicite à la force, d'une manière proportionnée à l'ampleur du danger qu'elle courait ou que couraient l'autre personne ou les biens protégés ».*

[584] En général, on considère que livre de VON HENTIG H. *The criminal and his victim*, datant de 1948, est l'un des premiers ouvrages qui effectue une réflexion approfondie sur la nature des rapports entre le criminel et sa victime. Lire PRADEL Jean, *Droit pénal général*, 19ème édition, Cujas, Paris, septembre 2012, p.461., note de bas de page n°1.

au pluriel[585], est de plus en plus usitée dans le langage juridique pour désigner une discipline consacrée exclusivement à la victime d'une infraction pénale.

Au-delà des analyses savantes faites par des criminologues ou des victimologues de tous bords, qui s'évertuent à démontrer que les qualités individuelles d'un individu peuvent le prédestiner à être une potentielle victime, il faut dire que celle-ci correspond d'abord et avant tout à la personne lésée. Il n'est donc pas étonnant que dans la phraséologie juridique courante l'on fasse allusion à la victime pour désigner en fait *« celui ou celle qui subit personnellement un préjudice par opposition à celui ou celle qui le cause »*[586]. Ainsi, que l'on soit en droit pénal moderne africain par exemple ou en droit international pénal, la victime est *« définie par le biais de la lésion qu'elle subit : le préjudice »*[587].

On peut donc comprendre aisément le fait que le Règlement de procédure et de preuve (RPP) de la CPI, prenant sûrement acte de la philosophie criminelle du droit interne, a pu disposer dans sa règle 85-a que *« le terme « victime » s'entend de toute personne physique qui a subi un préjudice du fait de la commission d'un crime relevant de la compétence de la Cour ».* Toutefois, il faut relever que avant le Statut de Rome *« there was no international regime allowing victims to file claims against, and be awarded reparations by, an individual perpetrator of a crime »*[588]. C'est ainsi que devant les TMI de Nuremberg et de Tokyo, les victimes des crimes de droit international commis durant la Seconde Guerre mondiale, ne pouvaient exiger aucune réparation. Le procès international pénal avait pour objectif non pas d'indemniser les victimes, mais plutôt de sanctionner les coupables[589]. Des décennies plus tard, les TPI *ad hoc* adopteront une position quasi-analogue[590].

---

[585] Le célèbre auteur préfère en effet mener une analyse sur « les victimologies » ; CARBONNIER Jean, *Droit et passion du droit sous la Vème République*, Flammarion 1996, p.146.

[586] CORNU Gérard, *Vocabulaire juridique*, Henri CAPITANT, PUF, Quadrige, 2000, voir victime.

[587] PIN Xavier, « Les victimes d'infractions définitions et enjeux », *in Archives de politique criminelle,* Editions A. Pedone n°28, pp 49-72, p.50.

[588] LEWIS Peter, FRIMAN Hakan, « Reparations to victims », *in* LEE Roy (ed.), *The International Criminal Court-Elements of Crimes and Rules of Procedure and Evidence*, Transnational Publishers, Ardsley, 2001, pp.474-491, pp.474-475.

[589] LUDI Regula, « The vectors of Postwar Victim Reparations: Relief, Redress and Memory Politics », *in Journal of Contemporary History,* 2006, pp.421-450, p.439.

[590] Lire notamment l'article de PAVIA Marie-Luce, « La place de la victime devant les Tribunaux Pénaux Internationaux », *in Archives de politique criminelle,* Editions A. Pedone, 2002/1 –n°24 pp.61-79.

Pour ceux-ci, la condamnation d'un criminel à une peine d'emprisonnement vise d'abord et avant tout à préserver les intérêts de la société à l'exclusion d'une éventuelle réparation du préjudice subi par la victime. L'emprisonnement du criminel est donc considéré comme le moyen le plus efficace de sanctionner la commission d'un crime international. C'est pourquoi la chambre de première instance du TPIY considère que *« la protection de la société contre le comportement hostile, prédateur, du coupable implique souvent de longues peines de prison. C'est un facteur important lorsque le coupable apparaît dangereux pour la société »*[591].

Pourtant, en plus de la prononciation d'une peine d'emprisonnement, les TPI ont la possibilité de prendre des mesures en faveur des victimes, en ordonnant qu'on leur restitue des biens et ressources qui leur ont été pris par des moyens illicites, y compris par la contrainte[592]. Mais, les juges *ad hoc* répugnent à prendre de telles résolutions, dans la mesure où ils sont persuadés qu'elles pourraient contribuer à retarder l'issue d'un procès international pénal qui serait ainsi sacrifié à la satisfaction des intérêts particuliers[593]. Pour les TPI, l'octroi des dommages et intérêts relève des juridictions internes de l'ex Yougoslavie ou du Rwanda[594] et éventuellement des juridictions étrangères.

Devant la CPI, la réalité est tout autre puisque le Statut de Rome a opté pour une conception de la notion de victime très proche de celle des systèmes criminels étatiques[595]. Par ailleurs le Règlement de procédure et de preuve de

---

591 *Procureur c. Mucic et consorts*, IT-96-21, Jugement, Chambre de première instance II quater du TPIY, 16 novembre 1998, §§1231-1232.

592 Article 24, paragraphe 3, du Statut du TPIY, et article 23, paragraphe 3, du Statut du TPIR. Aussi, l'article 19 paragraphe 3 du Statut du Tribunal spécial pour la Sierra Leone dispose que *« En plus de l'emprisonnement, la Chambre de première instance peut ordonner, la confiscation des biens, produits et tout autre actif acquis illégalement ou par un comportement criminel, et leur retour à leur propriétaire légitime ou à l'Etat de la Sierra Leone »*.

593 Sur une analyse similaire, voir BOULAN Fernand, « Le double visage de l'action civile exercée devant la juridiction répressive », *in Semaine Juridique*, Editions Générale, 1973, 2563, §2.

594 L'article 106-B commun aux Règlements de procédure et de preuve des Tribunaux *ad hoc*, renvoie expressément la question de l'indemnisation des victimes aux autorités nationales en disposant que *« la victime ou ses ayants droit peuvent, conformément à la législation nationale applicable, intenter une action devant une juridiction nationale ou toute autre institution compétente, pour obtenir réparation du préjudice »*.

595 L'article 75 du Statut de Rome consacré exclusivement à la réparation en faveur des victimes dispose que *«1. La Cour établit des principes applicables aux formes de réparation, telles que la restitution, l'indemnisation ou la réhabilitation, à accorder aux victimes ou à leurs ayants droit. Sur cette base, la Cour peut, sur demande, ou de son propre chef dans des circonstances*

la CPI considère que la qualité de victime n'est pas l'apanage des personnes physiques, puisqu'elle peut aussi concerner *« toute organisation ou institution dont un bien consacré à la religion, à l'enseignement, aux arts, aux sciences ou à la charité, un monument historique, un hôpital ou quelque autre lieu ou objet utilisé à des fins humanitaires a subi un dommage direct »*[596].

Il faut aussi souligner le fait qu'au sens de la CPI, la notion de victime n'inclut pas seulement les personnes directement touchées par des actes criminels, elle concerne également leurs ayants droit ou d'autres personnes dont les intérêts personnels ont pu être affectés par ces actes criminels. Sur ce point, un *« guide d'information sur la participation des victimes aux procédures de la Cour »*, document d'appoint élaboré par la section de la participation des victimes et des réparations, précise que *« les victimes peuvent être notamment des victimes de violence sexuelle, des enfants, des personnes handicapées ou des personnes âgées. Il peut également s'agir d'une personne ayant subi un préjudice du fait d'un crime commis contre une autre personne, par exemple un membre de la famille d'une personne qui a*

---

exceptionnelles, déterminer dans sa décision l'ampleur du dommage, de la perte ou du préjudice causé aux victimes ou à leurs ayants droit, en indiquant les principes sur lesquels elle fonde sa décision.

2. La Cour peut rendre contre une personne condamnée une ordonnance indiquant la réparation qu'il convient d'accorder aux victimes ou à leurs ayants droit. Cette réparation peut prendre notamment la forme de la restitution, de l'indemnisation ou de la réhabilitation.

Le cas échéant, la Cour peut décider que l'indemnité accordée à titre de réparation est versée par l'intermédiaire du fonds visé à l'art. 79.

3. Avant de rendre une ordonnance en vertu du présent article, la Cour peut solliciter, et prend en considération, les observations de la personne condamnée, des victimes, des autres personnes intéressées ou des Etats intéressés, et les observations formulées au nom de ces personnes ou de ces Etats.

4. Lorsqu'elle exerce le pouvoir que lui confère le présent article et après qu'une personne a été reconnue coupable d'un crime relevant de sa compétence, la Cour peut déterminer s'il est nécessaire, pour donner effet aux ordonnances qu'elle rend en vertu du présent article, de demander des mesures au titre de l'art. 93, par. 1.

5. Les Etats Parties font appliquer les décisions prises en vertu du présent article comme si les dispositions de l'art. 109 étaient applicables au présent article.

6. Les dispositions du présent article s'entendent sans préjudice des droits que le droit interne ou le droit international reconnaissent aux victimes ».

[596] Règle 85 du RPP de la CPI, §b.

été tuée »[597]. Il s'agit d'une conception de la victime qui est déjà très proche de celle qui existe en droit pénal interne.

La victime indirecte à qui l'on reconnait la part de souffrance qu'elle a pu endurer du fait d'un crime ayant touché un proche, se verra en principe reconnaitre le droit de faire des réclamations devant la CPI car il est admis qu' *« on identifie la partie lésée avec le titulaire du droit à réparation »*[598]. Toutefois, la victime individuelle ne pouvant être partie à un procès pénal devant la CPI, c'est dans le volet civil du litige qu'elle pourra intervenir. Ainsi, on a pu conclure qu'elle avait probablement acquis un statut civil en droit international pénal sans pour autant bénéficier de la qualité de sujet du droit international pénal[599]. Ceci s'explique par le fait que, la CPI bénéficie d'un dédoublement fonctionnel à telle enseigne qu'elle est à la fois une juridiction pénale et une juridiction civile, puisque les auteurs du Statut et du RPP ont voulu distinguer la réparation civile de la sanction pénale assurant ainsi une certaine dualité à la Cour[600].

Malgré tout, ce qui importe c'est le fait que la jurisprudence internationale ait finalement consacré la notion de victime par ricochet, qui a la possibilité de se prévaloir d'un préjudice constitué par la douleur liée à la perte d'un être cher[601]. Le fait est que le juge pénal international reconnait qu'à l'instar de la souffrance physique et de la perte matérielle, la souffrance morale peut fonder la qualité de victime[602]. Comme on le voit, la notion de victime a beaucoup évolué en droit international pénal et semble aujourd'hui

---

[597] Voir *guide d'information sur la participation des victimes aux procédures de la Cour,* p.8 ; disponible sur le site de la CPI.

[598] VIDAL José, « Observations sur la nature juridique de l'action civile », *in Rev. Sc. Crim.*, 1963, pp.481-528, p.505.

[599] VAURS CHAUMETTE Anne-Laure, *Les sujets du droit international pénal, Vers une nouvelle définition de la personnalité juridique internationale* ? Editions A. Pedone, Paris, 2009, p.85.

[600] L'article 76 du Statut de Rome prévoit que l'audience relative aux réparations ne se tient pas lors de celle sur le prononcé de la peine. Aussi, le pouvoir de la Chambre d'appel diffère selon qu'elle est en présence d'un jugement pénal ou d'une ordonnance de réparation civile.

[601] Sur la question lire JACQUELIN Mathieu, « De l'ombre à la lumière : l'intégration contrôlée des victimes au sein de la procédure pénale internationale », *in* GIUDICELLI-DELAGE Geneviève ; LAZERGES Christine (dir), *La victime sur la scène pénale en Europe*, PUF, Paris, mai 2008, 290 p., pp.179-204, p.182.

[602] Chambre préliminaire I, *Décision sur les demandes de participation à la procédure de VPRS 1, VPRS 2, VPRS 3, VPRS 4, VPRS 5 et VPRS 6*, 17 janvier 2006, ICC-01/04-101.

jouir d'une certaine clarté depuis que le Statut de Rome a décidé de concilier ses principales conceptions nationales.

151.-Conciliation des différentes conceptions nationales de la notion de victime. D'abord cantonné au statut de témoin devant les TPI conformément à la philosophie pénale des pays de la *Common Law*, la victime a été appelée à jouer un rôle plus important au sein de la CPI, ce qui est évidemment une grande victoire pour les tenants d'une conception plus romano-germanique de la procédure internationale pénale.

La conciliation des procédures pénales *Common Law* et romano-germanique est sans doute l'un des plus grands succès du système mis en œuvre par le Statut de la CPI, tant il est clair que les deux procédures présentent des divergences certaines.

Dans les systèmes pénaux *Common Law* africains comme dans la plupart des Etats ayant adhéré aux mêmes principes pénaux, les crimes sont considérés comme des actes préjudiciables aux intérêts de l'Etat, ce qui explique que celui-ci ait l'exclusivité dans le déclenchement des poursuites[603]. Par conséquent, la victime, simple témoin, doit se contenter de fournir des informations ou des éléments de preuve[604].

Du côté des systèmes romano-germaniques africains, et en particulier des Etats francophones qui se sont beaucoup inspirés du droit français, la victime a le droit d'engager une procédure pénale en se constituant partie civile[605]. Une précision importante, l'action civile qui est de mise dans la procédure pénale des systèmes romano-germanique *« n'est pas une simple action en réparation du dommage causé par l'infraction ; elle a un caractère pénal indiscutable en ce qu'elle autorise la victime à poursuivre le châtiment du coupable, faisant d'elle un agent de la répression, un auxiliaire du*

---

603 Sur le déroulement du procès pénal dans le droit de la *Common Law*, lire BULLIER J. Antoine, *La Common Law,* 3ème édition Dalloz, Paris, Janvier 2012, 161 p., p.95ss.

604 La notion de témoin est particulièrement usitée en droit *Common Law* au point de concerner quelquefois les personnes à charges. Ainsi, l'article 160 du code de procédure pénal kényan énonce que : *« Where the only witness of the facts of the case called by the defense is the person charged, he shall by call as a witness immediatly after the close of the evidence for the procecution »*

605 Sur ce point l'article 60 de la loi N°2005/007 du 27 juillet 2007 portant code de procédure pénale camerounais dispose que *« l'action publique est mise en mouvement et exercée par le ministère public. Elle peut être mise en mouvement par une administration ou par la victime, dans les conditions déterminées par la loi ».*

ministère public »[606]. Ici, la victime veut surtout avoir voix au chapitre, en se servant du procès pénal comme tribune où elle pourra exprimer toute sa souffrance dans le cadre d'une action qui n'est pas forcément en réparation financière, mais plutôt en réparation morale. Celle-ci exige de la société la recherche de la cause du dommage subi ainsi que la vérité dans les faits incriminés, l'identification de son auteur, l'établissement de la responsabilité pénale et bien entendu, le prononcé de la sanction. Pour éviter que les drames qu'elle a vécus ne se reproduisent, la victime aura tendance à recourir à l'action pénale, seule voie pouvant lui donner *« les moyens de participer aux investigations policières et judiciaires, au risque de pénaliser des comportements qui pourraient ne relever que du droit de la responsabilité civile »*[607].

Néanmoins, comme on le sait, une telle conception n'a pas été transposée comme telle en droit international pénal. Pourtant, aussi bien les juristes de culture romano-germanique, que ceux de tradition *Common Law,* trouveront aisément dans le Statut de Rome et le RPP de la CPI, l'influence de leurs systèmes juridiques respectifs. Cette attitude plutôt conciliante du droit international pénal va bien sûr au-delà de la simple définition du Statut de la victime, et touche les questions de pure philosophie pénale telles que la détermination des rapports entre le criminel et la société.

B- La détermination des rapports entre le criminel et la société nationale ou internationale

152.-Position du problème. Le criminel est d'abord et avant tout un être social dont le comportement répréhensible peut être considéré comme une déviance ou un acte de rupture par rapport à la société dont il est censé respecter les normes. Commettre un crime c'est donc violer les termes du Contrat social qui voudrait que chaque individu sujet de droit, observe sans restriction les règles qui sont supposées garantir la paix publique[608]. C'est d'ailleurs au nom de la préservation de cette paix publique que le procureur,

---

606 VIDAL José, « Observations sur la nature juridique de l'action civile », *Rev. Sc. Crim.,* 1963, pp.481-528, pp.508-509.

607 D'HAUTEVILLE Anne, « Rapport introductif. La problématique de la place de la victime dans le procès pénal », *in Archives de politique criminelle,* Editions A. Pedone, 2002/1 n°24, p.7-13.

608 Sur l'impact du crime dans la société, lire MERLE Roger, VITU André, *Traité de droit criminel, op. cit.,* p.29.

véritable défenseur de la société, apparait aussi bien en droit national qu'en droit international, comme la cheville ouvrière de la poursuite pénale. Véritable figure d'autorité dans un procès pénal, il tire sa légitimité du fait que le criminel est un sujet qui porte atteinte aux intérêts de la société nationale ou internationale **(1)** et dont le comportement ne peut que justifier la réprobation sociale **(2)**.

1. Le criminel comme sujet portant atteinte aux intérêts de la société nationale ou internationale

153.-Constat. En général, on considère que le criminel porte atteinte à un intérêt immatériel de la société que l'on qualifie couramment d'ordre social et qui ne se confond ni avec l'ordre moral ou religieux, ni avec un quelconque ordre juridique privé[609]. Ainsi, au-delà des intérêts particuliers d'un individu ou groupe d'individus directement lésés, ce sont aussi et surtout les intérêts de la société qui sont foulés aux pieds.

Aussi, lorsqu'on est en présence des crimes qui portent atteinte aux intérêts supérieurs de l'humanité, tels que les génocides, les crimes de guerre et les crimes contre l'humanité, ce n'est plus seulement la société nationale qui sera impliquée, car la société internationale se sentira aussi concernée par des actes qui portent la plupart du temps un coup à la paix et à la sécurité internationales. C'est ainsi que les Etats ayant la capacité à agir en droit international pénal pourront confier au procureur international, le pouvoir de défendre leurs intérêts en initiant des poursuites contre des individus suspectés d'avoir commis des crimes de droit international. A ce titre, le procureur international apparaitra comme celui qui défend les biens juridiques collectifs que les Etats entendent préserver. La notion de bien juridique est évidemment équivalente à celle d'intérêt, puisqu'en réalité le bien est l'objet de l'intérêt juridique[610].

L'intérêt juridique de la société internationale sera compromis lorsque le criminel commettra un acte qui *« endanger or violate values and interests*

---

[609] BOULOC Bernard, *Droit pénal général*, 23ème édition Dalloz, Paris, août 2013, 742 p., p.5.

[610] VAURS CHAUMETTE Anne-Laure, *Les sujets du droit international pénal, Vers une nouvelle définition de la personnalité juridique internationale* ? *op. cit.*, p.189. L'intérêt juridique porte en général sur une *« disposition stable ou durable à la satisfaction d'un bien matériel ou idéal qui est, ou tend à être, reconnu et/ou protégé par l'ordre juridique »*, in *Dictionnaire encyclopédique de théorie et de sociologie du droit*, 2ème édition, LGDJ, Paris, 1993, XXXVII-758 p., p.171, p.309.

of a macro-society, compared with the micro-value system on the national level »[611]. C'est au nom de l'intérêt juridique des Etats de la communauté internationale ou de la société internationale que la CPI par exemple, se verra octroyer une compétence spécifique pour la sanction des crimes qui heurtent la conscience humaine. Le criminel qui s'attaque à l'intérêt juridique des Etats sera considéré comme une menace dans la mesure où, l'acte répréhensible qu'il commet constitue en soi une atteinte aux biens juridiques collectifs internationaux qui se déclinent en termes de valeurs.

Or, comme l'a si bien dit Mireille DELMAS-MARTY, *« chaque système pénal définit et hiérarchise ses valeurs, exprimant ainsi l'identité culturelle de la Nation »*[612]. Il est évident qu'aujourd'hui, la plupart des Etats se retrouvent autour de certaines valeurs communes qui constituent l'identité juridique internationale qui permet la protection des biens juridiques communs. C'est d'ailleurs cette réalité qui explique les ambitions universalistes de certaines disciplines juridiques telles que le droit international pénal. Celui-ci vise à protéger les biens collectifs au travers de l'imposition du respect des normes impératives qui instaurent des obligations *erga omnes.* Face au criminel, la société nationale ou internationale oppose par le truchement du droit international pénal *« un mouvement d'idées et d'actions qui découlent de certaines valeurs humaines et universelles »*[613].

Toutefois, il est vrai que la notion de valeur n'est pas suffisamment précise pour désigner un bien juridique appartenant à la société[614]. Elle serait même trop incertaine pour être utilisée comme élément d'une définition

---

611 TRIFFTERER Otto. « The Preventive and Repressive Function of the International Criminal Court », *in* POLITI Mauro, NESI Giuseppe, *The Rome Statute of the International Criminal Court-A Challenge to impunity*, Ashgate, Burlington, 2001, pp.137-175, p.154; MILITELLO Vincenzo, *in* « The Personal Nature of Individual Criminal Responsibility and the ICC Statute », *in JICJ,* 2007, pp.941-952, p.944.

612 DELMAS-MARTY Mireille, « Les crimes internationaux peuvent-ils contribuer au débat entre universalisme et relativisme des valeurs ? », *in* CASSESE Antonio, DELMAS-MARTY Mireille (dir.), *Crimes internationaux et juridictions internationales,* PUF, Paris, 2002, pp.59-67, p.59.

613 BASSIOUNI Cherif, *Introduction au droit pénal international*, Bruylant, Bruxelles, 2002, XX-343.p., p.10.

614 Il faut tout de même mentionner que, pour SEUVIC J.-F, le bien juridique est l'ensemble des *« valeurs sociales consacrées et protégées sous la menace de sanctions édictées »*, *in* « Variations sur l'humain, comme valeurs pénalement protégées », *Mélanges Bolze, Ethique, droit et dignité de la personne*, Economica, Paris, 1996, pp.339-385, p.339.

juridique[615]. C'est la raison pour laquelle il faut apporter des précisions en ce qui concerne la nature des intérêts protégés.

154.-Nature des intérêts protégés. Plus précisément, en droit international pénal le criminel est celui qui s'attaque à l'une des trois catégories de biens collectifs protégés par la communauté internationale à savoir : la paix et la sécurité internationales, la dignité humaine et l'humanité.

La paix est une notion usitée dans la plupart des droits pénaux modernes, y compris ceux des Etats africains, même si le concept de *« paix publique »* couramment employé est plutôt synonyme d'ordre public. La sécurité internationale par contre appartient à une phraséologie purement internationaliste. Quoiqu'il en soit, le couple paix et sécurité internationales constitue à la fois un idéal à atteindre et un bien collectif[616] que la société nationale mais surtout internationale doit protéger contre les agissements d'un criminel[617]. Dès lors, la société et le criminel se trouveront dans un rapport de « *créancier* » et *« débiteur »*, le second devant bien entendu rendre compte de la violation des intérêts juridiques ou des biens collectifs de la communauté internationale.

Depuis Nuremberg[618], le droit international pénal tend justement à préserver les biens collectifs que sont la paix et la sécurité internationales[619].

---

615 VAURS CHAUMETTE Anne-Laure, *Les sujets du droit international pénal, Vers une nouvelle définition de la personnalité juridique internationale ? op. cit.*, p.191.

616 VILLALPANDO Santiago, *L'émergence de la communauté internationale dans la responsabilité des Etats*, PUF, Paris, 2005, XX-527 p. Note 210, p.307.

617 Le maintien de la paix et de la sécurité internationale est surtout l'une des missions de l'ONU. Il n'est d'ailleurs pas surprenant que l'expression *« paix et sécurité internationales »* apparaisse 28 fois dans la Charte des Nations-Unies, même si pour BOUTROS-GHALI, *« la paix(...) est l'affaire de tous et non pas de la seule Organisation des Nations Unies »* ; lire BOUTROS-GHALI Boutros, « L'ONU et les opérations de maintien de la paix à la croisée des chemins », *in Relations internationales et Stratégiques*, automne 1993, pp.15-22, p.15.

618 Un jugement du tribunal de Nuremberg déclare que *« la guerre est un mal dont les conséquences ne se limitent pas aux seuls Etats belligérants, mais affectent le monde tout entier. Déclencher une guerre d'agression n'est donc pas seulement un crime d'ordre international : c'est le crime international suprême, ne différant des autres crimes de guerre que du fait qu'il les contient tous »* ; *in Procès des grands criminels de guerre devant le Tribunal militaire international de Nuremberg*, 14 novembre 1945- 1er octobre 1946, document édité à Nuremberg, 1947, t. 1, p.197.

619 En général en considère que, « *the general purpose of international criminal law is to deter international crimes from being committed which may jeopardize the international legal order and its peace »*. Voir MALEKIAN Farhad, *The Monopolization of International Criminal Law*

C'est ainsi qu'est considéré comme criminel, celui qui viole l'interdiction de la guerre d'agression qui trouble la paix et la sécurité internationales. Dès lors, le crime d'agression que l'on a souvent désigné sous le vocable de crime contre la paix, remet en cause un intérêt juridique collectif car il consiste en *« la direction, la préparation, le déclenchement ou la poursuite d'une guerre d'agression, ou d'une guerre en violation des traités, assurances ou accords internationaux, ou la participation à un plan concerté ou à un complot pour l'accomplissement de l'un quelconque des actes qui précèdent »*[620].

La dignité humaine est un autre bien juridiquement protégé. Elle a ceci de particulier qu'elle est très développée en droit interne, puisqu'elle est au cœur même de la problématique des droits de l'homme qui préoccupe la plupart des systèmes répressifs nationaux. Elle vise à interdire *« tout acte inhumain, (...) tout acte qui tend à méconnaitre en tout homme, en tout être humain, une personne humaine »*[621]. En droit international, la protection du bien collectif qu'est la dignité humaine passe par l'interdiction des crimes de guerre, du crime contre l'humanité et du crime de génocide.

Le criminel qui commet un crime de guerre porte atteinte à la dignité humaine protégée par le droit national et surtout par le droit international humanitaire dont le but est de préserver les malades, les blessés, les prisonniers et les civils contre les affres de la guerre[622]. Le droit international humanitaire s'attache en effet *« au respect de la personne humaine »*[623], or il est admis dans la société internationale que *« les crimes de guerre (...) sont tous (...) des atteintes à la personne humaine »*[624] ; ce que confirme d'ailleurs le TPIY[625] dans les jurisprudences *Vasiljevic* et *Furundzija.*

---

in the United Nations –A Jurisprudential Approach, 2nd edition, Almquist &Wiksell international, Stockholm, 1995, ix-226 p., p.26.

620 Article 6, alinéa-a, du Statut du TMI de Nuremberg.

621 MATHIEU Bertrand, « La dignité de la personne humaine : quel droit ? Quel titulaire ? », *in Dalloz,* 1996, pp.282-286, p.282.

622 Le crime de guerre est celui qui porte directement atteinte au droit des conflits armés inscrit notamment dans les Conventions de La Haye de 1899 et 1907, ainsi que dans les Conventions de Genève de 1949 et leurs protocoles additionnels de 1977.

623 PICTET Jean (dir.), *Commentaire des Conventions de Genève du 12 août 1949-1ère Convention*, CICR, Genève, 1952-1959, vol. 1, Préambule de la 1ère Convention de Genève, p.20.

624 PAOLI. Jules, « Contribution à l'étude des crimes de guerre et des crimes contre l'humanité en droit pénal international », *in RGDIP,* 1941-45, pp.129-165, p.135.

625 Pour le TPIY *« tant la vie que l'intégrité corporelle sont des valeurs protégées de diverses manières par le droit international humanitaire. Certaines atteintes à l'un ou l'autre de ces intérêts protégés sont tenues pour des crimes en droit international coutumier. C'est notamment*

En ce qui concerne la protection de la dignité humaine par l'interdiction des crimes contre l'humanité et les crimes de génocide, elle a fait l'objet d'une grande réflexion doctrinale. Sur l'impact de l'acte d'un responsable des crimes contre l'humanité et de génocide sur la société internationale, Jean Pierre DELMAS-SAINT HILAIRE souligne que la spécificité de ces crimes *« tient à ce qu'ils refusent de reconnaitre à leurs victimes leur qualité d'êtres humains, les ravalant au rang de choses et de bêtes, consommant ainsi une atteinte délibérée à la dignité humaine. On ne saurait trop insister sur ce point : le « bien juridique » que protègent des incriminations du droit commun telles que le meurtre, la séquestration... est la vie, l'intégrité physique des personnes, leurs libertés... »*[626]. Mais, ce qu'il ne faut pas oublier de mentionner c'est que une atteinte grave et massive à la dignité de l'homme ne peut que heurter l'ensemble de l'humanité[627]. On comprend donc tout le lien entre la protection de la dignité humaine et celle de l'humanité.

La protection de l'humanité contre des crimes tels que le génocide et le crime contre l'humanité découle du fait que ceux-ci sont dirigés contre ce qui constitue l'essence même du genre humain ; dans la mesure où ils *« s'attaquent au principe fondamental de la diversité qui appartient à la constitution de l'univers humain »*[628]. Lorsqu'un criminel commet des crimes contre l'humanité ou de génocide, ce ne sont plus seulement les individus qui sont touchés ; car à partir de ce moment-là c'est toute la société internationale qui se sent impliquée. La raison à cela c'est que de tels crimes s'attaquent en réalité à l'humanité qui est un bien juridique que la communauté internationale

le cas du meurtre, des traitements cruels et de la torture » ; affaire *Procureur c. Vasiljevic*, IT-98-32, Jugement, Chambre de première instance II du TPIY, 29 novembre 2002, §195. Voir aussi, affaire *Procureur c. Furundzija*, IT-95-17/1, Jugement, Chambre de première instance II du TPY, 10 décembre 1998, §162 ; ici, le TPIY précise *« qu'il faut également ranger parmi les buts éventuels de la torture celui d'humilier la victime. Cette idée trouve sa justification dans l'esprit général du droit international humanitaire : l'objectif principal de ce corps de règles est de préserver la dignité de l'homme ».*

626 DELMAS-SAINT-HILAIRE Jean-Pierre, « La définition juridique de la complicité de crime contre l'humanité au lendemain de l'arrêt de la Chambre criminelle du 23 janvier 1997 », *in Dalloz,* 1997, pp.249-254, p.250.

627 Pour Alain FINKIELKRAUT *« le concept de dignité attribue à chaque personne, en vertu même de son humanité, une valeur intrinsèque et absolue »* ; lire FINKIELKRAUT Alain, *L'humanité perdue-Essai sur le XXème siècle*, Seuil, Paris, 1996, 170 p., p.86.

628 PELLA Vespasien, « Fonctions pacificatrices du droit pénal supranational et fin du système traditionnel des traités de paix », *in RGDIP*, 1947, pp.1-27, note 126, p.18.

des Etats a pour mission de protéger[629]. Tout le monde s'accorde d'ailleurs à dire que les crimes contre l'humanité de même que le génocide, *« n'atteignent pas l'individu considéré isolément, mais l'individu en tant que membre d'une collectivité »*[630].

Mais, la collectivité humaine *« embrasse les peuples et les individus au-delà de leurs regroupements nationaux »*[631]. C'est pourquoi, on utilise à dessein le concept de société internationale, cette *« société œcuménique »*[632] qui englobe l'ensemble des Nations et l'humanité tout entière. Pour la communauté internationale, les normes interdisant les crimes de droit international sont des normes de *jus cogens* au sens de l'article 53 de la Convention de Vienne de 1969 sur le droit des traités[633]. D'ailleurs, la jurisprudence internationale affirme que : *« la plupart des normes du droit international humanitaire, notamment celles qui prohibent les crimes de guerre, les crimes contre l'humanité et le génocide, sont des normes impératives du droit international ou jus cogens »*[634]. C'est pourquoi, on considère que ces normes portent sur des exigences qui revêtent par nature un caractère *erga omnes* puisqu'elles n'admettent *« pas d'obligations*

---

[629] MESEKE dit à ce sujet que *« l'élément caractéristique des crimes contre l'humanité, l'attaque généralisée et systématique dirigée contre une population civile protège donc en premier lieu un bien de droit supra-individuel, à savoir l'humanité »* ; MUSEKE. S, « La contribution de la jurisprudence des tribunaux pénaux internationaux pour l'ex-Yougoslavie et le Rwanda à la concrétisation de l'incrimination du crime contre l'humanité », *in* CHIAVORIO Mario, (dir.), *La justice pénale internationale, entre passé et avenir*, Giuffrè Editore, Milan, 2003, pp.173-222, p.179. Pour Anne-Laure VAURS CHAUMETTE *« le droit international à travers l'incrimination du génocide et du crime contre l'humanité a pour objectif la préservation de l'humanité »* ; VAURS CHAUMETTE Anne-Laure, *Les sujets du droit international pénal, Vers une nouvelle définition de la personnalité juridique internationale*, *op. cit,* p.198.

[630] PELLA Vespasien.., « Fonctions pacificatrices du droit pénal supranational et fin du système traditionnel des traités de paix », *op. cit,* note 126, p.18.

[631] DUPUY René-Jean, *La communauté internationale entre le mythe et l'histoire*, Economica, Paris, 1986, 182 p., note 211, p.159.

[632] SCELLE Georges, « Règles générales du droit de la paix », *in RCADI,* 1933-IV, t. 46, pp.327-703, p.342.

[633] L'article 53 de la Convention de Vienne sur le droit des traités intitulé « Traités en conflit avec une norme impérative du droit international général *(jus cogens) »,* dispose *« qu'une norme impérative du droit international général est une norme acceptée et reconnue par la communauté internationale des Etats dans son ensemble en tant que norme à laquelle aucune dérogation n'est permise et qui ne peut être modifiée que par une nouvelle norme du droit international général ayant le même caractère ».*

[634] *Procureur c. Kupreskic et consorts,* IT-95-16, Jugement, Chambre de première instance Iidu TPIY, 14 janvier 2000, §520.

synallagmatiques c'est-à-dire fondées sur la réciprocité (...). Elles sont conçues pour sauvegarder des valeurs humaines fondamentales »[635]. On peut dès lors, comprendre le besoin de la société internationale et en particulier des Etats qui la composent, de poursuivre le criminel international. Plus que jamais, la maxime *aut dedere aut judicare* qui s'applique notamment aux Etats africains, sera invoquée comme argument permettant de sanctionner la remise en cause d'un intérêt collectif par un criminel dont le comportement est un élément justifiant la réprobation pénale de la société nationale ou internationale.

2. Le comportement du criminel comme élément justifiant une réprobation pénale de la société nationale ou internationale

155.-Réflexion préliminaire. La société ne peut manquer de réprimer un comportement qui méconnait les règles les plus fondamentales imposées par les autorités compétentes, et qui sont indispensables à l'harmonisation des rapports sociaux[636]. Ceci est d'autant plus vrai dans les Etats africains que ceux-ci sont souvent victimes d'instabillité politique que le phénomène criminel peut contribuer à exacerber. Bien sûr, non seulement la réaction de la société doit avoir une fonction téléologique, avec comme finalité la protection de l'ordre social, mais aussi elle ne peut sanctionner qu'un individu qui adopte intentionnellement un comportement illicite. Il ne suffit donc pas qu'un intérêt juridique soit remis en cause, encore faudrait-il que le comportement incriminé repose sur la volonté ou la pleine conscience de violer les règles juridiques établies par la société. On sait en effet qu'aussi bien en droit national qu'en droit international, un crime n'est constitué que si les éléments matériel et psychologique sont réunis.

156.-Eléments constitutifs du crime entrainant la réprobation sociale. Pour les juristes spécialistes des droits romano-germaniques y compris africains, *« deux choses sont nécessaires à l'existence de l'infraction : la perpétration du fait d'action ou d'inaction prévue et punie par la loi ; la culpabilité de l'agent auquel ce fait est imputable »*[637]. Dans les pays

---

[635] *Procureur c. Kupreskic et consorts*, IT-95-16, Décision relative aux éléments de preuve portant sur la moralité de l'Accusé et le moyen de défense de *« tu quoque »*, Chambre de première instance du TPIY, 17 février 1999. Aussi dans la même affaire, voir le jugement de la Chambre de première instance du TPIY, 14 janvier 2000, § 23.

[636] BOULOC Bernard, *Droit pénal général*, 23ème édition Dalloz, Paris, août 2013, 742 p., p.16.

[637] GARRAUD René, *Traité théorique et pratique du droit pénal français*, 3ème éd., Sirey, Paris, 1913-1953, vol. 1, p.289. Dans le même ordre d'idée, voir PRADEL Jean, *Manuel de droit*

de tradition *Common Law,* la jurisprudence estime qu'il *« existe un principe cardinal du droit criminel, exprimé par la maxime Actus non facit reum nisi sit rea »*[638] qui voudrait qu'un acte ne rende un individu légalement coupable que si son esprit est lui aussi blâmable. Ainsi, le code pénal kenyan prévoit que : *« a person is not criminally responsible for an act or omission which occurs independently of the exercise of his will, or for an event which occurs by accident »*[639]. De même, en droit international pénal, le TPIR a retenu l'idée que le comportement d'un criminel ne peut être considéré comme un crime international que s'il y a *« le concours de deux éléments, en l'occurrence la mens rea (...) et l'actus reus »*[640].

Il est certain que très souvent, le crime qui fait l'objet d'une réprobation sociale consiste en l'accomplissement d'un acte d'exécution ou *actus reus*. Il ne pouvait en être autrement car *« pour qu'une infraction soit constituée, il est indispensable que l'agent se soit manifesté par une attitude extérieure »*[641]. L'intention coupable se manifeste donc plus aisément par le truchement d'un acte. Un comportement qui repose sur une intention ou dol criminel qui constitue l'élément moral d'un crime[642], justifiera le statut de criminel d'un individu et la nécessité pour la société nationale ou internationale de le sanctionner. Toujours est-il que le droit international pénal

---

pénal général, 17ème édition. Editions Cujas, Paris, 2008-2009, 836 p., note 14 ; DESPORTES Frédéric, LE GUNEHEC Francis, *Droit pénal général*, 16ème édition, Economica, Paris, septembre 2009, 1248 p. Toutefois, pour certains auteurs tels que Roger MERLE et André VITU, l'élément moral ou psychologique, c'est-à-dire la culpabilité, doit être exclu des composantes de l'infraction pénale.

638 Voir *Youghusband v. Luftig*, Cour du Banc du Roi, 1949, 2KB, 354, 370, cité par PRADEL Jean, *Droit pénal comparé*, 3ème éd. Dalloz, Paris, 2008, 892 p., p.62.

639 *« Une personne n'est pas pénalement responsable d'un acte ou une omission qui se produit indépendamment de l'exercice de sa volonté, ou pour un événement qui se produit par accident »*, article 9-1 du code pénal kenyan.

640 *Procureur c. Kayishema, Ruzindana*, ICTR-95-1, Jugement, Chambre de première instance II du TPIR, 21 mai 1999, §90.

641 PRADEL Jean, *Manuel de droit pénal général, op. cit.* note 14, p.343.

642 Au sens étymologique, l'intention (intendere) est une volonté orientée vers un but. En droit pénal, l'intention criminelle ou dol criminel est la volonté orientée vers un objectif interdit par la loi. Pour la doctrine classique représentée notamment par Emile Garçon (Code pénal annoté, 1ère édition, article I, n°77), l'intention criminelle réside essentiellement dans la connaissance ou la conscience chez l'agent qu'il accomplit un acte illicite. Plus précisément, l'intention repose sur la volonté d'accomplir un acte que l'on sait défendu par la loi pénale ou de s'abstenir d'un acte que l'on sait ordonné par la loi. Toutefois, dans une conception plus réaliste de l'intention défendue par les positivistes, celle-ci n'est pas une volonté abstraite, mais une volonté déterminée par un motif ou un mobile. Mais à cette dernière conception, le droit français a préféré la conception classique dans laquelle l'intention est tout à fait différente du mobile.

par exemple incrimine *« un comportement humain, une conduite, une attitude au cours d'une situation déterminée »*[643].

Toutefois, il faut bien préciser que le comportement d'un criminel peut consister soit en une action soit en une omission.

157.-Réprobation d'un crime par action ou par omission. Le TPIY a déclaré que pour considérer *« qu'un accusé a commis un crime, il faut qu'il ait pris part personnellement et matériellement (...) à l'acte criminel en question ou se soit rendu coupable d'une omission ayant entrainé ce crime (s'il est établi qu'il avait obligation d'agir) (...) »*[644]. S'inspirant du droit pénal moderne interne, le droit international pénal considère que le comportement d'un criminel pouvant heurter les intérêts de la société peut être le fait soit d'un délit d'action, soit d'un délit d'inaction[645], tout en sachant que l'action couvre *« la perpétration physique d'un crime par l'auteur lui-même »*[646] alors que le délit d'inaction fait référence *à « l'omission coupable d'un acte requis en vertu d'une règle de droit pénal »*[647]. Ainsi, le meurtre et le viol par exemple relèvent des délits d'action tandis que le fait pour un supérieur hiérarchique de s'abstenir d'ordonner à ses subordonnés de cesser le massacre de populations civiles dont il a connaissance, peut constituer un délit d'inaction.

Mais il est vrai que la plupart du temps, le droit international pénal considère qu'un criminel est celui qui adopte un *« comportement pénal actif»*[648] ou qui commet *« positivement un acte prohibé par la loi »*[649]. Le droit international pénal préfère en effet sanctionner les actes positifs. Ceux-ci sont

---

643 MERLE Roger, VITU André, *Traité de droit criminel*, 7ème édition, Editions Cujas, Paris, 1997, tome1, 1068 p., note 1, p.611.

644 Voir notamment, *Procureur c. Simic et consorts*, IT-95-9, Jugement, Chambre de première instance I du TPIY, 17 octobre 2003, § 137 ; *Procureur c. Stakic*, IT-97-24, Jugement, Chambre de première instance II du TPIY, 31 juillet 2003,§ 439 ; *Procureur c. Naletilic et Martinovic*, IT-98-34, Jugement, Chambre de première instance I du TPIY, 31 mars 2003, § 62 ; *Procureur c. Vasiljevic*, IT-98-32, Jugement, Chambre de première instance II du TPIY, 29 novembre 2002, §62.

645 Au Rwanda par exemple, l'article 1er du code pénal dispose que : *« L'infraction est une action ou une omission qui se manifeste comme une atteinte à l'ordre social et que la loi sanctionne par une peine».*

646 *Procureur c. Tadic*, IT-94-1, Jugement, Chambre de première instance II du TPIY, 7 mai 1997, §188 repris par *Procureur c. Galic*, IT-98-29, Jugement, Chambre de première instance I du TPIY, 5 décembre 2003, §168.

647 *Procureur c. Tadic*, IT-94-1, Arrêt, Chambre d'appel du TPIY, 15 juillet 1999, §188.

648 MERLE Roger, VITU André, *Traité de droit criminel, op. cit.*, note 1, p.611.

649 PRADEL Jean, *Manuel de droit pénal général, op. cit.*, note 14, p.344.

en général des homicides constitutifs de meurtre[650] ou d'assassinat, ou encore d'extermination lorsqu'ils sont commis à grande échelle. Ils peuvent aussi porter sur la torture qui est constituée par le fait *« d'infliger (...) une douleur ou des souffrances aiguës, physiques ou mentale »*[651], ou sur le viol[652], la prise d'otage[653], la réduction en esclavage[654], la déportation ou le transfert forcé de populations[655], la destruction ou l'appropriation des biens culturels ou religieux[656].

Pourtant, le criminel peut aussi être celui qui a omis d'agir. Seulement, la notion d'omission n'est pas sans susciter des problèmes en droit pénal. On estime d'ailleurs que *« d'un point de vue ontologique, le délit d'inaction est le néant. Il n'y a aucune évaluation empirique possible de ce rien de telle sorte qu'il ne peut être appréhendé qu'au niveau normatif »*[657]. C'est pourquoi, le fait de ne pas agir n'est illégal que s'il existe une injonction juridique de se comporter autrement[658]. Ainsi l'article 8 alinéa 1er du code pénal botswanais

---

650 Le meurtre se *« définit comme l'homicide commis avec intention de donner la mort »*, *Procureur c. Jelisic*, IT-95-10, Jugement, Chambre de première instance I du TPIY, 14 décembre 1999, §35 ; *Procureur c. Akayesu*, ICTR-96-4, Jugement, Chambre de première instance I du TPIR, 2 septembre 1998, §589.

651 *Procureur c. Furundzija*, IT-94-17/1, Jugement, Chambre de première instance II du TPIY, 10 décembre 1998, § 162 (i) ; article 7, paragraphe 1, alinéa f des Eléments des Crimes.

652 *« Le crime de viol est constitué par i) la pénétration sexuelle, fût-elle légère : a) du vagin ou de l'anus de la victime par le pénis du violeur (...) »*, *Procureur c. Kunarac et consorts*, IT-96-23&23/1, Jugement, Chambre de première instance II du TPIY, 22 février 2001, §437. Pour les différents actes constitutifs de viol voir article 7§1-g, des Eléments des Crimes.

653 La prise d'otage est le fait de priver de manière illégale les personnes de leur liberté et à formuler des *« exigences assorties de menaces visant le bien-être physique ou moral »* des personnes, *Procureur c. Kordic et Cerkez*, IT-95-14/2, Jugement, Chambre de première instance III du TPIY, 26 février 2001, §313.

654 La reduction en esclavage est le fait d'*«exercer sur une personne l'un quelconque ou l'ensemble des attributs du droit de propriété »*, *Procureur c. Kunarac et consorts*, IT-96-23&23/1, Jugement, Chambre de première instance II du TPIY, 22 février 2001, §§539-540. Voir Eléments des Crimes à l'article 7§1-c.

655 L'infraction est consommée lorsque le criminel a transporté *« de force, sans motif admis en droit international, une ou plusieurs personnes dans un autre Etat ou dans un autre lieu, en les expulsant ou par d'autres moyens coercitifs »*, article 7§1-d, des Eléménts des Crimes.

656 Article 8§2-a, iv, des Eléments des Crimes.

657 SCIOTTI-LAM Claudia, *Les sujets du droit international pénal, Vers une nouvelle définition de la personnalité juridique internationale*, *op. cit.*, p.322.

658 GLASER Stefan, *Infraction internationale-Ses éléments constitutifs et ses aspects juridiques, exposé sur la base du droit pénal comparé*, LGDJ, Paris, 1957, 225 p., note 2, p.16. Voir aussi *Procureur c. Haradinaj et consorts,* IT-04-84, Jugement, Chambre de première

dispose par exemple que : *« a person is not criminally responsible for an act or omission which occurs independently of the exercise of his will, or for an event which occurs by accident »*[659].

Néanmoins, l'obligation juridique d'agir sous peine de se voir imputé une infraction d'inaction existe bien en droit international pénal. L'auteur de l'infraction d'inaction sera donc considéré comme un criminel dont le comportement porte atteinte à un intérêt juridique de la société internationale. Le comportement d'un individu qui consiste en une simple abstention peut dès lors être constitutif de crime de guerre, de crime contre l'humanité ou de crime de génocide.

Au sujet des crimes de guerre, les Conventions de Genève considèrent que l'absence de procès équitable constitue une violation grave[660], de même que la privation de nourriture qui provoque la famine[661], ou encore la privation de soins médicaux[662]. Ces comportements que l'on qualifie de sous-infractions sont consignés dans l'article 8 du Statut de la CPI. Aussi, les autres sous-infractions de cet article à savoir les *« autres actes inhumains »* ou *les « atteintes à la dignité de la personne »* sont considérées comme supplétives et peuvent permettre de déterminer le cas échéant, d'autres cas de crimes par omission.

Au reste, en 1998, le TPIY a considéré que *« les traitements inhumains impliquent des actes ou des omissions qui causent de graves souffrances physiques ou morales ou portent gravement atteinte à l'intégrité physique ou*

---

instance I du TPIY, 3 avril 2008, §141 : *« liability may also attach to omissions, where there is a duty to act »*.

[659] Voir dans le même sens l'article 9 al. 1er du code pénal kényan.

[660] Article 130 de la IIIème Convention de Genève et article 147 de la IVème Convention de Genève.

[661] Article 54 du Protocole additionnel I et article 14 du protocole additionnel II. Les auteurs estiment que cette dernière disposition prévoit que *« l'omission peut également provoquer la famine. Décider délibérément de ne pas prendre de mesures pour approvisionner une population en biens indispensables pour survivre deviendrait alors en quelque sorte une méthode de combat par abstention, interdite au sens de cet article »*, *in* SANDOZ Yves, SWINARSKI Christophe, ZIMMERMANN Bruno (dir.), *Commentaire des Protocoles additionnels du 8 juin 1977 aux Conventions de Genève du 12 août 1949*, Martinus Nijhoff Publishers, Genève, 1986, 1647 p., commentaire du Protocole II, §4800.

[662] Article 12§2, de la Ière Convention de Genève et article 12§2, de la IIème Convention de Genève ; article 13§2, de la IIIème Convention de Genève qui dispose que *« tout acte ou omission de la part de la Puissance détentrice entraînant la mort ou mettant gravement en danger la santé d'un prisonnier de guerre en son pouvoir est interdit et sera considéré comme une grave infraction »*.

mentale ou à la dignité humaine »[663]. Il faut relever que dès la fin de la Seconde Guerre mondiale, les Tribunaux militaires alliés se sont prononcés sur des crimes de guerre par omission. Ainsi, la Cour militaire britannique de Wuppertal en Allemagne a conclu que les accusés avaient violé les Conventions de Genève en refusant *« to provide satisfactory medical attention for prisoners »*[664]. Dans tous les cas, *« l'obligation pénale d'agir »*[665] est incontestable en matière de crimes de guerre.

La réalité est plus complexe en ce qui concerne le cas des crimes contre l'humanité ou les crimes de génocide, les instruments internationaux ne prévoyant *a priori* aucune possibilité qu'ils soient la conséquence d'une inaction. On peut donc penser que pour ces infractions, le criminel est toujours l'auteur d'un acte positif. Pourtant, les TPI ont défendu dans leur jurisprudence une position contraire. Ils ont en effet conclu que des sous-infractions tels que l'homicide, la persécution, l'extermination…, pouvaient être le fait d'une omission.

Dans l'espèce Akayesu, le TPIR a estimé que pour que l'homicide, sous-infraction du crime contre l'humanité soit retenue, il faut que la mort résulte *« d'un acte illégal ou d'une omission illégale »*[666]. En ce qui concerne le génocide, le comportement du criminel peut consister en *« la soumission intentionnelle du groupe à des conditions d'existence devant entraîner sa destruction physique totale ou partielle (...), la soumission du groupe à un régime de famine, (...) et la privation des soins médicaux. De même, on peut citer la création de conditions entraînant une mort lente, comme la privation de logement et de vêtements adéquats (...) »*. Mais, certains on pu considérer que les exemples sus-évoqués ne constituent pas des omissions *stricto*

---

663 *Procureur c. Mucic et consorts*, IT-96-21, Jugement, Chambre de première instance II quater du TPIY, 16 novembre 1998, §442.

664 *Killinger and Others,* Cour militaire britannique de Wuppertal, Allemagne, 3 décembre 1945, ILR, vol. 13, Case n°120, p.290. Toujours à propos des infractions par omission, la Cour martiale temporaire des indes néerlandaises avait condamné à mort un capitaine de l'armée japonaise au motif que celui-ci avait maltraité les prisonniers de son camp *« supplying them with insufficient food, drinking and washing water (...) depriving them of food for three days at a time »* ; Sone Kenitji, Cour martiale temporaire de Batavia, Indes Néerlandaises, 14 août 1946, ILR, vol. 13, Case n°125, p.300.

665 MERLE Roger, VITU André, *Traité de droit criminel, op. cit.*, note 1, p.613.

666 *Procureur c. Akayesu*, ICTR-96-4, Jugement, Chambre de première instance I du TPIR., 2 septembre 1998, §589. La Chambre de première instance étend d'ailleurs ce principe à l'extermination et à la torture.

sensu[667]. Ils passent plutôt pour être des actes de commission par omission c'est-à-dire *« le non empêchement volontaire d'un résultat prohibé»*[668]. Dans ce cas, le criminel ne s'oppose pas qu'à une norme qui impose une action, comme cela est reconnu en matière d'omission mais, il *« occasionne un effet prohibé par son inaction »*[669]. Par conséquent, les omissions des crimes contre l'humanité et des crimes de génocide sont des commissions par omission, car la sous-infraction qui constitue les crimes est commise par l'omission.

Au final, le criminel aura foulé au pied non pas une norme prescriptive, mais une norme prohibitive comme c'est généralement le cas en droit pénal interne. Ainsi, alors que les délits d'inaction constitutifs de crimes de guerre sont considérés comme une violation grave des prescriptions des Conventions de Genève, ils apparaissent en cas de crimes contre l'humanité ou de génocide, plutôt comme étant des comportements prohibés en droit international puisque dans ce cas *« l'omission équivaut pénalement à une commission »*[670].

Quoiqu'il en soit, le plus important c'est de retenir que la sanction d'un criminel découle du fait que celui-ci par son comportement a porté atteinte, ou a même tout simplement voulu porter atteinte aux intérêts de la société. Sur ce dernier point, il faut d'ailleurs relever le fait qu'en droit pénal moderne, le préjudice n'a pas à être effectif, puisque *« l'éventualité d'un préjudice »*[671] peut suffire à caractériser une infraction qui est alors dite tentée. La tentative de crime reprouvée en droit interne[672], est bien sanctionnée en droit international, comme le prouve à la fois les textes[673] et la jurisprudence[674]. La tentative s'explique par le fait que *« le résultat recherché par l'agent ne se produit pas, bien que tous les actes d'exécution aient été*

---

[667] Voir SCIOTTI-LAM Claudia, *Les sujets du droit international pénal, Vers une nouvelle définition de la personnalité juridique internationale, op. cit.*, p.325.

[668] GLASER Stefan, *Infraction internationale-Ses éléments constitutifs et ses aspects juridiques, exposé sur la base du droit pénal comparé, op. cit.*, note 2, p.15.

[669] *Ibid.*, p.16.

[670] MERLE Roger, VITU André, *Traité de droit criminel, op. cit.*, note 1, p.612.

[671] *Ibid.*, note 1, p.654.

[672] Sur les infractions tentées lire notamment l'article 9 du code pénal camerounais, l'article 3 du code pénal malien et l'article 24 du code pénal ivoirien.

[673] La Convention contre le génocide de même que les Statuts des TPI, incriminent la tentative de génocide. Voir article III-d, de la Convention de 1948 ; article 4§3-d du Statut du TPIY ; article 2§3-d du Statut du TPIR.

[674] Pour une tentative d'assassinat commis contre les civils en 1992, voir *Procureur c. Mrda*, audience du 31 mars 2004, Chambre de première instance I du TPIY, p.201, lignes 8-10.

accomplis »[675] . Il s'agit d'une infraction manquée, selon la phraséologie juridique française qui a été transposée dans les Etats d'Afrique francophone[676].

De plus, il faut relever qu'en plus des infractions matérielles, le comportement du criminel peut déboucher sur des infractions purement formelles. Pour les premières, Stéphane GLASER rappelle que *« la notion d'acte exige un résultat : l'apparition d'un changement dans le monde extérieur (...). Ce résultat forme une partie intégrante de l'acte »*[677]. Dans ce cas, pour qualifier un acte d'assassinat, il faudrait qu'il ait effectivement provoqué la mort. Les secondes à savoir les infractions formelles sont des actes de mise en péril, qui sont liés à un comportement, une attitude dont les conséquences ne sont pas prises en compte. On est ici en présence de *« l'incrimination d'une attitude ou d'un comportement dangereux sans portée dommageable immédiate et effective »*[678].

Le Statut de Rome de la CPI a retenu quelques comportements pouvant être considérés comme des sous-infractions formelles. Il s'agit par exemple du *« fait d'employer du poison ou des armes empoisonnées »*[679], ou *« le fait d'employer des gaz asphyxiants, toxiques ou similaires, ainsi que tous les liquides, matières ou procédés analogues »*[680], *« le fait d'utiliser des balles qui s'épanouissent ou s'aplatissent facilement dans le corps humain »*[681], *« le fait d'employer les armes, projectiles, matières et méthodes de guerre de nature à causer des maux superflus »*[682].

Au-delà de toutes ces énumérations, ce qui importe c'est de retenir le fait qu'aussi bien le droit pénal moderne national que le droit international pénal, mettent un point d'honneur à définir avec la plus grande clarté et la plus

---

675 PRADEL Jean, *Manuel de droit pénal général*, *op. cit.*, note 14, p.366.

676 Voir à titre d'illustration, l'article 121-5 du code pénal français, et l'article 94 du code pénal camerounais qui dispose que *« toute tentative manifestée par un acte tendant à l'exécution d'un crime ou d'un délit et impliquant sans équivoque l'intention irrévocable de son auteur de commettre l'infraction, si elle n'a pas été suspendue ou si elle n'a pas manqué son effet que par des circonstances indépendantes de la volonté de son auteur, est considéré comme le crime ou le délit lui-même »*.

677 GLASER Stefan, *Infraction internationale-Ses éléments constitutifs et ses aspects juridiques, exposé sur la base du droit pénal comparé, op. cit.*, note 2, p.12.

678 MERLE Roger, VITU André, *Traité de droit criminel, op. cit.*, note 1, p.649.

679 Article 8§2-b, xvii, du Statut de Rome.

680 Article 8§2-b, xviii, du Statut de Rome.

681 Article 8§2-b, xix, du Statut de Rome.

682 Article 8§2-b, xx, du Statut de Rome.

grande précision, le phénomène criminel. Ce n'est d'ailleurs pas l'unique point commun entre ces différents ordres juridiques, puisqu'on a remarqué que tous les systèmes criminels y compris les droits pénaux modernes africains, reconnaissent à l'instar du droit international pénal, l'existence d'un ordre pénal bipolaire pouvant favoriser la diffusion du second chez les premiers.

§2. **La reconnaissance commune d'un ordre pénal moderne bipolaire**[683]

158.-Fondements de la bipolarité de l'ordre pénal moderne. La bipolarité de l'ordre pénal moderne est surtout liée à la friction qui existe entre le vieux couple *a priori* mal assorti, de *«sécurité/liberté »*[684]. L'opposition entre la sécurité et la liberté a souvent été considérée comme allant de soi en droit pénal, tant les deux notions apparaissent comme étant dichotomiques. Ainsi, pendant des siècles, on a considéré que le droit pénal était surtout le droit de la sécurité intérieure de l'Etat, et dans ce sens était rattachable au droit de l'organisation de l'Etat à savoir le droit public. Il fallait à tout prix garantir la sécurité et la paix sociale et à ce titre, le droit pénal devait *« inspirer la crainte des méchants et assurer la sécurité des bons citoyens »*[685].

Au reste, aujourd'hui encore l'internationalisation du droit pénal sous l'égide de l'ONU vise à mettre sur pied les gardes-fous qui sont censés contribuer au maintien de la sécurité internationale. La liberté quant à elle a fait son incursion en droit pénal grâce aux penseurs du siècle des lumières et en particulier le marquis de BECARRIA et son fameux traité intitulé *« De la légalité des délits et des peines »*[686] paru en 1764 qui a été une incontestable source d'inspiration pour les rédacteurs de la Déclaration des Droits de l'Homme et du Citoyen du 26 août 1789. Il est aussi important de signaler que progressivement en droit pénal, la notion de liberté est devenue synonyme de droit de l'homme ; concept qui a été érigé en principe de portée universelle

---

683 Mireille DELMAS-MARTY a pu développer le concept d' *« espace pénal européen bipolaire ».* Voir son ouvrage *Le pluralisme ordonné, Les forces imaginantes du droit (II),* Editions du Seuil, février 2006, 304 p., p.155ss.

684 Lire DELMAS-MARTY Mireille, *op. cit.*, p.155ss

685 JEANCLOS Yves, *Droit pénal européen, Dimension historique*, Editions Economica, Paris, juin 2009, 581 p., p.17.

686 BECCARIA Cesare, *De la légalité des délits et des peines,* ouvrage paru en 1764.

depuis la fin de la Seconde Guerre mondiale[687]. En réalité la dichotomie entre sécurité et liberté ou plutôt droit de l'homme, est devenue au fil du temps très relative en droit pénal, car cette discipline vise à instaurer un ordre qui soit à la fois garant de la sécurité nationale ou internationale **(A)** et protecteur des droits de l'homme **(B)**.

A- L'ordre pénal moderne garant de la sécurité nationale ou internationale

159.-Plan. Le droit pénal qui pendant très longtemps était l'apanage des systèmes juridiques nationaux, revêt aujourd'hui une forte dimension internationale ; puisqu'avec le temps, il a fallu en plus de la sécurité nationale **(1)** prendre en compte la sécurité internationale **(2)**.

1. Le droit pénal moderne et la sécurité nationale

160.-Importance de la sécurité pour les Etats modernes. La protection de la sécurité nationale a été de tout temps une préoccupation du droit pénal. Pour les Etats modernes en effet, l'accent doit être mis sur la sécurité de la Nation, sur son indépendance, sur l'intégrité de son territoire, sur la protection de la population ou encore la préservation de la Nation[688]. Il est important de pouvoir mettre sur pied un dispositif juridique efficace de sécurité et même de défense *« afin de garantir un développement humain satisfaisant dans une société pacifique »*[689].

---

[687] Sur la question, il suffit de se référer aux différents textes censés protéger les droits de l'homme à l'instar de la Déclaration Universelle des Droits de l'Homme de 1948, des deux Pactes de 1966, ainsi que les autres textes internationaux et régionaux portant sur les droits de l'homme.

[688] Certains Etats ont prévu des sanctions pour des actes qui portent directement atteinte à la sécurité. Ainsi est-il fréquent d'interdire les atteintes à la défense nationale (articles 96 et ss du code pénal burkinabè), l'attroupement armé (article 233 du code pénal camerounais), les crimes portant atteinte à la sécurité intérieure de l'Etat ou à l'intégrité du territoire, par la guerre civile, l'emploi illégal de la force armée, la dévastation et le pillage public (articles 47 et ss du code pénal malien), la trahison et les crimes contre l'Etat (chapitre VI du code pénal ougandais), les crimes portant atteinte aux relations avec les Etats étrangers et la sécurité externe de l'Etat (chapitre VIII du code pénal tanzanien).

[689] JEANCLOS Yves, *Droit pénal européen, Dimension historique, op. cit.,* p.330.

Pour la plupart des Etats y compris les Etats africains, le droit pénal moderne aura pour fonction de doter le pays des moyens de puissance publique lui permettant de garantir la sécurité intérieure et la sécurité extérieure[690]. Il ne pouvait en être autrement, car l'Etat en tant que garant du Contrat social doit donner à la population les gages de la sécurité à laquelle elle aspire[691]. Par ailleurs, Thomas HOBBES[692] défendait à juste titre l'idée selon laquelle du maintien de la sécurité dans un pays dépendait la légitimité du pouvoir politique dans la mesure où, une insécurité généralisée ne peut que sonner le glas des institutions d'un Etat, qui serait alors condamné à disparaitre.

Le législateur pénal joue donc un rôle d'une importance capitale puisqu'il participe à la définition des objectifs de réalisation d'un Etat moderne. La loi pénale a pour principale fonction de rassurer la population qui devra vivre en toute quiétude, avec l'assurance d'une sécurité collective même apparente[693]. Aussi, la protection des intérêts fondamentaux de l'Etat est garantie par le droit pénal qui participe à l'organisation de la coercition légitime qui est nécessaire au maintien de l'ordre social.

De plus, la notion d'*« intérêts fondamentaux »* de l'Etat n'ayant en réalité aucun contenu précis, la marge de manœuvre du législateur pénal s'en trouvera donc élargie. Bien sûr, le législateur pénal c'est d'abord et avant tout le pouvoir politique qui dans les systèmes juridiques et politiques africains par exemple considère en général que l'ordre public et la sécurité doivent prendre le pas sur les droits de l'homme. Les Etats africains estiment que les valeurs de référence qui permettent d'assurer l'ordre social et politique, doivent être maintenues par un système pénal draconien qui permettra de préserver la sécurité morale, religieuse et culturelle[694]. Dans un tel contexte, le droit pénal

---

690 Quoiqu'il en soit, il ne faut pas confondre la sécurité avec concept plutôt ancien de sûreté. Pour l'article 8 de la DDHC de 1793, *« la sûreté consiste, dans la protection accordée par la société à chacun de ses membres pour la conservation de sa personne, de ses droits et de ses propriétés »*.

691 Les réflexions de Thomas HOBBES dans son ouvrage le Leviathan paru en 1651, permettent de mieux comprendre le lien qui peut exister entre un contrat social et le besoin de sécurité au sein d'un Etat.

692 Lire HOBBES Thomas, *Le Léviathan, Traité de la matière, de la forme et du pouvoir ecclésiastique et civil,* paru en 1651.

693 Il est constant que la sécurité absolue n'existe pas au sein d'un Etat où le risque d'insécurité peut varier d'un système politique à un autre. En réalité, en général dans un Etat, la loi pénale est d'autant plus drastique que l'insécurité est grande.

694 La plupart des systèmes pénaux africains notamment ceux des pays du maghreb visent à préserver un ordre moral et religieux qui peut être celui de l'Islam.

se doit d'abord et avant tout d'être efficace, et évite par conséquent de s'encombrer de principes qui peuvent être fort éloignés des exigences de sécurité publique qui fait l'objet d'une conception particulière.

161.-Particularité de la notion de sécurité dans les ordres pénaux modernes africains. Le droit pénal moderne africain a dès les origines pour mission de garantir la paix et la sécurité des populations qui étaient loin d'être homogènes étant donné le fait que l'Afrique est un continent qui se caractérise par une forte hétérogénéité humaine ; car peuplée d'ethnies et de tribus différentes les unes des autres, mais dont le dessein colonial a condamné à vivre ensemble au sein des Etats modernes.

Dès lors, on comprend pourquoi l'unité nationale est vite devenue un leitmotiv dans les ordres pénaux modernes africains[695]. Il va sans dire que la préservation de l'unité nationale passe par l'instauration d'un ordre sécuritaire efficace, indispensable pour lutter contre la désagrégation et le morcellement des sociétés africaines parfois soumises à des tensions tribales soit larvées, soit ouvertes, mais toujours réelles[696]. Les populations qui sont d'origines ethniques différentes, doivent être contraintes à s'intégrer au sein des Etats-Nations encore en construction. Pour juguler tout risque de séparatisme qui plane comme un spectre malfaisant, la plupart des systèmes juridiques africains ont instauré des dispositions pour réprimer la sécession[697] ou la guerre civile[698]. A titre d'illustration l'article 11 de la Constitution angolaise du 21 janvier 2010 est consacré expressément à la paix et à la sécurité nationale. Les termes de cet article sont particulièrement intéressants puisqu'il est prévu que *« 1. La République d'Angola est une Nation à vocation pour la paix et le progrès, et c'est un devoir de l'État et un droit et une responsabilité de tous de garantir, dans le respect de la Constitution et de la loi, comme des conventions internationales, la paix et la sécurité nationale. 2. La paix a pour*

---

[695] Sur la question lire, COSTA-LASCOUX Jacqueline, « Le droit pénal, l'unité nationale et le développement économique », *in Archives de politique criminelle n°1, Centre de Recherches de Politique Criminelle*, Editions A. Pedone, Paris, 262 p., pp 93-118.

[696] Certains auteurs ont défendu l'idée selon laquelle le risque de morcellement des sociétés africaines résidait dans le fait que celles-ci étaient soumises à une forme de *« schizophrénie pernicieuse »*. Voir notamment NKRUMAH Kwame, *Consciencism*, Londres, Heinemann, 1964, p.57.

[697] L'article 111(1) du code pénal camerounais dispose qu'*« est puni d'emprisonnement à vie celui qui, en temps de paix, entreprend par quelque moyen que ce soit de porter atteinte à l'intégrité du territoire »* ; de plus, l'alinéa 2 du même article prévoit qu' *« en temps de guerre, d'état d'urgence ou d'exception, la peine est celle de mort »*.

[698] Article 112 du code pénal camerounais : *« est puni celui qui excite à la guerre civile en armant ou poussant les habitants à s'armer les uns contre les autres »*.

base le primat du droit et de la loi et vise à assurer les conditions nécessaires à la stabilité et au développement du Pays. 3. La sécurité nationale est fondée sur le primat du droit et de la loi, sur la valorisation du système intégré de sécurité et sur le renforcement de la volonté nationale, visant à garantir la sauvegarde de l'État et à assurer la stabilité et le développement, contre toute menace et risque ».

Les dirigeants africains essaient d'utiliser la sécurité comme le ciment d'une unité nationale qui s'articule autour de deux réalités indissociables à savoir : le peuple et l'Etat. Toutefois, il faut aussi tenir compte du fait que *« tantôt la race, tantôt la langue, tantôt le territoire, tantôt les souvenirs, tantôt les intérêts instituent diversement l'unité nationale d'une agglomération humaine organisée »*[699].

C'est pourquoi, en plus des sanctions visant à juguler les actes pouvant porter atteinte à l'unité géographique du pays, les codes pénaux africains instaurent des infractions visant à réprimer tout comportement pouvant être à l'origine de tout conflit entre les différents groupes humains de l'Etat. Ainsi, seront sévèrement condamnées, les infractions à caractère racial, régionaliste ou religieux[700]. Bien avant le Statut de Rome, l'article 77 ancien du code pénal centrafricain sanctionnait *« les propagandes en faveur de la ségrégation raciale, du génocide et tous actes réprouvés par la conscience humaine »,* preuve que la sécurité de l'Etat passait par la protection des populations[701]. Mais, c'est surtout la crainte d'une résurgence du phénomène tribal et des oppositions ethniques qui constituent un obstacle à l'unité nationale, qui a motivé les dirigeants africains à faire du droit pénal, l'outil par excellence de la garantie de la sécurité et de l'ordre publics.

---

[699] VALERY Paul, *Regards sur le monde actuel,* Paris, Gallimard, 1951, p.37.

[700] Voir article 132 du code pénal burkinabè du 13 novembre 1996, et article 58 du code pénal malien du 20 août 2001. Ce dernier article dispose que *« tout propos, tout acte de nature à établir ou à faire naître une discrimination raciale ou ethnique, tout propos, tout acte ayant pour but de provoquer ou d'entretenir une propagande régionaliste, toute propagation de nouvelles tendant à porter atteinte à l'unité de la Nation ou au crédit de l'Etat, toute manifestation contraire à la liberté de conscience et à la liberté de culte susceptible de dresser les citoyens les uns contre les autres, sera puni d'un emprisonnement de un à cinq ans et facultativement de cinq à dix ans d'interdiction de séjour ».*

[701] COSTA-LASCOUX Jacqueline, « Le droit pénal, l'unité nationale et le développement économique », *op. cit.,* p.102.

Avec la modernisation des Etats africains, le droit pénal a dû s'adapter pour garantir la sécurité économique, industrielle et financière[702]. L'avènement de l'idée d'Etat de droit au début des années 1990, a encouragé les ordres juridiques pénaux africains à renforcer la sécurité démocratique de l'Etat[703]. Et surtout, l'émergence du droit international pénal au cours de la même décennie 1990, a poussé les Etats à tenir un peu plus compte de la sécurité physique des populations, ce qui passe bien entendu par la répression des actes tels que le génocide, les crimes de guerre, et les crimes contre l'humanité[704].

Comme on le constate, l'objectif du droit pénal moderne est de lutter avec détermination contre ceux qui veulent détruire la sécurité de l'Etat dans ses différentes déclinaisons d'où son intérêt de favoriser la diffusion du droit international pénal qui peut permettre de réaliser un dessein analogue. Par ailleurs, prenant conscience du fait que la sécurité d'un pays pouvait être tributaire de l'environnement international, le droit pénal contemporain a progressivement pris une dimension interétatique en s'orientant vers la protection de la sécurité internationale.

2. Le droit pénal moderne et la sécurité internationale

162.-Constat. Le lien entre le droit pénal et la sécurité internationale peut difficilement être contesté aujourd'hui. Il est vrai que la communauté internationale a su créer non sans difficulté, un système répressif qui lui est propre et qui lui sert d'outil pour défendre l'intérêt juridique collectif qu'est la sécurité. Toutefois, le droit pénal interne a pu lui aussi répondre aux nouveaux défis liés aux exigences de la sécurité régionale ou globale. C'est ainsi que des solutions nationales ont été trouvées pour gérer des infractions présentant un élément d'extranéité et soulevant des problématiques de sécurité, qui n'étaient plus seulement nationales mais aussi internationales. En

---

[702] La plupart des codes pénaux africains sanctionnent sévèrement le détournement de fonds publics, la corruption et les actes de concussion (voir notamment les articles 134, 137 et 144 du code pénal camerounais et les articles 363 à 374 du code pénal centrafricain).

[703] La sécurité démocratique vise à favoriser le bon fonctionnement des institutions censées promouvoir l'Etat de droit et garantir la protection des droits fondamentaux ; ce qui passe bien entendu par la répression du génocide, des crimes de guerre et des crimes contre l'humanité.

[704] Certains codes pénaux africains consacrent de nombreuses dispositions à la répression du génocide, des crimes de guerre ou des crimes contre l'humanité. Voir notamment les articles 152 à 162 du code pénal centrafricain et les articles 195 à 203 du code pénal burundais.

fait, il y a comme une combinaison du droit national et du droit international dans le but de préserver la sécurité internationale.

163.-Combinaison du droit national et du droit international pour la préservation de la sécurité internationale. A côté des normes pénales de la communauté internationale qui constituent le droit international pénal, se superpose un droit pénal international qui est rattaché au droit national des Etats. Malgré tout, ce qu'il faut relever c'est le fait que ces deux disciplines dont la première est bien internationale et la seconde nationale, participent, toute proportion gardée, au maintien de la sécurité internationale.

Sur le rôle du droit pénal national notamment africain pour l'atteinte de cet objectif, il faut souligner le fait que la coopération judiciaire en matière pénale est un principe reconnu par les Etats africains comme le témoigne d'ailleurs la remise des responsables du génocide rwandais au TPIR situé à Arusha en Tanzanie par les autorités camerounaises par exemple[705]. Au-delà de cet exemple, il y a lieu de souligner que sur les questions de paix et de sécurité sous-régionales ou régionales, les Etats africains inscrivent souvent leurs actions dans un cadre pluri-étatique ou interétatique.

La sécurité internationale fait en effet partie des aspirations des organisations africaines tels que la CEDEAO[706], la CEEAC[707], la CEMAC[708],

---

[705] Le Cameroun *via* les décrets présidentiels n°97/005, 97/006, 97/007 et 97/008, a en effet procédé à la remise au TPIR d'un certain nombre personnes recherchées par la justice internationale. Parmi les inculpés il y avait notamment Théoneste BAGOSORA l'une des chevilles ouvrières du génocide rwandais. Sur la question, lire NGONO Solange, « La participation du Cameroun à la répression internationale du génocide rwandais, Réflexions à propos des décisions de la Cour d'appel de Yaoundé », in *Afrilex* n°4, article disponible sur le site internet http://www.afrilex.u-bordeaux4.fr.

[706] La CEDEAO (Communauté Economique des Etats d'Afrique de l'Ouest), a été créée à Lagos (Nigéria) en 1975. Son objectif initial est de favoriser l'intégration économique de l'Afrique de l'Ouest ; mais face à la montée des conflits régionaux elle a élargi ses compétences en se dotant dès 1990 d'une force d'interposition africaine l'ECOMOG (Economic Community of West African States Minotoring Group).

[707] La CEEAC (Communauté Economique des Etats d'Afrique Centrale) a été créée par un traité signé à Libreville en 1983. Sa mission est de libéraliser les échanges et de favoriser la libre circulation des personnes dans la sous-région d'Afrique centrale.

[708] La CEMAC (Communauté Economique et Monétaire d'Afrique Centrale) a été créée en 1994, et institutionnalisée ensuite en 1996, avant de succéder officiellement en 1998 à l'UDEAC (Union Douanière et Economique d'Afrique Centrale) qui avait elle-même vu le jour avec le traité de Brazzaville de 1964. La CEMAC a pour rôle de favoriser l'intégration économique et monétaire de ses membres.

la COMESA[709] ou encore la SADC[710], ou l'UMA[711], car même si ces organisations ont surtout des ambitions économiques, il est évident que l'économie ne peut s'épanouir que dans un environnement dans lequel règne la sécurité. De plus, il ne faut pas oublier que la sécurité fait partie des missions de l'Union Africaine[712], qui est justement doté d'un organe dénommé Conseil de paix et de sécurité[713].

Mais, on a vite compris les limites du droit pénal interne pour garantir la sécurité à l'échelle internationale, surtout à une époque où les frontières tendent à se retrécir et même parfois à disparaitre. C'est pourquoi, la diffusion du droit international pénal qui a une prééminence pour garantir la sécurité internationale est devenue une évidence.

164.-Prééminence du droit international pénal pour la garantie de la sécurité internationale. Un système pénal à vocation universelle a

---

709 La COMESA (Common Market for Eastern and Southern African), est une union douanière née en 1994, qui favorise également la coopération économique entre ses membres.

710 La SADC (Southern African Development Community), portait dès sa création en 1979, le nom de SADCC (Conférence de Coordination pour le Développement de l'Afrique Australe). Sa dénomination actuelle SADC (Communauté de Développement de l'Afrique Australe) remonte à 1992. Cette organisation a acquis une importance économique importante dès 1994 avec l'adhésion de L'Afrique du Sud, suite à la fin du régime d'apartheid. Elle vise en tout cas à construire une zone économique intégrée, et s'est d'ailleurs dotée à partir de 2001, d'institutions calquées sur le modèle de l'Union Européenne. De plus elle possède un organe de défense et de sécurité.

711 L'UMA (Union Maghreb Arabe), a été créée en février 1989, suite au traité de Marrakech. Son but est d'organiser un espace économique maghrébin et une politique commune « dans tous les domaines ». L'organisation est malheureusement mise en veilleuse à cause de l'opposition qui existe entre l'Algérie et le Maroc sur la question du Sahara Occidental.

712 L'Union Africaine (UA), créée en 2002 à Durban en Afrique du Sud pour remplacer l'Organisation de l'Unité Africaine qui avait vu le jour en 1963, est en fait la mise en œuvre de la Déclaration de Syrte du 09 septembre 1999. Ses institutions (Commission, Parlement panafricain et Conseil de paix et de sécurité) ont été mises sur pied en juillet 2003 à l'occasion d'un sommet diplomatique tenu à Maputo au Mozambique. Son objectif est d'œuvrer en faveur de la démocratie, des droits de l'homme et du développement à travers l'Afrique, grâce à l'augmentation des investissements extérieurs par l'intermédiaire du programme mis en place dans le cadre du Nouveau Partenariat pour le Développement de l'Afrique (NEPAD).

713 Le Conseil de paix et de sécurité, est l'organe qui vise à mettre sur pied la politique de défense de l'Union Africaine. Il a été proposé au sommet de Lusaka de 2001, mais n'a été institué qu'en 2004. C'est en tout cas un organe chargé de garantir la sécurité collective au sein de l'UA, de même qu'il doit aider cette institution à prendre des décisions appropriées à l'occasion des conflits armés. Le Conseil de paix et de sécurité de l'UA est composé de 15 membres dont cinq sont élus pour un mandat de trois ans et dix pour un mandat de deux ans.

progressivement été mis sur pied avec comme mission de contribuer à la préservation de la sécurité internationale. Certains ont considéré comme paradoxal l'intérêt que la plupart des Etats accordent à la diffusion droit international pénal *« qui se trouve désormais en première ligne de la mondialisation alors que le droit de punir est traditionnellement conçu, depuis l'époque moderne, comme l'emblème de la souveraineté des Etats et limité pour l'essentiel par le principe de la territorialité »*[714]. Toutefois, et si cela peut rassurer les souverainistes les plus obstinés, l'environnement pénal mondial est encore embryonnaire.

La sécurité internationale que peut garantir le droit international pénal est d'un grand intérêt pour la communauté internationale puisqu'elle permet de protéger les valeurs universelles qui sont foulées au pied par la commission des crimes internationaux les plus graves. C'est d'ailleurs pourquoi l'avènement des juridictions pénales internationales reste un fait marquant de l'évolution du système juridique international. Le fait que les juridictions *ad hoc* pour l'ex Yougoslavie et le Rwanda aient été créées par le Conseil de sécurité des Nations Unies[715] est révélateur du rôle que ces instances sont censées jouer pour le maintien de la paix et de la sécurité internationales[716].

Le Conseil de sécurité de l'ONU a justifié la création des TPI par la constatation d'une menace contre la paix et la sécurité internationales qui lui permettait de s'appuyer sur le Chapitre VII de la Charte des Nations Unies[717]. La conséquence logique d'une telle situation est que ces juridictions *ad hoc*

---

[714] DELMAS-MARTY Mireille, *Le pluralisme ordonné, op.cit.*, p.177.

[715] S/RES/827 du 25 mai 1993 (TPIY) et S/RES/955 du 8 novembre 1994 (TPIR).

[716] Ces juridictions *ad hoc* sont des organes subsidiaires des Nations Unies. En effet l'article 7§2de la Charte des Nations Unies dispose que *« Les organes subsidiaires qui se révéleraient nécessaires pourront être créés conformément à la présente Charte »*. De plus en vertu de l'article 29 de la même Charte *« le Conseil de sécurité peut créer les organes subsidiaires qu'il juge nécessaires à l'exercice de ses fonctions »*. Or l'on sait que la mission de l'ONU, est justement de *« Maintenir la paix et la sécurité internationales et à cette fin : prendre des mesures collectives efficaces en vue de prévenir et d'écarter les menaces à la paix et de réprimer tout acte d'agression ou autre rupture de la paix, et réaliser, par des moyens pacifiques, conformément aux principes de la justice et du droit international, l'ajustement ou le règlement de différends ou de situations, de caractère international, susceptibles de mener à une rupture de la paix.*

[717] Le Chapitre VII de la Charte des Nations Unies est intitulé : **action en cas de menace contre la paix, de rupture de la paix et d'acte d'agression**, et couvre les articles 39 à 51 de la Charte. L'article 39 par exemple dispose que *« Le Conseil de sécurité constate l'existence d'une menace contre la paix, d'une rupture de la paix ou d'un acte d'agression et fait des recommandations ou décide quelles mesures seront prises conformément aux Articles 41 et 42 pour maintenir ou rétablir la paix et la sécurité internationales »*.

étaient sous le contrôle du Conseil de sécurité et plus exactement des cinq membres permanents, qui pouvaient le cas échéant mettre un terme à leur existence.

De même, il est incontestable que l'impératif de sécurité internationale a présidé la création des juridictions mixtes, à l'instar du Tribunal spécial pour la Sierra Leone[718], qui a vu le jour après un accord passé entre le Gouvernement sierra-léonais et l'ONU ; accord qui a d'ailleurs été entériné par le Conseil de sécurité[719].

En ce qui concerne la CPI, si elle a surtout été créée grâce à la détermination des Etats parties, et avec le soutien de seulement quelques membres permanents du Conseil de sécurité[720], son Statut confère tout de même à cet organe un rôle important dans le déroulement du procès international pénal. Le Conseil de sécurité a en effet les pouvoirs pour déférer une situation devant le Procureur de la CPI, ou même pour mettre un terme à d'éventuelles poursuites initiées par cette juridiction. Ces pouvoirs d'initiative et d'empêchement des poursuites prévus aux articles 13[721] et 16[722] du Statut de Rome participent bien évidemment de la mission sécuritaire du Conseil de sécurité, puisqu'ils sont exercés dans le cadre du Chapitre VII de la Charte des Nations Unies.

---

718 Sur la question, lire TAVERNIER Paul « Sécurité internationale, droit international humanitaire et droits de l'homme. Quelques réflexions sur le rôle des juridictions internationales », in *Sécurité internationale entre rupture et continuité*, Mélanges en l'honneur du professeur Jean-François GUILHAUDIS, Bruylant, Bruxelles, 2007, 638 p., pp.541-558, p.551.

719 Sur le rôle du Conseil de sécurité, voir sa résolution du 11 novembre 2005 (S/RES/1638) fondée sur le Chapitre VII, qui élargie le mandat de la Mission des Nations Unies au Libéria (MINUL), avec pour objectif d'appréhender l'ancien président du Libéria Charles Taylor afin de le faire juger par le Tribunal spécial pour la Sierra Leone.

720 En 2014, seuls deux Etats membres permanents du Conseil de sécurité de l'ONU à savoir la France et le Royaume-Uni sont membres de la CPI.

721 Article 13 (b) Statut de la CPI : **Exercice de la compétence** *: « La Cour peut exercer sa compétence à l'égard des crimes visés à l'article 5, conformément aux dispositions du présent Statut :(...) Si une situation dans laquelle un ou plusieurs de ces crimes paraissent avoir été commis est déférée au Procureur par le Conseil de sécurité agissant en vertu du Chapitre VII de la Charte des Nations Unies ».*

722 Article 16 du Statut de la CPI : **Sursis à enquêter ou à poursuivre** *« Aucune enquête ni aucunes poursuites ne peuvent être engagées ni menées en vertu du présent Statut pendant les douze mois qui suivent la date à laquelle le Conseil de sécurité a fait une demande en ce sens à la Cour dans une résolution adoptée en vertu du Chapitre VII de la Charte des Nations Unies; la demande peut être renouvelée par le Conseil dans les mêmes conditions ».*

Toutefois, si la saisine de la CPI par des Etats parties[723] du fait de leur incapacité à réprimer eux-mêmes les crimes commis sur leur territoire allait de soi, on pouvait à juste titre craindre que l'hostilité viscérale vis-à-vis de la justice pénale internationale de certains membres du Conseil de sécurité et notamment les Etats-Unis[724], ne viennent compromettre le rôle de l'ONU auprès de la CPI. Pourtant, aucun véto n'a été opposé à l'occasion des résolutions du Conseil de sécurité déférant l'affaire du Darfour[725], de la Libye[726] ou encore de la Côte d'Ivoire[727] à la CPI. Ces résolutions s'appuient sur le Chapitre VII de la Charte des Nations Unies, rappelant ainsi le rôle que la justice pénale internationale doit jouer dans le maintien de la paix et de la sécurité collective.

Les tribunaux *ad hoc* et la CPI apparaissent donc comme étant les bras séculiers du Conseil de sécurité de l'ONU dont la mission primordiale est le maintien de la paix et de la sécurité internationales. La force du droit international pénal réside dans le fait qu'à l'instar du droit criminel moderne interne, il a une fonction dissuasive pour tous ceux qui tout en niant toute dignité à l'humanité compromettent dans la foulée la paix et la sécurité internationales. C'est pourquoi, les juridictions pénales internationales sont des institutions importantes pour notre époque car elles participent pleinement à la construction de la société-monde[728] qui se dessine au fil du temps. Elles font partie d'un dispositif mis sur pied par la communauté internationale pour

---

[723] Certains Etats tels que l'Ouganda, la République Démocratique du Congo ainsi que la République Centrafricaine ont saisi de leur propre chef le Procureur de la CPI en vertu de l'article 14 du Statut. Cet article intitulé **« renvoi d'une situation par un Etat partie »** prévoit que : *« 1. Tout État Partie peut déférer au Procureur une situation dans laquelle un ou plusieurs des crimes relevant de la compétence de la Cour paraissent avoir été commis, et prier le Procureur d'enquêter sur cette situation en vue de déterminer si une ou plusieurs personnes particulières doivent être accusées de ces crimes.*
2. L'État qui procède au renvoi indique autant que possible les circonstances de l'affaire et produit les pièces à l'appui dont il dispose ».

[724] Le 31 décembre 2000, le président américain Bill Clinton avait signé *in extremis* le Statut de la CPI, mais son successeur, Georges Walker Bush a tout simplement annulé la signature américaine le 06 mai 2002. Sur l'opposition des Etats-Unis à la justice pénale internationale, voir HIERAMENTE Mayeul, *La Cour pénale Internationale et les Etats-Unis : une analyse juridique du différend*, Editions l'Harmattan, mai 2008, 87 p.

[725] S/RES/1593 du 31 mars 2005. Dans cette résolution le Conseil de sécurité déclare qu'en vertu du Chapitre VII de la Charte des Nations Unies, elle défère au Procureur de la CPI, la situation au Darfour depuis le 1er juillet 2002.

[726] S/ RES/1973 du 17 mars 2011.

[727] S/RES/1975 du 30 mars 2011.

[728] Sur l'idée de Société-monde, lire DUCLOS Denis, *Société-monde : le temps des ruptures,* Editions La Découverte, Collection Recherches, avril 2002, 250 p.

atteindre l'objectif de sécurité globale à laquelle elle aspire. Il n'est donc pas étonnant qu'aussi bien les Etats individuellement, que les organisations internationales ou encore le Conseil de sécurité, les considèrent comme des alliées importantes dans leur effort pour maintenir la paix et la sécurité à petite ou à grande échelle.

De plus, ces instances bénéficient du soutien inconditionnel d'un florilège d'ONG qui ont pour mission de promouvoir la paix et la justice dans le monde en encourageant la diffusion des normes internationales pénales. La raison à cela c'est que la justice pénale internationale participe à sa manière à la modernisation du droit pénal à l'échelle globale lorsqu'elle essaie d'insuffler ses principes sacro-saints aux législateurs nationaux. Elle est au service d'un droit international pénal qui considère que le maintien de la sécurité internationale est un objectif à atteindre. Néanmoins, cet objectif ne doit pas reposer sur une répression tous azimuts ; car le système pénal international fait partie d'un ordre juridique qui se veut d'abord et avant tout protecteur des droits de l'homme sans exclusive.

B- L'ordre pénal moderne protecteur des droits de l'Homme

165.-Observations générales. Le droit pénal moderne est sans conteste l'un des vecteurs les plus efficaces des droits de l'homme dans les ordres juridiques contemporains. Cela n'a pas toujours été le cas car pendant longtemps, l'idée d'une sacralisation de la victime d'une infraction et la nécessité de châtier à tout pris le coupable, conduisaient à denier à ce dernier les droits les plus fondamentaux. Mais aujourd'hui, tout être humain, qu'il soit une victime meurtrie dans son être du fait du préjudice subi, ou un suspect qui serait responsable des actes les plus répréhensibles, doit bénéficier d'une protection juridique. Ainsi, victime et suspect, ou présumé innocent et coupable doivent-ils bénéficier des droits de l'homme reconnus à tout individu. De ce point de vue, *« on ne saurait nier que l'instauration d'un système de justice pénale internationale est l'un des moyens essentiels pour renforcer la sauvegarde des droits de l'homme à l'échelle universelle »*[729]. Au reste, les ordres pénaux nationaux y compris les droits criminels modernes africains reconnaissent, à l'instar du système pénal international, que les droits

---

[729] CHIAVARIO Mario, « Droits de l'accusé… Et autres dans la perspective de la justice pénale internationale », *in* CHIAVARIO Mario, *La justice pénale internationale entre passé et avenir*, Giuffrè Editore, Milan, 2003, 398 p. pp.329-333., p.329.

de l'homme sont de mise aussi bien en droit pénal substantiel **(1)** qu'en droit pénal procédural **(2)**.

1. Droit pénal substantiel et droits de l'homme

166.-Pénétration du droit pénal substantiel par les droits de l'homme. Le droit pénal de fond ou droit pénal substantiel est l'ensemble des normes ayant pour but de déterminer les actes antisociaux, de désigner les personnes pouvant être déclarées responsables et de fixer les peines y afférentes. Si aujourd'hui cette discipline est largement imprégnée des droits de l'homme c'est-à-dire de droits inhérents à la nature humaine et de caractère inaliénable et sacré, elle le doit surtout à la diffusion quasi-universelle du droit international depuis plusieurs décennies.

En effet, après la Seconde Guerre mondiale, et tirant les leçons d'un horrible passé, l'homme a été placé au cœur des préoccupations de la communauté internationale. Ceci a favorisé le développement exponentiel d'un droit international des droits de l'homme qui devait largement influencer les droits nationaux, et en particulier le droit pénal. Au reste, certains sont persuadés que *« l'histoire du développement du droit international des droits de l'homme témoigne de la grande méfiance que cette discipline relativement nouvelle éprouve envers un des systèmes de droit les plus anciens, le droit pénal »*[730]. Une telle analyse n'est pas surprenante puisque le droit pénal a toujours été pour l'Etat, l'instrument par excellence de l'exercice de la contrainte légitime et suprême. L'individu étant au cœur même du système pénal, il a fallu mettre sur pied toute une panoplie de garanties permettant d'atténuer sa vulnérabilité face à la machine répressive à laquelle il est soumis.

167.-Garanties accordées aux sujets du droit pénal substantiel. L'individu, sujet de droit pénal substantiel bénéficie essentiellement de garanties de fond. Ces garanties considérées comme de véritables droits de l'homme peuvent porter notamment sur le principe de la légalité (*nullum*

---

[730] SCHABAS William A., « Droit pénal international et droit international des droits de l'homme : faux frères ? », *in* HENZELIN Marc, ROTH Robert, *Le droit pénal à l'épreuve de l'internationalisation*, Georg éditeur, Genève, 2002, 355 p., pp.165-181.

crimen nulla poena sine lege)[731] et la présomption d'innocence[732]. La véritable hantise des droits de l'homme est surtout de voir l'arme favorite du droit pénal, à savoir la privation de liberté, porter atteinte à la dignité humaine. De plus, il faut éviter dans la mesure du possible, toute forme d'emprisonnement avant comme après la condamnation, de manière à ce que le délinquant ne voit pas sa liberté lui être retirée de façon abusive.

Cette vision du droit pénal est largement partagée par la plupart des systèmes pénaux modernes africains. Comme on le sait, les constitutions africaines ont consacré l'éssentiel des principes du droit international des droits de l'homme, à telle enseigne que ceux-ci ont pu être transposés assez facilement en droit pénal interne[733].

Néanmoins, ces dernières années, les droits de l'homme ont subi une véritable métamorphose au point de devenir une *« discipline Janus »*. Le double visage qu'ils affichent semble poursuivre des buts tout à fait opposés, puisqu'ils sont aujourd'hui écartelés entre la protection et la punition.

168.-Conciliation de la protection et de la punition. En matière de droits de l'homme, la punition est un nouvel objectif qui vise à lutter contre l'impunité ; ce qui s'est matérialisé par la condamnation des amnisties abusives et la création des juridictions pénales internationales. C'est sans doute pour cette raison qu'on affirme que *« les droits de l'homme sont devenus pénalistes »*[734].

Par ailleurs, malgré l'affaiblissement de l'Etat, c'est essentiellement entre ses mains que réside le monopole de la contrainte organisée. Au reste par pragmatisme, les instruments internationaux de protection des droits de l'homme font surtout obligation aux Etats de poursuivre et de réprimer tous ceux qui se rendent coupables de violations graves des droits humains. Malgré cela, le législateur camerounais a pu préciser dans l'article 2 alinéa 1 du code pénal que : *« Les règles de droit international ainsi que les traités dûment promulgués et publiés s'imposent au présent code ainsi qu'à toute disposition pénale»*. Mais finalement, et contre toute attente, c'est l'appareil répressif

---

[731] Comme illustration de l'application du principe *« nullum crimen nulla poena sine lege »*, voir l'article 1er du code pénal algérien, l'article 2 du code pénal éthiopien de 1957, l'article 5 du code pénal gabonais, l'article 4 du code pénal mauritanien, l'article 1er du code pénal rwandais, les articles 1er et 2 du code pénal togolais, l'article 1er du code pénal tunisien etc.

[732] Sur la présomption d'innocence voir notamment l'article 8 du code de procédure pénale camerounais et le point III du livre préliminaire du code de procédure pénale béninois.

[733] Sur la question, voir les chapitres I et II du titre I de la première partie du présent travail.

[734]SCHABAS William A., *op. cit.*, p.165.

étatique qui est devenu l'une des principales garanties de la préservation des droits de l'homme. Ainsi, *« le policier, le militaire, le procureur deviennent tout d'un coup l'allié capital du mouvement de protection des droits de l'homme qui, auparavant, les regardait comme ses plus grands adversaires »*[735].

C'est aussi sous l'influence des droits de l'homme que le droit international pénal va se focaliser surtout sur les crimes qui heurtent la dignité humaine. Il n'est donc pas étonnant que de nos jours, les crimes les plus graves soient les crimes contre l'humanité, le génocide et les crimes de guerre. Les instruments internationaux de droits de l'homme et du droit international pénal, à l'instar des différents statuts des juridictions pénales internationales, s'accordent tous pour l'interdiction du génocide[736], de l'esclavage[737], de l'apartheid[738], de la torture[739] ou encore les disparitions forcées[740] sans que la liste puisse être exhaustive. Bien sûr les infractions similaires sont réprimées expréssement par plusieurs codes pénaux africains, dont certains font d'ailleurs preuve d'une certaine précision à l'instar du code pénal centrafricain (titre IV) et du code pénal burundais (articles 195 et suivants).

Cependant, il faut reconnaitre que si l'interprétation d'une règle de droit pénal est particulièrement rigoureuse, l'interprétation des instruments

---

[735] SCHABAS William A., *op. cit.*, p.166.

[736] Voir le lien entre la Convention pour la prévention et la répression du crime de génocide du 09 décembre 1948 et les dispositions des statuts des différentes juridictions pénales internationales (article 6 du Statut de la CPI, article 4 du Statut du TPIY, article 2 Statut du TPIR).

[737] Voir le lien entre la Convention relative à l'esclavage du 25 septembre 1926, et les dispositions des statuts des juridictions pénales internationales (article 7§1-c du Statut de la CPI, article 5-c du Statut du TPIY, article 3-c du Statut du TPIR).

[738] Voir Convention sur l'élimination et la répression du crime d'apartheid et les dispositions des statuts des juridictions pénales internationales (article 7§1-j du Statut de la CPI. L'interdiction de l'apartheid peut aussi être déduite des articles 3 et 5 des statuts des tribunaux ad hoc pour le Rwanda et l'ex Yougoslavie qui parlent de la sanction de *« autres actes inhumains »*.

[739] Voir la Convention contre la torture et autres peines ou traitements cruels, inhumains ou dégradants du 10 décembre 1984 et son lien avec les statuts des juridictions pénales internationales (article 7§1-f du Statut de la CPI, article 5-f du Statut du TPIY, article 3-f du Statut du TPIR).

[740] Voir la Convention internationale pour la protection de toutes les personnes contre les disparitions forcées du 20 décembre 2006, et les dispositions des statuts des juridictions pénales internationales (article 7§1-i du Statut de la CPI. L'interdiction de la disparition forcée peut aussi être déduite des articles 3 et 5 des statuts des tribunaux *ad hoc* pour le Rwanda et l'ex Yougoslavie qui parlent de la sanction de *« autres actes inhumains »*.

des droits de l'homme est basée uniquement sur les règles générales d'interprétation des traités prévues aux articles 31[741] et 32[742] de la Convention de Vienne sur le droit des traités de 1969. Pour le pénaliste, l'interprétation stricte de la norme pénale peut à elle seule justifier la mise en œuvre d'une quelconque sanction répressive. En matière de droit de l'homme on admettra par contre que l'interprétation d'un texte soit à la fois téléologique, évolutive, voire analogique[743]. Evidemment, ce type d'interprétation libre ne saurait être de mise en droit pénal où la liberté d'un individu est en jeu à l'occasion d'un procès. En supposant que le pouvoir d'interprétation a une dimension procédurale, il faut souligner le fait que certains textes, en l'occurrence l'article 3 alinéa 1-a du code de procédure pénale camerounais, précisent que *« la violation d'une règle de procédure pénale est sanctionnée par la nullité absolue lorsqu'elle préjudicie aux droits de la défense définis par les dispositions légales en vigueur ».* C'est donc au nom des droits de l'accusé que les systèmes pénaux nationaux refusent de recourir à un mode d'interprétation qui peut être retenu pour la compréhension du contenu des instruments juridiques portant sur les droits de l'homme.

C'est une position qui n'a pas toujours été partagée par les instances pénales internationales. Ainsi, dans l'affaire *Tadic*, le TPIY[744] a appliqué les règles d'interprétation propres aux traités internationaux et en particulier celles des traités de droits de l'homme, ceci au détriment de celles du droit pénal. Dans cette affaire, les juges MacDonald et Vohrah, ont invoqué des interprétations contextuelle et téléologique qui découlent directement de la Convention de Vienne sur le droit des traités. Par conséquent, une interprétation libre et large du Statut du TPIY, a rendu possible l'élargissement

---

[741] Article 31 de la Convention de Vienne sur le droit des traités du 23 mai 1969 : Règle générale d'interprétation *; « 1. Un traité doit être interprété de bonne foi suivant le sens ordinaire à attribuer aux termes du traité dans leur contexte et à la lumière de son objet et de son but ».*

[742] Article 32 de la Convention de Vienne sur le droit des traités du 29 mai 1969 : moyens complémentaires d'interprétation ; *« Il peut être fait appel à des moyens complémentaires d'interprétation, et notamment aux travaux préparatoires et aux circonstances dans lesquelles le traité a été conclu, en vue, soit de confirmer le sens résultant de l'application de l'article 31, soit de déterminer le sens lorsque l'interprétation donnée conformément à l'article 31 :*

a) Laisse le sens ambigu ou obscur; ou

b) Conduit à un résultat qui est manifestement absurde ou déraisonnable ».

[743] L'interprétation par analogie est en général prohibée en droit pénal.

[744] *Procureur c. Tadic* (Cas n°IT-94-1-T), Décision sur la requête du Procureur sollicitant des mesures de protection des témoins et des victimes, 10 août 1995, §18. Voir également : *Kanyabashi c. Procureur* (Cas n° ICTR-96-15-A), Joint and Separate Opinion of Judge McDonald and Judge Vohrah, 3 juin 1999, §15, *Nsengiyumva c. Procureur* (Cas n° ICTR-96-12-A), Joint and Separate Opinion of Judge McDonald and Judge Vohrah, 3 juin 1999, §14.

de la portée de l'article 3[745] au point d'inclure dans la compétence *ratione materiae* du Tribunal, les crimes de guerre commis à l'occasion d'un conflit à caractère interne. N'eût été une telle interprétation, l'accusé Tadic aurait sans doute été acquitté par le TPIY.

Toutefois, le Statut de Rome de la CPI a consacré une interprétation des textes plus conforme aux exigences du droit pénal interne. Son article 22§2 est formel lorsqu'il prévoit que : *« la définition d'un crime est d'interprétation stricte et ne peut être étendue par analogie. En cas d'ambiguïté, elle est interprétée en faveur de la personne qui fait l'objet d'une enquête, de poursuites ou d'une condamnation ».* Cette règle a été adoptée par le TPIR qui voulait préserver les droits des accusés Kayishema[746] et Akayesu[747].

On ne saurait terminer une réflexion sur les garanties de fond sans s'attarder un tant soit peu sur celles qui font l'unanimité au sein des différents ordres juridiques nationaux et internationaux à savoir, la présomption d'innocence[748] et l'exigence d'un élément psychologique *(mens rea)*[749] pour

---

745 Article 3 du Statut du TPIY : Violations des lois ou coutumes de la guerre : *« Le Tribunal international est compétent pour poursuivre les personnes qui commettent des violations des lois ou coutumes de la guerre. Ces violations comprennent, sans y être limitées :*
a) l'emploi d'armes toxiques ou d'autres armes conçues pour causer des souffrances inutiles ;
b) la destruction sans motif des villes et des villages ou la dévastation que ne justifient pas les exigences militaires ;
c) l'attaque ou le bombardement, par quelque moyen que ce soit, de villes, villages, habitations ou bâtiments non défendus ;
d) la saisie, la destruction ou l'endommagement délibéré d'édifices consacrés à la religion, à la bienfaisance et à l'enseignement, aux arts et aux sciences, à des monuments historiques, à des œuvres d'art et à des œuvres de caractère scientifique;
e) le pillage de biens publics ou privés ».
746 *Procureur c. Kayishema et Ruzindana* (Cas n° ICTR-95-1-T), Jugement, 21 mai 1999, §103.
747 *Procureur c. Akayesu* (Cas n°ICTR-96-4-T), Jugement, 2 septembre 1998, §319.
748 Article 66 Statut de la CPI : Présomption d'innocence : *« 1. Toute personne est présumée innocente jusqu'à ce que sa culpabilité ait été établie devant la Cour conformément au droit applicable.*
2. Il incombe au Procureur de prouver la culpabilité de l'accusé.
3. Pour condamner l'accusé, la Cour doit être convaincue de sa culpabilité au-delà de tout doute raisonnable ». Article 2 du code de procédure pénale malien : *« Toute personne suspectée ou poursuivie est présumée innocente*
tant que sa culpabilité n'a pas été établie. Les atteintes à sa présomption d'innocence sont prévenues, réparées et réprimées dans les conditions prévues par la loi (...) ».
749 Article 30 du Statut de la CPI : élément psychologique : *« 1. Sauf disposition contraire, nul n'est pénalement responsable et ne peut être puni à raison d'un crime relevant de la compétence*

toute condamnation pénale. En droit pénal moderne, présomption d'innocence et exigence d'élément psychologique sont en réalité indissociables, puisque la culpabilité ne peut être établie que s'il est prouvé qu'un accusé a commis un crime intentionnel. Seulement, l'objectif de la répression pousse à adopter une conception large de l'élément psychologique de l'infraction en droit international pénal. C'est en fait, la conséquence d'une tendance qui consiste à considérer les moyens de défense comme de simples outils pouvant permettre aux criminels d'échapper à la responsabilité pénale.

C'est ainsi par exemple que le moyen de défense reposant sur l'ordre d'un supérieur s'est réduit comme une peau de chagrin en droit international pénal. On a commencé par préciser que l'accusé devait avoir une obligation légale d'obéir, il devait ignorer que l'ordre était illégal, et l'ordre ne devait pas être manifestement illégal[750] et pour finir, on a conclu que *« l'ordre de commettre un génocide ou un crime contre l'humanité est manifestement illégal »*[751]. Malgré tout, le droit pénal moderne africain considère que la présomption d'innocence fait partie des moyens de défense dont le but est d'éviter qu'aucun accusé moralement innocent ne soit condamné[752].

Par ailleurs, même en cas de condamnation, le droit international des droits de l'homme recommande de favoriser un régime de détention plutôt libéral. L'article 10§1 du Pacte international relatif aux droits civils et politiques applicable dans la plupart des Etats africains[753] prévoit par exemple

---

de la Cour que si l'élément matériel du crime est commis avec intention et connaissance ». Article 8 du code pénal ougandais : *« (...) A person is not criminally responsible for an act or omission which occurs independently of the exercise of his or her will or for an event which occurs by accident (...) ».*

750 Ces principes étaient déjà reconnus dans l'un des procès de Leipzig, qui reposait sur les articles 228 et suivants du Traité de Versailles (*Empire c. Dithmar and Boldt ; Hospital Ship « Llandovery Castle »)*, 1921, 2ILR. 437, 16 *AJIL*. 708, German War Trials, Report of Proceedings before the Supreme Court in Leipzig, Cmd. 1450, Londres, HMSO., 1921, pp.56-57. Il faut relever que ces moyens de défense n'ont été reprise ni à Nuremberg, ni par les statuts des tribunaux *ad hoc* subséquents.

751 Article 33§2 du Statut de la CPI.

752 Sur la présomption d'innocence, voir à titre d'illustration l'article 3 du code pénal Burkinabè du 13 novembre 1996, qui prévoit que *« Nul ne peut être déclaré pénalement responsable et encourir de ce fait une sanction s'il ne s'est rendu coupable d'une infraction.*
Nul ne peut être reconnu coupable d'une infraction, ni condamné à une peine autrement que par décision d'une juridiction compétente ».

753 Il faut préciser sans qu'il soit besoin de les énumérer, que pratiquement l'ensemble des Etats africains ont ratifié le Pacte international relatif aux droits civils et politiques (PIDCP) qui peut ainsi être mis en œuvre dans leurs ordres juridiques respectifs. Sur l'état des ratifications du PIDCP voir https://treaties.un.org

que : *« toute personne privée de sa liberté est traitée avec humanité et avec le respect de la dignité inhérente à la personne humaine »*. De même, *« le régime pénitentiaire comporte un traitement des condamnés dont le but essentiel est leur amendement et leur reclassement social »*[754]. Toujours est-il que la diffusion du droit international des droits de l'homme dans les ordres juridiques internes a pour but de favoriser le respect de la liberté et de la dignité humaine. La principale cible c'est évidemment le droit pénal, instrument de la punition étatique contre l'individu fautif qui pourra se servir des droits de l'homme comme d'un bouclier efficace le préservant des coups portés par la machine répressive. C'est un enjeu important au sein des Etats notamment africains, à qui l'on reproche souvent des entorses répétées aux droits fondamentaux ; d'autant plus que outre les garanties de fond, les droits de l'homme entendent influencer le droit pénal procédural.

2. Droit pénal procédural et droits de l'homme

169.-Fondement général des droits de l'homme en droit pénal procédural. Les règles que l'on qualifiait autrefois d'équité procédurale ont été progressivement intégrées dans la procédure judiciaire sous la forme des droits de l'homme. Il faut dire que le droit international des droits de l'homme a beaucoup influencé la procédure pénale dans les systèmes juridiques africains. C'est ainsi que l'article 14 du Pacte international relatif aux droits civils et politiques du 16 décembre 1966 (PIDCP), s'inspirant d'ailleurs de l'article 10 de la Déclaration universelle des droits de l'homme (DUDH)[755], reconnait à toute personne le *« droit à ce que sa cause soit entendue équitablement et publiquement par un tribunal compétent, indépendant et impartial, établi par la loi, qui décidera soit du bien-fondé de toute accusation en matière pénale dirigée contre elle, soit des contestations sur ses droits et obligations de caractère civil »*. Ce Pacte, qui a été ratifié par la quasi-totalité des Etats africains, garantit non seulement les droits matériels, mais aussi les droits procéduraux qui sont relatifs à l'information et à la défense de l'accusé

[754] Article 10§3 du Pacte international relatif aux droits civils et politiques.

[755] Article 10 de la Déclaration Universelle des Droits de l'Homme du 10 décembre 1948 : *« Toute personne a droit, en pleine égalité, à ce que sa cause soit entendue équitablement et publiquement par un tribunal indépendant et impartial, qui décidera, soit de ses droits et obligations, soit du bien-fondé de toute accusation en matière pénale dirigée contre elle »*.

(article 14§3)[756]. Ainsi, à la lecture des différents codes de procédure pénale, on peut constater qu'aucun Etat notamment africain, ne souhaite *a priori* bénéficier d'une quelconque dispense en ce qui concerne la mise en œuvre de ce que l'on qualifie couramment de droits de la défense[757].

Par ailleurs, lorsqu'il a fallu instituer les juridictions *ad hoc*, le Conseil de sécurité de l'ONU à travers ses résolutions 808 de 1993 pour la création du TPIY et 955 de 1994 pour la création du TPIR, a voulu faire comprendre que les institutions juridictionnelles créées devaient avant tout respecter les principes directeurs du procès pénal. C'est pourquoi, les statuts de ces juridictions accordent une importance toute particulière aux droits de la défense[758].

L'importance des garanties procédurales prévues par l'article 14 du PIDCP a été relevée aussi bien par le Secrétaire général de l'ONU[759], que par les juridictions pénales internationales. La mission particulière des tribunaux *ad hoc* fait en sorte que bien qu'étant tenus de respecter les droits de la défense, ils doivent interpréter et adapter ceux-ci à la lumière du contexte

---

[756] Article 14§3 du Pacte International relatif aux Droits Civils et Politiques : *« 3. Toute personne accusée d'une infraction pénale a droit, en pleine égalité, au moins aux garanties suivantes :*

a) A être informée, dans le plus court délai, dans une langue qu'elle comprend et de façon détaillée, de la nature et des motifs de l'accusation portée contre elle ;

b) A disposer du temps et des facilités nécessaires à la préparation de sa défense et à communiquer avec le conseil de son choix ;

c) A être jugée sans retard excessif ;

d) A être présente au procès et à se défendre elle-même ou à avoir l'assistance d'un défenseur de son choix ; si elle n'a pas de défenseur, à être informée de son droit d'en avoir un, et, chaque fois que l'intérêt de la justice l'exige, à se voir attribuer d'office un défenseur, sans frais, si elle n'a pas les moyens de le rémunérer ;

e) A interroger ou faire interroger les témoins à charge et à obtenir la comparution et l'interrogatoire des témoins à décharge dans les mêmes conditions que les témoins à charge ;

f) A se faire assister gratuitement d'un interprète si elle ne comprend pas ou ne parle pas la langue employée à l'audience ;

g) A ne pas être forcée de témoigner contre elle-même ou de s'avouer coupable ».

[757] A titre d'illustration, les articles 167 à 176 du code de procédure pénale camerounais, prévoient expressément des dispositions portant sur les droits d'un inculpé. Voir dans le même sens les articles 298 et suivants du code de procédure pénale sénégalais et les articles 1er et 2 du code de procédure pénale malien.

[758] Lire notamment, l'article 18§3 portant sur les droits du suspect, et l'article 21 portant sur les droits de l'accusé, du Statut du TPIY, et *mutatis mutandis*, articles 17§3 et 20 du Statut du TPIR et articles 55 et 67 du Statut de la CPI.

[759] Voir le rapport sur la création du TPIY., S/25704, p.28, § 106.

spécifique dans lequel ils agissent, et de leur mission qui est de maintenir l'ordre international[760].

Mais au-delà de toutes ces considérations, ce qui est intéressant c'est le fait que les Tribunaux *ad hoc* peuvent indistinctement s'appuyer aussi bien sur les sources universelles que régionales. C'est une attitude plutôt pragmatique, car en réalité les Etats, qu'ils soient africains, américains ou européens, sont très attachés à une identité juridique régionale qui repose sur des textes continentaux (Charte africaine des droits de l'homme et des peuples, Convention européenne des droits de l'homme, Convention américaine des droits de l'homme)[761] qui à leur yeux ont plus de légitimité que les instruments juridiques ayant une portée universelle. Un tel raisonnement n'est pas sans soulever de problèmes, car il est difficile de démontrer que les textes juridiques régionaux ont devant les juridictions internationales pénales une force obligatoire comparable à celle des instruments adoptés sous l'égide des Nations Unies.

Heureusement, pour surmonter ces difficultés d'ordre théorique, on peut répondre que le système international pénal a été amené à établir ses propres garanties de procédure avec notamment l'adoption des Règlements de procédure et de preuve (RPP) des différentes juridictions pénales internationales[762].

170.-Portée des garanties de droit international pénal en procédure pénale. Ce qui est significatif c'est le fait qu'aussi bien dans la procédure pénale internationale que dans les procédures pénales nationales des Etats africains, les droits de l'homme qui sont en général les droits de la défense, reposent pratiquement sur les mêmes exigences. Parmi ces exigences il faut citer notamment le droit à l'avocat[763], le droit à la publicité du procès[764], le droit au procès dans un délai raisonnable[765], le droit à un juge indépendant

---

760 TPIY, arrêt relatif à l'appel de la défense concernant l'exception préjudicielle d'incompétence, IT-94-1-AR72, 2 octobre 1995, §42.

761 Sur les garanties judiciaires prévues par les textes régionaux, voir l'article 7 de la CADHP, l'article 8 de la CADH et l'article 6 de la CEDH.

762 Voir article 15 du Statut du TPIY ; article 14 du Statut du TPIR qui prescrivent l'adoption des RPP ; article 13 du Statut du TMI de Nuremberg en vertu duquel les juges ont adopté les règles de procédure le 29 octobre 1945, article 7 du Statut du TMI de Tokyo. Quant au Statut de la CPI, son article 51 prévoit que l'adoption mais aussi la modification des règles de procédure et de preuve doit être fait par la majorité des deux tiers de l'Assemblée des Etats Parties.

763 Voir l'article 298 du code de procédure pénale sénégalais.

764 Lire les articles 302 et suivants du code de procédure pénale camerounais.

765 Voir les articles 127 et 127 *bis* du code de procédure pénale sénégalais.

et impartial[766], le droit de faire comparaître des témoins à décharge[767], le droit à un interprète[768] et le droit d'interjeter appel contre une décision de première instance[769].

Ces droits de la défense s'appliquent à partir du moment où la personne en cause se trouve sous l'autorité d'une juridiction nationale ou internationale compétente, qu'elle soit accusée ou simplement suspecte[770]. Dans la procédure pénale des Etats africains, il y a tout de même un point de divergence selon que l'on se trouve dans un système *Common Law* ou dans un système romano-germanique. Ce point de divergence porte sur la présence ou non de l'accusé comme condition *sine qua non* à l'élaboration de tout jugement. Pour les Etats africains de culture romano-germanique qui s'appuient encore sur les principes de la procédure pénale française antérieure à la loi Perben II du 9 mars 2004[771], la condamnation par contumace couramment appelée condamnation par défaut[772] est de mise. Par contre, dans les Etats africains de tradition *Common Law*, la condamnation par contumace n'est pas admise, car la doctrine juridique anglo-saxonne s'est toujours opposée à toute forme de jugement *in absentia*[773].

---

[766] Voir notamment en ce qui concerne la récusation des juges, les articles 537 et suivants du code de procédure pénale béninois.

[767] Sur l'audition des témoins, lire notamment les articles 81 et suivants du code de procédure pénale togolais.

[768] Lire notamment l'article 66 du code de procédure pénale tunisien.

[769] Voir notamment l'article 170 du code de procédure pénale mauritanien.

[770] Voir notamment, article 42 des RPP des tribunaux *ad hoc*, et article 67 du Statut de la CPI.

[771] Après la remise en cause de la condamnation par contumace par la Cour EDH dans l'affaire *Krombach c. France* le 13 février 2001, à cause notamment de l'absence de représentation de l'accusé par un avocat, la loi Perben II a supprimé ce type de condamnation et l'a remplacé par une procédure dite de *« défaut criminel »*, qui permet l'ouverture des débats oraux si l'accusé est remplacé par un avocat.

[772] Voir notamment l'article 351 alinéa 1er du code de procédure pénale camerounais qui dispose que *« Lorsque le prévenu n'a pas été cité à personne, il est jugé par défaut s'il ne comparaît pas »* et l'article 399 du code de procédure pénale nigérien qui prévoit que *« Si la citation n'a pas été délivrée à la personne du prévenu et s'il n'est pas établi qu'il ait eu connaissance de la citation, la décision, au cas de non-comparution du prévenu, est rendue par défaut »*. Lire aussi les articles 597 et suivants du code de procédure pénale ivoirien.

[773] Au kénya par exemple, l'article 49 du code de procédure pénale prévoit que : *« If the person in respect of whom an order is made under section 47 is not present in court, the magistrate shall issue a summons requiring him to appear, or, when the person is in custody, a warrant directing the officer in whose custody he is to bring him before the court:*
Provided that, whenever it appears to the magistrate upon the report of a police officer or upon other information (the substance of which report or information shall be recorded by the magistrate) that there is reason to fear the commission of a breach of the peace, and that a

Du côté des juridictions pénales internationales, la présence de l'accusé est une condition préalable au jugement[774]. Toutefois, cela n'a pas toujours été le cas. En effet, l'article 12 de la Charte de Nuremberg admettait très clairement le jugement par contumace[775]. Ainsi, Martin Bormann après plusieurs actes de notification sans suite, fut jugé et condamné à la mort par pendaison par le Tribunal de Nuremberg, pour la simple raison que son avocat commis d'office, n'avait pas réussi à prouver de manière irréfutable la mort de son client à l'occasion du procès[776]. Les statuts récents des instances internationales pénales se sont résolument orientés vers une procédure pénale anglo-saxonne qui préconise la présence de l'accusé à l'audience[777].

Néanmoins, comme exception, il faut souligner que devant la CPI, une audience de confirmation des charges peut être tenue en l'absence de l'accusé, dans les conditions prévues par l'article 61§2 du Statut[778]. Cette procédure se rapproche du jugement par contumace sans se confondre avec celui-ci ; car même si elle est *ex parte*, elle permet juste de déclarer officiellement un accusé

---

breach of the peace cannot be prevented otherwise than by the immediate arrest of the person, the magistrate may at any time issue a warrant for his arrest ».

774 Sur la question, voir les articles 21§4-d du Statut du TPIY et 20§4-d du Statut du TPIR.

775 Article 12 de la Charte de Nuremberg du 8 août 1945 : *« Le Tribunal sera compétent pour juger en son absence tout accusé, ayant à répondre des crimes prévus par l'article 6 du présent Statut, soit que cet accusé n'ait pu être découvert, soit que le Tribunal l'estime nécessaire pour toute autre raison dans l'intérêt de la justice ».*

776 Sur cette affaire, il était tout de même prévu que le Conseil de Contrôle pouvait réexaminer en vertu de l'article 29 de la Charte de Nuremberg, tout fait pouvant atténuer et modifier ou réduire la condamnation s'il le jugeait convenable.

777 L'article 63 du Statut de la CPI intitulé justement : **procès en présence de l'accusé** dispose que : *« 1. L'accusé est présent à son procès.*
2. Si l'accusé, présent devant la Cour, trouble de manière persistante le déroulement du procès, la Chambre de première instance peut ordonner son expulsion de la salle d'audience et fait alors en sorte qu'il suive le procès et donne des instructions à son conseil de l'extérieur de la salle, au besoin à l'aide des moyens techniques de communication. De telles mesures ne sont prises que dans des circonstances exceptionnelles, quand d'autres solutions raisonnables se sont révélées vaines et seulement pour la durée strictement nécessaire ».

778 L'article 61§2 a et b du Statut de la CPI prévoit que : *« 2. La Chambre préliminaire peut, à la demande du Procureur ou de sa propre initiative, tenir une audience en l'absence de l'intéressé pour confirmer les charges sur lesquelles le Procureur entend se fonder pour requérir le renvoi en jugement lorsque la personne :*
a) A renoncé à son droit d'être présente ; ou
b) A pris la fuite ou est introuvable, et que tout ce qui était raisonnablement possible a été fait pour garantir sa comparution devant la Cour et l'informer des charges qui pèsent contre elle et de la tenue prochaine d'une audience pour confirmer ces charges. Dans ces cas, la personne est représentée par un conseil lorsque la Chambre préliminaire juge que cela sert les intérêts de la justice ».

comme fugitif, sans toutefois préjuger de sa culpabilité comme ce fut le cas dans l'affaire *Bormann* dont l'intéressé absent, avait malgré tout été condamné par le Tribunal de Nuremberg pour crimes de guerre et crimes contre l'humanité.

L'exigence d'un procès équitable soulève un autre problème majeur que l'on ne saurait passer sous silence. Il s'agit du droit à l'information de l'accusé ou du suspect avec comme corollaire l'épineuse question de la traduction. Sur le continent africain où la justice pénale moderne est généralement rendue dans les langues des anciens colonisateurs (anglais, espagnol, français, portugais) érigées en langues officielles, une bonne partie des justiciables ne s'exprimant que dans leurs langues vernaculaires, se limitant parfois à une petite frange de la population, ne pourrait communiquer avec une juridiction en l'absence de traduction. Ainsi, dans la plupart des codes de procédure pénale des Etats africains, il existe des dispositions permettant la communication écrite ou orale avec l'accusé dans une langue qui lui est familière.

Au Cameroun par exemple, véritable Tour de Babel, avec plus de deux cents langues vernaculaires parlées au sein de différentes tribus qui composent le pays et deux langues officielles à savoir l'anglais et le français, le législateur pénal a pris des mesures pour faciliter la communication des accusés avec la justice. Dans cette optique, l'article 354 alinéa 1er du code de procédure pénale camerounais datant du 27 juillet 2005, prévoit que : *« si le prévenu ne s'exprime pas dans une des langues officielles comprises des membres de la juridiction ou s'il est nécessaire de traduire un document versé aux débats, le Président désigne d'office un interprète âgé de vingt et un (21) ans au moins et lui fait prêter le serment d'interpréter fidèlement les paroles des personnes parlant des langues différentes ou de traduire fidèlement le document en cause »*[779].

La communication judiciaire dans la langue de l'accusé est une garantie procédurale que reconnaissent aussi bien les droits pénaux modernes

---

[779] Des mesures analogues sont prévues dans l'article 393 du code de procédure pénale nigérien qui dispose que : *« Dans le cas où le prévenu ne parle pas suffisamment la langue française ou s'il est nécessaire de traduire un document versé aux débats, et à défaut d'un interprète assermenté, le président désigne d'office un interprète, âgé de vingt et un ans au moins, et lui fait prêter serment de remplir fidèlement sa mission.*

Le ministère public, le prévenu et la partie civile peuvent récuser l'interprète en motivant leur récusation. Le tribunal se prononce sur cette récusation, et sa décision n'est susceptible d'aucune voie de recours.

L'interprète ne peut, même du consentement du président ou du ministère public, être pris parmi les juges composant les tribunaux, les greffiers d'audience, les parties et les témoins ». Lire aussi l'article 91 du code de procédure pénale algérien et l'article 82 al. 2 du code de procédure pénale togolais.

africains que le système pénal international. Devant le TPIY par exemple, il a été reconnu qu'une traduction notamment en serbo-croate, avait pour but de répondre à l'obligation d'information des accusés[780]. Cette obligation d'information de l'accusé dans la langue qu'il comprend, trouve sa source dans le RPP des tribunaux *ad hoc* qui organise aussi bien la communication écrite (article 53 bis)[781] que la communication orale (article 62)[782].

Par ailleurs, il est du devoir du Procureur sous contrôle ultérieur du juge (article 40 RPP) ou de la Chambre de première instance (article 62 RPP), d'informer le suspect (article 42 RPP) ou l'accusé (article 63 RPP), de son droit à l'assistance par un conseil, un interprète, ou de son droit à garder le silence. Et comme cela ressort de l'article 62§A-ii du RPP, le juge doit s'assurer que l'accusé a bien compris l'acte d'accusation et même la portée d'un plaidoyer de culpabilité (article 63*bis* RPP). Dans le cadre de la CPI, c'est l'article 67§1-a du Statut qui garantit à l'accusé, le droit d'*«être informé dans le plus court délai et de façon détaillée de la nature, de la cause et de la teneur des charges dans une langue qu'il comprend et parle parfaitement »*.

Cependant, il faut dire que le droit à l'information des personnes poursuivies devant les juridictions internationales pénales est limité par, d'une part la nécessité de préserver les intérêts des Etats[783] et des témoins ou victimes, et d'autre part en ce qui concerne précisément les traductions, par

---

780 Chambre II, Order on Zdavko Mucic's Oral Request for Croatian Interpretation, *Z. Delalic et al.*, IT-96-21-T, 23 juin 1997.

781 Article 53 bis du RPP du TPIY : **signification de l'acte d'accusation** : *« A) L'acte d'accusation est signifié à personne à l'accusé dès lors qu'il se trouve placé sous la garde du Tribunal ou dans un délai aussi raisonnable que possible.*

B) Cette signification prend la forme d'une remise à l'accusé d'une copie de l'acte d'accusation certifiée conformément à l'article 47 G) ».

782 Article 62 A-ii, du RPP du TPIY, *« A) Après le transfert d'un accusé au siège du Tribunal, le Président attribue immédiatement l'affaire à une Chambre de première instance. L'accusé comparaît sans délai devant la Chambre ou un Juge de celle-ci, et y est mis formellement en accusation. La Chambre de première instance ou le Juge : (...) ii) donne lecture ou fait donner lecture de l'acte d'accusation à l'accusé dans une langue qu'il comprend, et s'assure que l'intéressé comprend l'acte d'accusation ».*

783 L'article 72 du Statut de la CPI limite par exemple l'accès à l'information lorsque celle-ci risque de compromettre la sécurité nationale d'un Etat. Ainsi son paragraphe 1er énonce clairement que : *« Le présent article s'applique dans tous les cas où la divulgation de renseignements ou de documents d'un État porterait atteinte, de l'avis de cet État, aux intérêts de sa sécurité nationale. Ces cas sont, en particulier, ceux qui relèvent de l'article 56, paragraphes 2 et 3, de l'article 61, paragraphe 3, de l'article 64, paragraphe 3, de l'article 67, paragraphe 2, de l'article 68, paragraphe 6, de l'article 87, paragraphe 6, et de l'article 93, ainsi que les cas, à tout autre stade de la procédure, où une telle divulgation peut être en cause ».*

les problèmes budgétaires. Sur ce dernier point, les instances pénales internationales ne souhaitent en général qu'assurer la traduction dans la langue de l'accusé, des seuls éléments relatifs aux charges qui pèsent sur lui[784].

L'information terminée, l'accusé doit pouvoir assurer sa défense. Comme en droit interne, l'une des plus grandes garanties dans ce cas est la possibilité de se faire assister par un conseil, qui peut être commis d'office si l'accusé est désargenté. Ce qu'il faut noter c'est que devant les tribunaux *ad hoc,* la partie défenderesse aura la faculté de demander au juge de prendre en vertu de l'article 54 du RPP, des mesures nécessaires au bon déroulement de l'enquête, de la préparation ou de la conduite du procès[785]. Devant la CPI, une procédure différente mais favorable à l'accusé a été instituée. Celle-ci permet au Procureur d'instruire aussi bien à charge qu'à décharge (article 54 du Statut)[786] ce qui n'est pas inintéressant pour la partie défenderesse, qui peut avoir des moyens très limités.

De plus, certains sont persuadés que *« l'institution de la chambre préliminaire, dont les fonctions sont définies par l'article 57, devrait permettre une procédure plus équitable quant à la communication et la recherche des éléments de preuve»*[787].

Dans tous les cas, ce qu'il faut souligner en définitive c'est le fait que le droit international pénal[788] et le droit pénal moderne africain *Common Law* ou romano-germanique, accordent toute proportion gardée, les mêmes garanties à la fois matérielles et procédurales aux personnes qui sont aux prises avec la justice répressive. Au fond, ce n'est pas très surprenant car le droit

---

784 Sur la question, voir, TPIY, Chambre II, Décision sur la requête de la défense tendant à obtenir les documents dans la langue de l'accusé, *Z. Delalic et al.*, IT-96-21-T, 25 septembre 1996, §8.

785 Article 54 RPP : *« A la demande d'une des parties ou de sa propre initiative, un juge ou une Chambre de première instance peut délivrer les ordonnances, citations à comparaître, assignations, injonctions, mandats et ordres de transfert nécessaires aux fins de l'enquête, de la préparation ou de la conduite du procès ».*

786 Article 54§1-a du Statut de la CPI : *« 1. Le Procureur :*

a) Pour établir la vérité, étend l'enquête à tous les faits et éléments de preuve qui peuvent être utiles pour déterminer s'il y a responsabilité pénale au regard du présent Statut et, ce faisant, enquête tant à charge qu'à décharge ».

787 SINOPOLI Laurence, « Les droits de la défense », *in* ASCENSIO Hervé, DECAUX Emmanuel, PELLET Alain, *Droit international pénal,* Editions A. Pedone, CEDIN Paris X, 2000, 1053 p., chapitre 65, pp.791-805, p.804. Il faut préciser que Laurence SINOPOLI n'a pas repris son article dans la réédition en 2012 de l'ouvrage précité.

788 Il faut préciser que le droit internationational pénal est très imprégné du droit international des droits de l'homme et notamment des dispositions du Pacte international sur les droits civils et politiques (en l'occurrence les articles 9 et suivants).

international pénal et les ordres pénaux modernes africains reposent sur les mêmes fondements théoriques.

SECTION 2. Les fondements théoriques communs aux ordres pénaux modernes africains et international

171.-Réflexion préliminaire. Bien que le droit pénal moderne soit la conséquence d'une grande mutation des systèmes juridiques contemporains, ses fondements sont en réalité très anciens. Ceux qui pensent que le droit actuel a été construit à l'époque des lumières seront certainement surpris d'apprendre qu'en matière pénale par exemple, les règles juridiques reposent très souvent sur des soubassements qui remontent jusqu'à l'Antiquité. Ceci est en tout cas irréfutable en ce qui concerne le droit pénal occidental, qui comme on le sait, a fortement influencé le droit international pénal après avoir été transposé dans les ordres juridiques modernes africains *via* la colonisation. Par conséquent, on peut très bien défendre l'idée selon laquelle la propension universaliste que revendique le droit international pénal, ne place pas ce dernier dans une situation conflictuelle par rapport aux ordres pénaux modernes africains où il sera diffusé, puisqu'ils reposent tous, non seulement sur des fondements conceptuels analogues **(§1)**, mais aussi sur des fondements téléologiques communs pour la société **(§2)**.

§1. Les fondements conceptuels analogues

172.-Explications. Les fondements conceptuels du droit pénal sont ceux qui ont permis à cette discipline de s'affirmer comme un domaine spécifique dans tout le champ juridique. Pour les ordres pénaux africains et le droit international pénal, il est surtout question de mettre en exergue leur incontournable socle religieux **(A)** et leur incontestable référence aux principes de la philosophie du droit **(B)**.

A- L'incontournable socle religieux des ordres pénaux modernes africains et international

173.-Fondements des préceptes religieux du droit pénal moderne. *« Il est des règles de droit qui résonnent comme des échos de prescriptions religieuses, et avec deux motifs d'obéir pour un, le peuple n'en obéira que* *mieux »*[789]. Telle est en tout cas l'idée défendue avec conviction par Jean CARBONNIER au sujet des rapports entre le droit et la religion. En ce qui concerne d'ailleurs le droit pénal, il faut dire que sa colonne vertébrale est déjà en quelque sorte constituée depuis des temps immémoriaux par des interdits à caractère religieux. Pour maintenir l'ordre social, les anciens se sont en effet appuyés sur des règles générales de conduite qui répondaient à des impératifs à la fois divins et religieux. L'idée était de protéger à tout prix l'homme contre ses semblables ou contre lui-même, dans un monde où l'être humain imparfait par nature, était enclin au crime ou plus précisément au péché[790].

Dans un tel contexte, le droit pénal *« est établi pour soutenir les hommes dans la longue quête du bien et le rejet du mal, notions relevant du moral et du spirituel »*[791]. Il a déjà pour objectif de mettre l'homme sur le droit chemin, en le détournant des méfaits ou maléfices qui sont susceptibles de l'écarter de la voie de la connaissance ou de la vérité[792]. En plus de cela, à l'instar du droit pénal moderne, le droit pénal ancien *« assène l'idée selon laquelle tout franchissement de la norme sociétale, humaine et divine entraîne l'exclusion sociale, voire l'élimination physique, car l'homme n'a plus de place dans la société qu'il a trahie »*[793].

La plupart des auteurs[794] sont d'avis que le droit pénal est imprégné de principes noachides, qui sont un ensemble de sept préceptes à l'origine de tous les interdits dans les religions juive et chrétienne[795]. Ces préceptes doivent à

---

789 CARBONNIER Jean, « La religion, fondement du droit ? », *in Archives de philosophie du droit (APD),* Tome 38, 1993, pp.17-21, p.17.

790 Dans les *« religions du livre »* (Judaïsme, Christianisme, Islam), le crime est d'abord et avant tout considéré comme une manifestation de la nature pêcheresse de l'homme.

791 JEANCLOS Yves, *Droit pénal européen, Dimension historique*, *op. cit.*, p.25.

792 *Ibid.*

793 *Ibid.*

794 Voir notamment DRAI Raphaël, *Le mythe de la loi du Talion. Une introduction au droit hébraïque*, Paris, 1991, 270 p.

795 La tradition hébraïque voudrait que les préceptes noachides aient été transmis par Dieu à Noé comme signe de son alliance avec l'humanité. Encore appelés les sept lois de Noé, ces préceptes sont les suivants :

I. Précepte *De Judiciis*. L'obéissance aux juges, aux magistrats, aux princes.

II. *De Cultu extraneo*. Le culte des divinités étrangères, les superstitions, les sacrilèges sont défendus.

III. *De Maledictione nominis sanctissimi*. L'interdiction de la malédiction du nom de Dieu, des blasphèmes, des faux serments.

IV. *De Revelatione turpitudinum*. L'interdiction des alliances et des commerces incestueux et illicites ; de la sodomie, de la bestialité, des crimes contre nature.

tout prix anticiper la condamnation de tout comportement déviant d'un individu qui risque de troubler l'ordre établi en nuisant à autrui. Ainsi, dès l'Antiquité, le droit pénal reposant essentiellement sur la religion est conçu pour garantir à la fois la morale et les bonnes mœurs par le truchement des normes juridiques censées assurer la paix et la sécurité au sein de la collectivité humaine.

Ce qui est significatif avec le droit pénal d'inspiration religieuse et notamment noachides, c'est le fait qu'à l'instar du droit criminel contemporain, l'instauration d'une institution judiciaire publique est la condition *sine qua non* à tout règlement de différend. Il semble que l'on ait pris conscience assez tôt que pour exister, le droit pénal ne peut se passer d'un juge dont la mission est de régler les conflits interindividuels. Mais, ce juge a également pour rôle de garantir la liberté et la quiétude de ceux qui respectent les règles imposées par la religion. Ainsi, le droit pénal antique ne vise pas qu'à sanctionner le délinquant, il a aussi pour objectif d'assurer la protection des individus les plus vertueux contre les risques d'abus de leurs semblables.

Toutefois pour certains, *« oublieux des principes noachides mal connus, le droit criminel européen trouve sa refondation dans le Décalogue*[796]*, énoncé lapidaire des dix principes de la vie humaine censément imposés par Dieu »*[797]. En effet, pour le Décalogue, il est impératif de respecter la vie de l'homme ainsi que sa propriété. Ainsi, le meurtrier offense non seulement la société mais aussi Dieu, car tuer c'est d'abord et avant tout porter atteinte à la création. C'est peut être un archaïsme qui pourrait justifier une prise de recul du droit criminel moderne laïc qui se veut débarrassé de toute idée de Dieu, par rapport à l'héritage juridique antique en quête d'absolu et de transcendance.

Pourtant, comme le droit criminel moderne, le droit pénal judéo-chrétien avait aussi pour ambition d'instaurer une justice impartiale puisque la sanction ne pouvait que reposer sur des preuves qui pouvaient d'ailleurs soit

---

V. *De sanguinis Effusione*. L'interdiction de l'effusion du sang de toute sorte d'animal, de l'homicide, des plaies, de la mutilation etc.

VI. *De Rapina*. L'interdiction du vol, des fraudes, du mensonge, etc.

VII. *De Membro animalis viventis*. L'interdiction de manger les membres d'un animal encore vivant, comme le pratiquaient quelques païens. Sur le sujet, lire notamment NOVAK David, « Les lois noahides et les relations entre juifs et non-juifs », *in* TRIGANO Shmuel (dir.), *La civilisation du judaïsme, De l'exil à la diaspora,* Editions de l'Eclat, 2012, 400 p., pp.197-213.

[796] Le Décalogue est le terme générique pour désigner les Dix Commandements que la tradition judéo-chrétienne veut qu'ils aient été transmis par Dieu à Moïse sur le Mont Sinaï.

[797] JEANCLOS Yves, *Droit pénal européen, Dimension historique*, *op. cit.*, p.27.

condamner, soit absoudre un accusé. C'est ainsi que la manifestation de la vérité peut émaner notamment d'un témoignage[798] ou de toute autre information d'origine matérielle ou humaine, ce qui peut permettre de cerner la portée des préceptes religieux de droit pénal.

174.-Portée des préceptes religieux de droit pénal. Insidieusement, le droit pénal judéo-chrétien va dégager les grands principes du droit pénal européen qui doit réprimer les délinquants tout en pacifiant la société. Il ne se contente d'ailleurs pas d'énoncer les crimes et les sanctions y afférentes ; il innove par rapport à la justice primitive en instaurant des principes considérés aujourd'hui comme fondamentaux, à l'instar de la responsabilité pénale individuelle. Il faut dire que ce système de droit très ancien reconnait déjà que seule la personne reconnue coupable doit subir une peine, et rejette donc la responsabilité familiale par solidarité[799]. C'est un principe qui comme bien d'autres[800], sera consacré ultérieurement dans les codes pénaux modernes, avant d'être transposé ensuite dans les différents statuts des juridictions pénales internationales.

Néanmoins, au fil des siècles, une lente mais incontestable mutation s'est opérée contre toute attente au sein même du droit pénal religieux. Ainsi à l'époque médiévale, l'Eglise catholique après l'exégèse des textes anciens, a considéré que si l'idée religieuse avait fortement contribué à la stabilité des sociétés antiques, il fallait adjoindre à celle-ci l'idée morale. Il semble que cette approche plus philologique que dogmatique des normes juridiques ait particulièrement intéressé le monde séculier. Toujours est-il que cet *aggiornamento* juridique de l'Eglise a favorisé l'introduction de certains grands principes dans le droit laïc ; au point où l'on a même pu observer *« l'émergence d'une véritable conception spiritualiste de la responsabilité pénale »*[801].

---

[798] Sur les témoignages, il suffit de voir l'importance que les différents codes de procédure pénale africains accordent aux auditions de témoins. Lire notamment les articles 88 et suivants du code de procédure pénale algérien, 144 et suivants du code de procédure pénale kényan, 91 et suivants du code de procédure pénale sénégalais, 81 et suivants du code de procédure pénale togolais etc.

[799] Dans le Deutéronome est clairement prévu que *« les pères ne seront pas mis à mort pour les fils, ni les fils pour les pères. Chacun sera mis à mort pour son propre crime ».*

[800] Comme autres principes du droit pénal judéo-chrétien, on peut citer la personnalité des peines ainsi que la proportionnalité des infractions et des peines.

[801] BERNARDINI Roger, *Droit pénal général, Introduction au droit criminel, Théorie générale de la responsabilité pénale,* Gualino éditeur, Paris, 2003, 681 p., p.80.

La conception spiritualiste de la responsabilité reconnait tout de même aux hommes le droit de punir ; à la seule différence que la punition ne doit pas reposer sur une idée de vengeance à assouvir, mais plutôt sur un besoin de justice. Il est aussi reconnu la forte propension de l'homme à commettre volontairement des actes répréhensibles, car il est la plupart du temps tenté par le mal qui le pousse à commettre le péché assimilé alors à l'infraction. La faute instaurée par l'Eglise devient par conséquent le corollaire du péché et du mal. C'est pourquoi, la notion de libre arbitre s'est imposée comme un impératif qui pouvait permettre de justifier une responsabilité pénale fondée sur la faute intentionnelle de l'individu[802].

C'est donc parce qu'un individu a commis une faute intentionnelle qu'il est responsable moralement et juridiquement[803]. Le coupable identifié d'ailleurs au pêcheur, devait expier sa faute en subissant une peine retributive proportionnelle à l'infraction commise, et comme aujourd'hui, la peine est alors un instrument visant moins à écraser l'homme qu'à favoriser son amendement et son amélioration. Dès le Moyen Âge en effet, sous l'influence des penseurs religieux, les idées de miséricorde chrétienne, de charité et de compassion, pénètrent subrepticement le droit ecclésiastique[804] dans le but de faire contrepoids à un droit séculier dont le leitmotiv est le maintien de l'ordre public qui justifie le recours aux sanctions les plus sévères contre les condamnés.

Contrairement à la justice séculière, l'Eglise favorise les sanctions qui vont permettre à l'homme pêcheur de faire pénitence ; et de ce point de vue l'enfermement cellulaire doit favoriser la méditation, seule capable de garantir la resocialisation du détenu. C'est pourquoi, à l'instar du droit pénitentiaire contemporain, certaines prisons pouvaient autoriser les condamnés à exercer un métier[805] et même à obtenir une sortie anticipée pour conduite exemplaire.

---

802 BERNARDINI Roger, *Droit pénal général, Introduction au droit criminel, op. cit.* p.80. Sur la question du libre arbitre, voir aussi, Saint AUGUSTIN, *Traité du libre arbitre*, trad. 1952, I, II, 4, p.143 ; Saint Thomas d'AQUIN, *Somme théologique*, 1266 ; LUTHER, *Traité du serf-arbitre*, trad. 1937, p.87ss. ; SCHOPENHAUER, *Essai sur le libre-arbitre,* trad. 1900, p.147ss.

803 Les différents codes pénaux africains à l'instar de la plupart des législations modernes insistent bien sur l'intention de commettre des actes graves. Ainsi, l'article 44 du code pénal togolais précise que : « *quiconque commet volontairement un homicide sera puni (...)* ».

804 MABILLON Jean, *Réflexions sur les prisons des ordres religieux*, 1690, publiées en 1724.

805 L'article 692 du code de procédure pénale sénégalais prévoit que : « *Les condamnés à des peines privatives de liberté pour des faits qualifiés crimes ou délits de droit commun sont astreints au travail.*
Les produits de travail de chaque condamné sont appliqués aux dépenses communes de la maison, au payement des condamnations pécuniaires prononcées au profit du trésor public et

Quelques siècles plus tard, un auteur chrétien tel que Jean MABILLON, après des *« réflexions sur les prisons des ordres religieux »,* titre de son ouvrage paru en 1724, insiste clairement sur la nécessité de respecter la dignité de l'homme[806]. Pour lui, il faut *« prendre toutes les mesures et toutes les précautions pour proportionner les peines...aux dispositions, à la force du corps et de l'esprit du coupable »*[807]. Fait surprenant pour son époque, ce penseur s'intéresse aux conditions de vie des détenus. Il n'hésite pas à souligner la nécessité d'avoir des cellules propres, de favoriser la promenade au grand air, ou encore à nourrir correctement les prisonniers. Il défend également un droit de visite pour les détenus, mais aussi un droit à la culture à travers les bibliothèques qui seraient mises à la disposition des condamnés, sans oublier bien entendu la possibilité de participer à des offices religieux.

Pendant des siècles, le christianisme, se basant sur les vertus évangéliques du pardon et de la rédemption, milite en faveur d'un ordre répressif protecteur de la dignité des condamnés dont il faut préparer la resocialisation. Toutefois, la trop grande divergence entre la pensée juridique de l'Eglise, et la pratique judiciaire ecclésiastique dont on dénonçait souvent les abus, a poussé les penseurs laïcs, sous l'influence d'idées nouvelles, à mener d'autres réflexions sur la justice. C'est ainsi qu'en plus des idées religieuses, le droit pénal moderne d'origine européenne a progressivement fait référence aux principes de la philosophie du droit, qui ont connu leur plein épanouissement à partir du siècle des Lumières.

B- L'incontestable référence aux principes de la philosophie du droit

175.-Conceptualisation évolutive du droit pénal. On peut très bien concevoir que dès ses origines, le droit pénal est apparu comme une réalité *ex nihilo* ou une construction très peu élaborée de l'homme pour faire face à la réalité hobbesienne du *homo homini lupus est*[808] et de préserver ainsi l'ordre

de la partie civile ainsi qu'à la formation pour lui d'un fonds de réserve qui lui sera remis lors de sa libération et d'un pécule dont il peut disposer au cours de sa détention ; le tout ainsi qu'il est ordonné par décret ».

806 Sur la dignité en milieu carcéral, voir GUASTADINI Christelle, *Droit pénal et droits de l'homme, La dignité en prison : genèse et avènement,* Editions Buenos Books International, Paris, 2010, 103 p.

807 MABILLON Jean, précité.

808 HOBBES Thomas, *De cive*, 1647, Edition critique par Warrender, original latin et traduction anglaise, Oxford, Clarendon Press, 1983.

social ou l'intégrité des groupes humains primitifs en proie à tous les dangers. Mais, cette discipline a surtout été conçue pour juguler la réaction vindicative des victimes à l'égard des coupables. Historiquement, on considère que le droit criminel s'est construit en trois étapes successives.

La première est sans doute celle de la vengeance privée et de la guerre privée qui pouvait dans le meilleur des cas, aboutir à une composition indemnitaire octroyée au groupe victime par le groupe auquel était issu le coupable de l'acte répréhensible. Ceci peut paraitre surprenant si l'on oublie qu'à ce stade de l'évolution du droit pénal, la responsabilité était collective[809].

Après cette période, vint celle de la justice privée. Ici, tout en étant à la fois instigatrice et bénéficiaire de la répression, la victime ou sa famille reste néanmoins tributaire d'un pouvoir central qui veille au bon fonctionnement de l'appareil répressif et qui a par conséquent suffisamment d'autorité pour imposer le versement d'une composition[810].

Toutefois, l'étape la plus évoluée dans la construction du droit criminel reste celle de la justice publique. Dans un tel contexte, l'Etat est la pierre angulaire du système pénal au détriment des particuliers qui sont relégués au second plan. Par ailleurs, l'Etat met sur pied un dispositif visant à défendre les intérêts de la société qui est érigée en victime à l'instar des personnes privées. Ainsi, contrairement au système de justice privée où toutes les infractions sont privées, on reconnait dorénavant des infractions publiques ; d'où la distinction entre l'indemnité allouée à la victime, et la peine infligée au nom de la société et pour son compte uniquement[811].

Pour atteindre un tel niveau de sophistication, le droit pénal contemporain, qu'il soit appliqué à l'échelle nationale ou internationale, a bénéficié d'un travail considérable effectué par la doctrine, qui a développé une véritable philosophie juridique qui est à la fois classique **(1)** et moderne **(2)**.

1. Philosophie juridique classique et droit pénal moderne

176.-Fondements de la philosophie juridique classique. En faisant abstraction de la pensée juridique médiévale fortement empreinte de

---

[809] Lire PRADEL Jean, *Droit pénal général*, 19ème édition, Cujas, Paris, septembre 2012, 756 p., p.69.

[810] *Ibid.*

[811] *Ibid.* pp.68-69.

religiosité, on admet en général que la philosophie juridique classique, soubassement des institutions laïques contemporaines, remonte au XVIIIème siècle, période au cours de laquelle un certain nombre de penseurs européens ont voulu se départir de toute influence religieuse. Seulement, il faut rappeler que le siècle des lumières, nom que l'on a donné au XVIIIème siècle, est aussi celui du retour aux sources gréco-romaines de la pensée occidentale. Et sur le plan pénal précisément, certains philosophes antiques avaient déjà une idée bien arrêtée sur la répression. C'est ainsi que PLATON[812], SENEQUE et AULUGELLE[813] avaient pris fait et cause pour l'amendement du condamné. PLATON par exemple était convaincu que *« les dommages... doivent, en tant que ce sont des maladies de l'âme... être l'objet d'une cure, toutes les fois du moins que le mal est curable »*[814].

Toutefois, c'est bien au XVIIIème siècle que l'on a mené une réflexion approfondie sur les fondements du droit pénal. C'est grâce aux réflexions des auteurs tels que BECCARIA ou BENTHAM que vont être mis en exergue les grands principes du droit pénal considérés comme universels et repris par la plupart des systèmes répressifs contemporains et en l'occurrence ceux d'Afrique. Il faut dire que ces philosophes se sont exprimés avec la plus grande clarté sur l'objectif même de la répression ainsi que sur son utilité sociale.

En vérité, l'idée d'utilité sociale comme fondement de la sanction pénale avait déjà été émise par MONTAIGNE au XVIème siècle lorsqu'il affirmait que *« l'on ne corrige pas celui qu'on prend, on corrige les autres par lui »*. Mais, deux siècles plus tard, son idée sera systématisée par des philosophes ou des encyclopédistes qui se servent de l'utilitarisme pénal comme moyen pour combattre les abus du système répressif de leur époque. C'est peut-être aussi parce que derrière leurs pensées, il y avait un engagement politique que leurs écrits ont connu un succès fulgurant dès le XVIIIème siècle.

---

812 Sur PLATON, voir notamment *Protagoras, Les lois* et *Gorgias.*

813 Voir AULUGELLE, *Les nuits Attiques,* ouvrage compilé pendant la deuxième moitié du IIème siècle après Jésus Christ.

814 PLATON, *Les lois,* livres IX, 862 c. Dans le livre IX, PLATON aborde les questions de droit criminel (853 a), en l'occurrence les crimes contre la religion (le sacrilège), contre l'Etat (sédition et haute trahison), la concussion et le vol. Il met sur pied des principes du droit pénal (857 b). Il mène aussi une réflexion sur la criminalité et ses facteurs psychologiques (863 a), sur l'homicide (865 a), sur les meurtres passionnels (866 d), sur le parricide (872 c), sur le suicide (873 c).

Ainsi, en ce qui concerne par exemple BECCARIA, si son fameux *« Traité des délits et des peines »*[815] n'était qu'une brochure, un pamphlet et un ouvrage de vulgarisation[816], inspiré des pensées de MONTESQUIEU, ROUSSEAU et BACON, il a tout de même connu un succès phénoménal dans l'Europe entière[817]. Aussi, il ne faut pas oublier que dans le contexte africain, les colonisateurs européens considéraient que la diffusion dans les colonies d'un droit pénal imprégné de la pensée philosophique du XVIIIème siècle et tout particulièrement des idées de BECCARIA, avait pour but de moderniser les ordres répressifs africains dont ils dénonçaient l'archaïsme.

Penseur de son temps, BECCARIA parle de l'homme en tant qu'être guidé par ses intérêts égoïstes et ses passions qui sont les véritables causes des perpétuels conflits interindividuels[818]. L'objectif de la loi est par conséquent de juguler le conflit et les passions humaines, en tenant compte de l'idée d'utilité commune qui peut permettre de canaliser le sentiment des hommes.

BECCARIA est persuadé que la politique criminelle doit s'appuyer davantage sur la prévention que sur la répression. Toutefois, cette dernière est nécessaire dans la mesure où, la prévention n'est pas infaillible d'autant plus que la peine reste *« une terreur salutaire destinée à empêcher le renouvellement des infractions »*[819]. Au reste, chaque individu ne peut jouir des bienfaits d'une société que si, en tant que membre du corps social, il accepte d'emblée d'être puni lorsqu'il aura violé les clauses du Contrat social. Ainsi, la légitimité de la peine résiderait dans le fait qu'elle résulte en réalité du consentement des citoyens. Seulement, le consentement n'est pas absolu puisque la torture et l'arbitraire par exemple ne sauraient être tolérés. Il n'est donc pas surprenant que l'article 374 du code pénal ivoirien, en sanctionnant les atteintes à la liberté individuelle dispose que : *« la peine est*

---

815 BECCARIA Cesare, *Des délits et des peines*, 1764.

816 Le *« Traité des délits et des peines »* de BECCARIA est une brochure de 42 paragraphes assez courts.

817 En France par exemple, l'œuvre de l'italien est accueillie avec enthousiasme par VOLTAIRE et DIDEROT après la traduction faite par l'abbé Morellet. Mais si le *« Traité des délits et des peines »* a été encensé par certains juristes à l'instar de l'avocat général SERVAN, il est attaqué avec véhémence par des criminalistes de l'Ancien Regime tels que JOUSSE et surtout MUYART DE VOUGLANS qui a même écrit une *« Réfutation des principes hasardés dans le Traité des délits et des peines »*.

818 BECCARIA Cesare, *Des délits et des peines*, Edition de 1979, préface de Casamayor, p.49.

819 BECCARIA Cesare, *Des délits et des peines*, p.51, *in* MASCALA Corinne, *Droit pénal général* (Les fondements de la répression), Editions Fulguière, Paris, 2002, pp.86-87.

l'emprisonnement à vie si les personnes arrêtées, détenues ou séquestrées ont été soumises à des tortures corporelles ».

Pour BECCARIA, il est constant que la peine doit avoir un caractère dissuasif, mais il condamne en même temps l'inutilité de la rigueur de la peine qui doit être prompte et modérée car *« tout châtiment est inique aussitôt qu'il n'est pas nécessaire à la conservation du dépôt de la liberté publique »*[820]. Il considère surtout que le droit criminel doit avoir une visée essentiellement utilitaire qui doit émaner de la loi dont on connait l'importance en droit pénal moderne.

177.-Philosophie pénale classique et importance de la loi en droit pénal moderne. Si la loi est très importante pour le maintien de l'ordre social, c'est qu'elle est porteuse du *« principe de la légalité des délits et des peines »*[821]. C'est surtout le moyen le plus sûr pour limiter l'arbitraire de l'Exécutif et du Judiciaire. Pour BECCARIA, un certain nombre de conclusions doivent être tirées d'un tel constat.

D'entrée de jeu, seul l'instrument législatif est habilité à créer des infractions et à ordonner les sanctions *via* des dispositions générales et absolues garantissant son impartialité. Dès lors, tout ce qu'il n'interdit pas expressément doit être considéré comme permis. Aussi, les citoyens n'ayant consenti à se départir que d'une portion limitée de leurs droits dans le Contrat social, les incriminations doivent être l'exception à la liberté qui doit demeurer le principe. Ainsi, l'article 1er de la Constitution gabonaise, outre le fait qu'il affirme que *« nul ne peut être arbitrairement détenu »*, précise qu'un individu *« ne peut être gardé à vue ou placé sous mandat de dépôt s'il présente des garanties suffisantes de représentation ».* Les incriminations peuvent porter sur l'atteinte à l'utilité commune, au bien commun et au bonheur du genre humain. Il est aussi important que la loi soit claire, précise et facile à interpréter puisque, le juge ne doit pouvoir avoir recours qu'à la méthode littérale[822].

---

820 BECCARIA Cesare, *Des délits et des peines*, *op. cit.*, p.51.

821 Sur ce principe, voir notamment l'article 4 du code pénal sénégalais qui prévoit que : *« Nul crime, nul délit, nulle contravention ne peuvent être punis de peines qui n'étaient pas prévues par la loi ou le règlement avant qu'ils fussent commis ».* Lire dans le même sens l'article 1er du code pénal algérien, l'article 2 du code pénal centrafricain, l'article 5 du code pénal guinéen, l'article 4 du code pénal mauritanien, l'article 1er du code pénal rwandais, l'article 1er du code pénal togolais etc.

822 BECCARIA estime que *« les juges des crimes ne peuvent avoir le droit d'interpréter les lois pénales, par la raison même qu'ils ne sont pas législateurs »*, BECCARIA, *op. cit.*, p.52.

De plus, les peines prévues par la loi, devraient seulement tenir compte du tort causé à l'ordre public[823], afin que l'on ait toujours la même sanction pour une infraction donnée dans le cadre d'un système de peines fixes. En tout cas, la sanction doit toujours se focaliser sur un même intérêt qui est l'utilité sociale. De même, les peines prononcées doivent être en phase non seulement avec le principe de légalité, mais aussi avec le principe d'égalité. C'est pourquoi, le code pénal camerounais a pu disposer dès son premier article que : *« la loi pénale s'impose à tous »*. Et pour des raisons d'humanisme et d'efficacité, il convient de ne recourir qu'à des peines qui sont proportionnées au préjudice social, en écartant celles qui sont trop sévères[824] ou pas assez promptes[825], d'autant plus que les sanctions doivent être à la fois sûres[826] et infaillibles.

Finalement, les pouvoirs du juge doivent être réduits à leur portion congrue ; et son activité peut se limiter à la simple appréciation des faits commis, et à l'application de la loi au fait en cause sans aucun pouvoir d'interprétation. Le procès pénal étant préalablement réglementé, le juge ne pourra à aucun moment modifier une sanction prévue par la loi, soit en accordant une circonstance atténuante, soit en retenant une circonstance aggravante.

Une grande partie des idées de BECCARIA sera reprise par la plupart des systèmes juridiques contemporains et notamment les systèmes répressifs modernes africains mis en œuvre par les colonisateurs européens dès le XIXème siècle. Mais, si BECCARIA est un tenant de la philosophie juridique classique en matière pénale, il n'est sûrement pas le seul car après lui, ses

---

Idem, p.55 *« lorsque les lois seront fixes et littérales, lorsqu'elles ne confieront aux magistrats que le soin d'examiner les actions des citoyens pour décider si ces actions sont conformes ou contraire à la loi écrite, ..., alors on ne verra plus les citoyens soumis au joug d'une multitude de petits tyrans... »*.

823 *« La véritable mesure des délits c'est le dommage qu'ils causent à la société »*, BECCARIA, *op. cit.*, p.113.

824 BECCARIA s'oppose résolument à la peine de mort qu'il considère comme un *« meurtre public »*, BECCARIA, *op. cit.*, p.96 et propose d'ailleurs qu'elle soit remplacée par l'esclavage perpétuel, BECCARIA, *op. cit.*, p.93.

825 *« Plus la peine sera prompte et suivra de près le délit, plus elle sera juste et utile »*, BECCARIA, *op. cit.*, p.102.

826 *« Ce n'est pas la rigueur du supplice qui prévient le plus sûrement les crimes, c'est la certitude du châtiment... La perspectives d'un châtiment modéré, mais inévitable, fera toujours une impression plus forte que la crainte vague d'un supplice terrible, auprès duquel se présente quelque espoir d'impunité »*, BECCARIA, *op. cit.*, p.105.

disciples continueront à développer et à enrichir ses idées. C'est le cas notamment de Gaetano FILANGIERI et de Jeremy BENTHAM.

FILANGIERI est l'auteur d'un important ouvrage intitulé *« Des lois criminelles »*[827] paru en 1783 et fortement imprégné des idées de BECCARIA. Ses propositions peuvent se retrouver en filigrane aussi bien dans le droit international pénal que dans les droits pénaux modernes africains. En effet dans son livre qui est plutôt savant, le penseur italien s'intéresse dans un premier temps à la procédure pénale tout en remettant en cause le droit existant par des réflexions analogues à celles de BECCARIA. La procédure légaliste qu'il met en avant vise à restreindre les pouvoirs du juge, à supprimer la détention provisoire, ou à instaurer un système de caution. Dans un second temps, il fait lui aussi une analyse portant sur les délits et les peines, tout en mettant l'accent sur l'utilité sociale de la sanction, sur son aspect préventif ou dissuasif et sur la proportionnalité des peines qui doivent être mesurées.

Mais, là s'arrête en réalité la comparaison avec BECCARIA, car FILANGIERI va plus loin que son illustre compatriote italien. Ainsi, s'il parle de l'utilité sociale de la répression c'est en fait pour arriver à la proposition qui voudrait que l'on incrimine l'instigateur d'une infraction même si l'instigation n'a pas été suivie d'effet. En ce qui concerne les sanctions pécuniaires invoquées par BECCARIA, FILANGIERI recommande qu'elles soient déterminées en fonction de la nature de l'infraction, de la situation économique et sociale du condamné ; et pour se démarquer définitivement de l'auteur *« Des délits et des peines »,* il admet que la peine capitale est de mise pour des crimes tels que l'assassinat et la trahison[828], ce qui l'éloigne aussi de Jeremy BENTHAM qui a préconisé une forme d'utilitarisme qui a beaucoup imprégné le droit répressif moderne africain ou international.

178.-Philosophie pénale classique et idée d'utilitarisme en droit pénal moderne. Chez Jeremy BENTHAM, lui aussi grand penseur du XVIIIème siècle[829], réside l'idée que l'homme dans son comportement est

---

[827] En France, après leur traduction de l'italien, les œuvres de Gaetano FILANGIERI ont bénéficié d'un accueil favorable des intellectuels tels que Benjamen CONSTANT. Lire CONSTANT Benjamen, *Commentaire sur l'ouvrage de Filangieri,* Chez P. Dufart Librairie, Quaie Voltaire, N°19, MDCCCXXII, 303.p.

[828] Lire CONSTANT Benjamen, *op. cit*., p.217ss.

[829] Parmi les œuvres de Jeremy BENTHAM, on peut citer notamment, *Théorie des peines légales*, 1775 ; *Principes du code pénal*, 1789 ; *Introduction aux principes de morale et de législation,* 1789 ; *Panoptique ou maison d'inspection,* 1791 ; *Traité de législation civile et pénale,* 1802 ; *Théorie des peines et des récompenses,* 1811.

guidé par ses intérêts purement égoïstes ; d'où la nécessité d'instaurer les sanctions à but utilitaire.

Mais, l'utilitarisme mis en avant par BENTHAM apparait comme étant bien différent de celui proposé par BECCARIA. Il est vrai que BENTHAM, part lui aussi du postulat que la répression ne doit être mise en œuvre que si un avantage positif en découle pour la société. Il est persuadé que *« la peine doit être infligée de telle manière que sa perspective la fasse redouter plus que le délit ne se fait désirer »*[830]. Ainsi, la détermination du quantum des peines doit se faire de telle sorte que le criminel éventuel pense qu'il est plus de son intérêt de s'abstenir de commettre une infraction que de passer à l'acte. Il s'agit du *« principe de l'arithmétique pénale »*. Par contre, la peine ne saurait être la même pour tous les auteurs d'une infraction. BENTHAM recommande vivement de prendre en compte les circonstances qui peuvent avoir des incidences sur le comportement de l'individu en l'occurrence, l'âge, le sexe, la fortune ou toute autre considération. Ceci a pour conséquence de donner au juge, une plus grande marge de manœuvre dans son office de rendre la justice. Toujours est-il que ces paramètres sont aujourd'hui pris en compte aussi bien en droit pénal moderne africain[831] qu'en droit international pénal[832].

La peine doit être essentiellement dissuasive, et les souffrances infligées aux condamnés doivent marquer l'opinion publique et frapper d'effroi les délinquants potentiels. C'est pourquoi, pour BENTHAM, la peine d'emprisonnement est préférable aux sanctions corporelles, car elle peut agir sur le délinquant par la correction et l'amendement, mais aussi sur les autres citoyens par une intimidation collective. Toutefois, il n'adhère pas à l'utilitarisme social de BECCARIA. Il est d'ailleurs favorable à un régime pénitentiaire rude et le *Panopticum* qu'il imagine, est une prison où les détenus sont soumis aux travaux forcés et dont le plan laisse apparaitre des cellules placées en circonférence et pouvant être surveillées par un gardien central[833].

---

830 BENTHAM Jeremy, propos cités par BERNARDINI Roger, *Droit pénal général, op. cit.*, p.89.

831 A titre d'exemple, l'article 72 du code de procédure pénale tchadien dispose que : *« L'aveu, comme tout autre élément de preuve, est laissé à la libre appréciation des juges »*.

832 L'article 78§1 du Statut de la CPI prévoit par exemple que : *« Lorsqu'elle fixe la peine, la Cour tient compte, conformément au Règlement de procédure et de preuve, de considérations telles que la gravité du crime et la situation personnelle du condamné »*.

833 Voir BENTHAM Jeremy, *Mémoire sur le panoptique*, 1791, Editions Belfond, 1977. Lire aussi les commentaires de MERLE Roger et VITU André, *Traité de droit criminel, op. cit.*, p.112.

De plus, l'établissement prévu pour les condamnations à perpétuité peut abriter des prisonniers vivant dans les conditions les plus austères.

Finalement, le grand mérite de BENTHAM est d'avoir été un précurseur en matière de prévention du crime. Il a en effet formulé des propositions concrètes pour prévenir la criminalité et portant notamment sur la connaissance des lois, sur les rapports familiaux, sur la règlementation de certaines infractions et même sur la récompense de ceux qui collaborent pour le maintien de l'ordre public, à l'instar des informateurs de police.

Quoiqu'il en soit, plusieurs siècles après leur divulgation, les théories utilitaristes vont être défendues par le législateur pénal aussi bien national qu'international qui va intégrer des principes tels que celui de la légalité, de l'égalité et de la personnalité des sanctions pénales, de la publicité des procédures ou encore de l'assistance d'un conseil. Pourtant, dès 1789, les révolutionnaires français avaient fait du légalisme[834] et de l'utilitarisme[835] de la responsabilité pénale, les leitmotivs du droit criminel. Malheureusement, l'avènement de l'Empire en France au début du XIXème siècle allait dans un premier temps, faire échec à l'instauration des idées des philosophes des lumières, car les rédacteurs du Code d'instruction criminelle de 1808 et du Code pénal de 1810 étaient convaincus de la nécessité d'instaurer un système répressif plus sévère. C'est d'ailleurs ce système répressif qui a été mis en œuvre dans les colonies françaises d'Afrique.

Ainsi, avant le droit pénal contemporain empreint de droits de l'homme et de valeurs humanistes, il y a eu un droit criminel dont les règles plutôt drastiques, étaient souvent le fruit de la pensée néoclassique[836] qui avait

---

[834] Sur le légalisme en 1789, voir l'article 7 de la DDHC *« Nul homme ne peut être accusé, arrêté, ni détenu que dans les cas déterminés par la Loi, et selon les formes qu'elle a prescrites. Ceux qui sollicitent, expédient, exécutent ou font exécuter des ordres arbitraires, doivent être punis ; mais tout citoyen appelé ou saisi en vertu de la Loi doit obéir à l'instant : il se rend coupable par la résistance ».*

[835] En ce qui concerne l'utilitarisme qui porte sur la nécessité de la répression, l'article 8 de la DDHC prévoit que *« La Loi ne doit établir que des peines strictement et évidemment nécessaires, et nul ne peut être puni qu'en vertu d'une loi établie et promulguée antérieurement au délit, et légalement appliquée ».* Aussi en vertu de l'article 5, *« la loi n'a le droit de défendre que les actions nuisibles à la société... ».*

[836] La première mouvance néo-classique a été mise en branle par Alexis de TOCQUEVILLE et Gustave de BEAUMONT, auteurs communs d'une *Note sur le système pénitentiaire* (1831) et d'un *Système pénitentiaire aux Etats-Unis* (3 éditions, 1833, 1836 et 1845). Pour ces penseurs, la thèse philosophique de l'amendement peut difficilement être mise en œuvre dans la réalité, et considèrent par conséquent que la prison doit avant tout préserver la société contre le criminel.

en réalité pour objectif de dépasser les thèses de l'école classique développée par BECCARIA et ses disciples. Il n'en demeure pas moins que la pensée néoclassique a exercé une certaine influence sur le droit pénal moderne.

179.-Pensée néoclassique et droit pénal moderne. La doctrine néo-classique fut exposée en Suisse par Pellegrino ROSSI[837], en France par Joseph ORTOLAN[838] François GUIZOT[839], ou encore Charles LUCAS[840] avant de connaitre un grand succès en Allemagne[841] et en Italie[842].

Premièrement, la doctrine néo-classique semble concilier l'objectif de justice absolue[843] à l'impératif de l'utilité sociale, de manière à maintenir *« l'identification totale entre la responsabilité morale et la responsabilité pénale ou sociale fondée sur le libre-arbitre de l'homme »*[844]. Si l'infraction est la violation d'un devoir moral, il s'agit d'un devoir vis-à-vis des autres individus, et non comme le pensait les théologiens du Moyen-Âge, un devoir à l'égard de Dieu. Ceci s'est traduit par une évolution de la phraséologie pénaliste qui a abandonné la notion de péché au profit du concept d'infraction criminelle, délictuelle ou contraventionnelle[845].

Deuxièmement, la peine doit intervenir pour satisfaire l'idée morale et assurer la défense de la société. Ainsi la maxime *« ni plus qu'il n'est juste, ni*

---

837 ROSSI Pellegrino, *Traité de droit pénal,* 1829. Voir aussi, PRADEL Jean, *L'apport de Pellegrino ROSSI à la théorie des infractions,* Colloque Genève, 1979.

838 ORTOLAN Joseph, *Eléments de droit pénal*, 1856.

839 GUIZOT François, *De la peine de mort en matière politique*, Paris, 1822. Voir aussi JOUFFROY, *Traité de droit naturel,* Paris, 1830.

840 LUCAS Charles, *Traité du système pénal, du système répressif et de la peine de mort en particulier,* 1827 ; *idem, De la réforme des prisons ou de la théorie de l'emprisonnement,* 1836.

841 En Allemagne, les partisans de l'école néo-classique sont notamment, MITTERMAYER, FEUERBACH et HENKE.

842 Voir notamment, ROMAGNOSI, CARMIGNANI, CARRARA et PESSINA.

843 Les plus grands représentant de la justice absolue sont Emmanuel KANT (1724-1804), auteur de *Critique de la raison pure* (1781) et de *Critique de la raison pratique* (1788) mais aussi Joseph de MAISTRE (1753-1821) auteur des *Soirées de Saint-Pétersbourg* (1821). Pour ces penseurs, ce qui importe c'est un droit pénal basé exclusivement sur les exigences de la justice et sur *« l'impératif catégorique »* de la défense morale.

844 BERNARDINI Roger, *Droit pénal général, op. cit.,* p.94.

845 L'article 5 du Statut de la CPI fait référence *«(...) aux crimes les plus graves qui touchent l'ensemble de la communauté internationale ».* L'article 2 du code pénal malien à l'instar de tous les codes pénaux africains utilise le concept d'infraction puisqu'il prévoit que : *« L'infraction que le présent code punit d'une peine criminelle est un crime. L'infraction que le présent code punit d'une peine de simple police est une contravention. Toutes les autres infractions sont des délits sauf si la loi en dispose autrement ».*

plus qu'il n'est utile »[846] devient un véritable slogan pour l'école néo-classique. La première négation de la maxime s'oppose à la sévérité de la peine et sa vertu intimidante prônée par BENTHAM. La seconde quant à elle s'oppose à toute incrimination à caractère religieux que revendique notamment Joseph de MAISTRE[847].

Troisièmement, il faut accentuer l'utilitarisme de la sanction pénale afin de faire en sorte que la peine qui doit être thérapeutique favorise la resocialisation et l'amendement du condamné. C'est pourquoi, l'emprisonnement est considéré comme la peine la plus recommandable, à condition de prendre les mesures pour favoriser le travail des détenus, séparer les hommes des femmes et des enfants, et tenir également compte de la situation particulière de chaque prisonnier. Sur ce dernier point, l'école néo-classique est favorable à l'individualisation de la sanction pouvant aboutir à la libération anticipée d'un prisonnier exemplaire, mais aussi à une détention supplémentaire en cas de risque de récidive[848]. C'est dans ce sens que va l'article 33 alinéa 1er du code pénal ivoirien lorsqu'il prévoit que : *« les peines et mesures de sûreté prononcées dans les limites fixées ou autorisées par la loi doivent tenir compte des circonstances de l'infraction, du danger qu'elle présente pour l'ordre public, de la personnalité du condamné et de ses possibilités de reclassement ».*

Pour finir, l'hostilité sans fard de la théorie néo-classique à la peine de mort, est peut être l'une des idées majeures que l'Europe abolitionniste a

---

846 ORTOLAN Joseph, *Eléments de droit pénal*, 4ème édition, 1875, p.93.

847 Pour Joseph de MAISTRE (1753-1821), la symbiose entre les institutions politiques et les institutions religieuses est nécessaire pour maintenir l'ordre social. Il s'oppose ainsi à la séparation de l'Eglise et de l'Etat qui peuvent collaborer pour instaurer un système pénal idéal qui admet l'existence des infractions contre Dieu et la religion. Sur Joseph de MAISTRE, lire GLAUDES Pierre, *Joseph de MAISTRE* (Œuvres), Editions Robert Laffont, Collection Bouquin, 1348 p.

848 La théorie néo-classique est sûrement l'un des fondements de la rétention de sûreté instaurée en France par une loi du 25 février 2008. C'est une mesure visant à limiter le risque de récidive des délinquants condamnés à des crimes particulièrement graves (notamment les crimes sexuels) mais dont la dangerosité supposée malgré la fin de leur peine initiale ne milite pas en faveur de leur libération. Le trouble de la personnalité avéré du condamné, constaté un an avant la fin de sa peine par une commission pluridisciplinaire de mesure de sûreté, le fera subir un enfermement supplémentaire d'un an en vue de limiter les risques de récidive. Vivement critiquée par des juristes comme Robert BADINDER qui dénoncent une forme de sanction préventive, ou une atteinte au principe *non bis in idem,* la rétention de sûreté a été homologuée par le Conseil constitutionnel, et renforcée par la loi n°2010-242 du 10 mars 2010 sur la récidive.

réussi à imposer à l'époque contemporaine dans l'ordre juridique international pénal[849], mais aussi à bon nombre d'Etats africains[850]. Néanmoins, il faut reconnaitre que si la doctrine néo-classique a connu un succès fulgurant à ses débuts au XIXème, elle a progressivement été reléguée au second plan avec l'évolution de la société liée notamment à une croissance économique exponentielle ; alors qu'en même temps, la philosophie juridique moderne commençait à acquérir ses lettres de noblesse.

2. Philosophie juridique moderne et droit pénal moderne

180.-Réflexions préliminaires. La philosophie juridique classique qui a connu son plein épanouissement dans la deuxième moitié du XVIIIème siècle continue aujourd'hui encore de jouir d'une grande faveur dans les systèmes juridiques même les plus modernes, comme l'atteste le contenu des différents textes internationaux en matière pénale (notamment les statuts des juridictions internationales). Toutefois, il n'en demeure pas moins que certains de ses principes ont été critiqués avec véhémence par des penseurs dont les idées ont contribué à exacerber la crise du droit pénal qui a commencé à la fin du XIXème siècle. Depuis cette époque en effet, l'inefficacité de certaines thèses de la doctrine pénale classique va pousser certains auteurs à émettre de nouvelles conceptions de la lutte contre la criminalité.

Dans le contexte du XIXème siècle où le scientisme[851] a le vent en poupe, des penseurs mettent sur pied une philosophie juridique moderne qui est supposée s'appuyer sur la méthode expérimentale chère à Auguste

---

849 L'article 77 du Statut de Rome exclut la peine capitale comme sanction pouvant être appliquée par la CPI et ne retient que la peine d'emprisonnement (§1), l'amende (§2-a) et la confiscation des profits ou avoirs découlant des activités criminelles (§2-b).

850 Parmi les pays africains ayant aboli la peine de mort il faut citer : l'Afrique du Sud, l'Angola, le Bénin, le Burundi, le Cap Vert, la Côte d'Ivoire, Djibouti, le Gabon, la Guinée Bissau, l'Île Maurice, le Mozambique, la Namibie, le Rwanda, le Sénégal, Sao Tomé et Principe, les Seychelles, le Togo. Voir le site http://www.peinedemort.org/National/Afrique.php

851 Selon la formule d'Ernest RENAN (1823-1892) le scientisme vise à *« organiser scientifiquement l'humanité »*. C'est une véritable idéologie née au cours du XIXème siècle et qui entretient l'idée selon laquelle seule la méthode expérimentale peut permettre d'accéder au savoir et à la compréhension du monde.

COMTE[852] et à Claude BERNARD[853]. Dès lors, un courant positiviste ayant plus ou moins influencé le droit pénal moderne, et incarné par les italiens LOMBROSO (1836-1909)[854], FERRI (1856-1929)[855], et GAROFALO (1852-1934)[856] et le français LACASSAGNE (1843-1924)[857], voit le jour dans l'optique de donner une signification scientifique à l'étude du phénomène criminel.

181.-Positivisme et droit pénal moderne. Les positivistes partent du constat que l'homme, déterminé, est irresponsable car en réalité il ne saurait être considéré comme moralement libre. Ainsi, on peut considérer qu'il commet des actes répréhensibles *« non pas en libre choix de sa volonté, mais par la tyrannie fatale de son organisme anormal et du milieu extérieur »*[858]. La vérité c'est qu'en envisageant la criminalité comme un phénomène scientifique, la pensée positiviste écarte définitivement le libre arbitre de l'homme en se fondant sur un déterminisme rigoureux, biologique ou social des comportements humains. C'est pourquoi, elle considère que les causes du crime sont de deux sortes : endogènes et exogènes.

Les causes endogènes sont liées au criminel, à savoir son hérédité, sa constitution biologique ou encore son tempérament. C'est sur la base de ces paramètres que LOMBROSO arrive à la conclusion qu'il existe le *« criminel né »* dont les actes sont guidés par un atavisme ou une dégénérescence biologique[859].

Les causes exogènes, extérieures donc au criminel ont été mises en exergue par FERRI[860], et portent sur le milieu physique (climat, saisons,

---

852 Auguste COMTE (1798-1857), bien que philosophe au départ est en fait l'un des fondateurs de la sociologie. Il est persuadé que seule la méthode expérimentale appliquée aux sciences dures, exactes, ou « positives », peut permettre de se libérer des spéculations métaphysiques abstraites qui sont un obstacle à la compréhension des lois d'organisation sociale.

853 Claude BERNARD (1813-1878), célèbre médecin physiologiste est en fait considéré comme le fondateur de la méthode expérimentale qui sera reprise ensuite par certains spécialistes des sciences sociales à l'instar d'Auguste COMTE.

854 LOMBROSO Cesare, *L'Homme criminel*, 1876.

855 FERRI Enrico, *Sociologie criminelle*, 1884.

856 GAROFALO Raffaele, *La criminologie : étude sur la nature du crime et la théorie de la pénalité,* 1885.

857 LACASSAGNE Alexandre, *Précis de médecine légale*, 1906.

858 FERRI Enrico, *Sociologie criminelle*, Edition française, 1905, p.340.

859 Lire MERLE Roger, VITU André, *op. cit.*, p.122.

860 *« Comme dans un volume d'eau donné, à une température donnée, se dissout une quantité déterminée d'une substance chimique, pas un atome de plus et pas un atome de moins, de même dans un milieu social donné, avec des conditions individuelles et physiques données, il se*

température...) ou le milieu social (famille, éducation, fréquentations...). Ceci lui a permis de distinguer cinq grandes catégories de criminels : les criminels nés et les criminels aliénés liés aux facteurs endogènes, puis les criminels d'habitude, les criminels d'occasion et les criminels passionnels liés aux facteurs exogènes[861].

La connaissance des causes de la criminalité donne une nouvelle base au droit pénal qui à l'avenir, ne se limitera plus exclusivement à la répression mais tiendra également compte des mesures préventives qui peuvent être des substituts de la peine. Ainsi, des mesures plus réalistes visant à protéger la société contre le crime devront prendre le pas sur une conception trop métaphysique de la répression. Seulement, un tel raisonnement a pour conséquence de nier l'importance de la responsabilité morale dont l'absence n'exclut pas la responsabilité juridique puisque, pour FERRI par exemple, *« tout individu qui commet un acte interdit par le droit pénal, doit en rendre compte à la justice criminelle, quel que soit son état psychique et physique, car, dans le domaine de la défense sociale, la loi doit lier tout le monde »*[862]. De plus il ajoute que *« l'homme est nécessairement responsable de ses actes, par le seul fait qu'il vit en société »*[863].

Par conséquent, il faut se focaliser sur l'homme criminel, car c'est ce qu'il est et non ce qu'il fait qui importe. C'est d'ailleurs sur la base d'une classification des criminels que l'on pourra instaurer une sanction adéquate. Les criminels considérés comme particulièrement dangereux (criminels nés, aliénés et délinquants d'habitude), pourraient même faire l'objet d'une élimination, contrairement aux délinquants peu dangereux pouvant faire l'objet de mesures répressives moins sévères. C'est peut être ce qui explique le fait qu'aujourd'hui encore, plusieurs législations pénales africaines oscillent entre la peine capitale et de simples mesures de sûreté.

Mais, il est évident qu'une telle conception de la justice pénale ne pouvait être que très critiquée par les tenants de la doctrine pénale classique. Pourtant, les thèses positivistes ont été déterminantes pour la construction de la criminologie moderne. De plus, les mesures préventives[864] qu'elles

---

commet un nombre déterminé de délits, pas un de plus, pas un de moins ». FERRI Enrico, *Sociologie criminelle, op. cit.,* p.205.

861 Voir MERLE Roger, VITU André, *op. cit.,* p.122.

862 FERRI Enrico, *Sociologie criminelle, op. cit.,* p.205.

863 *Ibid.*

864 Parmi les mesures préventives, FERRI cite par exemple l'installation de l'éclairage public pour faciliter la ronde des policiers, la destruction des taudis qui sont le terreau de la délinquance, ou encore la scolarisation des enfants.

préconisent en vue de faire disparaitre les causes du crime, sont aujourd'hui au cœur du dispositif mis sur pied dans le cadre de la politique criminelle depuis la fin de la Seconde Guerre mondiale. Il n'est d'ailleurs pas surprenant de voir qu'en droit international pénal, la Convention de 1948 sur le génocide[865] porte à la fois sur la prévention et la répression de ce crime international. Aussi, l'article 4 du code pénal algérien dispose que : *« les infractions sont sanctionnées par des peines et prévenues par des mesures de sûreté »*. Pourtant, il faut dire que le droit pénal moderne a préféré se départir de certains aspects du positivisme lorsqu'il a fallu prendre en compte les critiques formulées notamment par la doctrine de la défense sociale.

182.-Doctrine de la défense sociale et droit pénal moderne. Les critiques acerbes formulées contre le mouvement positiviste émanent notamment de la doctrine de la défense sociale. Celle-ci a vu le jour à l'initiative d'Adolphe PRINS[866]. Elle part du fait que la théorie classique de la responsabilité morale est insuffisante pour fonder la répression pénale puisqu'elle ne permet pas d'opérer un choix entre le libre arbitre et le déterminisme, avec comme conséquence, la mise en œuvre des sanctions qui ne sont pas suffisamment efficaces pour préserver la société des criminels les plus dangereux. La défense sociale telle que conçue par PRINS, prône surtout l'élimination, la ségrégation ou la neutralisation des criminels dangereux.

Mais, la défense sociale dite nouvelle soutenue par Marc ANCEL[867] a vivement critiqué les thèses de PRINS. D'ailleurs pour ANCEL, il n'est pas question de renoncer à l'ensemble du droit pénal traditionnel. De plus, son souhait est de mettre sur pied un système pénal basé non plus sur la défense de la société, mais plutôt sur la défense des droits de l'homme. Il revient sur l'idée que pour statuer sur un crime, le juge doit tenir compte de la personnalité du délinquant et sur les causes qui l'ont poussé à commettre une infraction. Aussi, la sanction doit permettre la resocialisation du condamné ; ce qui implique le rejet de toute idée de vengeance, d'expiation et de rétribution[868].

C'est pourquoi, le procès pénal comporte deux étapes. La première est relative à un procès classique en répression qui porte sur la matérialité des

---

[865] Convention pour la prévention et la répression du crime de génocide adoptée le 9 décembre 1948 et entrée en vigueur le 12 janvier 1951.

[866] PRINS Adolphe, *Science pénale et droit positif,* 1899 ; *idem, La défense sociale et les transformations du droit pénal,* 1910.

[867] ANCEL Marc, *La défense sociale nouvelle,* 1ère édition, 1954, 2ème édition, 1966, 3ème édition, 1981, Edition Cujas.

[868] ANCEL Marc, *La défense sociale nouvelle*, 3ème édition, Cujas, 1981, p.213.

faits et permet d'aboutir à une décision de culpabilité. Par contre, une seconde phase postérieure à la reconnaissance de la culpabilité et qualifiée de procès de défense sociale, vise à effectuer un examen de la personnalité qui peut permettre de dégager une sanction resocialisatrice. Pour ceux qui partagent le point de vue d'ANCEL, on ne peut prescrire un traitement au crime qui hante un individu qu'après avoir cerné sa personnalité ; opération qui n'est nécessaire que si l'on est fixé sur la culpabilité de l'intéressé[869]. Pour cerner la personnalité du criminel, il sera donc opportun d'associer aux magistrats des médecins, des psychologues, ou des psychiatres. C'est ce que font la plupart des codes pénaux africains en faisant référence aux experts qui peuvent aider les magistrats dans leur fonction juridictionnelle[870].

Certaines idées chères à ANCEL seront reprises, toute proportion gardée, par l'école néo-classique moderne ou contemporaine. Mais contrairement à l'école de la défense sociale, cette dernière met l'accent sur la responsabilité, puisque comme le soutient Raymond SALEILLES (1855-1912), partisan de cette école[871], *« la peine est fondée sur l'idée de liberté et de responsabilité, principe de l'école classique mais appliquée en tenant compte surtout de la valeur psychologique de l'individu »*[872]. Néanmoins, si la responsabilité demeure le fondement de la répression en vertu de la doctrine classique traditionnelle, l'aptitude du condamné à subir la sanction doit être prise en compte. C'est pourquoi, il est impératif d'avoir une bonne connaissance de son état psychologique et physique à l'occasion du prononcé ou de l'exécution de la peine. Ainsi, l'article 5*bis* 3 du code pénal algérien dispose par exemple que : *« le juge d'application des peines veille à l'application de la peine de travail d'intérêt général et statue sur les difficultés qui peuvent survenir. Il peut pour des raisons de santé, familiales ou sociales, surseoir à l'application de la peine de travail d'intérêt général ».*

Les néo-classiques contemporains réfutent aussi l'idée qu'il doit avoir un lien entre le quantum de la peine et la responsabilité morale[873]. Mais, cette position jugée trop laxiste est rejetée par ceux[874] qui considèrent que la gravité

---

869 Parmi les partisans d'une telle doctrine, voir VITU André, *« La division du procès pénal en deux phases »*, *in RIDP,* 1969, p.485ss.

870 Sur l'expertise en matière pénale, lire notamment les articles 143 et suivants du code de procédure pénale algérien, les articles 203 et suivants du code de procédure pénale camerounais, ou encore les articles 130 et suivants du code de procédure pénale togolais.

871 Comme autre tenant de l'école néo-classique, voir MERLE Roger, *La confrontation doctrinale du droit pénal classique et de la défense sociale,* RSC., 1964.

872 SALEILLES Raymond, *De l'individualisation de la peine,* 2ème édition, 1909, p.155.

873 Lire MERLE Roger, VITU André, *op. cit.,* p.139ss.

874 *Ibid.*

de certains crimes, et l'on peut penser aux crimes internationaux tels que le génocide, les crimes de guerre ou les crimes contre l'humanité, mérite que l'on restaure en droit pénal l'idée d'expiation chère à un GROTIUS dont on connait par ailleurs l'importance de la réflexion en droit naturel et en droit international[875].

183.-Bilan. Il est évident que toutes les grandes écoles doctrinales en matière pénale ont plus ou moins influencé les systèmes répressifs modernes. Il semble qu'en réalité chacune des thèses avancées aient été souvent invoquées fort opportunément dans le but de répondre aux mutations constantes du droit pénal qui devait faire face aux défis imposés par la criminalité. Toujours est-il que la philosophie pénale tant classique que moderne a pénétré les législations pénales contemporaines en fonction de la politique criminelle qui était celle des Etats concernés. On sait à quel point ces Etats essentiellement occidentaux ont réussi à transposer leur philosophie pénale dans le système répressif international. C'est pourquoi les Etats africains, eux aussi dépositaires en grande partie de la doctrine pénale occidentale auront peut-être moins de mal à diffuser dans leurs systèmes pénaux modernes les principes à forte tendance universaliste du droit international pénal. Il faut en effet reconnaitre que le droit pénal moderne africain et le droit international pénal reposent sur des fondements téléologiques communs pour la société.

§2. **Les fondements téléologiques communs pour la société**

184.-Constat. Les fondements téléologiques du droit pénal sont ceux qui portent sur sa finalité. En effet, chaque discipline juridique repose sur des objectifs qui impliquent le respect des valeurs fondamentales qui conditionnent l'élaboration, l'application mais aussi les mutations de la règle de droit. Ainsi, *« ni les praticiens, ni les théoriciens ne peuvent s'abstraire des finalités du système juridique ou des règles de droit pour en comprendre le sens, en guider l'interprétation, en orienter l'application ou en prévoir*

---

[875] GROTIUS Hugo, *De jure belli ac pacis*, 1625.

l'évolution »[876]. Il faut donc veiller constamment sur la cohérence de la norme, parfois ondoyante, avec le système juridique[877].

La question de la logique du système juridique est aussi importante en droit international pénal qu'en droit pénal moderne africain ; d'autant plus qu'il s'est avéré que les deux ordres juridiques partagent les mêmes fondements téléologiques qui peuvent être soit traditionnels **(A)**, du fait de leur ancienneté, soit plus récents **(B)**.

A- Les fondements téléologiques traditionnels

185.-Réflexion générale. La plupart des juristes considèrent que le droit doit tendre vers *« le juste partage, la bonne conduite des individus, leur utilité, leur plaisir, leur sécurité, leur bien-être (...) »*[878] ou encore vers *«(...) la puissance de la Nation, le progrès de l'humanité, le fonctionnement régulier de l'organisme social (...)»*[879]. Toujours est-il que l'on considère en général que les fondements téléologiques traditionnels du droit sont : la justice, l'ordre, la sécurité ou le progrès.

En matière criminelle, ces fondements téléologiques revêtent une signification particulière au regard de la nature des intérêts que la justice pénale a pour mission de protéger ; mais aussi à cause des attentes et des espoirs placés dans le système répressif même si le droit pénal est très souvent l'une des plus grandes illustrations de la défaillance de toute entreprise humaine.

La déception des justiciables découle du fait que le droit criminel ne peut au fond rendre la justice au sens philosophique du terme. Sa finalité ultime en définitive c'est de dire le droit, sans avoir la prétention de donner entière satisfaction aux victimes qui seront toujours la plupart du temps frustrées par les décisions de justice. Quel juge pourrait par la sévérité des mesures imposées à un coupable faire disparaitre la souffrance d'une famille dont l'un des membres a été tué ? Certains diront qu'il s'agit là d'une question

---

[876] BERGEL Jean-Louis, *Théorie générale du droit*, 5ème édition, Dalloz, Paris, 2012, 399 p., p.31.

[877] PERELMAN Charles, *Logique juridique, Nouvelle rhétorique*, 2ème édition, Dalloz, 1979 et collection *« bibliothèque Dalloz »*, 1999, n°44 ; VIRALLY Michel, *La pensée juridique*, LGDJ, 1960, p.24ss.

[878] VILLEY Michel, *Philosophie du droit ; Définitions et fins du droit* (1986) ; *Les moyens du droit* (1984), réédition collection bibliothèque Dalloz, Paris, 2001, 339 p., p.35.

[879] *Ibid.*

métaphysique à laquelle le droit n'a pas à répondre. Mais, l'on sait qu'en réalité même le *« œil pour œil », « dent pour dent »* de la loi du Talion[880] vise davantage à maintenir l'ordre social par une sanction exemplaire, qu'à donner entière satisfaction aux victimes. Et là encore, le juge risque de tomber dans ce que Cicéron dénonçait lorsqu'il énonçait la maxime *« summum jus summa injuria »* (justice excessive devient injustice)[881].

Pourtant, sur le terrain de la philosophie du droit, on a souvent opposé les utilitaristes tels que Jeremy BENTHAM et John Stuart MILL (1806-1873)[882], qui considèrent que l'utile doit être au cœur de la connaissance et de l'action, à ARISTOTE ou à Saint Thomas d'AQUIN pour qui *« la fin du droit c'est le juste ».*

186.-Justice et utilité comme finalités initiales du droit pénal. La difficulté de faire le choix entre la justice et l'utilité pousse finalement à conclure que la finalité du droit et en l'occurrence du droit pénal, c'est de *« déterminer la proportion la plus juste entre des intérêts »*[883]. Le débat sur la justice ou l'utilité de la peine se pose souvent lorsqu'on veut savoir si celle-ci doit être soit afflictive soit infamante. Sur la question, l'article 6 du code pénal sénégalais adopte une position plutôt conciliante en prévoyant que : *« les peines en matière criminelles sont ou afflictives et infamantes ou seulement*

---

[880] La Loi du Talion, du latin *talis*, *« tel »* : telle la faute, tel le châtiment, apparait dès 1730 av J-C dans le Code d'Hammurabi, roi de Babylone. Aussi, dans le Pentateuque, constitué des cinq premiers livres de la Bible, il est couramment fait référence à la Loi du Talion :
Genèse 9, 6 :*« Si quelqu'un verse le sang de l'homme, par l'homme son sang sera versé ; car Dieu a fait l'homme à son image »,*
Exode 21, 23-24 :*« Mais s'il y a un accident, tu donneras vie pour vie, œil pour œil, dent pour dent, main pour main, pied pour pied »,*
Lévitique 24, 18-19 : *« Celui qui frappera un animal mortellement le remplacera : vie pour vie. Si quelqu'un blesse son prochain, il lui sera fait comme il a fait »,*
Nombres 35, 19 : *« Le vengeur du sang fera mourir le meurtrier ; quand il le rencontrera, il le tuera »,* Deutéronome 19, 21 : *« Tu ne jetteras aucun regard de pitié : œil pour œil, dent pour dent, main pour main, pied pour pied ».*

[881] CICERON (106 av J-C ; 43 av J-C), *Traité des devoirs (officiis),* 44 av J-C.

[882] MILL John Stuart, *The utilitarianism,* London, 1863.

[883] VILLEY Michel, « L'utile et le juste », *in Archives de Philosophie du droit,* T. XXVI, 1981, p.10 ; Voir aussi, TRIGEAUD Jean-Marc, *Humanisme de la liberté et philosophie de la justice,* Bibliothèque de Philosophie comparée, Collection Philosophie du droit, vol. 1, Bordeaux, Éditions Bière,
1985, 169.p; *Essais de philosophie du droit,* Gênes, Studio Ed. di Cultura (Bibl. di « Filosofia Oggi »- 35, dir. P.P.Ottonello), 1987, 350 p.

infamantes »[884]. Il est vrai que cela ne répond pas clairement à la question de savoir si ce qui est utile en droit doit forcément être juste.

Toutefois, il faut bien dans un premier temps définir ce qui est *« juste »* dans une situation juridique. François GENY défend l'idée selon laquelle *« le droit ne trouve son contenu, propre et spécifique, que dans la notion du juste, notion primaire, irréductible et indéfinissable impliquant essentiellement (...) non pas seulement les préceptes élémentaires de ne faire tort à personne (...) et d'attribuer à chacun son dû, mais la pensée plus profonde d'un équilibre à établir entre les intérêts en conflits, en vue d'assurer l'ordre essentiel au maintien et au progrès de la société humaine (...) »*[885].

Il ne faut en aucun cas confondre la justice comme concept lié à la morale; et la justice dans son articulation juridique. Pour le moraliste, elle consistera en la *« volonté constante et continue de rendre à chacun ce qui lui revient »*[886] ; telle est en tout cas la définition présente à l'esprit des penseurs tels que CICERON[887], Saint AUGUSTIN[888] et Saint Thomas d'AQUIN[889]. Le juriste en revanche aura tendance à soutenir que la justice est *« un équilibre par la concordance effective des prétentions des uns avec les devoirs des autres »*[890]. Dans un élan plutôt humaniste, d'autres conçoivent la justice comme une valeur universelle au service de l'humanité tout entière, puisqu'elle correspondrait à *« l'idée d'un ordre supérieur qui doit régner dans le monde et qui assurera le triomphe des intérêts les plus respectables »*[891]. C'est au fond, une conception de la justice plus en phase avec l'ambition affichée par le droit international pénal dont l'objectif premier est la préservation des intérêts supérieurs de l'humanité qui justifie la répression des génocides, des crimes d'agression, des crimes de guerre et des crimes contre l'humanité.

---

[884] Lire dans le même sens l'article 7 du code pénal guinéen et l'article 6 du code pénal mauritanien.

[885] GENY François, *Science et technique en droit privé positif*, Librairie de la société du recueil Sirey, 1913, 212 p., cité par BERGEL Jean-Louis, *op. cit.*, p.33.

[886] SENN Félix, *De la justice et du droit*, Sirey, 1927, p.2.

[887] CICERON, *Traité des devoirs (officiis),* 44 av. J-C.

[888] AUGUSTIN (Saint), *La Cité de Dieu*, Vème siècle.

[889] AQUIN (d') Saint Thomas, *La somme théologique*, XIIIème siècle (1266-1273).

[890] GURVITCH Georges, « Droit naturel et droit positif intuitif », *in Archives de Philosophie du droit et de la sociologie juridique,* 1933, p.70.

[891] ROUBIER Paul, *Théorie générale du droit,* Sirey, 2ème édition, 1951, n°36, cité par BERGEL Jean-Louis, *op. cit.*, p.33.

Seulement, il ne faut pas surestimer l'influence de la notion de justice en droit criminel. Dans le système répressif international de même que dans les ordres pénaux internes, et en l'occurrence les droits pénaux modernes africains, le maintien des deux fonctions retributive et dissuasive de la peine est révélateur du fait que le juste et l'utile sont tous les deux indispensables à la construction d'un droit pénal efficace. Il faut garder à l'esprit l'idée que la dissuasion a un objectif utilitariste, alors que la rétribution est une réponse à l'idéal de justice auquel aspirent tous les justiciables et tout particulièrement les victimes. C'est sûrement à ces derniers que pense l'article 23 du code pénal centrafricain lorsqu'il dispose que : *« la condamnation aux peines établies par la loi est toujours prononcée sans préjudice des restitutions et des dommages-intérêts qui peuvent être dus aux parties »*[892].

Néanmoins, il semble que même les droits de l'homme, en particulier ceux de la Déclaration de 1789, qu'un penseur tel que Marc ANCEL a contribué à faire respecter en matière répressive, soient davantage imprégnés de l'idée d'utilité que de celle de justice[893].

En vérité, une opposition constante entre le juste et l'utile en droit est tout simplement absurde. Jean-Louis BERGEL fait d'ailleurs remarquer que l'*«on a tendance à taxer d'utilitarisme ceux qui assimilent le juste à l'utile et d'idéalisme ceux qui astreignent l'utile à être juste »*[894]. Il finit d'ailleurs par expliquer que le génie du positivisme est d'avoir réussi à fondre le juste et l'utile dans le réel[895]. Finalement, lorsque des sanctions pénales sont prononcées par le juge, c'est dans le but de rechercher en même temps le juste et l'utile, deux notions que l'on peut concilier assez facilement pour servir les intérêts du droit.

Vu sur cet angle, on est sûrement tenté d'essayer de trouver un autre fondement téléologique du droit pénal moins sujet à controverse. A coup sûr, c'est l'idée de protection qui semble être la plus convaincante.

187.-Protection comme finalité complémentaire du droit pénal. Qu'il soit empreint d'utilitarisme ou d'un sentiment de justice, le droit

---

[892] Voir aussi et dans des termes identiques, l'article 10 du code pénal mauritanien.

[893]Sur la question, voir notamment, DELVAUX Paul, « L'utile et le juste dans les droits de l'homme révolutionnaire », *in Archives de Philosophie du droit,* T. XXVI, 1981, p.223 et s.

[894] BERGEL Jean-Louis, *op. cit.*, p.36.

[895] *Ibid.*; voir aussi, ARNAUD Pierre, « Juste et utile-Deux attributs de « l'ordre réel » qui n'en font qu'un », *in Archives de Philosophie du droit,* T.XXVI, 1981, p.167ss.

répressif vise d'abord et avant tout à garantir la protection soit de l'individu soit de la société.

La protection individuelle est celle qui porte sur la préservation de l'homme, même criminel, contre les exactions de toutes sortes. Il semble d'ailleurs que l'incursion des droits de l'homme en matière pénale tende à faire en sorte que tout droit répressif moderne ait pour principal mission d'assurer un encadrement régulier des poursuites, de l'instruction et du jugement des accusés des crimes ou des délits. On comprend dès lors pourquoi la légalité est un principe sacro-saint en droit pénal, car elle reste la plus grande garantie pour une justice équitable. La protection individuelle consistera en l'interdiction de toute poursuite intentée contre une personne pour des faits qui ne sont pas répréhensibles au regard du droit. En revanche, elle garantit également le droit pour la victime d'exiger la sanction du coupable d'un acte incriminable par le juge.

Mais, la protection individuelle demeure puisque l'accusé présumé innocent jusqu'à la sanction définitive doit être traité avec honneur et humanité dans le respect de la loi. Cette protection est garantie par les règles du droit pénal processuel, et l'article 3 alinéa 1-a du code de procédure pénale camerounais précise bien que : *« la violation d'une règle de procédure pénale est sanctionnée par la nullité absolue lorsqu'elle préjudicie aux droits de la défense définis par les dispositions légales en vigueur »*. Par ailleurs, même après la condamnation définitive, la protection individuelle sera toujours de mise dans le cadre d'un système pénitentiaire qui a l'obligation de préserver les droits de l'homme et la dignité humaine[896].

En ce qui concerne d'ailleurs l'emprisonnement, le droit pénal protège l'individu contre des peines injustes et disproportionnées par rapport à la gravité des actes qu'on lui impute. Le droit criminel doit donc *« faciliter le rééquilibrage entre le tort causé à la victime et la souffrance imposée à l'auteur de l'acte délictueux»*[897]. Il semble qu'à ce niveau, la fonction retributive soit préférée à la fonction dissuasive, puisque le droit pénal, en optant pour la réinsertion, vise en fait à protéger tout condamné contre les risques d'exclusion sociale. La loi peut même trouver le moyen de préserver certaines catégories de condamnés contre la souffrance liée à l'exécution de la peine. C'est ainsi que l'article 12 du code pénal malien énonce que : *« les personnes condamnées à la réclusion pourront être employées à des travaux d'utilité publique à l'exclusion de celles âgées de soixante ans accomplis au*

[896] Voir GUASTADINI Christelle, *Droit pénal et droits de l'homme, La dignité en prison : genèse et avènement,* Editions Buenos Books International, Paris, 2010, 103 p.
[897] JEANCLOS Yves, *op. cit.*, p.75.

moment du jugement; les femmes seront employées à des travaux en rapport avec leur sexe ».

Cependant, la protection de l'individu n'est pas exclusive de la protection de la société. Dans l'intérêt de la société, la punition doit s'exercer contre l'individu déviant. Il ne s'agit évidemment pas d'une vengeance publique, mais plutôt d'un formidable outil de rétablissement d'un ordre juridique qui a été temporairement troublé par une infraction. Le droit pénal a donc aussi pour mission de protéger l'ordre social et de maintenir la paix publique. On comprend pourquoi tous les instruments juridiques tant nationaux qu'internationaux portant sur le droit pénal, insistent sur les peines qui planent comme une épée de Damoclès sur la tête de ceux qui auront suffisamment d'audace, ou d'infortune pour être impliqués dans la commission des faits qui encourent la réprobation pénale.

Au nom de la protection de la société nationale pour le droit pénal interne, et de la société internationale, dans le cadre du droit international pénal, aucun crime ne doit rester impuni. Ainsi, les bons justiciables respectueux du droit seront-ils rassurés de savoir que l'ordre social auquel ils tiennent ne saurait être troublé sans qu'il en résulte de graves conséquences pour les responsables.

A ce titre, le droit pénal apparait comme l'outil le plus efficace pour veiller sur le bon respect des clauses du Contrat social. Il permet le maintien de la sécurité sans laquelle la société basculerait assez rapidement dans le chaos. Sa fonction intimidante est gage de paix sociale, condition *sine qua non* de l'épanouissement des individus. Il veut aussi jouer *« le rôle d'apaiseur que recherchent les sociétés humaines, qui imaginent parvenir un jour à éradiquer le mal et ses acteurs »*[898]. D'ailleurs, de ce point de vue, le droit pénal interne agit en parfaite symbiose avec le droit international pénal, en intégrant dans l'ordre juridique interne des instruments juridiques internationaux[899] (conventions contre le génocide et contre l'esclavage par exemple) nécessaires à la défense de la société et pouvant garantir les intérêts fondamentaux de la Nation.

Le droit pénal, plus précisément le droit international pénal dépasse toutes les frontières nationales pour mener une lutte contre les facteurs de déstabilisation politique, en réprimant le crime d'agression ou le crime contre

---

[898] JEANCLOS Yves, *op. cit.*, p.80.

[899] Il est utile de mentionner l'article 2 alinéa 1er du code pénal camerounais qui dispose que : *« Les règles de droit international ainsi que les traités dûment promulgués et publiés s'imposent au présent code ainsi qu'à toute disposition pénale ».*

la paix[900]. Dès lors, on est en face d'un droit répressif qui ne se limite plus seulement à la sécurité intérieure de l'Etat, puisqu'il songe également à la garantie de sa sécurité extérieure. A ce niveau, il faut préserver l'intégrité territoriale et même la survie d'un Etat contre tout agresseur extérieur prêt à semer désolation et désordre dans un pays pour des raisons stratégiques, politiques ou économiques.

Toutefois, le dispositif répressif mis sur pied pour garantir la paix et la sécurité dans tout groupe humain doit impérativement impliquer tous les acteurs du champ pénal qui sont: le législateur, faiseur de loi pénale, le couple victime/coupable, mais aussi le juge et l'exécuteur des peines. Si tous ces protagonistes du droit sont importants pour le maintien de l'ordre social c'est que les uns (autorités publiques) sont auteurs ou garants du respect de la loi pénale, alors que les autres (citoyens) sont principalement les *« créanciers »* (victimes) ou les *« débiteurs »* (coupables) de la norme pénale. Mais, dans tous les cas, ils doivent tous *« se rencontrer dans une confrontation d'où doit sortir une décision de réparation et de châtiment, pour rétablir la paix sociale provisoirement troublée »*[901].

En réalité, les finalités du droit pénal ont beaucoup évolué depuis l'époque où la religion triomphante voulait faire de la répression un outil quasi-mystique pouvant favoriser l'avènement d'un ordre divin dans la Cité des hommes supposés vivre en harmonie avec les préceptes imposés par leur créateur. Avec la laïcisation de la société et du droit, le législateur pénal a dû se résoudre à accepter des objectifs plus modestes et plus réalistes pour la collectivité. C'est ainsi que les finalités traditionnelles du droit pénal se limitent globalement au contrôle des actions humaines qui ne doivent en aucun cas troubler l'ordre social dont l'expérience a prouvé la fragilité. Bien sûr, le maintien de l'ordre social doit se faire dans la justice, car avec le triomphe de l'individualisme, dorénavant, il est difficile de sacrifier l'homme sur l'autel des intérêts collectifs.

Il est bien de souligner tout de même le fait que les finalités du droit pénal évoluent avec le contexte historique[902]. Elles sont énoncées au fil du temps au gré des mutations des normes juridiques et des influences politiques

---

900 Voir article 5§1-d du Statut de Rome.

901 JEANCLOS Yves, *idem*, p.89.

902 Sur l'aspect historique du droit pénal, voir notamment, JEANCLOS Yves, *Droit pénal européen, Dimension historique*, Edition Economica, Paris 2009, 581 p ; CARBASSE Jean-Marie, *Histoire du droit pénal et de la justice criminelle*, 2ème édition, PUF, février 2006, 486 p.

ou philosophiques. C'est pourquoi, à côté des objectifs traditionnels du droit pénal, on a pu déceler d'autres fondements téléologiques plus récents.

B- Les fondements téléologiques récents

188.-Données générales. Il faut bien admettre que les fondements téléologiques du droit pénal se sont enrichis de quelques éléments depuis quelques décennies. L'une des raisons à cela c'est sûrement l'internationalisation de la répression de certains crimes internationaux considérés comme particulièrement graves avec comme corollaire, l'avènement d'un système répressif international lié à la mondialisation du droit pénal. Mais en réalité, le succès d'un droit pénal mondialisé dépend de la capacité des juristes à trouver dans l'ensemble des ordres juridiques, les éléments qui peuvent susciter l'adhésion de tous les sujets de ce droit qui peuvent d'ailleurs appartenir à des univers culturels et idéologiques complètement différents.

Dès lors, on comprend tout l'intérêt qu'il y a à découvrir en plus de celles qui sont considérés comme traditionnelles, les finalités les plus récentes du droit criminel. Mais, l'on pourrait déjà invoquer ici celles qui s'imposent de plus en plus comme des objectifs modernes les plus importants du droit pénal ; il s'agit en l'occurrence de la prévention du crime et du développement économique.

189.-Prévention du crime comme finalité nouvelle du droit pénal moderne. Si la prévention est devenue l'une des finalités du droit répressif moderne et notamment africain, c'est grâce à la doctrine de la défense sociale. Il s'agit bien sûr d'une prévention spéciale, puisque la prévention dite générale[903] existait depuis longtemps sous la forme dissuasive ou intimidante de la peine dirigée contre les délinquants potentiels[904].

La prévention spéciale fait davantage référence à l'ensemble des mesures de prophylaxie sociale visant à limiter le crime. Elle nourrit l'idée

---

[903] Lire, ANDENAES Johannes, « Les effets de prévention générale du droit pénal », *in Archives de politique criminelle,* 1978, n°3, p.6.

[904] Sur la différence entre la prévention générale et la prévention spéciale, voir notamment VAN DE KERCHOVE Michel, « Les fonctions de la sanction pénale, Entre droit et philosophie », *in CNAF/Informations sociales,* n°127, juillet 2007, pp.22-31.

selon laquelle, le traitement[905], la resocialisation et la réinsertion devraient constituer les fonctions essentielles de la peine. La resocialisation peut se faire grâce au travail de la personne incarcérée. C'est pourquoi l'article 14 du code pénal malien dispose que : *« la peine de travail d'intérêt général (...) a pour but de promouvoir les meilleures conditions de réhabilitation, de réinsertion sociale et d'amendement du condamné ».*

Pour l'école de la défense sociale nouvelle, le délinquant doit se voir appliquer un traitement de prévention, ce qui ne signifie pas qu'il *« échappera à toute mesure désagréable pour lui, voire à toute sanction afflictive, ni à toute emprise sur ses droits »*[906]. Certains font remarquer que la prévention dans ce cas, va au-delà de la simple fonction rétributive, en réagissant contre le crime *« en tant que phénomène humain, individuel et social (et non exclusivement social) »*[907].

Aujourd'hui, l'on considère qu'il est impérieux d'avoir une conception de l'infraction plus en phase avec la réalité sociale du délinquant ; ce qui suppose d'une certaine façon le dépassement de l'analyse purement formelle ou littérale de la règle de droit. Toujours est-il qu'une perception exclusivement juridique de l'infraction ne suffit pas pour appréhender le phénomène criminel *« car on ne peut dissocier le crime du milieu social où il se produit, ni le séparer de l'homme qui en est l'auteur »*[908]. Sur ce point précisément, la doctrine de la défense sociale nouvelle critique avec véhémence les conceptions développées par les écoles classiques. Elle remet en cause leur juridisme qui est la cause profonde de l'ignorance de la complexité des problèmes humains.

Un droit pénal qui a pour finalité la prévention aura sans doute le mérite d'inclure une dimension plus humaine dans la répression. Ainsi, la politique criminelle ne se contentera pas d'être une simple mise en œuvre du droit pénal en vigueur ; puisqu'elle tiendra davantage compte de la personnalité d'un délinquant qui est le produit de son milieu familial et social, et même quelquefois, une simple victime de la contingence ou des vicissitudes de la vie. Mais, loin de déresponsabiliser l'individu, une telle conception du droit pénal vise en fait à privilégier une approche plus concrète de la responsabilité. Celle-ci, révélée à l'individu, permettra même à ce dernier de

---

[905] Voir, MARY Philippe, *Délinquant, délinquance et insécurité. Un demi-siècle de traitement en Belgique (1944-1997),* Bruxelles, Bruylant, 1998.

[906] ANCEL Marc, *La défense sociale nouvelle, op. cit.,* p.237.

[907] BERNARDINI Roger, *op. cit.,* p.115.

[908] ANCEL Marc, *La défense sociale nouvelle, op. cit.,* p.240.

prendre conscience de la portée de ses actes, et de leurs conséquences sur le plan juridique et social.

Fonder un système répressif sur la prévention est l'expression d'une réelle volonté de créer un ordre social qui assure *« la sauvegarde et la revalorisation des valeurs morales et sociales fondamentales de notre civilisation qui confèrent un caractère universaliste et humaniste à la politique criminelle de défense sociale »*[909]. C'est en tout cas une idée chère à la plupart des systèmes pénaux du monde et en particulier les systèmes pénaux africains.

Aussi, à l'échelle internationale, l'idée de prévention des infractions fait partie des objectifs recherchés par la communauté internationale. On a vu par exemple que pour lutter contre le crime le plus odieux qui puisse frapper l'humanité à savoir le génocide, on a voulu adopter une convention qui ne porte pas seulement sur la répression, mais qui met d'abord et avant tout l'accent sur la prévention. De plus, dans le cadre onusien, le Conseil économique et social a par une résolution[910] du 06 février 1992 adopté, sous l'instigation de l'Assemblée générale[911], la *Déclaration de principe et le programme d'action des Nations Unies en matière de prévention et de justice pénale.* Suite à cette déclaration, une commission[912] a d'ailleurs été créée avec pour mission principale de définir les orientations générales en matière de prévention des infractions[913]. Ceci vient consacrer le triomphe des idées de la défense sociale nouvelle à l'échelle internationale. Seulement, cette doctrine est toujours critiquée avec véhémence par des théoriciens sans doute réactionnaires et conservateurs qui sont persuadés que les finalités du droit

---

[909] BERNARDINI Roger, *op. cit.*, p.116.

[910] Voir la résolution 1992/1 du 06 février 1992.

[911] C'est par la résolution 46/152 du 18 décembre 1991 que l'Assemblée générale a approuvé la Déclaration de principes et le programme d'action des Nations Unies en matière de prévention du crime et de justice pénale.

[912] Voir la résolution 1992/22 du 30 juillet 1992 par laquelle le Conseil économique et social reconnait à cette Commission la qualité de principal organe directeur de l'Organisation des Nations Unies en matière de prévention du crime et de justice pénale.

[913] Les autres missions de la Commission portent notamment sur :

-l'action internationale pour combattre la criminalité nationale et transnationale, notamment la criminalité organisée, le crime économique et le blanchiment d'argent ;

-la promotion du rôle du droit pénal dans la protection de l'environnement ;

-la prévention du crime dans les zones urbaines, notamment la criminalité et la violence juvéniles ;

-l'amélioration de l'efficience et de l'impartialité des systèmes d'administration de la justice pénale.

sont celles qui ont été exposées par les écoles classiques qui, ne faisaient pas expressément allusion à la prévention et encore moins au développement économique.

190.-Développement économique comme finalité nouvelle du droit pénal moderne. Le lien entre le développement économique et la sanction pénale est plus difficile à démontrer ; d'autant plus que cela nécessite un bon maniement des outils indispensables à la compréhension de tout phénomène économiquement mesurable. Sur ce dernier point, il est d'ailleurs impossible d'affirmer que tous les auteurs s'accordent pour considérer le crime comme un sujet pouvant faire l'objet d'une analyse économique. Pourtant, suite aux travaux remarquables de Gary BECKER[914] portant sur l'analyse économique du crime et de la peine, il apparait clairement que le développement économique est une des finalités bien que tardive, du droit pénal.

Bien sûr, cette finalité est toujours complémentaire aux autres objectifs du droit pénal tels que la dissuasion, la rétribution ou la prévention ; car il ne faut pas oublier que la science criminelle vise en priorité le maintien de l'ordre social ; et ne s'intéresse que de manière incidente à l'ordre économique. Néanmoins, on verra que le maintien de l'ordre économique national ou international fait partie des objectifs du droit pénal contemporain.

Dans un contexte de mondialisation de l'économie libérale, il apparait que le maintien de la paix et de la stabilité internationales que le droit international pénal contribue à garantir, est une condition *sine qua non* du bon déroulement des activités économiques à l'échelle planétaire. On peut ainsi considérer que le dispositif de prévention ou de dissuasion mis sur pied par les normes internationales pénales, dans le but de décourager des individus à commettre des infractions particulièrement préjudiciables au développement économique tels que les crimes de guerre qui peuvent d'ailleurs porter sur des biens (écoles, lieux de culte…)[915], les crimes de génocide et les crimes contre l'humanité qui s'attaquent à une ressource économique importante à savoir l'homme, est de nature à satisfaire les investisseurs économiques. On peut

---

914 En 1992, Gary BECKER a reçu le prix Nobel d'économie pour avoir eu le mérite d'appliquer les outils de l'analyse microéconomique à un grand nombre de comportements humains et en l'occurrence le crime. Voir, BECKER Gary, « Crime and punishment: an economic approach », *in Journal of Political Economy*, 1968, pp.169-217.

915 Voir règle 85-b du RPP du Statut de Rome : *« Le terme « victime » peut aussi s'entendre de toute organisation ou institution dont un bien consacré à la religion, à l'enseignement, aux arts, aux sciences ou à la charité, un monument historique, un hôpital ou quelque autre lieu ou objet utilisé à des fins humanitaires a subi un dommage direct ».*

ainsi comprendre que pour ces derniers, le système répressif international représente un atout important pour la stabilité des marchés économiques qui peut être troublée par les conflits politiques. Dès lors, la diffusion du droit international pénal dans les ordres juridiques nationaux revêt une importance capitale, puisqu'aucune répression quel qu'elle soit ne peut se faire efficacement sans la participation active des structures étatiques.

En ce qui concerne les droits pénaux modernes africains, ils se sont en réalité fondés sur un ordre public dans lequel l'élément économique était prépondérant. Il faut dire que dès leurs indépendances, les pays africains étaient obnubilés par les perspectives de construction nationale et de développement économique. D'ailleurs, *« conçu au départ comme un ensemble de principes garantissant le respect de la personne et de la dignité humaines, l'ordre public colonial fut très vite confondu avec la mise en œuvre d'une politique de développement justifiant la répression contre tout ce qui était de nature à le ralentir ou à le compromettre »*[916]. Dans la foulée, les coutumes qui n'étaient pas en phase avec les impératifs de développement économique assignés aux nouvelles institutions africaines furent purement et simplement écartées.

Mais pour dire vrai, il semble que même si la finalité économique du droit pénal est plutôt récente, elle a tout de même été sous-jacente dans les idées de BECCARIA et de BENTHAM. D'ailleurs, Éric LANGLAIS est persuadé que : *« leur argumentation n'était pas étrangère au raisonnement économique, avec une intuition du principe de la dissuasion qui les conduisait à établir un lien direct entre la sanction anticipée et le coût que l'acte criminel fait supporter au reste de la société »*[917].

Mais, la simple intuition n'a pas suffi à l'école classique pour qu'elle fasse du développement économique une des finalités du droit pénal. Il a fallu attendre le XXème siècle pour que l'on comprenne que l'ordre social pouvait être aussi au service d'un ordre économique indispensable pour le développement. Si sur ce plan, une certaine contingence liée au triomphe du libéralisme à l'échelle mondiale incite à trouver le lien entre le droit international pénal et la stabilité économique, c'est tout simplement parce que la privatisation du monde, qui touche tout particulièrement le continent

[916] COSTA-LASCOUX Jacqueline, « Le droit pénal, l'unité nationale et le développement économique », *in Archives de politique criminelle*, n°1, Paris, 1975, 262 p., pp.93-118.

[917] LANGLAIS Éric, « Analyse économique et droit pénal : contributions, débats, limites », article disponible sur economix.fr/docs/889/CRIME_DEBATSété2011, 11 novembre 2011, 36 p., p.7.

africain, et que dénoncent des auteurs comme Jean ZIEGLER[918], a tendance à réduire les États à de simples marchés que les règles juridiques doivent avoir pour mission première de protéger. D'ailleurs, comme on l'a dit, les législateurs pénaux africains ont fait œuvre de pionniers pour les questions économiques en faisant du développement l'une des finalités du droit pénal moderne africain.

191.-Transition conclusive. Il ne fait aucun doute que l'universalisme revendiqué du droit international pénal ne heurte en général pas la philosophie pénale des ordres pénaux modernes africains dans laquelle il peut être diffusé. Cela n'est guère surprenant en réalité, puisque l'on a pu constater que les ordres juridiques modernes ont tous été façonnés sur la base d'idées émises au sein des mêmes écoles de pensées qui voulaient assigner des finalités particulières au droit répressif. Toutefois, à côté des droits pénaux modernes africains, ont survécu parfois contre la volonté des dirigeants politiques partisans du mimétisme juridique, des ordres pénaux traditionnels africains qui sont révélateur du relativisme juridique du droit international pénal.

---

[918] ZIEGLER Jean, *Les nouveaux maîtres du monde et ceux qui leur résistent*, Éditions Fayard, décembre 2002, 361.p ; voir aussi, HIBOU Béatrice, *La privatisation des États,* Éditions Karthala, 1999, 398 p.

CHAPITRE 2

LA REVELATION DU RELATIVISME JURIDIQUE DU DROIT INTERNATIONAL PENAL PAR LES ORDRES PENAUX TRADITIONNELS AFRICAINS

192.-Position du problème. La friction entre le relatif et l'universel est inévitable lorsqu'on met côte à côte les ordres pénaux traditionnels africains et le droit international pénal ; puisqu'en réalité *« les études juridiques comparatives nourrissent, au moins dans un premier temps, le constat du relativisme juridique »*[919]. En l'absence de définition académique, il faut concevoir le relativisme juridique comme un ensemble de doctrines ou de pratiques qui tendent à remettre en cause toute application universelle des règles de droit. Mais, il ne s'agit pas ici d'un simple relativisme fonctionnel qui existe entre le droit international pénal et les droits pénaux d'inspiration européenne et qui n'exclut pas forcément la diffusion du premier chez les seconds. Il est plutôt question d'un relativisme structurel et philosophique, tant les droits traditionnels africains reposent sur des fondements sociologiques et culturels bien particuliers. Ce sont ces fondements qui permettent de saisir la portée du relativisme juridique du droit international pénal.

193.-Portée du relativisme juridique sur le continent africain. On a vu que le droit international pénal s'est largement inspiré de la philosophie juridique européenne ; et dans un contexte dominé par la culture occidentale, on a tendance à affirmer que la mondialisation du droit est la manifestation du triomphe de l' *« impérialisme juridique »* des pays occidentaux dont seuls les droits sont considérés comme modernes. En ce qui concerne ce que les juristes et les anthropologues occidentaux désignent souvent par ethnocentrisme, sous le vocable de *« droits traditionnels »,* ceux-ci n'ont pas bénéficié de la même faveur au niveau international.

---

[919] DELMAS-MARTY Mireille, *Le relatif et l'universel, Les forces imaginantes du droit*, Editions du Seuil, Paris, octobre 2004, 439 p., p.25.

Pour les auteurs tels que Michel ALLIOT, c'est surtout la tradition occidentale qui fait du triomphe du droit un idéal, alors que la plupart des sociétés le déconsidère ou s'en méfie[920]. Norbert ROULAND déclare sans fard que *« dans la plupart des sociétés traditionnelles, les mots droit et juridique n'existent pas »*. Néanmoins, il se ravise en précisant que *« ceci ne prouve pas l'absence du droit, mais témoigne du désir de cantonner son rôle »*[921].

Pourtant, avant même l'avènement des droits d'inspiration européenne sur le continent africain, *« une organisation plus ou moins complexe permettait de régler les conflits ou de déterminer une règle de conduite si les circonstances posaient un problème nouveau à la communauté »*[922]. Ainsi, en Afrique subsaharienne et à Madagascar, les populations ont pendant des siècles observé un droit coutumier issu du fond des âges. Par une obéissance spontanée à la coutume, les Africains entendaient respecter un mode de vie séculaire instauré par les ancêtres et dont les garants étaient à la fois les forces surnaturelles et l'opinion collective.

Dans la partie septentrionale du continent africain, ainsi que dans toutes les régions ayant été soumises pendant des siècles à l'Islam, un droit musulman que la colonisation européenne n'a pas réussi à faire disparaitre est resté fortement ancré dans les mentalités d'une bonne partie de la population. Ainsi, la Charia souvent déconsidérée par les dirigeants africains soucieux de *« moderniser »* les institutions de leurs pays, a réussi au fil du temps à s'imposer comme un droit traditionnel aux côtés des normes juridiques d'inspiration européenne. C'est pourquoi, lorsque l'opportunité politique s'est présentée en Afrique du Nord à l'issue du *« printemps arabe »* en 2011[923], une frange de la population qui ne trouve la sécurité que dans le repli identitaire et le rejet des valeurs occidentales, n'a pas hésité à exiger l'avènement d'un ordre juridique islamique qui en vérité n'avait jamais totalement disparu des

---

[920] Voir ALLIOT Michel, *Über die Arten des « Rechts-Transferts », Entstehung und Wandel rechtlicher Traditionen,* Freiburg-München, K. Alder, 1980, pp.161-231.

[921] ROULAND Norbert, *L'anthropologie juridique,* PUF, Que sais-je ? 2ème édition, Paris, décembre 1995, 127 p., p.53.

[922] DAVID René, JAUFFRET-SPINOSI Camille, *Les grands systèmes de droit contemporains,* 11ème édition, Dalloz, Paris 2002, 553 p., p.441.

[923] Le *« printemps arabe », « révolutions arabes », « révoltes arabes »* ou *« reveil arabe »,* est un ensemble de constestations populaires ayant secoué la quasi-totalité des pays arabes d'Afrique et du proche-orient. Partis de la ville tunisienne de Sidi-Bouzid le 17 décembre 2010, ces évènements ont embrasé toute l'Afrique septentrionale, et ont provoqué la chute de certains dirigeants politiques tels que Zine El-Abidine Ben Ali en Tunisie (janvier 2011), Hosni Moubarak en Egypte (février 2011), et Mouammar Khadafi en Libye (août 2011).

mœurs[924]. Ceci est d'autant plus vrai que très souvent, dans les pays africains fortement marqués par l'Islam, si la culture juridique est en général occidentale, elle est la plupart du temps mâtinée de valeurs islamiques.

On imagine donc toute la difficulté qu'il y a pour un droit international pénal n'ayant pas toujours tenu compte de toute la complexité juridique du monde, à pouvoir être diffusé dans les ordres juridiques traditionnels et à s'imposer comme une norme à vocation universelle. De ce point de vue, les raisons du relativisme juridique du droit international pénal par rapport aux ordres pénaux traditionnels africains **(SECTION 1)** sont nombreuses, même s'il existe cependant des éléments d'une atténuation de ce relativisme juridique **(SECTION 2).**

SECTION 1. Les raisons du relativisme juridique du droit international pénal par rapport aux ordres pénaux traditionnels africains

194.-Réflexions générales. Aucune situation n'a mieux rendu compte du relativisme juridique du droit international pénal que l'instauration des juridictions *Gacaca*[925] pour sanctionner les responsables du génocide au Rwanda. En effet, pendant longtemps, il était admis que si le pluralisme juridique[926] était de mise dans les Etats africains, il devait d'abord et avant tout favoriser les institutions juridiques modernes d'origine occidentale au détriment des règles juridiques traditionnelles. Ainsi, en matière pénale comme dans bien d'autres domaines juridiques, le droit moderne était érigé en droit commun malgré le fait que la population plus conservatrice, était très souvent restée attachée aux pratiques juridiques traditionnelles.

Pourtant, lorsqu'il n'est plus seulement question de régler des problèmes impliquant juste quelques protagonistes comme dans le cadre d'un

---

[924] La plupart des observateurs occidentaux craignent d'ailleurs que la *« révolution arabe »* ne devienne finalement une *« révolution islamique »* venant consacrer le triomphe de la Charia dans certains pays tels que l'Egypte et la Tunisie où la poussée islamiste est particulièrement forte.

[925] Instaurés en 2001, les *Gacaca* signifiant littéralement *« sur l'herbe »* en Kynyarwanda, puisqu'ayant lieu très souvent à l'extérieur sur les espaces verts, sont devenus opérationnels en mars 2005 auprès de 106 juridictions pilotes qui se sont ensuite répandues dans tout le pays. Après avoir jugé près de 2 millions de suspects, ces juridictions qui s'appuyaient sur des magistrats non professionnels devant rendre la justice sur le fondement du droit coutumier rwandais, sont arrivées au bout de leur mission le 18 juin 2012.

[926] Sur la notion de pluralisme juridique, voir les §138 et 139 du présent travail.

procès pénal classique, mais aussi de sanctionner les crimes les plus graves qui frappent la collectivité tout entière à l'instar du crime de génocide, des crimes contre l'humanité ou des crimes de guerre, il est impératif de recourir à un système juridique qui suscite l'adhésion la plus profonde des populations. Ainsi, en Afrique, les crimes internationaux les plus graves ont pu être réprimés par des instances traditionnelles comme les *Bushingantahe*[927] au Burundi ou encore les chefferies coutumières en Sierra Léone. Au Rwanda, dans l'optique de sanctionner certains responsables du génocide de 1994, les autorités politiques ont remis au goût du jour l'institution coutumière appelée *Gacaca* et que d'aucuns pouvaient juger surannée, anachronique, ou inadaptée au monde moderne. Les critiques étaient d'autant plus virulentes que le droit traditionnel rwandais, malgré sa consécration constitutionnelle[928] et législative[929], ne repose pas sur les mêmes fondements qu'un droit international pénal considéré comme universel[930]. L'un des reproches les plus récurrents formulés contre les juridictions coutumières rwandaises[931] était le fait qu'elles ne se sentaient pas forcément liées par les standards internationaux en matière de droit de l'homme.

Toutefois, ces juridictions traditionnelles ont surtout revélé le fait que ni les normes pénales modernes internes, ni le droit international pénal, n'étaient les seuls instruments juridiques permettant de réprimer les crimes qui heurtent la conscience humaine. Au contraire, elles ont prouvé le

---

927 Le *« bushingantahe »,* est un mécanisme juridique coutumier qui à l'instar des *Gacaca* rwandais, a eu pour objectif de désarmorcer les conflits entre les populations au Burundi. Il a été réhabilité grace à un accord de paix signé à Arusha le 28 août 2000 et portant sur la réconciliation nationale au Burundi. Voir DESLAURIER Christine, « Le bushingantahe peut-il réconcilier le Burundi », *in Justice et réconciliation : ambiguïté et impensés,* Politique africaine, Paris, Khartala, n° 92- décembre 2003, 202 p., pp.76-96.

928 Sur le statut constitutionnel des juridictions *Gacaca,* voir l'article 143 al. 3 (Chapitre V, section 2) de la Constitution rwandaise du 04 juin 2003, adoptée suite au référendum du 26 mai 2003.

929 Voir la Loi organique n°16/2004 du 19 /06 /2004 portant organisation, compétence et fonctionnement des juridictions *Gacaca* chargées des poursuites et du jugement des infractions constitutives du crime de génocide et d'autres crimes contre l'humanité commis entre le 1er octobre 1990 et le 31 décembre 1994.

930 Sur les *Gacaca,* lire notamment VAN BILLOEN Salomé, *Les juridictions Gacaca au Rwanda : une analyse de la complexité des représentations*, Editons Bruylant, Bruxelles, 2008, 143 p ; BORNKAMM Paul Christoph, *Rwanda's Gacaca Courts : between retribution and reparation,* Oxford University Press, 2012, 242 p.

931 Des critiques ont aussi été formulées contre toutes les instances coutumières africaines chargées de gérer les situations postconflictuelles, notamment au Burundi avec les *Bushingantahe,* en Ouganda, ou en Sierra Leone.

relativisme juridique du droit international pénal qui a pu s'imposer facilement dans les ordres juridiques d'inspiration occidentale pour la simple raison qu'il est le fruit d'un compromis entre le droit pénal *Common Law* et le droit pénal romano-germanique. Le droit international pénal ne pouvait donc pas espérer être compatible avec les droits traditionnels africains qu'il ignorait tout bonnement ; alors même que ceux-ci ont une conception particulière du droit pénal comme instrument de rétablissement de l'ordre social **(§1)** ; sans oublier le fait qu'en Afrique, on peut observer une certaine survivance des systèmes communautaires de règlement des litiges en déphasage avec le droit international pénal **(§2)**.

§1. La conception particulière du droit pénal traditionnel comme instrument de rétablissement de l'ordre social en Afrique

195.-Constat. Comme tous les ordres juridiques, les droits pénaux traditionnels africains ont pour objectif de maintenir la paix publique et la cohésion entre les membres du corps social. Toutefois, l'idée que l'on se fait de l'ordre ainsi que les modalités de sa préservation peuvent varier considérablement d'une société à une autre. Ainsi, l'anthropologie juridique a réussi à mettre en exergue la spécificité de l'ordre social en droit traditionnel africain **(A)** qui est en réalité liée à la fonction téléologique particulière que la société assigne au procès pénal **(B)**.

A- La spécificité de l'ordre social en droit traditionnel africain

196.-Plan. Les droits traditionnels africains s'appuient sur un ordre social qui peut être à la fois religieux et mythique. De plus, il y a lieu de souligner le fait qu'en Afrique, il existe manifestement une distinction entre l'ordre social en droit coutumier **(1)** et l'ordre social en droit musulman **(2)**.

1. L'ordre social en droit coutumier africain

197.-Conception spiritualiste de l'ordre social. Dans la cosmogonie africaine, la coutume revêt une dimension sacrée puisqu'elle est supposée contribuer au maintien d'un ordre mythique de l'univers. Dans un élan quasi-mystique, certains sont persuadés que l'obéissance à la coutume témoigne du respect dû aux ancêtres dont les forces de l'esprit continuent d'avoir prise sur le monde des vivants[932]. Ainsi, se permet-on d'affirmer que *« transgresser la coutume risque d'entrainer on ne sait trop quelles réactions, défavorables, des génies de la terre, dans un monde où tout est lié, le naturel et le surnaturel[933], le comportement des hommes et les phénomènes de la nature »*[934].

Aussi, le droit coutumier africain repose sur des soubassements philosophiques qui s'opposent à la conception juridique du monde occidental. Alors que le droit moderne d'origine européenne vise à instaurer un ordre social qui devrait être compatible avec les droits individuels, le droit coutumier africain lui s'intéresse d'abord et avant tout à des entités insaisissables, et en principe pérennes telles que le lignage, le clan, la caste, le village, ou encore la tribu. Dans la tradition juridique africaine, l'ordre social vise avant tout à préserver les intérêts du groupe constitué des populations du présent, mais aussi du passé et de l'avenir. Par conséquent, il est de mise de parler plus d'obligations individuelles vis-à-vis de la communauté que de droits subjectifs dont pourrait se prévaloir un individu isolé.

En ce qui concerne la norme supposée garantir le maintien de l'ordre social, il faut souligner qu'au sein de la coutume, il est difficile de dresser une frontière exacte entre les règles morales et celles que le juriste occidental peut qualifier de juridiques. En effet, la limite entre le droit et la morale est tellement étroite que passer d'un domaine à un autre n'est souvent que question d'interprétation[935].

Malgré tout, dans la société traditionnelle africaine, on identifie souvent le crime comme un acte qui porte atteinte non seulement à la sûreté publique, mais aussi aux forces vitales[936] qui structurent le groupe social. Ce sont d'ailleurs ces forces vitales, réalités abstraites et insaisissables, qui favorisent le maintien d'un ordre social dont la nature est à la fois physique et mystique.

---

[932] Sur la question, voir VERDIER Raymond, « Chef de terre et terre de lignage », *in* POIRIER Jean. (dir), *Etudes de droit africain et de droit malgache*, Editions Cujas, 1965, p.333-359.

[933] Lire DIKA AKWANYA Bonambela, *La sphère du sacré en Afrique noire* –Thèse, Paris VII, 1972.

[934] DESCHAMPS Hubert, « Les fondements religieux du droit quotidien malgache », in *Etudes de droit africain et malgache* précitée, p.19-25.

[935] Voir DAVID René, JAUFFRET-SPINOSI Camille, *Les grands systèmes de droit contemporains, op. cit.*, p.442.

[936] Dans la tradition africaine, la force vitale est une énergie qui est indispensable pour le maintien de l'équilibre au sein du groupe ; elle peut être liée aux forces invisibles de la nature ou des ancêtres.

Il est évident que le crime lèse matériellement ou physiquement un individu. Mais, il est considéré comme portant surtout atteinte aux intérêts du groupe auquel celui-ci appartient, d'autant plus que le fait criminel *« constitue un évènement qui trouble l'ordre naturel, l'environnement cosmogonique »*[937]. La mort qui peut en découler trouble à la fois l'ordre social et l'ordre surnaturel ou divin. Ainsi, peut-on conclure que les crimes de génocide, les crimes contre l'humanité, les crimes de guerre comme d'ailleurs la plupart des crimes, ne peuvent que provoquer un désordre ontologique qui peut être à l'origine de la destructuration ou pire encore de la disparition d'un groupe. Mais étant donné qu'un criminel se confond avec le groupe auquel il est issu, il engage par conséquent la responsabilité de son clan, de son lignage ou de sa tribu[938], car l'ordre social africain est basé sur une conception particulière de la responsabilité criminelle.

198.-Ordre social basé sur une conception particulière de la responsabilité criminelle. Le crime crée une relation particulière entre l'auteur de l'acte répréhensible et la victime dont la force vitale du groupe d'appartenance s'en trouve affectée. Toutefois, pour que la paix ne soit pas compromise, le rétablissement de l'ordre social se fera en tenant compte de l'équilibre qui devrait exister entre les différentes composantes de la société. Ainsi, on essaiera dans la mesure du possible de concilier les intérêts du groupe avec ceux d'un individu. Mais pour ce dernier, la plupart des auteurs insistent beaucoup sur le fait que sa responsabilisation demeure l'une des préoccupations du droit traditionnel africain qui le considère comme un *« acteur de la reproduction du projet de société »*[939].

Si l'on peut invoquer une responsabilité de l'individu dans la société traditionnelle africaine, c'est que chaque personne bénéficie d'une éducation lui permettant de s'approprier les valeurs sociales dont le respect est un impératif. Comme l'affirme Etienne LE ROY, chez les Wolof[940] par exemple comme d'ailleurs dans la majorité des tribus africaines, l'éducation peut même prendre la forme de *« l'initiation ou plus généralement de l'apprentissage dans la classe d'âge sous le contrôle des anciens »*[941]. Pour être sûr que les individus ne porteront pas atteinte à l'ordre social, l'initiation visera surtout à

---

937 RAYNAL Maryse, *Justice traditionnelle-justice moderne, le divin, le juge, le sorcier,* Editions l'Harmattan, Paris, 1994, 338 p., p.29.

938 *Ibid.,* p.30.

939 LE ROY Etienne, *Les africains et l'institution de la justice, Entre mimétismes et métissages,* Editions Dalloz, Paris, 2004, 284 p., p.83.

940 Les Wolof sont un groupe ethnique de l'Afrique de l'ouest, implanté surtout au Sénégal où ils constituent près de la moitié de la population.

941 *Ibid.,* p.83.

leur inculquer une connaissance suffisamment profonde pour leur permettre d'accéder à la sagesse nécessaire à une meilleure maîtrise de soi et des pulsions[942]. L'initiation est d'autant plus importante qu'en cas de faute d'un individu, sa communauté d'appartenance risque d'en subir au moins une partie de la responsabilité pour n'avoir pas su guider une personne vers la voie de la vertu. Le fait est que l'ordre social coutumier africain s'affirme comme le garant de l'intérêt collectif.

199.-Ordre social garant de l'intérêt collectif. Le maintien de l'ordre social dans le droit coutumier africain a pour but de préserver en définitive l'intérêt collectif ; car il ne faut pas oublier que la société traditionnelle africaine repose avant tout sur un communautarisme rigide. C'est cette conception plutôt radicale du bien commun qui permet de distinguer le communautarisme de l'individualisme[943] cher à la philosophie juridique occidentale. Le communautarisme repose sur l'idée qu'un lien inextricable existe entre les membres d'un groupe dont les intérêts communs sont scellés par l'appartenance à la même communauté lignagère, clanique ou ethnique. Ici, on nourrit l'espoir que le sens du collectif qui implique le partage, *« partage d'une même vie, partage de la totalité des spécificités et partage d'un champ décisionnel commun »*[944], peut contribuer à la stabilité d'un ordre social que personne n'a intérêt à compromettre. Plus encore, la notion de partage peut même à elle seule servir comme instrument permettant de maintenir la paix sociale. Toutefois, le partage peut aussi être source de souffrance collective. C'est pourquoi la communauté est très attachée à la dimension rituelle du rétablissement de l'ordre social.

200.-Importance de la dimension rituelle du rétablissement de l'ordre social. La mort survenue à la suite d'un meurtre crée un déséquilibre dangereux au sein du groupe, mais aussi au cœur de l'ordre cosmique. On comprend pourquoi très souvent, *« le rituel funéraire fournit des moyens efficaces de remise en ordre ; car il n'est rien d'autre, en définitive, qu'un procédé de réorganisation sociale qui vise à compenser le déséquilibre suscité*

---

[942] On considère en effet que la force vitale de l'individu part d'une énergie cosmique qu'il est possible de capitaliser ou de perdre, mais qui est nécessaire à la bonne santé physique et mentale de la personne.

[943] LE ROY Etienne, « Communautés d'Afrique noire et protection des droits de l'individu face au pouvoir : problématique, modalités et actualité », *in* Société Jean BODIN, *L'individu face au pouvoir,* Paris, Dessain et Tolra, Recueil de la société n°XLVII, 1988, p.37-63.

[944] Propos de Michel ALLIOT, cité dans LE ROY Etienne, « Communautés d'Afrique noire et protection des droits de l'individu face au pouvoir : problématique, modalités et actualité », *ibid.,* p.47 ; et, *Les africains et l'institution de la justice, Entre mimétismes et métissages, ibid.,* p.84.

par la mort »[945]. La lustration, cette forme de rituel de purification qui entoure la mort vise à rétablir l'ordre social nécessaire à la suivie du groupe.

Une telle vision du monde peut paraitre saugrenue pour le juriste occidental imprégné d'une culture juridique qui manifeste son hostilité à toute conception transcendantale ou irrationnelle de la société. Pourtant, il faut tenir compte du fait que l'ordre social a dans les droits traditionnels africains, un caractère sacré[946]. C'est pourquoi, le crime est par essence un sacrilège, une offense à l'égard des hommes mais aussi contre les forces de la nature. Le sang versé par un meurtier est une souillure qui éclabousse tous les membres de son groupe social. Dès lors, on comprend pourquoi, dans les pays ayant été meurtris par la guerre tels que le Mozambique, l'Ouganda, le Rwanda ou encore la Sierra-Léone, on a observé une forte propension dans les communautés villageoises, à recourir à des formes de rituels traditionnels qui devaient servir à reconstruire le tissu social et consolider la paix.

Il faut dire que dans la tradition africaine, le rétablissement de l'ordre social à la suite d'un crime ou d'une guerre passe par le recours à un cérémonial qui peut avoir des élans magico-religieux. Pour bien comprendre le recours à de tels procédés, il faut garder à l'esprit l'idée qu'en Afrique, la coutume conçoit l'ordre social comme le fruit d'une relation harmonieuse et équilibrée avec l'environnement naturel et métaphysique. Aussi, est-il de mise de penser qu'*« une parcelle de force réside dans tout, aussi bien dans les objets que les êtres vivants ; ... toutes ces forces partielles sont un élément de la grande force cosmique »*[947].

Seule la préservation de la force cosmique favorisera l'avènement d'un ordre qui pourrait rassurer le groupe et lui permettre d'aborder enfin l'avenir avec plus de sérénité et de quiétude. Si cette force est si importante pour les populations africaines parfois victimes des crimes les plus graves, en et l'occurrence les crimes de droit international pénal, plus fréquents qu'on l'imagine sur le continent africain à cause des guerres qui ont souvent un caractère ethnique, c'est qu'elle est rassurante pour l'homme, qui se perçoit

---

945 THOMAS Louis-Vincent, La *mort africaine. Idéologie funéraire en Afrique noire,* Payot, Paris 1982, 273 p. p.199.

946 RAYNAL Maryse, *Justice traditionnelle-justice moderne, le divin, le juge, le sorcier, op. cit.,* p.74.

947 FROELICH Jean Claude, *Animistes, Les religions païennes de l'Afrique de l'ouest,* Editions de l'Orange, Paris, 1964, 254 p., p.44.

« à la fois comme image, modèle et partie intégrante du monde dans la vie cyclique duquel il se sent profondément et nécessairement engagé »[948].

La recherche de l'harmonie et de l'ordre considérés comme quêtes perpétuelles, justifie la permanence des rites et des prescriptions à respecter[949]. Cela n'est pas très surprenant si l'on tient compte de la place que la religion occupe dans la société traditionnelle africaine. En effet, celle-ci a *« une fonction psychologique et sociologique d'intégration et d'équilibre, elle permet aux personnes de se comprendre, de se valoriser, de s'intégrer, de supporter leur condition, de maîtriser leur angoisse. C'est grâce à la religion que s'opère l'abolition de la dualité entre l'homme et le monde visible et invisible pour tendre à l'unification »*[950].

La religion est tellement influente dans les droits coutumiers africains que l'on considère que si le crime trouble l'ordre social, c'est moins parce qu'il constitue une infraction contre des personnes qu'une atteinte à la sacralité. C'est pourquoi, il est nécessaire de mobiliser toutes les forces vives de la communauté autour d'un rituel qui vise à conjurer le mal. Il faudra à tout prix réparer le préjudice causé par l'acte répréhensible commis par le criminel. L'offense que celui-ci aurait faite aux esprits au moment du meurtre peut rejaillir sur la communauté sous forme de malédiction. Il ne faut pas oublier que l'individu, même criminel, n'existe pas en déhors du groupe. Par conséquent, la population doit observer tout le rituel et tout le cérémonial qui peut lui permettre de renouer le lien avec les forces tutélaires et cosmiques qui sont garantes du maintien de l'ordre social.

Cette conception très religieuse et mystique de l'ordre social certainement imperméable à l'esprit du juriste spécialiste du droit moderne, existe toute proportion gardée dans le droit musulman africain.

---

[948] ZAHAN Dominique, *Religion, spiritualité et pensée africaines,* Editions Payot, Paris, 1970, 244 p., p.13.

[949] Il existerait comme un pacte entre les membres du groupe et les entités invisibles au sujet du respect de l'équilibre cosmique à telle enseigne que Maryse RAYNAL considère que, *« si le pacte est transgressé, c'est l'ordre cosmique tout entier qui est remis en cause : la malédiction pèse sur le profanateur »* ; RAYNAL Maryse, *op. cit.* p.75.

[950] MULAGO Vincent, « La religion traditionnelle, élément central de la culture Bantu », *in Les religions traditionnelles comme source de valeurs de civilisation*, Colloque de Cotonou du 16 au 22 août 1970, Actes publiés aux éditions Présence Africaine, 1972, pp.115-155.

2. L'ordre social en droit musulman africain

201.-Existence d'un ordre social islamique en Afrique. Si le droit musulman peut être considéré comme un droit traditionnel en Afrique, c'est tout simplement parce qu'il est mis en œuvre dans les sociétés islamisées depuis le VIIIème siècle. Ainsi, malgré l'avènement d'un droit moderne d'origine occidentale pendant la colonisation, les préceptes de l'Islam sont demeurés pour les musulmans africains, des principes de vie à la fois moraux et juridiques ayant un caractère intransgressible.

Ce sont d'ailleurs les principes du droit musulman qui sont la plupart du temps perçus par des penseurs occidentaux, comme en déphasage avec les valeurs universelles véhiculées par les normes internationales, et en l'occurrence celles qui portent sur les droits de l'homme. Il est vrai que le droit musulman a une conception particulière de l'ordre juridique, ou de l'ordre social qui se confond à un ordre imposé par Dieu.

202.-Conception particulière de l'ordre social en droit musulman africain. Jean-Paul CHARNAY souligne le fait que dans l'Islam, *« la révélation prophétique est non pensée d'hommes inspirés par Dieu comme dans la Bible, mais parole directe de Dieu, donnée à l'humanité dans la langue pratiquée par Muhammad »*[951].

L'ordre social que le droit musulman vise à préserver est la manifestation d'une volonté divine matérialisée par la Charia qui a un caractère sacré[952]. L'ordre islamique vise avant tout à faire en sorte que l'individu puisse observer les règles fondamentales qui structurent le système de valeurs et les comportements spécifiques à l'Islam. Dans les sociétés africaines où le droit musulman a une certaine emprise sur les populations (notamment en Afrique septentrionale, occidentale et orientale), et indépendamment du fait qu'il est ou non le droit commun imposé par l'Etat[953],

---

[951] CHARNAY Jean-Paul, *Esprit du droit musulman,* Editions Dalloz, Paris 2008, 218 p., p.11.

[952] La Charia comprend outre les règles du Coran, la *Sunna* qui repose sur les traditions du prophète et l'*Ijma* qui est l'expression d'un consensus de la communauté musulmane formulé par les docteurs de la religion musulmane.

[953] Les « pays d'islam », sont des *« pays de culture juridique islamique étant entendu que l'ensemble des pays musulmans ont et développent, selon une intensité variable, une culture juridique qui s'inspire de l'Islam, que ce soit au plan du droit écrit ou du droit coutumier, que l'Etat soit laïc ou islamique, fasse référence ou pas à l'Islam dans sa constitution, que l'Islam y soit perçu comme religion d'Etat ou religion de la société ».* Lire CISSE Abdoullah, « Introduction. A propos des pays d'islam », *in* DELMAS-MARTY Mireille (dir.), *Criminalité économique et atteintes à la dignité de la personne,* vol. VI : Europe-Pays d'islam, Paris, Editions de la MSH, 1999, 344 p., p.21.

la manière de préserver l'ordre social sera prescrite par l'Islam, dont le Coran par exemple donne aux fidèles l'ensemble des commandements et des indications nécessaires au maintien de la concorde sociale.

La plupart du temps, même si l'Islam n'est pas érigé en religion d'Etat, le simple fait qu'il s'impose comme religion de la société suffit pour que les recommandations impératives qu'il prescrit soient considérées par les fidèles comme de véritables règles de droit qui s'imposent à la communauté. Pour préserver l'ordre social, le droit musulman va s'appuyer sur un corpus de textes anciens pour la plupart[954]. Dans tous les cas il *« est conçu comme un élément de l'ensemble du savoir islamique aussi bien que de la civilisation islamique par lesquels il s'explique et avec lesquels il fait corps »*[955]. Il existe d'ailleurs une conception très large du droit musulman appelé encore *Fiqh*[956], qui englobe le contenu de tous les traités classiques, contrairement à la Charia formée uniquement du Coran et de la *Sunna.*

Pour maintenir l'ordre social dans l'Islam, seule la loi islamique peut permettre de définir ce qui est bien ou mauvais pour la société. De plus, la loi découlant d'une révélation divine ne peut faire l'objet d'une interprétation libre par l'homme. Celui-ci peut néanmoins mettre en valeur les qualités de la loi, sans pour autant procéder à un examen trop rationaliste qui pourrait tronquer l'esprit de la norme. Mais, si la loi a une dimension divine, celui qui doit assurer le maintien de l'ordre terrestre reste le juge musulman encore appelé cadi. Seulement, ce dernier ne s'intéresse en réalité qu'à l'élément matériel d'une infraction qui est l'équivalent du *forum externum* du droit canonique catholique. L'élément intentionnel ou *forum internum*, est plutôt affaire de Dieu et échappe à tout jugement humain[957].

Le droit musulman se veut être essentiellement religieux aussi bien dans les domaines qui fixent les rapports avec Dieu, que dans ceux qui définissent la nature des relations entre les hommes. Simple atténuation à cette réalité, c'est le fait que dans leurs éfforts de trouver les règles les plus

---

954 Un auteur tel que AL DJAZAIRI (Aboubaker Djaber) démontre que l'écriture de l'Islam s'est poursuivie jusqu'au XXème siècle, voir son livre, *Minhaj al Muslim*, Médine, 1964, trad. La voie du musulman, Editions Aslim, Paris, 1986.

955 BLEUCHOT Hervé, *Les cultures contre l'homme ? Essai d'anthropologie historique du droit pénal soudanais,* Presses Universitaires d'Aix-Marseille, 1994, 480 p., p.81.

956 Le *Fiqh* est *« la connaissance des normes tirées de la Charia par les savants, les gouvernants et les juges, au cours de l'histoire des sociétés musulmanes ».* Lire BOTIVEAU Bernard, *Loi islamique et droit dans les sociétés arabes,* Editions Karthala, IREMAM, Paris, 1993, 379 p., p.26.

957 *Ibid.,* p.131.

adéquates pour assurer le maintien de l'ordre social dans la société islamique, les docteurs de la loi ont souvent mélangé dans des traités juridiques, des règles profanes avec des règles essentiellement religieuses[958]. Cela n'a pas empêché les sociétés musulmanes d'intégrer le fait que l'ordre social dépend d'un droit musulman qui est considéré comme le code intransgressible et même infaillible des obligations humaines dans tous les aspects de la vie sociale. Telle est d'ailleurs l'une des conséquences de la conception islamique de l'ordre social.

203.-Conséquences de la conception islamique de l'ordre social. La principale conséquence de la conception islamique de l'ordre social est le fait que la société musulmane ne peut être stable que si elle applique un droit islamique qui doit être valable en tout temps et en tout lieu.

Dès lors, on comprend pourquoi dans le Nord du Nigéria par exemple, région fortement islamisée, les populations revendiquent la restauration et l'application exclusive de la Charia comme condition *sine qua non* du retour à la paix dans un milieu où prévaut l'instabilité politique liée aux conflits qui opposent d'ailleurs très souvent les Musulmans aux Chrétiens. Ces revendications ne concernent pas que les Etats du Nord du Nigéria, pays qui s'est toujours voulu laïc dans ses principes[959] ; elles s'étendent sur une bonne partie du continent africain au sein des sociétés qui ne croient plus aux vertus des normes souvent inspirées des valeurs occidentales, et considèrent par conséquent l'Islam comme une sorte de *« valeur refuge »*. Il est d'ailleurs significatif de voir à quel point à l'issue du printemps arabe, les mouvements politiques appartenant à la mouvance islamiste ont su s'imposer sur la scène politique dans des pays tels que l'Egypte[960] ou la Tunisie[961], au point de militer en faveur de l'instauration de la Charia dans tous les aspects de la vie juridique.

A travers la Charia, les islamistes peuvent prétendre maintenir un ordre social défini par Dieu lui-même, d'autant plus que ne pas appliquer la

---

958 *Ibid.*

959 Section 10 de la Constitution nigériane de 1999 : *«The Government of the Federation or of a State shall not adopt any religion as State Religion »*.

960 En Egypte, le 20 janvier 2012, le parti de la liberté et de la justice issu des frères musulmans a remporté les élections législatives. De plus, le leadeur de ce parti, Mohamed Morsi a été élu président de la République le 24 juin 2012. Même si ce dernier a été déposé par l'armée sous la pression populaire le 3 juillet 2013, il est aujourd'hui difficile de nier l'importance des forces sociales et politiques favorables à la prééminence du droit musulman en Egypte.

961 En 2011, le parti islamiste tunisien *Ennahda* longtemps interdit, est devenu la première force politique du pays en obtenant plus de 89 sièges à l'Assemblée constituante.

loi islamique équivaut à un acte irréligieux ou une apostasie passible de la peine de mort. Comme l'affirme Jean-Paul CHARNAY, *« le droit musulman, n'est pas seulement pragmatiste : au-delà et au dessus de la recherche de l'efficacité et de la sécurité de l'action, l'application du droit constitue en soi une œuvre pie »*[962]. Par conséquent, lorsqu'un crime est commis, le bon musulman doit d'abord et avant tout rechercher une sanction conforme aux règles du système normatif propre à l'Islam, même si celles-ci sont en déphasage avec les autres normes juridiques concurrentes qui peuvent être celles de l'Etat ou celles de l'ordre juridique international. Une telle conception du droit est une pierre d'achoppement pour la diffusion d'un droit supranational laïc comme le droit international pénal qui veut tout au plus contribuer au maintien d'un ordre social séculier dénué de toute considération religieuse.

Le droit musulman considère que l'ordre social ne peut être effectif que s'il tient compte d'un ensemble de comportements personnels ou collectifs qui sont en phase avec la religion. Au reste, s'il existe dans cet ordre juridique un principe de légalité il s'agit en réalité d'un principe qui repose sur des affirmations religieuses et immuables, parfois trop anciennes pour être en conformité avec un droit international pénal trop moderne pour considérer la religion comme une source directe de la répression pénale. Pourtant, c'est sur la base des valeurs religieuses que le droit musulman entend instaurer un ordre social dans lequel l'individu vivra en conformité avec les préceptes imposés par Dieu lui-même. Dès lors, on peut comprendre pourquoi l'ordre juridique islamique, à l'instar d'ailleurs de la plupart des ordres juridiques traditionnels, assigne une fonction téléologique particulière au procès pénal.

B- La fonction téléologique particulière du procès pénal en droit traditionnel africain

204.-Position du problème. S'il est vrai que globalement en droit traditionnel africain, la fonction téléologique de l'instance que l'on pourrait qualifier de pénale s'oppose à l'idée que le droit international pénal se fait du procès, il faut tout de même souligner le fait qu'il existe une différence d'approche entre le procès pénal en droit coutumier africain **(1)** et le procès pénal en droit musulman africain **(2)**.

---

[962] CHARNAY Jean-Paul, *Esprit du droit musulman, op. cit.*, p.11.

1. L'originalité du procès pénal en droit coutumier africain

205.-Fonction conciliatrice du procès pénal en droit coutumier africain. Lorsqu'un crime est commis, l'idée d'un procès pénal est bien évidemment admise par les règles coutumières africaines. *« Mais, ces règles se bornent souvent, quand un litige vient à naître, à fournir un organisme pour y mettre fin, et, pour cet organisme, une base de discussion »*[963]. Cet organisme juridictionnel ne s'appuiera pas forcément sur des règles de fond préétablies. Il aura pour mission de favoriser une amiable composition entre les parties au procès, plutôt que de s'engager dans la voie d'une répression systématique ou trop sévère de l'individu fautif[964]. Sur le plan philosophique, le droit coutumier africain s'éloigne de la conception aristotélicienne de la justice qui vise à attribuer *« à chacun selon son dû »*[965]. Pour la coutume africaine, la justice sera rendue si à l'issue du procès, la cohésion du groupe est maintenue par la restauration de la concorde et de la bonne entente entre ses membres.

Ainsi, dans les communautés d'Afrique et de Madagascar, il faut concevoir la justice coutumière comme une institution en charge plus du maintien de la paix sociale, que de la mise en œuvre des normes juridiques draconiennes[966]. L'objectif recherché est d'abord et avant tout la restauration de l'harmonie dans la société ; ce qui ne peut se faire sans la réconciliation entre les parties au procès. D'ailleurs, dans les pays ayant subi les conflits armés les plus violents à l'instar du Mozambique, de l'Ouganda, du Rwanda ou de la Sierra-Leone[967], où les populations ont été victimes des crimes internationaux les plus graves, la justice, très souvent rattachée à un rituel

---

[963] DAVID René, JAUFFRET-SPINOSI Camille, *Les grands systèmes de droit contemporains, op. cit.*, p.443.

[964] ALLOTT Antony, *Essays in African Law*, London, Butterworth & Co 1960, 323 p.,p.73.

[965] Dans le livre V d'Ethique à Nicomaque, ARISTOTE défend l'idée selon laquelle l'équité doit être en toute circonstance la pierre angulaire de la justice, d'autant plus qu'elle est la seule capable de pallier les insuffisances de la loi. Sur les commentaires relatifs à la pensée aristotélicienne, voir notamment SAINT-ARNAUD Jocelyne, « Les définitions aristotéliciennes de la justice : leurs rapports à la notion d'égalité », *in Philosophiques*, vol. 11, n° 1, 1984, p.157-173.

[966] Lire DAVID René, JAUFFRET-SPINOSI Camille, *Les grands systèmes de droit contemporains, op. cit.*, p.443.

[967] Sur le rôle de la justice traditionnelle après les conflits armés en Afrique, voir « justice transitionnelle et Désarmement, Démobilisation et Réinsertion (DDR) en Afrique », Rapport commandé par les Nations Unies pour la deuxième conférence internationale sur le DDR et la stabilité en Afrique, Kinshasa, République Démocratique du Congo, 12-14 juin 2007, 43 p., p.14.

traditionnel, avait comme leitmotiv la réconciliation entre les criminels et les victimes.

Il se pourrait qu'à l'origine, dans certaines sociétés, l'absence de moyens efficaces d'exécution des jugements rendît indispensable la réalisation d'une entente puisqu'aucune autorité ne pouvait véritablement imposer le pouvoir de coercition[968]. Ce raisonnement n'est valable que dans les sociétés traditionnelles acéphales dénuées de toute organisation politique structurée et hiérarchisée ; car en général, dans les groupes à structure étatique, le chef de la communauté a suffisamment de pouvoir moral et politique pour imposer une sanction si les circonstances le justifient.

En vérité, si les conciliabules visant à mettre en accord les parties sont de mise dans le procès pénal coutumier, c'est tout simplement parce que la conciliation, même en cas de litige grave, est considérée comme une vertu dans les sociétés africaines. D'ailleurs, certains auteurs rapportent le fait qu'il est assez fréquent qu'un individu ayant obtenu gain de cause lors d'un jugement renonce finalement au bénéfice de ses effets[969].

Le procès pénal en droit coutumier africain opte pour un mécanisme fondé sur *« la prévention, le dialogue, la recherche d'un consensus ou la réduction des dissensus, donc sur des procédés et procédures qui n'avaient pas pour fonction de se prononcer sur la culpabilité mais de renforcer le lien social »*[970]. Aussi, le chef de la communauté qui est la figure d'autorité par excellence, n'est point considéré comme un pouvoir sanctionnateur; car même lorsqu'il fait office de juge, il est avant tout le garant de la paix sociale. C'est pourquoi, l'on considère qu'un bon chef et par ricochet un bon juge coutumier, doit avant tout être charismatique, bon orateur, généreux et indulgent[971]. Toutefois, il faut souligner le fait que depuis quelques décennies il y a eu de la part des autorités politiques, une forme de politisation des finalités du procès pénal coutumier.

---

968 Lire DAVID René, JAUFFRET-SPINOSI Camille, *Les grands systèmes de droit contemporains, op. cit.*, p.443.

969 VAN VELSEN Jaap, « Procedure Informality, Reconciliation and False Comparisons », *in* GLUCKMAN Max, *Ideas and Procedures in African Customary Law*, 1960, London Oxford University Press, 376 p., pp.137-152.

970 LE ROY Etienne, *Les africains et l'institution de la justice*, *op. cit.* p.50 ; réflexions tirées de LLEWELLING Karl, HOEBEL Adamson, *The Cheyenne Way, Norman*, University of Oklahoma Press, 1941.

971 Sur les attributs d'un chef, voir CLASTRES Pierre, *La société contre l'Etat,* Paris, Editions de Minuit, 1974, 186 p.

206.-Politisation des finalités du procès pénal de droit coutumier africain. La conception originelle du procès pénal traditionnel a quelque peu été remise en cause d'abord par les pouvoirs coloniaux, et ensuite par les dirigeants politiques africains soucieux de bâtir des Etats modernes et unifiés après les indépendances. Toutefois, à ce niveau, la coutume a connu des sorts différents selon qu'elle était appliquée dans les colonies françaises ou dans les colonies britanniques.

En effet, si la France attachée à la politique de l'administration directe avait pris des mesures pour remplacer les autorités traditionnelles par des fonctionnaires de l'ordre administratif simplement assistés d'assesseurs coutumiers, la Grande Bretagne par contre avait plutôt dans le cadre de la politique d'*indirect rule,* laissé les coudées franches aux autorités traditionnelles dans le domaine de la justice, avec un contrôle discret des administrateurs anglais. Loin d'éradiquer complètement la coutume, les Britanniques ont plutôt contribué à sa pérennité en renforçant l'autorité des chefs locaux souvent fragilisés par la colonisation[972].

Pourtant, certains auteurs sont persuadés qu'aussi bien dans l'Afrique anglaise que dans l'Afrique française *« on a dénaturé le droit coutumier et on a complètement faussé son application en voulant le considérer comme un droit de type occidental »*[973]. Il est constant que même des dirigeants africains, à la culture juridique occidentale, ont dans le souci semble t-il d'assurer la sécurité des relations juridiques, modifié les règles de fonctionnement ainsi que les missions des juridictions coutumières. En réalité, de telles mesures n'étaient pas dénuées de calculs politiques, car les premiers chefs d'Etat africains, soucieux d'instaurer des systèmes politiques monolithiques, voulaient réduire l'autorité des chefs traditionnels qui avaient quelquefois une trop grande influence sur les populations[974].

Ainsi, pour beaucoup, les juridictions coutumières ont fini par être complètement dénaturées au point de cesser de remplir leur rôle traditionnel en devenant *« peu à peu des institutions statutaires n'ayant plus que peu ou*

---

[972] Sur la question, lire EL MECHAT Samya, *Les administrations coloniales XIXème–XXème siècles, Esquisse d'une histoire comparée,* PU Rennes, Collection Histoire, 3 décembre 2009, 265 p.

[973] DAVID René, JAUFFRET-SPINOSI Camille, *Les grands systèmes de droit contemporains, op. cit.,* p.452.

[974] Sur le rôle des chefs traditionnels en Afrique, lire notamment PERROT Claude-Hélène, « Les autorités traditionnelles et l'État moderne en Afrique Subsaharienne au début du XXIe siècle », in *Cadernos de Estudos Africanos,* 16/17, 2009, p.15-33.

pas de rapport avec la coutume juridique traditionnelle »[975]. Seulement, si l'allègement du poids de la tradition a pendant longtemps été l'ambition des responsables politiques africains, ceux-ci ont dû finalement composer avec l'influence sociologique et culturelle des autorités traditionnelles qui avaient gardé une emprise symbolique sur les populations[976]. Dans les pays comme le Cameroun par exemple, les chefs de villages ont vu leur statut valorisé au point d'être souvent considérés par l'Etat comme des auxiliaires de l'administration[977].

De plus, l'alliance entre les autorités étatiques et les responsables coutumiers faisant office de juge est souvent de mise en Afrique lorsque des enjeux importants tels que l'intérêt général et la paix publique sont en cause. On connait notamment le cas du Rwanda, où les autorités politiques ont été les instigateurs du recours aux mécanismes juridictionnels propres aux juridictions coutumières *Gacaca.* Globalement, ces instances traditionnelles très populaires à l'époque précoloniale devaient intervenir lorsque les valeurs sociales du groupe étaient bafouées. Sous la présidence des anciens, leur mission était de restaurer l'ordre social en reintégrant dans la mesure du possible, un transgresseur dans la société. Ainsi, dès leurs origines, leur objectif était *« non pas de déterminer la culpabilité ni d'appliquer la loi de l'Etat (...) mais de rétablir l'harmonie et l'ordre social dans une société donnée, et d'y réinsérer la personne qui était source de désordre »*[978]. Après le génocide de 1994, le caractère exceptionnel du drame qu'avait connu le Rwanda a poussé les autorités politiques à se tourner vers un rituel traditionnel qui devait contribuer à dissiper tout ressentiment que pouvaient éprouver les victimes à l'égard des responsables du génocide, tout en favorisant en même temps la réconciliation nationale qui devait permettre au pays de prendre un nouveau départ.

---

[975] ALLOTT Antony, « La place des coutumes juridiques africaines dans les systèmes juridiques africains modernes », *in* POIRIER Jean (dir.), *Etudes de droit africain et malgache*, 1965, p.257-266.

[976] Voir NACH MBACK Charles, « La chefferie traditionnelle au Cameroun : ambiguïtés juridiques et dérives politiques», *in Africa development*, Vol. XXV, n°3&4, 2000, pp.77-118.

[977] Sur le statut des chefs traditionnels au Cameroun, voir l'arrêté colonial de 1933 portant statut des chefs indigènes et le décret n°77/245 du 15 juillet 1977 qui reconnait le rôle du chef traditionnel au sein de la communauté où peut s'exercer son autorité. Lire NACH MBACK Charles, article précité, p.78.

[978] VANDEGINSTE Stef, *Justice, Reconciliation and Reparation after Genocide and Crimes against Humanity. The proposed establishment of popular Gacaca Tribunals in Rwanda,* Addis Ababa, Conférence du 8 au 12 novembre 1999.

Pourtant, traditionnellement, les juridictions *Gacaca* avaient pour habitude de refuser de traiter les crimes de sang[979]. Ceci n'a pas empêché le Gouvernement rwandais de considérer que la nécessité de désengorger les prétoires et le besoin d'instaurer une forme de justice consensuelle évitant que les procès ne soient trop perçus comme une forme de justice des vainqueurs tutsis contre les vaincus hutus, justifiaient le fait que le recours aux juridictions *Gacaca* dans le contentieux du génocide soit à la fois possible et souhaitable[980]. Même si les juridictions *Gacaca* de la période postgénocide ont été instaurées par le Gouvernement, elles se sont appuyées tout de même sur la tradition en incarnant une justice participative de proximité dont l'objectif était de retisser le tissu social.

Mais, les juridictions *Gacaca* ayant participé au contentieux du génocide au Rwanda ont payé le prix de leur adaptation à la société moderne en étant quelque peu différentes, dans leur fonctionnement, du système originel.

D'abord, dans les juridictions *Gacaca* originelles, les jugements avaient normalement lieu à huis clos, seulement entre les parties concernées ou les membres du lignage impliqués dans le litige, en évitant justement d'évoquer le problème sur la place publique comme cela a été le cas à l'occassion du contentieux du génocide.

Ensuite, par le passé, les juges coutumiers avaient une grande marge de manœuvre pour fixer une sanction conciliant les intérêts des parties avec ceux de la collectivité. Pour les juges réduits au rôle de simples arbitres, il était important que les personnes mises en cause puissent comparaitre de leur plein gré à un procès qui devait tout faire pour maintenir le lien indispensable qu'elles entretenaient avec la communauté. Par contre, les juridictions *Gacaca* de la période postgénocide ont été imposées d'autorité par le législateur[981]

---

[979] Sur ce point, lire notamment INGELAERE Bert, « A la recherche de la vérité dans les juridictions Gacaca au Rwanda », in *L'Afrique de grands lacs,* n°11, Annuaire 2006-2007, septembre 2007, pp.41-74., p.47ss.

[980] Lire le rapport de synthèse de minotoring et de recherche sur la *Gacaca,* réalisé par le groupe du PRI (Penal Reform International), phase pilote, janvier 2002 à décembre 2004, décembre 2005, 60 p., disponible sur le site www.penalreform.org.

[981] Voir la loi organique n°40/2000 du 26 janvier 2001 portant création des juridictions *Gacaca* et organisation des poursuites des infractions constitutives du crime de génocide ou de crimes contre l'humanité, commises entre le 1er octobre 1990 et le 31 décembre 1994 ; journal officiel de la République du Rwanda, 15 mars 2001, pp.66-98.

sous l'instigation des responsables étatiques[982]. Elles ont d'ailleurs été considérées par la plupart des observateurs comme étant *« de véritables juridictions pénales dotées de la plénitude de compétences juridictionnelles »*[983].

Un autre point de friction entre les *Gacaca* anciens et les *Gacaca* modernes réside dans la différence de conception quant à la signification de l'aveu des criminels qui était supposé susciter le pardon accordé par les victimes.

Si dans la plupart des systèmes juridiques, l'aveu simplifie la procédure pénale en permettant au juge de prononcer une sanction en général plus clémente à l'égard d'un délinquant de bonne foi qui reconnait ses fautes, il a une toute autre portée dans la société rwandaise. En effet, l'aveu fait devant les victimes est traditionnellement perçu comme un affront, une injure et une circonstance aggravante. Culturellement, il est interprété comme une démontration de force. Par conséquent, seuls les chefs de famille sont en général autorisés à se substituer au délinquant dans cette tâche qui sera accompagnée d'une demande de pardon. Le fait d'ailleurs que les autorités politiques rwandaises aient complètement ignoré la portée juridico-sociale de l'aveu[984], a pu constituer une entrave au processus de réconciliation nationale ; car en général, les détenus ou les prisonniers ayant avoué leurs crimes ont souvent été perçus comme particulièrement arrogants par une partie de la population attachée à la symbolique traditionnelle[985].

Cependant, avant que les autorités politiques ne mettent définitivement un terme à leur fonctionnement le 18 juin 2012, les juridictions

---

982 Cf. Amnesty International, *Rwanda, une question de justice*, Londres, AFR 47/004/02, novembre 2002.

983 Lire le rapport de synthèse de minotoring et de recherche sur la Gacaca, phase pilote, janvier 2002 à décembre 2004, décembre 2005, 60 p., p.10., disponible sur le site www.penalreform.org.

984 Sur l'aveu devant les juridictions *Gacaca,* lire le document réalisé par le PRI (Penal Reform International), *Huit ans après... le point sur le minotoring de la Gacaca au Rwanda,* 2010, 79 p., p.34ss, disponible sur le site http://www.penalreform.org

985 Il est constant que l'aveu se situe dans le cadre d'une interaction sociale. Pour Michel NAEPELS *« l'aveu est une réponse positive à une accusation explicite, produite dans une interaction qui s'inscrit dans un contexte inquisitorial et dissymétrique. Il suscite à la fois une révélation sur le passé (c'est un énoncé ayant une forte valeur de vérité, et qui fait preuve), et des conséquences judiciaires (obligation de réparer ou de subir une sanction) et morales (disqualification de la personne, endossement du blâme et de la réprobation sociale)».* Voir NAEPELS Michel, « Baisser la tête, parler haut en Nouvelle-Calédonie », *in* DULONG Renaud (dir.), *L'aveu. Histoire, sociologie, politique,* Paris, PUF., 2001, p.117-134., p.119.

Gacaca de la période postgénocide ont atteint les objectifs qui étaient fixés par le Gouvernement rwandais. Elles ont en effet contribué efficacement à l'accélération des procès, au désengorgement des prisons et à la réduction des coûts pénitentiaires dans un pays sous-developpé, à l'établissement de la vérité, à l'éradication de la culture d'impunité, mais aussi d'une certaine façon, à la réconciliation d'un peuple rwandais qui avait besoin que l'on retisse son lien social après le génocide[986].

Ainsi, les droits coutumiers africains sont attachés à une vision plutôt généreuse et conciliante de la justice que ne partagent pas tous les systèmes répressifs traditionnels, et en l'occurrence le droit musulman africain qui a une conception toute particulière du procès pénal.

2. La particularité du procès pénal en droit musulman africain

207.-Observations préliminaires. D'entrée de jeu, il faut admettre que le caractère dogmatique de l'Islam contribue à garantir une forme d'unité théorique dans la mise en œuvre du droit musulman. Par conséquent, si le procès pénal musulman en Afrique devrait présenter une certaine particularité, ce serait surtout par rapport au droit moderne et moins par rapport aux procès islamiques ayant lieu en dehors de l'Afrique.

Dans certains pays africains où la majorité de la population est de confession musulmane et où la religion occupe une place importante dans la vie quotidienne, les justiciables acceptent difficilement l'idée d'un droit pénal dénué de toute référence religieuse. Il est impossible de comprendre une telle conception du droit et de la justice si l'on ignore le fait que le droit pour les mahométans n'est pas une discipline autonome dans le champ social. Il n'est en réalité qu'un des aspects de la religion islamique avec qui il se confond. Ainsi peut-on conclure qu'il n'y a pas d'Islam en l'absence de droit musulman. C'est ce dernier qui donne tout son sens à une religion qui se veut à la fois dogmatique et impérative. Si l'Islam influe sur tous les aspects du droit et notamment sur le procès pénal, c'est pour la simple raison que dans cette religion, *« plus qu'en d'autres systèmes normatifs, le juridique se révèle non seulement par sa propre densité à travers l'ensemble des modèles sociaux (traditions ethnographies, constructions politiques, rapports économiques, systèmes culturels, valeurs de civilisation...), mais aussi par l'appréhension*

---

[986] Lire le document du PRI, *Huit ans après... le point sur le minotoring de la Gacaca au Rwanda,* rapport précité, p.49ss.

psychologique individuelle qui conçoit sa finalité »[987]. Aussi, le droit musulman n'est pas un simple droit naturel découlant de l'intelligence ou de l'imagination fertile de l'homme, c'est surtout un droit positif imposé par Dieu à ses créatures. C'est pourquoi l'on peut considérer que le but du procès en droit musulman est avant tout de faire réaffirmer la sacralité des préceptes de l'Islam.

208.-Réaffirmation de la sacralité des préceptes religieux de l'Islam. Dans le cadre d'un procès musulman, la Charia[988] est le corps de règles qui est mis à la disposition du juge islamique pour rendre la justice. C'est la Charia, corpus de préceptes religieux de l'Islam, qui prescrit en effet aux croyants ce qu'ils doivent faire ou ne pas faire, contrairement à l'*aqida*, simple théologie qui fixe les dogmes et précise ce que le musulman doit croire. La Charia faisant partie intégrante de la religion islamique, l'on comprend pourquoi il existe dans les pays musulmans pourtant marqués par la colonisation juridique occidentale, un *« pluralisme juridique désordonné »*[989] spécialement en matière pénale. Ceci est d'autant plus vrai que dès le début des années 1970, bon nombre de codes pénaux et de codes de procédure pénale ont été révisés dans le monde musulman dans le but de remettre la Charia au goût du jour.

Au Soudan[990] et au Nord du Nigéria[991], le droit pénal musulman est devenu la norme par excellence de l'ordre juridique répressif. La conséquence à cela c'est la réintroduction dans le droit interne d'incriminations de source

---

987 CHARNAY Jean-Paul, *Esprit du droit musulman, op. cit.*, p.12.

988 La Charia ou *Charî'a* fait référence à une loi qui se base à la fois sur le Coran et la Sunna.

989 CASSESE Antonio DELMAS-MARTY Mireille (dir.), *Juridictions nationales et crimes internationaux*, Chapitre 3 : « Les pays d'islam », par LAMBERT-ABDELGAWAD Elisabeth, PUF, Paris, juin 2002, 673 p., p.522.

990 Sur le droit musulman au Soudan, voir notamment BLEUCHOT Hervé, *Le code pénal islamique soudanais de 1983, in RRJ,* Droit prospectif, 1990-2, p.313-337 ; AN NÛR Awâd al Hasan, *Le code pénal islamique soudanais (code de 1991)*, Commentaire de la partie générale et des hudûd, Khartoum, 1991, 264 p.

991 Le mouvement islamiste au Nord du Nigéria s'est accentué au début des années 2000 lorsque des intégristes musulmans ont réussi à imposer la Charia dans la partie septentrionale d'un pays dont les institutions sont *a priori* laïques, et ceci malgré les protestations des autorités fédérales qui n'ont pas arrêté de marteler que le droit musulman était dans son essence, contraire à la Constitution fédérale. Aussi depuis 2002, une secte islamiste dénommée *Boko Haram* fondée par un certain Mohamed Yusuf (décédé le 30 juillet 2009) a mené, à partir de 2004, une guerre ouverte contre le gouvernement fédéral dans l'optique d'imposer un islam fondamental à tous les habitants du Nord du Nigéria. Lire DEKKER Albert, OSTIEN Philip, « L'application du droit pénal islamique dans le Nord du Nigéria », in *Afrique contemporaine*, n° 231, 3/2009, pp.245-264.

divine (notamment l'apostasie)[992] qui promeuvent le recours aux peines corporelles, en l'occurrence, la lapidation, la crucifixion, l'amputation des mains et des pieds, la flagellation, autant de sanctions qui sont ouvertement en contradiction avec les valeurs universelles de droits de l'homme défendues par les traités internationaux[993]. De plus, en Afrique de l'ouest, une nébuleuse de mouvements extrémistes ambitionne d'imposer aux populations des territoires placés sous leur contrôle, un droit musulman *de facto* à défaut d'un droit musulman étatique que les autorités politiques répugnent à mettre en oeuvre[994].

Si certains dirigeants africains sont réticents pour reconnaitre officiellement l'autorité du droit musulman à l'occasion d'un procès pénal, c'est sûrement parce que le caractère révélé d'un tel droit interdit à une quelconque autorité d'en modifier les termes. De plus, le droit musulman n'est pas toujours adapté aux réalités juridiques du monde contemporain. Ainsi, les infractions telles que le génocide, les crimes de guerre et les crimes contre l'humanité ne sont pas expréssement prévues par les textes juridiques islamiques. Toutefois, à l'occasion d'un procès, une interprétation par analogie, autre particularité du droit musulman par rapport au droit romano-germanique par exemple, peut permettre de ranger les crimes internationaux dans la catégorie des *quesas* qui portent sur les violences physiques et meurtres ou des *jinâyât* (littéralement : crime, singulier *jinâyâ*) qui font référence à l'homicide, aux atteintes corporelles et même aux atteintes aux biens[995].

---

[992] L'apostasie a été clairement rétablie par le code pénal soudanais de 1991 dans son article 126.

[993] Cf. Observations finales du Comité des droits de l'homme, CCPR/C/79/ADD.25, du 3 août 1993, après examen des rapports présentés par les Etats parties en application de l'article 40 du PIDCP c. République d'Iran : article 6 du Pacte : (§8) *« En outre, le Comité considère que l'application de mesures disciplinaires d'une extrême sévérité, telles que la flagellation, la lapidation et l'amputation, n'est pas compatible avec les dispositions de l'article 7 du Pacte (...) »*. ABU-SAHLIEH ALLDEEB Sami, *Les mouvements islamiques et les droits de l'homme*, Bochum, Winkler, 1998, p.51 ; AN-NA'IM Abdullahi Ahmed « Droit islamique et droits humains de nos jours », *in Interrights Bulletin,* 2000, n°1, vol.1, p.33ss, p.35.

[994] Dans la région sahélienne et notamment au Mali AQMI (Al-Qaida au Maghreb Islamique) et les mouvements qui lui sont proches à l'instar du MNLA (Mouvement National pour la Libération de l'Azawad) se sont érigés en porte flambeau d'un Islam qui doit régir tous les aspects de la vie sociale et notamment le domaine juridique.

[995] Lire BLANC François-Paul, *Le droit musulman,* 2ème édition, Dalloz, janvier 2007, 143 p., p.16ss

Une fourchette de sanctions est prévue en tenant compte des circonstances qui entourent la commission d'un crime. Les peines légales dépendent en effet des dégrés de culpabilité. Ainsi, à l'occasion d'un procès pour homicide, la sanction infligée pourrait reposer soit sur le talion *(qisâs, qawad),* soit être justifiée par l'idée de l'expiation *(kaffâra),* mais le juge peut aussi fixer le prix du sang *(diya)* qui sera payé par le coupable ou son représentant légal[996]. Pour infliger une sanction le juge musulman verra si le crime découle d'une intention délibérée (*'amd, qasd*, le dessein, la préméditation), d'une intention quasi-délibérée *(shibh al-'amd),* d'une erreur *(khata'),* ou est en fait un homicide indirect[997].

L'intention délibérée implique l'usage d'un instrument mortel[998]. La conséquence est la possibilité pour le juge de recourir au talion, à moins que le parent habilité à invoquer le talion ne renonce à le faire, soit gratuitement (pardon *'afw*), soit après un accord *(sulh)* passé avec le responsable du crime à propos du prix du sang, sans toutefois exclure l'expiation qui sera moins rigide que le talion.

L'intention quasi-délibérée *(shibh al-'amd)*[999], fait référence à un acte intentionnel sans recours à un instrument mortel. La peine infligée sera en rapport avec l'expiation que le coupable devra subir, sans oublier l'obligation de payer un important prix du sang[1000] qui sera à la charge de son représentant légal ou de son garant.

L'erreur *(khata')* ainsi que les circonstances assimilées à l'erreur *(mâ ujriya mujra l-khata'),* entrainant des conséquences similaires, implique l'obligation pour le responsable de payer un prix du sang normal[1001].

---

[996] Lire SCHACHT Joseph, *Introduction au droit musulman*, Editions Maisonneuve et Larose, Paris, 1999, 252 p., p.151.

[997] Sur cette classification, voir SCHACHT Joseph, *op. cit.*, p.151.

[998] Dans le cadre d'une distinction entre l'intention délibérée et l'intention quasi-délibérée, il existe un débat doctrinal visant à déterminer quels sont les instruments pouvant être considérés comme mortels ou non. Voir *Ibid.,* p.151ss.

[999] La distinction entre intention délibérée et intention quasi-délibérée n'est pas toujours bien établie au point où le rangement de certaines infractions dans l'une ou l'autre catégorie est sujet à discussion. C'est le cas notamment de l'homicide par noyade ou par strangulation. *Ibid.*

[1000] Le prix du sang le plus lourd (diya mughallaza) s'élève normalement à cent chameaux d'une qualité supérieure. *Ibid.*

[1001] Le prix du sang normal (diya muhaqqaqa) est porté en théorie à cent chameaux de moindre valeur, ou à mille dînârs ou dix mille dirhams. *Ibid.*

L'homicide indirect *(katl bi-sabab),* où le dommage ne découle pas d'une cause directe, a comme conséquence l'obligation de payer le prix du sang, avec normalement une dispense de l'expiation pour le responsable.

Il existe cependant des cas d'homicides intentionnels[1002] excluant le recours à la loi du talion, avec la simple obligation de payer le prix du sang. On a l'exemple de l'ascendant qui tue son propre descendant, du maître qui tue son propre esclave ou celui de son descendant. De plus, lorsqu'il existe plusieurs coupables d'un même fait, si l'un d'eux bénéficie pour une raison ou une autre d'une dispense de l'application du talion, il en sera de même pour les autres qui paieront eux aussi le prix du sang[1003]. De même, à l'occasion d'un procès, on ne peut condamner qu'à payer le prix du sang celui qui a tué un aliéné ou un mineur dans une situation de légitime défense qui en réalité n'en est pas vraiment une, puisque l'Islam considère aussi que les mineurs et les aliénés sont irresponsables de leurs actes[1004].

Sur le plan procédural, la Charia détermine les personnes qui ont la légitimité d'*ester* en justice pour homicide. Il s'agit normalement du *« vengeur de sang »* (littéralement le *walî al-dam),* qui est le plus proche parent de la victime au regard du droit successoral à tel point que plusieurs personnes puissent être habilitées le cas échéant[1005]. Si la victime est simplement blessée, elle a le loisir de solliciter le talion s'il est applicable, ou le règlement du prix du sang.

Lorsque la sanction prononcée est la peine capitale, l'Islam prévoit tout de même que le criminel ne pourra être exécuté que s'il est pleinement responsable c'est-à-dire qu'il a agi avec lucidité et intention délibérée. Si les ayants droit refusent de renoncer au talion[1006], alors l'exécution se fera normalement à l'épée. Aussi, le talion constitue la compensation totale d'un homicide intentionnel ; s'il n'est pas mis en œuvre, le coupable devra payer le prix du sang et subir l'expiation.

[1002] Le droit musulman fait allusion aux homicides avec *'amd* (dessein) mais qui ne sont pas soumis au talion pour des raisons bien précises. *Ibid.*

[1003] *Ibid.*

[1004] Les mineurs et les aliénés ne sont jamais responsables d'actes intentionnels, et leurs actes sont en général rangés dans la catégorie des erreurs *(khata')* par l'Islam. Par contre, leur garant doit payer le prix du sang et subir l'expiation le cas échéant. De plus, en cas de meurtre sur ascendant, les mineurs ne sont pas en principe exclus de la succession. *Ibid.*

[1005] Il faut tout de même mentionner que ceux qui disposent du droit d'invoquer le talion peuvent renoncer à le révendiquer. *Ibid.*

[1006] Dans une logique de pardon, le droit musulman recommande très souvent de renoncer au talion. *Ibid.*

Les décisions sont rendues par un juge, le cadi ou *qâdî*, dont les prérogatives sont clairement définies par la Charia. Ce juge doit traiter équitablement les parties, dont il ne peut tronquer les déclarations ou celles des témoins. Seulement, si le cadi a le devoir de rendre des décisions équitables comme le prescrit le Coran, aucun recours n'existe en théorie dans la Charia pour faire annuler des décisions iniques, puisque le droit islamique au sens strict ne prévoit pas d'instances d'appel. Toutefois, le successeur d'un cadi peut toujours réviser le procès de son prédécesseur si les circonstances l'exigent dans le but de faire libérer par exemple un individu condamné injustement.

L'une des particularités du procès pénal dans l'Islam reste l'absence d'office d'un procureur public. Pourtant, aucune action judiciaire n'est possible sans plaignant. Lorsque la plainte est déposée, le cadi interroge le défendeur à propos du recours qui est intenté contre lui. S'il reconnait les faits qu'on lui impute, la sanction est décidée. Par contre s'il nie, le cadi sollicitera des preuves de la part du demandeur ; dans l'impossibilité de les avoir notamment si les témoins sont absents, le juge ne pourra comme à l'occasion d'un procès civil, demander à un défendeur de prêter serment[1007]. Dans le cadre d'un procès pénal, la possibilité de fournir les preuves est donc plus compliquée qu'en d'autres matières, puisque le témoignage des femmes par exemple peut être exclu. De plus, un garant ne peut être sollicité pour le compte du défendeur que si un commencement de preuve a été apporté devant le cadi[1008].

Au-delà d'une étude sur le fond et sur la forme du droit criminel musulman et des caractéristiques de son procès pénal, il faut souligner le fait que le droit musulman dans tous ses aspects demeure avant tout une partie intégrante de la religion islamique qui repose sur la révélation divine. C'est pourquoi, celui qui ne se soumet pas au droit musulman est considéré comme un pécheur qui n'est pas à l'abri d'une peine dans l'au-delà ; de même que celui qui remet en cause une solution du procès basé sur la Charia est forcément un hérétique qui s'exclut de la communauté des mahométans.

On peut donc imaginer assez aisément la difficulté qu'il peut avoir à diffuser les normes de droit international d'inspiration occidentale, dans des sociétés dont le système juridique basé sur une religion séculaire, se

---

1007 Le serment est en principe prohibé dans le cadre d'un procès pénal ; aussi, en matière civile l'Islam recommande de pousser le défendeur à prêter serment à trois reprises. *Ibid.*

1008 Sur la spécificité de la procédure pénale en droit musulman, voir SCHACHT Joseph, *Introduction au droit musulman*, *op. cit.*, p.163.

caractérise en fait par une immutabilité qui condamne le procès pénal à une inadéquation avec le droit pénal moderne.

209.-Inadéquation du procès pénal musulman avec le droit moderne. Le fait que le procès musulman s'appuie sur des principes religieux plutôt rigides, le condamne à une forme d'orthodoxie qui exclut bien entendu tout droit qui ne serait pas rigoureusement conforme aux règles de la Charia. Ce système de normes ne souhaite en aucun cas s'arrimer à des valeurs supposées universelles. Il se veut contraignant dans sa globalité pour tous les musulmans dans les sociétés musulmanes et dans une certaine mesure pour les non musulmans en territoire musulman.

Pourtant, la finalité du procès en droit musulman a été façonnée par l'histoire au point de laisser apparaitre un certain contraste entre la théorie et la pratique juridique islamique. Pour sortir leurs Etats de l'immobilisme, des réformateurs musulmans mettront en branle dès le début du XXeme siècle, des réformes à la fois sociales et politiques supposées être en phase avec les valeurs islamiques alors même qu'elles étaient très influencées par la pensée occidentale moderne[1009].

Malheureusement, il est difficile de moderniser l'Islam sans en violer les principes sacro-saints. C'est pourquoi, les islamistes revendiquent aujourd'hui la restauration d'un Islam traditionnel dans les sociétés musulmanes qui ont essayé tant bien que mal de s'adapter aux exigences du monde contemporain. Par ailleurs, en Afrique, malgré l'influence du droit musulman, on peut observer dans la plupart des sociétés, une survivance des systèmes communautaires de règlement des litiges eux aussi en déphasage avec le droit international pénal.

§2. **La survivance en Afrique des systèmes communautaires de règlement des litiges en déphasage avec le droit international pénal**

210.-Position du problème. L'avènement de l'Etat moderne sur le continent africain a eu comme conséquence la mise sur pied d'une politique criminelle en phase avec les principes juridiques importés de l'occident. Aussi, était-on persuadé que les systèmes juridiques communautaires basés sur des liens d'identité entre les membres du groupe et de mise dans les

---

[1009] Hervé BLEUCHOT dit par exemple que le code pénal soudanais de 1983 a eu recours à une terminologie qu'il qualifie de *« bâtard islamo-moderne ».* Lire BLEUCHOT Hervé, *Les cultures contre l'homme ? Essai d'anthropologie historique du droit pénal soudanais,* Presses Universitaires d'Aix-Marseille, 1994, 480 p., p.419.

sociétés sans Etats, allaient s'étioler progressivement et finir par disparaitre[1010]. Pourtant, aujourd'hui encore, la persistance des réseaux communautaires de règlement des litiges dans les sociétés africaines revèle que des obstacles sociologiques majeurs s'opposent à la mise en œuvre telles quelles de certaines normes du droit international pénal. Il est en effet difficile d'ignorer l'existence d'un symbolisme judiciaire inhérent à la justice communautaire **(A)**, d'autant plus que les Africains sont toujours attachés à la palabre qu'ils considèrent comme un mode efficace de rétablissement de la paix sociale **(B)**.

A- L'existence d'un symbolisme judiciaire inhérent à la justice communautaire

211.-Portée du symbolisme judiciaire de la justice communautaire africaine. L'échec de la plupart des Etats africains dans leur tentative de juguler au sein des groupes toute forme d'expression de l'identité ethnique et culturelle a eu comme conséquence le maintien des anciens systèmes communautaires de règlement des litiges. Or ces systèmes juridiques communautaires sont attachés à une symbolique qui leur est propre. Ils peuvent selon les cas, promouvoir des procédures de règlement des conflits pouvant porter soit sur un simple évitement[1011] soit sur un cérémonial en vue d'une réconciliation suite à une négociation bilatérale dans le cadre des micro-sociétés où les relations interindividuelles sont développées, ou après l'intervention d'une tierce personne lorsque l'importance démographique de la communauté ne favorise pas toujours des liens directs entre individus[1012].

Si des mécanismes tels que l'évitement ou la réconciliation visant à limiter la sanction échouent, la communauté peut alors recourir à des moyens tels que les sacrifices d'animaux[1013] dans l'objectif d'une lustration similaire à celle pratiquée dans les sociétés antiques grecque et romaine[1014], les

---

[1010]Cf. DELMAS-MARTY Mireille, *Les grands systèmes de politique criminelle*, Presses Universitaires de France, Collection Thémis, Paris, 1992, 462 p., p.246.

[1011] Très souvent, dans un litige, les parties peuvent décider de ne plus se voir le temps que l'on trouve le moyen de les réconcilier.

[1012] Voir DELMAS-MARTY Mireille, *ibid.,* p.246.

[1013] Les sacrifices d'animaux peuvent souvent donner lieu dans certaines sociétés africaines à un rituel au cours duquel la viande sera répartie entre des membres présents de la communauté.

[1014] Du latin *« lustratio »,* ou *« lustrum »*, avec comme racine le mot lustre. La lustration dans la Grèce antique était un rite de purification visant à laver la Cité des effets des crimes considérés comme étant particulièrement graves. A Rome, elle prit la forme d'un sacrifice purificatoire périodique pratiqué systématiquement tous les cinq ans.

réparations ou compensations pour apaiser les victimes, l'infliction des peines corporelles ou psychologiques (blâme, humiliation) au coupable, ou encore la soumission de ce dernier à un ostracisme qui peut être temporaire ou définitif.

Il faut dire qu'au cœur du dispositif de la justice communautaire se trouve en général un chef de village, souvent secondé par des chefs de quartiers, en fonction de l'importance de la communauté ou de la taille de l'entité territoriale placée sous son autorité. Dans la plupart des pays, notamment au Cameroun et au Congo, il bénéficie du soutien institutionnel des pouvoirs politiques qui reconnaissent son autorité coutumière, et surtout le rôle qu'il peut jouer pour désamorcer les tensions ou les conflits au sein de sa communauté.

L'efficacité de la justice communautaire est liée au rituel qui l'entoure et qui est un élément d'identification pour les membres du groupe. Antoine GARAPON dont l'intérêt s'est porté sur les rituels judiciaires[1015] a démontré en quelque sorte leur vertu *« performatrice »* à l'occasion d'un règlement des litiges. Aussi, Etienne LE ROY pense que sous-estimer la portée d'un rituel *« c'est oublier la part de fluidité, de souplesse, d'indétermination au moins partielle de toute situation sociale dont parlait si bien Pierre BOURDIEU[1016] à propos de l'habitus et qui s'applique au règlement des conflits comme à toute autre activité »*[1017].

Pour les sociétés traditionnelles africaines, le rituel tourne autour de la parole qui permet d'affirmer l'autorité du tribunal tout en favorisant l'émergence de la vérité à l'occasion d'une confrontation entre les parties. Lorsqu'on juge un individu pour des crimes ayant causé un préjudice important à la communauté, la parole peut avoir un but thérapeutique et rélever de la psychiatrie puisqu'elle débouche souvent sur une catharsis. Au cours du procès, le chef qui est pourtant le juge s'adresse souvent au public par l'intermédiaire d'un orateur, comme c'est le cas au Congo[1018]. Cette intermédiation a pour objectif de sacraliser la parole du chef qui en tant que dépositaire de l'autorité coutumière va faire parvenir au public ses remarques et la décision qui devra être approuvée par tous. Etienne LE ROY rapporte qu'au Gabon et au Mali où des orateurs sont aussi présents à l'occasion d'un

---

[1015] GARAPON Antoine, *L'âne portant des reliques,* Paris, Centuron, 1985. Ouvrage réédité sous le titre *Le gardien des promesses,* Paris, Odile Jacob, 1996, 281 p.

[1016] BOURDIEU Pierre, « Habitus, code et codification, », *in Actes de la recherche en science sociale,* n°65, 1986, p.40.

[1017] LE ROY Etienne, *Les Africains et l'institution de la justice, Entre mimétisme et métissages,* Editions Dalloz, 2004, 284 p., pp.38-39.

[1018] *Ibid.*

procès pénal, ceux-ci *« sont moins des avocats que des public prosecutors au sens anglais cherchant, comme leurs homologues poursuivant l'action publique, à promouvoir l'intérêt commun aux groupes en présence »*[1019]. Mais leur activité est normalement contrôlée par des patriarches ou un conseil des anciens. Ceux-ci jouent un rôle d'une particulière importance puisque le procès doit faire appel à une tradition orale qui permet de faire allusion aux contes, aux proverbes, ou à tout ce qui a permis de structurer la mémoire collective du groupe.

Il va sans dire que tout ce rituel doit se faire dans le respect de la coutume qui n'est pas comme la loi une norme générale et impersonnelle, même si elle *« condence des modèles de conduite et de comportement et des systèmes de dispositions durables ou habitus »*[1020]. Ainsi, dans certaines communautés, la morale du conte est ce qui revèle le contenu de la coutume[1021]. Dès lors, on comprend pourquoi Etienne LE ROY est persuadé que les joutes oratoires qui peuvent opposer les parties dans les procès traditionnels au Burkina-Faso, au Congo ou au Mali s'appuient souvent sur des proverbes ou des contes visant à fonder les prétentions des intéressés[1022]. Malgrè tout, la problématique de la conciliation du symbolisme judiciaire traditionnel avec la justice moderne reste d'actualité dans la plupart des pays africains.

212.-Problématique de la conciliation du symbolisme judiciaire traditionnel africain avec la justice moderne. Il est vrai que la justice moderne n'est pas familière avec un rituel judiciaire traditionnel que les partisans des institutions juridictionnelles modernes considèrent à tort, comme étant anachronique. L'ignorance de la symbolique processuelle traditionnelle par les législateurs modernes peu favorables à l'application d'un *« droit sociologique »,* est sans doute à l'origine de la profonde crise de la justice que connait le droit moderne africain[1023]. Le reproche que l'on adresse à la justice moderne africaine depuis quelques années et qui est aujourd'hui valable pour la justice pénale internationale, est de ne pas avoir suffisamment pris en compte les traditions juridiques fortement ancrées dans les mentalités africaines. En ce qui concerne précisément les instances pénales

---

[1019] LE ROY Etienne, *Les Africains et l'institution de la justice, op. cit.,* p.35.

[1020] *Ibid.,* p.35.

[1021] Chez les Diola, peuple présent dans un grand nombre de pays de l'Afrique de l'Ouest (Gambie, Guinée Bissau, Sénégal…), le conte est le principal vecteur de la coutume.

[1022] LE ROY Etienne, *op. cit.,* p.36.

[1023] Cf. NKOU MVONDO Prosper, «La crise de la justice de l'Etat en Afrique noire francophone. Etudes des causes du divorce entre la justice et les justiciables », *in Penant*, 1997, pp.208-228.

internationales, elles n'ont pas toujours intégré les particularismes culturels des sociétés où s'étend leur juridiction. Ceci peut avoir comme conséquence de réduire l'impact de leurs décisions au sein des populations qui même lorsqu'elles sont victimes des crimes les plus atroces, espèrent souvent que les mécanismes juridiques mis sur pied vont leur permettre de trouver le moyen d'aboutir à une réconciliation nécessaire à la survie de la communauté.

Ainsi, pour beaucoup d'africains, les juridictions pénales internationales souffrent d'une tare structurelle qui peut difficilement être compatible avec l'idéal de justice recherché par les communautés villageoises. Il se trouve comme l'affirme ALENI que *« bien que les règles de procédure et de preuve appliquées dans les tribunaux pénaux internationaux (juridictions pénales internationales) représentent, comme il est bien connu, le résultat d'un équilibre délicat entre des principes de Common Law et des principes de tradition continentale, établi en vue de réaliser une forme de procès équitable et s'inspirant d'un modèle accusatoire, il est pourtant vrai que, en dernière analyse, il s'agit de règles de tradition juridique occidentale »*[1024].

Si dans les contrées les plus lointaines d'Afrique dévastées par la guerre et victimes des pires souffrances que peuvent engendrer les conflits armés la légitimité de la justice pénale internationale est souvent sujette à caution, c'est pour la simple raison que celle-ci a recours à des référents culturels et à un rituel qui ne trouvent pas toujours d'équivalence dans les sociétés traditionnelles.

Toutefois, ce qui est plus problématique encore c'est le fait que lorsque les juges pénaux internationaux font l'effort considérable de s'arrimer à des schèmes de perception culturels propres aux protagonistes du procès devant leurs juridictions, ils sont en butte à des difficultés d'une telle complexité qu'ils risquent complètement de perdre le sens de la mission qui leur a été conférée par un droit international qui peut être à la fois rigide et exigeant.

Très souvent, les langues traditionnelles et leur subtilité constituent une pierre d'achoppement pour les juges qui veulent communiquer avec la plus grande clarté avec les parties qui ne maitrisent aucune langue officielle de la juridiction. Au sein du Tribunal pénal international pour le Rwanda par exemple, on a pu relever le fait que la traduction des témoignages rendus en Kinyarwanda, principale langue du Rwanda, parlée à la fois par les Hutu et

[1024] ALENI L. « Diversité culturelle et tribunaux pénaux internationaux », *in Revue de droit international et de droit comparé,* n°3, 2010, vol. 87, pp.289-304.

les Tutsi *« présentait d'énormes difficultés pratiques ; les expressions typiques, les façons de parler et de construction syntactique du discours en rendaient particulièrement difficile l'interprétation en anglais ou en français »*[1025]. Pour arriver à déterminer le sens de certaines explications données en Kinyarwanda, le juge du TPIR a dû surmonter d'énormes difficultés malgré l'aide des témoins-experts en linguistique.

Dans sa tentative opiniâtre de saisir le sens exact des prétentions invoquées par certaines parties, le TPIR a pu aboutir à des conclusions que d'aucuns pourraient qualifier de désinvoltes. C'est ainsi que dans l'affaire Akayesu, le TPIR a pu considérer que la portée symbolique des viols et autres formes de violences sexuelles, pouvait faire en sorte qu'on les considère comme des outils efficaces de destruction du groupe ethnique pouvant justifier la qualification du crime de génocide. Ce qu'il faut surtout relever c'est l'audace du juge lorsqu'il reconnait que « *(...) dans le contexte de sociétés patriarcales, où l'appartenance au groupe est dictée par l'identité du père, un exemple de mesure visant à entraver les naissances au sein d'un groupe est celle du cas où, durant un viol, une femme dudit groupe est délibérément ensemencée par un homme d'un autre groupe, dans l'intention de l'amener à donner naissance à un enfant, qui n'appartiendra alors pas au groupe de sa mère (...) »*[1026].

Sur la manière symbolique d'appréhender le procès pénal propre aux Africains, le juge du TPIR a dû aussi faire un effort pour cerner la portée des témoignages faits dans un registre narratif différent de celui auquel il était accoutumé, mais aussi pour comprendre l'attitude plutôt laconique des témoins qui refusaient d'être explicites sur des questions jugées comme tabous dans la tradition.

Aussi, en se référant à leurs propres coutumes, les témoins ont souvent considéré les contre-interrogatoires sous le modèle anglo-saxon comme des offenses remettant en cause leur loyauté, leur intégrité ou pire encore leur santé mentale[1027]. Par ailleurs, il a fallu se prononcer sur la portée des témoignages par ouï-dire qui ne sont pas en principe recevables devant les instances pénales internationales[1028]. Le juge du TPIR a cependant tenu

---

[1025] ALENI L., *op. cit.*, p.295.

[1026] TPIR, 2 septembre 1998, *Le Procureur c. Jean-Paul Akayesu,* affaire n° ICTR-96-4-T, par. 507.

[1027] Voir ALENI. L., *op. cit.*, p.297.

[1028] Voir notamment TPIY, décision sur la requête de la défense portant opposition de principe à la recevabilité des témoignages par ouï-dire sans conditions quant à leur fondement et à leur fiabilité, 21 janvier 1998, *Le Procureur c. Blaskic,* affaire n° IT-95-14-T.

compte du fait que la tradition orale était une réalité culturelle au Rwanda, où des populations parfois analphabètes ne font aucune différence dans leurs récits entre des drames qu'ils ont vécus eux-mêmes et ceux dont les échos leur sont parvenus[1029]. En considérant comme recevable ce type de preuve, le tribunal s'expose à des critiques acerbes de ceux qui pensent que des preuves indirectes[1030] ne sont pas forcément en phase avec l'esprit de son Statut[1031] puisqu'il est difficile de conclure à leur pertinence ou à la leur valeur probante[1032].

Mais, le juge a préféré prendre le risque de se fonder sur la tradition coutumière rwandaise qui a une conception particulière du témoignage oral à l'occasion d'un procès[1033]. Une telle prise de position peut paraitre profitable aux victimes, mais lorsqu'on tient compte de la situation des personnes poursuivies, on ne peut que parler d'incongruité juridique. En effet, le juge a pris la liberté d'appliquer à une instance fondée sur l'individualisme juridique, des règles qui sont de mise dans les systèmes juridiques communautaires, car si ceux-ci prônent la réconciliation par l'infliction des sanctions symboliques, les juridictions pénales internationales par contre sont tenues de sanctionner durement les responsables des crimes internationaux et refusent d'ailleurs de considérer la palabre comme un mode de justice efficace de rétablissement de la paix sociale.

B- La palabre comme mode de justice efficace de rétablissement de la paix sociale

[1029] Lire ALENI. L., *op. cit.*, p.298.

[1030] Si les ordres juridiques romano-germaniques peuvent dans certains cas admettre des preuves indirectes, celles-ci sont en principe irrecevables dans les ordres juridiques de la *Common Law*.

[1031] Les paragraphes A et B, des RPP du TPIR sont très clairs quant à la portée et la nature des preuves qui doivent être prises en compte par le tribunal lorsqu'ils prévoient qu' *« A) En matière de preuve, les règles énoncées dans la présente section s'appliquent à toute procédure devant les Chambres. Celles-ci ne sont pas liées par les règles de droit interne régissant l'administration de la preuve. B) Dans les cas où le Règlement est muet, la Chambre saisie applique les règles d'administration de la preuve propres à permettre, dans l'esprit du Statut et des principes généraux du droit, un règlement équitable de la cause »*.

[1032] Le paragraphe 89-c du RPP du Statut du TPIR dispose en effet que *« La Chambre peut recevoir tout élément de preuve pertinent dont elle estime qu'il a valeur probante »*.

[1033] Le TPIR parle tout de même d'un témoignage à la fois véridique et de bonne foi ; TPIR, *Procureur c Akayesu*, affaire précitée, et TPIR, jugement et sentence, 1er décembre 2003, *Le Procureur c. Kajelijeli,* affaire n° ICTR-98-44A-T, par. 34 et s.

213.-Place de la palabre dans le système juridictionnel traditionnel africain. Pour les Africains, la palabre est une forme de justice qui se construit autour d'une parole qui est censée retisser le lien social ou rétablir la paix publique. Jean Godefroy BIDIMA a essayé d'en dessiner les contours lorsqu'il affirme qu'elle est *« non seulement un échange de paroles mais aussi un drame social, une procédure et des interactions humaines. La palabre est donc mise en scène, mise en ordre et mise en paroles »*[1034]. Longtemps caricaturée par bon nombre de juristes qui la considéraient comme une sous-culture juridique, elle semble aujourd'hui susciter un certain intérêt même auprès des juridictions occidentales et notamment françaises qui valorisent les procédures de médiation et de conciliation dont on peut relever des convergences avec la palabre[1035] dont il faut connaitre les aspects pratiques.

214.-Aspects pratiques de la palabre africaine. Pour commencer, il faut dire que la palabre africaine laisse apparaitre un homme aux prises avec la coutume ou la culture juridique de la communauté. Sur le plan pratique, elle se déroule dans un cadre spatial bien déterminé, puisqu'elle peut être ouverte chez le chef, ou chez le plus âgé de la classe d'âge la plus importante, ou enfin chez le plus âgé de la communauté[1036]. Lorsque la palabre vise à règler les conflits entre deux tribus opposées, la coutume peut prévoir qu'elle puisse avoir lieu à la frontière commune si les deux communautés sont installées sur des territoires contigüs, ou du moins sur un *« no man's land »* afin de garantir une certaine neutralité. Tel est par exemple la règle chez les *Odjukru* de la Côte-d'Ivoire[1037]. De plus très souvent, en Afrique de l'Ouest notamment, la palabre a lieu à l'ombre d'un arbre[1038]. Comme l'a dit savamment Jean CARBONNIER, *« si les arbres font fréquemment partie du décor judiciaire,*

[1034] BIDIMA Jean-Godefroy, *La palabre, Une juridiction de la parole,* Editions Michalon, collection le bien commun, Paris, 1997, 127 p., p.11.

[1035] Cf. LE ROY Etienne, « Des croyances aux pratiques de médiation en France et en Afrique », *in Palabre et médiation, apports réciproques France-Afrique,* Paris, CNAM, 2002, pp.8-14.

[1036] La structure patriarcale de la plupart des sociétés africaines place normalement la palabre sous l'autorité des hommes qui ont seuls le pouvoir de rendre la justice.

[1037] Lire MEL MELEDJE Raymond, *Emokr : système de gestion des conflits chez les Odjukru,* Thèse de doctorat,
Paris l994.

[1038] Il s'agit du fameux arbre à palabre où la population se réunit pour régler les problèmes importants de la communauté. Mais, la palabre peut aussi se dérouler dans une case, d'où aussi la notion de case à palabre.

c'est qu'ils attirent le charisme divin et le transmettent aux magistrats (...) assis à leur ombre (...) »[1039].

D'un point de vue procédural, Jean-Godefroy BIDIMA a constaté que la palabre peut varier en fonction du type d'organisation sociale. C'est pourquoi, *« les sociétés dites acéphales (les Beti du Cameroun), n'ayant pas connu un gouvernement de type centralisé, ont un rapport plus lâche quant à la procédure de la palabre, tandis que les sociétés à Etats (les Buganda d'Ouganda) ont eu une approche très rigoureuse de cette procédure »*[1040]. Toujours est-il que l'individu qui participe à la palabre doit se plier à un cérémonial qui doit lui rappeler que la justice dans laquelle il est partie prenante accorde une place déterminante à la symbolique qui a une dimension à la fois sacrée et mystique. Ainsi, malgré les griefs qu'il aura à présenter au tribunal coutumier, il devra avant tout accepter l'idée d'une médiation comme faisant partie des principes directeurs du procès. C'est la logique de la médiation qui est le fondement de la légitimité de la palabre dont l'objectif est le rétablissement des rapports harmonieux entre les parties au litige, ou plus largement la restauration de la paix sociale.

Par bien des aspects, la palabre a un côté théâtral d'où d'ailleurs la forte propension à la sublimation de la parole par des protagonistes qui se livrent à une véritable compétition de rhétorique. Sur ce plan, elle peut être comparée, toute proportion gardée, à une juridiction moderne. En ce qui concerne sa composition, elle varie suivant le type de société. Dans les sociétés à structure sociale à la fois étatique et fortement hiérarchisée, la palabre est souvent composée des membres des familles royales ou des plus âgés dans une classe d'âge[1041]. Mais, il est vrai qu'en cas d'affaire particulièrement grave à l'instar d'un meurtre, les chefs de famille doivent en référer directement au souverain[1042].

En République démocratique du Congo par exemple, les *Badia* ou *Wadia*, ont des juridictions composées de juges repartis en trois groupes[1043] qui se réunissent en cas de litige pour rendre collectivement la justice[1044].

[1039] CARBONNIER Jean, *Flexible droit : pour une sociologie du droit sans rigueur,* Paris, Librairie Générale de Droit et de Jurisprudence, 1975, p.279.

[1040] BIDIMA Jean-Godefroy, *La palabre, une juridiction de la parole, op. cit.,* note 2, p.13.

[1041] Lire LE ROY Etienne, *Les Africains et l'institution de la justice, op. cit.,* p.37ss.

[1042] Chez les Mossi du Burkina Faso par exemple, il y avait une pluralité de juridictions avec d'une part le *kasma* pour les petites affaires et le *naaba* pour les grandes.

[1043] Pour que la palabre soit légitime chez les Badia, il faut réunir trois entités constituées par les ntieme, les *kebin* et les *lengomo*.

[1044] Lire BIDIMA Jean-Godefroy, *La palabre, une juridiction de la parole, op. cit.* p.12ss.

Aussi, le but de la palabre étant avant tout la réparation des préjudices subis, elle peut porter indistinctement sur les affaires civiles ou pénales.

Toutefois, avant d'envisager l'éventualité d'une réparation, il est necessaire d'apporter la preuve de la culpabilité de la personne poursuivie. Les modes de preuves auxquels on a recours sont analogues à ceux retenus dans le procès pénal en Europe à l'époque médiévale, avec notamment la prise en compte des oracles[1045], du serment, des ordalies, et du témoignage. Le mode de preuve par excellence semble être le serment, que l'on peut prêter sur le sang d'un animal, ou mieux encore sur l'esprit des ancêtres ou l'honneur de la famille.

L'importance du serment réside surtout dans le fait qu'il *« convoque la notion d'honneur, car rien, même pas leur propre vie, n'est plus important pour les africains traditionnels que l'honneur »*[1046]. A défaut d'un serment, on peut décider de recourir à l'ordalie qui est le moyen de preuve le plus violent puisqu'il peut mettre en péril la vie de l'accusé, car il *« combine les effets du serment (caractère religieux) et ceux de la torture (caractère primitif) »*[1047].

L'accusé innocent est censé ne risquer aucun dommage à l'issue des épreuves subies, ce qui est tout de même aléatoire eu égard à la nature des risques pris à l'occasion desdites épreuves (prise de poison, ébouillantement...)[1048]. Quant au témoignage, il peut être fait par toute personne dont les juges estiment qu'elle a la maturité pour le faire. Mais, selon la nature des faits (naturels, ou surnaturels), le témoignage peut porter sur des choses visibles ou invisibles, d'où l'intérêt de recourir souvent aux oracles qui sont en général rendus par des sorciers ou guérisseurs, seuls capables de déceler l'aspect caché ou mystique des choses dont la connaissance est nécessaire au bon déroulement du procès[1049].

Le procès en lui-même peut avoir lieu dans une atmosphère où la violence verbale est de mise, ce qui n'exclut jamais totalement l'ouverture des

---

1045 Les oracles prenent divers aspects selon les traditions propres à chaque communauté. A ce propos voir notamment RAYNAL Maryse. *Justice traditionnelle, justice moderne, le devin, le juge, le sorcier,* Paris, L'Harmattan, 1995, p.220ss.

1046 BIDIMA Jean-Godefroy, *La palabre, une juridiction de la parole, op. cit.,* p.16.

1047 RAYNAL Maryse, *op. cit.,* p.248.

1048 Parmi les épreuves d'ordalie, il y a le poison (fréquent notamment chez les Ngabaka et les Nzakara de Centrafrique) qui doit provoquer la mort de l'accusé s'il est coupable, l'eau bouillante qui brûlera l'accusé coupable, ou encore l'injection d'une substance aveuglante dans les yeux, qui rendra aveugle l'accusé coupable.

1049 RAYNAL Maryse, *op. cit.*, p.220ss.

conciliabules aussi bien entre les parties qu'avec le jury qui prononcera la sentence. Cette dernière est souvent dictée par le chef après l'avis du jury, comme c'est le cas chez les *Ashanti* au Ghana. La sentence peut aussi être dite par un juge rhéteur comme chez les *Pende* de la République Démocratique du Congo[1050] ; ou par un grand rhéteur appartenant à la classe d'âge la plus élevée comme chez les *Odjukru* en Côte d'Ivoire[1051]. Chez les *Béti* du Cameroun par contre, *« l'aîné-trancheur »*[1052] est un notable connu pour sa probité. Plus rarement, la sentence peut être prononcée par un membre des sociétés secrètes, ou par un *« village-mère »* ou *« village-élu »* qui a pour mission de trancher un litige entre deux villages[1053].

En théorie, les sanctions peuvent porter sur des dommages et intérêts, une amende et plus rarement sur l'esclavage ou la peine de mort. De plus, lorsque la peine capitale était prononcée, très souvent, on exécutait des animaux appartenant à l'accusé à l'occasion d'un rituel au cours duquel la vie d'une ou de plusieurs bêtes était donnée en échange de celle d'un homme (c'est le cas chez les *Bobo* du Burkina-Faso). Des sanctions plus psychologiques telles que le déshonneur, l'invocation du courroux des dieux ou encore l'exil, étaient de mise. Chez les *Bantu,* l'exil remplacait la contrainte par corps ou la prison qui est plutôt fréquente dans les regions sous l'emprise de l'Islam qui ne recherche pas forcément les mêmes objectifs que la palabre.

215.-Objectifs de la palabre africaine. Le principal objectif de la palabre africaine reste le maintien de la paix par le truchement d'une réconciliation entre les parties au litige. Même si à l'issue du procès on arrive à démêler le vrai du faux, à déterminer qui est coupable ou qui est innocent, le plus important reste la préservation de l'harmonie sociale. Dès lors, on saisit le sens des propos de Benoît ATANGANA qui parlant de la réconciliation dans la palabre dit sans fard que *« l'enjeu, en effet, n'est pas la justice à appliquer en faveur d'un individu, mais l'harmonie à instaurer au sein d'une communauté (...). Elle assure une justice qui va au-delà du juridique, de la lettre du droit»*[1054].

1050 Voir BAKOMBA Diong, « La palabre africaine » *in Les imaginaires,* Paris, UGE, 1976, p.190.

1051 MEL MELEDJE Raymond, *Système de gestion des conflits chez les Odjukru,* Thèse EHESS, Paris, 1994, p.102.

1052 LABURTHE-TOLRA Philippe, *Les seigneurs de la forêt,* Paris, Publications de la Sorbonne, 1981, 470 p., p.347.

1053 En Côte d'Ivoire par exemple le village AKANDJE fait office de « village-élu » pour les Akoué, Cf. AUGE Marc, *Théorie des pouvoirs et idéologie*, Paris, Hermann, 1974, p.61.

1054 ATANGANA Benoît, « Actualité de la palabre ? », *in Etudes,* n°324, Paris, 1966, p.461.

Pour que la réconciliation soit définitivement scellée, les parties peuvent être soumises à un serment qui se présente sous la forme d'un engagement de vivre en bonne intelligence avec l'autre. Le pardon présenté par la personne fautive ne devra pas prendre la forme d'une humiliation devant la communauté. Il faut dire qu'en droit coutumier, *« le pardon n'implique pas le repli d'une conscience culpabilisée qui rentre en son for intérieur pour renouer avec une transcendance abstraite dans le remords, mais ce qui ouvre à l'autre, ce qui extériorise et rétablit le lien avec l'immanence »*[1055]. Pour que la réconciliation soit effective, une forme de comité de suivi peut être mise sur pied pour se rassurer que les parties vivront réellement en paix[1056].

A ce titre, la palabre devient un rituel qui fait appel à un changement de comportement, à une évolution des mentalités. Il faut se mettre dans de meilleures dispositions d'esprit vis-à-vis des autres membres de la communauté. La palabre est plus qu'une simple juridiction qui se contenterait de rendre la justice entre deux parties ; c'est toute une philosophie sociale qui prêche le pardon, la tolérance en s'érigeant en une espèce de plate-forme d'éducation populaire pour les membres de la communauté. Dès lors, on comprend l'importance que le langage revêt dans de telles circonstances. Le poids des mots est considérable car ceux-ci ont une vertu pédagogique, puisqu'ils doivent être suffisamment forts et précis pour convaincre et en même temps très mesurés pour ne pas choquer l'assistance qui participe à une espèce d'initiation collective. Ainsi, ceux qui participent aux débats ne sont pas forcément les parties directes qui ont la possibilité de désigner dans leur lignage, un orateur bon connaisseur de la coutume, réputé pour sa clairvoyance et sa force de persuasion.

L'orateur, maître de la parole fera appel aux sentiments, invoquera la tradition, l'esprit des ancêtres, la mémoire collective ou les proverbes permettant d'étayer son argumentation. En cas de difficulté, il pourra toujours faire recours à des digressions qui lui permettront comme dans un tour de passe-passe langagier, d'éluder une question trop compliquée, que le jury a pu lui poser ; tel est son droit même s'il sait que l'assistance n'est pas totalement

---

1055 BIDIMA Jean-Godefroy, *op. cit.*, p.21.

1056 Chez les Ojukru de la Côte d'Ivoire, les membres de la classe d'âge des plaignants et accusés ont pour mission de veiller que la paix règne entre les parties ; voir MEL MELEDJE Raymond, *op. cit.*, p.109.

dupe, mais il faut alimenter la flamme qui anime la parole car le silence pendant son tour de plaidoirie peut être préjudiciable[1057].

Tout le rituel qui entoure la palabre à savoir les gestes, l'intonation ainsi que toutes les attitudes langagières, permet à la communauté de s'identifier à une justice qui s'appuie sur des référents culturels familiers aux membres du groupe. C'est un élément d'une importance capitale car le plus grand échec du droit moderne sur le continent africain est de n'avoir pas toujours su rapprocher la justice des justiciables, qui ignorent parfois jusqu'au langage dans lequel est rendue la justice. Pourtant, il est possible par exemple en matière de répression des crimes internationaux les plus graves, de recourir le cas échéant à la palabre pour maintenir la paix au sein des communautés antagonistes.

216.-Possible recours à la palabre pour la répresion des crimes internationaux les plus graves. Malgré la crise de la justice moderne en Afrique[1058], il est impossible de tenir le discours irréaliste qui consisterait à dire qu'il faut remplacer les juridictions modernes par un florilège de juridictions traditionnelles. Mais, à l'occasion des litiges qui font suite à des actes qui remettent en cause objectivement les intérêts de la communauté tout entière, à l'instar du génocide, des crimes de guerre et des crimes contre l'humanité, les droits coutumiers qui sont plus en phase avec les réalités socio-culturelles des populations doivent être mis à contribution pour favoriser à côté du droit moderne plus habitué à la répression tous azimuts, la réconciliation et le retour à la paix dans des communautés où la parole est utilisée comme thérapie contre les maux qui rongent le tissu social.

De plus, il ne faut pas oublier que la palabre prend en compte des paramètres qui sont d'une grande importance non seulement pour les protagonistes du procès, mais aussi pour toute la collectivité. En effet, comme l'a démontré Jean-Godefroy BIDIMA, elle *« consolide une sorte de pédagogie sociale ; la solution au litige n'est pas extérieure aux litigants, l'important n'étant ni dans l'exécution d'une obligation, ni dans l'expiation d'une peine mais dans la préservation des rapports qu'ils pourront avoir ultérieurement »*[1059]. La palabre a ceci de formidable qu'elle permet à la partie

---

1057 Sur l'importance de la communication verbale dans la palabre, voir KERBRAT-ORECCHIONI Cathérine, *Les interactions verbales,* Paris, Armand Colin, t.I, 1990 ; BANGE Pierre, *Analyse conversationnelle et théorie de l'action,* Paris, Hatier/Didier, 1992, p.35.

1058 Sur les effets de la crise de la justice en Afrique, voir notamment NKOU MVONDO Prosper, « La justice parallèle au Cameroun : la réponse des populations camerounaises à la crise de la justice de l'Etat », *in Droit et société,* n°51/52, 2002, pp.369-381.

1059 BIDIMA Jean-Godefroy, *op. cit.,* p.31.

qui succombe de solliciter cordialement le pardon[1060] d'une communauté qu'elle a offensée par ses méfaits ou ses crimes.

On a bien conscience du fait qu'en matière de répression des crimes internationaux les plus graves, la philosophie qui sous-tend la palabre peut apparaitre comme incongrue pour les puristes du droit moderne qui peuvent avoir une lecture étriquée du droit criminel. Pourtant, il existe toujours des points de convergence entre le droit moderne et le droit traditionnel, au point où l'on puisse arriver au fond, à déceler les éléments d'une atténuation du relativisme juridique du droit international pénal par rapport aux ordres pénaux traditionnels africains.

SECTION 2. Les éléments d'une atténuation du relativisme juridique du droit international pénal par rapport aux ordres pénaux traditionnels africains

217.-Réflexion générale. Il est impossible de mener une réflexion sérieuse sur l'universalisme du droit international pénal sans rappeler que cette discipline vise en définitive à préserver les droits de l'homme lorsqu'elle prend en charge la répression des crimes les plus graves. De ce point de vue, on peut d'ailleurs être convaincu du fait que le droit criminel moderne d'origine occidentale et le droit pénal traditionnel africain visent en fait à protéger la victime, être vulnérable, contre les abus de son semblable se trouvant en position de force. C'est une logique consubstantielle à l'ensemble des ordres juridiques criminels qu'ils soient qualifiés de *« modernes »* ou affublés de l'adjectif *« traditionnels »*.

Ainsi, peut-on défendre l'idée selon laquelle, les droits criminels modernes et traditionnels partagent une certaine conception de l'homme dont les droits les plus fondamentaux doivent impérativement être protégés. La portée de ces droits ainsi que leur préservation ne sont aucunément tributaires des aléas culturels, ou de la structure sociétale car pour beaucoup, *« les spécificités culturelles ne peuvent pas l'emporter devant les exigences des*

[1060] La demande de pardon peut être suivie dans certaines communautés par un échange réciproque de cadeaux entre les parties au litige. Sur la question, voir YADO TOE Jean, « Les modes informels de régulation des délits et des conflits dans les quartiers pauvres de Ouagadougou », *in Pauvreté urbaine et accès à la justice en Afrique,* Paris, L'Harmattan, 1995, p.333.

droits de l'homme »[1061]. D'ailleurs, il est assez aisé de trouver une justification philosophique et juridique de l'atténuation du relativisme juridique du droit international pénal dans le contexte africain **(§1)**. De plus, d'un point de vue empirique, le recours à une forme spécifique de justice transitionnelle a revelé la corrélation qu'il y avait entre celle-ci et le droit international pénal **(§2)**.

§1. La justification philosophique et juridique de l'atténuation du relativisme juridique du droit international pénal dans le contexte africain

218.-Données du problème. Si le conflit entre les normes du droit international pénal et celles des droits criminels traditionnels africains apparait comme étant inévitable, c'est pour la simple raison que d'éminents penseurs tels que Max Weber[1062] ont cru déceler une opposition entre un droit rationnel cher à la pensée juridique occidentale, et un droit magique qui serait l'apanage des sociétés traditionnelles et en l'occurrence celles d'Afrique.

Pourtant, pour Pierre BOURDIEU, une telle opposition est sans fondement puisqu'en vérité, *« le droit le plus rigoureusement rationalisé n'est jamais qu'un acte de magie sociale qui réussit »*[1063]. Ainsi, une étude plus rigoureuse des fondements du droit au travers de la philosophie juridique peut laisser apparaitre les éléments d'une atténuation du relativisme juridique du droit international pénal dans le contexte africain. D'ailleurs, il existe un irréductible humain qui est le point de convergence entre tous les systèmes juridiques du monde **(A)**. De plus, on a vu émerger ces dernières années une forme de cosmopolitisme juridique qui articule assez aisément le relativisme du droit et l'universalisme de certaines valeurs **(B)**.

1061 Lire PALLARD Henri, « Universalité ou universalisation des droits de l'homme ? Un philosophe du droit lit un anthropologue du droit », *in* EBERHARD Christoph, VERNICOS Geneviève, *La quête anthropologique du droit*, Editions Karthala, septembre 2006, 611 p., pp.115-129., p.115.

1062 Pour une lecture juridique de la pensée weberienne, lire notamment BUSS Andréas, « Les rationalités du droit et l'économie dans la sociologie du droit de Max Weber », in *Revue Juridique Thémis*, 2005, pp.111-150.

1063 BOURDIEU Pierre, « La force du droit. Eléments pour une sociologie du champ juridique », *in Actes de recherche en sciences sociales,* 1986, n°64, p.3ss.

A- L'existence d'un irréductible humain comme point de convergence entre le droit international pénal et les ordres juridiques pénaux traditionnels africains

219.-Droit naturel comme fondement de l'irréductible humain. S'il existe un point de convergence entre le droit international pénal et les ordres juridiques traditionnels africains, c'est bien la reconnaissance d'un *« irréductible humain »* cher à des auteurs qui se sont intéressés de près à la philosophie du droit[1064]. Cette dernière défend en effet l'idée d'un ordre où la raison serait le soubassement d'un droit naturel commun à tous les êtres humains.

Si le droit naturel est fondamental pour le courant universaliste, c'est qu'il représente l'ordre juridique dans une pureté originelle, dénué de tout élément artificiel résultant des aléas culturels ou historiques qui peuvent être à l'origine d'une certaine dénaturation du droit tel que défini par les jusnaturalistes. Même si le positivisme juridique, qui est avant tout une donnée culturelle, a quelquefois compromis la mise en œuvre des droits naturels, ceux-ci sont en réalité restés inscrits dans la conscience humaine à défaut d'être gravés dans le marbre de la loi. Ainsi, lorsque les circonstances s'y prêtent, la nature vient au secours de l'homme en proie à l'oppression de la culture juridique. En tout cas pour Mireille DELMAS-MARTY *« les grandes déclarations de 1789 à 1948, expriment précisément cet écart nature/culture qui serait le propre des systèmes de droit »*[1065].

En réalité, l'universalisme des droits de l'homme découle moins de la culture juridique occidentale que de la nature humaine. *« L'universalité de la nature humaine est ainsi la garante de l'universalité des droits de l'homme »*[1066]. En droit international pénal, la protection de l'homme en tant que réalité universelle a été exprimée à travers des interdits consécutifs aux atrocités de la Seconde Guerre mondiale. Ainsi, a-t-on vu naitre une nouvelle catégorie *« des crimes dits « imprescriptibles », précisément parce qu'ils touchent à l'irréductible humain »*[1067], mais aussi parce qu'ils permettent au fond de saisir la portée de la convergence entre les différents systèmes juridiques.

1064 Sur le concept d' « irréductible humain » voir DELMAS-MARTY Mireille, *Pour un droit commun*, Editions du Seuil, avril 1994, 306 p., p.271.

1065 DELMAS-MARTY Mireille, *op.cit.*, p.271.

1066 PALLARD Henri, *op.cit.* p.115.

1067 DELMAS-MARTY Mireille, *idem,* p.273.

220.-Portée de la convergence des systèmes juridiques liée à l'irréductible humain. L'idée d'imprescriptibilité des crimes portant atteinte à l'humanité est un point de convergence entre le droit international pénal et les ordres pénaux traditionnels africains. Ces différents ordres juridiques refusent en effet que l'oubli, par le mécanisme de la prescription, ne puisse constituer un *« empêchement dirimant »* à la répression des crimes qui heurtent la conscience humaine. De ce point de vue, Anne FAGOT-LARGEAULT est persuadée qu'il est judicieux d'encourager l'émergence *« des principes potentiellement universels et qui sont de l'ordre des morales du bien émergent en droit pénal, parce qu'on identifie plus nettement, plus consensuellement ce qui choque la conscience morale que ce qui lui plaît »*[1068]. C'est pourquoi, l'on peut considérer à juste titre qu'il devrait exister une forme de syncrétisme juridique en matière pénale, du moins en ce qui concerne la répression des crimes de droit international pénal.

On comprend aisément l'opinion de Claude JORDA qui, malgré son statut de juge pénal international[1069], recommande vivement de revoir de fond en comble le système pénal international en ce qui concerne *« le contrôle des normes, le contrôle du juge, certainement aussi la (...) représentativité des juges et des systèmes et peut-être leur formation et leur déontologie »*[1070].

Une analyse fondée sur l'anthropologie juridique permettrait même d'une certaine façon de sortir de l'opposition entre l'universalisme du droit international pénal et le relativisme des droits pénaux traditionnels africains. C'est en tout cas l'approche préconisée par Etienne LE ROY qui voudrait qu'au-delà du contexte social et culturel, que l'être humain soit placé au centre des préoccupations juridiques[1071]. Ainsi, il refuse une lecture des droits humains à l'aune d'une culture qui serait d'ailleurs celle imposée par le monde occidental. Toutefois, il reconnait qu'en ce qui concerne les droits de l'homme, l'*« universalité n'est pas un acquis... (mais) un requis qu'il convient de construire »*[1072]. Ceci peut paraitre paradoxal, si l'on oublie que

---

1068 FAGOT-LARGEAULT, « Sur quoi fonder philosophiquement un universalisme juridique ? », *in* CASSESE Antonio et DELMAS-MARTY Mireille (dir.), *Crimes internationaux et juridictions internationales,* PUF, 2002, p.181.

1069 Claude JORDA, a été tour à tour président du TPIY et juge auprès de la CPI.

1070 JORDA Claude, « Le point de vue juridique », *in* CASSESE Antonio et DELMAS-MARTY Mireille (dir.), *Crimes internationaux et juridictions internationales, op.cit.,* p.77.

1071 LE ROY Etienne, « Les fondements anthropologiques des droits de l'homme. Crise de l'universalisme et post modernité », *in Revue de la recherche juridique,* Droit prospectif, 1992, n°1, p.144.

1072 LE ROY Etienne, *Le jeu des lois. Une anthropologie « dynamique » du Droit,* collection Droit et société, vol.28, Paris, LGDJ, 1999, 432 p., p.324.

l'universalité ne signifie pas pour autant absence de diversité juridique ; de même que le relativisme ne conclut pas à l'absence de principes communs aux différents systèmes juridiques[1073].

Au reste, certains considèrent que la variété des systèmes juridiques n'est pas un obstacle au processus d'unification, ou d'harmonisation des règles juridiques à l'échelle mondiale[1074]. Il faudrait peut-être songer avant tout à instaurer un rapport de systèmes entre les différents ordres juridiques supranationaux et nationaux. Ce rapport de systèmes permettra de réguler les tensions entre divers ordres juridiques susceptibles de s'influencer mutuellement. Mais ceci ne suppose en aucun cas qu'il faudra loger à la même enseigne le droit international pénal et les systèmes pénaux traditionnels africains. Par contre, l'irréductible humain préconisé par l'un et les autres systèmes devra être pris en compte pour favoriser la construction d'un ordre juridique dont l'universalité ne pourrait être remise en cause.

Dès lors, on comprend mieux la pensée d'Etienne LE ROY qui parle d'une universalité à construire. D'ailleurs, il est peut-être plus juste de parler d'une universalité à découvrir aussi bien par l'anthropologue du droit que par les juges internationaux grâce au mécanisme du dialogue des juges avec les juridictions nationales.

Cette conception de l'universalité est sans doute en phase avec le concept d'ordre juridique tel que défini par Santi ROMANO. Ce dernier est en effet convaincu que l'ordre juridique est moins un ensemble de règles qu'un système organisé de manière cohérente[1075]. Selon une telle approche, le droit international pénal peut se concevoir comme un ordre juridique certes à vocation universelle, mais entretenant des relations étroites avec les différents systèmes juridiques dans lesquels il se diffuse. C'est une démarche qui peut contribuer fortement à renforcer la crédibilité du droit international pénal souvent entâché du soupçon de colonialisme juridique.

On est persuadé qu'il est assez aisé de trouver des points de convergence entre le droit international pénal et les ordres pénaux traditionnels africains puisque dans tous les cas, les droits que ces différents

---

[1073] DELMAS-MARTY Mireille, *Le relatif et l'universel,* Editions du Seuil, octobre 2004, 440 p., p.223.

[1074] Sur la question, voir DAVID René, JAUFFRET-SPINOSI Camille, *Les grands sytèmes de droit contemporains, op. cit.*, p.8.

[1075] Voir ROMANO Santi, *L'ordre juridique*, traduction par Lucien FRANCOIS et Pierre GOTHOT de la 2ème édition de l'*Ordinamento giuridico* (1918 ; 2ème édition, 1945), Dalloz collection « philosophie du droit », Paris, 1975, 174 p.

systèmes juridiques visent à protéger *«constituent les attributs inaliénables de la personne humaine, fondés comme tels sur des valeurs que l'on retrouve en principe dans tous les patrimoines culturels et les systèmes sociaux »*[1076].

Il est bien de rappeler qu'à l'instar des quatre Conventions de Genève sur le droit humanitaire, notamment leur article 3 commun, et des statuts des différentes juridictions pénales internationales, la Charte africaine des droits de l'homme et des peuples vise à préserver la dignité de l'être humain à qui il est reconnu le droit à la vie[1077], le droit de ne pas être soumis à la torture et le droit de ne pas être réduit en esclavage ou à toute forme de servitude[1078].

De plus, pour éviter que l'on considère la Charte africaine comme étant la conséquence d'un comportement mimétique des africains voulant à tout prix copier les autres textes régionaux et notamment la Convention européenne des droits de l'homme, les rédacteurs de ladite Charte ont tenu à rappeler l'importance des droits de l'homme dans les sociétés africaines. C'est pourquoi, dans le préambule de la Charte, les Etats africains affirment vouloir tenir compte *« des vertus de leurs traditions historiques et des valeurs de civilisation africaine qui doivent inspirer et caractériser leurs réflexions sur la conception des droits de l'homme et des peuples »* de plus, ils reconnaissent *« leur devoir d'assurer la promotion et la protection des droits et libertés de l'homme et des peuples, compte dûment tenu de l'importance primordiale traditionnellement attachée en Afrique à ces droits et libertés ».*

En réalité, la démarche des africains ne remet pas en cause l'idée d'une convergence de leurs droits avec le droit international pénal lorsqu'il est fait allusion à l'irréductible humain ; ce qui n'est pas sans effets du point de vue de l'analyse juridique.

221.-Effets d'une convergence des systèmes juridiques liée à l'irréductible humain. La convergence des systèmes juridiques dans le sens de l'irréductible humain a pour principal effet de sacraliser l'homme. Il est en

---

1076 DUPUY Pierre-Marie, KERBRAT Yann, *Droit international public,* Editions Dalloz, septembre 2012, 830 p., p.276.

1077 Voir l'article 4 de la Charte Africaine des Droits de l'Homme et des Peuples (CADHP) qui dispose que : *« La personne humaine est inviolable. Tout être humain a droit au respect de sa vie et à l'intégrité physique et morale de sa personne : Nul ne peut être privé arbitrairement de ce droit ».*

1078 Article 5 CADHP : *« Tout individu a droit au respect de la dignité inhérente à la personne humaine et à la reconnaissance de sa personnalité juridique. Toutes formes d'exploitation et d'avilissement de l'homme notamment l'esclavage, la traite des personnes, la torture physique ou morale, et les peines ou les traitements cruels inhumains ou dégradants sont interdites ».*

effet difficile de contester le caractère irréductible de l'être humain qui bénéficie dans toutes les civilisations d'une protection contre toutes les atteintes à sa dignité. Comme l'a dit Henri PALLARD, les droits dont l'homme peut se prévaloir ont un caractère universel *« en tant qu'expression de valeurs communes au genre humain, mais pas, semble-t-il, dans leur version occidentale »*[1079]. Dès lors, on saisit l'importance du caractère symbolique des droits liés à la personne humaine. Il n'est donc pas étonnant qu'Etienne LE ROY, s'inspirant de la pensée de Raimundo PANNIKAR[1080], arrive à la conclusion selon laquelle *« ce n'est qu'en tant que symbole que les droits de l'homme peuvent accéder à l'universel »*[1081].

Le fait que l'homme apparaisse comme le fondement juridique commun à l'ensemble des ordres pénaux a pour effet de faciliter la distinction entre l'universalisme du droit international symbolisé par la répression des crimes contre la sécurité de humanité, et la globalisation du droit international conséquence d'un rapport de force entre les Etats puissants et les Etats faibles condamnés à se voir imposer le système juridique des premiers. C'est ainsi qu'après avoir constaté la discordance entre l'universalisme et la globalisation des droits, Mireille DELMAS-MARTY affirme que *« si la notion de crime contre l'humanité ne constitue pas d'emblée la réponse adéquate à tous les crimes globalisés, du moins offre-t-elle un cadre juridique d'analyse et de réflexion critique qui peut contribuer à construire l'humanité comme catégorie juridique »*[1082].

Le concept d'humanité auquel le droit international pénal a contribué à donner un sens dans le contexte juridique, est incontestablement le point de convergence entre le système pénal international et les ordres pénaux traditionnels africains. Cette réalité permet en quelque sorte d'atténuer le relativisme des normes internationales pénales, d'autant plus que l'on assiste de plus en plus à l'émergence d'un cosmopolitisme juridique qui essaie d'articuler le relatif et l'universel.

1079 PALLARD Henri, *op.cit.* p.116.

1080 PANNIKAR Raimundo, « La notion des droits de l'homme est-elle un concept occidental ? » *in Interculture*, vol XVII, n° 1-2, Cahiers 82-83, p.3.

1081 LE ROY Etienne, « Les fondements anthropologiques des droits de l'homme. Crise de l'universalisme et post modernité », *op. cit.*, p.145.

1082 DELMAS-MARTY Mireille, *Le relatif et l'universel*, *op. cit.*, p.400.

B- L'émergence d'un cosmopolitisme juridique articulant le relatif et l'universel

222.-Signification du cosmopolitisme juridique. La notion de cosmopolitisme est aujourd'hui fréquemment employée pour désigner plus une symbiose qu'un choc de civilisations dans un contexte de mondialisation où des cultures parfois antagonistes, s'accordent sur une vision plutôt consensuelle du monde. Mais en réalité, le cosmopolitisme a deux principales acceptions : celle développée par les stoïciens dans l'Antiquité[1083], et celle plus récente héritée de la tradition des lumières[1084]. Se focalisant initialement sur les rapports qu'entretien le citoyen avec le reste du monde (le cosmopolitisme désigne avant tout une relation politique *(polis)* avec le monde *(cosmos)*), il peut faire référence d'une part au fait qu'un citoyen du monde n'a aucune attache territoriale, juridique ou communautaire particulière. D'autre part, il peut signifier que ce citoyen *« est celui qui, appartenant à telle communauté particulière, se défend de circonscrire l'horizon du monde aux seules frontières de celle-ci et entend considérer l'autre non comme le même, mais comme le principe de non fermeture de la communauté sur elle-même. Assumant la division territoriale, l'exclusivisme communautaire, il entend lutter contre eux et donner à cette lutte le sens d'une cosmopolitique »*[1085].

A l'origine, le cosmopolitisme avait une connotation essentiellement philosophique et métaphysique, avant d'être analysé à partir du XVIIIème siècle selon une articulation juridique[1086]. Vu sous l'angle du droit, le

---

[1083] Composé de deux mots grecs, *cosmos,* univers et *politês,* citoyen, le terme cosmopolitisme désigne littéralement le citoyen du monde qui ne renie cependant pas ses particularités. Ce concept a en fait été inventé par le philosophe grec Diogène de Sinope (413-327 av J-C) avant d'être repris par les stoïciens dès l'Antiquité.

[1084] Au XVIIIeme siècle deux auteurs ont consacré une grande partie de leur réflexion au concept de cosmopolitisme ; il s'agit d'une part de Jean-Jacques ROUSSEAU avec notamment *Emile ou l'éducation* ouvrage daté de 1762 et *Du Contrat social* publié la même année (sur la pensée cosmopolitique Chez ROUSSEAU, voir Joseph TEXTE, *Jean-Jacques Rousseau et les origines du cosmopolitisme littéraire. Études sur les relations littéraires de la France et de l'Angleterre au XVIIIe siècle,* Librairie Hachette et Cie Paris 1895, 492 p.), et d'autre part d'Emmanuel KANT avec son essai au titre très révélateur, *Idée d'une histoire universelle au point de vue cosmopolitique*, publié en 1784, et son ouvrage *Vers la paix perpétuelle* rendu public en 1795.

[1085] TASSIN Etienne, *Un Monde commun. Pour une cosmopolitique des conflits,* Paris, Seuil, collection « La couleur des idées », 2003, 312 p., p.162.

[1086] Pour Emmanuel KANT par exemple, être citoyen du monde devrait ouvrir la possibilité à la reconnaissance de certains droits en pays étranger et notamment le droit de séjour.

cosmopolitisme milite en faveur de l'ouverture des systèmes juridiques internes aux normes et aux décisions prises dans des pays étrangers ou au niveau international. Il préconise l'échange des normes ou des décisions juridiques et même *«la délocalisation des litiges d'un for à un autre, ou d'une juridiction à d'autres dispositifs de règlement des litiges »*[1087]. Il devrait exercer une influence particulière en droit international pénal étant donné que les infractions rattachées à cette discipline font l'objet d'une réprobation universelle. Il faut bien entendu s'entendre sur la portée d'une articulation du relatif et de l'universel par le biais du cosmopolitisme juridique.

223.-Portée d'une articulation du relatif et de l'universel par le biais du cosmopolitisme juridique. Selon une approche cosmopolitique, une osmose entre les droits pénaux traditionnels africains et les normes internationales pénales n'est pas une perspective absurde.

En effet, pour Antoine GARAPON, la notion de cosmopolitisme juridique a deux conséquences sur la justice pénale internationale *« d'un côté, elle exige une certaine réciprocité entre les Etats grâce à la médiation de cette idée de justice, qui n'est pas encore, c'est le moins que l'on puisse dire, aboutie et de l'autre, elle indique une certaine continuité entre la conduite interne et externe de l'Etat à l'égard des hommes »*[1088]. Nul doute que pour mesurer la portée du cosmopolitisme juridique, il faut partir de l'idée que celui-ci répond d'abord et avant tout à un impératif fonctionnel pour la simple raison que le consensus universel pour la sanction de certains crimes particulièrement graves créé des liens systémiques entre les différents ordres juridiques qui s'influencent mutuellement.

Dès lors, on mesure l'importance du principe de complémentarité qui sous-tend les rapports entre la CPI et les juridictions pénales nationales[1089]. Ce principe contribuera certainement à la construction d'un droit commun influencé notamment par un dialogue des juges, gage d'une harmonisation jurisprudentielle dénuée de toute contradiction. En effet, la divergence de

---

[1087] ALLARD Julie, « La «cosmopolitisation » de la justice : entre mondialisation et cosmopolitisme », *Revue de philosophie politique de l'ULg* – N°1 – Décembre 2008, 147 p., pp.61-83., p.61.

[1088] GARAPON Antoine, « La justice pénale internationale à l'épreuve du cosmopolitisme », *in* EBERHARD Christoph et VERNICOS Geneviève, *La quête anthropologique du droit, Autour de la démarche d'Etienne LE ROY,* Editions KARTHALA, Paris, septembre 2006, 611 p., pp.43-57., p.47.

[1089] Sur la complémentarité de la CPI avec les juridictions nationales, voir le préambule et les articles 1er et 17 du Statut de Rome.

perception entre des systèmes juridiques ne condamne pas ceux-ci à une opposition systématique qui serait un obstacle à toute conciliation.

D'ailleurs, contrairement aux idées reçues défendues notamment par les partisans d'un universalisme étriqué, le cosmopolitisme juridique n'est pas synonyme d' *« homogénéisation du monde, mais engage à une rearticulation entre le particulier et l'universel »*[1090]. C'est en tout cas l'opinion d'Antoine GARAPON qui menant une réflexion sur le système pénal international est persuadé que *« la prétention universelle de la justice pénale internationale l'oblige à avoir clairement à l'esprit ce qui est intangible en elle et la définit, et ce qui peut recevoir des traductions différentes selon les cultures »*[1091].

Il est vrai que le droit international pénal est le produit d'une histoire tourmentée du monde occidental qui a su faire la synthèse entre ses deux principaux systèmes juridiques ; à savoir la *Common Law* et le droit romano-germanique. Seulement, ces deux systèmes de droit ne constituent qu'un reflet très partiel de la complexité juridique du monde ; nonobstant le fait qu'ils aient été brandis comme des portes étendards de valeurs universelles s'imposant à l'ensemble de l'humanité. Une telle vision du droit international ne pouvait relever que de l'impérialisme juridique qui est l'un des avatars de l'impérialisme politique du monde occidental.

L'objectif du cosmopolitisme est de faire en sorte que le prétendu universalisme de certaines normes juridiques véhiculées par le droit occidental puisse trouver le moyen de composer avec les particularismes juridiques des pays dont la collaboration est nécessaire pour assurer non seulement la légitimité, mais aussi, la diffusion du droit international en général et du droit international pénal en particulier. L'irréductible humain dont on a démontré l'universalité, peut d'ailleurs être un support important pour le cosmopolitisme juridique qui aura toujours besoin d'un lien inextricable entre les différents systèmes de droit. Dès lors, on peut mesurer les implications du cosmopolitisme juridique comme élément de l'articulation entre le relatif et l'universel.

224.-Implications du cosmopolitisme juridique comme élément de l'articulation entre le relatif et l'universel. Le recours au cosmopolitisme juridique peut impliquer que le droit international pénal puisse devenir un instrument de relecture, de réinterprétation ou même d'enrichissement des droits traditionnels africains. En effet, il ne faut pas concevoir la tradition comme une donnée immuable ; car si elle s'enracine dans un passé plus ou

[1090] GARAPON Antoine, *ibid*, p.48.
[1091] *Ibid.* p.48.

moins lointain, elle doit pouvoir faire face aux enjeux du présent si elle ne veut pas compromettre le futur de la communauté.

Toutefois, il faudra éviter que sous prétexte de procéder à une réadaptation du droit traditionnel, celui-ci ne soit complètement dénaturé au point de perdre tout crédit aux yeux des populations. La justice pénale internationale devrait tenir compte du fait que tant qu'il y aura des crimes de masse sur le continent africain, les victimes auront la forte propension à s'appuyer sur des juridictions traditionnelles à l'image des *Gacaca* rwandais. Il sera donc judicieux de prendre acte de la démarche de ces instances traditionnelles, même si *« l'irruption de la tradition pour contextualiser une frange de la justice pénale internationale ne doit pas être réduite à une simple adaptation voire à une nouvelle forme de colonisation »*[1092].

Les juges pénaux internationaux devront être ouverts à cette *« sensibilité cosmopolitique »* chère à Ulrich BECK, et qui est le meilleur moyen de favoriser la mise sur pied d'un *« espace d'imagination dialogique »*[1093] pouvant déboucher sur une plus grande ouverture d'esprit vis-à-vis des ordres juridiques traditionnels. En revanche, les juges traditionnels africains devront développer leurs capacités réflexives leur permettant d'être plus prompts au dialogue ; même si pour Julie ALLARD *« les juges qui dialoguent, par exemple, ne renoncent pas à leur système juridique particulier au nom d'un droit plus global, supposé commun. Mais ils tentent de percevoir leur propre système de façon critique, en l'examinant avec le regard d'autres juges, d'autres cultures, d'autres mentalités »*[1094].

Seulement, il ne faut pas oublier que les juridictions pénales traditionnelles africaines de type *Gacaca* sont des juridictions d'exception du moins en ce qui concerne la répression des crimes de droit international pénal ; car en période normale, ce sont les juridictions ordinaires, proches dans leur esprit et dans leur fonctionnement des juridictions pénales internationales, qui sont les instances pénales de droit commun. Ainsi, comme on a pu le constater dans des pays tels que l'Ouganda, le Rwanda ou encore la Sierra-Leone, les tribunaux pénaux traditionnels n'ont été véritablement opérationnels qu'à la suite des conflits armés qui avaient fait de nombreuses victimes parmi les civils[1095]. Ces juridictions ont été la plupart du temps confiées à des juges

---

1092 GARAPON Antoine, *op. cit.*, p.53.

1093 BECK Ulrich, *Qu'est-ce que le cosmopolitisme ?*, Paris, Aubier, 2004, p.175.

1094 ALLARD Julie, *op. cit.*, p.64.

1095 La grande faiblesse des juridictions pénales coutumières réside dans le fait que celles-ci émergent au sein des sociétés destructurées par les conflits armés, ainsi, il est important qu'elles ne soient pas instrumentalisées par des criminels dans le but de perpétuer l'impunité ou

coutumiers ignorant tout des subtilités du droit international pénal. L'enjeu est donc de permettre à ces juges de comprendre les principes de base de l'ordre juridique pénal international, qui n'est pas en déphasage en tout point avec l'ordre pénal coutumier. De plus, le cas échéant, comme le soutient Antoine GARAPON, *« la justice peut fort bien subir des modifications substantielles de sa forme et dans ses moyens sans pourtant se dénaturer »*[1096].

La grande vertu du cosmopolitisme est qu'il peut arriver à trouver une définition plutôt conciliante de la justice pénale dont l'idée peut varier d'un ordre juridique à un autre. Il s'agit là d'une forme d'*« interculturalisme juridique »* qui est nécessaire à la construction d'un ordre pénal international reflétant la pluralité des orientations juridiques du monde. Il est constant que tout doit se faire selon une certaine cohérence car c'est en ordonnant le multiple selon les vœux de Mireille DELMAS-MARTY[1097], que l'on arrivera à mettre sur pied un droit mondialisé pouvant légitimement être qualifié d'universel.

L'universalisme ne peut découler que de la synthèse des particularismes ordonnés dans un ordre logique et cohérent. C'est pourquoi, il faut retrouver dans l'ensemble des systèmes juridiques, un socle commun permettant de construire un droit international pénal commun, véritablement universel, et à l'abri de toute tentation hégémonique de la culture occidentale. L'ordre pénal international ne peut ignorer une telle exigence sans prendre le risque d'être affaibli par les critiques parfois acerbes de ceux qui disent que la justice pénale internationale est la représentation d'une forme de colonialisme

---

d'instaurer de nouvelles injustices. En 2008 par exemple l'ougandais Joseph Kony chef de l'Armée de Résistance du Seigneur (LRA) contre qui la CPI avait émis un mandat d'arrêt en 2005 pour crime de guerre et crime contre l'humanité, a déclaré qu'il préférait être jugé par une juridiction coutumière ougandaise. Il est constant qu'il est logique de voir des instigateurs ou les premiers responsables des crimes internationaux être jugés devant les instances modernes et notamment les juridictions pénales internationales où la notion d'exemplarité est de mise. Ainsi, les tribunaux traditionnels seront réservées en priorité à des personnes ayant contribué à une proportion moindre à la commission des crimes internationaux. Il existe d'ailleurs en la matière, une forme de coutume pénale qui est en train de voir le jour comme on a pu le constater à l'occasion des poursuites organisées d'une part par le TPIR pour les crimes commis à l'occasion du génocide rwandais (voir notamment le cas de Théoneste Bagosora), et d'autre part par la CPI, pour les crimes commis en Centrafrique (le cas Jean-Pierre Bemba) et en République Démocratique du Congo (avec notamment les cas Mathieu Ngudjolo Chui, Thomas Lubanga,ou encore Bosco Ntanganda).

[1096] GARAPON Antoine, *op. cit.*, p.54.

[1097] DELMAS-MARTY Mireille, *Le pluralisme ordonné. Les forces imaginantes du droit (tome 2),* Editions du Seuil, 2006, 360 p.

juridique, ou encore, la manifestation d'une volonté de domination du monde par les occidentaux. Il faut bien reconnaitre que *«le droit globalisé n'est pas un droit commun, mais un bricolage normatif permanent, où le conflit, la concurrence et la domination tiennent encore une large part »*[1098].

Le cosmopolitisme juridique fait prendre conscience de la diversité du monde et de la nécessité d'amorcer un dialogue interculturel entre des parties ayant tous voix au chapitre dans le cadre d'un processus de construction d'un droit commun. La vision pragmatique de la justice qu'il préconise a favorisé en Afrique, l'expérimentation des formes de justice transitionnelle opérant un certain rapprochement avec le droit international pénal.

§2. **L'expérimentation en Afrique des formes de justice transitionnelle opérant un certain rapprochement avec le droit international pénal**

225.-Emergence de la justice transitionnelle. Après l'expérience de la Commission Vérité et Réconciliation de l'Afrique du Sud post-apartheid[1099], les mécanismes de la justice transitionnelle se sont imposés en Afrique comme des moyens efficaces pour solder un passé douloureux au cours duquel, un pays a pu sombrer dans la dictature la plus abjecte, ou dans une guerre, en général civile, ayant fait de nombreuses victimes et engendré les injustices les plus insupportables. Ayant été expérimenté en Amérique Latine à partir des années 1980 et notamment en Argentine dès 1984 et au Chili en 1990[1100], la justice transitionnelle dans ses variantes africaines ne s'est pas forcément construite en marge des mécanismes juridiques compatibles avec le droit international pénal **(A)**. De plus, il faut admettre que les objectifs des justices transitionnelles africaines sont souvent en phase avec ceux du droit international pénal **(B)**.

[1098] ALLARD Julie, *op. cit.*, p.75.

[1099] Sur la justice transitionnelle en Afrique du Sud, lire le texte *« Promotion of National Unity and Reconciliation Act »* du 26 juillet 1995.

[1100] En Amérique Latine, on retrouvera d'autres exemples de justice transitionnelle dans des pays tels que l'Equateur, le Guatémala, le Panama, le Pérou ou encore le Salvador.

A- La mise en œuvre en Afrique des justices transitionnelles intégrant des mécanismes juridiques compatibles avec le droit international pénal

226.-Signification de la notion de justice transitionnelle. La justice transitionnelle est une *« justice de transition »*[1101], ou des transitions car elle *« peut être un instrument pertinent au service de l'accompagnement de ces transitions de la dictature à la démocratie, de la guerre à une paix durable »*[1102]. Dès lors, il n'est pas étonnant que de nombreux auteurs se soient intéressés à la justice transitionnelle comme moyen efficace de rétablissement de la paix sociale dans un pays au passé tumultueux[1103]. De l'Afrique du Sud à la Côte d'Ivoire, en passant par le Rwanda ou encore la Sierra Leone[1104], la justice transitionnelle a généralement bénéficié de la faveur des populations pourtant très souvent victimes des abus d'un régime répressif, ou des crimes particulièrement graves commis par des organisations armées.

Toutefois, la mise en œuvre de la justice transitionnelle est souvent très différente d'un pays à un autre. Il ne pouvait en être autrement car la définition du concept tel qu'il émane notamment du rapport du Sécrétaire général des Nations Unies d'août 2004 peut prêter le flanc à plusieurs interprétations. Ledit rapport donne en effet une définition très large de la notion de justice transitionnelle en la faisant correspondre à *« divers processus et mécanismes mis en œuvre par une société pour tenter de faire face à des exactions massives commises dans le passé, en vue d'établir les*

1101 Sur la dénomination *« justice de transition »,* voir JOINET Louis, « Un état des lieux des principes et standards internationaux de la justice transitionnelle », *in La justice transitionnelle dans le monde francophone : état des lieux,* Actes du séminaire de Yaoundé du 04 au 06 décembre 2006, 2007, 190 p., pp.3-15., p.3. Document disponible sur le site www.cnudhd.org/rapportjustice.pdf.

1102 BLEEKER Mô, « Justice transitionnelle et construction d'une paix durable : des agendas complémentaires », *in La justice transitionnelle dans le monde francophone : état des lieux,* Actes du séminaire de Yaoundé du 04 au 06 décembre 2006, 2007, 190 p., pp.71-81, p.71. Voir site internet précité.

1103 Parmi les ouvrages les plus récents, il convient de citer notamment, ANDRIEU Kora, *La justice transitionnelle : De l'Afrique du Sud au Rwanda,* Editions Folio, Poche, 16 novembre 2012, 672 p. ; WILLIAMS Mélissa, *Transitional justice,* New York University Press, Collections Nomos, 2012, 367 p. ; TURGIS Noémie, *La justice transitionnelle en droit international,* Thèse de l'Université Paris-Sorbonne, 2012, 576 p.

1104 On peut aussi citer les exemples de justice transitionnelle en Algérie, au Ghana, au Libéria, au Maroc, au Mozambique, en Ouganda, en RDC et en Tunisie.

responsabilités, de rendre la justice et de permettre la réconciliation »[1105]. Le même document précise que *« peuvent figurer au nombre de ces processus, des mécanismes tant judiciaires que non judiciaires, avec (le cas échéant) une intervention plus ou moins importante de la communauté internationale, des mesures pénales contre des individus, des indemnisations, des enquêtes visant à établir la vérité, une réforme des institutions, des mesures d'épuration, ou une combinaison de ces mesures »*[1106]. Quoiqu'il en soit, on a pu observer notamment en Afrique, qu'une certaine pratique de la justice transitionnelle pouvait être compatible avec le droit international pénal.

227.-Compatibilité d'une certaine justice transitionnelle africaine avec le droit international pénal. En Afrique, la justice transitionnelle a souvent pris la forme des *« commissions vérité et réconciliation »* sur le modèle sud-africain avec pour mot d'ordre le pardon[1107]. Mais, il a été démontré que *« le pardon et le procès pénal ne sont pas exclusifs l'un de l'autre »*[1108], puisqu'il arrive très souvent que le processus qui conduit au pardon s'appuie sur une procédure ayant une nature juridictionnelle. A titre d'illustration, l'archétype de la justice transitionnelle en Afrique, à savoir la Commission Vérité et Réconciliation sud-africaine, a revelé dans son fonctionnement, quelques similitudes avec les instances pénales classiques. Les enquêtes que cette Commission a ordonnées se sont déroulées toute proportion gardée, dans les mêmes conditions que celles instruites par les

---

[1105] L'article premier de la Loi tunisienne *n°2013-53 du 24 décembre 2013 relative à l'attribution et l'organisation de la justice transitionnelle* va dans le même sens en disposant que *« la justice transitionnelle, au sens de la présente loi, est un processus intégré de mécanismes et de moyens mis en œuvre pour cerner les atteintes aux droits de l'Homme commises dans le passé et y remédier, et ce, en révélant la vérité, en demandant aux responsables de ces atteintes de rendre compte de leurs actes, en dédommageant les victimes et en rétablissant leur dignité afin de parvenir à la réconciliation nationale, préserver et d'archiver la mémoire collective, d'instaurer des garanties pour que ces atteintes ne se reproduisent plus, et de permettre la transition d'une dictature à un régime démocratique contribuant à la consécration des droits de l'Homme »*.

[1106] Rapport du Secrétaire général de l'ONU au Conseil de sécurité sur *le rétablissement de l'Etat de droit et l'administration de la justice pendant la période de transition dans les sociétés en proie à un conflit ou sortant d'un conflit,* S/2004/616, 23 août 2004, 30.p., §8, p.7. Voir le site internet http://www.un.org/fr/documents/view_doc.

[1107] En Afrique du Sud, la notion de pardon avait une connotation chrétienne ; ce qui explique que la Commission Vérité et Réconciliation ait été placée sous l'autorité d'un homme d'Eglise à savoir Mgr Desmond Tutu.

[1108] POULET-GIBOT LECLERC Nadine, « Les démarches du pardon : l'exemple de l'Afrique du Sud », *in* GABORIAU Simone, PAULIAT Hélène, *La justice pénale internationale,* Presses Universitaires de Limoges, Pulim, mars 2002, 614 p., pp.243-256, p.253.

instances pénales nationales ou internationales. Ainsi, comme le prévoient notamment les différents statuts des juridictions pénales internationales[1109], des auditions de témoins ont été organisées afin de faire la lumière sur les crimes commis durant les années d'Apartheid. Les plus de vingt mille dépositions recueillies par la Commission ont témoigné de sa rigueur quasi-juridictionnelle[1110].

Le recours aux mécanismes juridictionnels au sein des *« Commissions vérités »* n'est pas anodin pour les pays qui ont décidé d'opter pour ce modèle de justice transitionnelle. Lesdits mécanismes permettent aux Commissions de jouir d'une plus grande légitimité aux yeux de certains organismes internationaux qui craignent que certaines formes de justice transitionnelle ne soient en réalité un moyen très subtil d'organiser soit une impunité générale, soit au contraire la stigmatisation d'une partie de la population. De plus, pour pouvoir fonctionner en toute quiétude, les *« Commissions vérité »* prennent très souvent la forme d'une autorité administrative indépendante dotée bien entendu de la personnalité juridique et de l'autonomie financière[1111]. L'indépendance de ces institutions est capitale pour ordonner des citations à comparaitre, ou encore pour rendre des décisions étant insusceptibles de recours, et notamment la décision d'amnistie.

En effet, l'objectif inavoué de la justice transitionnelle est souvent d'accorder une amnistie à des personnes ayant pourtant eu une certaine responsabilité dans la commission des crimes graves. C'est pourquoi, on a souvent tendance à affirmer que la simple idée d'amnistie serait contraire au droit international pénal[1112]. Cependant, il vaudrait mieux ne pas être aussi catégorique ; car si l'on se réfère par exemple à l'article 53§2-c du Statut de Rome, on peut se rendre compte que même le Procureur de la CPI peut

---

[1109] Sur les poursuites et les enquêtes devant les juridictions pénales internationales, voir notamment le Chapitre V du Statut de la CPI (enquête et poursuites : articles 53 à 61), l'article 18 du Statut du TPIY et article 17 du Statut du TPIR.

[1110] Sur le fonctionnement de la Commission vérité et réconciliation sud-africaine, voir le site internet http://www.trial-ch.org/fr/ressources/commissions-verite/afrique/afrique-du-sud.html

[1111] Voir notamment l'article 2 de l'ordonnance ivoirienne N° 2011-167 du 13 juillet 2011 portant, création, attributions, organisation et fonctionnement de la Commission Dialogue, Vérité et Réconciliation.

[1112] Dans une de ses décisions portant sur la torture, le TPIY précise par exemple qu' *« Il serait absurde d'affirmer d'une part que vu la valeur de jus cogens de l'interdiction de la torture, les traités ou règles coutumières prévoyant la torture sont nuls et non avenus, ab initio, et de laisser d'autre part les Etats qui, par exemple, prennent les mesures nationales (...) amnistiant les tortionnaires »;* voir le *Procureur c/ Anto Furundzija,* Jugement, Affaire N° IT-9517/16T, 10 décembre 1998.

renoncer à certaines poursuites *« parce que poursuivre ne servirait pas les intérêts de la justice, compte tenu de toutes les circonstances(...)»*[1113]. Parmi les circonstances, peut être invoqué l'impératif de la réconciliation nationale que vise l'amnistie, même si évidemment on peut imaginer que le Procureur de la CPI sera hostile à une amnistie générale pour n'approuver éventuellement que des amnisties au cas par cas.

Pour ceux qui malgré tout s'opposeraient encore à l'idée d'une amnistie découlant notamment des *« Commissions vérité »*[1114], Nadine POULET-GIBOT LECLERC démontre qu'il n'existe pas *« d'antagonisme, d'irréductibilité entre le pardon et la voie juridictionnelle classique »*[1115] et par conséquent le droit international pénal. Pour elle, le mécanisme du pardon n'est pas une entrave à la justice pénale internationale puisque cette dernière ne concerne au fond que les grands criminels ne pouvant bénéficier d'une amnistie[1116]. Les principaux instigateurs des crimes internationaux seront donc remis à une juridiction pénale internationale, contrairement aux simples exécutants qui pourront éventuellement bénéficier sous certaines conditions, d'une clémence accordée par une justice de transition[1117]. De plus, en Afrique, la justice transitionnelle a même pu prendre directement en compte le droit international pénal.

228.-Prise en compte du droit international pénal par la justice transitionnelle en Afrique. Une conception de la justice transitionnelle

---

[1113] Article 53§1, §2-c : *« 1. Le Procureur, après avoir évalué les renseignements portés à sa connaissance, ouvre une enquête, à moins qu'il ne conclue qu'il n'y a pas de base raisonnable pour poursuivre en vertu du présent Statut (...). 2. Si, après enquête, le Procureur conclut qu'il n'y a pas de base suffisante pour engager des poursuites : (...) c) parce que poursuivre ne servirait pas les intérêts de la justice, compte tenu de toutes les circonstances, y compris la gravité du crime, les intérêts des victimes, l'âge ou le handicap de l'auteur présumé et son rôle dans le crime allégué ; il ou elle informe de sa conclusion et des raisons qui l'ont motivée la Chambre préliminaire et l'État qui lui a déféré la situation conformément à l'article 14, ou le Conseil de sécurité s'il s'agit d'une situation visée à l'article 13, paragraphe b) ».*

[1114] Voir notamment KOUDOU Gallo Blandine, « Amnistie et impunité des crimes internationaux », *in Droits fondamentaux,* n° 4, janvier-décembre 2004, pp.67-95. Article disponible sur www.droits-fondamentaux.org.

[1115] POULET-GIBOT LECLERC Nadine, *op.cit.,* p.255.

[1116] *Ibid.,* p.255.

[1117] La justice transitionnelle fait prendre conscience à l'exécutant de la gravité des crimes auxquels il a participé, lui permet de faire son *mea culpa*, ce qui peut favoriser la réconciliation avec les victimes.

défendue notamment par Fabrice HOURQUEBIE[1118] permet d'affirmer que celle-ci peut englober certaines juridictions nationales ou mixtes chargées de réprimer les crimes de droit international pénal. En ce qui concerne les juridictions nationales de transition, on peut citer l'exemple des juridictions militaires de garnison de la République démocratique du Congo créées en 2006 et qui ont opté pour l'application du Statut de Rome au détriment du Code pénal militaire congolais[1119]. Du côté des juridictions mixtes de transition, le cas le plus éminent sur le continent africain est sans aucun doute le Tribunal spécial pour la Sierra-Leone (TSSL)[1120] créé officiellement en juillet 2002[1121]. La nature mixte de ce tribunal de transition découle du fait qu'il s'appuie à la fois sur le droit national sierra-leonais, et sur les mécanismes juridiques reconnus en droit international pénal et en l'occurrence dans le Statut de la CPI.

Le fait est que les juridictions mixtes à l'instar du TSSL réalisent une articulation entre le droit national et le droit international. Elles peuvent être appelées à cohabiter, comme dans le cadre de la Sierra-Leone, avec une *« Commission vérité »* pour former une justice de transition complétaire aux mécanismes juridiques ordinaires existant au sein de l'Etat. La particularité des juridictions mixtes est qu'elles s'inspirent largement du droit international tout en prenant en compte divers aspects du droit national ; ce qui peut contribuer à renforcer leur *« potentiel d'acceptabilité »*[1122] aux yeux du public qui peut considérer le recours exclusif au droit international comme un saut dans l'inconnu. Pourtant, c'est une inquiétude qui n'a pas lieu d'être car la plupart du temps, les objectifs des justices transitionnelles africaines quelles qu'elles soient, sont souvent en phase avec ceux du droit international pénal.

[1118] Lire HOURQUEBIE Fabrice, « La notion de « justice transitionnelle » a-t-elle un sens ?, article publié sur le site www.droitconstitutionnel.org/congresParis/.../HourquebieTXT.pdf, 12 p.

[1119] Lire Avocats Sans Frontières, Etude de jurisprudence, *L'application du statut de Rome de la Cour pénale Internationale par les juridictions de la République Démocratique du Congo*, mars 2009, 143 p., p.21, voir le site www.asf.be

[1120] A côté du TSSL comme juridiction de transition, on peut citer le Tribunal Spécial pour le Cambodge, le Tribunal Spécial Iraquien, le Tribunal Spécial pour le Liban, ou encore le Tribunal Spécial du Timor Leste.

[1121] C'est par la résolution 1315 du 10 août 2000 que le Conseil de Sécurité habilite le Sécrétaire Général des Nations Unies à créer le TSSL qui ne deviendra opérationnel qu'en juillet 2002 suite à un accord passé en janvier 2002 entre les Nations Unies et le Gouvernement sierra-leonais ; lequel accord sera ratifié par le Parlement au mois de mars.

[1122] HOURQUEBIE Fabrice, *op. cit.*, p.9.

B- Les objectifs des justices transitionnelles africaines souvent en phase avec ceux du droit international pénal

229.-Nature des objectifs des justices transitionnelles africaines. Le doute sur la conformité entre la justice transitionnelle et le droit international pénal se dissipe un peu plus lorsqu'on s'intéresse aux objectifs de ces deux instruments de traitement des crimes les plus graves. D'ailleurs, du point de vue téléologique, un certain rapprochement entre les deux concepts a poussé Fabrice HOURQUEBIE à considérer qu'en réalité, si la justice transitionnelle nationale constitue une forme de *« justice transitionnelle de droit commun »,* la justice pénale internationale, principale manifestation du droit international pénal, apparaitrait comme une forme de *« justice transitionnelle d'exception »*[1123]. C'est une idée que l'on peut admettre si l'on fait uniquement référence aux instances pénales internationales *ad hoc,* car considérer que la CPI fait partie d'un dispositif de justice transitionnelle pose un problème d'ordre sémantique, puisque cette juridiction n'est pas une instance transitoire, mais permanente.

Toutefois, il faut reconnaitre que la plupart du temps, la justice transitionnelle nationale et les juridictions pénales internationales poursuivent les mêmes objectifs avec notamment la volonté de contribuer à la manifestation de la vérité[1124], ou de déterminer les responsabilités des personnes ayant participé à la commission des crimes internationaux. C'est peut-être là où réside la confusion faite par certains auteurs entre la justice transitionnelle et la justice pénale internationale. Ainsi, pour Fabrice HOURQUEBIE, *« la justice en période de transition s'identifie (...) plus par le but recherché que par les organes »*[1125]. Toujours est-il que la justice transitionnelle et le droit international pénal visent sans aucun doute à reconnaitre les souffrances endurées par les victimes, de leur rendre justice et de leur assurer ainsi une forme préalable de réparation qui est avant tout morale.

La reconnaissance des crimes commis par le passé favorise l'émergence de la vérité qui peut seule contribuer à forger une conscience collective indispensable pour envisager une éventuelle réconciliation.

1123 *Ibid.*, p.11.

1124 En Tunisie, l'article 2 de la *Loi organique n°2013-53 du 24 décembre 2013 relative à l'attribution et l'organisation de la justice transitionnelle* insiste sur le fait que *« la révélation de la vérité concernant les violations est un droit garanti par la loi pour tous les citoyens, en tenant compte des intérêts et de la dignité des victimes et sans porter atteinte à la protection des données personnelles ».*

1125 HOURQUEBIE Fabrice, *ibid.*, p.7.

Certains diront que le droit international pénal, contrairement à la justice transitionnelle nationale, ne nourrit pas de telles ambitions puisque son objectif est d'abord et avant tout de sanctionner les responsables des crimes les plus graves notamment au sein des instances pénales internationales. Pourtant, il suffit de se référer une fois de plus à l'article 53§2-c du Statut de Rome qui autorise le Procureur de la CPI à interrompre les poursuites y compris dans l'intérêt des victimes, pour comprendre qu'en réalité, le droit international pénal ne table pas sur une répression tous azimuts et se garde bien d'encourager toute action qui compromettrait tout processus de réconciliation nationale. Dès lors, il apparaît en définitive que si les juridictions pénales internationales poursuivent les grands criminels, c'est très souvent parce que la sanction de ceux-ci s'impose comme un préalable à l'ouverture d'un processus de réconciliation nationale au sein d'un pays.

Il va sans dire que la réconciliation recherchée aussi bien par la justice transitionnelle nationale que par la justice internationale va au-delà de simples considérations individuelles pour privilégier l'instauration d'une paix collective[1126]. En effet, si la justice transitionnelle vise à restaurer la paix sociale, le droit international pénal fait partie du dispositif juridique mis sur pied pour contribuer au maintien de la paix et de la sécurité au sein même des Etats[1127]. L'idée dans tous les cas c'est d'assurer une transition pacifique dans un Etat au travers d'une justice transitionnelle véritablement participative, ou par le truchement d'une justice pénale internationale offrant toutes les garanties d'impartialité. Ceci a pour effet de limiter les risques de règlements de comptes entretenus par les familles des victimes, qui sont la plupart du temps habitées par une soif inextinguible de vengeance. Le droit international pénal et la justice transitionnelle nationale peuvent contribuer à faire en sorte qu'une situation postconflictuelle que connait un pays dévasté par la guerre ne devienne, insidieusement, une période préconflictuelle au cours de laquelle les victimes d'hier, à l'esprit revanchard, affutent les armes qui vont leur

[1126] Seulement la justice transitionnelle ne garantit pas toujours la réconciliation comme l'a remarqué Eduardo GONZALES CUEVA. Pour lui cette réconciliation ne peut d'ailleurs se faire que sur du long terme ; lire GONZALES CUEVA Eduardo, « Commissions de vérité : mythes et leçons apprises», *in La justice transitionnelle dans le monde francophone : état des lieux,* Actes du séminaire de Yaoundé du 04 au 06 décembre 2006, 2007, 190 p., pp.17-20, p.19.

[1127] Il est vrai que l'expression usitée en droit international est *« la paix et la sécurité internationales »,* mais l'instabilité au sein d'un Etat engendre la plupart du temps de l'insécurité au moins à une échelle régionale.

permettre de devenir les bourreaux de demain ; car il n'y a pas de paix sans justice ni d'ailleurs de justice sans paix[1128].

La lutte contre l'impunité fait aussi partie des objectifs affichés tant par le droit international pénal que par la justice transitionnelle[1129]. En effet, punir ne consiste pas seulement à mettre en œuvre une répression pénale, cela peut aussi consister, comme le préconise la justice transitionnelle nationale, à exclure de l'administration publique des personnes ayant collaboré par le passé à la commission des crimes les plus graves[1130]. Ce processus d'épuration ou de *« lustration »*[1131] de l'administration que les anglophones désignent laconiquement sous le terme *« vetting »*[1132], est une contribution indéniable à la lutte contre l'impunité dans un Etat post-conflit.

De plus, le simple fait que les *« Commissions vérité »* puissent placer devant leur responsabilité des individus ayant été par le passé des membres influents d'un Etat, est très souvent un élément de satisfaction pour les victimes qui ont l'impression qu'aucun criminel quel qu'il soit ne peut bénéficier d'une impunité ou échapper le cas échéant à une admonestation publique. Au reste, la justice transitionnelle peut permettre de déterminer le rôle exact des criminels les plus impitoyables dont les éléments à charge retenus contre eux par des enquêtes et des auditions de témoins, peuvent éventuellement être remis à une instance pénale nationale, mais aussi

---

1128 Sur le rapport entre la justice et la paix, voir HAZAN Pierre, *La paix contre la justice ? Comment reconstruire un Etat avec des criminels de guerre ?*, GRIP, André Versailles éditeur, 2010, 127 p.

1129 Dès les années 1970, les ONG et les associations des victimes ont attiré l'attention de la communauté internationale sur le fait que l'impunité est un facteur aggravant de la commission des crimes les plus graves.

1130 Dans les pays d'Europe de l'Est autrefois sous le joug communiste, un processus de lustration a été mis sur pied après la chute du mur de Berlin, dans l'optique d'exclure de l'administration des individus ayant participé à la violation des droits fondamentaux pendant les années de dictature.

1131 Lire ULLA Malgorzata, *La lustration dans les Etats postcommunistes européens,* Thèse de droit public, Université d'Auvergne (Clermont-Ferrand I), LGDJ, Lextenso éditions, Collection des Thèses du Centre Michel de l'Hospital, juin 2014, 663 p.

1132 Le *« vetting »* est un ensemble de procédures de vérification et de filtrage de la fonction publique qui permet de ne pas confier des charges publiques à des personnes ayant des antécédents compromettant à cause des crimes dont ils sont au moins en partie responsables, ou du rôle qu'ils ont pu jouer au sein d'un appareil oppressif. Sur la question, voir MAYER-RIECKH Alexander, « Réforme du système de sécurité et procédures de vérification et de filtrage de la fonction publique (vetting) », *in La justice transitionnelle dans le monde francophone : état des lieux,* Actes du séminaire de Yaoundé du 04 au 06 décembre 2006, 2007, 190 p., pp.43-52.

internationale. Ceci permet d'ailleurs de comprendre la portée des objectifs des justices transitionnelles.

230.-Portée des objectifs des justices transitionnelles africaines. Pour cerner la portée des objectifs de la justice transitionnelle, il faut partir du postulat que celle-ci met un accent sur la lutte contre l'impunité qui est liée à la volonté d'identifier et de punir d'une manière ou d'une autre les responsables des souffrances endurées soit par un individu, soit par un groupe tout entier. C'est pour une population qui sort par exemple d'un conflit violent, une condition importante à la reconstruction de l'Etat. Olivier DE FROUVILLE résume cet état d'esprit par l'idée qu' *« on ne peut pas tourner la page sans l'avoir lue »*[1133], ce qui n'est possible que si l'on fait la lumière sur les faits passés dans le but d'établir des responsabilités qui peuvent être individuelles ou collectives.

Il est évident qu'une bonne politique des réparations doit être mise sur pied afin de dissiper les risques d'impunité que dénoncent les victimes. Pour le droit international pénal et la justice transitionnelle nationale, la réparation est un moyen pour reconnaitre les souffrances et les humiliations subies par des victimes à l'occasion de la violation de leurs droits fondamentaux. C'est un moyen qui permet de rendre sa dignité à un individu, même si en Afrique, à cause d'une conscience ethnique forte au sein de certaines populations, le rétablissement de la dignité concernera très souvent des groupes entiers.

Quoi qu'il en soit, *« l'idée maîtresse est de rétablir l'état des choses tel qu'il aurait dû advenir en l'absence des facteurs justifiant la réparation »*[1134]. Il est vrai que réparer signifie aussi restaurer, restituer, compenser ou encore réhabiliter, car les réparations sont soit matérielles soit symboliques. C'est pourquoi, tout tourne en général autour de la restitution des biens ou du cadre de vie, du rétablissement d'un *statut quo ante*, ou de la reconnaissance d'un préjudice subi[1135].

Les réparations nécessitent bien entendu la mobilisation d'un *« fonds au profit des victimes »,* entreprise organisée aussi bien par la justice transitionnelle nationale que par le droit international pénal avec notamment

---

1133 Voir DE FROUILLE Olivier, *Droit international pénal, Sources, Incriminations, responsabilité,* Editions A. Pedone, Paris, mars 2012, 523 p., p.11.

1134 JEWSIEWICKI Bogumil, « Héritages et réparations en quête d'une justice pour le passé et le présent », *Cahiers d'études africaines*, n°173-174, 2004, p.7.

1135 Sur les réparations, voir APPIAH Kwame Anthony, « Comprendre les réparations. Une réflexion préliminaire », *Cahiers d'études africaines*, n°173-174, 2004, pp.25-40.

le Statut de la CPI[1136]. Mais, au-delà de l'aspect matériel, la réparation vise à prendre en charge l'aspect psychologique des victimes afin de dissiper le ressentiment qui les habite, et qui est très souvent la principale cause du cycle infernal de la violence.

231.-Conclusion. En définitive, si le droit international pénal s'éloigne de la philosophie juridique des droits traditionnels africains dont s'inspire d'ailleurs la justice transitionnelle, il faut reconnaitre que du point de vue téléologique il s'en rapproche sur bien des aspects. Ceci peut laisser croire que le débat sur l'universalisme juridique du droit international pénal est sans intérêt. Pourtant, la diffusion des normes internationales pénales au sein des Etats africains n'est pas une sinécure au regard des particularismes juridiques qu'on peut y observer, ou encore du recours aux mécanismes juridiques ou *« parajuridiques »* auxquels le droit international pénal n'est pas toujours familier. Malheureusement, ce dernier est souvent obligé de composer avec ces particularismes, à condition que ceux-ci ne heurtent ni l'intérêt de la justice, ni les droits des victimes.

[1136] Il est prévu un fonds au profit des victimes à l'article 79 du Statut de Rome qui dispose qu' : *« 1. Un fonds est créé, sur décision de l'Assemblée des Etats Parties, au profit des victimes de crimes relevant de la compétence de la Cour et de leurs familles. 2. La Cour peut ordonner que le produit des amendes et tout autre bien confisqué soient versés au fonds. 3. Le fonds est géré selon les principes fixés par l'Assemblée des Etats Parties ».*

CONCLUSION DU TITRE II

232.-Bilan. Le pluralisme juridique qui existe au sein des Etats africains peut complexifier à l'extrême la diffusion du droit international pénal au sein des ordres juridiques internes. Il est vrai que les différents ordres juridiques modernes africains hérités du passé colonial constituent un terrain favorable à l'applicabilité d'un droit international pénal qui n'est que la synthèse du système pénal *Common Law* en vigueur dans les pays africains s'étant inspirés du droit anglo-saxon, et du système romano-germanique adopté par les Etats qui ont opté pour le droit de l'Europe continentale. Pourtant, il est certain que les Etats africains n'ont pas tout à fait renoncé aux droits traditionnels qui apparaissent comme une alternative pour la gestion des situations postconflictuelles avec notamment, le traitement des litiges liés à la commission des violations massives des droits de l'homme.

Ainsi, le recours à des instances traditionnelles comme les *Gacaca* au Rwanda, ou à toute forme de justice transitionnelle reposant sur des mécanismes particuliers, a pu laisser entendre que l'universalisme du droit international pénal avait été sérieusement relativisé. C'est une inquiétude qui comporte une limite qui repose notamment sur l'*« irréductible humain »* qui place l'homme et en particulier la victime, au cœur des préoccupations de l'ensemble des systèmes juridiques répressifs, traditionnels ou modernes, nationaux ou internationaux. Par ailleurs, comme le défend Mireille DELMAS-MARTY, l'universel peut être mis en œuvre de manière différenciée puisqu'il *« n'est pas forcément synonyme d'uniformité »*[1137].

[1137] DELMAS-MARTY Mireille, *Le relatif et l'universel*, *op. cit.*, p.406.

CONCLUSION DE LA PREMIERE PARTIE

233.-Problématique de la divergence des mécanismes de diffusion du droit international pénal dans les ordres juridiques africains. La réflexion sur la diffusion du droit international pénal dans les systèmes juridiques africains a confirmé l'hypothèse selon laquelle, il n'y a pas de continuité automatique ou évidente entre l'ordre juridique international et les ordres juridiques internes[1138]. Ce postulat est d'ailleurs renforcé sur le continent africain par le fait que les Etats peuvent avoir recours à des mécanismes de diffusion du droit international complètement différents.

D'une part, les Etats monistes africains semblent avoir fait le choix d'une plus grande convergence entre l'ordre juridique interne et l'ordre juridique international. D'autre part, les Etats dualistes africains ont opté pour une autonomie du droit national par rapport au droit international avec qui ils forment des ordres juridiques distincts. Ainsi, si l'introduction du droit international pénal se fait tout naturellement dans les ordres juridiques des Etats monistes après la ratification des normes internationales pénales adéquates, seul un acte spécial peut rendre le droit international pénal conventionnel applicable dans l'ordre juridique interne d'un Etat dualiste[1139].

Néanmoins, la méthode d'incorporation des traités qui est de mise dans certains Etats dualistes comme l'Afrique du Sud, facilite la diffusion du droit international pénal, et notamment du Statut de la CPI qui peut dès lors être pris en compte par le juge national afin de réprimer les crimes internationaux les plus graves.

Seulement, il apparait que la difficulté de diffusion du droit international pénal dans les Etats africains est moins liée à la nature du système moniste ou dualiste en présence, qu'à une autre problématique portant sur l'existence d'un pluralisme mettant aux prises le droit moderne au droit traditionnel.

[1138] Sur un tel postulat, voir notamment SINKONDO Marcel, *Droit international public*, Editions ellipses, Paris, 1999, p.36.

[1139] Pour les Etats monistes, il existe une certaine continuité entre le droit international et le droit interne, même si la question de la cohérence entre l'ordre juridique interne et l'ordre juridique international peut se poser avec une certaine acuité. Les systèmes dualistes préfèrent en général privilégier le droit interne au détriment du droit international que les juges internes répugnent à appliquer. Sur la question, voir SCIOTTI-LAM Claudia, *L'applicabilité des traités internationaux relatifs aux droits de l'Homme en droit interne*, Bruylant Bruxelles, 2004, 728 p.

234.-Problématique du pluralisme juridique dans les ordres juridiques africains. Si par le passé on admettait que le droit moderne primait automatiquement le droit coutumier, l'expérience des juridictions traditionnelles contribuant efficacement à la répression des crimes internationaux les plus graves au Burundi avec les *Bushingantahe,* au Rwanda dans le cadre des *Gacaca*, en Sierra Léone au sein des chefferies coutumières et dans bien d'autres pays encore, a contribué fortement à redéfinir les rapports entre le droit moderne d'origine occidentale et le droit traditionnel ancestral. Au Rwanda par exemple, les *Gacaca* ont bénéficié d'un statut à la fois constitutionnel et législatif, au même titre que les juridictions modernes ; ce qui a pu poser le problème de l'articulation entre le droit moderne et le droit traditionnel dans le contentieux du génocide.

Faire cohabiter au sein d'un même Etat le droit moderne et le droit traditionnel aux fins de réprimer les crimes de droit international pénal soulève de nombreuses problématiques à la fois philosophiques et pratiques. Ainsi, une remarque a été faite selon laquelle, si les droits modernes africains qu'ils soient de nature romano-germanique ou de tradition *Common Law*, sont compatibles, au moins sur le plan conceptuel, avec le droit international pénal, il n'en est pas de même des droits traditionnels africains qui ont la plupart du temps, une conception du monde et de l'ordre social qui échappe au juriste imprégné de la culture juridique occidentale. Ceci a sans doute pour effet de raviver le débat sur l'aptitude du droit international pénal à imposer ses principes dans l'ensemble des ordres juridiques internes[1140].

En réalité, le système international pénal doit trouver sa voie entre son universalisme de fond et son relativisme formel, puisque la plupart du temps, ses divergences avec certains ordres juridiques reposent moins sur des questions de fond que de forme. Quoi qu'il en soit, l'effectivité de la diffusion du droit international pénal dans les ordres juridiques internes des Etats africains ne sera possible que si ceux-ci remplissent un certain nombre de conditions requises.

[1140] Sur les rapports entre les systèmes juridiques internes et le droit international, lire notamment SALAH Mahmoud Mohamed, *Les contradictions du droit mondialisé,* Collection Droit, Ethique et Société, Presse Universitaire de France, octobre 2002, 250 p., p.29ss.

PARTIE II

UNE EFFECTIVITE CONDITIONNELLE DE LA DIFFUSION DU DROIT INTERNATIONAL PENAL DANS LES ORDRES JURIDIQUES AFRICAINS

235.-Problématique de l'effectivité de la norme juridique. Dire que le processus de diffusion du droit international pénal dans les ordres juridiques internes ne garantit pas son effectivité est un truisme, d'autant plus que même en droit national, l'adoption d'une norme juridique ne signifie pas forcément que celle-ci sera effectivement mise en œuvre. Néanmoins, le problème peut se poser avec plus d'acuité concernant l'application d'une norme internationale en droit interne. C'est pourquoi, à moins de vouloir sombrer dans un dogmatisme juridique qui le condamnerait à une certaine myopie quant à la réception sociale de la norme, le juriste peut difficilement faire abstraction d'une analyse sociologique du droit qui en réalité, est la seule qui permet de donner un sens au concept d'effectivité de la règle juridique.

236.-Signification du concept d'effectivité de la règle juridique. La notion d'effectivité ne doit pas être confondue avec des notions voisines telles que l'efficacité, l'efficience ou encore l'applicabilité. L'effectivité de la norme juridique fait référence à l'ensemble des paramètres sociologiques qui ont une incidence sur l'application de la règle de droit[1141]. Au reste, pour Pierre LASCOUMES celle-ci a un rapport avec le *« degré de réalisation, dans les pratiques sociales, des règles énoncées par le droit »*[1142]. C'est un concept

[1141] Voir dans ce sens, CARBONNIER Jean, *Flexible droit, Pour une sociologie du droit sans rigueur*, 10e édition, LGDJ, Paris, 2001, 493 p., spéc. p.136-148.

[1142] LASCOUMES Pierre, « Effectivité », *in Dictionnaire encyclopédique de théorie et de sociologie du droit,* LGDJ, coll. Droit et société, 2ème édition, 1993, 800 p.

dont la signification juridique est contestée[1143] ; d'où la difficulté que peut éprouver un juriste à l'appréhender.

Mais pour simplifier, il est possible d'affirmer à l'instar de Guillaume ROYER que *« l'effectivité désigne tout effet de toute nature que peut produire une règle de droit »*[1144]. Plus clairement, l'effectivité suppose une comparaison entre l'exposé théorique de la règle juridique et le comportement réel des sujets de droit[1145]. C'est pourquoi, elle est considérée comme un paramètre permettant de relativiser le dogmatisme juridique[1146] qui ignore très souvent le fait que, les comportements humains ne sont pas toujours en phase avec les exigences du droit. De plus, les destinataires de la règle de droit peuvent manifester une certaine hostilité vis-à-vis de celle-ci, d'où l'intérêt de ne jamais perdre de vue cette idée chère à Jean CARBONNIER qui est persuadé que *« l'accord de l'opinion publique confère aux lois leur meilleure chance d'effectivité »*[1147]. Il faut toutefois éviter que l'obstination à recueillir une forme de consensus social ne devienne un obstacle à la mise en œuvre d'une norme juridique au sein d'une société[1148].

Concernant la notion d'efficacité, elle a encore du mal à intégrer le vocabulaire du droit[1149]. Pourtant, elle n'est pas totalement absente de la phraséologie juridique. Ainsi, est-il fréquent d'admettre qu'il est possible de parler d' *« efficacité de la règle de droit »,* lorsque celle-ci atteint les objectifs recherchés par les créateurs de la norme juridique[1150]. Pour Guy ROCHER, la

---

1143 Pour Jean CARBONNIER, *« l'effectivité n'appartient pas à la définition de la règle de droit »* ; CARBONNIER Jean, *op. cit.,* p.136.

1144 ROYER Guillaume, *L'efficience en droit pénal économique, Etude de droit positif à la lumière de l'analyse économique du droit,* LGDJ, Lextenso éditions, Paris, mars 2009, 520.p., p.28. La définition de Guilaume ROYER est d'ailleurs très inspirée de celle qui est proposée par Jacques COMMAILLE qui dit que *« l'effectivité désigne tout effet de toute nature qu'une loi peut avoir ».* Voir COMMAILLE Jacques, « Effectivité », *in* ALLAND Denis, RIALS Stéphane (dir.) *Dictionnaire de la culture juridique,* PUF, Quadrige, octobre 2003, 1649 p., pp.583-585, p.583.

1145 COMMAILLE Jacques, *ibid.,* p.583.

1146 CARBONNIER Jean, *op. cit.,* p.136.

1147 CARBONNIER Jean, *Sociologie juridique,* PUF, Quadrige, 2ème édition, 2004, 415 p., pp.13-14.

1148 Sur cette inquiétude voir ROYER Guillaume, *L'efficience en droit pénal économique, Etude de droit positif à la lumière de l'analyse économique du droit,* LGDJ, Lextenso éditions, Paris, mars 2009, 520 p., p.29 ; COMMAILLE Jacques, *art. préc.,* p.584.

1149 Guillaume ROYER fait remarquer le fait que le concept d' *« efficacité »* est encore absent du vocabulaire juridique de l'Association Henri Capitant ; voir ROYER Guillaume, *ibid.*

1150 Voir le point de vue de Philippe CONTE sur la notion d'efficacité ; CONTE Philippe, « « Effectivité », « inefficacité », « sous-effectivité », « sur-efficacité »… : variations pour

norme juridique est efficace si elle produit un effet *« qui se situe dans la direction souhaitée par l'auteur et non en contradiction avec elle »*[1151]. L'intérêt de l'efficacité est qu'elle peut permettre d'établir de véritables relations de cause à effet au sein de la réalité juridique[1152].

Toutefois, la recherche de l'efficacité de la norme juridique peut contraindre le juriste à se focaliser sur un utilitarisme de principe qui peut être une entrave à la logique de la régulation sociale par le droit. C'est pourquoi, François RANGEON pense qu' *« assimiler la démarche juridique à une démarche technologique cherchant à améliorer l'outil juridique, à le rendre plus performant, ce serait transformer le juriste en ingénieur social et oublier que le droit est aussi et peut être avant tout un système de valeurs »*[1153].

Le concept d'efficience permet lui aussi de conférer une dimension technique au droit. C'est un terme emprunté au vocabulaire économique d'où le lien qu'il entretien avec la notion d'efficacité ; car si l'on se réfère à sa signification anglaise par exemple *(« efficiency »),* l'efficience est très souvent associée au binôme *« coût-efficacité »*[1154]. Mais, il faut préciser que pour l'efficacité, la fin justifiera en quelque sorte les moyens, puisqu'elle tient peu compte du coût social ou économique de la mise en œuvre d'une norme par exemple, alors que l'efficience se préoccupera aussi bien des moyens que de la rentabilité d'une action quelle qu'elle soit[1155].

Quoiqu'il en soit, pour un économiste *« l'efficience permet de mesurer le bien-être lié à une mutation sociale donnée »*[1156]. Seulement, le concept d'efficience ne fait pas l'unanimité dans la pensée économique. C'est

---

droit pénal », *in Le droit privé français à la fin du XXe siècle, Mélanges en l'honneur de Pierre CATALA,* Litec, 2001, p.125ss., spéc. n°7.

[1151] ROCHER Guy, « L'effectivité du droit », *in* LAJOIE André, MACDONALD Roderick, JANDA Richard (dir.), *Théories et émergences du droit : pluralisme, surdétermination et effectivité,* Thémis, Montréal et Bruylant, Bruxelles, 1998, p.133ss.

[1152] Marie-Anne FRISON-ROCHE est persuadée que la sociologie du droit peut permettre de trouver des lois de causalité entre les règles et les comportements. Lire FRISON-ROCHE Marie-Anne, « L'idée de mesurer l'efficacité économique du droit », *in* CANIVET Guy, FRISON-ROCHE Marie-Anne, KLEIN Michael (dir.), *Mesurer l'efficacité économique du droit,* LGDJ, Paris Montchrestien, novembre 2005, 156 p., pp.19-32, p.20.

[1153] RANGEON François, « Réflexions sur l'effectivité du droit », *in* LOCHAK Danièle (dir.) *Les usages sociaux du droit,* PUF, 1989, 335 p., pp.126-149, p.131.

[1154] Lire notamment LEVAL Georges, « Droits de l'homme et réflexion sur l'efficacité de la justice », *in* Association Syndicale des Magistrats (ASM*), Les droits de l'homme et l'efficacité de la justice,* Editions Larcier, Bruxelles 2010, 334 p., pp.299-327., p.301.

[1155] *Ibid.*

[1156] ROYER Guillaume, *L'efficience en droit pénal économique, op. cit.,* p.27.

ainsi qu'il existe deux principales conceptions de l'efficience à savoir d'une part celle de PARETO et d'autre part celle de KALDOR-HICKS[1157].

Pour PARETO, on ne peut parler d'efficience qu'à partir du moment où des acteurs engagés dans un processus économique se trouvent tous enrichis à la fin de la relation économique[1158]. Pourtant KALDOR-HICKS considère que l'efficience n'implique pas nécessairement l'enrichissement de tous les acteurs impliqués dans un rapport économique, à condition que les avantages obtenus par les uns soient suffisamment importants pour compenser les pertes subies par les autres[1159]. Dans ce dernier cas, le critère déterminant pour parler d'efficience reste l'intérêt de la majorité de la population.

Pour le juriste, l'efficience permet de limiter les coûts de fonctionnement des mécanismes et des institutions juridiques. Pour Guido CALABRESI[1160], ces coûts sont au nombre de trois : les coûts primaires, les coûts secondaires et les coûts tertiaires. Les coûts primaires portent sur les moyens financiers déployés à titre préventif pour éviter le non-respect du droit[1161]. Les coûts secondaires interviennent lorsque les efforts de prévention ont échoué et permettent de régler les problèmes concernant l'indemnisation de sujets affectés par la violation de la norme[1162]. Quant aux coûts tertiaires ils concernent essentiellement les ressources financières liées à l'administration du système juridique et en l'occurrence, le coût de la procédure juridictionnelle[1163]. L'efficience permet donc de minimiser le coût social d'une norme grâce à une démarche économique, alors que l'effectivité s'intéresse à la réalité de l'application d'une règle dans le champ social.

Il ne faut pas non plus confondre l'effectivité avec l'applicabilité car cette dernière peut surtout faire référence au fait qu'une règle juridique remplit en principe toutes les conditions lui permettant d'être mise en œuvre dans un ordre juridique. L'applicabilité d'une norme ne signifie donc pas qu'elle bénéficiera forcément d'une mise en œuvre effective, mais plutôt qu'elle aura

---

1157 CENTI Jean-Pierre, « Quel critère d'efficience pour l'analyse économique du droit ? », *in RRJ* 1987-2, p.455ss., spéc. p.461 et s, cité par Guillaume ROYER, *op.cit.*, p.27.
1158 ROYER Guillaume, *ibid.*
1159 *Ibid.*
1160 CALABRESI Guido, *The cost of accident, A Legal and Economic Analysis,* Yale University Press, 1970.
1161 FAURE Michael, OGUS Anthony, *Economie du droit : le cas français*, Editions Panthéon-Assas, Collection Droit comparé, 176 p., p.68.
1162 *Ibid.*
1163 *Ibid.*

vocation à régir une situation juridique donnée[1164]. Néanmoins, il est assez fréquent d'utiliser le concept d'applicabilité pour faire référence à l'application effective d'une norme[1165]. Pourtant, la notion d'effectivité doit être utilisée avec la plus grande précision surtout lorsqu'il est question de la mettre en relation avec une norme internationale telle que le droit international pénal.

237.-Effectivité du droit international pénal en Afrique. Il est primordial à l'heure où le droit international pénal émerge, de s'intéresser aux conditions de son effectivité, afin d'éviter d'être confronté dans les années à venir au problème de son ineffectivité[1166]. Sur la base d'une analyse purement empirique reposant sur les rapports entre les ordres juridiques internes et les normes internationales, il devient presque possible d'énoncer au moins partiellement, les conditions de l'effectivité d'une diffusion du droit international pénal dans les systèmes juridiques concernés.

Toutefois, il faut avouer que trouver les conditions de l'effectivité du droit international pénal dans le contexte africain est une opération complexe comparée à un objectif similaire dans le contexte européen par exemple, où les Etats sont beaucoup plus enclins à assimiler et à faire respecter les normes internationales. Pourtant, il est constant qu'instaurer la cohérence entre les ordres juridiques africains et le droit international pénal **(TITRE I)** est une des conditions de l'effectivité de ce dernier. Il sera d'ailleurs possible de démontrer la spécificité d'une telle opération dans le contexte africain, tout en restant lucide en ce qui concerne l'influence des choix politiques africains sur la diffusion du droit international pénal **(TITRE II)**.

1164 CORNU Gérard, « Applicabilité », *Vocabulaire juridique,* Association Henri Capitant, PUF, Quadrige août 2011, 1095 p., p.73.

1165 *Ibid.*

1166 Jean CARBONNIER distingue l'ineffectivité totale de l'ineffectivité partielle. La première peut être liée soit à ce qu'il a appelé *« l'impuissance des lois »* mais qui peut très bien concerner les autres normes, soit à la désuétude qui pour lui constitue une forme d'abrogation par perte d'effectivité. La seconde est soit statistique, puisque la règle de droit présente la plupart du temps un pourcentage d'ineffectivité, soit individuelle car l'ineffectivité statistique découle souvent de la somme des ineffectivités individuelles. Lire CARBONNIER Jean, *Flexible droit, op. cit.,* p.137ss.

TITRE I

LA COHERENCE ENTRE LES ORDRES JURIDIQUES AFRICAINS ET LE DROIT INTERNATIONAL PENAL

238.-Intérêt de la cohérence entre les ordres juridiques africains et le droit international pénal. Comme il a été dit, l'insertion d'une norme internationale dans un ordre juridique interne ne signifie pas que celle-ci sera effectivement mise en œuvre. L'ineffectivité de ladite norme est très souvent la conséquence d'une disharmonie entre le droit international et le droit interne.

Au reste, s'il est fréquent de faire allusion au principe de l'applicabilité directe qui est un atout pour l'effectivité du droit international dans les systèmes juridiques nationaux, il ne faut pas perdre de vue le fait que ce principe est lui-même tributaire des rapports qu'un Etat veut bien instaurer dans sa constitution, entre son propre ordre juridique et le droit international[1167].

Aussi, même lorsqu'un Etat fait le choix d'un monisme avec primauté des normes internationales, rien ne garantit que celles-ci puissent effectivement être diffusées sans l'adoption de mesures internes spéciales. C'est pourquoi même la France, qui a pourtant opté pour un monisme favorable au droit international, a dû, malgré la ratification du Statut de Rome intervenue le 09 juin 2000, adopter ultérieurement, le 26 février 2002 et le 09 août 2010, deux lois spécifiques sur l'adaptation du droit pénal à l'institution de la Cour pénale internationale[1168]. Il est constant que les Etats monistes africains devront s'inspirer de la démarche française afin d'articuler le droit

---

[1167] DUPUY Pierre-Marie, KERBRAT Yann, *Droit international public,* 11ème édition, Dalloz, Paris, septembre 2012, 929 p., p.450.

[1168] Loi n°2002-268 du 26 février 2002, JORF du 27 février 2002, p.3684; Loi n° 2010-930 du 9 août 2010 portant adaptation du droit pénal à l'institution de la Cour pénale internationale, JORF n°0183 du 10 août 2010, p.14678.

international pénal avec leurs droits nationaux. Quant aux pays africains dualistes, leur obligation de respecter de bonne foi[1169] les normes internationales pénales conventionnelles et notamment le Statut de Rome, devrait les contraindre à adapter leurs systèmes répressifs aux exigences du droit international pénal.

L'adaptation du droit interne au droit international pénal est un impératif dans le cadre du système répressif institué par le Statut de la CPI ; puisque ledit Statut instaure un principe de subsidiarité[1170] dont la conséquence est la primauté de compétence reconnue aux juridictions répressives nationales. Ainsi, il est impossible d'ignorer l'importance de la recherche d'une cohérence normative entre le droit international pénal et les ordres répressifs africains **(CHAPITRE 1)**. De plus, l'instauration d'une cohérence fonctionnelle entre les juridictions pénales africaines et internationales **(CHAPITRE 2)**, est une condition importante pour l'effectivité de la répression des crimes relevant de la compétence de la CPI.

[1169] Même si les Etats dualistes ont moins de considération pour le droit international, il n'en demeure pas moins qu'ils sont soumis au principe *« pacta sunt servanda »* de l'article 26 de la Convention de Vienne sur le droit de traité. De plus la disposition de la même Convention selon laquelle, *« Une partie ne peut invoquer les dispositions de son droit interne comme justifiant la non-exécution d'un traité »* (article 27) s'applique à tous les Etats indépendamment de la nature de leur système juridique.

[1170] Faisant référence au dixième alinéa du préambule et à l'article premier, l'article 17§1-a du Statut de Rome, rappelle le principe de complémentarité dont la conséquence est qu'une affaire ne peut être recevable auprès de la CPI si elle *« fait l'objet d'une enquête ou de poursuites de la part d'un Etat ayant compétence en l'espèce »*.

CHAPITRE 1

LA RECHERCHE D'UNE COHERENCE NORMATIVE ENTRE LE DROIT INTERNATIONAL PENAL ET LES ORDRES REPRESSIFS AFRICAINS

239.-Droit international pénal et droits pénaux modernes africains : entre compatibilité philosophique et divergence dans la mise en œuvre. Il est pratiquement impossible de contester la compatibilité philosophique des droits pénaux modernes africains avec le droit international pénal[1171]. Seulement, il existe dans tous les systèmes répressifs modernes, de grandes divergences dans la mise en œuvre du droit pénal et en l'occurrence celui qui porte sur la répression des crimes de droit international pénal. En Afrique comme dans la plupart des pays, il y a différentes conceptions des normes de droit international pénal, lesquelles conceptions varient non seulement entre les Etats, mais aussi entre ceux-ci et les institutions qui incarnent le droit international pénal comme la CPI. Cette disharmonie ne peut qu'affecter la cohérence qui est nécessaire pour une diffusion effective du droit international pénal dans les ordres juridiques internes africains.

240.-Importance de l'adaptation des droits pénaux modernes africains au droit international pénal[1172]. L'articulation entre les ordres juridiques africains et le droit international pénal permettra de vérifier plus aisément l'effectivité de ce dernier dans les Etats concernés. En effet, une exigence de conformité est nécessaire pour limiter les risques de distorsion dans la mise en œuvre des normes internationales pénales. La vérité est qu'une cohérence normative est favorable à l'épanouissement d'un rapport de

---

[1171] Cette compatibilité philosophique a été démontrée dans le chapitre 1 du titre II de la Première partie.

[1172] Pour comprendre l'intérêt d'adapter le droit interne au droit international pénal voir AKTYPIS Spyridon, « L'adaptation du droit pénal français au Statut de la Cour pénale internationale : Etat des lieux », *in Droits fondamentaux,* n°7, janvier 2008-décembre 2009, www.droits-fondamentaux.org, 35 p.

système entre les ordres juridiques modernes africains et le droit international pénal.

Au-delà de l'aspect purement fonctionnel du système international pénal, l'impératif de justice milite en faveur d'une harmonisation de l'application du droit international pénal. Il serait en effet inconcevable que la répression des crimes qui heurtent la conscience humaine tout entière soit source d'injustice d'une part pour les criminels s'ils se voyaient infliger des sanctions plus sévères que celles prévues par le Statut de Rome par exemple et d'autre part pour les victimes, si ceux-ci ne bénéficiaient pas effectivement des droits prévus par les normes internationales pénales[1173].

Toutefois, en ce qui concerne précisément l'impératif de justice et d'équité, un problème se pose au sujet de l'application des droits traditionnels africains, soit parce qu'ils apparaissent comme étant trop sévères, comme c'est le cas avec le droit musulman, soit qu'ils fassent preuve d'une indulgence extrême qui frise le laxisme, comme c'est le cas avec le droit coutumier de l'Afrique sub-saharienne. Seulement, il semble que dans l'impossibilité de faire table rase des droits traditionnels africains, un certain pragmatisme voudrait que ceux-ci soient exceptionnellement mis en œuvre dans le cadre d'une justice transitionnelle, dont l'objectif est de défendre un idéal au moins aussi important que le droit à savoir la réconciliation nationale. Pourtant, le recours aux droits pénaux traditionnels se fera dans la mesure du possible en tenant compte des exigences du droit international pénal. En effet, dans leurs rapports avec le système international pénal, les Etats africains devront instaurer une cohérence normative non seulement sur le plan du droit pénal substantiel **(SECTION 1)** mais aussi sur le plan du droit pénal procédural **(SECTION 2)**, même si l'articulation portera avant tout sur le droit moderne dont la structuration est proche de celle du droit international pénal.

SECTION 1. La cohérence normative au niveau du droit pénal substantiel

241.-Notion de droit pénal substantiel. Le droit pénal substantiel est celui qui est axé sur le fond du droit. Il est souvent associé au droit pénal

1173 Il faut en effet considérer que les Etats répriment les crimes de droit international pénal au nom de l'humanité tout entière ; par conséquent, il est important qu'ils puissent mettre en œuvre les mécanismes de répression adoptés par la communauté internationale.

général[1174], dont le domaine de prédilection est la responsabilité pénale avec ses conditions et ses conséquences[1175], et à son complément qui est le droit pénal spécial dont l'objectif est d'étudier de manière méthodique les principales infractions[1176].

Contrairement à l'approche ancienne[1177], une définition *stricto sensu* du droit pénal se focalise de plus en plus sur son aspect purement matériel ou substantiel pour conclure qu'il fait référence à *« l'ensemble des règles ayant pour objet de déterminer les actes antisociaux, de désigner les personnes pouvant en être déclarées responsables et de fixer les peines qui leur sont applicables »*[1178]. Ainsi, oppose-t-on aujourd'hui le droit pénal (droit pénal substantiel), à la procédure pénale (droit pénal processuel). C'est une classification qui est d'ailleurs retenue par la plupart des systèmes juridiques qui distinguent le code pénal du code de procédure pénale. Une telle différenciation apparait clairement au niveau international pénal, à la lecture des statuts des juridictions pénales internationales ou de leurs règlements de procédure et de preuve.

En ce qui concerne plus précisément l'aspect substantiel du droit pénal, les Etats africains sont tenus d'assurer une certaine coordination dans la conception de l'infraction internationale pénale **(§1)** ; qui sera accompagnée de l'instauration d'une politique commune des peines en matière de crimes de droit international pénal **(§2)**.

1174 Lire MAYAUD Yves, *Droit pénal général*, 4ème édition, PUF, Paris, juillet 2013, 699 p., p.14.

1175 DREYER Emmanuel, *Droit pénal général*, 2ème édition, LexisNexis, Paris, août 2012, 1228 p., p.136.

1176 Voir notamment, DANTI-JUAN Michel, PRADEL Jean, *Droit pénal spécial*, 5ème édition, Cujas, Paris, septembre 2010, 730.p. ; MALABAT Valérie, *Droit pénal spécial*, 6ème édition, Dalloz, Paris, septembre 2013, 584 p. ; RASSAT Michèle-Laure, *Droit pénal spécial, Infractions du Code pénal*, 6ème édition, Dalloz, Paris, août 2011, 1295 p. Pour cette dernière, *« le droit pénal spécial est la branche des sciences criminelles qui traite de la spécificité de chacune des infractions incriminées dans un ordre juridique donné »*, voir *op.cit.*, p.1.

1177 Certains auteurs ont eu une conception *lato sensu* du droit pénal, en disant qu'il faisait référence à *« l'ensemble des règles juridiques qui organisent la réaction de l'Etat vis-à-vis des infractions et des délinquants »* (MERLE Roger, VITU André, *Traité de droit criminel*, 7ème édition, Cujas, Tome I, Paris, octobre 1997, 1068 p., p.211, paragraphe N°142), ou encore à *« l'ensemble des normes juridiques qui règlementent le recours de l'Etat à la sanction pénale »*, ROBERT Jacques-Henri, *Droit pénal général*, 6ème édition, Thémis, PUF, Paris, novembre 2005, 564 p.,p.51.

1178 DESPORTES Frédéric, LE GUNEHEC Francis, *Droit pénal général*, 16ème édition, Economica, Paris, septembre 2009, 1248 p., p.3.

§1. **La coordination dans la conception de l'infraction internationale pénale**

242.-Position du problème. Il est difficile de dire que les Etats ont exactement la même conception de la notion d'infraction en droit pénal. Les ordres juridiques des différents Etats africains n'échappent pas à une telle réalité. Pourtant, la différence de perception à propos des infractions internationales pénales peut avoir des incidences sur l'effectivité du droit international pénal dans les ordres juridiques internes. C'est pourquoi, pour les Etats africains il y a lieu de préconiser un recours à une logique analogue en matière d'incrimination ayant un rapport avec le droit international pénal **(A)**, sans oublier qu'il faudra aussi procéder dans ce domaine à la délimitation du champ d'imputabilité **(B)**.

A- Le recours à une logique analogue en matière d'incrimination de droit international pénal

243.-Plan. En droit pénal substantiel, l'incrimination est un paramètre important pour comprendre l'idée qu'un Etat se fait du phénomène criminel et de la nature d'un acte pouvant être considéré comme répréhensible pénalement. C'est pourquoi, le processus d'harmonisation des normes du droit international pénal devrait pousser les Etats africains à s'appuyer sur une logique fondée non seulement sur une définition commune de la notion d'incrimination de droit international pénal **(1)**, mais aussi sur une conception précise de l'acte criminel international **(2)**.

1. La logique fondée sur une définition commune de la notion d'incrimination de droit international pénal

244.-Notion d'incrimination en droit pénal. L'incrimination est le terme que la doctrine préfère utiliser en lieu et place du concept d' *« infraction »* qui a plutôt la faveur du législateur[1179] dans le sens où, ce dernier fait référence à un acte répréhensible pénalement. Jacques-Henri ROBERT dit qu'elle *« est la description, par une norme juridique, d'un comportement dont la réalisation fait encourir une peine principale »*[1180].

[1179] Lire ROBERT Jacques-Henri, *op.cit.*, p.103.

[1180] *Idem.*

Néanmoins, il semble qu'une incrimination n'est en réalité qu'une infraction ayant fait l'objet d'une description. Dans le *« vocabulaire juridique Henri Capitant »*, l'incrimination est *« une mesure de politique criminelle consistant pour l'autorité compétente (en principe le pouvoir législatif) à ériger un comportement déterminé en infraction, en déterminant les éléments constitutifs de celle-ci et la peine applicable »*[1181]. D'une manière générale, l'incrimination porte aussi bien sur la classification des infractions que sur leurs éléments constitutifs. Il est bien entendu qu'en ce qui concerne les infractions de droit international pénal, les Etats africains devront s'accorder sur les différents paramètres qui les entourent.

245.-Classification des infractions internationales pénales et droits pénaux africains. En se référant à la classification du droit interne qui peut prévoir jusqu'à trois catégories d'infractions en fonction de la gravité des faits, à savoir les crimes, les délits et les contraventions[1182], il est possible de dire que le Statut de Rome ne connait que des actes les plus graves entrant dans la catégorie de crimes. D'ailleurs l'article 5 dudit Statut ne vise pas n'importe quel crime, puisque la Cour pénale internationale n'est compétente que pour connaitre des crimes *« qui touchent l'ensemble de la communauté internationale »*[1183]. Ces crimes sont bien connus, il s'agit du crime de génocide, des crimes contre l'humanité, des crimes de guerre et même du crime d'agression[1184]. L'appartenance de ces actes à la catégorie des infractions les plus graves ne fait donc l'objet d'aucune contestation.

Pourtant, la possibilité qu'un crime de droit international pénal puisse faire l'objet d'une correctionnalisation en droit interne est plus qu'une hypothèse d'école. En effet, le législateur français qui est une source d'inspiration pour beaucoup d'ordres juridiques africains, a instauré dans le cadre d'une loi d'adaptation du droit pénal français à l'institution de la CPI[1185], des *« délits de guerre »* à côté des crimes de guerre[1186]. Si par mimétisme une telle tendance se confirmait dans les lois supposées transposer les normes

---

[1181] CORNU Gérard, *Vocabulaire juridique,* Association Henri Capitant, PUF, Quadrige, août 2011, 1079 p., p.532.

[1182] Pour bon nombre d'Etats africains francophones et en l'occurrence les anciennes colonies françaises, cette classification est directement inspirée du droit français (voir article 111-1 du code pénal de la République française).

[1183] Article 5§1 du Statut de la CPI.

[1184] Article 5§1 a, b, c, et d du Statut de la CPI.

[1185] Loi n° 2010-930 du 9 août 2010 portant adaptation du droit pénal à l'institution de la Cour pénale internationale.

[1186] Voir article 7 de la loi n° 2010-930 du 9 août 2010 précitée.

internationales pénales dans les ordres juridiques africains[1187], les risques de distorsion dans la diffusion du droit international pénal seront accrus et il y aura lieu de s'interroger sérieusement sur son effectivité dans les droits internes africains qui pourraient d'ailleurs redéfinir les éléments constitutifs des infractions internationales pénales.

246.-Eléments constitutifs des infractions internationales pénales et droits pénaux africains. Il a existé pendant très longtemps, un débat houleux au sujet des éléments constitutifs d'une infraction[1188]. Une conception étriquée voyait dans l'infraction, une simple violation matérielle d'une obligation légale ou d'un interdit légal[1189]. La conséquence d'une telle approche était l'ignorance de la dimension psychologique qui pouvait expliquer l'état d'esprit du délinquant, dont certains éléments psychiques (trouble mental, contrainte), pouvaient lui permettre de bénéficier d'une exonération totale ou partielle de responsabilité[1190].

Une conception plus large et qui a fait florès, considère au contraire qu'une infraction est une réalité complexe constituée à la fois d'un acte matériel et d'un état d'esprit[1191]. C'est cette conception qui a été retenue par la France[1192] et ses anciennes colonies d'Afrique. Dans les systèmes de *Common Law* et en particulier ceux d'Afrique, un postulat de base voudrait

---

[1187] Il faut tout de même préciser que pour l'instant, les quelques lois de mise en œuvre des dispositions du Statut de Rome dans les ordres juridiques africains se sont pour la plupart contentées soit de renvoyer audit Statut les définitions des crimes internationaux les plus graves, soit de reprendre *in extenso* les définitions des infractions telles que retenues par ledit Statut. Pour une définition *in extenso*, voir en Afrique du Sud, les dispositions de l'*Implementation of the Rome Statute of the International Criminal Court Act* 27 de 2002 (Schedule 1, part 1, part 2 and part 3) ; au Burkina Faso, les articles 16 à 19 de la loi n°052-2009/AN du 03 décembre 2009 portant détermination des compétences et de la procédure de mise en œuvre du Statut de Rome relatif à la Cour pénale internationale par les juridictions burkinabè ; à l'Union des Comores, les articles 17 à 20 de la loi n°11-022/AU du 13 décembre 2011 portant mise en œuvre du Statut de Rome. Pour les renvoies au Statut de Rome, voir au Kenya l'article 6-4 de l'*International Crimes Act* de 2008 et en Ouganda les articles 7, 8 et 9 de l'*International Criminal Court Act* de juin 2010.

[1188] PRADEL Jean, *Droit pénal comparé*, 3ème édition, Dalloz, 2008, 892 p., p.62.

[1189] *Ibid.*

[1190] Sur la question voir notamment, MERLE Roger et VITU André, *Traité de droit criminel, op. cit.*, n°383.

[1191] Une thèse intermédiaire aux deux théories présentées a été défendue notamment par AMBOS Kaï, « Réflexions sur la théorie française de l'infraction pénale du point de vue allemand », *in Vers un nouveau procès pénal.* Neue Wege des Strafprozesses, LEBLOIS-HAPPE Jocelyne (dir.), Société de législation comparée, colloques. Vol. 9, 2008, p.147ss.

[1192] Lire BOULOC Bernard, *Droit pénal général*, 20ème édition, Dalloz, 2007, n°210 et s.

qu'il *« existe un principe cardinal du droit criminel, exprimé par la maxime « Actus non facit reum nisi mens sit rea » »* (un acte ne rend une personne légalement coupable à moins que son esprit soit également blâmable)[1193]. Ainsi, la *Common Law* a pris pour habitude de considérer comme éléments constitutifs de l'infraction, d'une part l'*actus reus* (élément matériel) et d'autre part la *mens rea* (élément psychologique).

Une telle approche a été reprise par les instances internationales pénales[1194], à telle enseigne qu'il est possible d'affirmer que la plupart des droits pénaux africains de tradition *Common Law,* comme au fond ceux de culture romano-germanique, sont en phase avec le droit international pénal en ce qui concerne les éléments constitutifs des crimes internationaux. D'ailleurs, les articles 8 des différentes lois de transposition du Statut de Rome au Burkina Faso et aux Comores prévoient que nul n'est responsable et ne peut être puni d'un crime auxquelles elles se réfèrent *« que si l'élément matériel du crime est commis avec intention et connaissance »*[1195].

L'élément matériel d'un crime de droit international pénal porte sur une attitude criminelle, même s'il peut aussi être lié à ses conséquences ou aux circonstances et au contexte qui l'entourent. Par contre, l'élément psychologique fait référence à l'état d'esprit de celui à qui l'on impute l'acte répréhensible.

L'adoption par les Etats africains d'une conception unique des éléments des crimes de droit international pénal, en rapport par exemple avec le Statut de la CPI aura pour avantage de vérifier si les différents ordres juridiques concernés perçoivent effectivement les infractions internationales pénales telles qu'elles découlent des articles 6, 7, et 8 dudit Statut. Une telle démarche est très importante pour avoir une certaine clarification dans la définition des crimes internationaux. Pour bien s'en rendre compte, il suffit, à l'instar d'Olivier DE FROUVILLE[1196], de prendre l'exemple du *« meurtre »* qui peut rentrer dans la catégorie de génocide, de crime contre l'humanité, de crime de guerre dans un conflit armé interne, ou encore être qualifié

1193 Voir King's Bench, Case of *Younghusband v. Luftig,* (1949), 2KB, 354, 370.

1194 DE FROUVILLE Olivier, *Droit international pénal, Sources, Incriminations, Responsabilité,* Editions A. PEDONE, Paris, mars 2012, 523 p. p.73.

1195 Voir les articles 8 respectivement de la loi n°052-2009/AN portant détermination des compétences et de la procédure de mise en œuvre du Statut de Rome relatif à la Cour pénale internationale par les juridictions burkinabè et la loi comorienne n°11-022/AU du 13 décembre 2011, portant mise en œuvre du Statut de Rome aux Comores.

1196 DE FROUVILLE Olivier, *op. cit.,* p.73ss.

d'*« homicide intentionnel »* dans la catégorie de crime de guerre dans un conflit armé international.

Le but de la démonstration est de prouver qu'un acte peut être qualifié différemment selon les circonstances. Ainsi, un génocide par meurtre est établi si l'auteur a tué une ou plusieurs personnes appartenant à un groupe national, ethnique, racial ou religieux, avec la ferme intention de détruire en tout ou même en partie le groupe visé et en particulier si l'attitude criminelle était liée à une série d'actes visant à détruire ledit groupe[1197].

Un crime contre l'humanité par meurtre, renvoie à l'acte d'un auteur qui a tué une ou plusieurs personnes lorsque, son attitude s'inscrivait dans le cadre d'une attaque généralisée ou systématique dirigée contre une population civile, et s'il avait connaissance d'une telle attaque[1198].

Le meurtre constitutif de crimes de guerre dans un conflit armé interne (violation de l'article 3 commun aux Conventions de Genève) est établi lorsque l'auteur a tué en connaissance de cause, une ou plusieurs personnes alors que ladite ou lesdites personnes étaient hors de combat ou considérées comme civiles, ou appartenant au personnel sanitaire ou religieux ne participant pas à un conflit armé interne dont l'auteur avait connaissance[1199].

L' *« homicide intentionnel »*[1200] rentre dans la catégorie de crime de guerre dans un conflit armé international (infraction grave aux Conventions de Genève), dès lors que l'auteur a tué en connaissance de cause, une ou plusieurs personnes, lorsque celles-ci étaient sous la protection d'une ou plusieurs Conventions de Genève de 1949, à l'occasion d'un conflit armé international dont l'auteur connaissait l'existence[1201].

Si les Etats africains doivent absolument s'accorder sur la détermination des éléments constitutifs d'une infraction, c'est parce que cette phase est cruciale en matière de crimes internationaux, car ce n'est qu'après une telle opération qu'il sera possible de dégager une conception précise de l'acte criminel international.

[1197] Article 6(a)du Statut de la CPI, génocide par meurtre.

[1198] Article 7§1(a) du Statut de la CPI, crime contre l'humanité par meurtre.

[1199] Article 8§2(c)i) du Statut de la CPI, crime de guerre par meurtre dans le cadre d'un conflit armé non international.

[1200] Dans la plupart des législations l' *« homicide intentionnel »* est qualifié de meurtre lorsqu'il n'est pas exécuté avec préméditation, dans le cas contraire, on parlera d'assassinat.

[1201] Article 8§2(a)i) du Statut de la CPI, crime de guerre par homicide volontaire dans un conflit armé international.

2. La logique basée sur une conception précise de l'acte criminel international

247.-« Chapeau » et « crimes sous-jacents ». L'acte criminel international peut souvent être confondu avec une infraction ordinaire prévue par le droit national. Parfois, c'est un juge politisé qui peut entretenir la confusion pour servir une finalité qui échappe à la règle de droit. Ainsi, en Côte d'Ivoire par exemple, si la CPI avait très tôt émis le souhait que Simone Gbagbo soit poursuivie pour des crimes contre l'humanité[1202] commis à l'occasion des violences postélectorales entre le 16 décembre 2010 et le 12 avril 2011, une Cour d'assises de son pays l'avait dans un premier temps, condamnée le 10 mars 2015 à vingt ans de prison pour *« attentat contre l'autorité de l'Etat, participation à un mouvement insurrectionnel et trouble à l'ordre public »*[1203]. La décision de ne retenir que de telles infractions contre l'ancienne première dame de Côte d'Ivoire était juridiquement contestable mais politiquement compréhensible car les autorités ivoiriennes considéraient alors sans doute que, l'évocation des crimes contre l'humanité risquait de susciter de vieux ressentiments pouvant mettre en exergue l'aspect ethnique ou religieux du conflit qu'a connu le pays[1204]. Cette forme de manœuvre peut expliquer en partie la rareté de la jurisprudence africaine portant directement sur la répression des crimes internationaux les plus graves. Toutefois, il faut préciser que malgré quelques controverses, un procès pour crimes contre l'humanité dirigé contre Simone Gbagbo s'est ouvert devant la Cour d'Assises d'Abidjan le 31 mai 2016[1205] ; même si elle a été acquittée pour ces chefs d'accusation le 28 mars 2017[1206].

[1202] Un mandat d'arrêt de la CPI a été émis sous scellés le 29 février 2012 (levée des scellés le 22 novembre 2012) contre Simone Gbagbo pour crimes contre l'humanité.

[1203] Sur le sujet, lire le jounal le *Monde*, « Côte d'Ivoire : l'ex-première dame Simone Gbagbo condamnée à vingt ans de prison », 10 mars 2015, sur le site internet http://www.lemonde.fr/afrique/article/2015/03/10/cote-d-ivoire-l-ex-premiere-dame-simone-gbagbo-condamnee-a-vingt-ans-de-prison_4590293_3212.html

[1204] Il faut tout de même préciser qu'un jugement de Simone Gbagbo pour crimes contre l'humanité et crimes de guerre devant une cour d'assises ivoirienne était déjà annoncé pour le 25 avril 2016. Sur le sujet, voir notamment l'article « Simone Gbagbo devant la Cour d'assises le 25 avril », 19 mars 2016, http://news.abidjan.net/h/586615.html

[1205] Sur le sujet, consulter l'article « Côte d'Ivoire : les avocats de Simone Gbagbo suspendent leur participation au procès », 24 octobre 2016, http://www.lemonde.fr/afrique/article/2016/10/24/

[1206] Lire notamment, «Côte d'Ivoire : Simone Gbagbo acquittée de crime contre l'humanité », Libération avec AFP, 28 mars 2017, sur http://www.liberation.fr/planete/2017/03/28/cote-d-ivoire-simone-gbagbo

De son côté, le *« législateur international pénal »*, a pris la précaution de définir avec la plus grande précision les crimes relevant du droit international pénal. Ainsi, la définition des infractions de droit international pénal comprend deux volets. Il y a d'une part un *« chapeau »*, placé en tête de définition qui permet à l'infraction visée de se démarquer des autres crimes[1207], et d'autre part les *« crimes sous-jacents»* qui sont tributaires du *« chapeau »* qui les place dans une catégorie de crime international.

Les *« chapeaux »* qui figurent notamment dans le Statut de Rome[1208] permettent aux juges internationaux, mais aussi aux juges internes de donner aux crimes sous-jacents une qualification de l'infraction en phase avec le droit international. Ceci a pour effet de limiter tout risque de confusion à l'occasion de la diffusion des normes internationales pénales et d'éviter toute qualification erronée d'un fait illicite susceptible d'appartenir selon les circonstances, à des catégories différentes d'infractions. Pourtant, en transposant le Statut de Rome dans leurs ordres juridiques respectifs, les législateurs burkinabè et comorien, après avoir repris le chapeau de l'article 6 du Statut de Rome définissant le génocide, ont considéré qu'en plus de la destruction en partie ou en totalité de tout groupe national, ethnique, racial ou religieux, pouvait être pris en compte la destruction de tout groupe *« déterminé à partir de tout autre critère arbitraire »*[1209] pour qualifier l'infraction de génocide ; ce qui dans les faits pourrait conduire le juge répressif national à dégager des qualifications juridiques complètement en déphasage avec le droit international pénal. Peut-on en effet considérer par exemple que l'élimination en tout ou en partie de groupes d'opposants politiques puisse être considérée automatiquement comme un génocide ? En principe non. C'est d'ailleurs une question que les législateurs burkinabè et

---

1207 Il a été démontré que le meurtre par exemple peut être qualifié de génocide, de crime contre l'humanité, de crime de guerre, s'il n'est tout simplement pas rangé dans la catégorie de crime de droit commun.

1208 Voir entre autres les chapeaux des articles 6 : *« Aux fins du présent Statut, on entend par crime de génocide l'un quelconque des actes ci-après commis dans l'intention de détruire, en tout ou en partie, un groupe national, ethnique, racial ou religieux, comme tel : ... »* et 7 : *« Aux fins du présent Statut, on entend par crime contre l'humanité l'un quelconque des actes ci-après lorsqu'il est commis dans le cadre d'une attaque généralisée ou systématique lancée contre toute population civile et en connaissance de cette attaque : ... »*.

1209 Les articles 16 et 17 respectifs des lois de mise en œuvre du Statut de Rome au Burkina Faso (3 décembre 2009) et à l'Union des Comores (13 décembre 2011) disposent que *« constitue un génocide (...), l'un quelconque des actes ci-après commis dans l'intention de détruire, en tout ou en partie et comme tel un groupe national, ethnique, racial ou religieux ou un groupe déterminé à partir de tout autre critère arbitraire (...) »*

comorien auraient dû se poser afin d'éviter tout risque d'interprétation erronée du Statut de Rome dans leurs ordres juridiques respectifs.

Les *« chapeaux »* et les *« crimes sous-jacents »* apparaissent donc comme des sortes de garde-fous évitant aux Etats de s'éloigner de la définition internationale de l'acte criminel ; d'autant plus que l'élément psychologique de l'infraction en droit international pénal semble avoir une importance particulière.

248.-Importance de l'élément psychologique de l'infraction internationale pénale et droits pénaux africains. Il a déjà été dit que l'élément psychologique est un élément déterminant pour la qualification d'une infraction internationale pénale. Il est vrai que la plupart des législations modernes et notamment africaines qu'elles soient d'inspiration *Common Law* ou de tradition romano-germanique, reconnaissent elles aussi l'importance que revêt la conscience du délinquant dans la définition d'un acte criminel[1210]. Jean PRADEL est persuadé que tous les systèmes juridiques contemporains considèrent, même en l'absence de disposition expresse, que l'élément psychologique est une nécessité pour qualifier certaines infractions[1211].

Toujours est-il que pour les Etats africains fortement influencés par le modèle libéral insufflé par les anciennes puissances coloniales, en dehors des cas d'imprudence ou de négligence, toute infraction doit reposer sur l'intention du délinquant[1212]. Cette intention ou dol *« est la conscience de l'illicéité de l'acte et la volonté de l'accomplir cependant en vue d'obtenir le résultat prohibé »*[1213]. Le dol repose donc sur *« la conscience et la volonté infractionnelles »*[1214]. Seulement, la précision est de rigueur quant à la définition même du concept de dol, car il peut être général ou spécial, simple ou aggravé.

Si en droit international pénal la conception de l'acte criminel semble être suffisamment claire et précise, c'est parce qu'il est pris en compte deux

---

[1210] Sur la question voir PRADEL Jean, *Droit pénal comparé*, 3ème édition, Dalloz, Paris, octobre 2008, 892 p., p.90ss.

[1211] PRADEL Jean, *op. cit.*, p.92.

[1212] Voir notamment l'article 74 alinéa 2 du code pénal camerounais qui dispose : *« Est pénalement responsable celui qui volontairement commet les faits caractérisant les éléments constitutifs d'une infraction avec l'intention que ces faits aient pour conséquence la réalisation de l'infraction ».* Voir dans le même sens l'article 9 du code pénal kenyan et l'article 8 du code pénal ougandais.

[1213] *Ibid.*

[1214] MERLE Roger, VITU André, *op. cit.*, n°579.

éléments essentiels. D'une part, il y a les capacités mentales du criminel dont l'esprit de discernement peut permettre d'évaluer sa *« faculté de comprendre le caractère délictueux ou la nature de son comportement »*[1215]. D'autre part, il doit exister chez le criminel, une certaine disposition d'esprit permettant d'établir sa culpabilité. Cette disposition d'esprit ou *mens rea*, constitue la plupart du temps un dol général ; avec comme particularité le fait qu'un délinquant manifeste l'intention de commettre un acte répréhensible dont il connait les conséquences. C'est un paramètre important pour déterminer le caractère criminel d'un acte ainsi que la responsabilité pénale de son auteur. Ainsi, les articles 8(1) et 9(1) respectivement des codes pénaux ougandais et kenyan précisent que : *« a person is not criminally responsible for an act or omission which occurs independently of the exercise of his will, or for an event which occurs by accident »*.

Au demeurant, le Statut de Rome fait clairement référence au dol général lorsqu'il dispose que *« nul n'est pénalement responsable et ne peut être puni à raison d'un crime relevant de la compétence de la Cour que si l'élément matériel du crime est commis avec intention et connaissance »*[1216].

Dans les droits pénaux modernes africains, comme dans la plupart des systèmes répressifs, le dol général est une notion protéiforme, car il peut être direct, indirect ou éventuel. Le dol direct, ou dol direct de premier degré (*direct* ou *immediate intent* pour les pays anglophones) suppose que l'infraction s'est réalisée selon les vœux de son auteur, car celui-ci a par exemple voulu tuer sa victime lorsqu'il lui a tiré une balle dans la tête.

Le dol indirect ou dol direct de second degré (en anglais *oblique intent*), implique qu'un crime est la conséquence certaine d'une infraction qu'un criminel a eu l'intention de commettre. Celui-ci peut par exemple avoir acheminé et abandonné en plein désert, un groupe de personnes malades avec

---

[1215] Article 31 du Statut de Rome.

[1216] Il s'agit plus exactement de l'article 30§1 du Statut de Rome dont le contenu intégral est le suivant : Elément psychologique *« 1. Sauf disposition contraire, nul n'est pénalement responsable et ne peut être puni à raison d'un crime relevant de la compétence de la Cour que si l'élément matériel du crime est commis avec intention et connaissance.*

2. Il y a intention au sens du présent article lorsque :

a) Relativement à un comportement, une personne entend adopter ce comportement ;

b) Relativement à une conséquence, une personne entend causer cette conséquence ou est consciente que celle-ci adviendra dans le cours normal des événements.

3. Il y a connaissance, au sens du présent article, lorsqu'une personne est consciente qu'une circonstance existe ou qu'une conséquence adviendra dans le cours normal des événements. « Connaître » et « en connaissance de cause » s'interprètent en conséquence ».

la pleine conscience qu'ils n'auront aucune chance de survie et avec l'intention de les laisser mourir[1217]. Il peut aussi avoir séquestré dans une habitation isolée des personnes grièvement blessées sans soin, tout en sachant que celles-ci succomberaient à leurs blessures et avec l'intention de les tuer.

Quant au dol éventuel, il repose sur la conscience du risque que l'auteur prend lorsqu'il adopte un comportement dont la conséquence peut être la survenue d'une infraction. Ici le fait incriminé est tout simplement probable mais l'auteur en est conscient et il en accepte l'éventualité. Son acte peut consister par exemple, à obliger une population à entreprendre un déplacement à travers le désert, tout en sachant que la rudesse du climat condamne les déplacés à une mort éventuelle et qu'effectivement ils soient retrouvés morts. Il est très souvent évoqué aussi l'hypothèse d'un tortionnaire qui sachant que sa victime a un problème cardiaque poursuit les sévices au point où celle-ci décède[1218]. Il est possible que l'intention du tortionnaire ne fût pas de causer la mort de sa victime, pourtant il est difficile d'affirmer que l'auteur n'était pas conscient des risques qu'il prenait ou de la survenance d'une mort éventuelle.

Il semble que le dol éventuel reconnu en droit interne ait été adopté par les tribunaux pénaux *ad hoc* comme cela a pu ressortir des termes des affaires *Tadić*[1219] et *Blaškić*[1220]. Néanmoins, la position du Statut de Rome sur

---

[1217] Pendant le procès de Nuremberg, la déportation et l'extermination des juifs morts parfois par manque de soin et de nutrition a pu être qualifié de crime contre l'humanité, même si du point de vue juridique, la qualification la plus pertinente aurait dû être le génocide, étant donné que les crimes perpétrés visaient à détruire une communauté raciale ou ethnique. Sur la question voir SCHLÜCHTER Stéphanie, « Le procès de Nuremberg et les autres procès des camps de concentration d'Allemagne de l'ouest », *in* CLERC Jean-Benoît, *Analyses critiques et réfutations systématiques d'un opuscule négationniste, L'Holocauste au scanner de Jürgen Graf,* Collège de Grambach, Fribourg, 2003, 146 p., pp.135-143.

[1218] Voir notamment DE FROUVILLE Olivier, *op. cit.*, p.76.

[1219] La Chambre d'appel du TPIY a condamné Tadić car, elle était persuadée que celui-ci n'ignorait pas que les agissements du groupe dont il était membre étaient susceptibles de provoquer le décès de plusieurs personnes d'où l'idée d'entreprise criminelle commune qui suppose une prise de risque quant au sort réservé à certaines personnes ; TPIY, *Tadić*, Chambre d'appel, Arrêt, 15 juillet 1999.

[1220] Dans l'affaire *Blaškić,* la Chambre de première instance du TPIY a décidé que *« toute personne qui, en ordonnant un acte, sait qu'il y a un risque que des crimes soient commis et accepte de prendre ce risque, manifeste le niveau d'intention nécessaire (le dol éventuel) pour voir sa responsabilité engagée pour avoir ordonné, planifié ou incité à commettre ces crimes »*. Mais, dans la même affaire, le juge d'Appel, souligne le fait qu'il est important que l'auteur ait eu conscience de la *« réelle probabilité »* qu'un crime serait commis. Voir TPIY, *Blaškić*, 3 mars 2000 (Chambre de première instance) et 29 juillet 2004 (Chambre d'appel).

la question manque de précision. Dans leur lecture de l'article 30 dudit Statut, les chambres préliminaires I[1221] et III[1222] de la CPI admettent l'existence d'un *dolus eventualis*. Par contre, la Chambre préliminaire II de la même juridiction, se focalisant sur une analyse littérale de l'article 30 du Statut de Rome, refuse de reconnaitre l'idée d'un dol éventuel devant la CPI[1223].

La cacophonie qui règne au sein de la CPI, en ce qui concerne la prise en compte du *dolus enventualis*, n'est pas de nature à faciliter le rôle du juge national qui voudrait s'inspirer de la jurisprudence internationale pour mieux réprimer les crimes internationaux, d'autant plus qu'à côté d'un dol général, il peut être amené à statuer sur un dol spécial.

Le dol spécial est lié à un préjudice précis et à une intention criminelle spécifique[1224]. Ici, c'est un dessein particulier qui guide le criminel[1225] comme lorsque ses actes visent à détruire en tout ou en partie un groupe national, ethnique, racial ou religieux[1226], actes qualifiés alors de génocide. Les disparitions forcées auront notamment pour objectif de soustraire les victimes à *« la protection de la loi pendant une période prolongée »*[1227], de même que l'extermination peut être liée à l'instauration des conditions de vie dont l'objectif est de provoquer *« la destruction d'une partie de la population »*[1228]. Une infraction telle que la grossesse forcée peut être commise tout simplement

---

1221 Sur la reconnaissance du dol éventuel devant la CPI, voir Chambre préliminaire I, *Situation en République Démocratique du Congo, Le procureur c. Thomas Lubanga Dyilo*, Décision sur confirmation des charges, n°ICC-01/04-01/06, §§ 349 et s ; *Germain Katanga et Mathieu Ngudjolo Chui*, Décision sur confirmation des charges du 30 septembre 2008.

1222 Voir Chambre préliminaire III, *Situation in the Central African Republic, The Prosecutor v. Jean-Pierre Bemba Gombo,* Decision on the Prosecutor's Application for a Warrant of Arrest against Jean-Pierre Bemba Gombo, 10 June 2008, §82. Il ressort de cette decision que: *« The Chamber is further of the opinion that there are reasonable grounds to believe that, considering the factual circumstances, Mr Jean-Pierre Bemba knew that, in such a climate of impunity, sending his troops to the CAR would lead in the normal course of events to the commission of crimes such as those described in paragraphs 29 to 68 of this Decision. Mr Bemba took this risk as a result of his decision to send MLC Combatants to the CAR and to keep them despite being aware that crimes had been committed ».* Cité par Olivier DE FROUVILLE, *op. cit.*, p.77.

1223 Voir, le *Procureur c. Jean-Pierre Bemba Gombo,* Décision sur la confirmation des charges, 15 juin 2009, §§ 360-369.

1224 Pour des exemples de dol spécial voir, DE FROUVILLE Olivier, *op. cit.*, p.77.

1225 PRADEL Jean, *op. cit.*, p.95.

1226 Article 6 du Statut de Rome.

1227 Article 7§2(i) du Statut de Rome.

1228 Article 7§2(b) du Statut de Rome.

dans le dessein final de *« modifier la composition ethnique d'une population »*[1229].

Il apparait clairement que l'intention est très souvent sous-jacente dans la commission d'un crime. Pourtant, cette intention varie la plupart du temps dans son intensité, au point où l'on oppose en général le dol simple au dol aggravé[1230]. Dans les pays de droit romano-germanique, le dol simple est celui qui est par exemple retenu pour un meurtre ordinaire, alors que le dol aggravé poussera le juge à retenir la qualification de meurtre avec préméditation c'est-à-dire l'assassinat. Aussi, dans la *Common Law,* on parlera de meurtre au premier degré (assassinat) dans le second cas et de meurtre au second degré dans la première hypothèse (meurtre sans préméditation).

En droit international pénal, il est difficile de rentrer dans l'opposition dol simple et dol aggravé, car il faut considérer comme étant grave en soi, le fait d'inscrire un acte intentionnel dans la réalisation d'un génocide, d'un crime de guerre, ou d'un crime contre l'humanité. Pourtant, un crime programmé par une *« intelligence réfléchie »,* devrait toujours être plus rigoureusement sanctionné qu'un acte criminel basé sur une folie spontanée qui est parfois collective.

Au-delà du dol qui repose sur une intention dont l'intensité est plus ou moins importante, il existe la notion de faute par négligence ou par imprudence qui peut être à l'origine d'une infraction pénale[1231]. La formule qui voudrait qu'une infraction soit consommée *« en cas de faute d'imprudence, de négligence ou de manquement à une obligation de prudence ou de sécurité prévue par la loi ou le règlement »*[1232], a été transposée en droit international pénal, en ce qui concerne notamment la responsabilité du supérieur hiérarchique. Ainsi, même en l'absence d'intention criminelle la responsabilité pénale de ce dernier peut être engagée, s'il n'a pas pris toutes les mesures nécessaires pour empêcher la commission par ses subordonnés des crimes dont il connaissait l'éventualité. C'est ce qui ressort de l'article

[1229] Article 7§2(f) du Statut de Rome.

[1230] PRADEL Jean, *op. cit.,* p.96.

[1231] L'article 51 du code pénal togolais prévoit par exemple que : *« quiconque par négligence, défaut d'adresse ou de précaution, infraction à des règlements de sécurité aura involontairement causé un homicide sera puni de deux mois à trois ans d'emprisonnement ou d'une amende de 50 000 à 1 000 000 de francs ».* Voir dans le même sens l'article 307 du code pénal sénégalais et l'article 52 du code pénal de la République Démocratique du Congo.

[1232] Formule empruntée à l'article 121-3 du code pénal français.

28[1233] du Statut de Rome qui prévoit aussi la sanction d'un supérieur qui a *« délibérément négligé»* de prendre en compte des renseignements l'informant de la commission d'actes criminels par ses subordonnés. La jurisprudence internationale utilise très souvent la formule *« aurait dû savoir »* pour souligner le fait que la personne poursuivie a fait preuve d'une négligence qui est la cause de l'acte incriminé[1234].

Dans la tradition *Common Law,* la négligence est très souvent associée à l'imprudence comme il est possible de le constater dans le code pénal kenyan, qui prévoit dans son chapitre XXIII, l'infraction d'imprudence et de négligence criminelles *(criminal recklessness and negligence)*[1235]. Pourtant, il

---

[1233] Article 28 du Statut de Rome : **Responsabilité des chefs militaires et autres supérieurs hiérarchiques.**
« Outre les autres motifs de responsabilité pénale au regard du présent Statut pour des crimes relevant de la compétence de la Cour :
a) Un chef militaire ou une personne faisant effectivement fonction de chef militaire est pénalement responsable des crimes relevant de la compétence de la Cour commis par des forces placées sous son commandement et son contrôle effectifs, ou sous son autorité et son contrôle effectifs, selon le cas, lorsqu'il ou elle n'a pas exercé le contrôle qui convenait sur ces forces dans les cas où :
i) Ce chef militaire ou cette personne savait, ou, en raison des circonstances, aurait dû savoir, que ces forces commettaient ou allaient commettre ces crimes ; et
ii) Ce chef militaire ou cette personne n'a pas pris toutes les mesures nécessaires et raisonnables qui étaient en son pouvoir pour en empêcher ou en réprimer l'exécution ou pour en référer aux autorités compétentes aux fins d'enquête et de poursuites ;
b) En ce qui concerne les relations entre supérieur hiérarchique et subordonnés non décrites au paragraphe a), le supérieur hiérarchique est pénalement responsable des crimes relevant de la compétence de la Cour commis par des subordonnés placés sous son autorité et son contrôle effectifs, lorsqu'il ou elle n'a pas exercé le contrôle qui convenait sur ces subordonnés dans les cas où :
i) Le supérieur hiérarchique savait que ces subordonnés commettaient ou allaient commettre ces crimes ou a délibérément négligé de tenir compte d'informations qui l'indiquaient clairement ;
ii) Ces crimes étaient liés à des activités relevant de sa responsabilité et de son contrôle effectifs ; et
iii) Le supérieur hiérarchique n'a pas pris toutes les mesures nécessaires et raisonnables qui étaient en son pouvoir pour en empêcher ou en réprimer l'exécution ou pour en référer aux autorités compétentes aux fins d'enquête et de poursuites ».
[1234] Voir, CPI, Chambre préliminaire I, *Situation en République Démocratique du Congo, Le Procureur c. Thomas Lubanga Dyilo,* Décision sur la confirmation des charges, §§356-360.
[1235] Parlant du *criminal recklessness and negligence,* l'article 243 du code pénal kenyan fait référence à *« Any person who, in a manner so rash or negligent as to endanger human life or to be likely to cause harm to any other person -».*

existe bien une différence de degré entre la négligence et la *recklessness*. La négligence a pour effet de commettre des actes irréfléchis, alors que dans la *recklessness*, l'auteur est conscient du risque qu'il prend sans toutefois être prêt à en assumer les conséquences[1236].

Finalement, la négligence ou l'imprudence est une simple cause d'une infraction qui sera bel et bien consommée. Une autre cause de l'infraction à savoir le mobile est sans incidence sur l'intention criminelle[1237]. Le mobile est en effet la raison qui pousse par exemple l'auteur à tuer, sans que cela n'ait aucune incidence sur la qualification de l'infraction, même s'il peut influer sur la fixation de la peine à titre de circonstance atténuante ou aggravante. Le juge international pénal a, notamment dans l'affaire *Tadić II*, insisté sur le fait que le mobile ne devait pas être pris en compte pour la qualification d'un acte international pénal[1238] de même qu'il est évident qu'il n'aura aucune influence sur la détermination du champ d'imputabilité.

B- La délimitation du champ d'imputabilité

249.-Signification. L'imputabilité a tiré de son étymologie, une signification assez simple. Elle dérive en effet du verbe latin *« imputare »*, qui veut dire *« attribuer »* ou *« porter au compte de »*. Imputer un acte à une personne c'est lui en faire endosser la responsabilité juridique[1239]. Dans tous les systèmes répressifs, il existe un principe de l'imputabilité de la responsabilité pénale aux personnes physiques. En ce qui concerne les personnes morales, les solutions varient considérablement selon les Etats, les uns l'admettant et les autres l'excluant. Le Statut de Rome a par rapport aux droits nationaux, une conception très étriquée de la responsabilité pénale, car il a exclu toute imputabilité non seulement à l'égard des personnes morales mais aussi au sujet des mineurs.

[1236] Olivier DE FROUVILLE (*op. cit.*, p.79.) reprend l'exemple très connu, d'un conducteur imprudent, qui sûr de lui roule à vive allure dans une zone d'habitation jusqu'à ce qu'il percute et tue un riverain. L'auteur a agi avec imprudence tout en ayant la conscience du risque (ce qui fait défaut à la personne négligente), même s'il n'était pas prêt à l'assumer.

[1237] L'article 75 du code pénal camerounais prévoit que : *« L'ignorance de la loi et le mobile n'influent pas sur la responsabilité pénale »*.

[1238] TPIY, *Tadić*, Chambre d'appel, Arrêt, 15 juillet 1999, §238ss.

[1239] Voir LEROY Jacques, *Droit pénal général*, 4ème édition, LGDJ, Lextenso éditions, Paris, 2012, 574 p., p.255.

250.-Imputation de principe de la responsabilité pénale aux personnes physiques. Depuis sa mise sur pied, le droit pénal a toujours été conçu comme un corps de règles visant à réprimer des actes répréhensibles commis par des personnes physiques. Ainsi, la responsabilité pénale des individus s'est-elle imposée au fil des siècles, comme une évidence au sein de tous les ordres juridiques répressifs. Il faut souligner que les droits africains ne font pas exception en la matière[1240]. Pour l'imputabilité des individus, l'on retiendra généralement l'idée de l'infraction directe, physique et personnelle, ou d'infraction indirecte lorsque l'imputabilité découle de l'acte d'une autre personne.

En droit international pénal, l'infraction directe et personnelle supposait normalement une participation physique de l'auteur avant que la jurisprudence n'en décide autrement, en reconnaissant qu'un auteur pouvait en fait ne pas avoir participé physiquement au crime qu'on lui impute[1241]. Dans une décision *Gacumbitsi* (§§60-61) rendue le 7 juillet 2006 le TPIR décide que *« in the context of genocide, however, « direct and physical perpetration » need not mean physical killing ; other acts can constitute direct participation in the actus reus of the crime »*[1242].

Ainsi, est-il par exemple possible de dire que la participation d'un individu à une infraction de droit international pénal est à la fois directe et personnelle si l'intéressé a été soit donneur d'ordre soit planificateur[1243] ou a tout simplement indiqué aux exécutants, le moyen le plus efficace de commettre leurs crimes[1244]. Le droit international pénal a ainsi par moment, une définition de l'auteur direct de l'infraction très similaire à celle, sinon de complice, du moins d'auteur indirect dans les législations nationales[1245].

[1240] Lire PRADEL Jean, *op. cit.*, p. 117ss.

[1241] Voir notamment, TPIY, *Vasiljević,* Chambre de première instance, Jugement, 29 novembre 2002, §62 ; TPIR, *Semanza,* jugement, 1999, §383.

[1242] Affaire citée par DE FROUVILLE Olivier, *op. cit.*, p.350.

[1243] Voir TPIR, arrêt *Gacumbitsi* du 7 juillet 2006, §§60-61.

[1244] Sur ce dernier point voir arrêt *Seromba* du 12 mars 2008, §161. Dans cette affaire, le prêtre Athanase Seromba était considéré comme participant direct au génocide des Tutsi alors qu'on lui reprochait d'avoir renseigné un conducteur de bulldozer sur le moyen de détruire un pan de mur de son église de manière à ce qu'il s'effondre directement sur les victimes.

[1245] Voir notamment l'article 46 du code pénal sénégalais qui dispose que : *« seront punis comme complices d'une action qualifiée crime ou délit ceux qui, par dons, promesses, menaces, abus d'autorité ou de pouvoir, machinations ou artifices coupables, auront provoqué à cette action ou donné des instructions pour la commettre. Ceux qui auront procuré des armes, des instruments, ou tout autre moyen qui aura servi à l'action sachant qu'ils devraient y servir. Ceux qui auront, avec connaissance, aidé ou assisté l'auteur ou les auteurs de l'action, dans les*

Il faut cependant préciser que le Statut de Rome fait expressément référence à une commission indirecte de l'infraction par une personne physique. Ainsi, un individu sera-t-il déclaré responsable s'il commet un crime *« par l'intermédiaire d'une autre personne, que cette autre personne soit ou non pénalement responsable »*[1246]. Cette forme de responsabilité est fortement liée à l'idée de *« contrôle sur le crime »*[1247], ou de *« contrôle sur l'organisation »*[1248] ; ce qui permet d'après la CPI d'éviter une confusion entre l'auteur et le complice. Ici, l'auteur indirect se sert de l'auteur direct comme d'un *« pantin »* pour commettre l'infraction ; d'où l'idée de *« perpétrateur derrière le perpétrateur »*[1249].

Toutefois, l'action n'est pas toujours au cœur d'une infraction pénale qui peut aussi être le fait d'une omission ; en particulier, si l'individu concerné avait l'obligation légale d'agir. Ainsi, si une personne détentrice de l'autorité nécessaire s'abstient par exemple de donner à manger et à boire aux prisonniers ou à leur prodiguer des soins, il pourrait être considéré comme responsable *« d'avoir causé intentionnellement de grandes souffrances ou porté des atteintes graves à l'intégrité physique ou à la santé »*[1250]. De même, une autorité militaire doit prendre des mesures pour éviter que ses subordonnés ne commettent des actes dommageables à la sécurité des civils ; faute de quoi, elle pourrait être responsable d' *« omission délibérée »*[1251] étant donné que la responsabilité de son organisation, personne morale, ne pourrait être engagée en droit international pénal.

251.-Non imputation des infractions internationales pénales aux personnes morales. Il est assez surprenant de voir que le droit international pénal qui est pourtant très influencé par la *Common Law*, refuse contrairement à cette dernière, d'admettre l'idée d'une imputation de la responsabilité pénale aux personnes morales. Pourtant, depuis l' *« interpretation act »* de 1889, le

---

faits qui l'auront préparée ou facilitée, ou dans ceux qui l'auront consommée, sans préjudice des peines qui seront spécialement portées par le présent Code contre les auteurs de complots ou de provocations attentatoires à la sûreté de l'Etat, même dans le cas où le crime qui était l'objet des conspirateurs ou des provocateurs n'aurait pas été commis ».

1246 Article 25§1-a du Statut de Rome.

1247 CPI, affaire *Lubanga,* Chambre préliminaire I, Décision du 29 janvier 2007, §339.

1248 CPI, affaire *Katanga/Ngudjolo Chui,* Chambre préliminaire I, 26 septembre 2008, §498.

1249 L'auteur allemand inventeur du concept, à savoir Claus ROXIN a parlé de *« Täter hinter dem Täter »,* ce qui donne en anglais *« perpetrator behind the perpetrator ».*

1250 TPIY, *Mucić, et al,* jugement du 16 novembre 1998, §1123.

1251 TPIY, *Blaškić,* Chambre d'appel, Arrêt, 29 juillet 2004, §668. Sur la responsabilité des chefs militaires, lire l'article 13 de la loi comorienne de mise en œuvre du Statut de Rome du 13 décembre 2011.

législateur anglais a consacré le principe de la responsabilité pénale des personnes morales[1252]. L' *« interpretation act »* sera conforté par la jurisprudence, qui dans trois arrêts de principe datant de 1944[1253], va étendre son domaine aux infractions pénales relevant de la *Common Law*. Ainsi, tous les pays africains de culture juridique britannique ont hérité du principe de la responsabilité pénale des personnes morales, car même au moment des indépendances des anciennes colonies dans les années 1950 et 1960, la *Common Law* britannique a tout simplement pris la forme de la *Common Law* ghanéenne, kenyane, nigériane, tanzanienne, etc.[1254].

Dans les Etats africains de tradition romano-germanique, la situation est plutôt complexe, car la plupart des pays africains francophones par exemple ont hérité de l'ancienne philosophie du droit pénal français qui jusqu'à la loi du 22 juillet 1992[1255] refusait d'admettre l'idée de la responsabilité pénale des personnes morales. Dans beaucoup de pays africains francophones, il était fréquent de considérer qu'il est plus judicieux d'imputer la responsabilité pénale aux dirigeants de personnes morales plutôt qu'à celles-ci qui au demeurant, ne sont que des entités abstraites.

Toutefois, rien n'exclut comme c'est en général le cas, que les Etats africains francophones arriment leurs législations aux principes retenus par le législateur français. D'ailleurs, un pays comme le Togo par exemple, a déjà consacré dans son code pénal (articles 42 et 43) révisé à maintes reprises dans

---

[1252] Voir GEEROMS Sofie, « La responsabilité pénale de la personne morale : Une étude comparative», *in RIDC,* N°3, volume 48, 1996, pp.533-579, pp.536-537.

[1253] Ces trois arrêts de principe sont les suivants : 1) *DDP v. Kent & Sussex Contractors,* Ltd., 1944, KB., 146 ; 2) *R. v. ICR Haulage,* Ltd., 1944, KB, 551 ; 3) *Moore v. Bresler,* Ltd, 1944, 2 AER, 515, V. RICHMAN. J, DRAYOTT A O, *BAKER Stone's Justices' Manuel*, Londres, Butterworth, 1993, cité par GEEROMS, article précité, note de bas de page N°7.

[1254] Sur la question voir VANDERLINDEN Jacques, *Histoire de la Common Law*, Bruylant, 1996, 104 p.

[1255] En effet, en France, ce n'est qu'avec la loi n°92-683 du 22 juillet 1992 portant réforme des dispositions générales du code pénal, qu'une disposition contenue dans le nouvel article 121-2 du code pénal, va admettre la responsabilité pénale des personnes morales. Cet article mis en œuvre dès le 1er mars 1994, date de l'entrée en vigueur du nouveau code pénal français dispose : *« Les personnes morales, à l'exclusion de l'Etat, sont responsables pénalement, selon les distinctions des articles 121-4 à 121-7 et dans les cas prévus par la loi ou le règlement, des infractions commises, pour leur compte, par leurs organes ou représentants.*
Toutefois, les collectivités territoriales et leurs groupements ne sont responsables pénalement que des infractions commises dans l'exercice d'activités susceptibles de faire l'objet de conventions de délégation de service public.
La responsabilité pénale des personnes morales n'exclut pas celle des personnes physiques auteurs ou complices des mêmes faits ».

les années 2000, le principe de la responsabilité pénale des personnes morales[1256], avec la possibilité de leur infliger une *«amende qui peut être portée au quintuple de celle encourue par les personnes physiques»*[1257]. Il s'agit là d'une conception de la responsabilité pénale en déphasage avec le droit international pénal, qui répugne à sanctionner directement les personnes morales. Mais, il faut noter que les lois de transposition du Statut de la CPI au Burkina Faso et aux Comores ne prévoient dans leurs articles 3 que la responsabilité des personnes physiques pour les crimes internationaux les plus graves[1258].

Depuis le Tribunal de Nuremberg, le droit international pénal sanctionne moins les personnes morales que les individus qui se sont abrités derrière elles pour commettre les crimes les plus graves[1259]. En ce qui concerne les Etats, ils ne peuvent être soumis qu'à une responsabilité civile pour fait internationalement illicite telle que prévue par le droit international général[1260]. Malgré les débats engagés depuis quelques années sur la

---

1256 Article 42 du code pénal togolais : *«– Toute personne morale peut être déclarée coupable des infractions commises par ses organes à son seul profit dans les limites de leurs attributions »*.

1257 Article 43 du code pénal togolais : « – *Les peines applicables aux personnes morales sont :*

1-) l'amende qui peut être portée au quintuple de celle encoure par les personnes physiques ;

2-) l'exclusion temporaire ou définitive des marchés publics ou la perte des avantages accordés en application du Code des investissements, qui constituent des peines complémentaires facultatives ;

3-)la fermeture temporaire de l'entreprise ou d'un de ses établissements, qui se substitue à l'emprisonnement;

4-) la dissolution, qui se substitue à la réclusion.

En outre les administrateurs ou gérants qui ont été les instruments de l'infraction commise par la société peuvent être déchus pour cinq ans au plus du droit d'administrer ou gérer une société. Toute autre condamnation que l'amende est publiée au frais de la personne morale condamnée au journal officiel. Le juge peut en outre ordonner la publication de la condamnation dans la presse en application de l'article 41 ».

1258 Lire les articles 3 des lois de transposition du Statut de la CPI du 03 décembre 2009 pour le Burkina Faso et du 13 décembre 2011 pour les Comores.

1259 Sur la responsabilité pénale des individus en rapport avec une personne morale voir l'article 10 du Statut du Tribunal de Nuremberg qui prévoie que : *« Dans tous les cas où le Tribunal aura proclamé le caractère criminel d'un groupe ou d'une organisation, les autorités compétentes de chaque signataire auront le droit de traduire tout individu devant les tribunaux nationaux, militaires, ou d'occupation, en raison de son affiliation à ce groupe ou à cette organisation. Dans cette hypothèse, le caractère criminel du groupe ou de l'organisation sera considéré comme établi et ne pourra plus être contesté »*.

1260 Voir DE FROUVILLE Olivier, *op. cit.*, p.344.

responsabilité des entreprises souvent impliquées dans les violations des droits de l'homme[1261], le Statut de la CPI n'a retenu que la responsabilité pénale des individus, puisqu'il prévoit que *« la Cour est compétente à l'égard des personnes physiques »*[1262], à condition que celles-ci soient âgées de 18 ans au moment de la commission des crimes qu'on leur impute[1263].

252.-Disharmonie quant à l'imputabilité de la responsabilité pénale aux mineurs. Contrairement à la plupart des droits nationaux, le droit de la CPI s'oppose à toute imputation de la responsabilité pénale aux mineurs dont il a fixé l'âge à moins de 18 ans dans l'article 26 du Statut de Rome[1264]. En Afrique, les législations s'accordent en général pour fixer l'âge de la majorité pénale à 18 ans[1265], ce qui n'exclut pas qu'un individu puisse se voir imputer une infraction pénale dès l'âge de 12 ans au Kenya[1266] comme au

---

[1261] Sur la question, voir SCHUTTER Olivier, « Les affaires Total et Unocal : complicité et extraterritorialité dans l'imposition aux entreprises d'obligations en matière de droits de l'homme », *in AFDI,* 2006, pp.55-101.

[1262] Article 25§1 du Statut de Rome.

[1263] Article 26 du Statut de Rome.

[1264] Il est bien de souligner le fait que, même la Convention de New York, du 26 janvier 1990, relative aux droits de l'enfant n'avait pas déterminé le seuil d'âge à partir duquel on pouvait considérer qu'un enfant avait atteint l'âge pouvant ouvrir l'hypothèse d'une responsabilité pénale. Elle s'était contentée dans son article 40§3-a d'affirmer que les Etats parties devaient *« établir un âge minimum au-dessous duquel les enfants seront présumés n'avoir pas la capacité d'enfreindre la loi pénale ».*

[1265] À titre d'exemple, l'article 21 du code pénal malien du 3 août 1961 prévoit que *« La majorité pénale est fixée à 18 ans » ;* mais c'est aussi ce qui ressort de l'article 14 du code pénal kenyan, de l'article 80 du code pénal Camerounais du 12 juin 1967 ou encore, de l'article 140 du code pénal marocain du 26 novembre 1962.

[1266] Article 14 alinéa 2 du code pénal kenyan : *«A person under the age of twelve years is not criminally responsible for an act or omission, unless it is proved that at the time of doing the act or making the omission he had capacity to know that he ought not to do the act or make the omission. ».*

Maroc[1267], de 13 ans au Mali[1268] ou de 14 ans au Cameroun[1269]. Il faut dire que d'une manière générale, la position des législations nationales sur le sort réservé aux mineurs s'étant livrés à la commission des infractions, est assez claire. Au reste, pour les mineurs impliqués dans la commission des crimes internationaux les plus graves, des lois africaines de transposition du Statut de Rome ont préféré s'appuyer sur les dispositions internes de droit commun[1270].

Sur le plan international, la situation était moins précise avant l'avènement du Statut de Rome, même si Olivier DE FROUVILLE est persuadé que le droit international pénal n'excluait pas réellement la responsabilité des mineurs[1271]. Pour justifier son point de vue, il s'appuie d'ailleurs sur le constat émis en 1996 par la Commission du droit international (CDI) sur le fait qu'il n'y avait pas *« en droit international, un seuil d'âge minimum de la responsabilité pénale individuelle »*[1272]. De plus il fait allusion à l'article 7§1[1273] du Statut du Tribunal spécial pour la Sierra Léone (TSSL)

[1267] Article 139 du code pénal marocain du 26 novembre 1962 : *« Le mineur de douze ans qui n'a pas atteint dix-huit ans est, pénalement, considéré comme partiellement irresponsable en raison d'une insuffisance de discernement.*
Le mineur bénéficie dans le cas prévu au premier alinéa du présent article de l'excuse de minorité, et ne peut faire l'objet que des dispositions du livre III de la loi relative à la procédure pénale ».

[1268] Article 22 du code pénal malien : *« Lorsque le prévenu ou l'accusé aura moins de treize ans, il sera acquitté comme ayant agi sans discernement.*
Lorsque le prévenu ou l'accusé aura plus de treize ans et moins de dix-huit ans, il sera acquitté s'il est décidé qu'il a agi sans discernement.
Dans les cas prévus aux deux paragraphes précédents, le mineur sera soit remis à ses parents ou à un notable ou à une institution charitable, soit envoyé dans un centre de rééducation pour le temps que le jugement déterminera et qui, toutefois, ne pourra excéder la date de ses 18 ans révolus. ».

[1269] Article 80 alinéa 3 du code pénal camerounais : *«Le mineur âgé de plus de quatorze ans et de moins de dix-huit ans pénalement responsable bénéficie de l'excuse atténuante. ».*

[1270] Lire les articles 4 des lois de transposition du Statut de Rome au Burkina Faso et aux Comores.

[1271] DE FROUVILLE Olivier, *op. cit.*, p.346.

[1272] Voir le rapport de la CDI suite aux travaux de sa 48e session, (A/51/10), Ann. CDI, 1996, vol. II, 2e partie, commentaire de l'article 14 du projet de Code des crimes contre la paix et la sécurité de l'humanité, §13, p.43, cité par DE FROUVILLE Olivier, *op. cit.*, p.347.

[1273] Article 7 du Statut TSSL, Jurisdiction over persons of 15 years of age:
«1. The Special Court shall have no jurisdiction over any person who was under the age of 15 at the time of the alleged commission of the crime. Should any person who was at the time of the alleged commission of the crime between 15 and 18 years of age come before the Court, he or she shall be treated with dignity and a sense of worth, taking into account his or her young age and the desirability of promoting his or her rehabilitation, reintegration into and

qui autorise la poursuite des enfants soldats de 15 à 18 ans au moment des faits incriminés. Seulement, il faut dire que le TSSL est plus une juridiction hybride qu'un tribunal international proprement dit. De plus, au sein de cette juridiction le Procureur avait décidé de faire abstraction de l'article 7 du Statut en refusant de poursuivre les personnes mineures au moment des faits, ce qui explique que leurs crimes aient été soumis à la Commission Vérité et Réconciliation.

Olivier DE FROUVILLE[1274] a sans doute raison lorsqu'il affirme que l'absence d'inculpation des mineurs devant aussi bien les Tribunaux Militaires Internationaux (TMI) de Nuremberg et de Tokyo que devant les Tribunaux Pénaux Internationaux (TPI) pour l'ex Yougoslavie et pour le Rwanda, est surtout liée à un manque d'opportunité, puisque les personnes poursuivies étaient toutes âgées de plus d'une vingtaine d'années[1275].

Seulement, le Statut de la CPI a pris une position ferme contre l'imputabilité de la responsabilité pénale aux mineurs puisque son article 26 dispose sans fard que *« la Cour n'a pas compétence à l'égard d'une personne qui était âgée de moins de 18 ans au moment de la commission prétendue d'un crime »*[1276]. Cette disposition soulève tout de même quelques questionnements, dans la mesure où le Statut semble admettre l'enrôlement d'enfants soldats de plus de 15ans[1277] ; et que par conséquent, des mineurs âgés entre 15 et 17 ans pourraient commettre des crimes internationaux sans que la CPI puisse les poursuivre. Mais, en réalité, les criminels âgés de 15 ans étant en général susceptibles d'être poursuivis pénalement dans les ordres

assumption of a constructive role in society, and in accordance with international human rights standards, in particular the rights of the child ».

[1274] DE FROUVILLE Olivier, *ibid.*

[1275] Devant les TMI, les accusés les plus jeunes étaient B. von Schirach à Nuremberg âgé de 32 ans au début de la seconde guerre mondiale, et A. Muto à Tokyo âgé de 44 ans. Devant le TPIY, le plus jeune accusé à savoir M. Bralo était âgé de 26 ans en 1993, alors qu'au sein du TPIR, le *« benjamin »* des accusés à savoir A. S. Ntahobali était âgé de 24 ans au moment du génocide au Rwanda.

[1276] Sur cette disposition, voir TEANI Anne-Lise, « Article 26 du Statut de la CPI », *in* FERNANDEZ Julian et PACREAU Xavier, *Statut de Rome de la Cour pénale internationale, Commentaire article par article,* Editions A. Pedone, Paris, juillet 2012, 2459 p. Tome I, pp.835-841.

[1277] L'article 8§2b-xxvi du Statut de Rome interdit *« le fait de procéder à la conscription ou à l'enrôlement d'enfants de moins de 15 ans dans les forces armées nationales ou de les faire participer activement à des hostilités »*.

juridiques africains[1278], il est possible d'imaginer que des jeunes combattants de moins de 18 ans tomberont sous le coup des législations nationales en cas de commissions de certaines infractions particulièrement graves ; ce qui du point de vue des rapports entre le droit international pénal et les droits internes peut soulever la question de l'opportunité de l'instauration d'une politique commune des peines pour les crimes internationaux.

§2. **L'instauration d'une politique commune des peines en matière de crimes de droit international pénal**

253.-Opportunité d'une politique commune des peines en matière de crimes de droit international pénal. Avec le principe de complémentarité, il faut concevoir l'ordre juridique international pénal comme un système mettant en relation les juridictions internationales pénales avec les juridictions répressives nationales. Or, à partir du XVIIIème siècle, les systèmes pénaux modernes ont retenu l'idée chère aux révolutionnaires français qui voulaient que la loi soit *«la même pour tous, soit qu'elle protège, soit qu'elle punisse »*[1279]. Il s'agit du principe d'égalité qui voudrait par exemple qu'une sanction pénale équivalente soit réservée aux criminels se trouvant dans la même situation[1280].

Ainsi, étant donné que la sanction des crimes internationaux les plus graves par les Etats relève en quelque sorte d'une obligation imposée à ceux-ci par l'humanité tout entière, c'est tout naturellement que la punition des responsables des crimes portant atteinte à la paix et à la sécurité de l'humanité devrait correspondre aux standards internationaux retenus par la communauté internationale. L'instauration d'une politique commune des peines permettra d'assurer le principe d'égalité entre tous les criminels internationaux, ce qui ne sera possible que s'il existe une certaine cohérence dans les objectifs des peines infligées **(A)**, mais aussi une coordination dans la mise en œuvre des peines légales **(B)**.

[1278] Les articles 4 des lois burkinabè (2009) et comorienne (2011) de mise en œuvre du Statut de Rome dont les contenus sont identiques, prévoient d'ailleurs que : *« la responsabilité pénale des mineurs pour les crimes relevant de la présente loi est régie par les dispositions de droit commun ».*

[1279] Voir article 6 de la Déclaration des Droits de l'Homme et du Citoyen du 26 août 1789.

[1280] Sur le principe d'égalité en matière de sanction pénale, voir MAYAUD Yves, *Droit pénal général,* 4ème édition, PUF, juillet 2013, 699 p., p.31.

A- La cohérence dans les objectifs des peines infligées

254.-Maintien des objectifs traditionnels de la peine pour la répression des crimes de droit international pénal. Le recours aux peines afflictives et infâmantes pour sanctionner la commission des crimes internationaux les plus graves est lié au fait que les systèmes répressifs modernes, y compris ceux du continent africain, ont encore du mal à se départir des objectifs traditionnels d'une sanction pénale. Sans aller jusqu'à parler de vengeance, la sanction des criminels notamment au sein des juridictions internationales pénales, vise avant tout à infliger à ceux-ci une souffrance au regard du tort qu'ils ont causé à la société nationale ou internationale[1281].

Malgré des siècles d'évolution du droit pénal, l'objectif principal de la peine reste d'abord et avant tout la punition. Ainsi, tous les pénalistes du monde voient-ils la plupart du temps le droit criminel sous le prisme du couple *« crime et châtiment »*. Il est pratiquement impossible de dissocier le crime de l'idée de punition, car c'est cette dernière qui permettra de rétablir l'ordre social troublé par un individu malveillant. De plus, il y a une dimension métaphysique dans la souffrance infligée au délinquant, la société devant répondre au mal dont elle est victime par un autre mal[1282].

Pour l'Etat, punir un criminel c'est affirmer son autorité et surtout rappeler qu'en vertu du Contrat social, il est le seul et unique détenteur de la contrainte légitime à l'intérieur de ses frontières. C'est aussi un moyen pour apaiser la souffrance de la famille des victimes qui doit trouver *« dans le châtiment du coupable la satisfaction morale qui la dissuadera de rendre justice elle-même »*[1283].

Au reste Roger MERLE et André VITU sont persuadés que *« la peine est un dissolvant symbolique de la rupture d'équilibre social imputable au crime. Elle apaise et discipline l'irrésistible besoin de vengeance de la victime ou de ses proches. Elle rassure la collectivité en éliminant par substitution les germes de sa dissolution »*[1284]. Il semblerait que la peine soit encore revêtue

---

[1281] Voir notamment, DREYER Emmanuel, *Droit pénal général,* 2ème édition, LexisNexis, Paris, août 2012, 1228 p., p.802.

[1282] Une formule attribuée à GROTIUS, voudrait en quelque sorte que le mal succède au mal *(malum passionis propter malum actionis).*

[1283] DREYER Emmanuel, *op. cit.,* p.811.

[1284] MERLE Roger, VITU André, *Droit pénal général, problèmes généraux de la science criminelle,* Cujas, 7ème édition, 1997, p.824, n°654 ; cités par DREYER Emmanuel, *ibid.,* pp.811-812.

de l'antique loi du Talion dont on croyait s'être promptement débarrassée depuis l'époque des lumières. Son aspect vindicatif est ouvertement revendiqué par les systèmes répressifs empreints de religiosité comme le droit pénal musulman, tant africain que moyen-oriental. Dans les ordres juridiques plus sécularisés, c'est la notion de justice qui sera mise en avant au détriment de l'idée de vengeance même si cette dernière sera toujours sous-jacente à toute répression pénale.

Le caractère punitif de la sanction produit des souffrances indéniables sur le condamné, même si dans un contexte démocratique, toute atteinte à l'intégrité physique d'un individu est prohibée, à telle enseigne que la souffrance infligée au criminel sera exclusivement morale[1285].

La douleur liée à la sanction pénale a pour objectif non seulement de dissuader le criminel de récidiver, mais aussi de sensibiliser les potentiels délinquants sur les risques que représente la commission des infractions pénales. La peine a donc aussi pour objectif de dissiper grâce à la peur qu'elle inspire, toute idée de crime dans l'esprit des bons citoyens. C'est pourquoi, très souvent, il est admis que *« la bonne sanction est celle que l'on n'applique pas, puisqu'elle inspire une crainte salutaire»*[1286].

Au caractère rétributif de la peine qui voudrait que *« justice soit faite »,* vient s'ajouter dans tous les systèmes juridiques, l'élément dissuasif qui n'est pas toujours bien perçu par les analystes. Emile ACOLLAS a eu des mots très durs contre la dissuasion pénale qui en fait ne serait pas en phase avec le principe de la personnalisation de la responsabilité pénale. En effet, *« punir pour empêcher les autres d'imiter le délinquant ; mais quelle négation de la justice envers le délinquant lui-même! Et qui donc a le droit d'ajouter à la peine d'un homme pour prévenir le délit des autres? »*[1287]. Pourtant, même au niveau international, la peine a pendant un certain temps reposé avant tout sur la dissuasion générale et la rétribution[1288]. Aujourd'hui encore, les Tribunaux pénaux internationaux à la suite des Tribunaux Militaires de l'après Seconde Guerre mondiale, ont expressément admis que *« la peine a deux fonctions importantes, le châtiment et la dissuasion »*[1289]. Le juge international

---

1285 Sur la souffrance morale, voir FOUCAULT Michel, *Surveiller et punir,* Gallimard, 2003, 1975, 360 p., p.21.

1286 LE CANNU Paul, « Rapport de synthèse », *in* SAINTOURENS Bernard (dir.), *Dépénalisation, régulation et renouvellement des sanctions en droit comparé des affaires,* Litec, collection « colloques et débats », Tome 24, 2009, 100 p., pp.89ss, p.92.

1287 ACOLLAS Emile, *Les délits et les peines,* Delagrave, 1887, 195 p., p.130.

1288 Lire DE FROUVILLE Olivier, *op. cit.*, p.468.

1289 TPIY, jugement *Furundžija*, §288 ; et TPIR, jugement *Kambanda,* §28.

pénal reconnait lui aussi que l'aspect rétributif de la peine lié à la désapprobation sociale du crime, est également *« une manière de reconnaitre le préjudice et les souffrances causés aux victimes »*[1290].

Il est difficile de faire le point sur les objectifs traditionnels de la sanction pénale sans faire référence à la neutralisation qui vise à mettre hors d'état de nuire toute personne considérée comme dangereuse pour la société. Dans le contexte africain, l'intérêt que les pouvoirs publics accordent à l'objectif de neutralisation peut pousser le législateur pénal à adopter des sanctions dont la sévérité peut paraître disproportionnée vue d'Occident. C'est ainsi que l'article 22 de la loi comorienne de mise en œuvre du Statut de Rome du 13 décembre 2011 permet au juge de prononcer la peine de mort contre les personnes coupables de crimes internationaux les plus graves. Pourtant, en ce qui concerne la répression des crimes internationaux, la tendance est aujourd'hui à la prise en compte des objectifs modernes de la répression pénale.

255.-Prise en compte des objectifs modernes de la peine en droit international pénal. La philosophie pénale du XXème siècle très axée sur le social a fortement contribué à l'évolution de la conception que l'on avait de la sanction pénale. Ainsi, la peine ne devait plus être conçue exclusivement comme une punition, mais aussi comme un moyen de parfaire l'éducation du délinquant de manière à favoriser son amendement et sa resocialisation. Toutefois, force est de constater que de tels objectifs ne peuvent être atteints que dans des pays à la fois démocratiques et bénéficiant d'un bon niveau de développement économique et social. Les pays africains sont loin de remplir toutes ces conditions. Dès lors, il n'est pas étonnant que ceux-ci se focalisent encore aujourd'hui sur les objectifs traditionnels de la peine.

Seulement, il est impossible de concevoir une répression, même des criminels internationaux, qui ignore complètement les fonctions plus modernes de la peine qui sont en général considérées comme positives[1291]. D'ailleurs, il ressort par exemple de l'article 10§3 du Pacte international relatif aux droits civils et politiques du 16 décembre 1966 que : *« le régime pénitentiaire comporte un traitement des condamnés dont le but essentiel est leur amendement et leur reclassement social ».* Il est évident que les ordres juridiques africains ont des efforts importants à faire pour s'arrimer aux standards pénitentiaires internationaux. Ces efforts sont importants s'ils ne veulent pas subir les critiques des instances internationales de contrôle des conditions de détentions des criminels internationaux ; car l'article 106§1 du

---

[1290] TPIY, Jugement *Blagojević & Jokić,* §818.

[1291] Sur les fonctions positives de la peine, voir, DREYER Emmanuel, *op. cit.,* p.814.

Statut de la CPI, prévoit par exemple que : *« l'exécution d'une peine d'emprisonnement est soumise au contrôle de la Cour*[1292]*. Elle est conforme aux règles conventionnelles internationales largement acceptées en matière de traitement des détenus »*[1293].

Parlant du traitement des détenus, les Tribunaux pénaux internationaux ont reconnu depuis plusieurs années que l'emprisonnement devait être perçu comme un processus contribuant *« à la réinsertion du condamné dans la société »*[1294]. La réinsertion sociale du condamné passe bien entendu par sa rééducation, même si celle-ci sera pratiquement impossible *« aussi longtemps qu'il n'aura pas été mis fin à une disproportion inacceptable entre le nombre des places disponibles dans les prisons et le nombre de prisonniers »*[1295].

Malgré tout, l'insuffisance des moyens dont disposent les milieux pénitentiaires ne devrait pas remettre en cause le caractère symbolique de la peine[1296] qui permet au condamné de réfléchir sur la gravité de la faute qu'on lui impute et d'entreprendre ainsi une démarche vers l'amendement et l'ataraxie[1297]. Il est évident que rien ne permettra d'affirmer avec certitude qu'un criminel s'est amendé, alors même que l'amendement reste une étape importante pour sa resocialisation.

La resocialisation du délinquant c'est sa réintégration dans la société ; à condition évidemment de disposer les moyens de reprendre une vie normale, avec la ferme intention de tourner les pages de son passé criminel. Seulement, l'objectif de réinsertion sociale que poursuit le droit pénal n'est pas sans soulever quelques questionnements, car *« resocialiser un délinquant cela ne consiste-t-il pas à le réadapter positivement à la vie dans la société actuelle*

[1292] Il faut tout de même préciser qu'il s'agit en principe des contrôles pour l'exécution des sanctions prononcées par la CPI (lire le chapitre X du Statut de Rome).

[1293] Le paragraphe 2 du même article 106 prévoit que : *« Les conditions de détention sont régies par la législation de l'État chargé de l'exécution. Elles sont conformes aux règles conventionnelles internationales largement acceptées en matière de traitement des détenus. Elles ne peuvent en aucun cas être ni plus ni moins favorables que celles que l'État chargé de l'exécution réserve aux détenus condamnés pour des infractions similaires ».*

[1294] TPIY, jugement *Mrda,* §18 ; jugement *Mucić,* §1233.

[1295] DREYER Emmanuel, *op. cit.,* p.808.

[1296] Voir BERGEL Jean-Louis, *Une problématique des sanctions pénales?, in* Mélange, GASSIN Raymond, PUAM, 2007, 598 p., p.92.

[1297] La fin de la peine doit apparaitre comme étant *« une consécration de l'honneur restitué »,* SALEILLES Raymond, *L'individualisation de la peine,* ALCAN F, 3ème édition, 1927, 288 p., p.243.

et à le faire adhérer à l'ordre établi ? Mais n'est-ce pas alors violer sa liberté de penser ? »[1298].

Finalement, il faut s'interroger non seulement sur la légitimité, mais aussi sur les capacités d'une institution relevant de la sanction pénale à pouvoir garantir la resocialisation d'un délinquant. Pour le TPIY, *« l'expérience a montré de par le monde qu'il est douteux que seule la prison, seule peine que puisse prononcer la Chambre de première instance, puisse assurer la réinsertion du coupable. La Chambre de première instance n'est donc pas convaincue que la réinsertion soit, au Tribunal, un des objectifs à prendre en compte dans la sentence »*[1299]. La vérité c'est que d'une manière générale, les objectifs de la sanction pénale à l'échelle internationale ne sont pas toujours en phase avec ceux des ordres juridiques nationaux, pourtant, une certaine coordination devrait exister non seulement sur ce point, mais aussi au niveau de la mise en œuvre des peines légales.

B- La coordination dans la mise en œuvre des peines légales

256.-Nature des peines mises en œuvre. En droit international pénal, la liste des peines pouvant être infligées aux criminels a été modifiée depuis les procès de Nuremberg et de Tokyo. Juste après la Seconde Guerre mondiale, la peine de mort était la sanction par excellence non seulement pour les Tribunaux Militaires Internationaux (TMI), mais aussi pour les tribunaux successeurs qui n'ont pas hésité, lorsqu'ils l'estimaient nécessaire, à condamner à l'exécution capitale un certain nombre de criminels[1300]. Mais progressivement, à partir des années 1980, la peine de mort est devenue une

---

[1298] MERLE Roger, VITU André, *Droit pénal général, problèmes généraux de la science criminelle, op. cit.*, p.931, n°759.

[1299] TPIY, jugement *Kunarac,* 22 février 2001, §844.

[1300] Au TMI de Nuremberg douze accusés ont été condamnés à l'exécution capitale (Martin Bormann, Hans Franck, Wilhelm Frick, Hermann Goering, Alfred Jodl, Ernst Kaltenbrunner, Wilhelm Keitel, Joachim von Ribbentrop, Alfred Rosenberg, Fritz Sauckel, Arthur Seyß-Inquart, Julius Streicher), contre sept devant le TMI de Tokyo (Kenji Dohihara, Koki Hirota, Heitaro Kimura, Seishiro Itagaki, Iwane Matsui, Akira Muto, Hideki Tojo), voir DE FROUVILLE Olivier, *op. cit.*, p.469.

sanction anachronique à l'échelle internationale, avant d'être exclue par divers textes internationaux[1301] et régionaux[1302].

Les Statuts des juridictions internationales pénales contemporaines[1303] se sont inscrits dans la mouvance abolitionniste amorcée au sein du Conseil de l'Europe, en interdisant tout recours à la peine capitale contre les criminels internationaux. Il ressort clairement des articles 24 et 23 respectivement des Statuts du TPIY et du TPIR que : *« la Chambre de première instance n'impose que des peines d'emprisonnement ».*

Malgré les précédents des juridictions *ad hoc*, le non recours à la peine de mort par la CPI ne s'est pas imposé comme une évidence. Ce n'est qu'à la suite de négociations particulièrement ardues que la peine de mort va être exclue de l'article 77 du Statut de Rome[1304] qui porte sur les peines applicables

---

[1301] Voir notamment le protocole additionnel 2 du Pacte international relatif aux droits civils et politiques du 15 décembre 1989 et l'article 37 de la Convention relative aux droits de l'enfant du 20 novembre 1989 (entré en vigueur le 2 septembre 1990).

[1302] A l'échelle européenne, c'est d'abord le Protocole n°6 à la Convention européenne des droits de l'homme (entré en vigueur le 1er mars 1985) qui impose l'application de la peine de mort uniquement en temps de guerre ou de danger grave. Le protocole n°13 de la même Convention (entré en vigueur le 1er juillet 2003), interdit la peine capitale en toute circonstance. Sur le continent américain, un protocole à la Convention américaine relative aux droits de l'homme traitant expressément de la prohibition de la peine de mort a été adopté le 8 juin 1990. En Afrique, l'article 5§3 de la Charte africaine des droits et du bien-être de l'enfant (adoptée en juillet 1990 et entrée en vigueur en 1999) interdit la peine de mort pour les crimes commis par les enfants. Aussi, le Protocole à la Charte africaine des droits de l'homme et des peuples relatif aux droits des femmes ouvert à signature le 12 juillet 2003, interdit la peine de mort comme sanction pour les femmes enceintes ou allaitantes.

[1303] La peine de mort est également exclue dans les statuts des juridictions internationalisées, tel que cela ressort des articles 19§1 du Statut du TSSL, 24 du Statut du TSL, 10.1, a du règlement 2000/15 de l'UNTAET établissant les Chambres du Timor. Au Cambodge, l'article 38 de la Loi de 2004 créant les Chambres extraordinaires cambodgiennes retient l'emprisonnement comme seule peine légale, contrairement au Tribunal Spécial Irakien, habilité à prononcer la peine capitale en vertu du code pénal irakien.

[1304] Article 77 : Peines applicables

« 1. Sous réserve de l'article 110, la Cour peut prononcer contre une personne déclarée coupable d'un crime visé à l'article 5 du présent Statut l'une des peines suivantes :

a) Une peine d'emprisonnement à temps de 30 ans au plus ; ou

b) Une peine d'emprisonnement à perpétuité, si l'extrême gravité du crime et la situation personnelle du condamné le justifient.

2. À la peine d'emprisonnement, la Cour peut ajouter :

a) Une amende fixée selon les critères prévus par le Règlement de procédure et de preuve ;

par la CPI. En effet, en 1996, lorsqu'ont lieu les débats sur la rédaction du Statut de la CPI, certains pays d'Afrique (en l'occurrence les pays du Maghreb, l'Ethiopie, le Nigéria, le Rwanda) et du Moyen-Orient, soutiennent *mordicus* l'idée que la Cour puisse appliquer la peine de mort en cas de circonstances aggravantes[1305].

Si les partisans de la peine de mort n'ont pas réussi à obtenir que celle-ci puisse être mise en œuvre au sein de la juridiction permanente chargée de réprimer les crimes internationaux, ils ont tout de même pu imposer l'adoption des dispositions de l'article 80 du Statut de Rome qui devraient sûrement les contenter. Cet article 80 donne une marge de manœuvre aux Etats parties puisqu'il prévoit que : *« rien dans le présent chapitre (chapitre VII. Les peines) n'affecte l'application par les États des peines que prévoit leur droit interne, ni l'application du droit des États qui ne prévoient pas les peines prévues dans le présent chapitre ».* Grace à cette disposition, bon nombre d'Etats, en l'occurrence les Etats africains[1306], qui maintiennent encore la peine de mort dans leurs législations ont pu adhérer au Statut de Rome.

Quoi qu'il en soit, pour les juridictions pénales internationales contemporaines, la peine principale demeure l'emprisonnement[1307] ; peine pouvant d'ailleurs, pour les TPI *ad hoc* pour l'ex Yougoslavie et le Rwanda, être calquée sur celle appliquée dans ces deux pays[1308]. L'article 77§1(a et b)

---

b) La confiscation des profits, biens et avoirs tirés directement ou indirectement du crime, sans préjudice des droits des tiers de bonne foi ».

1305 Sur la question, voir le *Rapport du Comité préparatoire pour la création d'une Cour criminelle internationale,* vo. II, A/51/22, p.231.

1306 En mars 2013, seule une minorité d'Etats africains font parties des pays ayant aboli la peine de mort dans leur législation, il s'agit de l'Afrique du Sud (en 1997), de l'Angola (en 1992), du Bénin (en 2012), du Burundi (en 2009), du Cap Vert (en 1981), de la Côte d'Ivoire (en 2000), de Djibouti (en 1995), du Gabon (en 2010), de la Guinée Bissau (en 1993), de l'Île Maurice (en 1995), du Mozambique (en 1990) de la Namibie (en 1990), du Rwanda (en 2007), de Sao Tome et principe (en 1990) du Sénégal (en 2004), des Seychelles (en 1993), et du Togo (en 2009) ; sources : http://www.peinedemort.org/National/Afrique.php , site consulté le 28 mars 2013.

1307 Les statuts des TMI de l'après seconde guerre mondiale donnaient plus de marge de manœuvre aux juges, puisque l'article 27 du Statut de Nuremberg prévoyait que : *« le Tribunal pourra prononcer contre les accusés convaincus de culpabilité la peine de mort ou tout autre châtiment qu'il estimera être juste »,* alors que l'article 16 du Statut de Tokyo disposait que : *« le Tribunal aura le pouvoir de condamner un accusé reconnu coupable, à mort ou à toute autre peine qu'il estimera juste ».*

1308 Il ressort des articles 24 et 23 des Statuts des Tribunaux *ad hoc* respectivement pour l'ex Yougoslavie et le Rwanda que : *« (...) Pour fixer les conditions de l'emprisonnement, la Chambre de première instance a recours à la grille générale des peines d'emprisonnement appliquée par les tribunaux de l'ex-Yougoslavie/du Rwanda ».*

du Statut de Rome habilite la CPI à prononcer une peine d'emprisonnement ne pouvant excéder 30 ans, ou alors une peine d'emprisonnement à perpétuité *« si l'extrême gravité du crime et la situation personnelle du condamné le justifient »*.

Par ailleurs, le même article 77 prévoit des peines additionnelles dans son paragraphe 2, puisqu'en plus de l'emprisonnement, la CPI peut prononcer *« une amende fixée selon les critères prévus par le Règlement de procédure et de preuve »* (article 77§2-a); ou ordonner *« la confiscation des profits, biens et avoirs tirés directement ou indirectement du crime, sans préjudice des droits des tiers de bonne foi »*[1309] (article 77§2-b)[1310]. L'amende doit être fixée en tenant *« dûment compte des moyens financiers de la personne condamnée »*[1311] *;* de même que le juge de la CPI doit octroyer au condamné un *« délai de paiement raisonnable »*[1312]. Quant à la peine de confiscation, elle était déjà prévue dans l'article 28 du Statut du Tribunal de Nuremberg, seulement en dehors de la CPI, aucune juridiction ultérieure ne fut autorisée à l'appliquer[1313].

L'étude de la nature des peines reconnues expressément en droit international pénal révèle qu'il n'existe pas pour l'instant entre les Etats et les juridictions internationales pénales, une politique cohérente en matière de

---

[1309] Le pouvoir de saisie concerne aussi certaine juridictions internationalisées comme le Tribunal Spécial pour la Sierra Leone (article 19§3 de son Statut), les Chambres extraordinaires du Cambodge (article 39§3 de la loi de 2004 relative à leur création), les Chambres spéciales pour les crimes graves au Timor Leste (article 10.1, c du Règlement 2000/15 portant leur création).

[1310] Voir aussi la règle 147 du RPP de la CPI.

[1311] Voir règle 146§1 du RPP de la CPI, le §2 de la règle 146 énonce que : *« Les amendes imposées en vertu de l'alinéa a) du paragraphe 2 de l'article 77 sont fixées à un montant approprié. La Cour tient particulièrement compte, en plus des considérations susmentionnées, des dommages et des préjudices causés et du profit relatif qu'en a tiré l'auteur. En aucun cas ce montant ne peut au total dépasser les trois quarts de la valeur des avoirs identifiables, liquides ou réalisables et des biens de la personne condamnée, déduction faite d'un montant suffisant pour répondre à ses besoins financiers et à ceux des personnes à sa charge ».* Sur l'amende en droit interne, voir l'article 22-a de la loi comorienne de mise en œuvre du Statut de Rome.

[1312] Règle 146§3 du RPP de la CPI.

[1313] A Nuremberg, les juges pouvaient *« ordonner à l'encontre du condamné la confiscation de tous biens volés et leur remise au Conseil de Contrôle en Allemagne ».* Ce pouvoir n'a pas été octroyé expressément au TMI de Tokyo ou aux TPI pour l'ex-Yougoslavie ou le Rwanda. Sur la confiscation des biens en droit interne, voir l'article 20 de la loi burkinabè de mise en œuvre du Statut de Rome.

peines visant à sanctionner les responsables des crimes internationaux[1314]. Pour une infraction où les juridictions pénales internationales ne pourront retenir qu'une peine d'emprisonnement, certains pays africains condamneront la plupart du temps les accusés à la peine de mort (exemple de l'Union des Comores avec l'article 22 de la loi portant mise en œuvre du Statut de Rome) ; ce qui bien évidemment pose le problème de l'égalité de traitement des criminels internationaux devant la sanction pénale, mais aussi de la détermination du régime des peines mises en œuvre pour réprimer les crimes de droit international pénal.

257.-Régime des peines mises en œuvre. Les sanctions des infractions de droit international pénal dépendent d'un régime juridique bien particulier, même si en la matière l'on a recours à une phraséologie familière au droit pénal national. Ainsi, les peines internationales pénales sont elles aussi soumises aux principes de légalité, de proportionnalité, ou encore d'individualisation.

Sur le premier principe à savoir la légalité de la peine, certains auteurs affirment qu'il n'a pas été vraiment effectif au sein des juridictions internationales pénales et en particulier les juridictions *ad hoc*[1315], sûrement parce que ces dernières ont été mises sur pied après la commission de la plupart des crimes qu'elles étaient supposées réprimer. La situation est différente pour la CPI, puisque c'est une juridiction permanente dont le pouvoir de répression n'a aucun caractère rétroactif[1316]. De plus, l'article 23 de son Statut la soumet au respect du principe de légalité[1317], et l'article 78 demande au juge qui sanctionne, de prendre en compte la gravité du crime et la situation d'ensemble de chaque condamné[1318].

1314 Contrairement à l'Union des Comores, le Burkina Faso n'a pas retenu la peine de mort pour les responsables des crimes prévus dans le Statut de Rome, car l'article 20 de la loi de mise en œuvre des dispositions du Statut de la CPI en droit burkinabè a préféré l'emprisonnement à vie comme sanction la plus grave.

1315 Voir DE FROUVILLE Olivier, *op. cit.*, p.475.

1316 L'article 11 du Statut de Rome portant sur la compétence *ratione temporis* de la CPI dispose que : *« La Cour n'a compétence qu'à l'égard des crimes relevant de sa compétence commis après l'entrée en vigueur du présent Statut ».*

1317 Article 23 du Statut de Rome : **Nulla poena sine lege** : « Une personne qui a été condamnée par la Cour ne peut être punie que conformément aux dispositions du présent Statut ».

1318 Article 78

Fixation de la peine

« 1. Lorsqu'elle fixe la peine, la Cour tient compte, conformément au Règlement de procédure et de preuve, de considérations telles que la gravité du crime et la situation personnelle du condamné.

La proportionnalité de la peine, autre principe à respecter, soulève tel qu'il est perçu en droit international pénal[1319], quelques problèmes si l'on considère que d'une manière générale les peines infligées aux criminels par les juridictions pénales internationales, apparaissent comme étant plutôt légères au regard des sanctions que certaines législations nationales modernes et en particulier africaines réservent aux responsables des crimes considérés comme étant particulièrement graves.

Il est vrai qu'en droit international pénal, certains se font volontiers des adeptes de l'adage : *« jamais plus qu'il n'est juste, jamais plus qu'il n'est utile »*[1320]. Pourtant, il y a une autre réalité qu'il faut prendre en compte c'est que : *« la peine, pour être juste, doit être proportionnée à la qualité du crime et prendre en compte la qualité des accusés et les motifs qui les ont guidés »*[1321]. Pour la plupart des Etats et notamment les Etats africains, la proportionnalité consistera la plupart du temps à infliger dans le cadre de la justice moderne, la sanction la plus lourde aux personnes qui auraient participé à la commission des crimes de masse qui troublent gravement l'ordre social.

Par contre, en cas d'application exceptionnelle de la justice traditionnelle pour la répression des crimes internationaux, on assistera, sauf dans le cadre du droit musulman où la sévérité est de mise, à une remise en cause du principe de proportionnalité au profit du criminel qui se verra parfois infligé une peine à la limite du symbolique. Quoiqu'il en soit, la proportionnalité signifie en théorie que la peine que l'on inflige au condamné doit correspondre à sa personnalité et à la gravité des faits qu'on lui impute[1322]. C'est un principe qui permet d'aboutir à *« une sentence juste qui contribue au respect de la loi et au maintien d'une société juste, paisible et sûre »*[1323].

---

2. Lorsqu'elle prononce une peine d'emprisonnement, la Cour en déduit le temps que le condamné a passé, sur son ordre, en détention. Elle peut également en déduire toute autre période passée en détention à raison d'un comportement lié au crime.

3. Lorsqu'une personne est reconnue coupable de plusieurs crimes, la Cour prononce une peine pour chaque crime et une peine unique indiquant la durée totale d'emprisonnement. Cette durée ne peut être inférieure à celle de la peine individuelle la plus lourde et ne peut être supérieure à 30 ans ou à celle de la peine d'emprisonnement à perpétuité prévue à l'article 77, paragraphe 1, alinéa b) ».

1319 Le principe de proportionnalité est prévu dans les articles 24§2 du Statut du TPIY, 23§2 du Statut du TPIR et 78§1 du Statut de la CPI.

1320 ORTOLAN Joseph, *Eléments de droit pénal,* 2ème édition, 1859, p.92.

1321 MUYART DE VOUGLANS Pierre-François, *Mémoire sur les peines infâmantes,* 1781.

1322 Voir TPIY, jugement *Kupreškić,* §852 ; jugement *Mrda,* §42 ; et TPIR, arrêt *Seromba,* §228.

1323 Voir *le Procureur c. Jean Paul Akayesu,* Affaire N°: ICTR-96-4-S, 2 octobre 1998, §40.

L'un des corollaires de la proportionnalité c'est l'individualisation qui est un caractère important de la peine. Ce principe est fortement ancré dans les philosophies pénales nationales et voudrait tout simplement que la peine prenne en compte la personnalité du délinquant[1324]. Il ressort de la jurisprudence pénale internationale que la juridiction qui sanctionne a *« l'obligation impérieuse de personnaliser la peine pour l'adapter à la situation individuelle d'un accusé, au contexte global de sa culpabilité et à la gravité du crime ; le critère déterminant est que la peine infligée doit refléter la totalité du comportement criminel »*[1325]. Lorsque le juge se prononce sur une sanction, il doit prendre en compte tous les éléments permettant de cerner la personnalité de l'accusé, et qui constituent soit des circonstances aggravantes, soit des circonstances atténuantes[1326].

A côté des caractères sus-évoqués de la peine, le droit international pénal a été appelé à se prononcer sur d'autres paramètres de la sanction notamment le cumul ou le non cumul de la peine tout en sachant qu'en la matière il y a au moins trois solutions juridiques[1327]. La première est favorable au cumul matériel de peines, avec la possibilité pour le juge d'additionner des peines sanctionnant chacune des infractions. La deuxième solution c'est le principe de non-cumul des peines avec le prononcé d'une sanction unique portant sur l'infraction la plus grave. La troisième solution c'est celle du cumul juridique avec l'idée que, les actes les moins graves puissent être considérés comme des circonstances aggravantes de l'infraction la plus grave pour laquelle, le juge infligera au condamné une sanction supérieure au maximum prévu par la loi.

En Afrique, les Etats francophones semblent avoir d'une manière générale, opté pour le principe du non-cumul des peines[1328] en vigueur en droit

---

1324 Voir LEROY Jacques, *Droit pénal général,* LGDJ, Lextenso, 4e édition, Paris, septembre 2012, 574 p., p.373ss.

1325 TPIR, arrêt *Akayesu,* §416.

1326 Sur les circonstances de l'infraction en droit international pénal, voir l'article 8 du Statut du TMI de Nuremberg, l'article 101, B, i et ii, commun aux RPP des TPI, la règle 145§2 du RPP de la CPI.

1327 Sur le cumul des peines, voir PRADEL Jean, *Droit pénal comparé, op. cit.,* p.599.

1328 Le Mali a tout de même adopté un principe de cumul juridique dans l'article 13 de son code pénal qui dispose que : *« Quiconque, ayant été condamné pour crime, aura commis un second crime, sera condamné au maximum de la peine encourue et ce maximum pourra, pour les peines temporaires, être élevé jusqu'au double ».*

pénal français[1329], alors que pour les Etats appliquant la *Common Law,* c'est plutôt le principe du cumul des peines qui sera de mise[1330].

Les juges internationaux pénaux *ad hoc*[1331] bénéficient d'une grande marge de manœuvre en ce qui concerne la question du cumul des peines, car ils peuvent imposer des peines uniques, ou multiples ou procéder au *« panachage de peines confondues et cumulées »*[1332]. Il va sans dire que cette liberté reconnue aux juges ne doit pas aboutir à la remise en cause du principe *non bis in idem,* l'accusé ne devant être condamné qu'une fois.

Devant la CPI, en cas de commission de plusieurs crimes par le même individu, la juridiction prononcera une peine pour chaque crime et une peine unique précisant la durée totale de l'emprisonnement. *« Cette durée ne peut être inférieure à celle de la peine individuelle la plus lourde et ne peut être supérieure à 30 ans ou à celle de la peine d'emprisonnement à perpétuité prévue à l'article 77, paragraphe 1, alinéa b) ».*

Le rôle des juges internationaux dans la mise en œuvre de la peine est d'une importance fondamentale, car une fois qu'ils se seront prononcés sur la sanction des condamnés, les Etats qui seront chargés d'accueillir ceux-ci ne pourront en modifier les modalités sans recueillir l'avis conforme de la juridiction pénale internationale correspondante. Les Etats qui accueillent les

---

1329 Voir article 132-3 du code pénal français: *« Lorsque, à l'occasion d'une même procédure, la personne poursuivie est reconnue coupable de plusieurs infractions en concours, chacune des peines encourues peut être prononcée. Toutefois, lorsque plusieurs peines de même nature sont encourues, il ne peut être prononcé qu'une seule peine de cette nature dans la limite du maximum légal le plus élevé.*
Chaque peine prononcée est réputée commune aux infractions en concours dans la limite du maximum légal applicable à chacune d'entre elles ».

1330 Article 37 al.1 du code pénal Kenyan : *« Where a person after conviction for an offence is convicted of another offence, either before sentence is passed upon him under the first conviction or before the expiration of that sentence, any sentence, other than a sentence of death, which is passed upon him under the subsequent conviction shall be executed after the expiration of the former sentence, unless the court directs that it shall be executed concurrently with the former sentence or any part thereof ».*

1331 Voir article 87-c commun aux RPP des TPI: *« If the Trial Chamber finds the accused guilty on one or more of the counts contained in the indictment, it shall impose a sentence in respect of each finding of guilt and indicate whether such sentences shall be served consecutively or concurrently, unless it decides to exercise its power to impose a single sentence reflecting the totality of the criminal conduct of the accused ».*

1332 TPIY, arrêt *Mucić* 2001.

condamnés en vertu d'un accord préalable[1333] sont tenus de mettre en œuvre la sentence en respectant scrupuleusement le droit international, même si celui-ci n'est pas en phase avec le droit interne[1334]. En ce qui concerne les situations pouvant permettre d'alléger ou annuler la sentence infligée au condamné notamment en cas de remise de peine, de commutation ou de grâce, elles font nécessairement appel au concours des juridictions internationales pénales, qui il faut le rappeler, ne reconnaissent aucune immunité au profit des responsables officiels[1335].

Pour les condamnés des juridictions *ad hoc*, l'Etat accueillant ne peut modifier la sentence sans en référer au président du Tribunal correspondant qui, après avoir consulté les juges permanents, décidera de l'opportunité[1336] soit d'une remise de peine soit d'une commutation de peine soit d'une grâce (article 124 RPP du TPIY et article 125 du RPP du TPIR, articles 28 du Statut du TPIY et 27 du Statut du TPIR)[1337]. Mais, dans le cadre de la CPI, une

---

[1333] Pour les condamnés des TPI *ad hoc*, les accords bilatéraux lient les Etats aux Nations Unies étant donné que ces juridictions sont des organes subsidiaires du Conseil de sécurité (articles 26 et 27 des Statuts successivement du TPIY et du TPIR). Pour recueillir les condamnés de la CPI, il faut passer un accord avec celle-ci en vertu des articles 103 et suivant du Statut de Rome.

[1334] L'article 55 de la loi comorienne de mise en œuvre du Statut de Rome prévoit que : *« lorsque, en application de l'article 103 du Statut, le Gouvernement a accepté de recevoir une personne condamnée par la Cour pénale internationale sur le territoire de l'Union des Comores afin que celle-ci y purge sa peine d'emprisonnement, la condamnation prononcée est directement et immédiatement exécutoire dès le transfert de cette personne sur le sol national, pour la partie de la peine restant à subir.*
Sous réserve des dispositions du Statut (...) l'exécution et l'application de la peine sont régies par les dispositions de la présente loi ».

[1335] Article 27 du Statut de Rome : **Défaut de pertinence de la qualité officielle :** *« 1. Le présent Statut s'applique à tous de manière égale, sans aucune distinction fondée sur la qualité officielle. En particulier, la qualité officielle de chef d'État ou de gouvernement, de membre d'un gouvernement ou d'un parlement, de représentant élu ou d'agent d'un État, n'exonère en aucun cas de la responsabilité pénale au regard du présent Statut, pas plus qu'elle ne constitue en tant que telle un motif de réduction de la peine.*
2. Les immunités ou règles de procédure spéciales qui peuvent s'attacher à la qualité officielle d'une personne, en vertu du droit interne ou du droit international, n'empêchent pas la Cour d'exercer sa compétence à l'égard de cette personne ».

[1336] Les articles 125 du RPP du TPIY et 126 du RPP du TPIR, disposent que *« Aux fins d'apprécier de l'opportunité d'une grâce ou d'une commutation de peine, le Président du Tribunal tient compte, entre autres, de la gravité de l'infraction commise, du traitement réservé aux condamnés se trouvant dans la même situation, de la volonté de réinsertion sociale dont fait preuve le condamné ainsi que du sérieux et de l'étendue de la coopération fournie au Procureur ».*

[1337] Lire DE FROUVILLE Olivier, *op. cit.*, p.485.

décision analogue est prise par *« trois juges de la Chambre d'appel, nommés par cette chambre »*[1338]. Par contre, si la CPI est bien la seule à pouvoir modifier les peines qu'elle a prononcées[1339], elle est tout de même obligée de revoir son verdict *« lorsque la personne a purgé les deux tiers de sa peine ou accompli 25 années d'emprisonnement dans le cas d'une condamnation à perpétuité »*[1340]. Par ailleurs, si elle estime que la réduction de la peine est inopportune, elle sera tenue de réétudier le dossier tous les trois ans[1341], tout en sachant que si des circonstances nouvelles se présentent pendant cette période, le détenu aura la possibilité de lui demander de réexaminer son affaire[1342].

Il est vrai que l'effectivité de toutes ces mesures dépendra de la capacité des Etats et en l'occurrence des Etats africains, à assimiler les règles substantielles du droit international pénal, d'autant plus que celles-ci peuvent être d'un certain intérêt pour l'instauration d'une cohérence au niveau d'un droit pénal procédural en rapport avec la diffusion du droit international pénal.

SECTION 2. La cohérence normative au niveau du droit pénal procédural

258.-Notion de droit pénal procédural. Le droit pénal procédural ou droit pénal processuel ou encore plus couramment la procédure pénale, est intimement lié au procès pénal dans la mesure où il conditionne le bon déroulement de celui-ci. De manière lapidaire, il est possible d'affirmer que la procédure pénale est ce qui permet au droit pénal d'être mis en mouvement selon *« les règles de l'art »,* en évitant tout dérapage qui serait préjudiciable aux particuliers pris dans l'étau de la machine répressive étatique, toujours prompte à *« broyer »* tous ceux qui sont impliqués dans la commission d'une infraction. L'étymologie même du terme procédure, qui dérivé du verbe latin *procedere* signifiant *« aller en avant »*[1343], en dit long sur l'importance de la procédure pénale dans la progression du procès pénal.

[1338] Règle 224§1 du RPP de la CPI.

[1339] Voir articles 105§2 et 110§2 du Statut de Rome.

[1340] Article 110§3 du Statut de Rome.

[1341] Voir l'article 110§5 du Statut de Rome et la règle 224§3 du RPP de la CPI.

[1342] Règle 224§3 du RPP du Statut de Rome.

[1343] CHAINAIS Cécile, FERRAND Frédérique, GUINCHARD Serge, *Procédure civile, Droit interne et droit de l'Union européenne,* 31ème édition, Dalloz, septembre 2012, 1541 p., p.1, n°1.

En effet, dans son acception la plus étroite, la procédure pénale fait souvent référence à l'ensemble des formalités à observer devant une juridiction répressive[1344]. En réalité, le droit pénal procédural doit être pris en compte avant l'ouverture de toute instance pénale, puisqu'il permet déjà de constater les infractions et ensuite de collecter les preuves qui vont permettre de retrouver les responsables, avant de régir l'instruction, le jugement et éventuellement la condamnation et les voies de recours[1345].

Il y a au moins trois dimensions dans la procédure pénale : *« elle détermine tout d'abord l'organisation et la compétence des différentes juridictions appelées à trancher les procès répressifs (juridictions répressives). Elle fixe aussi les règles qui doivent être suivies et les formes qui doivent être respectées pour la recherche, la constatation et la poursuite des infractions, pour l'établissement des preuves (enquêtes et instruction préparatoire), et le jugement du délinquant à l'audience. Elle réglemente enfin l'autorité et les effets des jugements répressifs et les voies de recours susceptibles d'être exercées contre ces jugements »*[1346]. La procédure a donc une importance capitale en matière pénale.

259.-Importance du droit pénal procédural. Le droit pénal procédural permet de concilier les intérêts de la société avec ceux d'un délinquant qui doit pouvoir malgré les faits qui lui sont reprochés, bénéficier des garanties minimales lui permettant de jouir d'un procès équitable[1347]. Il faut toujours garder à l'esprit le fait que tout accusé est présumé innocent tant qu'il n'a pas été définitivement reconnu coupable par une juridiction compétente.

La procédure pénale constitue un garde-fou nécessaire pour limiter tout risque d'infliger une sanction pénale à une personne qui en réalité serait innocente. Elle est une garantie importante pour *« la certitude de la répression »*[1348]tant en droit pénal national qu'en droit international pénal. Pour celui-ci, le droit pénal procédural devrait d'ailleurs reposer sur les principes démocratiques garantissant un procès équitable à l'accusé. C'est pourquoi, il est évident que le respect du droit international pénal au sein des

---

1344 BUISSON Jacques, GUINCHARD Serge, *Procédure pénale,* 9ème édition, LexisNexis, Paris, septembre 2013, 1634 p., p.1-2.

1345 *Ibid.*

1346 BOULOC Bernard, *procédure pénale,* Editions Dalloz, Paris, février 2012, 1102 p., pp.1-2.

1347 BUISSON Jacques, GUINCHARD Serge, *Procédure pénale,* 9ème édition, LexisNexis, Paris, septembre 2013, 1634 p. p.2.

1348 BOULOC Bernard, *procédure pénale, op. cit.,* p.2.

Etats africains passera non seulement par l'adoption des principes processuels communs en matière de répression des crimes internationaux **(§1)**, mais aussi par l'harmonisation des phases de déroulement du procès pénal portant sur les crimes internationaux **(§2)**.

§1. L'adoption des principes processuels communs en matière de répression des crimes de droit international pénal

260.-Analyse préliminaire. La procédure pénale occupe une place centrale dans le procès pénal international. Elle est sous-tendue par plusieurs principes consacrés par les Etats démocratiques. Le rôle que ceux-ci jouent dans la répression des crimes de droit international devraient les contraindre à respecter les règles de la procédure pénale que la communauté internationale considère comme étant irréductibles et inviolables[1349]. Pour les Etats africains, l'enjeu sera non seulement de déterminer la nature des principes processuels de droit international pénal **(A)**, mais aussi de prendre conscience de l'importance de l'adoption des principes processuels communs et en phase avec le droit international pénal **(B)**.

A- La nature des principes processuels de droit international pénal

261.-Champ des principes processuels de droit international pénal. Traditionnellement, les principes processuels du procès pénal couvrent aussi bien sa phase préparatoire que sa phase décisoire[1350]. Dans le procès international pénal, les juridictions internationales sont tenues de respecter les principes de procédure pénale consacrés non seulement par leurs statuts mais aussi et surtout par leurs règlements de procédure et de preuve. Ainsi, la phase préparatoire doit se dérouler dans le respect des principes régissant l'enquête, l'instruction et la poursuite ; alors qu'en ce qui concerne la phase décisoire, les juridictions internationales pénales seront astreintes au respect des

---

[1349] L'article 9§1 du Pacte international relatif aux droits civils et politiques prévoit depuis 1966 que : *« tout individu a droit à la liberté et à la sécurité de sa personne. Nul ne peut faire l'objet d'une arrestation ou d'une détention arbitraires. Nul ne peut être privé de sa liberté, si ce n'est pour des motifs et conformément à la procédure prévus par la loi »*. La répression des crimes qui touchent l'humanité tout entière devrait pouvoir se faire selon les mêmes modalités afin que la justice soit à la fois juste et efficace.

[1350] Lire PRADEL Jean, *Procédure pénale,* 17ème édition, Cujas, Paris, septembre 2013, 975 p., p.303.

principes processuels relatifs au procès proprement dit. Mais quoi qu'il en soit, les principes processuels visent soit à protéger la société, soit à protéger les individus.

262.-Principes processuels protégeant la société internationale. En droit interne, les principes processuels protègent la société contre le phénomène criminel, puisqu'ils contribuent à la recherche de la vérité, à la célérité et à l'efficacité dans le traitement des affaires pénales[1351]. Dans le procès international pénal, les intérêts préservés sont ceux de la société internationale ou de la communauté internationale des Etats dont le Procureur[1352] est le représentant[1353].

Pour faire émerger la vérité, les juridictions pénales internationales ont opté pour le système accusatoire[1354] qui se caractérise par un respect scrupuleux du principe du contradictoire. Les individus n'ayant pas de réelles capacités à agir sur la scène internationale, c'est le Procureur qui initiera le procès pénal. Ainsi, en vertu du Statut de Rome, *« le Procureur : pour établir la vérité ; étend l'enquête à tous les faits et éléments de preuve qui peuvent être utiles pour déterminer s'il y a responsabilité pénale (...)[1355]. Prend les mesures propres à assurer l'efficacité des enquêtes et des poursuites (...)[1356] ».* Devant les Tribunaux *ad hoc,* l'enquête peut avoir lieu avant ou après la confirmation des charges comme le prévoit l'article 2 commun de leurs Règlements de procédure et de preuve.

Ce que d'aucuns appellent le principe de la recherche de la vérité[1357] ne peut se faire dans l'ignorance d'un autre principe qui est celui de la célérité.

1351 Voir PRADEL Jean, *op. cit.,* pp.308-318.

1352 Sur le rôle du procureur en droit international pénal, lire les articles 16 du Statut du TPIY, 17 du Statut du TPIR, puis, 15 et 42 du Statut de la CPI.

1353 Lire VAURS CHAUMETTE Anne-Laure, *Les sujets du droit international pénal, Vers une nouvelle définition de la personnalité juridique internationale ?* Editions A Pedone, Paris, avril 2009, 545 p., p.175.

1354 Le système accusatoire s'oppose au système inquisitoire. Dans le premier système, on considère que le procès est l'affaire des parties et que par conséquent elles doivent pouvoir jouer un rôle important dans la manifestation de la vérité, même si elles sont très souvent accompagnées par un ministère public qui remettra au juge, simple arbitre, des preuves sur lesquelles il basera sa décision. Dans le système inquisitoire, c'est le juge qui est la pierre angulaire du procès, puisqu'il peut s'autosaisir ou être saisi par un tiers tout en sachant qu'il joue lui-même un rôle important dans la collecte des preuves qui lui permettront de statuer selon son intime conviction.

1355 Article 54§1-a du Statut de Rome.

1356 Article 54§1-b du Statut de Rome.

1357 PRADEL Jean, *op. cit.,* p.309.

En effet, les juridictions tant nationales qu'internationales doivent agir promptement pour rendre la justice afin d'apaiser la société qui a été affectée par le crime. Il est normal que l'opinion publique réclame une sanction rapide pour des personnes responsables des infractions les plus graves. Mais la célérité n'est ni la précipitation qui peut être la cause des erreurs judiciaires, ni l'urgence qui est un mécanisme dérogatoire au droit commun[1358]. Elle peut par contre être assimilée aux délais raisonnables qui permettent de rendre une bonne justice[1359].

Devant les juridictions internationales pénales, le principe de célérité est favorable à la convocation, et à l'interrogation dans les plus brefs délais, des personnes impliquées dans une enquête, ou à l'écoute des témoins et des victimes le plus tôt possible[1360]. De plus, les procureurs des TPI *ad hoc* sont même autorisés à prendre sur le territoire d'un Etat, des mesures d'instruction sans avoir requis au préalable l'autorisation des autorités étatiques compétentes[1361], ou en cas d'urgence, de demander à celles-ci d'appréhender et de placer en garde à vue les personnes suspectées d'avoir commis les crimes internationaux les plus graves[1362].

Il faut tout de même noter que le principe de célérité est atténué au sein de la CPI car l'action du Procureur de cette institution dans un Etat est soumise à l'accord préalable de ce dernier et à défaut, à l'autorisation de la Chambre compétente de la Cour[1363]. Toutefois, l'article 29 de la loi burkinabè de mise en œuvre du Statut de Rome de décembre 2009 prévoit que: *« le*

1358 PRADEL Jean, *op. cit.*, p.312.

1359 Les juridictions pénales internationales doivent normalement agir dans un délai raisonnable, dès la confirmation des charges précédant le procès. Voir notamment article 61§1 et 3 du Statut de la CPI.

1360 Articles 54§3-b du Statut de la CPI, 18§2 du Statut du TPIY, 17§2 du Statut du TPIR et 39 du RPP des TPI.

1361 Articles 18§2 du Statut du TPIY, 17§2 du Statut du TPIR, 39 al.i du RPP des TPI.

1362 L'article 40 des RPP des TPI dispose en effet que : *« En cas d'urgence le Procureur peut demander à tout Etat:*

i) de procéder à l'arrestation et au placement en garde à vue d'un suspect ou d'un accusé ;(Amendé le 4 déc. 1998)

ii) de saisir tous éléments de preuves matériels ;

IT/32/Rev. 47 28 août 2012

30

iii) de prendre toute mesure nécessaire pour empêcher l'évasion du suspect ou de l'accusé, l'intimidation ou les atteintes à l'intégrité physique des victimes ou des témoins, ou la destruction d'éléments de preuve.

L'Etat concerné s'exécute sans délai, en application de l'article 29 du Statut ».

1363 Voir les articles 54§2 et 57§3 du Statut de la CPI, la règle 115 du RPP de la CPI.

Burkina Faso coopère pleinement avec la Cour pénale internationale dans les enquêtes et poursuites qu'elle mène pour les crimes relevant de sa compétence, conformément au Statut de Rome (...)». Pour les procureurs des juridictions pénales internationales, la célérité permettra d'atteindre une autre finalité de la justice à savoir l'efficacité, mais celle-ci ne pourrait être atteinte au mépris des principes processuels protégeant les individus.

263.-Principes processuels protégeant les individus. Les juridictions pénales internationales sont attachées à l'idée d'un procès équitable[1364] qui permet aux accusés de bénéficier des principes processuels les protégeant contre les risques d'arbitraires. D'une manière générale, ces principes tournent autour du droit au juge, du droit à la présomption d'innocence et des droits de la défense[1365]. Le droit au juge a deux volets. D'une part il permet à la victime de saisir un juge lorsqu'il a subi un préjudice. D'autre part la personne suspectée d'avoir commis une infraction doit bénéficier d'un jugement devant le juge compétent, car *« le droit à un tribunal est la première conséquence du droit à un procès équitable »*[1366]. Seul le second volet du droit au juge est reconnu dans le procès pénal international puisque l'individu-victime n'a aucune capacité à agir (au pénal[1367]) devant une

---

[1364] La notion de procès équitable telle que conçue notamment dans l'article 6 de la CEDH implique le respect de la publicité des débats, de la présomption d'innocence, du droit de l'accusé de pouvoir apporter les preuves de son innocence dans un délai raisonnable.

[1365] Voir PRADEL Jean, *op. cit.*, p.319.

[1366] Voir VARAUT Jean-Marc, *Le droit au juge,* Editions Quai Voltaire, 1991, 287 p. cité par Jean PRADEL, *ibid.*

[1367] Suite à l'article 75 du Statut de Rome, le RPP de la CPI (règle 94), instaure une action civile aux fins de réparations ouvertes aux victimes puisque, *« 1. Les demandes en réparation présentées par les victimes en vertu de l'article 75 sont déposées par écrit auprès du Greffier. Elles doivent contenir les indications ou éléments suivants :*

a) Les nom, prénoms et adresse du requérant ;

b) La description du dommage, de la perte ou du préjudice ;

c) Le lieu et la date de l'incident et, dans la mesure du possible, les nom et prénoms de la personne ou des personnes que la victime tient pour responsables du dommage, de la perte ou du préjudice ;

d) Le cas échéant, la description des avoirs, biens ou autres biens mobiliers corporels dont la restitution est demandée ;

e) Une demande d'indemnisation ;

f) Une demande de réhabilitation ou de réparation sous d'autres formes ;

g) Dans la mesure du possible, toutes pièces justificatives, notamment les noms et adresses des témoins.

2. À l'ouverture du procès et sous réserve des mesures de protection qu'elle peut ordonner, la Cour demande au Greffier de notifier la demande en réparation à la personne ou aux personnes qui y sont nommées ou qui sont nommées dans les charges et, dans la mesure du possible, à

juridiction pénale internationale. Dès lors, *« il ne se présente que comme un instrument dont le Procureur international dispose pour faire inculper les accusés soupçonnés d'avoir commis des crimes de droit international »*[1368].

Le deuxième principe processuel protégeant les individus à savoir la présomption d'innocence est un des éléments les plus importants de la procédure pénale moderne[1369]. Pour Jean PRADEL, *« la présomption d'innocence est un principe selon lequel toute personne poursuivie ou même simplement soupçonnée d'une infraction reste juridiquement innocente aussi longtemps que sa culpabilité n'a pas été constatée définitivement par une juridiction pénale »*[1370]. Ainsi, il ressort des Statuts des juridictions pénales internationales que tout individu est présumé innocent jusqu'à ce que sa culpabilité soit clairement établie[1371]. Sur le plan national, l'article 8 du code de procédure pénale camerounais est particulièrement clair lorsqu'il dispose que: *« (1) toute personne suspectée d'avoir commis une infraction est présumée innocente jusqu'à ce que sa culpabilité ait été légalement établie au cours d'un procès où toutes les garanties nécessaires à sa défense lui seront assurées. (2) La présomption d'innocent s'applique au suspect, à l'inculpé, au prévenu et à l'accusé »*[1372].

Quant au principe des droits de la défense, il ne constitue pas l'apanage de la seule procédure pénale, puisqu'il est aussi de mise dans la procédure civile, dans la procédure administrative et même dans les procédures disciplinaires[1373]. D'une manière générale, les droits de la défense

---

toute personne ou tout État intéressé. Les destinataires de cette notification peuvent déposer des observations auprès du Greffe en vertu du paragraphe 3 de l'article 75 ».

1368 VAURS CHAUMETTE Anne-Laure, *Les sujets de droit international pénal, op. cit.*, p.34.

1369 La présomption d'innocence a été consacrée par divers textes ayant une portée juridique ou symbolique importante. Ainsi, on la retrouve dans l'article 9 de la Déclaration des droits de l'Homme et du Citoyen de 1789, dans l'article 11-1 de la Déclaration Universelle des Droits de l'Homme, dans l'article 14 du Pacte International sur les Droits Civils et Politiques mais aussi dans l'article 7§1 de la Charte Africaine des Droits de l'Homme et des Peuples.

1370 PRADEL Jean, *op. cit.*, p.321.

1371 L'article 66 du Statut de la CPI dispose que :

« 1. Toute personne est présumée innocente jusqu'à ce que sa culpabilité ait été établie devant la Cour conformément au droit applicable.

2. Il incombe au Procureur de prouver la culpabilité de l'accusé.

3. Pour condamner l'accusé, la Cour doit être convaincue de sa culpabilité au-delà de tout doute raisonnable ». Sur la présomption d'innocence, voir aussi les articles 21§3 du Statut du TPIY et 20§3 du Statut du TPIR.

1372 Voir aussi l'article 2 du code de procédure pénale malien.

1373 Voir PRADEL Jean, *op. cit.*, p.336.

sont considérés comme *« l'ensemble des prérogatives accordées à une personne pour lui permettre d'assurer la protection de ses intérêts tout au long du procès face aux actes d'investigation, de poursuite ou de juridiction d'une autorité publique qui portent atteinte à sa situation »*[1374].

Lorsqu'une personne est mise en relation avec une juridiction internationale pénale elle doit pouvoir jouir de toutes les protections fondamentales minimales. Toutefois, Anne-Marie LA ROSA, fait remarquer que devant les TPI les garanties procédurales concernaient essentiellement les suspects et les accusés avant d'être étendues dans le Statut de Rome à d'autres personnes et notamment les témoins[1375]. De plus, elle souligne le fait que ces garanties procédurales existent dès l'ouverture de l'enquête[1376]. Il est vrai que dans le cadre de la CPI par exemple, lorsqu'une personne est dans le collimateur de la juridiction pénale internationale, il lui est reconnu le droit de ne pas témoigner contre elle-même, ni de reconnaitre sa culpabilité[1377] et bien sûr de ne pas être soumise à la moindre coercition, contrainte ou menace. Elle ne peut subir aucune atteinte à son intégrité physique ou psychique (interdiction de la torture et autre forme de peine ou traitement cruel, inhumain ou dégradant)[1378]. Par ailleurs, cette personne bénéficie du droit d'être interrogée dans la langue qu'elle comprend et parle couramment, d'où l'obligation de mettre à sa disposition un interprète compétent le cas échéant[1379] ; et il va sans dire que son éventuel arrestation ou détention ne saurait être arbitraire[1380].

De plus, même si de fortes suspicions finissent par peser sur la personne concernée, elle devrait être tenue informée de la situation[1381], sans que cela ne lui retire son droit de garder le silence[1382], ou de bénéficier de l'assistance d'un défenseur de son choix, ou de s'en voir octroyer un d'office et sans contrepartie financière, si elle est indigente[1383]. Aussi, elle doit être

---

[1374] *Ibid.*

[1375] Lire LA ROSA Anne-Marie, *Juridictions pénales internationales, La procédure et la preuve*, PUF, Paris, mars 2003, 507 p., p.67.

[1376] *Ibid.*

[1377] Voir article 55§1-a du Statut de la CPI.

[1378] *Ibid.*, 55§1-b.

[1379] *Ibid.*, 55§1-c.

[1380] *Ibid.*, 55§1-d.

[1381] *Ibid.*, 55§2-a.

[1382] RPP des TPI, article 42-A (iii), article 55§2-b du Statut de Rome.

[1383] RPP des TPI, article 42-A (i), article 55§2-c du Statut de Rome.

interrogée en présence de son conseil, à moins qu'elle n'en décide autrement[1384].

Les garanties procédurales dans un procès pénal apparaissent comme des *« baromètres »* permettant d'apprécier le niveau de démocratisation d'un Etat. Ainsi, le déficit démocratique constaté souvent chez les Etats africains, et qui n'est pas sans conséquence sur le fonctionnement des institutions juridictionnelles, fait prendre conscience de l'importance des principes processuels communs aux Etats africains qui devraient être en phase avec le droit international pénal, du moins lorsqu'il s'agit de réprimer les crimes internationaux.

B- L'importance des principes processuels communs en phase avec le droit international pénal

264.-Portée. Il y aurait au moins deux avantages si tous les Etats africains adoptaient des principes processuels communs en phase avec le droit international pénal. D'une part ils seraient confortés dans leur légitimité à réprimer en vertu du principe de complémentarité les crimes de droit international pénal ; et d'autre part l'équité en matière de procédure pénale serait garantie en toute circonstance.

265.-Renforcement de la légitimité des Etats africains dans la répression des crimes internationaux. Le fait que le Statut de Rome par exemple reconnaisse aux Etats, dès son premier article[1385], la possibilité de réprimer les criminels internationaux, n'a pas suffi à dissiper dans l'opinion publique internationale toute hostilité à l'égard des droits internes normalement habilités à sanctionner les responsables des crimes internationaux les plus graves.

Pour les crimes commis en Afrique, c'est sans doute la méfiance à l'égard des pratiques juridictionnelles ayant cours dans la majorité des pays de ce continent qui justifie le fait que bon nombre de grands criminels africains aient été poursuivis devant les instances pénales internationales. Ce qui peut

---

[1384] RPP des TPI, article 42-B, article 55§2-d.

[1385] Article premier du Statut de Rome : *« Il est créé une Cour pénale internationale (« la Cour ») en tant qu'institution permanente, qui peut exercer sa compétence à l'égard des personnes pour les crimes les plus graves ayant une portée internationale, au sens du présent Statut. Elle est complémentaire des juridictions pénales nationales. Sa compétence et son fonctionnement sont régis par les dispositions du présent Statut ».*

être reproché à certains Etats c'est le recours à des pratiques processuelles qui, soit ne respectent pas assez les droits des accusés, soit ne tiennent pas suffisamment compte de l'intérêt des victimes. Il semble d'ailleurs que sur ce dernier point, même les Etats pourtant démocratiques comme la France, ne répondent pas toujours aux exigences des instances internationales de contrôle, si l'on prend en compte les critiques acerbes autour de certaines dispositions procédurales contenues dans la loi portant pourtant adaptation du Statut de Rome dans le contexte juridique français[1386].

Il ne faut pas sous-estimer l'impact qu'une procédure pénale mal ficelée peut avoir sur la légitimité qu'ont les Etats à rendre une justice suscitant l'adhésion de l'opinion publique. C'est d'ailleurs très souvent sur des questions procédurales que les institutions juridictionnelles africaines sont critiquées par les observateurs internationaux[1387]. Si l'on peut comprendre que ces pays, pour les affaires criminelles purement de droit interne, puissent invoquer leur souveraineté pénale pour condamner les individus selon leurs propres mécanismes juridiques nationaux, il est évidemment critiquable qu'ils ne répriment pas les crimes internationaux selon les exigences procédurales

---

[1386] Il s'agit de la *loi n° 2010-930 du 9 août 2010 portant adaptation du droit pénal à l'institution de la Cour pénale internationale.* Dès août 2010, la Coalition française pour la Cour Pénale internationale critiquait sévèrement ladite loi (voir le lien http://www.cfcpi.fr/spip.php?rubrique4) en considérant que ses dispositions rendaient trop compliquée la poursuite effective des criminels internationaux en France, et ne prenait pas suffisamment en compte l'intérêt des victimes qui ne pouvaient pas librement mettre en branle l'action publique. L'article 8 de cette loi (article 689-11 du code de procédure pénale) prévoit en effet que : *« Peut être poursuivie et jugée par les juridictions françaises toute personne qui réside habituellement sur le territoire de la République et qui s'est rendue coupable à l'étranger de l'un des crimes relevant de la compétence de la Cour pénale internationale en application de la convention portant Statut de la Cour pénale internationale signée à Rome le 18 juillet 1998, si les faits sont punis par la législation de l'Etat où ils ont été commis ou si cet Etat ou l'Etat dont elle a la nationalité est partie à la convention précitée.*
La poursuite de ces crimes ne peut être exercée qu'à la requête du ministère public si aucune juridiction internationale ou nationale ne demande la remise ou l'extradition de la personne. A cette fin, le ministère public s'assure auprès de la Cour pénale internationale qu'elle décline expressément sa compétence et vérifie qu'aucune autre juridiction internationale compétente pour juger la personne n'a demandé sa remise et qu'aucun autre Etat n'a demandé son extradition ».

[1387] Voir par exemple le Rapport de l'UE, *Droits de l'homme et démocratie dans le monde*, juin 2012, 353 p., p.208ss. Disponible sur le site internet http://eeas.europa.eu/human_rights/docs/2011_hr_report_fr.pdf; voir aussi à titre indicatif les 32ème et 33ème rapports d'activités combinés de la Commission africaine des droits de l'homme et des peuples, et notamment les points 44 et 50. Consulter le site internet http://www.achpr.org/files/activity-reports/32-and-33/achpr5152_actrep32and33_fr.pdf.

reconnues par la communauté internationale, qui leur a en quelque sorte donné le mandat de sanctionner les crimes les plus graves au nom de l'humanité tout entière en principe attachée au respect du droit international des droits de l'homme en matière procédurale.

Pour se conformer aux règles processuelles internationales, les Etats africains devront adopter au moins en ce qui concerne la répression des crimes internationaux, une procédure pénale essentiellement accusatoire telle qu'elle est appliquée au sein des juridictions pénales internationales[1388]. Il est vrai que la procédure accusatoire est en théorie mise en œuvre au sein des Etats africains de tradition *Common Law,* et qu'il reviendra par conséquent aux Etats de culture juridique romano-germanique de faire l'effort d'abandonner la procédure inquisitoire ou d'en atténuer les effets, afin de s'arrimer à la nouvelle donne internationale[1389].

L'avantage du système accusatoire tel qu'il est mis en œuvre au sein des juridictions pénales internationales, est qu'il permet aux parties d'agir sur un même pied d'égalité à l'occasion d'un procès, même si bien avant, l'organe chargé des poursuites, en l'occurrence le Procureur, aura les coudées franches pour initier des enquêtes[1390]. Pourtant, les preuves obtenues lors des enquêtes doivent non seulement être recueillies par des moyens légaux, mais être aussi concluantes, afin d'envisager la rédaction de tout acte d'accusation.

Pendant le procès, c'est l'accusation qui devra apporter toutes les preuves utiles à la condamnation de l'accusé qui bénéficie de la présomption d'innocence. La preuve testimoniale étant privilégiée dans la procédure accusatoire, les parties se réserveront le droit de procéder à des contre-interrogatoires, dans l'optique de contester les dépositions faites par les témoins de la partie adverse, alors que les juges se contentent d'arbitrer les débats[1391].

Toutefois, contrairement aux droits nationaux qui mettent en œuvre la procédure accusatoire, le droit international pénal confère au juge, *« un*

1388 Sur la procédure pénale accusatoire en droit international pénal, voir, LA ROSA Anne-Marie, *Juridictions pénales internationales, La procédure et la preuve, op. cit.,* p.30.

1389 Il faut tout de même citer l'exception notable du Cameroun qui, pays de tradition romano-germanique, a adopté en 2005, un code de procédure pénale (loi n°2005/007 du 27 juillet 2005 portant code de procédure pénale) très imprégné du droit anglo-saxon et de la procédure pénale accusatoire.

1390 Voir LA ROSA Anne-Marie, *op. cit.,* pp.30-31.

1391 Sur l'importance de la preuve dans le système international pénal, voir par exemple l'article 69 du Statut de la CPI.

pouvoir d'initiative autonome qui lui permet d'assurer un meilleur équilibre entre les parties et de veiller, de manière effective, à la protection des intérêts de tous ceux, accusés, individus, entités publiques ou privées, qui sont susceptibles d'être affectés par la procédure »[1392]. Cette marge de manœuvre permet au juge de mieux prendre en compte les intérêts des victimes qui sont souvent relégués au second plan dans les systèmes accusatoires nationaux. Il semble qu'à l'échelle internationale, il y ait une dose de droit romano-germanique dans le système *Common Law*[1393]. Ainsi, sur l'indemnisation des victimes, la CPI[1394] jouit d'un véritable dédoublement fonctionnel puisqu'elle est à la fois une juridiction pénale lorsqu'elle condamne les accusés, et une juridiction civile lorsqu'elle s'occupe des réparations dues aux parties lésées[1395].

Aussi, le droit international pénal permet au juge de donner des indications aux parties sur la manière dont elles doivent produire des preuves[1396], tout en sachant que dans le Statut de la CPI, la juridiction doit veiller à ce que l'action du Procureur dans la collecte des preuves, ne se fasse pas au détriment des droits de l'accusé[1397]. D'ailleurs, le Procureur dans le système de la CPI[1398], est obligé d'enquêter à charge et à décharge[1399], et même à faire parvenir à la partie défenderesse, tous les éléments de preuve susceptibles de la disculper ou d'atténuer sa culpabilité[1400].

Il est évident que l'adoption des règles processuelles internationales sus-évoquées par les Etats africains, aura pour effet de renforcer leur légitimité dans la répression des crimes internationaux, puisqu'ils se seraient arrimés aux mécanismes procéduraux de mise au sein des juridictions internationales pénales afin de garantir un peu plus l'équité de la procédure en toute circonstance.

266.-Garantie de l'équité de la procédure en toute circonstance. L'équité dans la répression internationale pénale ne doit pas seulement

---

[1392] *Ibid.*, p.32.

[1393] *Ibid.*

[1394] Sur les réparations en faveur des victimes, voir l'article 75 du Statut de la CPI.

[1395] Lire VAURS CHAUMETTE Anne-Laure, *Les sujets de droit international pénal, op. cit.*, p.85.

[1396] Articles 64§6-b du Statut de la CPI et 98 des RPP des TPI.

[1397] Article 56§1 du Statut de la CPI.

[1398] Contrairement à ce qui a cours auprès des TPI *ad doc* où le procureur à une plus grande marge de manœuvre.

[1399] Article 54§1-a du Statut de la CPI.

[1400] Article 67§2 du Statut de Rome.

signifier qu'un accusé puisse jouir de quelques droits-garanties ou droits processuels, mais qu'il puisse bénéficier d'une même protection que tous les individus se trouvant exactement dans la même situation que lui. Il est difficile de nier le fait que même les Etats africains, dont les pratiques processuelles laissent quelquefois à désirer, accordent au moins en théorie, un certain nombre de droits procéduraux aux accusés[1401].

Mais, ces prérogatives étant plus renforcées en droit international pénal, le principe d'égalité qui devrait exister entre tous les criminels internationaux doit convaincre tous les Etats, et en l'occurrence les Etats africains, à recourir au droit processuel international pénal à l'occasion de la répression des crimes internationaux par leurs propres juridictions.

Anne-Marie LA ROSA dit que *« la mise en œuvre d'une protection effective du caractère équitable de la procédure suppose notamment que les juges garantissent en tout temps le plein respect des droits de l'accusé »*[1402]. Toutefois, les garanties procédurales du droit international pénal ne doivent pas seulement exister en tout temps, mais aussi en tout lieu. L'avantage d'une procédure pénale *« universelle »* applicable dans tous les pays à l'occasion de la répression des crimes de droit international pénal réside dans le fait que les juridictions pénales internationales, qui sont aussi des organes de contrôle, seront le cas échéant plus à même de vérifier la régularité d'une procédure qui leur est familière et qui est mise en œuvre au sein d'un Etat. Pour la CPI, le droit de regard sur le règlement par les Etats des affaires ayant trait aux crimes internationaux relevant de sa compétence est plus que légitime, car son pouvoir de contrôle doit être la rançon du principe de complémentarité qui est largement favorable aux Etats. Il est vrai que le contrôle de la CPI s'exerce surtout sur l'aspect matériel de la répression dans les Etats membres, mais il

---

[1401] L'article 2 du code de procédure pénale malien est par exemple assez précis en ce qui concerne les droits procéduraux des personnes poursuivies puisqu'il prévoit que : *« toute personne suspectée ou poursuivie est présumée innocente tant que sa culpabilité n'a pas été établie. Les atteintes à sa présomption d'innocence sont prévenues, réparées et réprimées dans les conditions prévues par la loi. Elle a le droit d'être informée des charges retenues contre elle et d'être assistée d'un conseil. Les mesures de contrainte dont cette personne peut faire l'objet sont prises sur décision ou sous le contrôle effectif d'un magistrat de l'ordre judiciaire. Elles doivent être strictement limitées aux nécessités de la procédure, proportionnées à la gravité de l'infraction reprochée et ne pas porter atteinte à la dignité de la personne. Il doit être définitivement statué sur la prévention ou l'accusation dont cette personne fait l'objet dans un délai raisonnable. Toute personne condamnée a le droit de faire examiner sa condamnation par une autre juridiction »*. Voir aussi les droits de l'inculpé dans les articles 167 et suivants du code de procédure pénale camerounais.

[1402] LA ROSA Anne-Marie, *op. cit.*, pp.151-152.

ne saurait ignorer complètement la dimension processuelle qui peut influer sur le fond du procès.

L'équité telle qu'elle est conçue en droit international pénal, se focalise sur la stricte recherche de la vérité dans le respect absolu des droits de l'accusé. En effet, dans la procédure, il y a un équilibre à trouver entre les intérêts de la société, des parties lésées et ceux des accusés qui sont présumés innocents jusqu'au verdict définitif de la juridiction compétente. Il semble que cet équilibre ait été atteint dans l'ordre juridique international pénal. L'équilibre repose sur l'importance que le juge accorde à la preuve[1403]. Ce dernier joue par exemple un rôle déterminant dans la convocation des témoins[1404] qu'il peut faire intervenir à l'audience soit contre l'accusé soit en sa faveur. En effet, *« l'intervention juridictionnelle vise à éclaircir et compléter, au nom de la recherche de la vérité, les preuves présentées par les parties »*[1405].

Au final, l'équité pour la personne poursuivie pour un crime de droit international pénal signifie qu'elle doit participer à un procès et peu importe le lieu, *« dans les conditions qui ne la désavantage pas substantiellement »*[1406]. L'équité de son étymologie latine *aequus* (égal), implique que tous les accusés puissent bénéficier de traitements égaux ou analogues lorsqu'ils se trouvent dans des situations juridiques similaires ; ce qui implique aussi pour les Etats et notamment les Etats africains, de procéder à une harmonisation des phases de déroulement du procès portant sur les crimes de droit international pénal.

§2. **L'harmonisation des phases de déroulement du procès portant sur les crimes de droit international pénal**

267.-Observation préliminaire. Au sein des juridictions répressives modernes, le procès se déroule en plusieurs étapes permettant de garantir les droits les plus fondamentaux des parties mais aussi, la sérénité des débats et

1403 La preuve testimoniale étant généralement privilégiée, les juges vont convoquer de nombreux témoins au cours du procès afin de donner toutes les chances à la manifestation de la vérité. Sur l'importance des témoignages dans le procès international pénal, voir LA ROSA Anne-Marie, *op. cit.,* p.153.

1404 Voir article 64§6 du Statut de la CPI et article 98 des RPP des TPI.

1405 LA ROSA Anne-Marie, *Ibid.*

1406 Voir DE SALVIA Michel, SOYER Jean-Claude, *in* PETTITI Louis-Edmond et autres, *La Convention Européenne des Droits de l'Homme,* Economica, Paris, 1999, 1230 p., p.265., cité par PRADEL Jean, *Procédure pénale, op. cit.,* p.319.

la manifestation de la vérité. Comme en droit interne, le procès international pénal commence par une instruction préparatoire et une poursuite, dont les Etats africains pourraient s'inspirer fort opportunément pour la répression des crimes internationaux, à condition d'en avoir une conception commune **(A)**, et pour la suite, de fixer avec clarté, les phases de jugement et de délimitation des voies de recours en matière de sanction des crimes de droit international pénal **(B)**.

A- La conception commune des notions d'instruction préparatoire et de poursuite en matière de crimes de droit international pénal

268.-Données du problème. Les phases du procès pénal ne se déroulent pas de la même manière dans les différents pays africains. C'est pourquoi, avant de juger les responsables des crimes internationaux, il peut avoir un certain intérêt à harmoniser au niveau des Etats africains, la procédure d'instruction préparatoire et la poursuite pénale à la lumière de règles qui sont de mise au sein des juridictions pénales internationales.

269.-Instruction préparatoire arrimée au droit international pénal. L'instruction préparatoire est une des étapes importante de la justice pénale. D'une manière générale, elle *« consiste dans la recherche et la réunion des éléments qui seront produits au juge de jugement pour lui permettre de prendre une décision »*[1407]. Le moins que l'on puisse dire c'est que le déroulement de l'instruction préparatoire varie considérablement selon les pays. En Afrique, les Etats francophones, prenant exemple sur la France, s'appuient en général sur l'office d'un juge d'instruction[1408], alors que celui-ci est ignoré dans bon nombre de pays, et en particulier dans ceux qui sont fidèles aux principes accusatoires de la *Common Law*[1409].

[1407] BOULOC Bernard, *Procédure pénale,* 23ème édition, Dalloz, février 2012, 1102 p., p.625.

[1408] En 1972, le Cameroun, qui est pourtant de culture juridique francophone a renoncé dans un premier temps à l'office du juge d'instruction, et ne l'a finalement rétabli qu'à la faveur de l'adoption du code de procédure pénale, du 27 juillet 2005.

[1409] Lire PRADEL Jean, « Le rôle du juge pénal dans la charge de la preuve approche comparée des systèmes de Common Law et romano-germanique », article issu de l'intervention aux *deuxièmes journées juridiques franco-polonaises Cracovie* (23-24 novembre 2012), 15 p. (Voir le site internet www.law.uj.edu.pl.).

Dans le procès international pénal, la cheville ouvrière de l'instruction est le Procureur[1410]. En effet, une partie de ses missions consiste à mener des investigations dans l'optique de rassembler suffisamment d'éléments de preuve permettant de condamner ou de disculper l'accusé, du moins dans le système de la CPI[1411].

En droit interne, le caractère exceptionnel des procès portant sur les crimes internationaux devrait pouvoir convaincre les Etats africains, à adopter en la matière, une instruction s'appuyant sur un système similaire à celui de la CPI. Ainsi, un procureur national se verrait octroyer certaines compétences du Procureur de la CPI telles que prévues par le Statut de Rome[1412] et le RPP[1413] de la CPI. Il va sans dire qu'il ne peut s'agir que des compétences pouvant être mises en œuvre dans les limites de la juridiction de l'Etat concerné, car un procureur national ne pourrait bénéficier de tous les pouvoirs reconnus à un organe international.

Toutefois, il faudra rester dans l'esprit du droit international pénal qui voudrait que l'autorité chargée de mener l'instruction préparatoire à propos des crimes internationaux puisse avoir les coudées franches. Ainsi, le procureur national devrait pouvoir bénéficier de l'indépendance la plus complète vis-à-vis notamment du pouvoir exécutif qui mettra à sa disposition la force publique qui lui permettra de mener à bien sa mission. Celle-ci consistera essentiellement à rassembler les preuves nécessaires et à décider de l'opportunité des poursuites. Si les preuves recherchées ou les protagonistes d'un éventuel procès se trouvent dans un pays étranger, le procureur national devrait pouvoir recourir à la coopération judiciaire en matière pénale telle que prévue cette fois ci par le droit pénal international qui devrait être en conformité avec le droit international pénal. Il est constant qu'à l'instar de son homologue international, le procureur national devrait faire preuve d'impartialité dans ses investigations, surtout qu'il faudra étendre ses pouvoirs à la poursuite qui devrait elle aussi être en phase avec le droit international pénal.

270.-Poursuite en phase avec le droit international pénal. Au sein des juridictions pénales internationales, le Procureur[1414] jouit d'un

---

[1410] Il y a tout de même lieu de préciser que les pouvoirs du procureur sont plus importants devant les TPI que devant la CPI.

[1411] Auprès des TPI, le rôle du procureur est surtout de soutenir l'accusation et de recueillir les preuves à charge contre l'accusé. Voir, RPP des TPI., article 39, alinéa ii.

[1412] Voir notamment l'article 53 du Statut de Rome.

[1413] Règles 104-110.

[1414] Sur le statut du procureur et de son bureau, voir notamment, l'article 42 du Statut de Rome.

dédoublement fonctionnel qui lui permet après l'instruction préparatoire, d'engager les poursuites contre des personnes sur qui reposent des charges suffisamment accablantes pour laisser croire qu'elles aient pu être responsables de la commission de crimes internationaux[1415]. Devant la CPI, la poursuite proprement dite commence avec la requête du Procureur visant à obtenir un mandat d'arrêt[1416] ou une citation à comparaitre. Avant cette phase, *« il n'existe donc pas d'affaire à proprement parler »*[1417]. En ce qui concerne la mise en adéquation des droits africains avec le droit international pénal, il faut supposer que le procureur national sera à l'instar du Procureur de la CPI, habilité à rédiger un acte d'accusation qui sera ensuite confirmé par l'institution juridictionnelle compétente dans l'esprit de l'article 58 du Statut de Rome[1418]. Aussi, il sera actif tout au long de la procédure qui aboutira à la condamnation ou à l'acquittement de l'accusé.

Mais en réalité, pour être sûr que le rôle du procureur national sera comparable à celui de son collègue international, il faudra dans l'ordre juridique interne, instaurer une plus grande clarté dans la fixation des phases de jugement et des voies de recours en matière de crime de droit international pénal.

B- La clarté dans la fixation des phases de jugement et la délimitation des voies de recours en matière de crime de droit international pénal

271.-Phases de jugement inspirées du droit international pénal. Le moyen le plus sûr d'instaurer en droit interne des phases de jugement inspirées

---

1415 Voir article 58 du Statut de Rome.

1416 D'après l'article 58§3 du Statut de Rome, le mandat d'arrêt contient un certain nombre d'éléments à savoir : *« a) Le nom de la personne visée et tous autres éléments utiles d'identification ;*

b) Une référence précise au crime relevant de la compétence de la Cour qui justifie l'arrestation ; et

c) L'exposé succinct des faits dont il est allégué qu'ils constituent ce crime ».

1417 Cette opinion est celle de la CPI elle-même, telle qu'elle a pu l'exposer à propos de la *Situation en RDC.*, ICC-01/04-93, Décision postérieure aux consultations ayant eu lieu le 11 octobre 2005, et réponse de l'accusation relative à la compétence et la recevabilité déposée le 31 octobre 2005, Chambre préliminaire I de la CPI du 9 novembre 2005. Voir VAURS CHAUMETTE Anne-Laure, *op.cit.*, p.183, note de bas de page n°174.

1418 L'article 58 du Statut de Rome porte sur la délivrance par la Chambre préliminaire d'un mandat d'arrêt ou d'une citation à comparaitre.

du droit international pénal, c'est d'adopter au moins en matière de répression des crimes internationaux, un système juridictionnel calqué sur un modèle international qui peut être la CPI. Le choix de celle-ci s'explique évidemment par le fait qu'elle est la seule institution internationale permanente chargée de réprimer les crimes internationaux les plus graves.

Il est vrai qu'il n'est pas réaliste d'imaginer que les Etats très attachés à leur souveraineté pénale vont forcément être réceptifs à l'idée de chambouler toute leur organisation juridictionnelle interne pour s'arrimer au fonctionnement de la CPI. Toutefois, il peut être assez aisé de créer à côté des juridictions répressives ordinaires, une juridiction spéciale (cour ou tribunal) chargée de la répression des crimes de droit international pénal[1419], qui serait en tout point, le pendant national de la CPI. Ainsi, la juridiction spéciale nationale chargée de sanctionner les crimes énoncés dans l'article 5 du Statut de Rome, pourrait comme la CPI, être constituée d'un bureau du procureur, d'un greffe, d'une section préliminaire, d'une section de première instance, d'une section des appels et d'une présidence[1420].

La création par chaque Etat africain d'une juridiction spéciale pour les crimes internationaux aura pour effet d'instaurer une certaine harmonisation dans les phases du procès pénal portant sur la répression des crimes de droit international pénal. Parmi ces phases il y aura la détention provisoire ordonnée par la chambre préliminaire, reposant comme dans le Statut de Rome, sur un régime juridique plus draconien et dérogatoire au droit commun, eu égard à la gravité des infractions commises[1421]. Il va sans dire que si les conditions sont réunies, la détention provisoire pourrait être convertie en liberté provisoire[1422].

Une autre procédure prévue pour les instances pénales internationales pourrait être mise en œuvre au sein des juridictions spéciales, il s'agit de la jonction d'instance permettant de rassembler soit les différents chefs

---

1419 Dans la loi comorienne de mise en œuvre du Statut de Rome de décembre 2011, l'article 23 a pu disposer que : *« le jugement des infractions prévues par la présente loi, quelle que soit la qualité de leurs auteurs, relève en premier ressort et en appel respectivement du Tribunal Spécial et de la Cour d'Appel Spéciale dont l'organisation, les attributions et le fonctionnement sont précisées dans une loi organique ».*

1420 Voir l'article 34 (organes de la Cour) du Statut de Rome.

1421 Voir la procédure initiale devant la CPI prévue par l'article 60 du Statut de Rome.

1422 L'article 60§2 du Statut de Rome prévoit que : *« La personne visée par un mandat d'arrêt peut demander sa mise en liberté provisoire en attendant d'être jugée. Si la Chambre préliminaire est convaincue que les conditions énoncées à l'article 58, paragraphe 1, sont réalisées, la personne est maintenue en détention. Sinon, la Chambre préliminaire la met en liberté, avec ou sans conditions ».*

d'accusation portant sur un même accusé, soit ceux concernant plusieurs personnes. Mais la jonction d'instance ne saurait en aucun cas compromettre les droits des accusés qui doivent bénéficier des mêmes protections que s'ils étaient jugés individuellement[1423].

Parlant des droits des accusés, ceux-ci devraient pouvoir communiquer avec la juridiction dans les conditions prévues par les textes juridiques des juridictions pénales internationales[1424]. Ils pourront bénéficier d'un droit à l'information à toutes les étapes de la procédure[1425], mais aussi, à la communication dans un délai raisonnable, des éléments de preuve devant être exposés à l'audience[1426].

En ce qui concerne l'audience au fond, c'est-à-dire le *« stade de la procédure au cours de laquelle les faits sont présentés à l'organe juridictionnel en vue de leur qualification juridique »*[1427], elle devrait elle aussi être en conformité avec le droit international pénal. Ainsi, l'audience devrait par exemple avoir, sauf cas exceptionnel, un caractère public[1428], ou encore respecter le principe *non bis in idem* qui interdit qu'une personne puisse être jugée et condamnée deux fois pour les mêmes faits[1429]. Aussi, les

---

[1423] Règle 136§2 RPP de la CPI.

[1424] Voir notamment l'article 67§1-f du Statut de la CPI.

[1425] Voir à ce propos l'article 67§1-a du Statut de la CPI.

[1426] Article 61§3 Statut de la CPI, et règle 121 du RPP de la CPI.

[1427] LA ROSA Anne-Marie, *op. cit.*, p.130.

[1428] Sur le caractère public de l'audience, voir les articles 64§7 et 67§1 du Statut de Rome, les articles 20§4 et 21§2 du Statut du TPIY et les articles 19§4 et 20§2 du Statut du TPIR.

[1429] Sur le principe *non bis in idem,* l'article 20 du Statut de la CPI prévoit que *: « 1. Sauf disposition contraire du présent Statut, nul ne peut être jugé par la Cour pour des actes constitutifs de crimes pour lesquels il a déjà été condamné ou acquitté par elle.*
2. Nul ne peut être jugé par une autre juridiction pour un crime visé à l'article 5 pour lequel il a déjà été condamné ou acquitté par la Cour.
3. Quiconque a été jugé par une autre juridiction pour un comportement tombant aussi sous le coup des articles 6, 7, 8 ou 8 bis ne peut être jugé par la Cour que si la procédure devant l'autre juridiction :
a) Avait pour but de soustraire la personne concernée à sa responsabilité pénale pour des crimes relevant de la compétence de la Cour ; ou
b) N'a pas été au demeurant menée de manière indépendante ou impartiale, dans le respect des garanties d'un procès équitable prévues par le droit international, mais d'une manière qui, dans les circonstances, était incompatible avec l'intention de traduire l'intéressé en justice ».

parties doivent pouvoir présenter les éléments de preuve devant leur permettre d'obtenir gain de cause devant la juridiction[1430].

Il est évident qu'une juridiction spéciale nationale ayant des fonctions analogues à celles de la CPI, devrait permettre aux victimes de jouer un rôle plus important dans la mise en branle du procès pénal, car en droit interne, les individus sont à la fois sujet débiteur et sujet créancier du droit. Les tiers devraient eux aussi jouer un rôle à l'audience, en l'occurrence les témoins, les experts, mais aussi l' *amicus curiae (« ami de la cour » amici au pluriel)* qui est *« une personne ou entité qui, bien qu'elle n'ait aucun intérêt direct dans l'affaire, est admise à faire valoir l'intérêt public ou celui d'un groupe social important ou à donner une information de droit ou de fait susceptible d'éclairer le tribunal et contribuer ainsi à l'administration de la justice »*[1431].

Le rôle de la juridiction spéciale consistera, à l'instar des juridictions internationales pénales, à assurer la protection du cours de la justice mais aussi du caractère équitable de la procédure, qui devrait permettre aux parties de bénéficier des voies de recours inspirées des normes internationales pénales.

272.-Voies de recours inspirées des normes internationales pénales. La décision d'une instance de jugement a en principe une autorité de la chose jugée et force exécutoire. Néanmoins, il arrive très souvent que les parties insatisfaites demandent à ce que leur affaire qui pourrait être entachée d'erreurs de fait ou de droit soit réexaminée. C'est grâce aux voies de recours que les parties peuvent remettre en cause l'autorité de la chose jugée d'une décision de justice[1432]. Celles-ci sont en effet l'ensemble des procédures qui permettent aux principaux protagonistes du procès de contester une décision rendue par une juridiction.

A supposer que chaque Etat africain procède à la création de la juridiction spéciale sus-évoquée, il va sans dire qu'au sein de ladite juridiction, les décisions de la section d'instance pourraient faire l'objet d'un recours auprès des sections des appels. Comme au sein des juridictions internationales pénales, l'appel devraient porter aussi bien sur les décisions interlocutoires antérieures à la condamnation, que sur celles relatives à cette dernière. L'appel

---

[1430] Article 69§3 du Statut de la CPI : *« Les parties peuvent présenter des éléments de preuve pertinents pour l'affaire, conformément à l'article 64. La Cour a le pouvoir de demander la présentation de tous les éléments de preuve qu'elle juge nécessaires à la manifestation de la vérité ».*

[1431] LA ROSA Anne-Marie, *op. cit.*, p.138.

[1432] Voir BOULOC Bernard, *op. cit.*, p.929.

pourrait être motivé par les erreurs de fait ou de droit[1433], par un vice de procédure[1434], ou par *« tout autre motif de nature à compromettre l'équité ou la régularité de la procédure ou de la décision »*[1435]. La section d'appel, se réservera le droit de solliciter des preuves supplémentaires qui lui permettront de rendre un verdict dans le respect des règles relatives à un procès équitable.

Outre l'appel, les statuts des différentes juridictions internationales pénales prévoient une procédure de révision à l'encontre des décisions rendues par les chambres[1436]. Au terme de l'article 84 du Statut de Rome par exemple, la révision initiée devant la Chambre d'appel est relative aux décisions définitives sur la peine ou sur la culpabilité et n'intervient qu'après épuisement des voies de recours. La révision est motivée par un fait nouveau ou par un élément de preuve capital, ignoré notamment par le requérant au moment du procès[1437], mais qui a été déterminant pour la sentence du juge. Elle peut aussi être liée au fait que la décision de culpabilité reposait sur un acte faux, contrefait, falsifié, ou sur l'attitude répréhensible des juges qui constitue un manquement à leurs devoirs ou une faute lourde[1438]. Au sein des juridictions pénales internationales, comme elle devrait pouvoir l'être au sein d'une juridiction spéciale, la révision peut être exercée aussi bien par le procureur qui a tout intérêt à ce que la justice soit convenablement rendue, que par la partie condamnée ou ses ayants-droit[1439], tout en sachant qu'une personne victime d'erreur judiciaire ou de sanction illégale peut se voir octroyer des dommages et intérêts à hauteur du préjudice subi[1440].

273.-Transion conclusive. La création des juridictions spéciales sur le modèle de la CPI dans les Etats africains où des crimes internationaux auraient été commis, contribuerait sans aucun doute à rendre effectif le droit international pénal dans les ordres juridiques internes. C'est une idée qui pour l'instant reste utopique. Pourtant, une bonne articulation normative entre le droit international pénal et les ordres juridiques internes, passe aussi par l'instauration d'une cohérence fonctionnelle entre les juridictions répressives nationales et notamment africaines, et les juridictions internationales pénales.

[1433] Article 81§1-a (ii, iii) et b (ii, iii) du Statut de la CPI.

[1434] Article 81§1-a (i) et b (i) du Statut de la CPI.

[1435] Article 81§1-b (iv) du Statut de la CPI.

[1436] Voir les articles 26 du Statut du TPIY, 25 du Statut du TPIR, et 84 du Statut de la CPI.

[1437] Article 84§1-a (i).

[1438] Article 84§1-c.

[1439] Article 84§1 du Statut de la CPI.

[1440] Sur l'indemnisation des personnes arrêtées ou condamnées, voir notamment règles 173 à 175 du RPP de la CPI.

CHAPITRE 2

L'INSTAURATION D'UNE COHERENCE FONCTIONNELLE ENTRE LES JURIDICTIONS PENALES AFRICAINES ET INTERNATIONALES

274.-Idée de l'instauration d'une cohérence fonctionnelle entre juridictions internes et internationales. Lorsqu'au sein d'un même système juridique les juridictions nationales se superposent à une ou plusieurs juridictions internationales, il est certain que toute absence de coordination entre les règles juridictionnelles internationales et les normes juridictionnelles nationales, aura pour conséquence de créer une disharmonie entre la position des juges nationaux et celle du juge international. Cette problématique est constante au sein des droits régionaux, et indépendamment du fait que ceux-ci visent à protéger les droits de l'homme[1441] ou alors à garantir le respect des règles d'un marché commun. Evidemment, la question prend une toute autre tournure en matière de répression de crimes de droit international pénal.

275.-Intérêt de la question en ce qui concerne la répression des crimes internationaux. La nécessité d'une cohérence fonctionnelle entre les juridictions pénales internationales et les juridictions pénales nationales est liée au fait que celles-ci sont concurremment compétentes pour assurer la répression des crimes internationaux[1442]. Dès lors, le fait de dire qu'il devrait exister un fonctionnement *« symbiotique »* entre l'instance du juge national et celle du juge international pénal relève tout simplement du bon sens juridique.

[1441]Sur la problématique en rapport avec les droits de l'Homme, lire, DUBOUT Edouard, TOUZE Sébastien, « La fonction des droits fondamentaux dans les rapports entre ordres et systèmes juridiques », *in* DUBOUT Edouard, TOUZE Sébastien (dir.), *Les droits fondamentaux : charnières entre ordres et systèmes juridiques,* Editions A. Pedone, Paris, juin 2010, 336 p., pp.11ss.

[1442] Même si on a pris l'habitude de relever le fait que les TPI *ad hoc* avaient la primauté de compétence sur les juridictions nationales, cela ne signifie pas pour autant que ces dernières devraient renoncer automatiquement à toute idée de répression des criminels internationaux sur la base des règles classiques de compétence. Pour s'en convaincre, lire les dispositions des articles 9 et 8 respectivement des statuts du TPIY et du TPIR.

Primo, une coordination doit être assurée en amont par les normes qui instaurent la relation juridique entre les juges nationaux et le juge international pénal. *Secundo,* les juges doivent avoir un rôle important à jouer quant à la définition de la nature des rapports qui devraient exister entre eux.

Dans la première situation, il est difficile de ne pas penser aux délimitations des compétences des juridictions pénales nationales et pénales internationales, telles qu'elles ressortent des statuts des TPI *ad hoc* et de la CPI, mais aussi de différents corpus juridiques internes. Ensuite, c'est l'instauration d'un dialogue à l'initiative des juges eux-mêmes qui est de nature à garantir une certaine cohérence entre les jurisprudences nationales et la jurisprudence internationale en matière de répression des crimes internationaux.

Ainsi, entre les juridictions pénales internationales et les juridictions pénales nationales et en l'occurrence africaines, la cohérence fonctionnelle a trait non seulement à la détermination des règles de compétence **(SECTION 1)**, mais aussi à l'établissement d'un dialogue des juges garantissant la cohérence jurisprudentielle **(SECTION 2)**.

SECTION 1. La cohérence fonctionnelle au niveau des règles de compétence

276.-Finalité des règles de compétence. Les principes directeurs relatifs à la délimitation des compétences entre les juridictions pénales nationales et les juridictions pénales internationales, confèrent *a priori* une compétence élargie aux TPI *ad hoc*[1443], et une compétence restreinte à la CPI[1444].

Toutefois, si les TPI ont la possibilité de réprimer en priorité les crimes relevant de leur compétence, en réalité, un certain pragmatisme les contraint à ne pas s'opposer à la répression de certains criminels par les juges nationaux ; ce qui leur permet en fait d'éviter de voir leurs prétoires encombrés par de nombreuses affaires. Par contre, la CPI qui est normalement soumise au principe de complémentarité peut décider de juger une affaire qui en principe aurait pu échoir à un Etat, ou que ledit Etat n'a pas examinée selon les conditionnalités imposées par le droit international pénal. Ainsi, dans les faits, l'ordre des priorités peut se trouver tout simplement inversé.

[1443] Voir les articles 9 et 8 précités des statuts des TPI *ad hoc.*

[1444] Article 17 du Statut de la CPI.

Il y a finalement deux impératifs qui président à la répartition des compétences entre les juridictions pénales internationales et les juridictions pénales nationales. Le premier impératif vise à garantir la lutte contre l'impunité, à travers l'instauration d'une justice pénale internationale dont l'impartialité doit être totale. Le second impératif a pour ambition de garantir une gestion plus rationnelle de la répression des crimes internationaux, en évitant que la juridiction internationale ne soit dépassée par l'ampleur de la tâche ; d'où la nécessaire contribution des juges nationaux à la poursuite des criminels internationaux. Là réside l'aspect fonctionnel des règles de compétence entre les différents juges nationaux et internationaux.

277.-Aspect fonctionnel des règles de compétence. Pour Philippe THERY, *« la compétence est essentiellement une notion fonctionnelle, qui permet, lorsque plusieurs organes sont investis d'un pouvoir identique, de désigner celui qui va l'exercer concrètement »*[1445]. D'une certaine manière, les règles de compétence en matière juridictionnelle interviennent lorsqu'il y a concurrence ou au moins un risque de conflit entre des juridictions détenant chacune le pouvoir de juger. Ainsi, dans le cadre juridictionnel, repartir les compétences c'est en quelque sorte déterminer les fonctions d'un tribunal ou d'une cour de justice. Dans le système international pénal, il existe une fonction de répartition des règles de compétence s'opérant entre juges nationaux et juges internationaux, alors même qu'il était fréquent en matière internationale, de parler plutôt de fonction de rattachement des règles de compétence, eu égard au fait que les Etats sont souverains les uns vis-à-vis des autres[1446].

Ce qu'il faut retenir c'est que d'une manière générale, les règles de compétence renvoient à l'ensemble des modalités d'attribution à des organes distincts et concurrents, des prérogatives leur permettant de statuer effectivement sur une affaire dans des conditions bien précises. Au fond, la manière dont la sanction pénale est conçue à l'échelle internationale peut justifier un certain impératif de clarté dans le recours aux critères classiques de compétence pour la répression des crimes internationaux commis dans les Etats africains **(§1)**. De plus, il faut bien définir les rapports entre les juridictions africaines et les juridictions internationales pénales au sujet de la compétence universelle **(§2)**.

[1445] THERY Philippe, « compétence », *in* ALLAND Denis, RIALS Stéphane (dir.), *Dictionnaire de la culture juridique,* Quadrige/Lamy-PUF, novembre 2010, 1649 p., pp.247-251., p.247.

[1446] Sur la question lire THERY Philippe, article précité, p.249.

§1. **L'impératif de clarté dans le recours aux critères classiques de compétence pour la répression des crimes internationaux commis dans les Etats africains**

278.-Signification des critères classiques de compétence[1447]. Il faut entendre par critères classiques de compétence, l'ensemble des éléments traditionnels qui entrent en ligne de compte dans l'attribution des compétences aux instances juridictionnelles[1448]. En matière pénale ces éléments peuvent porter sur le lieu de commission de l'infraction, dans ce cas il s'agira normalement de la compétence territoriale (*ratione loci*), ils peuvent être liés à la nature de l'infraction, d'où le concept de compétence matérielle (*ratione materiae*). La nature des intérêts protégés[1449] peut aussi permettre aux Etats d'attribuer une compétence dite réelle à leurs juridictions. Aussi, il est couramment admis que lorsqu'une personne impliquée dans une infraction, soit en tant que délinquant, soit en tant que victime, est rattachée juridiquement à un Etat, celui-ci puisse faire valoir le principe de la compétence personnelle (*ratione personae*) active ou passive. Même si cela est assez exceptionnel en droit interne, le temps peut aussi être un élément permettant de déterminer la compétence (temporelle ou *ratione temporis*) d'une juridiction.

Entre les juridictions pénales internationales et les juridictions pénales africaines, la délimitation de la compétence juridictionnelle liée au contexte et à la nature de l'infraction commise revêt un certain intérêt **(A)** qui peut d'ailleurs permettre de comprendre l'importance d'une détermination précise de la compétence juridictionnelle liée au statut du criminel ou de la victime **(B)**.

A- L'intérêt de la délimitation de la compétence juridictionnelle liée au contexte et à la nature de l'infraction commise

279.-Exceptions à la compétence territoriale des juridictions étatiques. L'attachement des Etats au principe westphalien de la compétence

---

[1447] Sur le sujet voir, MOULIER Isabelle, *La compétence pénale universelle en droit international*, Thèse Paris I, 2 tomes, décembre 2006, 1050 p., p.46ss.

[1448] Voir à ce sujet, SWART Bert, « La place des critères traditionnels de compétence dans la poursuite des crimes internationaux », *in* CASSESE Antonio, DELMAS-MARTY Mireille, *Juridictions nationales et crimes internationaux,* PUF, juin 2002, 673 p.

[1449] L'intérêt protégé peut être la monnaie ou le sceau de l'Etat qui ne doit pas faire l'objet d'une falsification ou d'une contrefaçon.

territoriale est lié à la conception que ceux-ci se font de leur propre souveraineté interne ou externe[1450]. Il n'est donc pas étonnant que le droit pénal classique fasse du territoire le critère fondamental d'attribution d'une compétence juridictionnelle à un Etat.

Toutefois, il faut préciser que la notion de territoire englobe plusieurs réalités, à savoir : l'espace terrestre, l'espace maritime et l'espace aérien[1451]. L'espace terrestre *stricto sensu* correspond à l'ensemble des bandes de terre placées sous la juridiction d'un Etat (même s'il est difficile d'exclure les lacs, les fleuves et autres cours d'eaux internes). L'espace maritime est souvent identifié à la mer territoriale dont l'étendue ne dépasse pas 12 milles marins (environ 22,25 km)[1452], même si en réalité la Convention de Montego Bay sur le droit de la mer l'étend à la Zone Economique Exclusive (ZEE) d'une largeur de 200 milles marins[1453]. Quant à l'espace aérien il constitue la partie du territoire qui surplombe les espaces terrestre et maritime, évidemment à l'exclusion de l'espace extra-atmosphérique qui jouit d'une règlementation spécifique.

Normalement, tout crime commis sur un espace quelconque appartenant à un Etat fait appel au principe de territorialité qui suppose que *« toutes les infractions commises sur le territoire d'un Etat sont punies conformément aux lois de cet Etat, quelles que soient la gravité de l'infraction ou la nationalité de l'auteur ou de la victime »*[1454]. Ce principe est d'ailleurs réaffirmé dans la plupart des codes pénaux des Etats africains[1455].

[1450] Il est assez fréquent d'opposer la souveraineté interne à la souveraineté externe. La première est considérée comme le socle du pouvoir politique au sein d'un ordre constitutionnel interne (souveraineté nationale ou souveraineté populaire). La seconde par contre est la manifestation de l'indépendance d'un Etat par rapport aux entités politiques qui lui sont étrangères.

[1451] Lire REBUT Didier, *Droit pénal international,* 1ère édition, Dalloz, Paris, janvier 2012, 659 p. p.28.

[1452] Voir l'article 3 de la Convention de Montego Bay sur le droit de la mer du 10 décembre 1982. Il faut préciser que la mer territoriale peut être de moins de 12 milles marins si la distance qui sépare deux Etats côtiers se faisant face est inférieure à 24 milles marins.

[1453] Articles 55ss. de la Convention de Montego Bay précitée (article 57 pour la largeur de la ZEE).

[1454] BOSLY Henri, VANDERMEERSCH Damien, *Génocide, crimes contre l'humanité et crimes de guerre face à la justice, Les juridictions internationales et les tribunaux nationaux,* 2ème édition, Bruylant, Bruxelles, 2012, 285 p., p.201.

[1455] L'article 6 alinéa 1er du code pénal togolais prévoit expressément que : -*« les tribunaux togolais sont compétents pour connaître de toute infraction commise sur le territoire togolais, y compris l'espace maritime, aérien et les navires ou aéronefs auxquels la loi, les traités ou la coutume internationale reconnaissent la souveraineté nationale ».* Dans le même sens, voir

Pourtant, l'étude du droit international pénal a démontré que la mise en œuvre d'une compétence territoriale au profit des Etats n'était pas systématique. Ainsi, le Statut du TPIR habilite cette juridiction à connaitre des graves violations des normes du droit humanitaire commises au Rwanda ou dans les pays voisins par les Rwandais entre le 1er janvier et le 31 décembre 1994[1456]. On peut imaginer assez aisément la réticence des autorités rwandaises ou de la République démocratique du Congo (Etat voisin ayant subi les affres de la crise survenue au Rwanda en 1994), à devoir renoncer à l'idée d'invoquer leur compétence territoriale pour poursuivre les criminels réclamés par le TPIR. Il est vrai que le fait que ce tribunal *ad hoc* ait été créé par le Conseil de sécurité lui a conféré un pouvoir particulier pour réprimer en priorité les crimes de masse commis au Rwanda. Pourtant, cette juridiction a tout de même autorisé le Rwanda à sanctionner sur le fondement de sa compétence territoriale, certains responsables de crimes internationaux ayant sévi sur son territoire[1457].

Dans le cadre conventionnel qui a permis la création de la CPI, les Etats parties au Statut de Rome ont accepté de leur plein gré une limitation *de facto* de leur compétence territoriale. En effet, si dans les rapports entre la CPI et les juridictions nationales le mot d'ordre est la complémentarité, il n'en demeure pas moins qu'au terme du Statut, les Etats qui acceptent la compétence de la Cour habilitent celle-ci à connaitre des crimes commis sur leur territoire, ou à bord d'un navire ou d'un aéronef dont ils sont les Etats de pavillon ou d'immatriculation[1458].

---

l'article 7 du code pénal camerounais et avec moins de précision l'article 1er du code pénal égyptien, l'article 10 du code pénal marocain, et l'article 2 du code pénal de la République démocratique du Congo.

1456 Article 1er du Statut du TPIR : *« Le Tribunal international pour le Rwanda est habilité à juger les personnes présumées responsables de violations graves du droit international humanitaire commises sur le territoire du Rwanda et les citoyens rwandais présumés responsables de telles violations commises sur le territoire d'États voisins entre le 1er janvier et le 31 décembre 1994, conformément aux dispositions du présent Statut ».*

1457 Voir notamment la loi organique du 30 août 1996 sur l'organisation des poursuites des infractions constitutives du crime de génocide ou de crimes contre l'humanité, commises à partir du 1er octobre 1990.

1458 Lire l'article 12§1 et 2 (a) du Statut de Rome : *« 1. Un État qui devient Partie au Statut accepte par là même la compétence de la Cour à l'égard des crimes visés à l'article 5.*
2. Dans les cas visés à l'article 13, paragraphes a) ou c), la Cour peut exercer sa compétence si l'un des États suivants ou les deux sont Parties au présent Statut ou ont accepté la compétence de la Cour conformément au paragraphe 3 :
a) L'État sur le territoire duquel le comportement en cause a eu lieu ou, si le crime a été commis à bord d'un navire ou d'un aéronef, l'État du pavillon ou l'État d'immatriculation ».

De plus, même les Etats n'ayant pas reconnu la juridiction de la CPI, peuvent voir leur compétence territoriale être remise en cause si le Conseil de sécurité décide de déférer une situation à la Cour en vertu du chapitre VII de la Charte des Nations Unies[1459]. Ce fut le cas du Soudan, de la Libye[1460] ou encore de la Côte d'Ivoire à travers successivement les résolutions 1593 du 31 mars 2005, 1970 du 26 février 2011, et 1975 du 30 mars 2011.

Dans la pratique, il est arrivé que la CPI refuse d'admettre la compétence territoriale excipée par des Etats. Ainsi, dans la situation en République du Kenya[1461], le Gouvernement de ce pays a soumis une demande aux fins de convaincre la Chambre préliminaire de la Cour de déclarer irrecevable une procédure de mise en accusation contre les sieurs William Samoei Ruto, Henry Kiprono Kosgey et Joshua Arap Sang, au motif que ceux-ci faisaient déjà l'objet d'une enquête de la justice kenyane, suite à la commission des crimes contre l'humanité survenue au Kenya dans la foulée des violences post-électorales de 2007 et 2008. Pourtant, la Chambre préliminaire a, malgré les arguments de l'Etat requérant[1462], déclaré l'affaire recevable[1463] ce qui n'est pas sans conséquence sur la mise en œuvre de la compétence matérielle normalement reconnue audit Etat.

280.-Compétence matérielle partagée. La gravité des infractions de droit international pénal, justifie que celles-ci soient *a priori* réprimées aussi bien par les juridictions nationales que par les juridictions pénales internationales. Dans le cadre de l'exercice de leur compétence classique, les premières mettront en avant l'idée de préservation des intérêts de la société ou

---

[1459] Article 13 (b).

[1460] La Chambre préliminaire de la CPI a déclaré que *« la situation en Libye ayant été déférée à la Cour par le Conseil de sécurité agissant en vertu de l'article 13-b du Statut, la présente espèce relève de sa compétence même si elle concerne la responsabilité pénale alléguée de ressortissants d'un Etat qui n'est pas partie au Statut, pour des crimes commis sur le même territoire de ce même Etat »*. Voir situation en Jamahiriya arabe libyenne, affaire n°ICC-01/11, Décision relative à la requête déposée par le Procureur en vertu de l'article 58 du Statut concernant Muammar Mohammed Abu Minyar Qadhafi, Saif Al-Islam Qadhafi et Abdullah Al-Senussi, 27 juin 2011, §9.

[1461] *Le Procureur c. William Samoei Ruto, Henry Kiprono Kosgey et Joshua Arap Sang,* Affaire n°ICC-01/09-01/11, Decision on the Application by the Government of Kenya Challenging the Admissibility of the Case Pursuant to Article 19(2) (b) of the Statute, 30 mai 2011.

[1462] Le Kenya soutenait notamment qu'en plus d'avoir la volonté de poursuivre les personnes concernées, son système judiciaire était opérationnel pour réprimer les actes incriminés.

[1463] *Le procureur c. William Samoei Ruto, Henry Kiprono Kosgey et Joshua Arap Sang,* Affaire n°ICC-01/09-02/11, Decision on the Application by the Government of Kenya Challenging the Admissibility of the Case Pursuant to Article 19(2) (b) of the Statute, 30 mai 2011.

des victimes, ce qui explique par exemple le fait que la loi burkinabè de transposition du Statut de la CPI en droit interne insiste sur le fait que *« les juridictions nationales ont primauté pour connaître des crimes relevant de la présente loi »*[1464]. En ce qui concerne les secondes, c'est surtout au nom de la communauté internationale[1465] que les crimes graves tels que le génocide, les crimes de guerre, les crimes contre l'humanité (et peut être à partir de 2017 les crimes d'agression pour la CPI)[1466], sont sanctionnés.

Il ressort clairement des préambules des statuts des différentes juridictions pénales internationales que la gravité de l'infraction est le critère déterminant pour fixer leur compétence. En ce qui concerne plus précisément la CPI, *« la gravité de l'affaire est en outre érigée soit en condition de compétence de la juridiction*[1467]*, soit en condition de recevabilité de l'affaire*[1468] *»*[1469]. Le Statut de la CPI fait expressément référence à la gravité de l'infraction comme critère fondant sa compétence dans son article 8 qui porte sur les crimes de guerre.

Toutefois, en faisant la différence entre la gravité abstraite d'une infraction et la gravité concrète d'une affaire, il est constant que seule cette dernière peut dans les faits motiver la compétence d'une juridiction pénale internationale.

Il est en effet possible que des infractions de même nature puissent avoir des degrés de gravité complètement différents. Au reste, il ressort du document de politique générale relatif aux examens préliminaires de la CPI

[1464] Lire l'article 2 de la loi n°052-2009/AN du 03 décembre 2009 portant détermination des compétences et de la procédure de mise en œuvre du Statut de Rome relatif à la Cour pénale internationale par les juridictions burkinabè.

[1465] Lire CALVO-GOLLER Karin Notburga, *La procédure et la jurisprudence de la Cour pénale internationale,* Gazette du Palais, Lextenso éditions, Paris, juillet 2012, 392 p., p.114.

[1466] Prévu dans le Statut de Rome dès 1998 (article 5), le crime d'agression n'a été défini clairement qu'après la conférence de révision organisée à Kampala en juin 2010. De plus, il découle de l'article 15 *bis*§1 et 2 que, la Cour ne pourra exercer sa compétence à l'égard du crime d'agression que, si une trentaine d'Etats au moins ratifie la définition qui a été retenue par le Statut et à condition qu'une majorité des deux tiers se prononce en faveur de la compétence de la Cour suite à une décision qui sera prise le 1er janvier 2017.

[1467] Article 8 du Statut de la CPI.

[1468] Voir article 17 du Statut de la CPI.

[1469] GOGORZA Amane, « CPI, TPI, tribunaux internationalisés, juridictions nationales : Quel juge pour quelle infraction internationale ? », *in* MALABAT Valérie (dir), *Juge national, européen, international et droit pénal,* Actes de la journée d'étude organisée le 24 juin 2011 par l'institut de Sciences Criminelles et de la Justice de Bordeaux, Editions Cujas, avril 2012, 157 p., pp.61-80., pp.71-72.

que la gravité des faits est l'élément primordial devant favoriser l'ouverture des poursuites par la Cour[1470]. La Chambre préliminaire de la CPI a voulu en quelque sorte systématiser cette position dans l'une de ses décisions[1471] que la Chambre d'appel a refusé d'entériner[1472]. En effet, à l'occasion du règlement de la situation en RDC[1473] elle a essayé de faire de la portée de l'infraction, de son impact sur la communauté internationale ainsi que du statut et du rôle des criminels, les seuls critères pouvant permettre de justifier la compétence matérielle de la CPI, ce qui supposait que les crimes ne remplissant pas les critères dégagés devaient relever *a priori* de la compétence des juridictions de la RDC. La Chambre d'appel a sûrement eu raison de ne pas suivre la logique de la Chambre préliminaire qui aurait tout simplement eu pour conséquence de réduire la compétence matérielle de la Cour, certes au profit des juridictions nationales, mais selon les cas, au détriment des victimes et surtout contre l'esprit du Statut de Rome[1474] qui au fond table avant tout sur la nature de l'infraction.

En ce qui concerne précisément la nature des infractions qui constituent le soubassement de la compétence matérielle, elle est largement connue en matière internationale pénale. Ainsi, les juridictions internationales pénales bénéficient avant tout d'une compétence d'attribution[1475] pour réprimer certains crimes bien spécifiques (crime de génocide, crimes de guerre, crimes contre l'humanité ou crime d'agression), sans que l'on s'interroge sur le niveau de gravité de l'infraction en cause. Mais, il est vrai que soulever la question de la gravité d'un crime international est un faux débat, tant il est admis que ceux-ci sont par essence des crimes

---

[1470] *Document de politique générale relatif aux examens préliminaires,* Projet, octobre 2010, La Haye, n°51 et s.

[1471] Décision en date du 24 février 2006 relative à la situation en RDC.

[1472] Voir ICC-01/04, appel du 13 juillet 2006.

[1473] Voir décision sur la situation en RDC du 24 février précitée.

[1474] Sur la question voir GOGORZA Amane, article précité, p.73 et note de bas de page 64 en rapport avec la prise de position de la Chambre d'appel (ICC-01/04, 13 juillet 2006, n°70): *« en exigeant un comportement systématique ou commis à grande échelle, la Chambre préliminaire introduit, à la phase de la procédure portant sur la recevabilité, des conditions estompant de fait la distinction entre les éléments déclenchant la compétence de la Cour à l'égard des crimes de guerre et à l'égard des crimes contre l'humanité, éléments qui avaient été adoptés lors de la définition des crimes relevant de la Cour ».*

[1475] Voir les articles 1ers des statuts des TPI *ad hoc*, et l'article 5 du Statut de la CPI.

particulièrement graves, dans la mesure où ils portent directement atteinte, exception faite du crime d'agression, à la dignité humaine[1476].

La compétence matérielle des juridictions nationales pour réprimer les crimes internationaux les plus graves et notamment celle des juridictions africaines, s'explique en partie par le fait que très souvent, les Etats sont parties à bon nombre de traités internationaux visant à préserver la dignité humaine que ce soit par exemple la Convention sur la prévention et la répression du crime de génocide de 1948, ou la Convention contre la torture de 1984, pour ne citer que celles-là. De plus, le fait que les crimes internationaux troublent l'ordre public interne des Etats conduit spontanément ceux-ci à vouloir juger les responsables devant leurs juridictions. C'est pourquoi, il est important de déterminer avec précision la compétence juridictionnelle liée non seulement au statut du criminel, mais aussi à celui de la victime.

B- L'importance d'une détermination précise de la compétence juridictionnelle liée au statut du criminel ou de la victime

281.-Critères de la compétence personnelle. La compétence personnelle ou *ratione personae* est liée directement soit à la nature de l'auteur de l'infraction, soit au statut de la victime de celui-ci. En droit interne, l'élément de rattachement c'est la nationalité. C'est un paramètre de détermination de la compétence juridictionnelle que les Etats africains ont énoncé dans leurs législations respectives[1477]. Comme en droit interne, la notion de compétence *ratione personae* est bien évidemment de mise en droit international pénal puisque toute juridiction répressive doit au préalable déterminer la nature juridique des personnes qui sont susceptibles de relever

---

[1476] Sur la notion de dignité humaine devant les instances pénales internationales, voir TPIY, Chambre préliminaire, Arrêt *Furundzija,* 10 décembre 1998, §183.

[1477] A titre d'exemple, voir l'article 10 du code pénal camerounais qui dispose que : *« (1) La loi pénale de la république s'applique aux faits commis à l'étranger par un citoyen ou par un résident, à condition qu'ils soient punissables par la loi du lieu de leur commission et soient qualifiés crimes ou délits par les lois de la République.*
Toutefois, la peine encourue ne peut être supérieure à celle prévue par la loi étrangère.
(2) Aucun citoyen ou résident coupable d'un délit commis contre un particulier ne peut toutefois être jugé par les juridictions de la République en application du présent article que sur la poursuite du ministère public saisi d'une plainte ou d'une dénonciation officielle au Gouvernement de la République par le Gouvernement du pays où le fait a été commis ». Pour d'autres dispositions des codes pénaux africains en rapport avec la compétence personnelle, voir notamment l'article 7 du code pénal togolais et l'article 6 du code pénal kenyan.

de sa compétence. Ainsi, le Statut de la CPI précise par exemple dans son article 25§1 que : *« la Cour est compétente à l'égard des personnes physiques (...)».*

D'une manière générale, le juge national peut le cas échéant, fonder sa compétence sur le statut du criminel ; dans ce cas on parlera de compétence personnelle active, ou sur la situation de la victime qui lui permettra de mettre en œuvre sa compétence personnelle passive.

282.-Compétence en rapport avec le criminel : la compétence personnelle active. Dans tous les ordres juridiques répressifs, la nationalité de l'auteur de l'infraction est le critère permettant de déterminer la compétence personnelle active d'une juridiction. Celle-ci peut en droit interne se fonder sur le niveau de responsabilité d'un individu ou sur le statut de ce dernier[1478]. La situation est tout autre en droit international pénal où le simple fait pour une personne majeure de participer à la commission d'une infraction internationale peut en principe justifier la compétence d'une juridiction pénale internationale indépendamment de la situation personnelle de l'individu mis en cause.

Pourtant, dans la pratique, les TPI *ad hoc* ont, il est vrai sur recommandation du Conseil de sécurité[1479], pris l'habitude de ne réprimer que les plus hauts responsables des crimes commis dans les zones géographiques concernées. Ainsi, dans une résolution 1966 du 22 décembre 2010, le Conseil de sécurité de l'ONU *« prie instamment les Tribunaux et le mécanisme de s'employer activement à renvoyer les affaires ne mettant pas en cause les plus hauts dirigeants soupçonnés de porter la responsabilité la plus lourde des crimes commis aux juridictions nationales compétentes conformément à leurs statuts et règlements de procédure et de preuve respectifs»*[1480]. Pour l'Afrique, la conséquence a été bien évidemment la mise en œuvre de la compétence personnelle des juridictions rwandaises pour sanctionner la plupart des

---

[1478] Il faut préciser qu'en droit interne, le degré de responsabilité ou le statut de l'auteur peut expliquer la compétence de certaines juridictions au détriment des autres.

[1479] La résolution 1329 du Conseil de sécurité des Nations Unies datée du 30 novembre 2000, tient compte *« de la position exprimée par les Tribunaux pénaux internationaux selon laquelle ce sont les dirigeants civils, militaires et paramilitaires, et non les simples exécutants, qui devraient être traduits devant eux ».* Aussi, la résolution 1534 du 26 mars 2004 du Conseil de sécurité des Nations Unies recommande dans son point N°5, *« à chaque tribunal (TPIY, TPIR) de veiller à ce que les nouveaux actes d'accusation qu'il examinera et confirmera visent les plus hauts dirigeants soupçonnés de porter la responsabilité la plus lourde des crimes relevant de sa compétence ».*

[1480] Voir point 11 de la résolution 1966 du 22 décembre 2010.

responsables du génocide ou d'autres crimes graves commis par des ressortissants rwandais non seulement au Rwanda, mais aussi dans les Etats voisins[1481].

Au niveau de la CPI, le refus de principe de s'appuyer sur une compétence *ratione personae* en rapport avec le degré de responsabilité de l'auteur d'un crime international, repose sur la volonté de garantir une égalité de traitement entre les donneurs d'ordre et les simples exécutants dont la non poursuite par la Cour peut favoriser leur impunité au cas où la juridiction nationale ne serait pas en mesure de prononcer une sanction adéquate[1482].

Toutefois, le principe de la complémentarité étant favorable aux Etats, ceux-ci ont en principe la possibilité de mettre en œuvre leur compétence personnelle active. Seulement, on a pu remarquer que dans ses rapports avec les Etats africains, si la CPI ne s'oppose pas au fait que les simples exécutants puissent être jugés par les juridictions de ceux-ci, elle a eu la forte tendance à encourager les Etats concernés, à lui remettre les plus hauts responsables africains impliqués dans la commission des crimes internationaux. Ainsi, a-t-elle sollicité la remise des personnalités telles que Thomas Lubanga Dyilo[1483], Bosco Ntaganda[1484], Mathieu Ngudjolo Chui[1485], pour la situation en République Démocratique du Congo, Laurent Gbagbo pour la situation en Côte d'Ivoire, Saïf Al Islam Gaddafi, Abdullah Al Senussi[1486] puis Al-Tuhamy Mohamed Khaled[1487] pour les crimes commis en Libye[1488], ainsi que

---

[1481] Lire l'article premier du Statut du TPIR.

[1482] Sur la question, lire MBOKANI Jacques, « L'impact de la stratégie de poursuite du Procureur de la Cour pénale internationale sur la lutte contre l'impunité et la prévention des crimes de droit international », *in Droits fondamentaux,* n°7, décembre 2008, www.droits-fondamentaux.org

[1483] Mandat d'arrêt du 10 février 2006.

[1484] Mandat d'arrêt du 22 août 2006.

[1485] Mandat d'arrêt délivré le 6 juillet 2007.

[1486] Les poursuites contre Abdullah Al-Senussi ont pris fin devant la CPI car elles ont été déclarées irrecevables par la Chambre d'appel de la juridiction le 24 juillet 2014.

[1487] Un mandat d'arrêt a été délivré sous scellés par la CPI contre Al-Tuhamy Mohamed Khaled pour des crimes contre l'humanité qui auraient été commis en Libye entre le 15 février 2011 et le 24 août 2011. Les scellés ont été levées le 24 avril 2017. Voir la fiche d'information sur l'affaire *Le Procureur c. Al-Tuhamy Mohamed Khaled,* 27 avril 2017, ICC- 01/11-01/13, https://www.icc-cpi.int/libya/khaled/Documents/KhaledFra

[1488] Mandat d'arrêt du 27 juin 2011.

les autres supérieurs hiérarchiques responsables des crimes internationaux au sein d'autres Etats africains[1489].

Dans l'absolu, le statut de supérieur hiérarchique ou la qualité officielle[1490] n'est pas une condition pour l'exercice de la compétence personnelle de la CPI, puisqu'elle peut sanctionner toutes les personnes âgées de plus de 18 ans[1491] à l'exception de celles qui bénéficient d'une exonération de la responsabilité pénale prévue dans l'article 31 du Statut de la Cour, notamment les malades mentaux, ou les personnes intoxiquées au moment des faits, les personnes agissant en état de légitime défense, ou sous la contrainte avec menace de mort imminente ou d'atteinte grave.

Néanmoins, il est impossible de nier que pour la répression des crimes commis sur le continent africain, les juridictions pénales internationales n'ont exercé leurs compétences personnelles qu'à l'égard des individus qui, au moment des faits, occupaient une position importante soit au sein de l'appareil d'Etat, soit au sein d'une organisation armée ayant participé à la commission des crimes internationaux les plus graves. Mais au fond, cela n'a rien de surprenant car *« c'est bien à l'égard des principaux responsables politiques ou militaires que la volonté de véritablement poursuivre et juger les faits peut être mise en cause, et donc que le système répressif international présente une utilité concrète »*[1492]. Toujours est-il que dans la pratique, les juridictions pénales internationales ont pu d'une certaine façon développer un critère de la compétence personnelle lié à l'auteur de l'infraction, même s'il ne faut pas oublier le paramètre ayant un rapport avec la situation de la victime.

283.-Compétence fondée sur la situation de la victime : la compétence personnelle passive. En droit interne, la compétence personnelle passive est celle qui permet à un Etat de faire sanctionner par ses juridictions des personnes ayant commis des infractions à l'encontre de ses nationaux. Pendant longtemps, sa mise en œuvre supposait que l'auteur et la victime de

---

1489 La CPI a également ordonné la remise des dirigeants ayant favorisé la commission des crimes internationaux au Kenya, au Mali, en Ouganda, et au Soudan.

1490 Article 27§1 du Statut de la CPI : *« Le présent Statut s'applique à tous de manière égale, sans aucune distinction fondée sur la qualité officielle. En particulier, la qualité officielle de chef d'État ou de gouvernement, de membre d'un gouvernement ou d'un parlement, de représentant élu ou d'agent d'un État, n'exonère en aucun cas de la responsabilité pénale au regard du présent Statut, pas plus qu'elle ne constitue en tant que telle un motif de réduction de la peine ».*

1491 Article 26 du Statut de la CPI.

1492 GOGORZA Amane, article précité, p.79.

l'infraction aient la même nationalité[1493]. Mais, dans ces conditions la compétence personnelle passive apparaissait comme un simple aspect de la compétence personnelle active[1494]. Aujourd'hui[1495], seule la nationalité de la victime est considérée comme l'élément déterminant permettant de dégager la compétence personnelle passive d'une juridiction pénale nationale[1496].

Il faut admettre que sur le plan international, la détermination d'une compétence personnelle passive au profit des juridictions pénales internationales est une quadrature du cercle, tant il est constant que celles-ci fondent normalement leur compétence *ratione personae* sur la situation de l'auteur de l'acte incriminé. En ce qui concerne par exemple la CPI, la difficulté est exacerbée par le fait que celle-ci possède en réalité, grâce au rôle du Conseil de sécurité de l'ONU, une compétence à vocation universelle pour les crimes prévus dans son statut. De plus, en droit pénal interne on considère en général que la compétence personnelle passive au profit d'un Etat est celle qui lui permet de sanctionner des non nationaux ayant commis à l'étranger, des crimes contre ses ressortissants.

Cependant, compte tenu de la spécificité du système international pénal, il faut retenir comme principal critère, la nationalité de la victime indépendamment du lieu de commission de l'infraction internationale pour déterminer la compétence personnelle passive. Dès lors, il sera possible de dire qu'une compétence personnelle passive peut être mise en œuvre par la CPI, lorsqu'un Etat la saisit sous le motif qu'un ressortissant d'un pays étranger a commis contre ses nationaux, les crimes prévus dans le Statut de Rome[1497]. Il s'agit en fait d'une compétence personnelle passive *« par*

[1493] En France, cette exigence était d'ailleurs prévue dans l'article 7 du Code d'instruction criminelle de 1808.

[1494] Voir dans ce sens, REBUT Didier, *Droit pénal international, op. cit.*, p.80.

[1495] Voir notamment en France, la loi n°75-624 du 11 juillet 1975 qui introduit la compétence personnelle passive en droit pénal.

[1496] Voir l'article 4 alinéa 2 du code pénal burkinabè : *« La loi pénale s'applique également aux infractions commises par un national ou contre un national hors du territoire national lorsque les faits sont punis par la législation du pays où ils ont été commis. La poursuite dans ce cas doit être précédée par une plainte de la victime ou une dénonciation officielle de l'autorité du pays où les faits ont été commis ».* Lire aussi l'article 15 du code pénal ivoirien.

[1497] Cette compétence peut découler de l'article 14 du Statut de la CPI qui prévoit que : *« 1. Tout État Partie peut déférer au Procureur une situation dans laquelle un ou plusieurs des crimes relevant de la compétence de la Cour paraissent avoir été commis, et prier le Procureur d'enquêter sur cette situation en vue de déterminer si une ou plusieurs personnes identifiées devraient être accusées de ces crimes.*

subrogation » ou *« par substitution »,* que la juridiction pénale internationale exerce en lieu et place des juridictions compétentes d'un Etat qui ne dispose pas les moyens pour rendre la justice au profit de ses ressortissants, victimes de crimes internationaux les plus graves.

Ainsi, en appliquant le critère unique de la nationalité des victimes qui a pour conséquence de superposer la compétence personnelle à la compétence territoriale, il est possible d'affirmer que dans la situation en République centrafricaine (RCA), la poursuite exercée contre Jean Pierre Bemba Gombo[1498], pourtant ressortissant de la République démocratique du Congo, s'est faite au titre d'une compétence personnelle passive qui aurait pu en temps normal être exercée par les juridictions nationales centrafricaines (il faut d'ailleurs préciser que le Gouvernement centrafricain a renvoyé une nouvelle situation à la CPI en mai 2014 dans un contexte de guerre civile)[1499]. Mais, celles-ci ont déclaré qu'elles ne disposaient pas, contrairement à la CPI, les moyens pour connaitre des crimes internationaux commis contre des centrafricains en octobre-novembre 2002 et en février-mars 2003[1500]. La RCA ayant ratifié le Statut de Rome le 3 octobre 2001, c'est en tant qu'Etat partie qu'elle a saisi la CPI le 22 décembre 2004. Après avoir reçu l'acte de renvoi de la situation à la Cour par l'Etat centrafricain, le Procureur de la CPI a conclu que les éléments se trouvant par devers lui et fournis en partie par les *amici curiae* étaient suffisants pour fonder la compétence de la CPI à la lumière du Statut de Rome[1501].

L'impossibilité pour le Gouvernement centrafricain de sanctionner des criminels étrangers pour le compte des victimes l'a poussé à transférer en quelque sorte une certaine compétence personnelle passive à la CPI. D'ailleurs, la deuxième Chambre préliminaire de la juridiction souligne le fait que les victimes centrafricaines occupent une place centrale dans l'affaire

---

2. L'État qui procède au renvoi indique autant que possible les circonstances pertinentes de l'affaire et produit les pièces à l'appui dont il dispose. ».

1498 Situation en République Centrafricaine, *Affaire le Procureur c. Jean Pierre Bemba Gombo, n° ICC-01/05-01/08.*

1499 Voir, situation en République centrafricaine II, ICC-01/14, sur https://www.icc-cpi.int/carII

1500 Dans une décision du 11 avril 2006 la Cour de Cassation de la RCA, se fondant sur le fait que le système judiciaire centrafricain n'était pas en mesure de mener les enquêtes et encore moins de poursuivre les criminels internationaux, a déclaré que seule la CPI avait compétence pour connaitre des crimes internationaux commis en RCA depuis le 1er juillet 2002. Cette décision était d'ailleurs en phase avec un arrêt de la Cour d'appel de Bangui rendu le 16 décembre 2004.

1501 Lire *l'Information générale sur la situation en RCA* du 22 mai 2007, ICC-OTP-BN-20070522-220-A_Fr

Jean-Pierre Bemba[1502]. Elle fait par exemple remarquer que les représentants légaux des victimes lui ont remis des observations le 9 avril 2009[1503] suite à un document modifié portant sur la notification des charges[1504]. Aussi, elle admet la compétence de la Cour pour connaitre de l'affaire Bemba[1505] en s'appuyant d'une manière générale sur l'article 17 du Statut de Rome. Toutefois, sa décision doit viser plus précisément le paragraphe 3 de cet article qui fait allusion à la situation d'un Etat se trouvant dans l'incapacité de diligenter une enquête ou d'organiser les poursuites contre des responsables de crimes internationaux[1506]. Toujours est-il qu'elle entérine une position qui est celle de la Cour de cassation centrafricaine.

En réalité, il est possible de dire qu'il n'existe pas de réelles complications dans l'articulation entre les règles de compétence classiques des juridictions nationales avec celles des juridictions pénales internationales. Toutefois, il faut penser à définir les rapports entre les juridictions africaines et les juridictions internationales pénales au sujet de la compétence universelle.

§2. **La définition des rapports entre les juridictions africaines et les juridictions internationales pénales au niveau de la compétence universelle**

284.-Définition de la compétence universelle. Le *« vocabulaire juridique »* de Gérard CORNU donne une définition précise de la notion de

---

[1502] Chambre préliminaire II, Situation en République Centrafricaine, *Affaire le Procureur c. Jean Pierre Bemba Gombo, n° ICC-01/05-01/08,* §6 où il est noté que *« respectivement le 12 septembre, le 23 octobre, le 17 novembre, le 12 décembre, le 16 décembre 2008 et le 8 janvier 2009, la Chambre a rendu six décisions relatives à la participation des victimes, en vertu desquelles 54 demandeurs se sont vu reconnaître la qualité de victime dans le cadre de l'Affaire».*

[1503] Chambre préliminaire II, Situation en République Centrafricaine, *Affaire le Procureur c. Jean Pierre Bemba Gombo, n° ICC-01/05-01/08,* §18.

[1504] Lire les observations conjointes des représentants légaux des victimes sur le Document modifié contenant
les charges, remis le 30 mars 2009, ICC-01/05-01/08-400.

[1505] Voir les paragraphes 22 à 26 de la décision de la Chambre préliminaire II précitée.

[1506] Article 17§3 *« Pour déterminer s'il y a incapacité de l'État dans un cas d'espèce, la Cour considère si l'État est incapable, en raison de l'effondrement de la totalité ou d'une partie substantielle de son propre appareil judiciaire ou de l'indisponibilité de celui-ci, de se saisir de l'accusé, de réunir les éléments de preuve et les témoignages nécessaires ou de mener autrement à bien la procédure ».*

compétence universelle qui est celle qui est *« reconnue à un Etat pour réprimer des infractions commises par des particuliers en dehors de son territoire alors que ni le criminel ni la victime ne sont de ses ressortissants »*[1507]. La compétence universelle habilite en principe une juridiction interne ne pouvant recourir aux règles classiques de compétence, à réprimer les infractions qui constituent une atteinte aux intérêts juridiques dont la sauvegarde échoit à l'ensemble des Etats[1508]. Pour le juge, il sera donc question de *« connaitre d'une infraction indépendamment du lieu où elle a été commise et quelles que soient la nationalité de l'auteur et celle de la victime »*[1509].

La compétence universelle est avant tout une entorse au sacro-saint principe de la territorialité du droit pénal. De plus, elle tend à ignorer les paramètres extraterritoriaux qui débouchent sur la compétence personnelle (active ou passive) ou sur la compétence réelle[1510]. Dans l'optique de faire réprimer certaines infractions particulièrement graves, elle fait, dans l'absolu, fi de l'idée selon laquelle la sanction pénale implique un lien de rattachement entre le délinquant poursuivi et l'Etat qui réprime[1511]. Dès lors, il n'est pas étonnant que l'article 4-a de la Loi nationale type de l'Union africaine sur la compétence universelle en matière de crimes internationaux de juillet 2012[1512] prévoit que *« la Cour*[1513] *est compétente pour juger toute personne suspectée d'avoir commis un crime prévu dans la présente loi, sans tenir compte du fait que ce crime aurait été commis sur le territoire de l'Etat ou à l'étranger, et de la nationalité de la victime, à condition que cette personne se trouve sur le territoire de l'Etat »*. Isabelle MOULIER a pu affirmer que *« la compétence universelle constitue le point de rencontre de deux impératifs qui peuvent a priori paraître contraires, celui de la garantie des droits de l'homme et de la*

1507 CORNU Gérard, *Vocabulaire juridique*, Association Henri Capitant, Quadrige/PUF, août 2011, 1095 p., p.1044.

1508 Lire l'étude de Géraud de LA PRADELLE consacrée à « la compétence universelle », *in* ASCENSIO Hervé, DECAUX Emmanuel et PELLET Alain, *Droit international pénal,* Deuxième édition, A. Pedone, Paris, octobre 2012, 1280 p., pp.1007-1025.

1509 VANDERMEERSCH Damien, « La compétence universelle », *in* CASSESE Antonio, DELMAS-MARTY Mireille (dir). *Juridictions nationales et crimes internationaux*, PUF, juin 2002, 673 p., pp.589-611., p.589.

1510 *Ibid.*

1511 REBUT Didier, *Droit pénal international*, *op. cit.*, p.91.

1512 Ce texte a été adopté par l'Union africaine lors de la vingt et unième session ordinaire de son Conseil exécutif tenue à Addis-Abeba du 9 au 13 juillet 2012.

1513 Dans la Loi nationale type de l'Union africaine sur la compétence universelle en matière de crimes internationaux, la *« Cour »* fait référence à *« la plus haute juridiction de première instance compétente »*. Voir l'article 2 de ladite loi.

répression des crimes de droit international d'une part, et, d'autre part, celui du respect de la souveraineté nationale et de la stabilité des relations internationales »[1514].

Dans le contexte africain[1515], l'exemple de compétence universelle le plus emblématique est lié à l'affaire Hissène Habré, concernant l'ancien chef d'Etat tchadien qui après des années de procédure a finalement été inculpé au Sénégal le 02 juillet 2013 pour des crimes commis au Tchad et contre des Tchadiens entre 1982 et 1990[1516]. L'inculpation, sous l'instigation de la Cour internationale de justice (CIJ)[1517], et au titre de la compétence universelle découlant notamment de l'article 5§2 de la Convention contre la torture[1518], a été initiée par les Chambres africaines extraordinaires inaugurées le 08 février 2013[1519] et soutenues par l'Union Africaine[1520]. Le procès d'Hissène Habré s'est d'ailleurs ouvert le 20 juillet 2015 devant lesdites Chambres[1521] ; et l'accusé a malgré de nombreux incidents été condamné le 30 mai 2016 à la réclusion criminelle à perpétuité pour crimes contre l'humanité, crimes de

---

[1514] MOULIER Isabelle, *La compétence pénale universelle en droit international*, Thèse Paris I, 2 tomes, décembre 2006, 1050 p., p.38.

[1515] Lire LAFONTAINE Fannie, « La compétence universelle et l'Afrique : ingérence ou complémentarité ? », *in* VILMER Jeangène Jean-Baptiste, *L'Afrique face à la justice pénale internationale,* Etudes internationales, volume XLV, n°1, mars 2014, 171 p., pp.129-148.

[1516] Voir l'article de la FIDH, publié le 03 juillet 2013 sur le site www.fidh.org.

[1517] Lire CIJ, *Questions concernant l'obligation de poursuivre ou d'extrader (Belgique c. Sénégal), Arrêt* du 20 juillet 2012, voir le lien http://www.icj-cij.org/docket/files/144/17065.pdf . Par cette décision la CIJ demande au Sénégal de prendre des mesures pour réprimer Hissène Habré en vertu de la Convention internationale contre la torture.

[1518] L'article 5§2 de la Convention contre la torture et autres peines ou traitements cruels inhumains ou dégradants du 10 décembre 1984 dispose que : *« Tout Etat partie prend également les mesures nécessaires pour établir sa compétence aux fins de connaître desdites infractions dans le cas où l'auteur présumé de celles-ci se trouve sur tout territoire sous sa juridiction et où ledit Etat ne l'extrade pas conformément à l'article 8 vers l'un des Etats visés au paragraphe 1 du présent article »*.

[1519] A propos desdites Chambres, lire SAVADOGO Raymond Ouigou, « Les Chambres africaines extraordinaires au sein des tribunaux sénégalais. Quoi de si extraordinaire ? VILMER Jeangène Jean-Baptiste, *L'Afrique face à la justice pénale internationale*, Etudes internationales, volume XLV, n°1, mars 2014, 171 p., pp.105-124.

[1520] Les Chambres africaines extraordinaires ont vu le jour suite à un accord du 22 août 2012 entre le Gouvernement du Sénégal et l'Union Africaine.

[1521] Voir le lien https://www.hrw.org/fr/tag/Hissene-Habre

guerre et crime autonome de torture[1522]. Cette peine a été confirmée le 27 avril 2017 par la Chambre africaine extraordinaire d'assisses d'appel[1523].

D'une manière générale, la notion de compétence universelle a été largement étudiée par la doctrine[1524], mais il faut tout de même s'interroger sur le lien qui existe entre celle des juridictions africaines et le principe de primauté **(A)** ou de complémentarité **(B)** en rapport avec les juridictions internationales pénales.

A- La compétence universelle des juridictions pénales africaines et le principe de primauté en rapport avec les TPI *ad hoc*

285.-Affirmation de la primauté des TPI *ad hoc* comme obstacle à la mise en œuvre de la compétence universelle des juridictions pénales africaines. Le principe de primauté prévu aux articles 9§2 et 8§2 respectivement des statuts des tribunaux internationaux pour l'ex Yougoslavie et pour le Rwanda, peut constituer un empêchement à la mise en œuvre de la compétence universelle par les juridictions étatiques. Ces dispositions permettent aux TPI *ad hoc* d'exiger le cas échéant, et cela peu importe l'étape de la procédure, le dessaisissement de toute juridiction nationale statuant sur une affaire relevant de leur compétence.

Pendant des années, certains ont pu s'interroger sur la portée juridique de la demande de dessaisissement adressée par un TPI *ad hoc* à une juridiction

---

[1522] Sur ce point, voir Chambre africaine extraordinaire d'assises, *Ministère public contre Hissein Habré,* 30 mai 2016 http://www.chambresafricaines.org/pdf/Jugement

[1523] Voir Chambre africaine extraordinaire d'assises d'appel, arrêt du 27 avril 2017, Situation en République du Tchad, *Le procureur c. Hissein Habré,* www.chambresafricaines.org

[1524] De nombreux auteurs se sont intéressés à la notion de compétence universelle et parmi les plus importants, voir notamment DONNEDIEU DE VABRES Henri, « Le système de répression universelle », *in Revue Critique de Droit International Public,* 1922-1923, p.533ss ; « De la piraterie au génocide…Les nouvelles modalités de répression universelle », *in Mélanges RIPERT Georges,* Tome I, LGDJ, 1950, p.226ss ; GUILLAUME Gilbert, « La compétence universelle, Formes anciennes et nouvelles », *in Mélanges LEVASSEUR Georges,* Litec, 1992, p.23ss ; STERN Brigitte, « A propos de la compétence universelle », *in Mélanges BEDJAOUI Mohammed,* Kluwer Law International, 1999, p.735ss ; HENZELIN Marc, *Le principe de l'universalité en droit pénal international,* Helbing & Lichtenhan, faculté de droit de Genève, Bruylant, 2000 ; MOULIER Isabelle, *La compétence pénale universelle en droit international*, Thèse Paris I, 2 tomes, décembre 2006, 1050 p. ; CARREAU Dominique, « La compétence universelle au regard du droit international » *in Mélanges BOULOC Bernard*, Dalloz, 2007, p.89ss.

nationale[1525]. Pourtant, il est constant que *« ces demandes de dessaisissement revêtent un caractère obligatoire à l'égard des instances nationales et sont pourvues de la même autorité juridique que les ordonnances émises par les Tribunaux aux fins de coopération des Etats au titre des articles 28 et 29 respectifs (des statuts) du TPIR et TPIY »*[1526].

La nature des crimes sanctionnés à savoir le génocide, les crimes de guerre et les crimes contre l'humanité qui portent atteinte à la paix et à la sécurité internationales, a justifié pleinement le principe de la primauté pour des juridictions *ad hoc* chargées de réprimer toute atteinte aux intérêts de la communauté internationale. C'est aussi d'une certaine façon au nom de l'humanité que les résolutions créant ces juridictions ont été adoptées par le Conseil de sécurité de l'ONU, qui s'est d'ailleurs appuyé sur le Chapitre VII de la Charte des Nations Unies[1527].

Pour les Etats africains, le principe de primauté des TPI *ad hoc* vient faire obstacle à leur volonté de réprimer les crimes internationaux par leur propre juridiction en s'appuyant notamment sur la compétence universelle. En effet, un rapport conjoint de l'Union Africaine (UA) et de l'Union Européenne (UE)[1528] révèle que bon nombre d'Etats africains ont consacré le principe de la compétence universelle dans leurs ordres juridiques, aux fins de sanctionner les crimes qui heurtent la conscience humaine. Cette compétence peut être exercée sur le fondement du droit international coutumier dans des pays tels que l'Afrique du Sud, le Cameroun, l'Ethiopie et la République démocratique du Congo; ou sur la base des traités, par des Etats tels que le Botswana, le Cameroun, l'Ethiopie, le Kenya, le Ghana et le Malawi[1529]. De plus, quelques pays africains mettent en œuvre la compétence universelle dans le but exprès de sanctionner les actes de génocide, de crimes de guerre et de crimes contre

---

[1525] Pour Philippe WECKEL par exemple, *« cette demande de dessaisissement adressée par le Tribunal ne saurait être assimilée aux ordonnances que celui-ci émet et qui obligent les Etats » ;* lire WECKEL Philippe, « L'institution d'un Tribunal International pour la répression des crimes de droit humanitaire en Yougoslavie », *AFDI,* 1993, Vol. 39, pp.232-261., p.259.

[1526] FREDIANI Sophie, *Les juridictions pénales internationales et les Etats : Etude du face à face,* Thèse Montesquieu-Bordeaux IV, 2 tomes, 18 octobre 2004, 1128 p., p.44.

[1527] Lire chacun des préambules des statuts des TPI *ad hoc.*

[1528] Rapport Union Africaine-Union Européenne du groupe d'experts techniques *ad hoc* sur le principe de compétence universelle, avril 2009, 42 p., Document disponible sur le site www.africa-union.org. Ce rapport fait suite aux 10e et 11e sessions de la troïka ministérielle UA-UE ouvertes successivement à Bruxelles le 16 septembre 2008 et à Addis-Abeba les 20 et 21 novembre 2008

[1529] Voir le rapport UA-UE précité, p.9.

l'humanité. Parmi ces pays, il convient de citer l'Afrique du Sud[1530], le Congo[1531], l'Ethiopie[1532], le Ghana[1533], le Niger[1534], le Rwanda[1535], et la République Démocratique du Congo[1536]. Le Mali par contre a recours à la compétence universelle pour réprimer en plus des crimes sus-évoqués, le terrorisme[1537].

Bien que certains Etats africains mettent en avant leur volonté de sanctionner les violations graves aux Conventions de Genève, prises en compte par un instrument juridique interne pour justifier la mise en œuvre de la compétence universelle, celle-ci ne peut pas remettre en cause le principe de la primauté des TPI *ad hoc*. Ces Etats sont notamment le Botswana[1538], le Kenya[1539], le Lesotho[1540], le Malawi[1541], la République de Maurice[1542], la Namibie[1543], le Nigéria[1544], l'Ouganda[1545], les Seychelles[1546], la Sierra

[1530] Article 4 de la loi sud-africaine de 2002 sur la mise en œuvre du Statut de Rome de la CPI en droit interne.

[1531] Loi congolaise n°8-98 du 31 octobre 1998 portant définition et répression du génocide, des crimes de guerre et des crimes contre l'humanité.

[1532] Articles 17 (Offences Committed in a Foreign Country against International Law or Universal Order) et 18 (Other Offences Committed in a Foreign Country) du code pénal éthiopien.

[1533] Article 56(4) de la loi ghanéenne de 1993 sur les tribunaux.

[1534] Article 208.8 de la loi nigérienne n°2003-025 du 13 juin 2003.

[1535] Loi organique rwandaise n°08/96 du 30 août 1996 sur l'organisation des poursuites pour les délits constitutifs de crime de génocide ou de crimes contre l'humanité commis le 1er octobre 1990.

[1536]. Article 4 de la Loi de RDC de septembre 2005 modifiant et complétant certaines dispositions du code pénal, du code d'organisation et de la compétence judiciaire, du code pénal militaire et du code judicaire militaire, en application du statut de la Cour pénale internationale.

[1537] Lois maliennes n°01-079 du 20 août 2001 (articles 29 à 31 sur les crimes contre l'humanité, le génocide et les crimes de guerre) et n°08-025 du 23 juillet 2008 (articles 2 à 8 sur le terrorisme).

[1538] Article 3(1) de la loi du Botswana de 1970 sur les Conventions de Genève du 12 août 1949.

[1539] Article 3(1) de la loi Kenyane de 1968 sur les Conventions de Genève.

[1540] Voir à l'époque coloniale, la loi de 1957 du Royaume-Uni sur les Conventions de Genève et l'ordonnance de 1959 pour les territoires coloniaux (du Royaume-Uni) relative à la loi sur les Conventions de Genève.

[1541] Article 4(1) de la loi du Malawi de 1967 sur les Conventions de Genève.

[1542] Article 3(1) de la loi mauricienne de 1996 sur les Conventions de Genève.

[1543] Articles 2(1) et 2(3) de la loi namibienne de 2003 sur les Conventions de Genève.

[1544] Article 3(1) de la loi nigériane de 1960 sur les Conventions de Genève.

[1545] Article 1(1) de la loi ougandaise de 1964 sur les Conventions de Genève.

[1546] Article 3(1) de la loi seychelloise de 1985 sur les Conventions de Genève.

Leone[1547], le Swaziland[1548], la Tanzanie[1549], ou encore le Zimbabwe[1550]. Ceux-ci ont en général, conformément à une tradition dualiste de la *Common Law,* inséré les Conventions de Genève dans leurs ordres juridiques via des lois spécifiques antérieures ou postérieures à la décolonisation[1551].

Les Etats de tradition juridique romano-germanique et monistes pour la plupart, fondent la compétence universelle de leurs juridictions sur les Conventions de Genève qu'ils ont ratifiées[1552]. Aussi, contrairement à beaucoup d'Etats africains, le Cameroun considère que la torture fait partie des crimes pouvant justifier le recours aux mécanismes de la compétence universelle[1553]. Pourtant, malgré l'attachement de ce pays à la règle de la compétence universelle, ses juridictions ont autorisé au nom du principe de primauté du TPIR, la remise à cette juridiction, de plusieurs responsables du génocide rwandais de 1994 réfugiés sur son territoire[1554]. De plus, la remise des accusés au TPIR a été faite au détriment du Rwanda qui avait adressé des demandes d'extradition aux autorités camerounaises[1555] qui n'ont pas accédé à ses requêtes en excipant l'article 8§2 du Statut du TPIR[1556]. Il ne pouvait en être autrement étant donné que seul le dessaisissement des TPI *ad hoc* peut favoriser le recours à la compétence universelle par les juridictions pénales nationales.

[1547] Voir les textes juridiques du Royaume-Uni sur les Conventions de Genève précités, même s'il faut préciser qu'une ordonnance sierra-léonaise du 1er septembre 1959 modifia l'ordonnance de 1959 sur les territoires coloniaux et relative à la loi du Royaume-Uni sur les Conventions de Genève.

[1548] Voir les textes juridiques du Royaume-Uni sur les Conventions de Genève précités.

[1549] *Idem.*

[1550] Article 3(1) de la loi de 1981 sur les Conventions de Genève.

[1551] Voir le rapport précité, p.10.

[1552] C'est notamment le cas de l'Algérie, de l'Angola, du Burkina Faso, du Burundi, du Cameroun, des Comores, du Congo, de la Côte d'Ivoire, de Djibouti, de l'Egypte, de l'Erythrée, du Gabon, de la Libye, de la République Centrafricaine, de la République Démocratique du Congo, de la Tunisie.

[1553] Voir la loi camerounaise de 1964 sur l'extradition (article 28), modifiée par la loi n°97/010 du 10 janvier 1997.

[1554] Sur les décisions de la justice camerounaise, voir CA du Centre, Arrêt n°433/COR du 15 mars 1996, *Ministère Public c/ Bagosora Théoneste* ; Arrêt n°615/COR (ADD) du 31 mai 1996, *Ministère Public c/Ruzindana Augustin ;* Arrêt n°337/COR du 21 février 1997, *Ministère Public c/ Ruzindana Augustin et autres.*

[1555] Des mandats d'arrêt internationaux ont été délivrés par la justice rwandaise le 15 mars 1996.

[1556] Sur la question, lire NGONO Solange, « La participation du Cameroun à la répression internationale du génocide rwandais. Réflexion à propos des décisions de la Cour d'appel de Yaoundé », *in Afrilex* n°4, décembre 2004, pp.373-396.

286.-Dessaisissement des TPI *ad hoc* favorisant le recours à la compétence universelle par les juridictions pénales africaines. La question du dessaisissement des TPI *ad hoc* au profit des juridictions nationales s'est posée dès l'élaboration du Statut du TPIY. Au reste, dès 1997, un article 11*bis* est ajouté au Règlement de procédure et de preuve (RPP) de la juridiction aux fins d'organiser les modalités de son dessaisissement au profit des juridictions nationales[1557]. La même disposition a été transposée malgré quelques nuances[1558] à l'article 11*bis* du RPP du TPIR.

L'intérêt immédiat du dessaisissement des TPI *ad hoc* au profit des Etats réside d'une part dans le fait qu'il permet d'éviter l'encombrement des prétoires de ces juridictions qui peuvent se trouver dans l'incapacité de juger tous les accusés dans un délai raisonnable, et d'autre part dans le fait qu'il favorise une répression participative des crimes d'une particulière gravité. Aussi, il faut préciser à toutes fins utiles que les articles 11*bis* précités autorisent les pays intéressés à faire jouer le mécanisme de compétence universelle instauré dans leur système juridique ; puisque peut être saisi aussi bien l'Etat où le crime a été commis[1559] que celui où l'accusé a été appréhendé[1560] ou encore celui *« ayant compétence et étant disposé et tout à fait prêt à accepter une telle affaire »*[1561].

En réalité, la primauté des TPI *ad hoc* n'est obligatoire que vis-à-vis des Etats qui ne doivent pas contrarier la volonté du juge international *ad hoc* de sanctionner les responsables des crimes internationaux. Par contre, ces juges se réservent le droit de se dessaisir au profit des juridictions nationales. Il est vrai que le juge international pénal aura la forte propension de renvoyer

---

[1557] Article 11*bis* (renvoi de l'Acte d'accusation devant une autre juridiction) du Règlement du TPIY *« A) Après la confirmation d'un acte d'accusation et avant le début du procès, que l'accusé soit placé ou non sous la garde du Tribunal, le Président peut désigner un collège de trois juges permanents parmi les juges des Chambres de première instance (la « Formation de renvoi ») qui détermine uniquement et exclusivement s'il y a lieu de renvoyer l'affaire aux autorités de l'État:*
i) sur le territoire duquel le crime a été commis,
ii) dans lequel l'accusé a été arrêté, ou (Amendé le 10 juin 2004).
iii) ayant compétence et étant disposé et tout à fait prêt à accepter une telle affaire, (Amendé le 10 juin 2004) afin qu'elles saisissent sans délai la juridiction appropriée pour en juger. (Amendé le 10 juil. 1998, le 30 sep. 2002, le 11 fév. 2005) ».

[1558] Le RPP du TPIR ne fait plus expressément référence dans son §A, au collège des trois juges cité par le RPP du TPIY.

[1559] Article 11*bis* A(i) des RPP des TPI *ad hoc*.

[1560] Article 11*bis* A(ii) des RPP des TPI *ad hoc*.

[1561] Article 11*bis* A(iii) des RPP des TPI *ad hoc*.

l'affaire auprès des instances nationales plus enclines à respecter les règles du jeu de la répression internationale pénale.

Vu les critiques qui sont en général formulées contre les systèmes juridiques d'Afrique en ce qui concerne le non-respect des standards internationaux en matière de répression pénale[1562], il est assez aisé d'imaginer que beaucoup de pays de ce continent risquent de ne pas être sollicités dans le cadre des renvois de certaines situations devant les juridictions nationales. Pourtant, les circonstances sont favorables aux renvois des situations devant les juridictions nationales puisque le temps imparti par la communauté internationale aux TPI *ad hoc* pour boucler leurs activités arrive bientôt à expiration[1563].

Toutefois, dans le cadre de la mise en œuvre de la compétence universelle, certains Etats africains ont pris des résolutions encourageantes. Ainsi, des pays tels que l'Afrique du Sud[1564], le Niger[1565] et la République démocratique du Congo[1566], ont purement et simplement abrogé toute disposition accordant une immunité aux personnalités publiques étrangères si ceux-ci sont impliqués dans les actes qualifiés de génocide, de crime contre l'humanité et de crime de guerre. Cette mesure vise d'ailleurs à mettre en accord la compétence universelle des juridictions pénales nationales des pays concernés, avec le principe de complémentarité par rapport à la CPI.

1562 Voir notamment le Rapport précité de l'UE, *Droits de l'homme et démocratie dans le monde*, juin 2012, 353 p., p.208ss. Disponible sur le site internet http://eeas.europa.eu/human_rights/docs/2011_hr_report_fr.pdf.

1563 D'après les objectifs fixés par le Conseil de sécurité de l'ONU, les TPI *ad hoc* devraient terminer leurs travaux d'ici fin 2014. Voir la résolution 1966 du 22 décembre 2010 créant le *Mécanisme international chargé d'exercer les fonctions résiduelles des Tribunaux pénaux internationaux pour l'ex-Yougoslavie (TPIY) et pour le Rwanda (TPIR).*

1564 Voir l'article 4(2) de la loi sud-africaine de 2002 sur *la mise en œuvre du Statut de Rome de la Cour pénale internationale* qui énonce que : « *despite any other law to the contrary, including customary and conventional international law, the fact that a person, a) is or was a head of State or government, a member of a government or parliament, an elected representative or a government official ; or b) being a member of a security service or armed force, was under a legal obligation to obey a manifestly unlawful order of a government or superior, is neither (i) a defence to a crime ; nor (ii) a ground for any possible reduction of sentence once a person has been convicted of a crime* ».

1565 Article 208.7 de la loi nigérienne n°2003-025 du 13 juin 2003.

1566 Voir *Loi de la RDC de septembre 2005 modifiant et complétant certaines dispositions du code pénal, du code d'organisation et de la compétence judiciaire, du code pénal militaire et du code judicaire militaire, en application du statut de la Cour Pénale Internationale*.

B- La compétence universelle des juridictions pénales africaines et le principe de complémentarité avec la CPI

287.-Principe de complémentarité *a priori* favorable à la mise en œuvre de la compétence universelle par les juridictions pénales africaines. Le principe de la complémentarité est le leitmotiv qui définit la nature des rapports entre les juridictions pénales nationales et la CPI. Il est clairement énoncé dans le préambule mais aussi dans les articles premier[1567] et 17 du Statut de Rome. Pour Sophie FREDIANI, le principe de complémentarité avec la CPI, suppose *« qu'il soit laissé aux Etats ayant compétence en l'espèce, leur droit de procéder à la répression des crimes inscrits dans le Statut de Rome, pour autant que les enquêtes et poursuites engagées par leurs autorités soient indépendantes, impartiales et conformes aux normes du droit international des droits de l'homme et du droit international pénal »*[1568].

Le Statut de Rome fait la plupart du temps référence à l'Etat *« ayant compétence en l'espèce »*[1569], sans toutefois préciser si l'Etat en question devrait impérativement s'appuyer sur les règles de compétence classique. Ce manque de précision favorise évidemment le recours à la compétence universelle par les pays qui veulent participer efficacement à la répression des crimes internationaux.

Au reste, c'est suite à l'adoption du Statut de la CPI que bon nombre d'Etats africains ont mis sur pied la règle de la compétence universelle, qui renforce leur capacité à lutter contre l'impunité pour les crimes les plus graves. Parfois, c'est sur le plan collectif que des instruments juridiques favorables à la répression des crimes relevant de la compétence de la CPI ont été adoptés par des Etats africains. A titre d'exemple, un protocole du 1er décembre 2006 sur la prévention et la répression du crime de génocide, des crimes de guerre et des crimes contre l'humanité et de toute forme de discrimination[1570] ajusté au Pacte sur la sécurité, la stabilité et le développement dans la région des

---

[1567] Au terme de l'article 1er du Statut de Rome, *« Il est créé une Cour pénale internationale (« la Cour ») en tant qu'institution permanente, qui peut exercer sa compétence à l'égard des personnes pour les crimes les plus graves ayant une portée internationale, au sens du présent Statut. Elle est complémentaire des juridictions pénales nationales. Sa compétence et son fonctionnement sont régis par les dispositions du présent Statut ».*

[1568] FREDIANI Sophie, *op.cit.*, p.156.

[1569] Lire notamment l'article 17 du Statut de Rome.

[1570] Protocole signé à Nairobi le 1er décembre 2006.

Grands Lacs[1571] conclu à Nairobi le 15 décembre 2006, prévoit que la qualité officielle du représentant d'un Etat ne constitue pas un obstacle à la mise en œuvre de la compétence pénale d'un Etat membre, si ledit représentant étatique est impliqué dans la commission des crimes internationaux[1572]. Par conséquent, bien que ledit protocole ne fasse pas expressément référence à la compétence universelle, il est difficile d'affirmer de manière péremptoire qu'il y soit opposé.

De plus, le principe de complémentarité tel qu'il a été conçu par les rédacteurs du Statut de Rome, laisse penser qu'il est souhaitable, compte tenu des limites que la CPI peut rencontrer dans l'exercice de ses compétences, que les Etats mettent en œuvre la compétence universelle pour accompagner celle-ci dans la répression des crimes internationaux. En tout cas, à l'échelle régionale, les pays africains ont en quelque sorte manifesté leur volonté de recourir à la compétence universelle lorsqu'ils ont adopté l'article 4(h) de l'Acte constitutif de l'Union Africaine qui est favorable à une exception à la non-ingérence dans les affaires internes des Etats en cas de génocide, de crimes de guerre ou de crimes contre l'humanité[1573]. Toutefois, malgré le volontarisme de beaucoup d'Etats africains les limites de la compétence universelle de leurs juridictions par rapport à la compétence de la CPI sont manifestes.

288.-Limites de la compétence universelle des juridictions pénales africaines au détriment de la compétence de la CPI. Pour Brigitte STERN, le but de la compétence universelle est *« de supprimer les exigences de*

[1571] Les Etats parties audit protocole sont l'Angola, le Burundi, le Congo, le Kenya, l'Ouganda, la République Centrafricaine, la République Démocratique du Congo, le Rwanda, le Soudan, la Tanzanie, et la Zambie.

[1572] L'article 12 du protocole adopté par la Région des Grands Lacs en décembre 2006 et portant sur la prévention et la répression du crime de génocide, des crimes de guerre et des crimes contre l'humanité et de toute forme de discrimination prévoit que: *« the provisions of this chapter shall apply equally to all persons suspected of committing the offences to which this Protocol applies, irrespective of the official status of such persons. In particular, the official status of a Head of State or Government, or an official member of a Government or Parliament, or an elected representative or agent of a State shall in no way shield or bar their criminal liability ».*

[1573] L'article 4(h) de l'Acte constitutif de l'Union Africaine reconnait en effet, *« Le droit de l'Union d'intervenir dans un Etat membre sur décision de la Conférence, dans certaines circonstances graves, à savoir : les crimes de guerre, le génocide et les crimes contre l'humanité ».*

rattachement territorial pour que chaque Etat dans le monde soit susceptible de poursuivre tous les crimes contre l'humanité »[1574].

Pourtant, dans les faits, il est difficile que certains Etats puissent mettre en œuvre la compétence universelle contre des criminels internationaux. En effet, le recours à la compétence universelle peut difficilement faire fi de la présence d'un accusé, qui est l'indispensable lien de rattachement entre ce dernier et l'Etat qui envisage de le sanctionner. La règle du *judex deprehensionis* qui est d'ailleurs antérieure à l'adoption du Statut de Rome, implique que la compétence universelle ne puisse pas être mise en œuvre si le suspect ne se trouve pas sur le territoire de l'Etat concerné[1575]. Cette règle semble d'ailleurs être en phase avec l'article 20§3 du Statut de Rome[1576] qui considère que le non-respect des garanties procédurales par un Etat et notamment la présence de l'accusé au procès comme l'exige *a priori* l'article 63§1[1577] du Statut, devrait justifier la compétence de la CPI. D'ailleurs, certains Etats africains ont expressément admis comme limite légale à l'exercice de la compétence universelle, l'absence du suspect sur leur territoire ; il s'agit notamment de l'Afrique du Sud[1578], de l'Ethiopie[1579], de la République démocratique du Congo[1580] ou encore du Sénégal[1581].

De plus, dans certains pays africains, seule l'intervention d'une autorité juridictionnelle bien précise peut permettre l'exercice de la

---

1574 STERN Brigitte, « La compétence universelle en France : le cas des crimes commis en ex-Yougoslavie et au Rwanda », German, *YBIL.*, 1997, volume 40, p.283.

1575 L'article 5§2 de la Convention de New York sur la torture datant de 1984 a déjà prévu que *«Tout Etat partie prend également les mesures nécessaires pour établir sa compétence aux fins de connaître desdites infractions dans le cas où l'auteur présumé de celles-ci se trouve sur tout territoire sous sa juridiction et où ledit Etat ne l'extrade pas(...) ».* De plus, le §3 de l'article 5 du même texte donne une marge de manœuvre aux Etats en ce qui concerne la définition de la nature des compétences de leurs juridictions lorsqu'il dispose que *« La présente Convention n'écarte aucune compétence pénale exercée conformément aux lois nationales ».*

1576 Article 20§3(b) du Statut de la CPI *« Quiconque a été jugé par une autre juridiction pour un comportement tombant aussi sous le coup des articles 6, 7, 8 ou 8 bis ne peut être jugé par la Cour que si la procédure devant l'autre juridiction : b) N'a pas été au demeurant menée de manière indépendante ou impartiale, dans le respect des garanties d'un procès équitable prévues par le droit international, mais d'une manière qui, dans les circonstances, était incompatible avec l'intention de traduire l'intéressé en justice ».*

1577 Article 63§1 du Statut de la CPI : *« L'accusé est présent à son procès ».*

1578 Article 4(3) b-c, de la loi sud-africaine de 2002 sur la mise en œuvre du Statut de la CPI.

1579 Articles 19 et 20 du code pénal éthiopien.

1580 Article 3(5) du code pénal de la RDC.

1581 Article 669 du code de procédure pénale du Sénégal.

compétence universelle[1582]. Cette autorité est *l'Attorney General* dans les Etats tels que le Botswana[1583], le Kenya[1584], le Lesotho[1585], la Namibie[1586], le Nigéria[1587], les Seychelles[1588], la Sierra Leone[1589], le Swaziland[1590], la Tanzanie[1591] et le Zimbabwe[1592] ; le *Director of Public Prosecutions* au Malawi[1593] et en Ouganda[1594] ; ou encore le procureur au Burundi[1595] et en République démocratique du Congo[1596].

Il faut aussi souligner le fait que quelques Etats africains, à l'instar du Botswana[1597] et du Nigéria[1598], n'admettent l'exercice de la compétence universelle qu'au profit des juridictions supérieures, ce qui peut être problématique puisqu'en général, ces juridictions statuent un premier et dernier ressort. Or parmi les règles sacro-saintes du droit pénal, il y a sans aucun doute l'obligation de respecter l'exigence du double degré de juridiction dont la négation pourrait constituer une violation des principes du procès équitable.

Néanmoins, la grande limite de la compétence universelle est d'ordre pratique, dans la mesure où, il est difficile de juger convenablement un individu qui a commis des crimes à l'étranger sans la collaboration de l'Etat où l'infraction a été commise et où se trouve par conséquent l'essentiel des preuves. Il va sans dire que l'Etat du lieu de commission de l'infraction aura tendance à mettre en avant sa compétence territoriale et donc de revendiquer l'extradition de l'accusé, plutôt que de fournir spontanément les éléments nécessaires à une condamnation d'un criminel qu'il est en droit de réclamer, par une juridiction étrangère. Ceci est d'autant plus vrai pour les pays africains

---

1582 Voir le *Rapport Union Africaine-Union Européenne* précité, pp.12-13.

1583 Article 3(3) de la loi du Botswana de 1970 sur les Conventions de Genève.

1584 Article 3(3) de la loi kenyane de 1968 sur les Conventions de Genève.

1585 Voir les textes juridiques du Royaume-Uni sur les Conventions de Genève précités.

1586 Article 2(6) de la loi namibienne de 2003 sur les Conventions de Genève.

1587 Article 11(1) de la loi nigériane de 1960 sur les Conventions de Genève.

1588 Article 3(3) de la loi seychelloise de 1985 sur les Conventions de Genève.

1589 Voir les textes juridiques du Royaume-Uni sur les Conventions de Genève précités.

1590 *Idem.*

1591 *Idem.*

1592 Article 3(6) de la loi zimbabwéenne de 1981 sur les Conventions de Genève.

1593 Article 4(3) de la loi malawite de 1967 sur les Conventions de Genève.

1594 Article 1(3) de la loi ougandaise de 1964 sur les Conventions de Genève.

1595 Voir le décret-loi Burundais n°1/6 de 1981.

1596 Article 3 du code pénal de la RDC.

1597 Article 3(3) de la loi botswanaise précitée.

1598 Article 11(2) de la loi nigériane précitée.

que globalement, rien ne peut vraiment garantir entre eux une coopération judiciaire efficace en matière pénale, à telle enseigne qu'il est possible d'imaginer que faute de pouvoir obtenir les éléments à charge contre un accusé de crime international, l'Etat africain ne pouvant exercer la compétence universelle sera tenté, sauf convention particulière avec l'Etat détenant une des compétences classiques, de remettre le criminel à la CPI. En effet, seule cette dernière a, dans beaucoup de cas de figure, la légitimité suffisante et les moyens nécessaires pour exiger qu'un Etat lui transmette un criminel international, lorsque celui-ci n'a pas les capacités ou les possibilités pour le poursuivre.

Au final, même si les juges africains arrivaient à mettre en œuvre la compétence universelle pour sanctionner les crimes prévus dans le Statut de Rome, au fond, le principe de complémentarité instauré par ledit Statut les contraint à instaurer avec leurs homologues internationaux, un dialogue pouvant renforcer une certaine cohérence fonctionnelle dans le système de répression international pénal.

SECTION 2. La cohérence fonctionnelle liée au dialogue des juges

289.-Signification du concept de dialogue des juges. Née sous la plume de Robert LECOURT en 1976[1599], l'expression *« dialogue des juges »* a fait florès depuis qu'en 1978 Bruno GENEVOIS, à l'occasion de ses fameuses conclusions sur l'arrêt *Cohn-Bendit,* a soutenu à propos de la Communauté Européenne, qu' *« il ne doit y avoir ni le Gouvernement des juges ni la guerre des juges. Il doit y avoir place pour le dialogue des juges »*[1600].

Le dialogue des juges est un partage d'idées, de réflexions, mais aussi de solutions fondées sur le droit entre des autorités dépositaires du pouvoir de juger. Pour bien comprendre la notion, il faut se référer au sens étymologique du dialogue. En effet, celui-ci vient du grec *« dialogos »,* mot constitué lui-même de deux parties ; avec d'une part *« dia »* voulant dire *« à travers, entre »* et d'autre part, *« logos »,* qui signifie *« la parole, le discours »*[1601]. Le dialogue

---

[1599] LECOURT Robert, *L'Europe des juges,* Bruxelles, Bruylant, collection Droit de l'Union européenne, Grands écrits, septembre 2008, réédition de l'ouvrage de 1976, 321 p., p.266.

[1600] Conclusions Bruno GENEVOIS, CE Ass. 22 décembre 1978, *Ministre de l'intérieur c. Cohn-Bendit,* D. 1979. Jur. 155, spéc. p.161.

[1601] Voir STELZIG-CARON Slovia, *La Cour de cassation et le dialogue des juges,* Thèse de droit privé, Université de Grenoble, 09 juin 2011, 438 p., p.6.

c'est donc avant tout une conversation, un discours impliquant des interlocuteurs qui échangent sur des sujets déterminés.

Dès lors, il est évident qu'appliqué au monde juridictionnel, le dialogue nécessite de l'attention et de l'écoute de la part des protagonistes, car les risques de malentendu sont réels entre des magistrats pouvant appartenir à des systèmes juridiques différents. Au reste, le dialogue des juges essaie d'instaurer une harmonisation jurisprudentielle là où les textes juridiques peinent à imposer un ordre juridique cohérent. C'est pourquoi, il ne peut se faire que dans *« un climat de bonne volonté et de compréhension réciproque »*[1602]. Si le dialogue des juges s'est surtout épanouit dans le contexte européen où il a favorisé une certaine harmonie entre les droits nationaux et le droit européen, il a depuis été transposé à l'échelle internationale.

290.-Dialogue des juges dans le système international pénal. Dès leur création au début des années 1990, les TPI *ad hoc* ont fait preuve d'une grande ouverture, en nouant un dialogue constructif avec des juridictions *a priori* étrangères à l'ordre juridique auquel ils appartenaient. S'il est possible en effet de dire qu'un dialogue entre le TPIY et le TPIR relève en fait du bon sens juridique, il est moins évident d'imaginer que le TPIY puisse, comme il l'a fait dans le cadre de l'affaire Tadic[1603], s'appuyer *« sur la jurisprudence des cours israélienne[1604], allemande[1605], britannique[1606] et hollandaise[1607], pour établir la responsabilité des gouvernements sur des opérations des troupes irrégulières qu'ils contrôlent et qui agissent en violation des lois et coutumes de la guerre »*[1608].

[1602] DUROZOÏ Gérard et ROUSSEL André, *Dictionnaire de philosophie*, Paris, Nathan, 1997, p.111. Cités par Naïké LEPOUTRE, « Le renvoi préjudiciel et l'instauration d'un dialogue des juges, Le cas de la Cour de justice de l'Union européenne et du juge administratif français », Jurisdoctoria n°6, 2011, pp.43-74, p.45.

[1603]TPIY, Chambre d'appel, 15 juillet 1999, *Procureur c/ Dusko Tadic*.

[1604] *Ibid.*, §93 se référant à l'arrêt de la Cour militaire israélienne du 13 avril 1969 dans l'affaire *Kassem et autres.*

[1605] *Ibid.*, §129 se référant à un arrêt de la Cour d'appel (Oberlandesgericht) de Düsseldorf dans une affaire *Jorgic.*

[1606] *Ibid.*, §142, arrêt d'une instance militaire britannique de Luneburg, rendu le 17 novembre 1945 dans l'affaire *Kramer et autres.*

[1607] *Ibid.*, §143, affaire *Menten* du 29 mai 1978 de la Cour de cassation hollandaise.

[1608] CANIVET Guy, « Les influences croisées entre juridictions nationales et internationales, Eloge de la « bénévolance » des juges », *in Revue de science criminelle et de droit pénal comparé,* Paris, n°4 (oct.-déc.2005), p.799-817.

Un autre exemple de dialogue des juges et pas des moindres, a été signalé par la Chambre préliminaire I de la CPI à l'occasion du règlement de la situation en RDC[1609]. En effet, en l'absence d'une définition concluante de la notion de préjudice dans le Statut de Rome[1610], la Chambre préliminaire I a estimé qu'il était opportun de s'appuyer sur les jurisprudences de la Cour interaméricaine des droits de l'homme et de la Cour européenne[1611]. Ce qui est significatif c'est que dans sa décision, la CPI fait remarquer que le dialogue des juges qu'elle a amorcé trouve son fondement dans le Statut de Rome dont l'article 21§3, donne à la juridiction une grande marge de manœuvre en matière d'application et d'interprétation dans la mesure où, celles-ci restent *« compatibles avec les droits de l'homme internationalement reconnus »*. Le fait pour les juges pénaux internationaux de s'appuyer sur des bases juridiques *« internationalement reconnues »*, peut favoriser une harmonisation progressive dans la diffusion du droit international pénal notamment sur le continent africain **(§1)**, d'autant plus que s'ils arrivent à instaurer une cohérence jurisprudentielle, celle-ci peut constituer le gage d'une certaine universalisation du droit international pénal **(§2)**.

§1. L'harmonisation progressive dans la diffusion du droit international pénal sur le continent africain

291.-Phénomène de l'harmonisation juridique. Lorsque l'on parle d'harmonisation juridique, la première intuition est de songer à la mise en cohérence de divers textes juridiques différents sur une question de droit. Ainsi pour Gérard CORNU, harmoniser le droit consiste *« à unifier des ensembles législatifs différents par élaboration d'un droit nouveau empruntant aux uns et aux autres »*[1612]. C'est sans doute une vision étriquée de l'unification du droit car celle-ci ne se limite pas à une simple adoption de

[1609] CPI, *Situation en République Démocratique du Congo,* Chambre préliminaire I, Décision sur les demandes de participation à la procédure de VPRS 1, VPRS 2, VPRS 3, VPRS 4, VPRS 5, et VPRS 6, 17 janvier 2006.

[1610] Voir §81 de la décision précitée.

[1611] La Chambre préliminaire I de la CPI, fait référence à plusieurs arrêts de la Cour européenne (voir §116 de la décision précitée), dont un (arrêt *Ayder et autres c. Turquie* du 8 janvier 2004) relative à l'octroi d'une compensation liée à des dommages matériels consécutifs à une destruction d'habitation, et l'autre (arrêt *Keenan c. Royaume-Uni* du 3 avril 2001) portant sur l'ouverture d'une réparation au profit d'une victime ayant subi un dommage moral après avoir été confrontée à l'angoisse et à la détresse à cause des mauvaises conditions de détention de son fils.

[1612] CORNU Gérard, *Vocabulaire juridique*, *op. cit.,* (voir harmonisation), p.503.

textes communs au profit des ordres juridiques différents. Les juges qui sont chargés d'appliquer les textes juridiques y contribuent efficacement, en favorisant le dialogue entre leurs différentes instances juridictionnelles.

Au niveau communautaire ou régional, l'imbrication entre les droits nationaux et le droit commun issu de l'harmonisation instaure un dialogue presque forcé entre les juges nationaux et supranationaux[1613]. A l'échelle internationale, la situation est plus complexe puisqu'il est par exemple difficile de déterminer la nature du dialogue harmonisant la jurisprudence en matière de répression des crimes de droit international pénal **(A)**, ou encore la portée d'une harmonisation par la jurisprudence **(B)**.

A- La nature du dialogue harmonisant la jurisprudence en matière de répression des crimes de droit international pénal

292.-Possibilité d'un dialogue de persuasion[1614]. Les décisions de justice reposent sur un florilège d'arguments visant à démontrer qu'elles sont fondées en droit. L'argumentation déployée de manière minutieuse par le juge doit évidemment être convaincante pour satisfaire les justiciables d'une part, et les probables interlocuteurs magistrats d'autre part. La force de conviction est en effet déterminante dans un dialogue de persuasion. Celui-ci est facilité lorsque les juges appartiennent à la même communauté de valeurs ou sont guidés par les mêmes objectifs.

Laurence BURGORGUE-LARSEN pense que le dialogue des juges *« tend au bout du compte à l'établissement d'une cohérence des valeurs humanistes »*[1615]. Il est vrai que le droit international pénal a pour objectif de sanctionner les crimes qui portent atteinte à l'humanité tout entière. Toutefois, si d'une manière générale tous les ordres juridiques sont favorables à la sanction des crimes internationaux, ils ne sont pas toujours en accord sur les

---

1613 Sur le dialogue des juges dans l'espace européen lire notamment, LICHERE François, POTVIN-SOLIS Laurence, RAYNOUARD Arnaud (dir.). *Le dialogue entre les juges européens et nationaux : incantation ou réalité ?* Droit et justice n°53, Editions Némésis, Bruylant, Bruxelles, 2004, 242 p. ; LUKASZEWICZ Boleslaw, OBERDORFF Henri (dir.), *Le juge administratif et l'Europe : le dialogue des juges,* Actes du colloque du 50e anniversaire des tribunaux administratifs, Collection Europa, Presses Universitaires de Grenoble, 360 p.

1614 Le concept de dialogue de persuasion a été employé par Bruno GENEVOIS, voir ses réflexions dans la *RFDA,* mars/avril, juillet/août 1999, pp.285ss et pp.717ss.

1615 BURGORGUE-LARSEN Laurence, « De l'internationalisation du dialogue des juges, Missive doctrinale à l'attention de Bruno Genevois », *in Mélanges en l'honneur du président Bruno GENEVOIS,* Editions Dalloz, Paris, 2009, 1166 p., pp.95-130., p.124.

modalités de la répression. Ainsi, le juge le plus persuasif dans sa démonstration réussira à convaincre ses homologues du bien-fondé de sa démarche, dans la mesure où ceux-ci auront une marge de manœuvre pour statuer en tenant compte d'une décision émanant d'une juridiction située en dehors de leur ordre juridique.

Il peut d'ailleurs arriver que le dialogue soit indirect ou entrecroisé, c'est pourquoi, Mireille DELMAS-MARTY a pu faire le constat que *« la création des tribunaux pénaux internationaux, puis de la Cour pénale internationale, favorise des entrecroisements plus complexes : non seulement avec le Comité des droits de l'homme de l'ONU et la CIJ, mais entre les juridictions pénales à vocation mondiale et les cours régionales des droits de l'homme »*[1616]. Dans son énumération, elle oublie manifestement d'évoquer les juridictions nationales qui ont pourtant voix au chapitre dans le système international pénal. Il est vrai que les juges nationaux peuvent se contenter d'un dialogue indirect, s'ils reprennent des raisonnements empruntés par les juridictions pénales internationales à d'autres instances nationales ou internationales.

Ainsi, au Rwanda par exemple, lorsque le juge national s'inspire de la jurisprudence du TPIR, sans doute ignore-t-il la plupart du temps que les décisions du Tribunal *ad hoc* sont quelquefois la conséquence d'un dialogue avec le TPIY, la CPI ou encore la Cour européenne des droits de l'homme[1617]. Cette dernière est sans aucun doute la juridiction qui alimente le mieux le dialogue de persuasion dans un contexte d'hybridation des différents ordres juridiques liée en partie au processus de mondialisation du droit. Il est évident que les juridictions extra-européennes et notamment celles d'Afrique, auront du mal à évoquer directement la jurisprudence de la Cour européenne dans le cadre d'un procès pénal, étant donné que leur marge de manœuvre est limitée par le principe de la légalité et de la souveraineté en matière pénale[1618].

Toutefois, rien n'interdira par exemple aux juges africains de s'inspirer du raisonnement de la Cour européenne ou d'une autre juridiction régionale. En effet, le dialogue des juges est très souvent discret, les protagonistes ne s'appuyant qu'implicitement sur le raisonnement de l'autre. Il faut dans ce cas

---

[1616] DELMAS-MARTY Mireille, *Le pluralisme ordonné : les forces imaginantes du droit (II)*, Editions du Seuil, Paris, février 2006, 303 p., p.49.

[1617] Dans l'affaire dite du procès des médias, le TPIR s'est inspiré de la jurisprudence de la CEDH en rapport avec la liberté d'expression. Voir, TPIR, (affaire du *procès des médias)*, *Le procureur c. Ferdinand NAHIMANA, Jean-Bosco BARAYAGWIZA, Hassan NGEZE,* Affaire n° ICTR-99-52-T, jugement du 3 décembre 2003 §991ss.

[1618] Sur l'importance d'une marge de manœuvre du juge national, voir DELMAS-MARTY Mireille, *op. cit.*, p.82ss.

lire les décisions de justice entre les lignes et faire preuve d'une véritable érudition juridique pour déceler les emprunts jurisprudentiels des juges. Si ceux-ci se montrent souvent discrets lorsqu'ils s'appuient sur le raisonnement de leurs homologues étrangers, c'est pour éviter de se voir reprocher d'être trop facilement influencé par des ordres juridiques dont ils n'ont pas la maîtrise. Pourtant, il n'est pas exclu qu'un juge puisse s'appuyer sur une argumentation issue d'une jurisprudence *« exogène »*, à partir du moment où il respecte ses propres règles juridiques et ne se laisse pas influencé par les tendances idéologiques qui sont certes dans l'air du temps, mais qui risquent de compromettre les intérêts de la justice dont il a la charge.

Le dialogue de persuasion dans un contexte de cosmopolitisme juridique peut aussi aider les juges à comprendre le sens de ce qui constitue, au moins du point de vue philosophique, les valeurs communes à l'ensemble des systèmes juridiques. D'ailleurs, au moment où ces systèmes ont une forte propension à l'ouverture *« il n'est pas étonnant que tous les acteurs qui les composent soient attentifs à ce qui se passe « ailleurs », ce qui ne manque pas de rejaillir sur la fonction de juger »*[1619].

Il faut tout de même prendre conscience du fait qu'un juge ne peut se montrer persuasif dans un dialogue, que s'il parle le même langage que ses interlocuteurs ; autrement, la conversation deviendrait vite un dialogue de sourds, ponctué de malentendus et de quiproquos. Mireille DELMAS-MARTY évoque d'ailleurs l'importance d'*« une grammaire commune »*[1620] qui devrait faciliter la compréhension entre des juges appartenant à des ordres juridiques différents. C'est cette *« grammaire commune »* que les juges africains devraient maîtriser s'ils ne veulent pas être exclus d'un dialogue au cours duquel ils ont forcément des choses à dire au regard du rôle qu'ils sont supposés jouer dans le cadre de la répression des crimes internationaux les plus graves.

Il faut dire que le recours à une phraséologie connue et partagée est déjà en soi un élément susceptible de convaincre ceux qui participent à un dialogue des juges; d'autant plus que le vocabulaire juridique a tendance à s'internationaliser. Il peut arriver malheureusement qu'à la place d'un dialogue, s'installe un monologue fait par des juges dont les décisions, si pertinentes soient-elles, ne captivent pas l'attention des autres magistrats ; car il est évident que les dialogues d'autorité sont difficiles à mettre en œuvre.

[1619] BURGORGUE-LARSEN Laurence, article précité, p.120.

[1620] Voir DELMAS-MARTY Mireille, *op. cit.*, p.122ss.

293.-Difficulté d'un dialogue d'autorité. Le dialogue d'autorité suppose l'existence d'un rapport hiérarchique entre les interlocuteurs, l'un devant obligatoirement adhérer à la prise de position de l'autre. L'autorité qui émane du dialogue est celle de la chose jugée ou de la *« chose interprétée »,* qui est de mise en droit national avec comme conséquence, l'inféodation des juridictions inférieures aux juridictions supérieures[1621]. Le problème c'est que dans le système international pénal, il n'existe pas de rapport de subordination entre les juridictions internationales pénales et les juridictions nationales. Les juges pénaux nationaux ont en effet un pouvoir autonome à celui de leurs confrères internationaux, pour réprimer les crimes internationaux. Le juge national n'a l'obligation de respecter la jurisprudence pénale internationale ni dans un système moniste, ni dans un système dualiste. Dans le premier système le juge sera normalement tenu de mettre en application, dès ratification, des traités internationaux comme le Statut de Rome, alors que dans le second, il s'appuiera avant tout sur une loi de transposition en droit interne d'une norme internationale portant sur la répression des crimes les plus graves.

Dans le système international pénal, le dialogue d'autorité aurait pu correspondre à ce que Laurence BURGORGUE-LARSEN a qualifié de dialogue intégré[1622]. Ici, le juge pénal national statuant en dernier ressort, aurait l'obligation de renvoyer sa décision à une juridiction internationale pénale. Ce qui est difficilement envisageable puisque cela reviendrait à remettre en cause la souveraineté pénale des Etats que le Statut de la CPI par exemple a tout fait pour ne pas compromettre. Au reste, l'idée même du renvoi obligatoire semble n'être pas en adéquation avec la philosophie du dialogue *« qui est un moment où se manifeste immanquablement une part de liberté propre à l'échange d'arguments. Or obliger, c'est autoritaire ; obliger c'est contraindre. L'impérativité éradique, a priori, le libre arbitre »*[1623]. Rien ne peut en principe contredire l'opinion selon laquelle les juges nationaux sont à la fois libres et souverains dans leurs rapports avec les juges pénaux internationaux. S'ils décident néanmoins d'amorcer avec ceux-ci un dialogue, cela ne se fera que sur la base du volontariat et en accord avec une certaine politique jurisprudentielle.

Autorité et dialogue forment un couple mal assorti car le premier concept suppose l'existence d'un rapport de force et de domination, alors que l'autre fait appel au consensualisme et au compromis. La notion de dialogue

[1621] Dans la plupart des Etats, les démonstrations jurisprudentielles des cours constitutionnelles ou des cours suprêmes s'imposent aux autres juridictions internes.
[1622] BURGORGUE-LARSEN Laurence, article précité, p.101.
[1623] *Ibid.*

d'autorité ne doit donc pas être prise au pied de la lettre mais doit être comprise comme une obligation juridique pour une instance inférieure de solliciter l'avis d'une instance supérieure. C'est pourquoi, le meilleur exemple de dialogue d'autorité est le renvoi préjudiciel souvent obligatoire[1624] par lequel, un juge sollicite l'avis conforme d'une autre juridiction. Cette procédure est plutôt de mise dans les rapports entre les juges nationaux et les juridictions régionales ; ce qui est loin d'être sans conséquence pour la diffusion du droit international pénal dans les ordres juridiques internes africains par exemple.

En effet, après de nombreuses critiques formulées contre les poursuites de certains dirigeants africains par la CPI, l'Union africaine a décidé de réfléchir sur les voies et moyens d'étendre la compétence de la Cour africaine de justice et des droits de l'homme (CAJDH) à la répression des crimes de génocide, des crimes de guerre et des crimes contre l'humanité[1625]. Si une telle ambition se concrétisait il y aurait évidemment des conséquences du point de vue du dialogue des juges, car le protocole qui crée la Cour africaine des droits de l'homme et des peuples (qui s'applique à la CAJDH), habilite celle-ci à *« connaître de toutes les affaires et de tous les différends dont elle est saisie concernant l'interprétation et l'application de la Charte*[1626]*, du présent Protocole, et de tout autre instrument pertinent relatif aux droits de l'homme et ratifié par les Etats concernés »*[1627].

La Cour africaine pourrait donc éventuellement être saisie par la procédure du renvoi préjudiciel, lorsqu'un juge national serait confronté à des

---

[1624] Il est vrai que, le renvoi préjudiciel n'a pas forcément un caractère obligatoire ; c'est ce qu'affirme par exemple la Cour EDH au sujet des rapports entre les juges nationaux européens et les juges de la Cour de justice de l'Union Européenne. Voir Cour EDH, 20 septembre 2011, *Ullens De Schooten et Rezabek c. Belgique ; §57 « la Convention ne garantit pas, comme tel, un droit à ce qu'une affaire soit renvoyée à titre préjudiciel par le juge interne devant une autre juridiction, qu'elle soit nationale ou supranationale ».*

[1625] Voir la décision de l'Assemblée des chefs d'Etats et de Gouvernements de l'Union Africaine (AU) datant de février 2009 (décision Assemblée/UA/Déc.213 (XII)), et qui demande à la Commission de l'UA *« en collaboration avec la Commission africaine des droits de l'homme et des peuples et la Cour africaine des droits de l'homme et des peuples, d'évaluer les implications de la décision de reconnaître les compétences de la Cour pour des crimes tels que les génocides, les crimes contre l'humanité et les crimes de guerre (...) »*. Dans le même sens lire la décision Assemblée/UA/Déc.292 (XV) de juillet 2010.

[1626] Il s'agit de la Charte Africaine des Droits de l'Homme et des Peuples du 27 juin 1981 qui est entrée en vigueur le 21 octobre 1986.

[1627] Voir article 3 du Protocole relatif à la Charte africaine des droits de l'homme et des peuples portant création d'une Cour africaine des droits de l'homme et des peuples, adopté à Ouagadougou en juin 1998.

difficultés d'interprétation d'un texte juridique ayant un rapport avec la répression des crimes internationaux[1628]. Quand bien même au final la compétence de la Cour serait toujours limitée à la protection des droits de l'homme, le dialogue ne serait pas totalement exclu avec les juges africains pour des problématiques relevant du droit international pénal, car le Statut de Rome par exemple contient de nombreuses dispositions relatives aux droits de l'homme. C'est pourquoi, la Cour africaine est appelée à jouer sur le continent africain, un rôle analogue à celui de la Cour EDH dans le contexte européen, en ce qui concerne le dialogue des juges et y compris directement avec les juridictions internationales pénales.

Il y a un aspect du dialogue d'autorité qu'il ne faut pas occulter, il s'agit de celui qui n'est pas institutionnel, mais qui est instauré par les juges pour des raisons pratiques. L'autorité découle du fait qu'une juridiction est dépositaire d'un certain pouvoir symbolique au regard de ses compétences ou de sa spécialité à telle enseigne que sa jurisprudence peut servir de référence pour les autres juridictions. Ainsi, le fait que la jurisprudence des juridictions pénales internationales fasse autorité en matière de crimes internationaux contraint en quelque sorte les juges nationaux à s'y intéresser et à s'en inspirer. Le dialogue dans lequel ils s'engagent est un dialogue d'autorité par nécessité et par pragmatisme qui contribue fortement à l'harmonisation de la mise en œuvre du droit international pénal dans les ordres juridiques internes, même s'il n'est pas aisé d'évaluer la portée d'une harmonisation par la jurisprudence.

B- La portée d'une harmonisation par la jurisprudence

294.-Harmonisation limitée par le principe de légalité. Le dialogue des juges peut difficilement se faire en marge du principe de légalité, dont le respect est souvent la condition de validité d'une décision de justice. Inutile de rappeler l'adage *nullum crimen, nulla poena sine lege,* qui est le soubassement de la légalité pénale. Le principe de légalité implique surtout le

---

[1628] Sur la compétence de la Cour africaine de justice et des droits de l'homme, il faut préciser qu'à l'occasion du sommet de l'Union africaine tenu à Malabo du 26 au 27 juin 2014, une décision de l'organisation panafricaine rendue publique le 30 juin 2014 prévoit l'adoption d'un nouvel article 46-a *bis* du protocole portant Statut de la Cour africaine, lequel article garantirait l'immunité des chefs d'Etat et de gouvernement en exercice au cas où la Cour serait compétente pour sanctionner la commission des génocides, des crimes de guerre et des crimes contre l'humanité. Sur la critique d'une telle décision, voir http://www.amnesty.fr/Presse/Communiques-de-presse/La-decision-prise-lors-du-Sommet-de-Union-africaine-represente-un-pas-en-arriere-pour-la-justice-int-12068

respect scrupuleux par le juge national de la législation interne[1629]. Dès lors, il lui est impossible de s'inspirer d'une jurisprudence internationale si celle-ci n'est pas en phase avec ses sources juridiques de référence. L'harmonisation jurisprudentielle du droit international pénal ne sera effective que si sa transposition dans les droits internes africains en l'occurrence, permette le développement d'une jurisprudence nationale en phase avec les décisions des juridictions internationales pénales.

Il est vrai qu'il est facile d'objecter en affirmant que de nos jours les crimes internationaux sont manifestement illégaux dans toutes les législations nationales et que par conséquent, la jurisprudence nationale devrait pouvoir être en harmonie avec la jurisprudence internationale. Ce serait une erreur de raisonner ainsi car il y a des aspects du droit pénal tels que la nature des peines infligées aux accusés ou des circonstances atténuantes et aggravantes qui peuvent varier considérablement d'un ordre juridique à un autre ; d'autant plus qu'en ce qui concerne précisément les peines, l'article 80 du Statut de Rome[1630] laisse aux Etats une grande marge de manœuvre pour réprimer les responsables des crimes internationaux.

Le principe de légalité est non seulement une composante de l'Etat de Droit, mais aussi le gage de la sécurité juridique en matière pénale, qui voudrait par exemple que l'on ne puisse pas imposer à un individu des mesures pénales adoptées postérieurement aux faits qu'on lui impute[1631]. Le grand reproche qui puisse être adressé à un juge national, *a priori* garant de la préservation des droits des accusés, c'est de heurter le principe de prévisibilité et d'accessibilité au cas où le dialogue des juges aurait pour conséquence de faire appliquer une mesure qui bien qu'étant de mise dans un autre ordre juridique, n'est en aucun cas prévu par la législation nationale.

La norme qui sanctionne le comportement d'un individu *« doit être suffisamment prévisible et elle doit être accessible, c'est-à-dire non seulement*

[1629] Le droit interne est la source juridique naturelle du juge national et son rôle consistera à faire respecter les normes internationales insérées dans son ordre juridique, même si au moment de leur insertion, celles-ci ont pu être dénaturées afin de favoriser une mise en œuvre plus conforme avec l'esprit du droit national.

[1630] Article 80 du Statut de la CPI (Le Statut, l'application des peines par les Etats et le droit national) : *« Rien dans le présent chapitre n'affecte l'application par les États des peines que prévoit leur droit interne, ni l'application du droit des États qui ne prévoient pas les peines prévues dans le présent chapitre ».*

[1631] A ce propos, l'article 8 de la Déclaration des Droits de l'Homme et du Citoyen de 1789 dispose que : *« (...) Nul ne peut être puni qu'en vertu d'une loi établie et promulguée antérieurement au délit, et légalement appliquée ».*

écrite mais aussi matériellement accessible pour un public informé »[1632]. L'individu qui agit doit savoir que l'acte qu'il pose est susceptible d'entrainer telle ou telle conséquence prévue par la législation nationale du juge compétent. Sur le plan national, la prévisibilité ou l'accessibilité suppose un fondement de droit interne que les justiciables sont supposés connaitre. Lorsqu'un juge sanctionne un accusé, c'est normalement parce qu'il estime que celui-ci sait ou aurait dû savoir que les faits qui lui sont reprochés sont répréhensibles.

De plus, aucune interprétation large de la loi pénale ne peut être faite par un juge national qui chercherait à tout prix à prendre en compte la jurisprudence d'une autre juridiction. L'interprétation restrictive de la loi pénale est une exigence que le juge pénal notamment africain doit absolument respecter, sinon il risquerait de punir un accusé sans véritable base légale[1633]. Le dialogue des juges n'est possible que dans la mesure où il ne favorise pas l'importation d'un raisonnement juridique qui pourrait bouleverser la logique juridique interne.

Le juge ne pouvant en principe faire une interprétation analogique de la loi pénale, il lui est normalement interdit d'étendre l'application d'un texte à un fait évoqué par une jurisprudence étrangère, mais non reprouvé explicitement par le droit interne[1634]. En droit pénal, c'est l'interprétation littérale qui est la plus couramment admise puisqu'elle a le mérite de la clarté. On comprend pourquoi BECCARIA est persuadé qu' *« avec des lois exécutées à la lettre, chaque citoyen peut calculer exactement les inconvénients d'une mauvaise action ; ce qui est utile, puisque cette connaissance pourra le détourner du crime »*[1635].

L'interprétation téléologique, qui est bien entendu admise dans les droits pénaux africains, est de mise dans le dialogue des juges, mais là encore, le juge interne ne doit pas s'écarter des objectifs recherchés par le législateur. Il doit être fidèle à l'esprit des lois en évitant de s'écarter de l'intention affichée par le législateur[1636]. Si malgré une tentative d'interprétation la loi reste manifestement floue ou ambigüe en ce qui concerne la définition des éléments

---

1632 DE FROUVILLE Olivier, *Droit international pénal, Sources, incriminations, responsabilité,* Editions A. Pedone, Paris 2012, 523 p., p.33.

1633 Voir DE FROUVILLE Olivier, *op. cit.*, p.34.

1634 Lire LEROY Jacques, *Droit pénal général,* 4e édition, Lextenso éditions, LGDJ, Paris, septembre 2012, p.127.

1635 BECCARIA Cesare, *Traité des délits et des peines*, 1764, chapitre IV.

1636 LEROY Jacques, *op. cit.*, p.127.

constitutifs de l'infraction, celle-ci doit être interprétée en faveur de l'accusé, en vertu de l'adage *in dubio pro reo* (le doute profite à l'accusé).

Le principe de légalité peut constituer un réel obstacle au développement du dialogue entre le juge national et le juge international pénal, car alors que ce dernier a démontré depuis le procès de Nuremberg qu'il pouvait faire preuve de créativité et d'audace en l'absence de textes juridiques, le premier est resté très attaché à un principe qui remonte au XVIIIème siècle et qui interdit toute forme d'incrimination non prévue par la loi. D'une manière générale, le droit international s'appuie sur des sources non écrites telles que les principes généraux de droit ou encore la coutume ; ce qui est difficilement envisageable dans les systèmes juridiques romano-germaniques dont la philosophie juridique fait des sources écrites les principaux fondements de la sanction pénale.

Le juge international pénal a une conception large du principe de légalité puisqu'il n'existe pas en droit international des lois au sens formel du terme, mais plutôt une kyrielle de sources juridiques écrites ou non écrites. Néanmoins, il est possible qu'une certaine jurisprudence internationale empruntée par le juge national africain puisse être reprise par le législateur national, ce qui aura pour mérite de favoriser une harmonisation par homologation textuelle.

295.-Harmonisation confortée par une homologation textuelle. *A priori*, l'homologation d'une jurisprudence par le législateur sur des questions pénales peut paraître en contradiction avec l'analyse précédemment développée. Toutefois, il y a une réalité dans les pratiques jurisprudentielles au niveau national qui laisse apparaitre que certains juges ont tendance à s'affranchir de leur propre législation au profit du droit international. Bien qu'un tel comportement puisse être qualifié d' *« hérésie juridique »,* le constat est qu'à l'époque contemporaine, les juges se libèrent de plus en plus du droit national *« au profit d'un droit international dont l'imprécision a pour effet de renforcer leur marge d'interprétation »*[1637]. Si les juges nationaux font preuve d'autant d'audace notamment en ce qui concerne les crimes de droit international pénal, c'est qu'ils se laissent influencer par la jurisprudence des juridictions internationales pénales qui suscite forcément de l'émulation auprès d'autres juridictions.

[1637] DELMAS-MARTY Mireille, « Du dialogue à la montée en puissance des juges », *in Le dialogue des juges,* Mélanges en l'honneur du président Bruno GENEVOIS, Editions Dalloz, Paris 2009, 1166 p., pp.305-316, p.313.

La mondialisation du droit qui est dans l'air du temps fait souffler un vent d'indépendance dans l'univers juridictionnel national. C'est pourquoi, Mireille DELMAS-MARTY n'a pas hésité à parler de la montée en puissance des juges nationaux[1638]. Tout se déroulerait finalement comme si *« le plus faible des trois pouvoirs était en même temps celui qui aurait le plus profité de l'émancipation liée au processus d'internationalisation normative »*[1639]. Ainsi, le juge interne se sent de plus en plus lié par la jurisprudence internationale alors même que le recours à celle-ci peut constituer une violation manifeste du sacro-saint principe de légalité. Pour remédier à une telle situation, le rôle du législateur pourrait consister à homologuer la jurisprudence issue du dialogue des juges, en adoptant des mesures législatives plus appropriées. Il va sans dire qu'une telle homologation devrait contribuer fortement à l'harmonisation de la diffusion du droit international pénal dans les ordres juridiques africains.

Le recours direct au droit international pénal par le juge national ne résulte pas nécessairement d'une volonté de fouler au pied le principe de légalité. Parfois, c'est le manque de clarté de la législation nationale qui peut le contraindre à rechercher, en dehors de sa législation, les fondements juridiques à la répression des crimes qui ne sauraient rester impunis sous le prétexte qu'un vide juridique devrait profiter à l'accusé. En RDC par exemple, le manque de précision, sur certaines questions, du Statut de Rome pourtant intégré dans le droit national, a poussé le juge à s'inspirer du règlement de procédure et de preuve de la CPI, alors que celui-ci n'avait *a priori* aucune incidence sur le droit national[1640] ; d'autant plus qu'il est convenu que ce texte *« n'affecte en rien les règles de procédure qu'applique tout tribunal ou système juridique national dans le cadre de poursuites nationales »*[1641]. Toujours en RDC, le juge, à l'occasion de l'affaire Songo Mboyo[1642], a pu s'inspirer de la jurisprudence du TPIR[1643] qui met l'accent sur l'aspect concerté et systématique du viol, pour conclure que ce dernier pouvait

---

[1638] Voir l'article précité.

[1639] ALLARD Julie et GARAPON Antoine, *Les juges dans la mondialisation, La nouvelle révolution du droit,* Editions du Seuil, Collection « La République des idées », 2005, 96 p., p.84. Cités par Mireille DELMAS-MARTY, article précité, p.314.

[1640] Voir notamment, TMG Mbandaka, *Affaire Songo Mboyo,* 12 avril 2006, RP 084/05.

[1641] §2 de la note explicative sur Règlement de procédure et de preuve (RPP) du Statut de la CPI, adopté à New York par l'Assemblée des Etats parties, le 9 septembre 2002.

[1642] Voir la référence précédente de l'Affaire.

[1643] Sur la prise en compte du viol par le TPIR, voir notamment TPIR, 2 septembre 1998, *Le Procureur c. Jean-Paul Akayesu,* affaire n° ICTR-96-4-T, §507.

concerner les victimes masculines alors que la législation nationale en vigueur ne visait que les victimes féminines[1644].

La nature des intérêts que le juge national doit préserver confère une certaine légitimité à ses emprunts internationaux puisque pour lui, il est avant tout question de sanctionner la remise en cause des valeurs considérées comme universelles[1645]. Le recours à la jurisprudence internationale pénale est presque une nécessité pour le juge interne puisque les instruments internationaux ont pu bénéficier d'une interprétation jurisprudentielle soit par les Tribunaux *ad hoc*, soit par la CPI, contribuant sûrement quelquefois, à conférer un caractère coutumier à certaines décisions juridictionnelles. Ceci vient d'ailleurs relativiser la violation du principe de légalité du fait de la prise en compte par le juge national des règles internationales non prévues par sa propre législation ; même si, dans les systèmes romano-germaniques et principalement ceux d'Afrique, le juge devrait faire preuve à la fois d'audace et d'habilité intellectuelle pour justifier son choix de recourir à la coutume internationale en l'absence d'une norme écrite.

De fait, l'une des missions du législateur contemporain et notamment africain, serait de consacrer en droit interne des principes du droit international pénal ayant une portée coutumière à l'échelle universelle. Autrement, le vide juridique interne devrait pousser un juge national à faire référence à la coutume internationale, permettant ainsi de développer en droit interne, une approche beaucoup plus constructive et pragmatique du principe de légalité, au moins en ce qui concerne la répression des crimes particulièrement graves tels que le génocide, les crimes de guerre, et les crimes contre l'humanité. Le fait d'ailleurs qu'il existe une concurrence entre les juges nationaux et les juges internationaux pour réprimer lesdits crimes, milite en faveur d'un dialogue des juges pouvant favoriser l'enrichissement de la qualité du travail législatif.

Le juge africain qui devrait chercher dans les sources internationales et y compris dans la jurisprudence pénale internationale les éléments qui permettent de sanctionner les crimes internationaux, peut à juste titre s'appuyer sur l'obligation internationale de son Etat de réprimer les infractions les plus graves ; laquelle obligation favorise l'harmonisation de la mise en œuvre du droit international à tous les échelons. Ceci est d'ailleurs

---

[1644] Sur l'approche du juge de la RDC, voir l'étude d'Avocats sans frontières sur *l'Application du Statut de Rome de la Cour pénale internationale par les juridictions de la République démocratique du Congo,* mars 2009, 143 p., p.7., document disponible sur http://www.iccnow.org/documents/ASF_rapportRome_csc_light.pdf

[1645] Lire DELMAS-MARTY Mireille, *Le pluralisme ordonné*, *op.cit.*, p.128.

souhaitable dans la mesure où, *« selon qu'il s'agit de juger des intérêts considérés comme nationaux, internationaux, transnationaux ou supranationaux, il serait apparemment logique de privilégier l'harmonisation pour les deux premiers, l'unification pour les autres »*[1646].

Néanmoins, il est important que les règles découvertes à l'échelle internationale par le juge puissent recevoir l'onction démocratique issue d'une consécration législative. Aussi, il faut éviter qu'une harmonisation du droit international pénal par des mécanismes purement juridictionnels, n'aboutisse à terme à favoriser l'instauration d'un gouvernement des juges qui n'est souhaitable ni au niveau national, ni à l'échelle internationale ; même si le dialogue des juges doit contribuer à créer une cohérence jurisprudentielle qui est le gage d'une certaine universalisation du droit international pénal.

§2. La cohérence jurisprudentielle comme gage d'une certaine universalisation du droit international pénal

296.-Jurisprudence et universalisation du droit international pénal. La jurisprudence joue un rôle de plus en plus croissant dans l'universalisation du droit international pénal ; d'abord parce que celui-ci porte sur les crimes reprouvés universellement, et ensuite parce qu'il est manifeste que le *« dialogue des juges croît sensiblement dans un contexte mondialisé, où les litiges eux-mêmes s'internationalisent en même temps que les sources du droit se dénationalisent »*[1647]. Sous l'impulsion des juridictions internationales pénales, dont la jurisprudence a une portée symbolique indéniable, il va se mettre progressivement en place un système juridictionnel basé sur la collaboration et la recherche d'une convergence de vue entre des juges ayant pour mission de punir les crimes internationaux.

Il est constant que les juges africains, très peu habitués à la répression des crimes internationaux, auront la forte propension à s'inspirer de la jurisprudence des juridictions internationales pénales. C'est pourquoi, il est possible d'imaginer une éventuelle émergence d'un consensus jurisprudentiel entre ceux-ci, et ceci en accord avec les juges pénaux internationaux **(A)**. Aussi, l'instauration d'une certaine cohérence jurisprudentielle devrait

---

1646 *Ibid.*

1647 ALLARD Julie, « Le dialogue des juges dans la mondialisation », *in Le dialogue des juges*, Actes du colloque organisé le 28 avril 2006 à l'Université libre de Bruxelles, Les Cahiers de l'Institut d'études sur la Justice, Bruylant, Bruxelles, 2007, 166 p., pp.77-91, p.77.

favoriser le développement d'un droit africain commun en matière de crimes de droit international pénal **(B)**.

A- La possible émergence d'un consensus jurisprudentiel entre les juges africains et avec les juges internationaux pénaux

297.-Consensus entre juges africains. Le contexte africain se prête bien à un dialogue horizontal entre les différents juges nationaux sur des questions relatives au droit international pénal. Il est en effet connu que l'Afrique a enregistré depuis quelques décennies le plus grand nombre de crimes internationaux les plus graves[1648]. La concurrence qui existe entre les juges nationaux et les juges pénaux internationaux devrait permettre aux juges africains de jouer un rôle important dans la répression des crimes internationaux qui relèvent de leur compétence. Nul ne peut par exemple nier la contribution des juges rwandais dans la sanction des responsables du génocide de 1994[1649]. Aussi, dans la situation en RDC, si l'opinion publique internationale connait les noms des principaux accusés devant la CPI[1650], elle oublie très souvent qu'en vertu du principe de subsidiarité, de nombreux responsables des crimes commis en RDC ont été jugés par les instances juridictionnelles de ce pays[1651].

Au reste, la réticence de plus en plus affichée des Etats africains pour collaborer avec la CPI, suite à l'inculpation de certains chefs d'Etats et

---

1648 La récurrence en Afrique des conflits armés internes de caractère interethnique et ayant parfois eu des conséquences sur le plan international ou sous régional, a été à l'origine, depuis notamment le début des années 1990, de la commission de nombreux crimes internationaux que ce soit en Angola, en Libye, au Mali, au Kenya, au Rwanda, en Sierra Leone, au Soudan ou dans bien d'autres pays encore.

1649 Cette répression a été possible grace à la loi rwandaise du 30 août 1996 sur l'organisation des poursuites des infractions constitutives du crime de génocide ou de crimes contre l'humanité, commises à partir du 1er octobre 1990, laquelle loi crée des chambres spécialisées chargées de réprimer les crimes de droit international pénal (article 19).

1650 Les noms des principaux accusés sont d'ailleurs disponibles sur le site de la CPI (www.icc-cpi.inter), il s'agit notamment de Thomas Lubanga Dyilo (condamné à 14 ans d'emprisonnement le 10 juillet 2012 pour enrôlement d'enfants soldats de moins de 15 ans), de Germain Katanga, de Bosco Ntanganda, de Callixte Mbarushimana (le 16 décembre 2001, les charges retenues contre lui n'ont pas été confirmées ce qui a entrainé sa libération le 23 décembre) et de Mathieu Ngudjolo Chui.

1651 Pour le Tribunal militaire de garnison (TMG) de l'Ituri, voir notamment les affaires *Bongi* (24 mars 2006), *Kahwa* (2 août 2006), *Bavi* (19 février 2007). Pour le TMG de Mbandaka voir par exemple les affaires *Mutins de Mbandaka* (12 janvier 2006), *Songo Mboyo* (12 avril 2006).

responsables gouvernementaux[1652], devrait les contraindre à donner à leurs propres juridictions les moyens nécessaires pour sanctionner effectivement les responsables des crimes internationaux les plus graves.

Ainsi, du fait de la proximité géographique, il y a fort à parier qu'il s'instaurera un dialogue naturel entre les différentes juridictions nationales africaines sur les problématiques relatives aux génocides, aux crimes de guerre et aux crimes contre l'humanité. A terme, il pourrait s'établir entre juges africains, une forme de consensus aussi bien sur les mécanismes, que sur les modalités de sanction des crimes internationaux les plus graves. Le consensus découlerait du fait que lesdits juges seraient amenés à statuer sur des situations juridiques comparables, et ayant parfois des répercutions politiques importantes, dans un contexte social dont il faut maitriser tous les ressorts afin d'éviter l'exacerbation des tensions qui sont la cause de la commission des crimes internationaux les plus graves[1653]. Ceux-ci sont souvent en effet, la conséquence de conflits entre ethnies ou forces antagonistes qui s'opposent dans une lutte sans merci pour contrôler les leviers du pouvoir.

Il est donc difficile de faire abstraction de la dimension politique que revêt, en Afrique, l'ouverture d'un procès pour des crimes de droit international pénal. C'est pourquoi, chaque décision prise en la matière par un juge africain devrait susciter l'intérêt de ses homologues, en quête eux aussi de sanctions adéquates pour les affaires qui leur sont soumises, d'autant plus que *« le dialogue encourage également les juges à discuter l'efficacité des différentes solutions envisageables et à évaluer en permanence les systèmes juridiques »*[1654]. Le dialogue entre juges africains, aura pour effet de permettre à chaque ordre juridique national de prendre conscience de ses lacunes ou de ses insuffisances. Son caractère informel ne risque pas de mettre dans l'embarras, un juge africain qui aurait peur de se voir critiquer son choix de recourir à une jurisprudence étrangère pour étoffer ses propres décisions.

Le dialogue entre les juges nationaux africains sera sans doute implicite la plupart du temps, même si celui entre ces mêmes juges et la Cour africaine

---

[1652] Dans le règlement de la situation au Kenya, la CPI avait été vivement critiquée après le maintien des inculpations remontant à janvier 2012, de Uhuru Muigai Kenyatta et de Willam Samoei Ruto devenus respectivement président et vice-président du Kenya en avril 2013.

[1653] Les juges nationaux sont normalement mieux renseignés sur les circonstances de faits qui ont occasionné la commission des crimes les plus graves sur les territoires relevant de leur compétence. Ainsi, leurs décisions prendront mieux en compte tous les éléments factuels afin de créer dans la mesure du possible un climat d'apaisement.

[1654] ALLARD Julie, « Le dialogue des juges dans la mondialisation », article précité, p.85.

de justice aura un aspect beaucoup plus formel. Si l'élargissement de la compétence de la Cour africaine sur les questions de droit international pénal se confirmait, il se pourrait que sa jurisprudence devienne un modèle pour les juges pénaux africains en charge de la répression des crimes internationaux.

En cas de consensus jurisprudentiel entre les juges nationaux africains et la Cour africaine, il n'est pas exclu que les décisions pénales africaines en matière de crimes internationaux contribuent fortement à favoriser une certaine universalisation du droit international pénal. Ceci n'est pas surprenant, compte tenu de l'importance quantitative de la jurisprudence présente ou à venir des juridictions pénales africaines au sujet de la sanction des crimes internationaux les plus graves. Seulement, c'est surtout l'aspect qualitatif des jurisprudences africaines qui donnera une chance au processus d'universalisation du droit international pénal par des mécanismes juridictionnels.

Le juge pénal africain doit en effet être capable selon les vœux de Chaïm PERELMAN, de se faire entendre par un *« auditoire universel »*[1655]. Ceci devrait se traduire par la qualité de sa jurisprudence dont l'intérêt serait d'aller au-delà des particularismes juridiques, pour défendre des principes de portée universelle. Après tout, c'est moins pour le compte de leurs pays, que de la communauté internationale, que les juges nationaux reçoivent la compétence de sanctionner les crimes de droit international pénal. C'est pourquoi, sur lesdits crimes, il est normal que la jurisprudence émise par l'un d'eux repose sur des opinions partagées par ses homologues nationaux, et bien entendu internationaux.

Les arguments mis en avant par le juge pénal africain dans sa jurisprudence, doivent le conduire à instaurer un dialogue de persuasion avec les autres juges nationaux, s'il veut séduire le fameux *« auditoire universel »*. D'ailleurs, pour Julie ALLARD, ce dernier *« permet au juge, par l'imagination, de considérer sa décision du point de vue des autres et ainsi de sélectionner, dans son raisonnement, les arguments adaptés à l'autorité persuasive dont il est en quête pour son jugement »*[1656].

Le consensus jurisprudentiel africain devrait prouver sa capacité à susciter de l'intérêt auprès des autres ordres juridiques. Pour arriver à s'affirmer comme les chantres de l'universalisme du droit international pénal, les juges

---

[1655] OBRECHTS-TYTECA Lucie, PERELMAN Chaïm, *La nouvelle rhétorique. Traité de l'argumentation,* Bruxelles, Editions de l'Université de Bruxelles, 1992., cités par ALLARD Julie, article précité, p.86.

[1656]ALLARD Julie, *idem.*

africains devront faire preuve de neutralité, et d'une exceptionnelle capacité à se mettre à la place de ceux qui seront appelés à s'inspirer de leurs décisions[1657]. Leur tâche sera plus aisée s'ils réussissent au préalable à construire un consensus jurisprudentiel avec les juridictions pénales internationales.

298.-Consensus entre juges africains et juges pénaux internationaux. Le dialogue entre les juges nationaux, et notamment africains, et les juridictions internationales pénales doit normalement déboucher sur une jurisprudence consensuelle portant sur les crimes de droit international pénal.

Plusieurs raisons peuvent expliquer l'idée d'un consensualisme jurisprudentiel entre les juges pénaux africains et les juges internationaux pénaux. D'une part, les jurisprudences des tribunaux *ad hoc* s'imposent aux juges africains comme aux autres juges nationaux, par le simple fait qu'elles sont émises par des juridictions nées à la faveur des résolutions du Conseil de sécurité des Nations Unies[1658] que les Etats ont obligation de respecter[1659]. D'autre part, les juges des pays ayant ratifié le Statut de la CPI, devraient en principe prendre en compte les décisions de la juridiction permanente ; alors que les juges des Etats non membres ont tout de même besoin de s'inspirer d'une jurisprudence dont la dimension symbolique, en plus de la portée juridique, est indéniable.

Pour Guy CANIVET, *« le fondement juridique de la réception de la jurisprudence des juridictions internationales par les juridictions internes est tiré, soit, classiquement, de la souscription de l'Etat au statut ou à la compétence de la juridiction internationale, soit, plus généralement, selon la théorie du droit international, de l'opposabilité des normes du jus*

[1657] Julie ALLARD dit sans fard que, *« le test d'universalisation consiste donc à évaluer son jugement ou sa décision, du point de vue des autres, compris eux-mêmes comme des égaux capables de juger ». Ibid.*

[1658] Sur une réflexion analogue, voir KAMTO Maurice, « Les interactions des jurisprudences internationales et des jurisprudences nationales », *in* Société Française pour le Droit International, *La juridictionnalisation du droit international,* Colloque de Lille, Editions A. Pedone, Paris 2003, 545 p., pp.393-460, p.425.

[1659] Il ressort en effet des articles 25 et 103 de la Charte des Nations Unies que les résolutions du Conseil de sécurité doivent être respectées par les Etats membres de l'ONU. Article 25 de la Charte de l'ONU: *« les Membres de l'Organisation conviennent d'accepter et d'appliquer les décisions du Conseil de sécurité conformément à la présente Charte »* ; article 103 de la Charte de l'ONU : *« en cas de conflit entre les obligations des Membres des Nations Unies en vertu de la présente Charte et leurs obligations en vertu de tout autre accord international, les premières prévaudront ».*

cogens »[1660]. Toujours est-il que le statut particulier des juridictions internationales pénales leur permet d'imposer soit un dialogue d'autorité, soit un dialogue de persuasion avec les autres juridictions.

Il va sans dire que le consensus jurisprudentiel entre le juge pénal international et les juges pénaux nationaux aura pour conséquence de faire accélérer le processus d'universalisation du droit international pénal. Le dialogue entre ces juges concourt en quelque sorte à faire émerger un ordre juridique unique construit autour d'une jurisprudence commune. Néanmoins, il est difficile d'imaginer que le consensus recherché par les juges nationaux et internationaux, aura pour conséquence la mise en œuvre d'une jurisprudence uniforme. L'universalisme jurisprudentiel doit par conséquent être envisagé plutôt dans une dimension téléologique qui n'exclut pas les particularismes formels auxquels les différents juges sont attachés. La jurisprudence commune découle du fait que l'interpénétration entre les décisions juridictionnelles nationales et internationales est à même de favoriser des échanges de solutions ou d'arguments juridiques[1661].

Seulement, il y a tout de même lieu de savoir si les juges des Etats dualistes africains en principe peu favorables à une diffusion automatique des normes internationales, participeront avec le même enthousiasme que les juges des Etats monistes à un dialogue des juges qui risquerait de favoriser la prééminence des règles du droit international au détriment de la philosophie juridique interne. En fait, il faut concevoir le dialogue entre le juge international et les juges nationaux comme un processus multilatéral. Or de l'avis de Mireille DELMAS-MARTY, *« le multilatéralisme obéit à des processus d'intégration mixtes, tantôt horizontaux (le dialogue), tantôt verticaux (l'intégration du droit international) qui semblent dessiner un nouveau modèle, ni dualiste (souverainiste), ni moniste (universaliste), mais mixte et pluraliste »*[1662].

Pour dissiper l'inquiétude de ceux qui redouteraient une universalisation de la jurisprudence pénale internationale basée sur le statut hégémonique des juridictions internationales pénales, il faut souligner que celles-ci n'hésitent

---

[1660] CANIVET Guy, « Les influences croisées entre juridictions nationales et internationales, Eloge de la « bénévolance » des juges », *in Revue de Science Criminelle et de droit pénal comparé,* Dalloz, Paris, 2005, 1032 p., pp.799-817., p.804.

[1661] Lire CANIVET Guy, article précité, p.813.

[1662] DELMAS-MARTY Mireille, « Du dialogue à la montée en puissance des juges », article précité, p.315.

pas le cas échéant, à s'imprégner des décisions des juges nationaux[1663]. L'antériorité de ces derniers par rapport aux instances pénales internationales leur confère en effet une solide expérience en matière de construction jurisprudentielle[1664]. La jurisprudence pénale internationale est relativement jeune, ce qui explique qu'elle se soit d'ailleurs largement inspirée des décisions élaborées par les juges nationaux, dont elle a emprunté les techniques d'interprétation et les méthodes d'analyse.

En vérité, il y a une forme d'osmose au sein du système international pénal. Si pendant quelque temps, les juges pénaux internationaux se sont largement laissé pénétrer par la jurisprudence pénale nationale, les choses se faisaient aussi en sens inverse. Aujourd'hui, il est évident que la jurisprudence pénale internationale a atteint une phase de maturité ; ce qui devrait inciter davantage les juges nationaux à s'y référer. Mais, rien n'interdira aux différents juges nationaux et internationaux de continuer à s'enrichir mutuellement dans le cadre d'un dialogue de partage, qui va permettre de déboucher sur un consensus jurisprudentiel.

Le dialogue entre juges nationaux et internationaux favorise mieux l'universalisation du droit que celui qui pourrait exister seulement entre juges internes. En effet, l'approche synthétique de la jurisprudence internationale qui prend en compte les différents systèmes juridiques du monde est de nature à satisfaire tous les juges nationaux. Ainsi, le juge pénal africain issu soit d'un système romano-germanique, soit d'une tradition *Common Law,* pourra toujours trouver dans la jurisprudence pénale internationale les éléments lui permettant de mieux statuer sur les affaires nées du fait de la commission des crimes internationaux. C'est par ce biais que va s'établir une cohérence jurisprudentielle pouvant favoriser le développement d'un droit pénal commun africain compatible avec l'universalisme du droit international pénal.

B- La cohérence jurisprudentielle favorisant le développement d'un droit pénal commun africain compatible avec l'universalisme du droit international pénal

299.-Emergence d'un droit pénal commun africain pour la répression des crimes internationaux. A force de développer une jurisprudence

---

[1663] Voir le rôle joué par la jurisprudence nationale dans le cadre des affaires *Tadic, Furundzija* et *Delalic* par exemple.

[1664] Voir KAMTO Maurice, « Les interactions des jurisprudences internationales et des jurisprudences nationales », article précité, p.451.

commune, les juges pénaux africains vont permettre la mise en place d'un droit pénal commun pour la répression des crimes internationaux. Il est vrai que dans les droits de tradition civiliste, la jurisprudence n'est pas considérée comme une source directe du droit pénal, contrairement aux Etats de la *Common Law,* qui attachent une certaine importance à la « *case Law* » de certaines juridictions. Toutefois, dans tous les pays, la jurisprudence joue un rôle très important en matière d'interprétation des normes juridiques que le juge doit mettre en œuvre. Au reste, Jacques LE ROY est persuadé que *« l'interprétation est un moyen de définir le champ d'application d'une loi d'incrimination et que, par ce biais, il, est possible implicitement de faire « œuvre législative » »*[1665].

Ainsi, une interprétation convergente par les juges africains des règles du droit international pénal et notamment du Statut de Rome, aura pour effet de favoriser la création d'un droit commun aux Etats concernés. L'aspect incitatif de la jurisprudence[1666] pourrait permettre l'adoption des législations analogues dans les Etats africains.

Aussi, le dialogue des juges africains peut conduire à l'adoption d'un droit commun continental dans le cadre de l'Union africaine et consacré à la répression des crimes de droit international pénal. Ce droit continental pourrait s'appliquer directement aux Etats n'ayant pas ratifié le Statut de Rome, ou encore renforcer la collaboration des Etats parties avec la CPI. Ceci permettrait d'ailleurs de donner un fondement plus juridique aux discussions essentiellement politiques, qui ont lieu au sein de l'Union africaine et concernant les rapports avec les juridictions pénales internationales et notamment la CPI.

Ainsi, le dispositif mis en place par les pays africains ne sera pas concurrent, mais complémentaire au système mis en œuvre par la CPI[1667]. De plus, il ne fait aucun doute que ce droit pénal commun africain inspiré de jurisprudences nationales, elles-mêmes influencées par la jurisprudence des juges internationaux pénaux, confirmera la tendance à l'universalisme du droit international pénal.

[1665] LEROY Jacques, *Droit pénal général, op. cit.*, p.111.

[1666] *Ibid.*

[1667] Les mesures prises au sein d'une organisation régionale telle que l'Union Africaine, peuvent contribuer efficacement à inciter les Etats membres à respecter les engagements internationaux qu'ils ont pris et qui portent notamment sur la répression des crimes internationaux les plus graves.

300.-Droit pénal commun africain et universalisme du droit international pénal. Que, sous l'impulsion d'un dialogue entre les juges nationaux et les juges internationaux pénaux, les Etats africains adoptent des législations nationales semblables, ou décident de mettre sur pied des règles juridiques communautaires pour réprimer les crimes internationaux, alors il sera difficile de ne pas voir en cela la confirmation d'un certain universalisme du droit international pénal.

Bien que des responsables de l'Union africaine aient à maintes reprises, marqué leur réticence face à une coopération souhaitée avec la CPI[1668], ils ne peuvent pas oublier le fait qu'il y a une forme de criminalisation *« imposée par l'universalisme des valeurs, qui conduit à sanctionner les crimes internationaux « les plus graves » »*[1669]. La jurisprudence des juridictions pénales africaines portant sur les crimes internationaux les plus graves, peut servir de source d'inspiration pour un *« législateur africain »,* chargé d'élaborer un droit régional sur l'application du droit international pénal. Si la jurisprudence pénale des juges africains, issue d'un dialogue des juges peut présenter un tel intérêt, c'est pour la simple raison qu'elle devrait avoir pris en compte les particularismes socio-juridiques et même politiques des Etats africains. Contrairement aux apparences, il n'y a aucune contradiction avec l'ambition universaliste caressée par le droit international pénal car en réalité une idée régionale peut parfaitement être intégrée dans un projet mondial et universel.

301.-Conclusion. Le régionalisme n'est pas en contradiction avec l'universalisme si son objectif est de rendre plus efficaces, dans un contexte géographique donné, des règles qui font l'objet d'un consensus ou l'unanimité à l'échelle mondiale. C'est pourquoi, Mireille DELMAS-MARTY a pu dire qu'il faut *« concevoir le droit pénal mondial non comme un « système » autonome fermé, mais comme un « espace » qui, (...) se construit de façon « multipolaire » (...) »*[1670]. Il faut tout de même veiller à ce que le régionalisme, notamment de l'Union Africaine, pouvant même se manifester par la création d'une juridiction spéciale à compétence continentale, pour la répression des crimes internationaux les plus graves, ne soit pas un moyen pour dénaturer les principes du droit international pénal, ou pour organiser une

---

[1668] Le 27 mai 2013 par exemple, Hailemariam Desalegn, alors président en exercice de l'Union Africaine, a prétendu à Addis-Abeba que, la CPI menait *« une sorte de chasse raciale »* contre les africains. Voir l'édition du journal Le Monde du 27 mai 2013 sur le lien http://www.lemonde.fr/afrique/article/2013/05/27/l-union-africaine-denonce-la-chasse-raciale-operee-par-la-cour-penale-internationale_3419268_3212.html

[1669] DELMAS-MARTY Mireille, *Le pluralisme ordonné, op. cit.*, p.177.

[1670] *Ibid.,* p.184.

impunité en l'occurrence au profit de certains responsables politiques. Pour éviter cette dernière situation, la CPI se réservera d'ailleurs le droit d'invoquer sa compétence comme le prévoit l'article 17§2 du Statut de Rome[1671].

Ainsi, un législateur continental quel qu'il soit, s'inspirant d'une jurisprudence façonnée par le dialogue des juges en vue de réprimer les crimes internationaux les plus graves, doit prendre conscience du fait que ledit dialogue favorise l'articulation fonctionnelle entre les juridictions pénales nationales et internationales, tout en s'inscrivant dans une perspective qui vise à consolider l'universalisme du droit international pénal.

[1671] Article 17§2 du Statut de la CPI (Questions relatives à la recevabilité) : *«Pour déterminer s'il y a manque de volonté de l'État dans un cas d'espèce, la Cour considère l'existence, eu égard aux garanties d'un procès équitable reconnues par le droit international, de l'une ou de plusieurs des circonstances suivantes :*
a) La procédure a été ou est engagée ou la décision de l'État a été prise dans le dessein de soustraire la personne concernée à sa responsabilité pénale pour les crimes relevant de la compétence de la Cour visés à l'article 5 ;
b) La procédure a subi un retard injustifié qui, dans les circonstances, est incompatible avec l'intention de traduire en justice la personne concernée ;
c) La procédure n'a pas été ou n'est pas menée de manière indépendante ou impartiale mais d'une manière qui, dans les circonstances, est incompatible avec l'intention de traduire en justice la personne concernée ».

CONCLUSION DU TITRE I

302.-Urgence de l'articulation entre le droit international pénal et les ordres juridiques africains. L'articulation entre le droit international pénal et les ordres juridiques des Etats africains est une opération difficile. Pourtant, c'est une entreprise nécessaire pour rendre effective la diffusion du droit international pénal en Afrique et par conséquent la répression des crimes internationaux les plus graves dans cette partie du monde. Dès lors, il faut insister sur l'intérêt qu'il y a à œuvrer non seulement en faveur d'une cohérence normative entre le droit international pénal et les ordres répressifs africains, mais aussi pour l'instauration d'une cohérence fonctionnelle entre les juridictions pénales africaines et internationales.

Il a été dit que la cohérence normative a deux volets ; d'une part celui portant sur les règles substantielles, et d'autre part celui portant sur les règles procédurales. Ainsi, l'adaptation du droit répressif interne au droit international pénal, doit susciter les reformes, tant du droit pénal substantiel que du droit pénal processuel.

Dans le contexte africain, les reformes des systèmes pénaux sont d'autant plus impérieuses qu'en l'absence de celles-ci, une disharmonie est inévitable entre, non seulement les droits africains entre eux ; qu'ils soient modernes (droit romano-germanique et droit *Common Law*) ou qu'ils soient traditionnels (droit musulman et droit coutumier), mais aussi, entre ceux-ci et les normes internationales pénales. Or, ces dernières visent à sanctionner les crimes qui heurtent toute la conscience humaine ; ce qui implique leur diffusion effective au sein des droits répressifs nationaux qui doivent aussi sanctionner les crimes internationaux les plus graves.

Quant à l'idée d'une cohérence fonctionnelle entre les juridictions internationales et nationales, et plus particulièrement africaines, elle apparait de plus en plus comme une condition *sine qua non* d'un rapport systémique et non conflictuel entre l'ordre juridique international pénal et les droits nationaux. Elle porte d'abord sur la délimitation des règles de compétence qui peuvent être celles prévues par le droit pénal classique, mais aussi sur le principe de la compétence universelle qui favorise normalement la répression les infractions d'une particulière gravité. Aussi, elle ne peut faire abstraction du dialogue des juges (nationaux et internationaux) qui loin d'être inintéressant, favorise l'émergence d'une harmonisation jurisprudentielle en ce qui concerne la répression des crimes de droit international pénal. Dans le cadre de ce dialogue, le juge national doit se montrer attentif vis-à-vis de la jurisprudence du juge international pénal[1672], car celle-ci est porteuse de valeurs universelles qui doivent s'imposer à tous les Etats.

Seulement, sur ce dernier point, il y a une réalité qui prévaut et qui veut que *« bien que favorisé par les grands moments de crise (Seconde Guerre mondiale, conflit en ex-Yougoslavie et Rwanda), l'universalisme juridique progresse cependant fort lentement, et de façon discontinue, car il semble à tout moment freiné, voire bloqué, par les souverainetés nationales »*[1673]. C'est pourquoi, il faut prendre conscience du fait qu'en dehors des mécanismes purement juridiques, la diffusion effective du droit international pénal dans les ordres juridiques internes et en particulier dans ceux des Etats africains, est aussi tributaire des choix politiques pouvant favoriser son plein épanouissement.

[1672] A ce propos, Maurice KAMTO est convaincu que *« le juge national aura, plus que par le passé, besoin de l'éclairage de la jurisprudence internationale pour interpréter ou appliquer au mieux un droit dont celle-ci fait partie et dont le juge international est somme toute le meilleur interprète »*. KAMTO Maurice, « Les interactions des jurisprudences internationales et des jurisprudences nationales », article précité, p.460.

[1673] DELMAS-MARTY, *Le pluralisme ordonné, op. cit.*, p.208.

TITRE II

L'INFLUENCE DES CHOIX POLITIQUES AFRICAINS SUR LA DIFFUSION DU DROIT INTERNATIONAL PENAL

303.-Droit international et volonté politique des Etats. Il est fréquent d'affirmer que le droit international est tributaire du volontarisme juridique ; ce qui est une lapalissade puisque *« les règles de droit sont des produits de la volonté humaine, elles existent pour cette volonté et aussi par cette volonté »*[1674]. Le volontarisme se confond très souvent à l'étatisme[1675] pour la simple raison que l'Etat dépositaire de la souveraineté interne et externe, reste le principal détenteur du pouvoir d'édiction et d'application des normes juridiques.

Mais, le volontarisme de l'Etat a une dimension politique[1676] qu'il est impossible de nier puisque l'effectivité d'une règle de droit va au-delà de sa validité formelle. Au reste, c'est la volonté politique qui pousse un Etat à adopter ou non un texte international, ou encore à émettre des réserves sur son contenu. Seule une volonté politique affichée par l'Etat, grâce notamment aux moyens de coercition qu'il dispose, peut permettre à la norme juridique de bénéficier d'une validité empirique. D'ailleurs, en ce qui concerne le droit international, le concours de l'Etat sera nécessaire aussi bien pour sa diffusion effective en droit interne, que pour son application à l'échelle internationale. Ceci explique pourquoi Mireille DELMAS-MARTY[1677] recommande d'aller

---

[1674] DAILLIER Patrick, FORTEAU Mathias, PELLET Alain, *Droit international public,* 8ème édition, LGDJ, Lextenso éditions, Paris novembre 2009, 1709 p., p.110.

[1675] *Ibid,* p.111.

[1676] Il a été démontré que la volonté politique des Etats est au cœur de l'édiction des normes internationales. Sur ce point, lire notamment l'ouvrage collectif intitulé *Guy Ladreit de LACHARRIERE et la politique juridique extérieure de la France,* Editions Masson, Paris, mars 1999, 411 p., en l'occurrence p.31ss.

[1677] DELMAS-MARTY, *Le relatif et l'universel, op. cit.,* p.169.

au-delà du simple normativisme juridique préconisé par Hans KELSEN[1678], mais qui est incapable de garantir l'application empirique du droit et en particulier du droit international. En effet, le volontarisme juridique au moment de la création du droit international[1679], ne pousse pas forcément les Etats à régler leur comportement en fonction de leurs obligations juridiques, qui sont souvent foulés aux pieds dans la pratique.

304.-Droit international et pratique des Etats. Les Etats manifestent la plupart du temps leur attachement au droit international. Mais, au-delà des déclarations de bonnes intentions, voire des engagements exprès de respecter le droit international, les Etats se livrent souvent dans la pratique à des comportements complètement en déphasage avec les normes internationales qu'ils sont censés respecter. Cela n'est pas très surprenant pour ceux qui estiment que le droit international est pour les Etats, un instrument à leur service plutôt qu'une source de contrainte.

Ainsi, Pierre-Marie DUPUY et Yann KERBRAT notent que *« lorsqu'un Etat estime que la réalisation de la règle à la laquelle il s'est obligé ne correspond plus à la satisfaction de son intérêt, la tendance est en effet naturelle pour lui, du fait de l'absence d'autorité supérieure, soit à en réinterpréter le contenu ou la portée au mieux de son intérêt, soit à en contester l'applicabilité à une situation donnée »*[1680]. Le respect d'une norme internationale par un Etat dépendra de ses choix politiques. Ces derniers sont révélateurs des limites que recèle le concept de volontarisme juridique qui est supposé contraindre un Etat à respecter ses engagements internationaux, alors que dans les faits, celui-ci est guidé avant tout par ses propres options politiques.

La tentation de résister à l'application du droit international sera plus grande si un Etat, jaloux de sa souveraineté, a l'impression que les instances internationales se montrent trop exigeantes vis-à-vis de lui en ce qui concerne la mise en œuvre des normes internationales. Ceci peut expliquer l'attitude des pays africains dont l'enthousiasme pour la promotion du droit

---

[1678] KELSEN Hans, *Théorie pure du droit*, Bruylant, LGDJ, Paris, 1999, 367 p.

[1679] Sur le volontarisme juridique en droit international, voir CPJI, *Affaire du vapeur Wimbledon*, 17 août 1923 (http://www.icj-cij.org/pcij/serie_A/A_01/03_Wimbledon_Arret_08_1923.pdf); CIJ, *Avis consultatif relatif aux réserves à la Convention pour la prévention et la répression du crime de génocide*, Rec. 28 mai 1951, 58 p., p.21.

[1680] DUPUY Pierre-Marie, KERBRAT Yann, *Droit international public,* 11ème édition, Dalloz, Paris, septembre 2012, 929 p., p.11. Sur une réflexion analogue, lire, RIVIER Raphaëlе, *Droit international public*, PUF, Thémis, Paris, mai 2012, 623 p., p.12.

international pénal semble s'être émoussé, depuis qu'ils ont l'impression d'être victime de *« l'acharnement »* de la CPI qui disent-ils, veut leur appliquer de manière exclusive les règles internationales pénales[1681].

Aujourd'hui, le désamour entre les Etats africains et les juridictions pénales internationales et plus particulièrement la CPI, est tel qu'il faut préconiser un nécessaire renforcement de la coopération avec celles-ci **(CHAPITRE 1)**. Mais finalement, la situation politique et institutionnelle de ces Etats s'accorde mal avec la mise en œuvre de certaines normes internationales ; c'est pourquoi, il y a lieu d'envisager l'indispensable instauration d'un système politico-juridique favorable à la diffusion du droit international pénal **(CHAPITRE 2)**.

[1681] Voir les propos acerbes du président de l'Union Africaine, M. Hailemariam Desalegn qui le 27 mai 2013 affirmait que les dirigeants africains avaient du mal à comprendre l'objet des poursuites dirigées par la CPI contre leurs confrères du continent noir. Il n'a d'ailleurs pas hésité à qualifier l'attitude de la CPI de *« chasse raciale »* contre les africains. Voir les propos rapportés par le journal le Monde dans son édition du 27 mai 2013.

CHAPITRE 1

LE NECESSAIRE RENFORCEMENT DE LA COOPERATION DES ETATS AFRICAINS AVEC LES JURIDICTIONS INTERNATIONALES PENALES

305.-Importance de la coopération avec les juridictions internationales pénales. Le fait qu'une métaphore fasse passer les juridictions internationales pénales pour des *« géant(s) qui n'aurai(en)t ni bras ni jambes »*[1682] résume bien l'importance d'une coopération franche avec celles-ci. Lorsqu'une procédure est mise en mouvement au sein d'une juridiction internationale pénale, elle ne peut aboutir que si les Etats concernés décident d'y apporter tout le concours nécessaire au bon déroulement de la procédure internationale pénale. Dès lors, l'obligation de coopération des Etats[1683] apparait comme une nécessité pour un fonctionnement effectif des instances internationales pénales[1684]. Elle peut porter sur la collecte des indices et autres éléments de preuves, sur la recherche, l'appréhension et la remise à la juridiction internationale des accusés, ou encore la communication de tout document utile pour la manifestation de la vérité lors du procès pénal.

[1682] Voir l'allocution du président du TPIY, Antonio CASSESE au sein de l'Assemblée Générale des Nations Unies, 52ème séance plénière, le 7 novembre 1995, document officiel A/50/PV.52, p.3. Parlant de sa juridiction, le célèbre juriste italien avait dit exactement ceci : *« notre tribunal est pareil à un géant qui n'aurait ni bras ni jambes ».* La formule a été reprise par Muriel UBEDA-SAILLARD, dans son article portant sur « l'obligation de coopérer avec les juridictions pénales internationales », *in* ASCENSIO Hervé, DECAUX Emmanuel, Pellet Alain (dir.), *Droit international pénal,* Deuxième édition révisée, Editions A. Pedone, Paris octobre 2012, 1280 p. pp.1137-1157., p.1137.

[1683] L'article 86 du Statut de la CPI dispose par exemple que *« (...) les Etats Parties coopèrent pleinement avec la Cour dans les enquêtes et poursuites qu'elle mène pour les crimes relevant de sa compétence ».*

[1684] Sur ce point, voir principalement UBEDA-SAILLARD Muriel, *La coopération des Etats avec les juridictions pénales internationales,* Thèse de l'Université Paris-Ouest, Nanterre La Défense, 4 décembre 2009, 797 p.

Malgré tout, l'obligation de coopérer des Etats n'échappe pas aux contraintes inhérentes aux relations internationales, puisqu'elle fait partie *« des aspirations communautaires à une justice pénale internationale qui doivent être conciliées avec les réalités de la société internationale, composée avant tout d'Etats souverains soucieux de préserver leur indépendance et leur droit de punir (ius puniendi) »*[1685]. Coopérer avec les juridictions internationales pénales reste une exigence qui interpelle la communauté internationale des Etats qui ont tout intérêt à empêcher la commission des crimes internationaux les plus graves et surtout, à maintenir la paix et la sécurité tant sur le plan interne qu'à l'échelon international. Il est d'ailleurs assez surprenant que les fondements juridiques de la coopération avec les TPI, diffèrent de ceux avec la CPI.

306.-Fondements juridiques de la coopération avec les juridictions internationales pénales. Même si l'obligation de coopérer crée normalement une forme de verticalité dans les rapports entre les Etats et les juridictions internationales pénales[1686], il y a une réalité qu'il ne faut pas occulter ; c'est que ses fondements varient selon la nature de la juridiction internationale pénale. Au niveau des Tribunaux internationaux *ad hoc,* l'obligation de coopération semble s'être toujours imposée sans grande difficulté. Ainsi, après la Seconde Guerre mondiale, l'Accord de Londres prévoyait dans son article 3 que les Etats concernés devaient prendre les *« mesures nécessaires afin d'assurer la présence aux enquêtes, et au procès, des grands criminels de guerre »* devant le Tribunal de Nuremberg[1687]. Une exigence analogue existait en faveur du Tribunal de Tokyo en vertu du paragraphe 3 du décret 9660[1688]. En ce qui concerne les Tribunaux internationaux *ad hoc* pour l'ex Yougoslavie et le Rwanda, leur pouvoir d'exiger la coopération des Etats découle respectivement des résolutions du Conseil de sécurité 827 de 1993 (§4) et 955 de 1994 (§2), adoptées en vertu du Chapitre VII de la Charte des Nations Unies. De plus, une telle exigence

---

[1685] UBEDA-SAILLARD Muriel, « L'obligation de coopérer avec les juridictions pénales internationales », *ibid.*

[1686] Cette verticalité vient remettre en cause le *« système horizontal de droit international envisagé dans l'affaire du Lotus »* (Arrêt, CIJ, sur les opinions individuelles de Mme Higgins, MM. Kooijmans et Buergenthal, à propos du mandat d'arrêt du 11 avril 2000 *(République Démocratique du Congo c. Belgique),* 14 février 2002, Rec. 2002 p.3, p.78, §51.

[1687] Voir l'accord de Londres du 8 août 1945, *in* Recueil des traités, 1951, volume 82, numéro 251, p.283.

[1688] Lire l'executive order 9660, Conferring certain authority upon the Chief of Counsel (Keenan) in the preparation and prosecution of charges of war crimes against the major leaders of Japan and their principal agents and accessories, Department of States, Bulletin XIII, November 29, 1945, p.898.

est consignée dans les Statuts respectifs du TPIY et du TPIR (articles 29 et 28)[1689], mais aussi dans les RPP de ces différentes juridictions[1690].

L'obligation de coopération avec la CPI repose sur un régime mixte dans la mesure où, le Chapitre IX du Statut de Rome et le Chapitre XI du RPP de la Cour s'inspirent à la fois du régime juridique de la coopération interétatique en matière pénale (coopération horizontale) et de celui des TPI (coopération verticale). La CPI peut le cas échéant, et à l'instar des TPI, conclure des accords de coopération avec les Etats[1691]. Un tel dispositif juridique n'a pas empêché, chez les Etats africains, le développement d'une tendance à une coopération limitée avec les juridictions internationales pénales **(SECTION 1)**, sans oublier qu'ils ont très souvent une conception politique de l'obligation juridique de coopération avec lesdites juridictions **(SECTION 2)**.

SECTION 1. La tendance à une coopération limitée des Etats africains avec les juridictions internationales pénales

307.-Dégradation des rapports entre les pays africains et les juridictions internationales pénales. De l'avis de James MOUANGUE KOBILA, *«les relations entre l'Afrique et les juridictions pénales internationales ont initialement été marquées par une collaboration contrastée avec les tribunaux pénaux internationaux et les tribunaux pénaux internationalisés, avant de s'orienter vers un rejet de plus en plus net de la Cour pénale internationale »*[1692].

[1689] Article 29 et 28 respectifs du TPIY et du TPIR ; Coopération et entraide judiciaire : *« 1. Les Etats collaborent avec le Tribunal (...) à la recherche et au jugement des personnes accusées d'avoir commis des violations graves du droit international humanitaire.*
2. Les Etats répondent sans retard à toute demande d'assistance ou à toute ordonnance émanant d'une Chambre de première instance et concernant, sans s'y limiter :
a) l'identification et la recherche des personnes ;
b) la réunion des témoignages et la production des preuves ;
c) l'expédition des documents ;
d) l'arrestation ou la détention des personnes ;
e) le transfert ou la traduction de l'accusé devant le Tribunal ».
[1690] Voir par exemple les dispositions des articles 56 des différents RPP du TPIY et du TPIR.
[1691] Sur la possibilité de la CPI (Président, Procureur, ou greffe de la Cour) de signer les accords de coopération judiciaire, voir les articles 54§3-d et 87§5-a du Statut de Rome.
[1692] MOUANGUE KOBILA James, « L'Afrique et les juridictions internationales pénales », *in Cahier Thucydide* n°10, Etude, février 2012, 59 p., p.2.

De fait, juste après la Seconde Guerre mondiale, les entités politiques qui allaient devenir plus tard les Etats africains au moment de la décolonisation, n'étaient impliquées que *via* les puissances coloniales au processus de répression des grands criminels auprès des Tribunaux Militaires internationaux.

Aussi, en ce qui concerne le volet coopération, l'Afrique n'était que très indirectement visée par la résolution 827[1693] créant le TPIY, ce qui explique que dans les faits, elle n'ait pas vraiment été sollicitée pour coopérer avec celui-ci. Les créations du TPIR, de la CPI et même du TSSL, simple juridiction pénale mixte, ont été accueillies avec enthousiasme par les Etats africains résolus à combattre l'impunité des responsables des crimes internationaux les plus graves commis sur le continent noir. Malheureusement, il semble que progressivement, les Etats africains sont devenus suspicieux vis-à-vis des instances internationales pénales au point de développer une coopération résiduelle de principe avec celles-ci **(§1)**; ce qui accroit d'ailleurs les risques de recours à une conception élargie des motifs légitimes de non coopération avec les juridictions internationales pénales **(§2)**.

§1. La coopération résiduelle de principe des Etats africains avec les juridictions internationales pénales

308.-Formes de coopération développée par les Etats africains. Il semble que d'une manière générale, *« la création de mécanismes répressifs internationaux se heurte à de vives réticences de la part des Etats, qui voient dans la faculté de punir un attribut de la souveraineté »*[1694]. Pour les Etats africains une certaine réticence les a en effet conduit à développer différentes formes de coopération avec les juridictions internationales pénales; à telle enseigne qu'il existe d'une part une coopération relative avec les juridictions *ad hoc* **(A)** et d'autre part, une coopération sélective avec la CPI **(B)**.

[1693] Le paragraphe 4 de la résolution 827 prévoit que *« tous les Etats apporteront leur pleine coopération au Tribunal international et à ses organes, conformément à la présente résolution et au Statut du Tribunal international et que tous les Etats prendront toutes mesures nécessaires en vertu de leur droit interne pour mettre en application les dispositions de la présente résolution et du Statut, y compris l'obligation des Etats de se conformer aux demandes d'assistance ou aux ordonnances émanant d'une chambre de première instance en application de l'article 29 du Statut »*.

[1694] DAILLIER Patrick, FORTEAU Mathias, PELLET Alain, *Droit international public,* 8ème édition, LGDJ, Lextenso éditions, Paris, novembre 2009, §442 *bis*, 1709 p., p.794.

A- La coopération relative avec les juridictions *ad hoc*

309.-Coopération théorique avec le TPIY. L'obligation de coopération des Etats africains avec le TPIY repose sur le paragraphe 4 de la résolution 827 du Conseil de sécurité. Mais, cette obligation est générale, puisqu'elle concerne tous les Etats qui devront apporter *« leur pleine coopération au Tribunal international et à ses organes, conformément à la (...) résolution et au Statut du Tribunal international, et qu'ils prendront toutes mesures nécessaires en vertu de leur droit interne pour mettre en application les dispositions de la (...) résolution et du Statut, y compris l'obligation faite aux Etats de donner suite aux demandes d'assistance et aux ordonnances émanant d'une Chambre de première instance, conformément à l'article 29 »*[1695].

La force obligatoire de cette disposition découle directement de l'article 25 de la Charte des Nations Unies qui porte sur l'engagement de tous les Etats membres à respecter les décisions du Conseil de sécurité[1696]. Au reste, la Chambre d'Appel du TPIY a conclu que l'obligation de coopération de l'article 29 du Statut était bien une obligation *erga omnes,* avec une force obligatoire issue du Chapitre VII de la Charte des Nations Unies[1697]. Cette Chambre a aussi précisé que l'obligation pouvait viser les Etats non membres de l'ONU, si ceux-ci prenaient un engagement écrit à cet effet[1698].

Dans la pratique, l'obligation de coopération avec le TPIY n'a finalement concerné que quelques Etats européens et en particulier des Etats des Balkans qui avaient été le théâtre de la commission des crimes de masse relevant de la compétence du TPIY. Pour preuve, ce qui est couramment désigné sous le nom *« d'accords de Dayton »* (négocié à Dayton aux Etats-Unis)[1699] signés à Paris le 14 décembre 1995, imposent une obligation particulière de coopération entre les Etats parties (la République de Bosnie-Herzégovine, la République de Croatie et la République fédérale de Yougoslavie) et le TPIY. Ces fameux accords sont en fait constitués de l'Accord-cadre général pour la paix en Bosnie-Herzégovine et des annexes y afférentes.

[1695] §4 de la résolution 827 précitée.

[1696] Article 25 de la Charte des Nations Unies : *« Les Membres de l'Organisation conviennent d'accepter et d'appliquer les décisions du Conseil de sécurité conformément à la présente Charte ».*

[1697] Voir TPIY Chambre d'Appel, *Procureur c/ Tihomir Blaskic,* Arrêt relatif à la requête de la République de Croatie aux fins d'examen de la décision de la Chambre de première instance II rendue le 18 juillet 1997, §26.

[1698] *Ibid.,* §27.

[1699] Accord-cadre général pour la paix en Bosnie-Herzégovine et ses annexes, signés à Paris le 14 décembre 1995.

L'article IX du fameux Accord-cadre, contraint les Etats parties à coopérer avec toute entité désignée par le Conseil de sécurité de l'ONU, afin de permettre la poursuite des responsables des crimes internationaux les plus graves[1700]. Aussi, d'une manière générale, les Accords de Dayton demandent aux Etats concernés de coopérer avec le TPIY, afin que les requêtes émises par cette juridiction aux fins d'arrestation, de détention et surtout de remise des accusés au Tribunal soient exécutées[1701]; sans oublier l'obligation de favoriser un accès sans entrave à leurs territoires[1702].

Il apparait finalement que l'obligation de coopération avec le TPIY a été cantonnée à un cadre géographique bien determiné, à telle enseigne que dans la réalité, les exigences en termes de coopération soumises aux pays africains aussi bien par la résolution 827 que par l'article 29 du Statut du TPIY, sont restées plutôt formelles. Par contre, il s'est établi une coopération naturelle entre ces pays et le TPIR, même si ladite coopération est restée plutôt ambigüe.

310.-Coopération ambigüe avec le TPIR. Le paragraphe 2 de la résolution 955 du Conseil de sécurité du 8 novembre 1994 instaure une obligation générale de coopération des Etats avec le TPIR. Mais, il est constant qu'une telle obligation a concerné au premier chef les Etats africains et en particulier le Rwanda et les Etats voisins[1703], qui étaient susceptibles de fournir au Tribunal international les témoins, les éléments de preuve, ou d'autres renseignements utiles pour sanctionner les auteurs des crimes relevant de sa compétence. Comme avec le TPIY, la coopération avec le TPIR consiste notamment à appréhender et à remettre les suspects au Tribunal

---

[1700] Article IX de l'Accord-cadre précité : *« Les parties doivent coopérer pleinement avec tous les organismes impliqués dans la mise en œuvre de ce règlement de paix, comme indiqués dans les annexes au présent Accord, ou qui sont par ailleurs autorisés par le Conseil de sécurité des Nations unies, conformément à l'obligation de toutes les parties à coopérer dans l'enquête et la poursuite des crimes de guerre et autres violations du droit international humanitaire ».*

[1701] Voir l'article IX(1) g de l'annexe 1-A à l'Accord-cadre précité.

[1702] Article II (8) de l'Annexe 4 et XIII (4) de l'Annexe 6 (Accord sur les droits de l'Homme).

[1703] L'article premier du Statut du TPIR parle d'ailleurs des *« violations graves du droit international humanitaire commises sur le territoire du Rwanda et les citoyens rwandais présumés responsables de telles violations commises sur le territoire d'États voisins entre le 1er janvier et le 31 décembre 1994 ».*

international[1704] ou encore, à transférer à celui-ci des affaires pendantes auprès des juridictions nationales.

Ainsi, un certain nombre d'Etats africains ont essayé tant bien que mal de s'acquitter de leur obligation de coopération comme l'atteste des transferts de suspects aux TPIR par des pays tels que l'Afrique du Sud, le Bénin, le Burkina Faso, le Cameroun, la Côte d'Ivoire, le Mali, la Namibie, la Tanzanie, le Togo ou encore la Zambie[1705]. Néanmoins, il apparait que des Etats comme le Congo, le Kenya ou encore la RDC aient été, au moins pendant un certain temps, considérés comme non coopératifs lorsqu'ils protégeaient manifestement des personnes pouvant être suspectées d'avoir commis des crimes relevant de la compétence du TPIR[1706].

L'expérience a démontré que les Etats africains qui n'étaient pas directement impliqués dans les évènements survenus au Rwanda entre avril et juillet 1994 étaient finalement plus prompts à coopérer avec le TPIR que ceux qui étaient d'une manière ou d'une autre impliqués dans le conflit opposant les Hutu aux Tutsi[1707]. Cela n'est guère surprenant puisque les violations massives des droits de l'homme au Rwanda sont la conséquence de virulentes confrontations politiques internes, exacerbées par les soutiens de certains Etats, notamment voisins, aux forces antagonistes. Dès lors, il n'était pas surprenant qu'après la fin de la guerre civile dans ce pays, certains responsables politiques ayant fui à l'étranger puissent bénéficier de la protection de ceux qui les avaient soutenus. En effet, il faut dire que même si les évènements survenus au Rwanda ont pu à juste titre être qualifiés de conflit armé interne avec comme bases juridiques l'article 3 commun aux Conventions de Genève de 1949 ainsi que le protocole II de 1977, il n'en

---

1704 Article 28§1 du Statut du TPIR *« Les États collaborent avec le Tribunal international pour le Rwanda à la recherche et au jugement des personnes accusées d'avoir commis des violations graves du droit international humanitaire ».*

1705 Voir les informations réunies par JALLOW Bubacar Hassan, « How the International Criminal Tribunal For Rwanda is a Crucial Element in the Re-Establishment of a New Situation of Peace and Security in Rwanda », *in* RIBBELINK Olivier (ed.), *Beyond the UN Charter :Peace, Security and the Role of Justice,* The Hague, Hague Academic Press, « From Peace to Justice Series », 2008, pp.187-199, p.196.

1706 Lire notamment, FOMETE Jean-Pélé, « De l'articulation entre le national et l'international à la lumière de la stratégie d'achèvement du Tribunal Pénal International pour le Rwanda », *in AADI*, vol. 14, 2006, pp.125-143, p.141., cité par MOUANGUE KOBILA James, article précité, p.9.

1707 MOUANGUE KOBILA James, *Ibid.,* p.9. A titre indicatif, voir NGONO Solange, « La participation du Cameroun à la répression internationale du génocide rwandais. Réflexions à propos des décisions de la Cour d'appel de Yaoundé », *in Afrilex* N°4, pp.373-396.

demeure pas moins que les répercutions ont été importantes dans la région des grands lacs, territoire où se sont dispersés la plupart des responsables des crimes internationaux les plus graves.

Par ailleurs, en ce qui concerne la coopération du Gouvernement rwandais installé à Kigali après le génocide, elle n'a été que très relative. Il s'est avéré que ce Gouvernement s'est opposé de manière systématique à toute demande de coopération du TPIR lorsque celui-ci voulait poursuivre les caciques du Front Patriotique Rwandais au pouvoir depuis la fin de la guerre[1708]. L'obstination du Rwanda à protéger certaines personnes a eu pour conséquence, la violation des articles 17 et 18 du Statut du TPIR, au terme desquels les Etats doivent coopérer non seulement pour identifier, mais aussi pour appréhender et remettre au Tribunal international les suspects des crimes relevant de sa compétence[1709]. Le défaut de coopération du Rwanda a eu des effets graves sur le fonctionnement du TPIR qui n'a pas vraiment les coudées franches pour agir directement sur le territoire des Etats, soit pour recueillir les témoignages et les autres éléments de preuve, soit pour appréhender des personnes poursuivies.

La coopération des Etats doit être sinon active, avec une mise à disposition de la police et des autres structures étatiques au profit du TPI, du moins passive, avec l'ouverture du territoire aux personnels de la juridiction pénale internationale[1710].

Il faut préciser qu'en réalité, le Rwanda a dès les origines manifesté une certaine hostilité vis-à-vis du Tribunal international pourtant chargé de réprimer les crimes commis sur son sol. Paradoxalement, c'est le Gouvernement rwandais qui était à l'initiative de la création du TPIR. Après les conclusions de la commission d'enquête mise sur pied par l'ONU

1708 Voir notamment FERNANDEZ Julian, « Justice pénale internationale : des promesses aux impasses », *in Questions internationales,* N°27, septembre/octobre 2007, pp.102-108, p.106.

1709 Article 17§2 :*« Le Procureur est habilité à interroger les suspects, les victimes et les témoins, à réunir des preuves et à procéder sur place à des mesures d'instruction. Dans l'exécution de ces tâches, le Procureur peut, selon que de besoin, solliciter le concours des autorités de l'État concerné »*. Article 18§2 : *« S'il confirme l'Acte d'accusation, le juge saisi décerne, sur réquisition du Procureur, les ordonnances et mandats d'arrêt, de dépôt, d'amener ou de remise et toutes autres ordonnances nécessaires pour la conduite du procès »*.

1710 Lire DESPLAND Delphine « La procédure de coopération des Etats à l'égard des Tribunaux Pénaux Internationaux et la Cour Pénale Internationale », *in* BICHOVSKY Aude, MASSROURI Maryam, MOREILLON Laurent (éditeurs), *Droit pénal humanitaire,* 2ème édition, Collection Latine, Série II, Volume 5, Helbing Lichtenhahn, Bruylant, Bâle, 2009, 503 p., pp.347-363., p.350.

(résolution 935)[1711], afin de faire la lumière sur le drame survenu au Rwanda en 1994, ce pays avait même pu participer à la rédaction du Statut du Tribunal *ad hoc*[1712]. Toutefois, de nombreuses divergences de vue avaient vite opposé l'ONU au Rwanda en ce qui concerne le fonctionnement du Tribunal international.

Finalement, le Gouvernement de Kigali avait fait le choix de voter contre la résolution créant ledit tribunal en évoquant sept principales raisons[1713] à savoir que : (1) l'ONU contrairement à lui s'opposait à la peine de mort ; (2) la compétence du TPIR était élargie au cas de crimes de guerre et de crimes contre l'humanité, alors que pour les rwandais il fallait se limiter au génocide ; (3) la compétence *ratione temporis* du tribunal devait partir non du 1er janvier 1994 comme le prévoit la résolution, mais plutôt de 1990, année du début des massacres ; (4) le nombre des juges était insuffisant, (5) les nationaux des pays protagonistes dans les évènements rwandais de 1994 ne devaient pas être élus juges ; (6), les condamnés ne devraient pas purger leur peine en dehors du Rwanda ; (7) le TPIR devrait être installé au Rwanda.

Toutefois, après la tension originelle entre l'ONU et le Rwanda, ce dernier a adopté des attitudes plus favorables à la coopération avec le TPIR, en faisant entrer dans l'arsenal juridique interne, une loi du 25 juillet 2007 portant abolition de la peine capitale et en l'occurrence pour les cas transférés par le Tribunal *ad hoc* basé à Arusha[1714]. L'objectif était évidemment d'être en phase avec les standards internationaux en matière des droits de l'homme qui réprouvent le recours à la peine capitale. Il est important que le Rwanda puisse aujourd'hui coopérer avec le TPIR dont la stratégie d'achèvement des travaux mise en branle par l'ONU, devrait le contraindre à renvoyer aux juridictions nationales les affaires qui seront non traitées à la date du 31 décembre 2014[1715]. Il faut d'ailleurs espérer que d'ici la fin de ses travaux, le TPIR pourra bénéficier de la part des Etats africains d'une coopération certaine à

[1711] S/RES/935 (1994) du 1er juillet 1994.

[1712] Voir DAILLIER Patrick, FORTEAU Mathias et PELLET Alain, *Droit international public, op. cit.*, p.802.

[1713] Voir les points de friction entre l'ONU et le Rwanda évoqués par le Gouvernement de ce pays dans le document S/PV. 3453 du 8 novembre 1994.

[1714] Voir la loi organique n°31/2007 du 25 juillet 2007 portant abolition de la peine de mort au Rwanda.

[1715] Voir la résolution onusienne 2054, doc. S/RES/2054 du 29 juin 2012. Aussi, toujours dans le cadre de la stratégie d'achèvement des travaux du TPIR, voir les résolutions onusiennes 1534 du 26 mars 2004 et 1966 du 22 décembre 2010.

l'image de celle que ceux-ci ont manifesté vis-à-vis du Tribunal Spécial pour la Sierra Leone (TSSL) pourtant simple juridiction mixte.

311.-Coopération certaine avec le TSSL. Bien que le TSSL ne soit qu'une juridiction hybride[1716], faire une étude portant sur les rapports entre les Etats africains et les juridictions internationales *ad hoc* sans y faire allusion serait une omission regrettable. En effet, si le TSSL prend assise sur le droit sierra-léonais, il a aussi une dimension internationale, grâce à la résolution 1315 du 14 août 2000 qui a permis sa création sous l'instigation du secrétaire général de l'ONU après qu'un accord signé en janvier 2002 avec le Gouvernement de Sierra-Léone ait été ratifié par le Parlement de ce pays le mois de mars de la même année. Au reste, à la lecture du Statut du TSSL, il est possible de dire que cette juridiction a une nature essentiellement internationale[1717]. Le tribunal ayant son siège à Freetown, la coopération des Etats et plus particulièrement ceux de l'Afrique est plus que nécessaire pour le jugement des personnes inculpées[1718] par la juridiction mais se trouvant à l'étranger.

Ainsi, après l'exil doré de l'ancien président libérien Charles Taylor au Nigéria de juin 2003 à mars 2006, il sera finalement extradé vers la Sierra-Leone à la demande de la présidente du Libéria Ellen Johnson Sirleaf, qui avait en quelque sorte remis en cause l'immunité de son prédécesseur. La coopération franche du Nigéria a permis le jugement de Charles Taylor, inculpé dès 2003 de 17 chefs d'accusation de crimes de guerre, de crimes contre l'humanité suite à son immixtion dans la guerre civile en Sierra Léone.

[1716] Les autres juridictions hybrides sont notamment : les Chambres extraordinaires créées au sein des Tribunaux cambodgiens par une loi cambodgienne de janvier 2001 modifiée par un accord de coopération avec les Nations-Unies le 6 juin 2003 ; les Chambres spéciales pour les crimes graves commis au Timor-Leste, mises sur pied par les règlements 2000/11 du 6 mars 2000 et 2000/15 du 6 juin 2000 de l'Administration transitoire des Nations Unies au Timor oriental (ATNUTO) ; les cours internationalisées du Kosovo, les fameuses *« Chambres 64 »*, nées à la faveur du règlement 2000/6 du 15 février 2000 de la MINUK rectifié par les règlements 2000/64 du 15 décembre 2000 et 2001/2 du 12 janvier 2001 ; puis le Tribunal spécial pour le Liban ou *« Tribunal Hariri »*, né suite à un accord entre l'ONU et le Liban que le Conseil de sécurité a homologué par la résolution 1757 du 30 mai 2007.

[1717] Voir notamment l'opinion de DAILLIER Patrick, FORTEAU Mathias et PELLET Alain, *op.cit.*, p.811.

[1718] Jusqu'à une date récente, treize personnes avaient été inculpées par le TSSL il s'agit de Charles Taylor, de Foday Sankoh (mort le 30 juillet 2003), de Sam Backarie (considéré comme mort le 6 mai 2003), de Johnny Paul Koroma, de Moinina Fofana, de Samuel Hinga Norman (décédé en prison le 22 février 2007), d'Alieu Kondawa, d'Augustine Gbao, de Maurice Kallon, d'Issa Sesay, d'Alex Brima, de Brima Kamara, de Santigie Borbor Kanu.

L'accusé a été remis le 29 mars 2006 au TSSL qui a dû s'installer à la Haye pour des raisons de sécurité[1719].

Après des années de procès, Charles Taylor a été condamné par le Tribunal spécial le 30 mai 2012 à 50 ans de prison. N'eût été la coopération du Nigéria avec le soutien des pays de l'Afrique de l'Ouest, qui sont finalement revenus sur la promesse de non inculpation qu'ils lui avaient faite au moment de sa renonciation du pouvoir en août 2003, il est fort possible que l'ancien dirigeant libérien aurait joui d'une impunité à l'instar de certains dirigeants africains qui tirent parti de la coopération sélective des Etats avec la CPI.

B- La coopération sélective avec la CPI

312.-Coopération effective pour les poursuites sollicitées par les africains. Dès que la CPI est devenue opérationnelle le 1er juillet 2002, la plupart des Etats africains se sont montrés plutôt coopératifs à son égard. D'ailleurs, cette relative bienveillance des Africains vis-à-vis de la première juridiction permanente chargée de réprimer les crimes internationaux les plus graves dont l'Afrique est un des théâtres depuis des décennies, concernait non seulement les Etats parties, mais aussi ceux qui tardaient encore à ratifier le Statut de Rome. Ainsi, le 18 avril 2003, la Côte d'Ivoire, qui n'était pourtant pas encore Etat partie au Statut de la CPI[1720] avait fait une déclaration de compétence de la Cour, pour permettre à celle-ci d'enquêter sur les crimes commis sur son territoire[1721]. Ladite déclaration a été réitérée le 14 décembre 2010 par les autorités ivoiriennes qui se sont engagées à coopérer entièrement avec la CPI *« en ce qui concerne tous les crimes et exactions commis depuis mars 2004 »*[1722].

[1719] Dès le 07 avril 2006, les membres du Conseil de sécurité se sont mis d'accord pour transférer le procès de Charles Taylor à la Haye au Pays-Bas.

[1720] En mars 2013, la CPI a officiellement reconnu l'adhésion de la Côte d'Ivoire au Statut de Rome (122ème Etat membre), qui devait entrer en vigueur dans ce pays le 1er mai 2013.

[1721] L'article 12§3 fixe clairement l'obligation de coopération d'un Etat non membre qui a néanmoins fait le choix de reconnaitre, *via* une déclaration déposée au greffe de la CPI, la compétence de celle-ci. Il prévoit clairement que : *« L'État ayant accepté la compétence de la Cour coopère avec celle-ci sans retard et sans exception conformément au chapitre IX ».*

[1722] Voir la confirmation de la déclaration de reconnaissance du 14 décembre 2010, concernant la *situation en République de Côte d'Ivoire* (ICC-02/11), documents NR0039/0040/0041-PR-du 14/12/2010.

De plus, après la chute de Laurent Gbagbo, le nouveau président ivoirien Alassane Ouattara, a sollicité le 3 mai 2011, une intervention de la CPI afin que celle-ci enquête sur les crimes particulièrement graves commis à l'occasion des violences post-électorales survenues entre décembre 2010 et avril 2011. Une enquête a bien été initiée par le Procureur de la Cour le 3 octobre 2011 à la demande de la Chambre préliminaire, et portant sur les crimes commis depuis le 28 novembre 2010[1723]. En Côte d'Ivoire, le travail du Procureur *a priori* soutenu par les pouvoirs publics, visait à faire la lumière sur *« des meurtres, des viols des disparitions forcées, des cas d'emprisonnement, des actes de pillage et de torture et le fait de diriger intentionnellement des attaques contre des civils »*[1724]. C'est pour une partie de ces actes qu'un mandat d'arrêt sous scellés a été délivré contre Laurent Gbagbo le 23 novembre 2011[1725]. Pour cette affaire, le Gouvernement ivoirien s'est montré particulièrement coopératif puisque le concerné a été remis à la CPI le 30 novembre 2011, alors même qu'il apparait que le mandat d'arrêt n'avait été rendu public que deux jours auparavant. Aussi, après sa première comparution le 05 décembre 2011, une audience de confirmation des charges tenue du 19 au 28 février 2013 et une décision de confirmation des charges rendue le 12 juin 2014, l'ancien président ivoirien a vu son procès s'ouvrir le 28 janvier 2016[1726] en même temps que celui de son ancien ministre et collaborateur Charles Blé Goudé[1727]

Après coup, il est manifeste que la coopération des Etats africains a presque toujours été franche lorsqu'ils étaient d'une manière ou d'une autre impliqués dans le déclenchement des poursuites exercées par la CPI. C'est en tout cas le constat qui peut être dressé en analysant d'autres affaires concernant la RDC, l'Ouganda ou encore la République Centrafricaine.

Dans le cadre de la situation en RDC, le Procureur de la CPI avait profité de l'Assemblée des Etats Parties du 19 avril 2004, pour affirmer qu'il comptait

---

[1723] Lire MOUANGUE KOBILA James, article précité, p.16.

[1724] Voir le communiqué officiel de la CPI du 30 novembre 2011 (ICC-CPI-20111130-PR747).

[1725] Des chefs d'accusation entrant dans la catégorie de crimes contre l'humanité ont été portés contre Laurent Gbagbo et concernent des actes qualifiés de *« meurtres, de viols et d'autres violences sexuelles, d'actes de persécution et d'autres actes inhumains, qui auraient été perpétrés dans le contexte des violences post-électorales survenues sur le territoire de la Côte d'Ivoire entre le 16 décembre 2010 et le 12 avril 2011 »*. Voir le communiqué officiel du 30 novembre 2011 précité.

[1726] Pour toutes ces informations, voir le site internet de la CPI : https://www.icc-cpi.int/fr

[1727] Le 11 mars 2015, la CPI a pris une décision joignant les affaires Gbagbo et Blé Goudé. Voir le site internet de la CPI précité.

enquêter *proprio motu*[1728], à moins que la Cour ne fusse saisie par le Gouvernement de Kinshasa[1729]. Par la suite, ledit Gouvernement avait finalement fait le choix de saisir la CPI, afin que celle-ci statue sur les crimes commis sur son territoire et notamment en Ituri, depuis le 1er juillet 2002.

Suite à l'enquête ouverte depuis le 23 juillet 2003 par le Procureur de la CPI, des mandats d'arrêt ont été émis contre Thomas Lubanga Dyilo le 10 février 2006[1730] et contre Bosco Ntaganda le 22 août 2006. Le premier accusé avait très vite été appréhendé par les autorités de Kinshasa le 17 mars 2006, alors que le second, pendant longtemps hors d'atteinte malgré un autre mandat d'arrêt datant du 13 juillet 2012, ne s'est finalement rendu qu'en mars 2013 en se présentant à l'ambassade des Etats-Unis à Kigali avant son transfert à la CPI[1731].

Toujours dans le cadre de la situation en RDC, des mandats d'arrêts ont été émis contre Germain Katanga le 2 juillet 2007 et contre Mathieu Guidjolo Chui le 6 juillet 2007. Ceux-ci ont été arrêtés successivement en octobre 2007 et en février 2008[1732] par les autorités congolaises qui les ont ensuite remis à la CPI. Pour renforcer son engagement vis-à-vis de la CPI, la RDC a en 2006 signé avec le bureau du Procureur un accord de coopération judiciaire, en l'absence à l'époque, à la fois d'une loi nationale de coopération et d'une ratification de l'accord sur les privilèges et immunités de la Cour[1733].

En Ouganda, le Gouvernement a décidé spontanément de saisir en décembre 2003, le Procureur de la CPI à propos de la situation prévalant au nord de son territoire et dont aurait été responsable l'Armée de Résistance du

---

[1728] Ce pouvoir lui est conféré par les articles 13-c et 15 du Statut de Rome.

[1729] Lire le communiqué de presse de la CPI n°ICC-OTP-20040419-50 du 19 avril 2004.

[1730] *Le Procureur c/ Thomas Lubanga Dyilo,* Mandat d'arrêt du 10 février 2006, doc. ICC-01/04-01/06-2.

[1731] Suite à la débâcle de son armée, le chef de guerre Bosco Ntaganda a fait le choix d'être jugé par la CPI, plutôt que d'être capturé ou tué par ses ennemis ; c'est pourquoi il a dû se réfugier à l'ambassade des Etats-Unis à Kigali le 18 mars 2013 quelques jours avant son transfert à la CPI.

[1732] Voir les différents communiqués de presse de la CPI disponibles sur son site internet et datés des jours correspondants.

[1733] Voir doc.off de la CPI n°ICC-01/04-01/06-Exp-AnxA8 12-03-2006 1/7 UM, connu *via* la décision n°ICC-01/04-01/06-42, dans l'affaire Thomas Lubanga Dyilo. Sur le sujet, lire UBEDA-SAILLARD Muriel, « L'obligation de coopérer avec les juridictions internationales », *in* ASCENSIO Hervé, DECAUX Emmanuel, PELLET Alain (dir.), *Droit international pénal,* Deuxième édition révisée, Editions A.Pedone, Paris octobre 2012, 1280.p. pp.1137-1157, p.1141.

Seigneur[1734]. Le 29 juillet 2004 le Procureur de la Cour a accédé à la demande de l'Ouganda en ouvrant une enquête dont la conséquence a été la délivrance des mandats d'arrêt contre les dirigeants de l'Armée de Résistance du Seigneur[1735].

En ce qui concerne la situation en Centrafrique, le Gouvernement de ce pays a, *via* une lettre du 6 janvier 2005[1736], demandé à la CPI de statuer sur les crimes relevant de sa compétence et commis sur le territoire centrafricain depuis le 1er juillet 2002. Suite à la demande pressante de la Centrafrique, une enquête sera ouverte le 22 mai 2007[1737], avec comme conséquence, la mise en cause de Jean Pierre Bemba par un mandat d'arrêt du 23 mai 2008, suivi d'un autre du 10 juin 2008. Etabli au Portugal, le concerné sera finalement appréhendé en Belgique le 24 mai 2008 avant d'être remis, dans les mois qui ont suivi, à la CPI par les autorités belges. Le 21 mars 2016 il a été déclaré coupable des crimes de meurtre et viol en tant que crimes contre l'humanité et de meurtre, viol et pillage en tant que crimes de guerre, puis condamné à 18 ans d'emprisonnement le 21 juin 2016[1738] (en mars 2017, il a également été condamné par la CPI à un an d'emprisonnement et 300 000 euros d'amende pour subornation de témoins)[1739].

Aussi, le 16 janvier 2013, le Procureur de la CPI a ouvert une enquête sur la situation au Mali suite à une demande adressée par ce pays à la Cour le 13 juillet 2012[1740]. De même, le 21 septembre 2016, le Gouvernement gabonais a déféré au bureau du procureur de la CPI, la situation prévalant sur son territoire depuis mai 2016[1741].

[1734] Dès 2004, le Gouvernement ougandais a dit qu'il retirerait sa requête déposée à la CPI s'il trouvait un accord avec l'Armée de Résistance du Seigneur. Mais il est impossible de dessaisir la Cour d'une affaire comme l'a si bien expliqué Delphine DESPLAND (voir son article précité, p.363) sans compromettre l'efficacité de celle-ci.

[1735] Voir l'affaire ICC-02/04-01/05, le *Procureur c. Joseph Kony, Vincent Otti, Okot Odhiambo et Dominic Ongwen.* Ce dernier s'est rendu et a été remis à la CPI en janvier 2015 (voir https://www.icc-cpi.int/uganda?ln=fr).

[1736] Voir à propos de cette lettre, le communiqué officiel de la CPI daté du 7 janvier 2005.

[1737] Voir le communiqué officiel de la CPI du 22 mai 2007 (n°ICC-OTP-PR-20070522-220).

[1738] Sur ce point, voir http://french.bembatrial.org/

[1739] Lire notamment « CPI : Jean-Pierre Bemba condamné à un an de prison pour subornation de témoins », par Jeune Afrique avec AFP, 22 mars 2017, sur http://www.jeuneafrique.com/419741/societe/cpi-jean-pierre-bemba-condamne

[1740] Sur la situation au Mali, voir le lien http://www.icc-cpi.int/fr_menus/icc/situations.

[1741] Sur le sujet, voir le lien https://www.icc-cpi.int/gabon

Le constat général pour toutes les affaires sus-évoquées est que les pays africains se sont montrés particulièrement coopératifs avec la CPI lorsqu'ils étaient eux-mêmes parties prenantes à la procédure engagée par la juridiction internationale et visant à faire la lumière sur les crimes internationaux commis sur leurs territoires. Par contre, il est constant qu'il y a chez ceux-ci une absence de coopération pour des affaires non initiées par les africains.

313.-Absence de coopération pour les affaires non initiées par les Etats africains. Ces dernières années, les Etats africains se sont montrés réticents, voire rétifs vis-à-vis des poursuites de la CPI initiées par des institutions non africaines. Ainsi, ont-ils pris la fâcheuse habitude de s'opposer aux actions *proprio motu* du Procureur prises en vertu de l'article 13-c du Statut de Rome, ou à celles liées à une sollicitation du Conseil de sécurité de l'ONU en vertu de l'article 13-b du même texte. Une telle situation a fait naitre de vives tensions entre la CPI et certains Etats africains à telle enseigne qu'au mois d'octobre 2016 des pays tels que l'Afrique du Sud, le Burundi (alors qu'un examen préliminaire portant sur la situation dans ce pays était annoncé le 25 avril 2016)[1742] ou encore la Gambie ont annoncé qu'ils se retiraient[1743] du Statut de Rome[1744]. Une telle prise de position faisait d'ailleurs suite à un projet initié par l'Union Africaine en janvier 2016 à l'occasion de son 26ème sommet et visant à favoriser un retrait collectif des Etats africains du Statut de la CPI[1745].

Il semble que d'une manière générale, la plupart des Etats aient manifesté dès l'adoption du Statut de Rome une certaine opposition au fait de laisser les

---

1742 Sur la question, voir le lien https://www.icc-cpi.int/burundi

1743 Il convient de préciser que les modalités de retrait du Statut de Rome sont prévues par l'article 127 dudit Statut qui énonce que *« 1. Tout État Partie peut, par voie de notification écrite adressée au Secrétaire général de l'Organisation des Nations Unies, se retirer du présent Statut. Le retrait prend effet un an après la date à laquelle la notification a été reçue, à moins que celle-ci ne prévoie une date postérieure.*
2. Son retrait ne dégage pas l'État des obligations mises à sa charge par le présent Statut alors qu'il y était Partie, y compris les obligations financières encourues, et n'affecte pas non plus la coopération établie avec la Cour à l'occasion des enquêtes et procédures pénales à l'égard desquelles l'État avait le devoir de coopérer et qui ont été commencées avant la date à laquelle le retrait a pris effet ; le retrait n'affecte en rien la poursuite de l'examen des affaires que la Cour avait déjà commencé à examiner avant la date à laquelle il a pris effet ».

1744 Sur le sujet, lire « Pourquoi des États africains se retirent de la Cour pénale internationale ? », Le figaro, 26 octobre 2016, http://www.lefigaro.fr/international

1745 Lire le document : « ONU/Union africaine : Rejeter l'appel au retrait de la CPI », Human Rights Watch, 22 septembre 2016, https://www.hrw.org/fr/news

coudées franches au Procureur pour l'initiative des poursuites[1746]. Mais, contre toute attente, c'est surtout contre les résolutions du Conseil de sécurité sollicitant des investigations par la CPI que les Etats africains vont le plus afficher leur hostilité.

Dans l'optique de trouver une solution juridictionnelle à la crise prévalant ou Soudan, le Conseil de sécurité avait adopté le 31 mars 2005 la résolution 1593 déférant au Procureur de la CPI la situation au Darfour depuis le 1er juillet 2002[1747]. Ayant pris acte de l'adoption de la résolution 1593, le Procureur de la CPI avait décidé le 6 juin 2005 que toutes les conditions étaient réunies pour ouvrir une enquête. Le 27 février 2007 des citations à comparaitre ont été déposées auprès de la Chambre préliminaire I, qui a plutôt fait le choix de délivrer deux mandats d'arrêt le 2 mai 2007 pour crime contre l'humanité et crime de guerre. Ces mandats concernaient d'une part Ahmad Harun[1748], ancien ministre d'Etat soudanais chargé de l'intérieur et Ali Kushayb[1749], suspecté de diriger les miliciens Janjaouid responsables des crimes internationaux les plus graves commis dans la région du Darfour[1750].

Très vite, les autorités de Khartoum ont refusé toute coopération visant à appréhender et à remettre les suspects à la CPI en s'appuyant notamment sur le fait que leur pays n'était pas partie au Statut de Rome. Pourtant, en tant qu'Etat membre de l'ONU depuis le 12 novembre 1956, le Soudan a l'obligation de respecter l'article 25 de la Charte des Nations Unies[1751] qui prévoit que les Etats se doivent *« d'accepter et d'appliquer les décisions du Conseil de sécurité »,* laquelle obligation étant d'ailleurs renforcée par l'article 103 de ladite Charte[1752]. Les tensions avec la Cour ont été exacerbées par l'émission de deux mandats successivement le 4 mars 2009 et le 12 juillet

---

[1746] Sur la question, voir BOURDON William, DUVERGER Emmanuelle, *La Cour pénale internationale, Le Statut de Rome,* Editions du Seuil, Paris, 2000, 290 p., p.86.

[1747] Le Secrétaire général de l'ONU a bien transmis la résolution 1593 au procureur de la CPI le 1er avril 2005.

[1748] Voir le document ICC-02/05-01/07-2, mandat d'arrêt contre Ahmad Harun, 27 avril 2007.

[1749] Voir le document ICC-02/05-01/07-3, mandat d'arrêt contre Ali Kushayb, 27 avril 2007.

[1750] Pour toutes ces informations, voir le commentaire de l'article 87 du Statut de Rome fait par CIAMPI Annalisa, *in* FERNANDEZ Julian et PACREAU Xavier, Statut de Rome de la Cour pénale internationale, Commentaire article par article, Editions A. Pedone, Paris, Tome 2, pp.1805-1820, p.1818 (voir à cette page, la note 39).

[1751] Article 25 de la Charte de l'ONU : *« Les Membres de l'Organisation conviennent d'accepter et d'appliquer les décisions du Conseil de sécurité conformément à la présente Charte ».*

[1752] Article 103 de la Charte de l'ONU : *« En cas de conflit entre les obligations des Membres des Nations Unies en vertu de la présente Charte et leurs obligations en vertu de tout autre accord international, les premières prévaudront ».*

2010 contre le président soudanais Omar Al Bashir ; le premier pour des chefs de crimes de guerre et crimes contre l'humanité, et le second pour le génocide au Darfour. Dès l'ouverture des poursuites contre Omar Al Bashir la plupart des Etats africains ont affiché leur désaccord et leur intention de ne pas coopérer avec la CPI[1753].

Au demeurant, il a été assez aisé de constater les refus répétés, des Etats africains ayant accueilli le président soudanais lors des rencontres officielles, de coopérer avec la CPI aux fins de faciliter son arrestation. En effet des sollicitations d'arrestation et de remise d'Omar Al Bashir avaient été transmises non seulement au Soudan, mais aussi à tous les Etats parties au Statut de Rome[1754].

Malgré les décisions de la CPI, Omar Al Bashir s'est rendu dès juillet 2010, à un sommet de la Communauté des Etats sahélo-sahariens tenu au Tchad[1755] sans que ce pays partie au Statut de Rome songe à l'appréhender et à le remettre à la Cour. Aussi, en prélude à la visite de l'intéressé au Kenya prévue le 30 octobre 2010, la juridiction internationale avait demandé aux autorités kenyanes de l'informer au plus tard le 29 octobre 2010 de tout obstacle juridique pouvant s'opposer à son arrestation[1756]. Mais, le Kenya n'avait pas donné suite aux demandes de coopération de la Cour, comme d'ailleurs un certain nombre de pays où Omar Al Bashir s'est rendu ; notamment, la République centrafricaine en décembre 2010[1757], la République de Djibouti en mai 2011 (pour la cérémonie d'investiture présidentielle)[1758], le Tchad, cette fois ci en août 2011 (pour l'investiture du président

[1753] Lire BERTHELOT Pierre, « La CPI face à la tragédie du Darfour », *in Géopolitique africaine,* n°35, juillet-septembre 2009, pp.235-252, p.247.

[1754] Affaire n°ICC-02/05-01/09, *Le Procureur c. Omar Hassan Al Bashir,* Deuxième décision relative à la requête de l'accusation aux fins de délivrance d'un mandat d'arrêt, 12 juillet 2010, p.31.

[1755] Affaire n°ICC-02/05-01/09, *Le Procureur c/ Omar Hassan Al Bashir,* Décision informant le Conseil de sécurité de l'ONU et l'Assemblée des Etats parties au Statut de la CPI de la récente visite d'Omar Al Bashir en République du Tchad, 27 août 2010.

[1756] Affaire n° ICC-02/05-01/09, *Le Procureur c. Omar Hassan Al Bashir,* Decision requesting observations from the Republic of Kenya, 25 octobre 2010, p.4.

[1757] Affaire n°ICC-02/05-01/09, *Le Procureur c. Omar Hassan Al Bashir,* Demande de coopération et d'information adressée à la République Centrafricaine, 1er décembre 2010.

[1758] Affaire n°ICC-02/05-01/09, *Le Procureur c. Omar Hassan Al Bashir,* Décision informant le Conseil de sécurité de l'ONU et l'Assemblée des Etats parties au Statut de la CPI de la visite récente d'Omar Al Bashir à Djibouti, 12 mai 2011.

tchadien)[1759], la République de Malawi en octobre 2011 (au sommet du Marché commun pour l'Afrique australe et orientale)[1760], la République démocratique du Congo en février 2014[1761] et dans une certaine mesure l'Afrique du Sud en juin 2015 (à l'occasion du sommet de l'Union Africaine)[1762]. D'autres refus de coopération dans l'affaire Al Bashir ont aussi été constatés le 11 juillet 2016 par la CPI (les pays concernés étaient l'Ouganda et Djibouti)[1763].

Le défaut de coopération des Etats africains a été également observé à l'occasion du traitement de la situation en Libye par la CPI. Celle-ci avait délivré sur la base de la résolution 1970 du 26 février 2011[1764], un mandat d'arrêt daté du 27 juin 2011, contre le Guide libyen Muammar Kadhafi[1765] et certains de ses acolytes, en l'occurrence son fils Saïf Al-Islam Kadhafi et le chef des services de renseignements libyens, Abdallah Al-Senoussi. La Chambre préliminaire avait vite ordonné au greffier de faire parvenir une demande de coopération, à la Libye, aux Etats parties au Statut de Rome, aux membres du Conseil de sécurité non parties au Statut de Rome et surtout *« de préparer et de transmettre à tout autre Etat concerné toute demande supplémentaire d'arrestation et de remise qui serait nécessaire aux fins de l'arrestation de Muammar Qadhafi, de Saïf Al Islam Qadhafi et d'Abdullah Al-Senussi et de leur remise à la Cour »*[1766].

La demande de coopération dans la situation en Libye concernait tout particulièrement les Etats voisins que les personnes poursuivies pouvaient

---

1759 Affaire n°ICC-02/05-01/09, *Le Procureur c. Omar Hassan Al Bashir,* Décision sollicitant le dépôt d'observations relatives au récent séjour d'Omar Al Bashir en République du Tchad, 18 août 2011, p.4.

1760 Affaire n°ICC-02/05-01/09, *Le Procureur c. Omar Hassan Al Bashir,* Decision requesting observations about Omar Al Bashir's recent visit to Malawi, 19 octobre 2011.

1761 Voir la fiche d'information de la CPI sur l'affaire *Al Bashir*, 6 avril 2017, sur https://www.icc-cpi.int/darfur/albashir/Documents/AlBashirFra.pdf

1762 Voir sur le site internet de TRIAL (Track Impunity Always) le dossier sur Omar AL-Bashir http://www.trial-ch.org/fr

1763 Lire la fiche d'information de la CPI, sur l'affaire *Al Bashir,* du 6 avril 2017 précitée.

1764 Doc. S/RES/1970 (2011), 26 février 2011.

1765 Muammar Kadhafi a été tué le 20 octobre 2011, ce qui a poussé la Chambre préliminaire I de la CPI à clore toute poursuite à son encontre par une décision du 22 novembre 2011.

1766 Affaire n°ICC-01/11-01/11, *Le Procureur c. Muammar Mohammed Abu Minyar Qadhafi, Saïf Al-Islam Qadhafi et Abdullah Al-Senussi,* Décision relative à la requête déposée par le procureur en vertu de l'article 58 du Statut concernant Muammar Mohammed Abu Minyar Qadhafi, Saïf Al-Islam Qadhafi et Abdullah Al-Senussi, 27 juin 2011.

traverser au cours de leur transit à savoir : l'Algérie, l'Egypte, le Niger, le Soudan, le Tchad et la Tunisie[1767].

Toutefois, tous les Etats africains concernés par la demande de coopération ont affirmé leur refus d'obtempérer avec la CPI par le truchement de l'Union Africaine[1768], qui a demandé au Conseil de sécurité de l'ONU de faire valoir son droit de suspension des poursuites prévu par l'article 16 du Statut de Rome[1769] non seulement pour la situation en Libye, mais aussi pour celle au Kenya où le Procureur avait, sur la base des poursuites *proprio motu,* déposé, dès le 15 décembre 2010, des requêtes aux fins d'obtention des citations à comparaitre contre des politiciens kenyans suite à leur responsabilité dans les violences post-électorales de 2007/2008[1770].

Il faut dire que la Cour ne dispose d'aucun pouvoir de coercition et qu'en l'absence de coopération des Etats, elle ne peut que se contenter, à l'instar des TPI *ad hoc,* de prendre acte de la violation des dispositions de son Statut ou de son Règlement de procédure et de preuve *via* une décision juridictionnelle[1771]. Mais, les paragraphes 5-b[1772] et 7[1773] de l'article 87 du Statut de Rome donnent surtout la possibilité à la Cour d'informer l'Assemblée des Etats parties, ou le Conseil de sécurité[1774] en cas de saisine par celui-ci, de toute absence de coopération d'un Etat.

[1767] *Ibid.*

[1768] Voir pour la demande de suspension des poursuites, la décision de la Conférence de l'Union Africaine, Assembly/AU/Dec.366 (XVII) du 30 juin au 1er juillet 2011.

[1769] Article 16 du Statut de Rome : *« Aucune enquête ni aucune poursuite ne peuvent être engagées ni menées en vertu du présent Statut pendant les douze mois qui suivent la date à laquelle le Conseil de sécurité a fait une demande en ce sens à la Cour dans une résolution adoptée en vertu du Chapitre VII de la Charte des Nations Unies ; la demande peut être renouvelée par le Conseil dans les mêmes conditions ».*

[1770] Les citations à comparaitre concernaient notamment Uhuru Kenyatta, William Ruto et Henry Kiprono Kosgey.

[1771] Lire CIAMPI Annalisa, article précité, p.1818.

[1772] Article 87§5-b : *« Si, ayant conclu avec la Cour un arrangement ad hoc ou un accord, un État non partie au présent Statut n'apporte pas l'assistance qui lui est demandée en vertu de cet arrangement ou de cet accord, la Cour peut en informer l'Assemblée des États Parties, ou le Conseil de sécurité lorsque c'est celui-ci qui l'a saisie ».*

[1773] Article 87§7 : *« Si un État Partie n'accède pas à une demande de coopération de la Cour contrairement à ce que prévoit le présent Statut, et l'empêche ainsi d'exercer les fonctions et les pouvoirs que lui confère le présent Statut, la Cour peut en prendre acte et en référer à l'Assemblée des États Parties ou au Conseil de sécurité lorsque c'est celui-ci qui l'a saisie ».*

[1774] Le Conseil de sécurité se réserve le droit de considérer que toute absence de coopération d'un Etat constitue une menace contre la paix et la sécurité internationales et donc de recourir

Le refus des Etats africains de coopérer avec la CPI, la plupart du temps sur la base d'éléments juridiques plutôt critiquables comme le droit à l'immunité des chefs d'Etats qui découlerait de l'article 98 du Statut de Rome, est en fait révélateur de leur hostilité vis-à-vis des juridictions internationales pénales. Dès lors, le risque de recours par ceux-ci, à une conception élargie des motifs légitimes de non coopération n'est pas qu'une simple vue de l'esprit.

§2. **Le risque de recours à une conception élargie des motifs légitimes de non coopération avec les juridictions internationales pénales**

314.-Motifs légitimes de non coopération. Bien que les Statuts des tribunaux *ad hoc* instaurent une obligation absolue des Etats de coopérer aux fins de la répression des crimes internationaux les plus graves, les juges pénaux internationaux *ad hoc*, ont au fil du temps reconnu les motifs légitimes de non coopération des Etats. Ainsi, il est aujourd'hui admis que les preuves confidentielles en rapport notamment avec la sécurité nationale[1775], peuvent permettre de justifier la non coopération d'un Etat avec les juridictions internationales pénales. Aussi, la nécessité de préserver les principes juridiques fondamentaux de portée générale, reconnus par l'article 93§3 du Statut de Rome, constitue une limite à l'obligation de coopération des Etats. Les preuves confidentielles et les principes juridiques fondamentaux peuvent être qualifiés d'intérêts nationaux intangibles dont il faut craindre une possible définition extensible de la part des Etats et tout particulièrement des Etats africains **(A)**. De plus, il existe très souvent entre les Etats, des obligations juridiques réciproques en matière pénales qui peuvent encourager ceux-ci à adopter un régime de coopération qui leur soit favorable, mais bien aux dépens des juridictions internationales pénales **(B)**.

---

le cas échéant aux moyens plus coercitifs sur la base du Chapitre VII de la Charte de l'ONU. Mais le Conseil peut également recourir aux mécanismes plus pacifiques de règlement des différends tels que prévus par le Chapitre VI de la Charte de l'ONU (conciliation, médiation…). Voir à ce propos Annalisa CIAMPI, article précité, p.1820.

[1775] Voir l'article 72 du Statut de Rome (Protection des renseignements touchant à la sécurité nationale).

A- La possible définition extensive des intérêts nationaux intangibles

315.-Problématique des preuves confidentielles. Les preuves confidentielles sont celles qui ne peuvent en principe faire l'objet d'une divulgation qui risquerait alors de porter atteinte à certains intérêts jugés vitaux. *« La confidentialité renvoie ainsi au secret, à ce qui n'est pas public »*[1776]. Pourtant, la répression des crimes internationaux les plus graves serait pratiquement impossible sans l'accès à certaines informations jugées sensibles comme celles qui sont consignées dans les archives politiques, militaires et diplomatiques, ou encore celles qui sont classées secret défense[1777].

Toutefois, il est normalement admis en droit international pénal qu'un Etat peut refuser de coopérer avec une juridiction internationale pénale, lorsque celle-ci lui réclame des informations qui sont susceptibles de compromettre sa sécurité nationale ou même celle d'un autre Etat. Cette idée a d'abord été acceptée par le TPIY à l'occasion de la jurisprudence *Blaskic*[1778], malgré l'absence de dispositions juridiques expresses, avant d'être consacrée dans l'article 72 du Statut de Rome. Cette disposition qui est complétée par l'article 73 du même Statut comporte quelques brèches juridiques dans lesquelles peuvent facilement s'engouffrer les Etats qui manifestent une certaine réticence à coopérer avec la CPI. Il faut dire que l'article 72 laisse un pouvoir d'appréciation considérable aux Etats en ce qui concerne l'analyse des situations pouvant porter atteinte à leur sécurité nationale[1779].

Pour les pays non coopératifs comme certains Etats africains, il est très tentant de dissimuler toute forme d'informations sous prétexte qu'elles

---

[1776] Voir le commentaire de l'article 73 du Statut de Rome par Charlotte BEAUCILLON, *in* FERNANDEZ Julian et PACREAU Xavier, *op. cit.*, p.1631.

[1777] Lire FREDIANI Sophie, *Les juridictions pénales internationales et les Etats : Etude du face à face,* Thèse de l'Université Montesquieu Bordeaux IV (2 tomes), 18 octobre 2004. 1128 p., p.832.

[1778] Le TPIY avait considéré comme légitimes, les réclamations de la Croatie qui disait vouloir se voir reconnaitre *« le droit de protéger les intérêts de sa sécurité nationale lorsqu'elle assiste le Tribunal ». Le Procureur c. Tihomir Blaskic,* Reply to Subpoena Duces Tecum, Government of the Republic of Croatia, Zagreb, 20 février 1997, §12.

[1779] Article 72§4 du Statut de Rome : *« Si un État apprend que des renseignements ou des documents de l'État sont ou seront probablement divulgués à un stade quelconque de la procédure, et s'il estime qu'une telle divulgation porterait atteinte aux intérêts de sa sécurité nationale, cet État a le droit d'intervenir en vue d'obtenir le règlement de la question selon les dispositions du présent article ».*

seraient en rapport avec la sécurité nationale. Parfois, le refus de divulguer certaines informations vise moins à préserver la sécurité nationale qu'à protéger certaines personnes du fait de leur position privilégiée dans les arcanes du pouvoir. Ainsi, le Gouvernement rwandais avait-il pris l'habitude de s'opposer à toute demande de renseignement ayant un rapport avec les crimes commis par l'Armée Patriotique Rwandaise pendant le génocide de 1994[1780].

Il va sans dire que la rétention de certaines informations, même jugées confidentielles par les Etats, n'est pas de nature à faciliter le travail des juridictions internationales pénales. Il faut néanmoins préciser qu'en réalité, la notion d'information confidentielle est conçue de manière plutôt restrictive en droit international pénal puisqu'elle ne porte en fait que sur les documents ou éléments de preuve concernant la sécurité nationale[1781]. De fait, c'est la sécurité nationale qui risque de devenir un concept fourre-tout, à partir du moment où elle aura été définie de manière extensible par les Etats.

L'expérience a démontré que *« de manière générale, des législations internes sont adoptées en vue de protéger les informations touchant la sécurité nationale de l'Etat contre une divulgation non autorisée et limitent le pouvoir des juridictions internes de contraindre l'exécutif à dévoiler ce type d'information »*[1782]. Les Etats ont réussi d'une certaine façon à transposer cette exigence à l'échelle internationale. Mais, en réalité les Tribunaux *ad hoc* et la CPI ne sont pas soumis au même régime en ce qui concerne la sécurité nationale des Etats. En effet, si les premiers ont en dernier ressort la possibilité d'exiger la divulgation de toute forme d'information utile au procès international[1783], il n'en est pas de même pour la CPI. Il est vrai que dans les faits, toutes les juridictions internationales pénales semblent logées à la même enseigne puisque les Etats protègent avec obstination les informations relatives à leur sécurité nationale devant les instances internationales.

Pour un Etat, l'enjeu c'est de réussir à démontrer que la divulgation d'une information jugée sensible peut avoir un impact négatif sur les *« intérêts de sa sécurité nationale »*[1784]. Ainsi, les Etats risquent de ne pas lésiner sur les

---

1780 Lire le *Rapport du Procureur du TPIR* rendu public le 23 juillet 2002 et surtout la réponse du Gouvernement rwandais audit rapport (S/2002/842, 26 juillet 2002).

1781 Lire le commentaire de l'article 72 du Statut de Rome de Charlotte BEAUCILLON, *in* FERNANDEZ Julian et PACREAU Xavier, *op. cit.*, pp.1617-1629, précisément, p.1625ss.

1782 FREDIANI Sophie, *op. cit.*, p.835.

1783 Ce pouvoir découle du fait que les mandats des Tribunaux *ad hoc* sont liés aux résolutions du Conseil de sécurité de l'ONU.

1784 Article 72§1 du Statut de Rome.

moyens permettant d'invoquer l'impératif de préservation de ladite sécurité. Le Kenya par exemple a pu dire que la simple mention de *« présidence du Kenya » (State House)* sur un document à charge, pouvait justifier contrairement à l'avis de la CPI, l'invocation d'un droit de non divulgation sur le fondement de l'article 72 du Statut de Rome[1785]. Au reste, l'article 93§4 du même Statut souligne le fait que *« conformément à l'article 72, un État Partie ne peut rejeter, totalement ou partiellement, une demande d'assistance de la Cour que si cette demande a pour objet la production de documents ou la divulgation d'éléments de preuve qui touchent à sa sécurité nationale »*[1786].

Dans tous les cas, il est certain que les articles 72 et 93§4 constituent une aubaine pour les Etats qui répugnent à coopérer avec la CPI et au premier rang desquels se sont trouvés ces dernières années les Etats africains, y compris ceux étant parties au Statut de cette juridiction. Ces Etats bénéficiant eux aussi d'un pouvoir souverain de définition du concept de sécurité nationale, doivent tout de même songer à respecter la règle *pacta sunt servanda* de l'article 26 de la Convention de Vienne sur le droit des traités, qui les oblige à appliquer le Statut de Rome de bonne foi. C'est pourquoi, même lorsque leur sécurité nationale est en jeu, ils doivent tout de même recourir en accord avec la CPI, à *« toutes les mesures raisonnablement possibles pour trouver une solution par la concertation »*[1787]. Ceci est valable pour un Etat qui détient une information *« qui lui a été communiqué à titre confidentiel par un Etat, une organisation intergouvernementale ou une*

[1785] CPI, *Chambre préliminaire II, Situation en République du Kenya, Procureur c. Francis Kirimi Muthaura, Uhuru Muigai Kenyatta et Mohammed Hussein Ali,* « Decision on the Request by the Government of Kenya in Respect of the Confirmation of Charges Proceedings », n°ICC-01/09-02/11-340, 20 septembre 2011, §11, p.7.

[1786] Il faut préciser que cette situation concerne aussi les individus qui peuvent être appelés à donner des informations à la CPI. Lire l'article 72§2 du Statut de Rome.

[1787] Pour l'article 72§5 du Statut de Rome *« ces mesures peuvent notamment consister à : a) Modifier ou préciser la demande ;*

b) Faire trancher par la Cour la question de la pertinence des renseignements ou éléments de preuve demandés, ou la question de savoir si les éléments de preuve, quoique pertinents, pourraient être ou ont été obtenus d'une source autre que l'État requis ;

c) Obtenir les renseignements ou éléments de preuve d'une autre source ou sous une forme différente ; ou

d) Trouver un accord sur les conditions auxquelles l'assistance pourrait être fournie, notamment par la communication de résumés ou de versions corrigées, l'imposition de restrictions à la divulgation, le recours à une procédure à huis clos ou ex parte, ou l'application d'autres mesures de protection autorisées par le Statut ou le Règlement de procédure et de preuve ».

organisation internationale »[1788] auprès de qui il faut obtenir une demande de divulgation en vertu de l'article 73 du Statut de Rome. Il s'agit là d'autant de contraintes juridiques susceptibles d'entraver l'action de la CPI, à l'instar de l'absence de définition précise des principes juridiques fondamentaux d'application générale que les Etats peuvent exciper pour limiter la portée de leur coopération avec la Cour.

316.-Absence de définition précise des principes juridiques fondamentaux d'application générale. Sans faire de procès d'intention aux Etats africains, il est possible d'affirmer que leur forte tendance à s'opposer, comme ils le font depuis quelques années, à une coopération avec la CPI peut les pousser à explorer toutes les failles juridiques permettant de restreindre l'obligation d'assistance à la juridiction internationale. Parmi ces failles, se trouvent les dispositions de l'article 93§3 du Statut de Rome qui permettent à un Etat de ne pas coopérer *« si l'exécution d'une mesure particulière d'assistance décrite dans une demande présentée en vertu du paragraphe 1 est interdite dans l'État requis en vertu d'un principe juridique fondamental d'application générale ».*

Le grande difficulté pour le juge pénal international réside dans le fait qu'il est très mal placé pour juger de ce qui pourrait constituer un principe juridique fondamental d'application générale car cette notion n'a pas fait l'objet d'une définition par le Statut de Rome[1789]. L'absence de définition est fâcheuse, car elle permet aux Etats réticents à la coopération avec la Cour d'invoquer un principe dont celle-ci n'est pas en mesure d'identifier la nature réelle.

L'invocation des principes juridiques fondamentaux d'application générale comme motifs de non coopération semble *a priori* légitime pour les Etats qui veulent préserver les soubassements de leur ordre juridique contre les effets de la coopération. Mais le fait qu'ils soient trop flous peut permettre aux Etats de les concevoir de manière trop large dans l'optique *« de se*

[1788] Voir l'article 73 du Statut de Rome.

[1789] Pour certains cependant, la notion *« must be a fundamental principle which underlies the particular prohibition. It is not every prohibition including those which can be easily changed, which can be relied upon, the prohibition must rather possess a constitutional or quasi-constitutional position within the legal order concerned».* Voir KREB Claus et PROST Kimberly, « Article 93 », *in* TRIFFTERER Otto (ed.), Commentary on the Rome Statute of the International Criminal Court, Observer's notes, article by article, Baden-Baden, Nomos, 2ème édition, 2008, p.1581, cités par Julien DETAIS, dans son commentaire de l'article 93 du Statut de Rome, *in* FERNANDEZ Julian et PACREAU Xavier, *op. cit.*, p.1889, note 16.

soustraire à une demande d'assistance »[1790]. Il est vrai qu'en s'appuyant sur ces principes comme moyen de non coopération, l'Etat en question doit engager *« sans tarder des consultations avec la Cour pour tenter de régler la question »*[1791]. Mais, même dans cette situation l'Etat en question reste en position de force, puisqu'en cas d'échec des consultations, il reviendra à la Cour de revoir la nature de sa demande de coopération[1792]. De plus, dans le cadre de leurs politiques pénales, les Etats peuvent toujours décider de recourir à un régime de coopération qui soit avant tout favorable à toutes les juridictions nationales en concurrence avec les juridictions internationales pénales.

B- L'éventuel recours à un régime de coopération favorable aux Etats et aux dépens des juridictions internationales pénales

317.-Risque de manœuvres dilatoires nationales limitant la compétence des juridictions internationales pénales. Pour les pays non coopératifs comme les Etats africains, le Statut de Rome contient de nombreuses dispositions qui peuvent leur permettre de recourir à toute sorte de manœuvres dilatoires visant à relativiser leur collaboration avec la CPI. Ceci n'a au fond rien de surprenant, car contrairement aux tribunaux *ad hoc* qui ont une primauté de compétence[1793], la CPI est soumise au principe de complémentarité que les Etats peuvent utiliser comme argument pour limiter son champ d'action. Si l'obligation de coopération des Etats vis-à-vis des juridictions *ad hoc* est en quelque sorte absolue[1794], elle apparait plutôt comme étant relative avec la CPI, puisque le Statut de cette juridiction leur donne finalement toute sorte de prétextes pour au moins retarder une éventuelle assistance au profit de la Cour.

A titre d'exemple, les articles 89§2 et 95 du Statut de Rome donnent la possibilité aux Etats de suspendre leur coopération avec la CPI tant que celle-ci ne se serait pas formellement assurée de sa compétence. En reconnaissant le droit pour un Etat de différer l'exécution de la demande de

---

[1790] DUTAIS Julien, *op. cit.*, p.1889.

[1791] Article 93§3 du Statut de Rome.

[1792] *Idem.*

[1793] Les articles 9§2 et 8§2 respectivement des Statuts du TPIY et du TPIR prévoient que : *« Le Tribunal international a la primauté sur les juridictions nationales. A tout stade de la procédure, il peut demander officiellement aux juridictions nationales de se dessaisir en sa faveur conformément au présent statut et à son règlement ».*

[1794] Voir les articles 28 et 29 respectivement des Statuts du TPIR et du TPIY.

remise d'un accusé lorsque celui-ci invoque la règle *ne bis in idem*[1795] devant le juge interne, l'article 89§2[1796] réduit par la même occasion la portée de l'obligation de coopération des Etats. Dans l'hypothèse prévue par cet article, l'Etat requis doit avant la remise de l'accusé, demander à la Cour de prendre une décision sur la recevabilité de l'affaire.

L'article 181 du RPP de la Cour ajoute que : *« la Chambre chargée de l'affaire, si la décision sur la recevabilité est toujours pendante, prend des mesures pour obtenir de l'État requis tous les renseignements pertinents au sujet de la contestation soulevée par la personne qui invoque le principe ne bis in idem ».* Toutefois, la Cour ne dispose d'aucune garantie réelle lui permettant de s'assurer de la collaboration effective de l'Etat qui peut toujours recourir à toutes sortes de mesures dilatoires, aux fins de freiner l'action de la Cour ou de rendre tout simplement sa mission impossible.

L'article 95 du Statut permet à l'Etat de surseoir à toute exécution de demande de coopération lorsque la Cour est en plein examen d'une exception d'irrecevabilité[1797]. Cette disposition assouplit davantage le régime de coopération et d'assistance des Etats à l'égard de la CPI. La possibilité de refuser toute assistance en cas d'exception d'irrecevabilité a quelque chose d'absurde, puisque cette exception peut porter sur la nature de l'infraction qui fonde la compétence de la Cour en vertu de l'article 5 du Statut[1798].

[1795] Sur la règle *ne bis in idem,* voir l'article 20 du Statut de Rome.

[1796] Article 89§2 du Statut de Rome : *« Lorsque la personne dont la remise est sollicitée saisit une juridiction nationale d'une contestation fondée sur le principe ne bis in idem, comme prévu à l'article 20, l'État requis consulte immédiatement la Cour pour savoir s'il y a eu en l'espèce une décision sur la recevabilité. S'il a été décidé que l'affaire est recevable, l'État requis donne suite à la demande. Si la décision sur la recevabilité est pendante, l'État requis peut différer l'exécution de la demande jusqu'à ce que la Cour ait statué ».*

[1797] Article 95 du Statut de Rome : *« Lorsque la Cour examine une exception d'irrecevabilité conformément aux articles 18 ou 19, l'État requis peut surseoir à l'exécution d'une demande faite au titre du présent chapitre en attendant que la Cour ait statué, à moins que la Cour n'ait expressément décidé que le Procureur pouvait continuer de rassembler des éléments de preuve en application des articles 18 ou 19 ».*

[1798] Article 5 du Statut de Rome : *« La compétence de la Cour est limitée aux crimes les plus graves qui touchent l'ensemble de la communauté internationale. En vertu du présent Statut, la Cour a compétence à l'égard des crimes suivants :*

a) Le crime de génocide ;

b) Les crimes contre l'humanité ;

c) Les crimes de guerre ;

d) Le crime d'agression ».

En effet, l'aide d'un Etat au moment de la collecte des preuves se trouvant sur son territoire est indispensable; surtout que seules ces preuves peuvent permettre de savoir si un suspect a commis les crimes internationaux les plus graves qui peuvent fonder la compétence de la Cour. L'article 95 est bien la conséquence d'un principe de complémentarité qui *« est susceptible d'affecter, parfois même de manière irréversible, le processus judiciaire international en matière d'enquête et de poursuite »*[1799]. L'inquiétude est d'autant plus fondée que l'Etat en question peut être à l'origine de l'exception d'irrecevabilité[1800]. Il est évident que le Statut de Rome donne la possibilité aux Etats de mauvaise foi de refuser toute assistance à la Cour en contestant tout simplement sa compétence. Ils peuvent ainsi profiter du temps que leur procure la suspension d'assistance, pour faire éventuellement disparaitre les preuves les plus compromettantes contre les personnes qu'ils souhaitent protéger, d'autant plus qu'une décision portant sur une exception d'irrecevabilité peut intervenir au bout de plusieurs mois. Il est vrai qu'entre temps, si la Cour le décide, le Procureur peut continuer à rassembler certains éléments de preuve comme le suggère les articles 18 et 19 du Statut. Mais un autre danger guette le fonctionnement de la CPI, à savoir la possibilité pour les Etats d'instaurer entre eux une meilleure coopération qu'avec la juridiction internationale, afin de réprimer les crimes internationaux les plus graves au niveau interne.

318.-Possible instauration d'une meilleure coopération entre Etats et au détriment des juridictions internationales pénales. L'hostilité récente des Etats africains vis-à-vis de la CPI peut les encourager à développer entre eux ou avec des Etats non africains, une meilleure coopération judiciaire en matière pénale mais qui serait défavorable aux juridictions internationales pénales, et plus précisément la CPI. Il faut dire que la lecture combinée des articles 90 et 93§9 du Statut de Rome, laisse apparaitre le fait qu'en cas de demande concurrente de coopération de la CPI et d'un Etat requérant adressée à un Etat partie requis, celui-ci dispose d'une marge de manœuvre lui permettant le cas échéant de ne pas accéder à la demande de la Cour.

Les tribunaux pénaux internationaux *ad hoc* quant à eux peuvent exiger la coopération d'un Etat requis même en présence de demandes concurrentes d'Etats requérants indépendamment de l'existence ou non d'un accord d'extradition entre ces derniers et l'Etat requis. C'est ainsi que dans l'affaire *Bagosora*[1801], le concerné qui était impliqué dans le génocide

---

[1799] FREDIANI Sophie, *op. cit.*, p.873.

[1800] Voir l'article 19§2-b du Statut de Rome.

[1801] Voir TPIR, Chambre de première instance, *Le Procureur c. Théoneste Bagosora,* affaire ICTR-96-7-D, « Décision de la Chambre de première instance statuant sur la requête introduite

rwandais, a été remis par les autorités camerounaises au TPIR malgré des demandes d'extradition adressées par le Rwanda et la Belgique[1802]. Si le Cameroun s'était plutôt trouvé face à des demandes concurrentes des Etats requérants et de la CPI, la remise de l'accusé à cette dernière aurait dépendu de certains paramètres établis par le Statut de Rome.

En faisant du principe de complémentarité une règle sacro-sainte, le Statut a voulu aussi répondre aux exigences des Etats qui voulaient préserver certains aspects de leur souveraineté judiciaire. Comme il fallait s'y attendre, dans le cadre de leurs rapports avec la Cour, les Etats parties ne pouvaient pas être soumis à une obligation de coopération analogue à celle qu'ils avaient à l'égard des Tribunaux *ad hoc*.

L'article 90 du Statut donne dans certaines hypothèses, la possibilité aux Etats requis de faire le choix d'accéder, soit à la demande de coopération de la Cour, soit à une sollicitation d'extradition formulée par un Etat non partie au Statut de Rome, et en particulier lorsque ce dernier Etat a signé une convention d'extradition avec l'Etat requis qui est lui-même un Etat partie au Statut de la Cour[1803]. Il est vrai que pour cette situation, le Statut demande à l'Etat partie requis, de tenir compte des considérations telles que *« l'ordre chronologique des demandes ; les intérêts de l'Etat requérant, en particulier, le cas échéant, le fait que le crime a été commis sur son territoire et la nationalité des victimes et de la personne réclamée ; et la possibilité que la Cour et l'Etat requérant parviennent ultérieurement à un accord concernant la remise de cette personne »*[1804]. Mais, le fait est qu'en ce qui concerne précisément les Etats africains, l'hostilité croissante qu'ils manifestent à l'égard de la CPI peut les pousser à préconiser le cas échéant, une extradition vers un Etat requérant de tout criminel international se trouvant sur leur territoire, plutôt qu'une remise de celui-ci à la CPI.

---

par le procureur aux fins d'obtenir une demande officielle de dessaisissement en faveur du TPIR dans le cadre de l'affaire Théoneste Bagosora (conformément aux articles 9 et 10 du RPP) », 17 mai 1996.

[1802] Sur cet exemple de coopération sans condition avec les Tribunaux internationaux *ad hoc*, voir NGONO Solange, « La participation du Cameroun à la répression internationale du génocide rwandais », article précité.

[1803] Faire une lecture conjointe des paragraphes 4, 5 et 6 de l'article 90 du Statut de Rome.

[1804] Voir le §6 (a, b, c) de l'article 90 du Statut de Rome dont les dispositions sont valables pour l'hypothèse où un responsables des crimes relevant de la compétence de la CPI, a commis d'autres crimes à l'origine de la demande d'extradition d'un Etat en concurrence avec la Cour en ce qui concerne l'obligation de coopération de l'Etat requis.

De plus, les Etats africains parties au Statut de Rome peuvent décider de ne pas accorder la priorité à une demande de coopération de la Cour concurrente à celle d'un autre Etat, puisque l'article 93§9 dudit Statut dispose que : *« si un État partie reçoit, d'une part, de la Cour et, d'autre part, d'un autre État dans le cadre d'une obligation internationale, des demandes concurrentes ayant un autre objet que la remise ou l'extradition, il s'efforce, en consultation avec la Cour et cet autre État, de faire droit aux deux demandes, au besoin en différant l'une ou l'autre ou en la subordonnant à certaines conditions ».* Cette disposition fragilise la position de la CPI à l'égard des Etats africains compte tenu du fait qu'ils développent de plus en plus, une conception politique de leur obligation de coopération vis-à-vis des juridictions internationales pénales.

SECTION 2. La conception politique par les Etats africains de l'obligation juridique de coopération avec les juridictions internationales pénales

319.-Aspects politiques de la coopération internationale. Même dans son volet judiciaire, la coopération revêt un caractère politique dont les Etats ont du mal à se départir. Pour s'en convaincre, il suffit d'observer l'attitude des Etats africains vis-à-vis des juridictions internationales pénales, mais plus précisément de la CPI qui est souvent considérée comme un cheval de Troie du néocolonialisme[1805]. Pourtant, la coopération avec cette dernière comporte quelques traits juridiques particuliers par rapport à la coopération traditionnelle entre les sujets de droit international. C'est ainsi que le Statut de Rome ne reconnait pas en principe les clauses classiques d'exclusion de la coopération pour des motifs politiques, commerciaux ou fiscaux[1806]. De plus, l'obligation juridique de coopération avec les juridictions internationales pénales découlant de différentes normes internationales, prime les droits internes en vertu du principe de la suprématie du droit international[1807].

[1805] Lire MEGRET Frédéric, « Cour pénale internationale et néocolonialisme : au-delà des évidences » *in* VILMER Jeangène Jean-Baptiste, *L'Afrique face à la justice pénale internationale*, Etudes internationales, volume XLV, n°1, mars 2014, 171 p., pp.27-48.

[1806] Voir ZIMMERMANN Robert, *La coopération judiciaire internationale en matière pénale,* 2ème édition, Bruylant SA Bruxelles, Staempfli éditions SA Berne, 2004, 733 p., p.15.

[1807] Sur le principe de la suprématie du droit international, Voir DJIENA WEMBOU Michel-Cyr, *Le droit international dans un monde en mutation, Essais écrits au fil des ans,* éditions l'Harmattan, Paris 2003, 399 p., pp.36ss.

Pourtant, il est difficile d'affirmer que cette obligation de coopération est pleine et entière, puisqu'elle laisse aux Etats une grande marge de manœuvre qui prend très souvent une connotation politique. C'est ainsi que des Etats africains ont pu développer ces dernières années des stratégies leur permettant d'échapper à leur obligation de coopération comme par exemple, le recours à une Union Africaine non coopérative vis-à-vis de la CPI **(§1)**, sans oublier leur propension à l'invocation politique des règles statutaires remettant en cause la coopération effective avec la CPI **(§2)**.

§1. Le recours des Etats africains à une Union Africaine non coopérative vis-à-vis de la CPI

320.-Hostilité de l'Union Africaine à l'égard de la CPI. L'Union Africaine (UA) a succédé en 2002, à une Organisation de l'Unité Africaine (OUA)[1808] dont l'une des missions était de lutter contre le colonialisme occidental sous toutes ses formes[1809]. Ainsi, son hostilité à l'égard de la CPI découle du fait qu'elle a eu l'habitude de considérer avec une certaine suspicion bon nombre d'institutions internationales créées à l'initiative des pays occidentaux. En ce qui concerne précisément les institutions juridictionnelles, Raymond RANJEVA a pu dire sans fard dès 1990 que *« les Etats africains, dans leur totalité, redoutent un « européocentrisme » des juridictions internationales »*[1810].

Aujourd'hui, si certains Etats africains ont souvent fait le choix individuel de coopérer avec la CPI par exemple, il arrive pourtant qu'ils se montrent plutôt favorables à l'hostilité collective vis-à-vis de la Cour qui est exprimée au sein de l'UA. Ainsi, pour justifier leurs décisions de ne pas coopérer avec la CPI, le Malawi et le Tchad ont déclaré qu' *« en tant que membres de l'UA, (ils) s'align(ent) pleinement sur la position adoptée par*

1808 L'OUA avait vu le jour le 25 mai 1963 à Addis-Abeba. Suite à la déclaration de Syrte du 9 septembre 1999, elle a été remplacée par l'UA à l'occasion du sommet de Durban le 9 juillet 2002.

1809 Dans le préambule de la Charte de l'OUA datée du 25 mai 1963, les chefs d'Etat et de Gouvernement africains sont *« fermement résolus à sauvegarder et à consolider l'indépendance et la souveraineté durement conquises, ainsi que l'intégrité territoriale de nos (leurs) Etats, et à combattre le néo-colonialisme sous toutes ses formes »*. De plus, parlant des objectifs de l'OUA, l'article 2§1-d de ladite Charte parle de la volonté *d'« éliminer sous toutes ses formes le colonialisme de l'Afrique »*.

1810 RANJEVA Raymond, « La juridiction internationale et l'Afrique » *in* CONAC Gérard, DE GAUDUSSON Jean du BOIS (dir.) *Afrique contemporaine*, n°156, 1990, Numéro spécial : *la justice en Afrique*, pp.284-288, p.287.

cette organisation »[1811]. Cette organisation justement sert de paravent à tous les Etats africains non coopératifs puisque d'une part, elle ne peut être partie au Statut de Rome, et d'autre part, elle se montre particulièrement réticente à toute forme de coopération concernant les organisations intergouvernementales, pouvant être demandée par la CPI en vertu de l'article 87§6[1812] de son Statut. Au contraire, elle manifeste une contestation récurrente de la sollicitation des Etats africains par les juridictions internationales pénales **(A)**, sans oublier sa volonté de substitution d'un organe panafricain à la CPI **(B)**.

A- La contestation récurrente par l'Union Africaine de la sollicitation de coopération des Etats africains par les juridictions internationales pénales

321.-Éléments de la contestation. L'UA semble n'approuver qu'exclusivement les actions de la CPI mise en œuvre à l'initiative des africains eux-mêmes. En ce qui concerne celles qui sont initiées par le Conseil de sécurité de l'ONU, ou *proprio motu* par le Procureur de la CPI, elles sont très souvent considérées par l'Organisation panafricaine comme une intrusion inacceptable dans les affaires du continent africain.

L'UA profite du fait qu'elle n'a aucune obligation juridique directe de coopération avec la CPI pour faire valoir sa propre stratégie de gestion des affaires liées à la commission des crimes internationaux les plus graves[1813].

[1811] CPI, Chambre préliminaire I, *Le Procureur c. Omar Hassan Ahmad Al Bashir,* ICC-02/05-01/09, Rectificatif de la Décision rendue en application de l'article 87§7 du Statut de la CPI (Malawi), 13 décembre 2011, p.7, §8. Décision citée par FALKOWSKA Martyna, VERDEBOUT Agatha, dans leur article intitulé, « L'opposition de l'Union Africaine aux poursuites contre Omar Al Bashir, Analyse des arguments juridiques avancés pour entraver le travail de la Cour pénale internationale et leur expression sur le terrain de la coopération », *in Revue belge de droit international,* Bruylant Bruxelles, Vol. XLV, 2012-1, 343 p. pp.201-236., p.230.

[1812] L'article 87§6 du Statut de Rome prévoit que: *« La Cour peut demander des renseignements ou des documents à toute organisation intergouvernementale. Elle peut également solliciter d'autres formes de coopération et d'assistance dont elle est convenue avec une organisation intergouvernementale et qui sont conformes aux compétences ou au mandat de celle-ci ».*

[1813] En ce qui concerne le TPIR, le secrétaire général de l'OUA avait dans son rapport du 25 mai 1997 recommandé aux Etats membres de coopérer avec la juridiction *ad hoc*. Voir la note introductive dudit rapport à l'occasion de la 33ème session ordinaire de la Conférence des chefs

Contrairement à l'Union Européenne[1814], elle répugne à signer avec la juridiction internationale pénale permanente tout accord de coopération qui aurait pour effet de limiter sa marge de manœuvre dans le règlement des situations post-conflictuelles.

L'UA s'est montrée particulièrement hostile à la saisine de la CPI par le Conseil de sécurité de l'ONU, aussi bien pour la situation au Darfour, le 31 mars 2005, que pour celle en Libye, le 26 février 2011. Elle a eu l'occasion de contester notamment l'article 13-b du Statut de la CPI qui habilite le Conseil de sécurité à saisir la Cour sur la base du Chapitre VII de la Charte des Nations Unies[1815]. Elle a clairement affiché sa défiance à l'égard du principal organe onusien en proposant un amendement à l'article 16 du Statut de Rome, qui devait *« permettre à l'Assemblée générale des Nations Unies de surseoir à enquêter ou à poursuivre, pour une année, au cas où le Conseil de sécurité n'aurait pas pris de décision dans un délai spécifique »*[1816].

Cette attitude de rejet de l'action du Conseil de sécurité par l'UA, est aussi due au fait que cette dernière se sent mise à l'écart du processus décisionnel au sein de l'ONU et plus précisément du Conseil de sécurité. Faisant référence audit Conseil, elle revendique *« la nécessité impérieuse de corriger, avant tout, l'injustice historique faite au continent, qui continue de ne pas être représenté dans la catégorie des membres permanents et est sous-représenté dans la catégorie des membres non permanents du Conseil de sécurité des Nations Unies »*[1817].

Pour contrecarrer l'action de la CPI suite à la saisine par le Conseil de sécurité, l'UA n'a pas hésité à recommander à ses membres de s'abstenir, parfois en violation des lois de transposition du Statut de Rome dans leurs

---

d'État et de gouvernement et à la 66ème session ordinaire du Conseil des ministres, Harare Zimbabwe, du 26 mai au 4 juin 1997, p.56.

[1814] Un accord de coopération et d'assistance a été signé entre la CPI et l'UE le 10 avril 2006. Ledit accord est entré en vigueur le 1er mai 2006. Voir la référence ICC-PRES/01-01-06.

[1815] Sur la question voir notamment MOUANGUE KOBILA James, article précité, p.33.

[1816] Voir la *Décision sur le Rapport de la deuxième réunion des Etats Parties au Statut de Rome de la CPI,* à l'occasion de la Conférence de l'Union Africaine, 14ème session ordinaire, 31 janvier/ 2 février 2010, Addis-Abeba (Ethiopie), Assembly/AU/Dec.270 (XIV) Rev.1, Doc. Assembly/AU/8 (XIV). §2 et 5.

[1817] Voir la *Décision sur le rapport du Comité des dix chefs d'Etat et de Gouvernement sur la réforme du Conseil de sécurité des Nations Unies,* Conférence de l'Union Africaine, 17ème session ordinaire, 30 juin-1ème juillet 2011, Malabo (Guinée équatoriale), Doc. Assembly/AU/6 (XVIII), §3.

droits internes[1818], de collaborer avec la juridiction internationale permanente, et d'adopter une législation appropriée pour permettre à leurs propres juges de réprimer les responsables des crimes internationaux les plus graves[1819]. Il semble qu'elle n'ait pas apprécié le fait que sa demande de report de l'affaire Al Bashir adressée au Conseil de sécurité sur le fondement de l'article 16 du Statut de Rome, soit restée sans suite. Elle voulait en effet que soit tenu compte, *« du caractère délicat des processus de paix en cours au Soudan »[1820],* qui pouvait être compromis par l'arrestation du président soudanais. De plus, d'après l'UA, ce dernier devait bénéficier du régime de l'immunité découlant de l'article 98 du Statut de Rome[1821]. L'argument fut d'ailleurs repris au profit du guide libyen Kadhafi, lorsqu'il fut mis en cause par la résolution 1970 du Conseil de sécurité[1822].

Au-delà de la suspicion à l'égard du Conseil de sécurité dont elle a souvent critiqué la composition, l'UA a aussi vilipendé avec véhémence l'action *proprio motu* du Procureur de la CPI contre les responsables politiques kenyan[1823]. Elle a estimé que le Kenya était à même de mettre sur pied les mécanismes juridiques nécessaires pour sanctionner les crimes les plus graves

---

[1818] La plupart des lois de transposition du Statut de Rome dans les droits africains ont prévu des dispositions reconnaissant leur obligation de coopération et d'entraide avec la CPI. Voir notamment le titre XIV du livre quatrième du code de procédure pénale sénégalais auquel fait référence l'article 3 de la loi sénégalaise n°2007-05 du 12 février 2007 modifiant le code de procédure pénale relative à la mise en œuvre du traité de Rome instituant la CPI. Dans le même sens, lire les articles 29 et 31 des lois de mise en œuvre du Statut de Rome au Burkina Faso et aux Comores qui prévoient que lesdits Etats coopèrent *« pleinement avec la Cour (CPI) dans les enquêtes et poursuites que celle-ci mène pour les crimes relevant de sa compétence ».* Voir aussi le chapitre 4 de la loi sud africaine de mise en œuvre du Statut de Rome en droit interne et en particulier l'article 8-1 (endorsement of warrants of arrest) qui dispose que *« any request received from the Court for the arrest and surrender of a person for whom a warrant of arrest has been issued by the Court must be referred to the Central Authority and accompanied by such documents as may be necessary to satisfy a competent court in the Republic that there are sufficient grounds for the surrender of that person to the Court ».*

[1819] Voir la *Décision sur la mise en œuvre des décisions de la conférence relatives à la CPI,* Assembly/AU/Dec. 366 (XVII), Doc. EX.CL/670(XIX), §6.

[1820] Voir *Décision sur la demande par le Procureur de la CPI de la mise en accusation du président de la République du Soudan,* Assembly/AU/Dec. 221 (XII), §2.

[1821] Parmi les positions de l'UA sur l'article 98 du Statut de Rome, voir notamment la Décision Assembly/AU/Dec. 397(XVIII), 30 janvier 2012, §6.

[1822] Voir la *Décision sur la mise en œuvre des décisions de la conférence relatives à la CPI,* Assembly/AU/Dec. 366 (XVII), Doc. EX.CL/670(XIX), §6.

[1823] L'UA a d'ailleurs soutenu une demande adressée au Conseil de sécurité visant à suspendre l'étude de la situation au Kenya par la CPI. Voir notamment la Décision Assembly/AU/Dec. 397(XVIII), 30 janvier 2012, §4.

commis sur son territoire[1824]. Au final, pour dénoncer ce qu'elle considère comme un acharnement de la part de la CPI, l'UA conclut que les Etats membres ne devraient pas coopérer avec ladite Cour. Pour elle, *« la justice internationale ne semble appliquer les règles de la lutte contre l'impunité qu'en Afrique, comme si rien ne se passait ailleurs, en Irak, à Gaza, en Colombie ou dans le Caucase »*[1825]. Une telle contestation de la mission de la CPI a des conséquences aussi bien à l'égard de la juridiction internationale que vis-à-vis de l'UA.

322.-Conséquences de la contestation. Ces dernières années, les contestations tous azimuts de l'action des juridictions internationales pénales et plus précisément de la CPI par l'UA, a sans doute eu pour conséquence de discréditer cette dernière. Loin de s'affirmer comme la grande protectrice de la souveraineté du continent noir, l'UA risque d'apparaitre aux yeux de la communauté internationale comme un club de dirigeants africains qui, par corporatisme, ont fait le choix d'une politique devant les protéger contre les poursuites d'une juridiction internationale pénale qui semble convaincue que certains parmi eux ont leur part de responsabilité dans la commission des crimes internationaux les plus graves dans les Etats africains.

Un autre effet de l'opposition quasi systématique de l'UA à la CPI se manifeste dans l'attitude discrète des Etats africains qui veulent coopérer avec la Cour sans subir les pressions de l'institution africaine. Ceci peut expliquer par exemple la diligence des autorités ivoiriennes dans la remise de Laurent Gbagbo à la Cour le 30 novembre 2011, alors que le mandat d'arrêt avait été rendu public seulement deux jours auparavant. James MOUANGUE KOBILA a pu dire que : *« le bref délai qui a séparé l'émission du mandat d'arrêt contre l'ancien président ivoirien et sa remise à la CPI par le nouveau régime en place en Côte d'Ivoire suggère que les nouvelles autorités ivoiriennes ont voulu prendre de court l'UA, de sorte qu'elle ne puisse pas se*

[1824] Voir FALKOWSKA Martyna, VERDEBOUT Agatha, « L'opposition de l'Union Africaine aux poursuites contre Omar Al Bashir, Analyse des arguments juridiques avancés pour entraver le travail de la Cour pénale internationale et leur expression sur le terrain de la coopération », *in Revue belge de droit international*, Bruylant Bruxelles, Vol. XLV, 2012-1, 343 p., pp.201-236., p.206.

[1825] Propos de Jean Ping alors président de la Commission de l'Union Africaine ; rapportés par le Figaro le 04 mars 2009. Voir http://www.lefigaro.fr/international/2009/03/04/01003-20090304ARTFIG00553-mandat-d-arret-contre-bachir-l-union-africaine-inquiete-.php?page=&pagination=5.

prononcer sur le mandat d'arrêt émis contre Laurent Gbagbo ni sur la remise de ce suspect à la CPI »[1826].

Aussi, la stratégie de non coopération avec la CPI que l'UA impose aux Etats africains, a pour effet de relativiser la portée du rôle joué à la fois par le Conseil de sécurité de l'ONU et le Procureur de la Cour dans la répression des crimes les plus graves commis sur le continent africain. A l'avenir, l'un des défis de la CPI sera de trouver le moyen d'encourager les Africains à la saisir eux-mêmes, afin de limiter la suspicion dans l'hypothèse où elle se saisit d'une affaire ou lorsqu'elle est saisie par le Conseil de sécurité. Ce défi est d'autant plus important à relever que l'UA ne lésine pas sur les moyens pour fragiliser la CPI, puisqu'elle va jusqu'à afficher de plus en plus ouvertement, la volonté de substitution d'un organe panafricain à la Cour[1827].

B- La volonté de substitution d'un organe panafricain à la CPI

323.-Nature de l'organe. L'obstination de l'UA à ne pas coopérer pleinement avec la CPI l'a poussé à envisager d'octroyer à une Cour africaine, les compétences pour sanctionner les crimes qui relèvent aujourd'hui de la compétence de la juridiction internationale. Il est vrai qu'en vertu de l'article 4-h de son acte constitutif[1828] daté du 11 juillet 2000, l'UA peut, après décision de sa conférence, intervenir dans un Etat membre en cas de circonstances graves liées notamment à la commission des crimes tels que le génocide, les crimes de guerre et les crimes contre l'humanité.

Mais, dans la foulée des protestations du président rwandais Paul Kagamé, qui reprochait à la France de recourir à la compétence universelle pour poursuivre certains membres du Front Patriotique Rwandais[1829], l'UA est allée

---

[1826] Voir MOUANGUE KOBILA James, article précité, p.16.

[1827] Voir notamment la *Décision sur le Rapport de la Commission sur la Réunion des Etats africains parties au Statut de Rome,* 1er-3 juillet 2009, Assembly/AU Dec. 245 (XIII), Doc. Assembly/AU/13 (XIII). §5.

[1828] L'article 4-h de l'Acte constitutif de l'UA proclame en effet *« Le droit de l'Union d'intervenir dans un Etat membre sur décision de la Conférence, dans certaines circonstances graves, à savoir : les crimes de guerre, le génocide et les crimes contre l'humanité ».*

[1829] L'un des cas les plus emblématiques fut l'arrestation en Allemagne de Rose Kabuye dans le cadre d'une enquête mise en branle par le juge français Jean-Louis Bruguière afin de faire la lumière sur l'attentat ayant coûté la vie au président Juvénal Habyarimana le 6 avril 1994. Entre novembre 2008 et avril 2009 la concernée a été assignée à résidence avant d'être libérée faute de preuves. Sur cette affaire, lire notamment l'article intitulé « le destin de Rose Kabuye »

plus loin en faisant dès le 04 février 2009 des recommandations à la Commission de l'UA ainsi qu'à la Commission africaine des droits de l'homme et des peuples et à la Cour africaine des droits de l'homme et des peuples, afin qu'elles étudient dans quelle mesure il pourrait être octroyé à la Cour africaine des compétences pour sanctionner des crimes tels que le génocide, les crimes de guerre et les crimes contre l'humanité[1830].

Il faut préciser que ce n'est pas la Cour africaine des droits de l'homme et des peuples qui se verra éventuellement octroyer des compétences proches de celles de la CPI, mais plutôt la Cour africaine de justice et des droits de l'homme qui est en fait une symbiose de la Cour de justice de l'UA et de la Cour africaine des droits de l'homme et des peuples[1831]. En effet, le 1er juillet 2011, la Conférence des chefs d'Etats et de Gouvernement de l'UA a rappelé à la Commission de l'Union qu'elle devait *« continuer activement la mise en œuvre des Décisions de la Conférence de doter la Cour africaine de justice et des droits de l'homme et des peuples de la compétence lui permettant de juger les crimes internationaux graves commis sur le sol africain »*[1832]. Cette Cour aura une compétence continentale à l'image de ses devancières ; à la différence que si l'objectif de l'UA se concrétisait, certaines de ses missions pourraient être concurrentes à celles de la CPI.

324.-Missions de l'organe. Pour encourager les Etats africains à ne plus coopérer avec la CPI, l'UA entend s'appuyer sur une juridiction dont la compétence et les missions ne peuvent faire l'objet d'aucune contestation à l'échelle du continent africain. Le fait qu'un protocole[1833] permette à la Cour africaine de justice et des droits de l'homme de cumuler *a priori* les missions

---

publié dans le journal Jeune Afrique (http://www.jeuneafrique.com/Article/ARTJAJA2592p008-009.xml0/).

[1830] Voir la *Décision sur la mise en œuvre de la Décision de la Conférence de l'UA relative à l'utilisation abusive du principe de compétence universelle,* Décision Assembly/AU/Dec.213 (XII) du 4 février 2009. En juillet 2009 et en réaction au mandat d'arrêt contre Omar Al Bashir, l'UA a réitéré sa recommandation du mois de février.

[1831] Sur la nouvelle juridiction africaine, lire notamment BARSAC Tessa, *La Cour africaine de justice et des droits de l'homme,* CEDIN, Perspectives internationales N°32, Pedone, mars 2012, 132 p.

[1832] Voir *Décision sur la mise en œuvre des décisions de la Conférence relatives à la CPI,* Doc. EX.CL/670(XIX), Assembly/AU/Dec. 366(XVII), §8, adoptée lors de la 17ème Session ordinaire de la Conférence de l'UA tenue à Malabo (Guinée Equatoriale) du 30 juin au 1er juillet 2011.

[1833] Voir le *Protocole portant Statut de la Cour africaine de justice et des droits de l'homme* adopté par la 11e Session ordinaire de la Conférence de l'UA tenue à Charm El-Cheikh (Egypte) le 1er juillet 2008.

de la Cour africaine des droits de l'homme créée en 1998[1834] et opérationnelle depuis 2006, et celles de la Cour de justice de l'UA née à la faveur d'un protocole de 2003[1835], peut être aux yeux des détracteurs de la CPI, une source de légitimité pour une extension de ses compétences afin de réprimer les crimes internationaux les plus graves commis en Afrique.

La Cour africaine de justice et des droits de l'homme a vu ses compétences réparties dans deux principales sections (article 17 du Statut de la juridiction), dont l'une est spécialisée dans les affaires générales et l'autre compétente pour les droits de l'homme et des peuples. La section des affaires générales est habilitée à statuer sur toutes les questions prévues par l'article 28 Statut de la Cour[1836] (article 17§1), alors que la section des droits de l'homme est compétente pour toutes les affaires relatives aux droits de l'homme et/ou des peuples (article 17§2). C'est sans doute sur cette dernière que l'UA entend s'appuyer le cas échéant, pour *« africaniser »* la sanction des crimes internationaux les plus graves et permettre ainsi aux pays africains de se départir de leur obligation de coopération vis-à-vis de la CPI. La volonté des pays de l'UA de se servir de la Cour africaine pour se soustraire à leur obligation de coopérer avec la CPI est d'autant plus flagrante qu'à la fin du mois de juin 2014, à l'occasion de la réunion des chefs d'Etat et de

---

[1834] Voir le *Protocole relatif à la Charte africaine des droits de l'homme et des peuples, portant création d'une Cour africaine des droits de l'homme et des peuples,* publié le 10 juin 1998 et entré en vigueur le 25 janvier 2004.

[1835] Voir le *Protocole de la Cour de justice de l'UA* adopté par la 2ème session ordinaire de la Conférence de l'UA à Maputo, le 11 juillet 2003.

[1836] Article 28 du Statut de la Cour africaine de justice et des droits de l'homme : *« La compétence de la Cour s'étend à toutes les affaires et à tous les différends d'ordre juridique qui lui seront soumis conformément au présent Statut et ayant pour objet:*
a) l'interprétation et l'application de l'Acte Constitutif;
b) l'interprétation, l'application ou la validité des autres traités de l'Union et de tous les instruments juridiques dérivés adoptés dans le cadre de l'Union ou de l'Organisation de l'unité africaine;
c) l'interprétation et l'application de la Charte africaine des droits de l'homme et des peuples, de la Charte africaine des droits et du bien-être de l'enfant, du Protocole à la Charte africaine des droits de l'homme et des peuples relatif aux droits de la femme ou de tout autre instrument juridique relatif aux droits de l'homme, auxquels sont parties les Etats concernés;
d) toute question de droit international;
e) tous actes, décisions, règlements et directives des organes de l'Union;
f) toutes questions prévues dans tout autre accord que les Etats parties pourraient conclure entre eux, ou avec l'Union et qui donne compétence à la Cour;
g) l'existence de tout fait qui, s'il est établi, constituerait la violation d'une obligation envers un Etat partie ou l'Union;
h) la nature ou l'étendue de la réparation due pour la rupture d'un engagement international ».

Gouvernement réunis à Malabo, ils ont proposé l'adoption d'un nouvel article 46-a *bis* du protocole relatif au Statut de la Cour africaine, lequel article devant garantir l'immunité des chefs d'Etat et de Gouvernement devant la Cour africaine même en cas d'implication de ceux-ci dans la commission des crimes internationaux les plus graves[1837].

Mais si comme le prédisent certains analystes[1838], l'UA a finalement du mal à octroyer des compétences similaires à celles de la CPI à la Cour africaine de justice et des droits de l'homme, à cause des contraintes institutionnelles et financières que cela implique, les Etats africains récalcitrants se réservent tout de même la possibilité d'invoquer de manière politique, comme ils l'ont déjà fait, des règles statutaires remettant en cause la coopération avec la CPI.

§2. **L'invocation politique par les Etats africains des règles statutaires remettant en cause la coopération effective avec la CPI**

325.-Règles statutaires invoquées. La volonté des Etats africains de se départir de leurs engagements à l'égard de la CPI les a poussés à invoquer certaines dispositions du Statut de Rome qui sont autant de subterfuges politiques permettant de fouler aux pieds l'obligation de coopération avec la Cour. Suite à l'affaire Al Bashir par exemple, les arguments juridiques pouvant justifier une non coopération furent développés par les Etats africains *via* l'UA qui s'est appuyée sur les articles 16 et 98§1er du Statut de Rome. Le premier article a permis la sollicitation du Conseil de sécurité des Nations Unies en vue de la suspension des poursuites requérant la coopération des Etats africains **(A)**, quant au second, il fut le fondement du recours par les Etats africains, à un régime d'immunité limitant les possibilités de demande de coopération de la CPI **(B)**.

[1837] Sur le sujet, voir le lien http://www.amnesty.fr/Presse/Communiques-de-presse/La-decision-prise-lors-du-Sommet-de-Union-africaine-represente-un-pas-en-arriere-pour-la-justice-int-12068

[1838] Lire notamment Fédération internationale des ligues des droits de l'homme, *Guide pratique des droits de l'homme et des peuples, Vers la Cour africaine de justice et des droits de l'homme,* document informatique disponible sur le site http://www.fidh.org/IMG/pdf/GuideCourAfricaine.pdf, avril 2010, 218 p., p.66.

A- La sollicitation du Conseil de Sécurité des Nations Unies en vue de la suspension des poursuites requérant la coopération des Etats africains

326.-Portée des demandes africaines de suspension de poursuites. Les rédacteurs du Statut de Rome ont adopté un article 16 dont les dispositions sont de nature à limiter l'action de la CPI. En effet, il ressort de cet article qu' *«aucune enquête ni aucune poursuite ne peuvent être engagées ni menées en vertu du (...) Statut pendant les douze mois qui suivent la date à laquelle le Conseil de sécurité a fait une demande en ce sens à la Cour dans une résolution adoptée en vertu du Chapitre VII de la Charte des Nations Unies (...) »*. Tout en sachant que la demande peut être réitérer par le Conseil de sécurité *« dans les mêmes conditions »*[1839] prévues dans ledit article 16, il n'est pas étonnant que l'UA ait vu en cette disposition une formidable carte à jouer contre la CPI qui avait initié des poursuites contre certains dirigeants africains.

En 2008, lorsque le Procureur de la CPI se décida à faire émettre un mandat d'arrêt contre Omar Al Bashir, c'est le Conseil de paix et de sécurité de l'UA qui donnait le ton en priant le Conseil de sécurité de l'ONU de faire suspendre les poursuites comme le lui permettait l'article 16 du Statut de Rome. En février 2009, suite à la confirmation du mandat d'arrêt contre Al Bashir, la Conférence de l'UA repris à son compte la demande de suspension qu'avait formulée le Conseil de paix et de sécurité.

Pour la plupart des dirigeants africains, poursuivre Al Bashir devant une juridiction internationale pénale risquait de compromettre gravement *« les efforts en cours visant à faciliter le règlement rapide du conflit au Darfour et à promouvoir une paix durable et la réconciliation sur l'ensemble du Soudan »*[1840]. De même, les poursuites de la CPI ont pu être perçues comme un obstacle à la volonté de *« bâtir des institutions nationales fortes en Afrique »*[1841].

Malgré toutes les objections de l'UA, le mandat d'arrêt contre Al Bashir fut confirmé par la Chambre préliminaire de la CPI au mois de mars 2009[1842]. Même si par dépit l'UA a demandé aux Etats africains de ne plus coopérer

---

1839 Article 16 du Statut de Rome.

1840 Communiqué du 21 juillet 2009, Conseil de paix et de sécurité de l'UA, PSC/MIN/Comm (CXLII), Rev.1, §9.

1841 *Ibid.*

1842 Voir CPI, Chambre préliminaire I, *Le Procureur c. Omar Hassan Ahmad Al Bashir,* ICC-02/05-01/09-3-tFRA, Décision relative à la requête de l'Accusation aux fins de délivrance d'un mandat d'arrêt à l'encontre d'Omar Hassan Ahmad Al Bashir, 4 mars 2009.

avec la CPI suite à l'inaction du Conseil de sécurité des Nations Unies, elle n'a pas pour autant renoncé à saisir ce dernier afin qu'il mette en œuvre l'article 16 du Statut de Rome dans le cadre des situations libyennes[1843] et kenyanes[1844].

Il semble que l'insistance de l'UA en vue de faire appliquer l'article 16 est liée au fait qu'elle a pris la résolution de sacrifier la justice pénale sur l'autel de l'apaisement et de la réconciliation nationale[1845]. Cette insistance s'est d'ailleurs manifestée par la proposition d'amendement de l'article 16 faite par l'Afrique du Sud[1846] avec le soutien de l'UA[1847], aux fins de permettre à l'Assemblée générale des Nations Unies d'examiner une requête de suspension des activités de la CPI si le Conseil de sécurité se montrait inactif pendant une période de six mois suivant la réception de la requête[1848]. Par cet amendement les Africains ont voulu surmonter les difficultés liées à la paralysie du Conseil de sécurité où s'opposent souvent les stratégies des membres permanents détenteurs du droit de véto. Ils se sont en fait inspirés de la résolution 377 de l'Assemblée Générale (Union pour le maintien de la paix) dite résolution Acheson[1849] qui permet à celle-ci de se substituer le cas échéant au Conseil de sécurité dans l'optique de préserver la paix et la sécurité internationales[1850].

L'amendement ne fut pas retenu à l'occasion de la conférence de Kampala au cours de laquelle fut révisé le Statut de Rome[1851]. Son adoption aurait pourtant donné toutes les chances d'aboutissement à bon nombre de requêtes sur la mise en œuvre de l'article 16 formulée par l'UA et adressée à l'ONU. En effet, en juillet 2008 le représentant de la Fédération de Russie au Conseil

---

1843 Voir Conférence de l'UA, Décision Assembly/AU/Dec.366(XVII), 30 juin-1er juillet 2011, §6

1844 Voir notamment, Conférence de l'UA, Décision Assembly/AU/Dec.334(XV), 30-31 janvier 2011, §6; Décision Assembly/AU/Dec.397(XVIII), 30 janvier 2012, §4.

1845 Voir notamment le Communiqué du Conseil de paix et de sécurité de l'UA du 21 juillet 2011, PSC/MIN/Comm(CXLII), Rev.1, chapeau du §11.

1846 Notification dépositaire de l'Afrique du Sud, n°C.N.851.2009. TREATIES-10 du 18 novembre 2009.

1847 Conférence de l'UA, Décision Assembly/AU/Dec. 270(XIV) Rev.1, 2 février 2010, §5.

1848 Voir la Notification dépositaire de l'Afrique du Sud, n°C.N.851.2009, précitée, p.2., §3.

1849 Du nom du secrétaire d'Etat américain (Dean Goodheram Acheson) initiateur de la résolution 377 de l'Assemblée générale de l'ONU datée du 3 novembre 1950.

1850 Voir le paragraphe 1er de la résolution 377 précitée.

1851 La Conférence de Kampala (du 31 mai au 11 juin 2010) avait pour but de réviser le Statut de Rome en apportant notamment des précisions sur la répression du crime d'agression par la CPI (voir les articles 8*bis*, 15*bis* et 15*ter* du Statut de Rome).

de sécurité signale que *« (...) l'UA a indiqué qu'il aurait été souhaitable que le Conseil exerce son autorité en vertu de l'article 16 du Statut de Rome de la CPI et qu'il remette la décision de la Cour. Le Mouvement des pays non alignés a une position analogue, tout comme l'Organisation de la Conférence islamique et la Ligue des Etats arabes. Les Etats membres de ces organisations qui font autorité représentent tout simplement l'avis des deux tiers de la communauté internationale »*[1852]. Les décisions à l'Assemblée générale portant sur le maintien de la paix et de la sécurité internationales auquel fait référence l'article 16 en citant le Chapitre VII de la Charte de l'ONU, se prennent justement à la majorité des deux tiers des Etats membres[1853]. C'est pourquoi, il n'est pas incongru de s'interroger sur les implications du recours à cet article qui a pour effet de suspendre l'action de la CPI.

327.-Implications du recours à l'article 16 du Statut de Rome suspendant l'action de la CPI. Les implications du recours à l'article 16 sont à la fois juridiques et politiques ; ce qui n'est pas surprenant compte tenu du fait que le Conseil de sécurité prend très souvent en compte des exigences qui peuvent même apparaitre quelquefois comme étant contradictoires.

Sur l'angle du droit, la mise en œuvre de l'article 16 suppose que le Conseil de sécurité prenne une résolution à la majorité de neuf voix[1854], sans qu'aucun membre permanent ne vienne, par son veto, s'opposer à la suspension des activités de la CPI. De manière assez exceptionnelle, il y a *« une utilisation inédite du droit de veto qui fonctionne en l'espèce dans un sens plutôt favorable à la communauté internationale »*[1855], puisqu'un seul vote négatif d'un membre permanent du Conseil de sécurité suffirait pour que

---

[1852] Déclaration de M. Churkin (Fédération de Russie) au Conseil de sécurité de l'ONU (5947e séance), à l'occasion de l'adoption de la résolution 1828, 31juillet 2008, S/PV. 5947, p.3.

[1853] Voir article 18§2 de la Charte des Nations Unies : *« Les décisions de l'Assemblée générale sur les questions importantes sont prises à la majorité des deux tiers des membres présents et votants. Sont considérées comme questions importantes: les recommandations relatives au maintien de la paix et de la sécurité internationales (...) ».*

[1854] Faire une lecture combinée des paragraphes 2 et 3 de l'article 27 de la Charte des Nations Unies. §2 : *« Les décisions du Conseil de sécurité sur des questions de procédure sont prises par un vote affirmatif de neuf membres ».* §3 : *« Les décisions du Conseil de sécurité sur toutes autres questions sont prises par un vote affirmatif de neuf de ses membres dans lequel sont comprises les voix de tous les membres permanents (...) ».*

[1855] ADJOVI Roland « Le Conseil de sécurité des Nations Unies et la Cour pénale internationale », *in African Yearbook of International Law,* Vol. 13, 2005, pp.187-211., p.203.

la Cour puisse continuer à enquêter sur une situation, ou à poursuivre un suspect.

Dans ces conditions, l'UA aurait d'ailleurs dû savoir que le Conseil de sécurité pourrait difficilement mettre en œuvre l'article 16. Il ne faut pas en effet oublier qu'en adoptant en 2005 la résolution 1593 sur le Darfour[1856], l'organe onusien entendait permettre à la CPI de jouer un rôle dans le règlement de la situation au Soudan ; par conséquent, une demande de suspension de l'action de la Cour sans aucun motif convaincant risquait tout simplement de le discréditer. Une réflexion analogue peut d'ailleurs être faite en ce qui concerne la résolution 1970 pour le règlement de la situation en Libye.

Dans l'hypothèse où le Conseil de sécurité adopterait une résolution mettant en œuvre l'article 16 du Statut de Rome, il serait tenu d'en référer à la CPI en respectant la procédure fixée dans l'Accord régissant les rapports entre cette juridiction et l'ONU. Assurément, en l'absence de précision du Statut de la CPI et de son Règlement de procédure et de preuve sur la mise en application de l'article 16 en question, il sera appliqué le cas échéant, l'article 17§2 de l'Accord négocié régissant les relations entre la CPI et l'ONU[1857]. Cet article prévoit que : *«lorsque le Conseil de sécurité, agissant en vertu du Chapitre VII de la Charte, adopte une résolution demandant à la Cour, en vertu de l'article 16 du Statut, de ne pas engager ni mener d'enquête ou de poursuites, cette demande est transmise immédiatement par le Secrétaire général au Président et au Procureur. La Cour accuse réception de la demande par l'entremise du Secrétaire général et, le cas échéant, informe le Conseil de sécurité, toujours par l'entremise du Secrétaire général, des mesures qu'elle a prises à cet égard ».*

Au-delà des règles juridiques qui sont consignées aussi bien dans le Statut de Rome que dans l'Accord négocié sus-évoqué, la mise en œuvre de l'article 16 du Statut de la CPI implique la prise en compte de certaines considérations politiques qui ont bien évidemment des conséquences juridiques importantes. Il faut toujours partir du postulat que dans le processus décisionnel au sein du Conseil de sécurité de l'ONU, le droit et la politique s'interpénètrent afin de répondre aux souhaits des acteurs les plus puissants du concert des Nations

---

[1856] Voir S/RES/1593 (2005), 31 mars 2005. Il faut préciser à toutes fins utiles que, la résolution 1593 a été adoptée à une large majorité avec onze votes favorables et quatre abstentions (Algérie, Brésil, Chine, Etats-Unis). Lire Press Release SC/8351, Security Council, 5158th Meeting (Night), 31/03/2005, document disponible sur le site http://www.un.org/News/Press/docs/2005/sc8351.doc.htm.

[1857] Cet accord a été passé entre les deux organisations le 4 octobre 2004.

Unies et notamment des cinq membres permanents dudit Conseil. Ainsi, très souvent, pendant que certains Etats estiment qu'une situation devrait permettre de faire appel légitimement au Chapitre VII de la Charte des Nations, d'autres pays soutiennent exactement la thèse contraire. C'est pourquoi, une résolution du Conseil de sécurité constatant *« l'existence d'une menace contre la paix, d'une rupture de la paix ou d'un acte d'agression »*[1858] pouvant justifier l'application de l'article 16 du Statut de Rome, n'est que rarement dénuée d'arrière-pensées politiques.

Dès lors, le recours à l'article 16 précité devrait être justifié par la résolution qui s'y réfère[1859], d'autant plus que la suspension que cet article prévoit peut être réitérée au bout de douze mois. Aussi, l'article 16 du Statut de Rome devrait normalement avoir une portée générale et être appliqué de manière indiscriminée. Pourtant, le 12 juillet 2002, le Conseil de sécurité a adopté, il est vrai sous la pression américaine[1860], la résolution 1422[1861] en vue de suspendre pendant 12 mois (à partir du 1er juillet 2002) toute poursuite de la CPI contre des responsables et personnels, anciens ou en exercice, des opérations placées sous l'égide des Nations Unies si ces responsables ou personnels étaient ressortissants d'Etats non parties au Statut de Rome[1862].

[1858] Voir cette formulation notamment dans l'article 39 de la Charte des Nations Unies adoptée le 26 juin 1945.

[1859] Lire la critique de CONDORELLI Luigi et VILLALPANDO Santiago, « Referral and Deferral by the Security Council », in CASSESE Antonio, GAETA Paola, JONES John (R.W.D.) (eds.*), The Rome Statute of the International Criminal Court : A Commentary,* Oxford, Oxford University Press, 2002, 2018 p., pp.644ss, p.647. Voir aussi à propos de cet article, les réflexions de EL AMINE Hala, dans son commentaire de l'article 16 du Statut de Rome, *in* FERNANDEZ Julian, PACREAU Xavier, *op. cit.*, pp.669-684, p.673.

[1860] Les Etats-Unis menaçaient de voter contre le renouvellement de la Mission des Nations Unies en Bosnie-Herzégovine (MINUBH) et aussi d'arrêter de financer le quart du budget des opérations de maintien de la paix, si les soldats de la paix et en particulier ceux de nationalité américaine, ne bénéficiaient pas d'une *« immunity from arrest, detention and prosecution »* (voir « Chronology of the Adoption of Security Council Resolutions 1422/1487 and Withdrawal of the Proposed Renewal in 2004 », *in* Coalition for the International Criminal Court, document disponible sur le site http://www.iccnow.org/documents/FS1422and1487Chronology_26March2008.pdf. Voir aussi, Amnesty International, « International Criminal Court : The unlawful attempt by the Security Council to give US citizens permanent impunity from international justice », Londres, Distr: SC/CO/PG/PO, AI Index : IOR 40/006/2003, 1er mai 2003, cité par EL AMINE Hala, article pécité, p.679, note de bas de page n°43.

[1861] Conseil de sécurité de l'ONU, 4572e séance, Résolution 1422, S/RES/1422 (2002), 12 juillet 2002.

[1862] Dans la résolution 1422 précitée(§1), le Conseil de sécurité *« demande, conformément à l'article 16 du Statut de Rome que, s'il survenait une affaire concernant des responsables ou*

Cette exigence du Conseil de sécurité fut d'ailleurs renouvelée un an plus tard avec la résolution 1487[1863]. De plus, en 2003, quand la question d'une éventuelle intervention onusienne au Libéria se posa, les Etats-Unis firent adopter par le Conseil de sécurité, la résolution 1497[1864] qui, bien que ne faisant pas référence à l'article 16 du Statut de Rome, était en réalité inspirée des résolutions 1422 et 1487[1865] sus-évoquées.

Toutefois, il faut préciser que jusqu'ici, les résolutions du Conseil de sécurité faisant référence à l'article 16 du Statut de Rome, bien que vivement critiquées[1866], n'instaurent *a priori* aucune protection juridique au profit des dirigeants politiques étatiques ; ce qui expliquerait que les pays africains se refusant de coopérer avec la CPI aient décidé, pour le compte de certains responsables politiques, de recourir à un régime d'immunité limitant les possibilités de demande de coopération de la Cour.

B- Le recours à un régime d'immunité limitant les possibilités de demande de coopération de la CPI

328.-Arguments des Etats africains s'appuyant sur l'article 98 du Statut de Rome. Lorsque le mandat d'arrêt du 4 mars 2009 fut émis contre Omar Al Bashir, les Etats africains soutinrent que le statut de chef d'Etat du concerné constituait un obstacle pour une coopération avec la CPI en vue de

---

des personnels en activité ou d'anciens responsables ou personnels d'un État contributeur qui n'est pas partie au Statut de Rome à raison d'actes ou d'omissions liés à des opérations établies ou autorisées par l'Organisation des Nations Unies, la Cour pénale internationale, pendant une période de 12 mois commençant le 1er juillet 2002, n'engage ni ne mène aucune enquête ou aucune poursuite, sauf si le Conseil de sécurité en décide autrement ».

1863 Conseil de sécurité, 4772e séance, Résolution 1487, S/RES/1487 (2003), 12 juin 2003, §1.

1864 Conseil de sécurité, 4803e séance, Résolution 1497, S/RES/1497 (2003), 1er août 2003.

1865 Dans la résolution 1497 précitée, le Conseil de sécurité *« décide que les responsables ou les personnels en activité ou les anciens responsables ou personnels d'un État contributeur qui n'est pas partie au Statut de Rome de la Cour pénale internationale sont soumis à la compétence exclusive dudit État pour toute allégation d'actes ou d'omissions découlant de la Force multinationale ou de la force de stabilisation des Nations Unies au Libéria ou s'y rattachant, à moins d'une dérogation formelle de l'État contributeur ».* Voir le paragraphe 7 de la résolution.

1866 Voir les critiques de LATTANZI Flavia, « La Corte penale internazionale : una sfida per le giurisdizioni degli Stati », *Diritto Pubblico Comparato ed Europeo,* 2002, III, pp.1365-1382 ; et d'AMBOS Kai, « International Criminal Law has Lost its Innocence », *in German Law Journal*, n°10, 1er octobre 2002 ; auteurs cités par EL AMINE Hala, article précité, p.680 et note de bas de page n°53.

sa remise. Pour conforter leurs prétentions, ils s'appuyèrent en particulier sur l'article 98§1er du Statut de Rome qui prévoit que : *« la Cour ne peut poursuivre l'exécution d'une demande de remise ou d'assistance qui contraindrait l'État requis à agir de façon incompatible avec les obligations qui lui incombent en droit international en matière d'immunité des États ou d'immunité diplomatique d'une personne ou de biens d'un État tiers, à moins d'obtenir au préalable la coopération de cet État tiers en vue de la levée de l'immunité »*.

Pour l'UA, la disposition précitée a été adoptée pour la simple raison que la CPI ne serait pas en mesure de lever l'immunité que le droit international garantit à certaines personnalités issues d'Etats non parties au Statut de Rome[1867]. Quant à la portée qu'il fallait donner à l'article 27 du Statut de Rome, qui semble lever toute immunité, y compris celle des chefs d'Etats responsables des crimes relevant de la compétence de la Cour[1868], l'organe panafricain défendit *mordicus* l'idée que cet article ne concernait que les dirigeants des Etats parties au Statut de Rome, et ne pourrait par conséquent pas s'appliquer à Omar Al Bashar dont le pays n'était pas membre de la CPI[1869].

Aussi, l'UA prétendit que le fait que la CPI ait été saisie par le Conseil de sécurité de l'ONU ne devait rien changer à la situation puisque ce dernier voudrait sans doute *« que le Statut de Rome soit appliqué, y compris son article 98 »*[1870], avec évidemment, une interprétation de cet article analogue à celle de l'Union. C'est d'ailleurs sur la base de ces motifs que le Malawi et le Tchad et dans une certaine mesure les autorités politiques sud-africaines (en

---

1867 Voir Conférence de l'UA, décision Assembly/AU/Dec. 245(XIII), 3 juillet 2009, §7.

1868 Article 27 du Statut de Rome (défaut de pertinence de la qualité officielle) : *« 1. Le présent Statut s'applique à tous de manière égale, sans aucune distinction fondée sur la qualité officielle. En particulier, la qualité officielle de chef d'État ou de gouvernement, de membre d'un gouvernement ou d'un parlement, de représentant élu ou d'agent d'un État, n'exonère en aucun cas de la responsabilité pénale au regard du présent Statut, pas plus qu'elle ne constitue en tant que telle un motif de réduction de la peine.*
2. Les immunités ou règles de procédure spéciales qui peuvent s'attacher à la qualité officielle d'une personne, en vertu du droit interne ou du droit international, n'empêchent pas la Cour d'exercer sa compétence à l'égard de cette personne ».

1869 Sur cette position prise par l'UA, voir FALKOWSKA Martyna, VERDEBOUT Agatha, « L'opposition de l'Union Africaine aux poursuites contre Omar Al Bashir, Analyse des arguments juridiques avancés pour entraver le travail de la Cour pénale internationale et leur expression sur le terrain de la coopération », article précité, p.219.

1870 Voir Conférence de l'UA, Decision Assembly/AU/Dec.397 (XVIII), 30 janvier 2012, §6.

juin 2015)[1871] refusèrent de collaborer avec la Cour pour appréhender Al Bashir, lorsque celui-ci se rendit sur leurs territoires à l'occasion de visites officielles[1872].

Pour certains auteurs, la position de l'UA n'est pas incongrue puisque l'objectif de l'article 98 serait avant tout de faire en sorte que les Etats ne violent pas les règles de droit international en matière d'immunité[1873]. Pour conforter le droit de refus de coopération des Etats africains avec la CPI, James MOUANGUE KOBILA réfute l'idée défendue par la Cour et qui voudrait qu'il existe une coutume qui milite en faveur de l'arrestation d'un chef d'Etat pour commission de crimes internationaux les plus graves[1874]. Cet auteur est contre l'avis de la juridiction internationale qui considère qu'une coutume ait pu voir le jour grâce à la jurisprudence de Nuremberg et de Tokyo, mais aussi de celle des tribunaux pénaux internationaux *ad hoc* pour l'ex Yougoslavie et pour le Rwanda[1875]. Il n'est pas non plus convaincu qu'une certaine pratique découlant de la poursuite des personnes telles que Slobodan Milosevic, Charles Taylor, Mouammar Kadhafi, Omar Al Bashir et Laurent Gbagbo, puisse suffire pour constituer une coutume internationale[1876]. Aussi, le fait que les Etats africains se soient opposés à la poursuite des dirigeants tels qu'Al Bashir et Kadhafi, remettrait en cause le caractère universel d'une éventuelle

[1871] Le 13 juin 2015, Omar Al Bashir s'est rendu en Afrique du Sud pour le 25ème sommet de l'Union africaine et a pu quitté ce pays avec la complicité des autorités politiques locales alors même qu'une juridiction de Pretoria avait pris deux décisions successivement les 14 et 15 juin 2015 aux fins de contraindre le Gouvernement sud-africain à respecter ses obligations à l'égard de la CPI. Voir sur le site internet de TRIAL (Track Impunity Always) le dossier sur Omar AL-Bashir http://www.trial-ch.org/fr

[1872] Sur la question, voir CPI, Chambre préliminaire I, *Le Procureur c. Omar Hassan Ahmad Al Bashir,* ICC-02/05-0I/09-139-Corr-tFRA, Rectificatif à la Décision rendue sur la base de l'article 87§7 du Statut de Rome (Malawi), 13 décembre 2011, p.9, §14.

[1873] Lire AKANDE Dapo, « International Law Immunities and the International Criminal Court », *in American Journal of International Law,* vol. 98, n°3, 2004, pp.407-433., p.421. Cité par FALKOWSKA Martyna, VERDEBOUT Agatha, article précité, p.220, note de bas de page n°98.

[1874] Sur le raisonnement de la CPI, voir notamment Chambre préliminaire I, Affaire *Le Procureur c. Omar Hassan Ahmad Al Bashir,* Situation au Darfour, Decision Pursuant to article 87-7 of the Rome Statute on the Failure by the Republic of Malawi to Comply with the Cooperation Requests Issued by the Court with Respect to the Arrest and Surrender of Omar Hassan Ahmad Al Bashir, du 12 décembre 2011 doc. ICC-02/05-01/09. Cité par MOUANGUE KOBILA James, article précité, p.20, note de bas de page n°95.

[1875] MOUANGUE KOBILA, article précité p.20.

[1876] *Ibid.* p.21.

coutume internationale compte tenu du nombre d'Etats membres de l'UA opposés à la démarche de la CPI[1877].

Il semble aussi que l'UA ait voulu se prévaloir d'un arrêt de la CIJ daté du 14 février 2002[1878]. Pour cette juridiction en effet, il n'y a pas *« en droit international coutumier, (...) une exception quelconque à la règle consacrant l'immunité de juridiction pénale et l'inviolabilité des ministres des affaires étrangères en exercice, lorsqu'ils sont soupçonnés d'avoir commis des crimes de guerre ou des crimes contre l'humanité »*[1879]. Il faut ajouter pour le compte de l'UA que si les ministres des affaires étrangères bénéficient d'une immunité pour la commission des crimes internationaux les plus graves, il devrait en être de même pour les chefs d'Etat et de Gouvernement en exercice.

Le recours à l'article 98§1er comme motif de non coopération des Etats africains, découle donc du fait qu'il est admis par au moins une partie de la doctrine que certains hauts responsables d'un Etat, et en particulier ceux ayant une fonction de représentation dans un pays étranger *« (...) jouissent d'immunités personnelles pour toute la durée de leur mandat »*[1880]. Pourtant, les articles 7 des lois burkinabè et comorienne de transposition du Statut de Rome, dont les contenus sont presque identiques, énoncent par exemple que *« la présente loi s'applique à tous de manière égale, sans aucune distinction fondée sur la qualité officielle. En particulier, la qualité officielle de chef d'Etat ou de Gouvernement, de membre d'un gouvernement ou d'un parlement, de représentant élu ou d'agent d'un état n'exonère en aucun cas de la responsabilité pénale au regard de la présente loi (...) »*. L'alinéa 2 de l'article 7 de la loi comorienne sus-évoquée précise d'ailleurs que l'immunité n'est pas de mise en cas de commission des crimes internationaux les plus graves[1881].

1877 *Ibid.*

1878 CIJ, Affaire du Mandat d'arrêt du 11 avril 2000, *République démocratique du Congo c. Belgique*, arrêt du 14 février 2002, §60.

1879 CIJ, Affaire précitée, §58.

1880 ZAPPALA Salvatore, *La justice pénale internationale*, Editions Montchrestien, coll. « Clefs politiques », Paris, février 2007, 154 p., p.89.

1881 Article 7 al. 2 de la loi comorienne de mise en œuvre du Statut de Rome : *« les immunités ou règles de procédure spéciales qui peuvent s'attacher à la qualité officielle d'une personne, en vertu de la loi ou du droit international, n'empêchent pas les juridictions nationales d'exercer leur compétence à l'égard de cette personne en ce qui concerne les infractions visées par la présente loi »*.

En Afrique du Sud, un imbroglio politico-judiciaire a permis à la justice de ce pays de rappeler les obligations des autorités politiques de respecter leur engagement à l'égard de la CPI.

En effet, le 13 juin 2015, le président Omar Al Bashir s'était rendu en Afrique du Sud à l'occasion du 25ème sommet de l'Union africaine. Une ONG, la *South Africa Litigation Centre (SALC)* avait, dès le 14 juin 2015, saisi la Haute Cour de la division de Gauteng à Pretoria afin que celle-ci exige l'arrestation du chef d'Etat soudanais en vertu du mandat d'arrêt de la CPI. Le même jour, la juridiction locale avait émis une ordonnance provisoire interdisant à Omar Al Bashir de quitter l'Afrique du Sud et avait dès le lendemain (le 15 juin 2015), exigé son arrestation alors que celui-ci avait déjà, avec l'accord du Gouvernement, quitté le pays quelques heures auparavant en violation de la première décision du juge[1882].

Dans une importante décision datée du 15 mars 2016, la Cour suprême d'appel d'Afrique du Sud a conclu que le choix des autorités politiques de ne pas arrêter Omar Al Bashir en juin 2015, était illégal puisque le pays avait incorporé dans son ordre juridique interne le Statut de la CPI qui neutralisait l'immunité du mis en cause et obligeait par conséquent l'Etat à coopérer avec la juridiction pénale internationale[1883]. Une telle décision est sans doute l'une des raisons qui ont poussé les autorités sud-africaines à annoncer en octobre 2016, le retrait de leur pays du Statut de la CPI.

Au-delà du paragraphe 1er de l'article 98, le paragraphe 2 du même article a servi de fondement à l'adoption d'un instrument juridique fort controversé par les Etats-Unis[1884]. L'instrument juridique en cause dénommée *ASPA (American Service-Members'Protection Act)* signé le 2 août 2002[1885] par le

---

[1882] Lire le dossier Omar Al Bashir sur http://www.trial-ch.org/fr

[1883] Lire AKANDE Dapo, « The Bashir Case: Has the South African Supreme Court Abolished Immunity for all Heads of States? », 29 mars 2016, http://www.ejiltalk.org/the-bashir-case-has-the-south-african-supreme-court-abolished-immunity-for-all-heads-of-states/ et la décision *THE SUPREME COURT OF APPEAL OF SOUTH AFRICA JUDGMENT*, Reportable Case no: 867/15, http://www.ejiltalk.org/wp-content/uploads/2016/03/Bashir-South-Africa-Supreme-Court.pdf

[1884] Sur l'opposition entre les Etats-Unis et la CPI, lire LATTY Franck, « Le combat acharné des États-Unis contre la Cour pénale internationale », *in L'état du monde 2004*, Paris, La découverte, 2003, p.37 (traduit en espagnol : « La encarniza lucha de Estados Unidos contra el TPI », *in El Estado del Mundo*, *op. cit.*, p.37).

[1885] L'*ASPA* a été complétée par l'amendement *Nethercutt* de juillet 2004 (intégré dans le *Foreign Operations Appropriations Bill)*, permettant en plus de la suspension de l'assistance militaire, une suspension d'aide économique pour les Etats voulant collaborer avec la CPI pour la remise d'un criminel américain à la juridiction internationale.

président George Walker Bush, a permis aux américains de passer des accords bilatéraux avec bon nombre d'Etats afin que ceux-ci ne coopèrent pas avec la CPI en cas d'implication des citoyens américains dans la commission des crimes relevant de la compétence de la Cour[1886].

Pour les Etats africains[1887] ayant passé des accords bilatéraux avec les américains au titre de l'*ASPA*[1888], l'article 98§2 du Statut de Rome, qui tient compte de la nécessité pour les Etats parties de respecter leur engagements internationaux[1889], pourrait le cas échéant servir de fondement au refus de coopération avec la Cour, même si un tel raisonnement pourrait se faire dans l'ignorance de la portée réelle de l'article 98 du Statut de Rome.

329.-Portée réelle de l'article 98 du Statut de Rome. La contradiction entre les articles 27 et 98§1er du Statut de Rome n'est qu'apparente[1890].

1886 Sur l'*ASPA*, lire notamment FREDIANI Sophie, *op. cit.*, pp.891ss ; FERNANDEZ Julian, *La politique juridique extérieure des Etats Unis à l'égard de la Cour pénale internationale,* Editions A. Pedone, février 2010, 649.p.

1887 Bien que certains traités aient pu être secrets, des sources (voir United Nations, Multilateral Treaties Deposited with the Secretary-General; U.S. Department of State, Treaties in Force 2007; ICC Assembly of States Parties) ont pu reveler que les Etats africains suivants avaient passé des accords bilatéraux d'immunité de l'article 98 du Statut de la CPI avec les Etats Unis et en rapport avec l'ASPA : l'Algérie, l'Angola, le Benin, le Botswana, le Burkina-Faso, le Burundi, le Cameroun, le Cap Vert, la République centrafricaine, le Tchad, les Comores, la République du Congo, la République démocratique du Congo, la Côte d'Ivoire, Djibouti, l'Egypte, la Guinée Equatoriale, Erythrée, le Gabon, la Gambie, le Ghana, la Guinée, la Guinée-Bissau, le Lesotho, le Libéria, Madagascar, le Malawi, la Mauritanie, l'Île Maurice, le Maroc, le Mozambique, le Nigéria, le Rwanda, Sao Tomé et Principe, le Sénégal, les Seychelles, la Sierra Leone, le Swaziland, le Togo, la Tunisie, l'Ouganda et la Zambie. Voir Congressional Research Service, *International Criminal Court Cases in Africa: Status and Policy Issues,* 11 juillet 2011, 32.p., pp.31-32. Document disponible sur le site http://fpc.state.gov/documents/organization/169373.pdf

1888 D'après les autorités américaines, entre 2002 et 2008, plus de 103 Etats ont passé des accords bilatéraux parfois secrets, avec Washington au titre de l'*ASPA*. Sur la question, lire le commentaire de l'article 98 du Statut de Rome de Jason RALPH, *in* FERNANDEZ Julian et PACREAU Xavier, *op.cit.,* pp.1913-1927., p.1917.

1889 Article 98§2 du Statut de Rome : *« La Cour ne peut poursuivre l'exécution d'une demande de remise qui contraindrait l'État requis à agir de façon incompatible avec les obligations qui lui incombent en vertu d'accords internationaux selon lesquels le consentement de l'État d'envoi est nécessaire pour que soit remise à la Cour une personne relevant de cet État, à moins que la Cour ne puisse au préalable obtenir la coopération de l'État d'envoi pour qu'il consente à la remise ».*

1890 Cherif BASSIOUNI a estimé que les deux articles auraient dû être joints afin de limiter tout problème d'interprétation. Voir BASSIOUNI Chérif, « International Criminal Justice in

Pourtant, ces deux dispositions sont bien à l'origine du débat qui a opposé l'UA et la CPI au sujet de l'immunité des chefs d'Etats en exercice, lorsque ceux-ci sont impliqués dans la commission des crimes relevant de la compétence de la Cour. D'entrée de jeu, il faut préciser que *« l'article 27 porte sur une question d'exercice par la Cour de sa compétence, tandis que, l'article 98 instaure une exception à l'obligation de coopération »*[1891].

Ainsi, si l'article 27 reconnait la possibilité pour la Cour d'ouvrir une affaire concernant une personne bénéficiant d'une immunité, l'article 98 en revanche viserait à mettre les Etats à l'abri d'un acte internationalement illicite qui découlerait de l'arrestation et de la remise à la Cour d'une autorité étrangère protégée par l'immunité, en violation du droit international.

L'article 98§1er garantirait l'immunité notamment aux chefs d'Etats étrangers et plus encore lorsqu'ils sont issus de pays non parties au Statut de la CPI[1892]. Dans ce cas, dans l'affaire Omar Al Bashir, il aurait été par conséquent indispensable d'obtenir au préalable une levée d'immunité du président soudanais par les instances nationales compétentes afin qu'il soit possible de donner suite à la demande de coopération formulée par la CPI.

Tout semble clair ; pourtant, le raisonnement relève du sophisme, ou alors repose sur une certaine ignorance du droit international général. En effet, la Chambre préliminaire de la CPI a fait valoir à juste titre qu'Omar Al Bashir ne pouvait se prévaloir de son immunité, puisque sa saisine était fondée sur la résolution 1593 du Conseil de sécurité des Nations Unies[1893]. Il faut garder à l'esprit que dans l'article 25 de la Charte des Nations Unies, *« les Membres de l'Organisation conviennent d'accepter et d'appliquer les décisions du Conseil de sécurité »,* surtout qu'il ressort clairement de l'article 103 de ladite Charte qu'*« en cas de conflit entre les obligations des Membres des Nations Unies en vertu de la présente Charte et leurs obligations en vertu de tout autre accord international, les premières prévaudront ».*

La saisine de la CPI par le Conseil de sécurité met en quelque sorte en veilleuse les dispositions de l'article 98 du Statut de Rome. Par conséquent,

---

Historial Perspective », *in* BASSIOUNI Chérif (éd.) *The legislative History of the International Criminal Court: Introduction, Analysis and Integrated Text,* vol. I, Ardsley, NY, Transnational Publishers, 2005, 1500 p., p.84.

[1891] FALKOWSKA Martyna, VERDEBOUT Agatha, article précité, p.221.

[1892] *Ibid.* p.227.

[1893] CPI, *Affaire le Procureur c. Omar Al Bashir,* Décision relative à la demande du Procureur d'un Mandat d'arrêt contre Omar Hassan Ahmad Al Bashir, ICC-02/05-01/09, 4 mars 2009, §41.

c'est avec raison que la Cour a critiqué la décision du Malawi et du Tchad de refuser de lui remettre le président soudanais.

Toutefois l'argumentation juridique de la Cour demeure tout de même critiquable à certains égards. En effet, dans l'un des considérants de ses arrêts, elle affirme de manière péremptoire *« qu'en droit international, l'immunité des chefs d'Etat, qu'ils soient ou non en exercice, ne peut être invoquée pour s'opposer à des poursuites menées par une juridiction internationale. Ce principe s'applique de la même manière aux chefs d'Etat non parties au Statut, qu'ils soient ou non en exercice (...) »*[1894]. Il va sans dire que cette décision fait fi de l'article 98 qui a tout son sens lorsque la Cour est saisie par un Etat partie[1895], ou par le Procureur *proprio motu*[1896]. Dans ces deux dernières hypothèses de saisine, le Statut de Rome se trouve dans un rapport horizontal avec les autres normes internationales dont elle doit tenir compte, alors que la saisine de la Cour par le Conseil de sécurité fait entrer en ligne de compte les dispositions de la Charte de l'ONU qui affirment dès lors leur prééminence sur les autres instruments juridiques internationaux.

330.-Transition conclusive. Finalement, sauf hypothèse de saisine par le Conseil de sécurité, la CPI ne peut exiger la remise d'une autorité politique protégée par l'immunité et se trouvant à l'étranger, à moins que comme le prévoit l'article 98 du Statut de Rome, il soit obtenue la levée d'immunité ou la coopération de l' *« Etat tiers »* dont il est le ressortissant. Si comme l'indiquent Claus KREB et Kimberly PROST, le concept d' *« Etat tiers»* fait allusion à tout Etat autre que l'Etat requis, y compris ceux qui sont partie au Statut de la CPI[1897], l'application de l'article 98 du Statut de Rome risque de dépendre fortement de la situation politique ou des réalités juridiques internes des Etats. Dès lors, il est opportun de préconiser au sein des Etats africains,

---

1894 Voir CPI, Situation au Darfour, *Le procureur c/ Omar Hassan Ahmad Al Bashir,* ICC-02/05-01/09, Chambre préliminaire I, Décision fondée sur l'article 87§7 du Statut de Rome, à propos du refus de la République du Tchad de répondre favorablement aux demandes de coopération de la Cour pour l'arrestation et la remise d'Omar Hassan Ahmad Al Bashir, 13 décembre 2011, §13 ; voir pour les mêmes raisons, la décision concernant la République de Malawi, 12 décembre 2011, §§36 et suivants.

1895 Voir les articles 13-a et 14 du Statut de Rome.

1896 Voir les articles 13-c et 15 du Statut de Rome.

1897 KREB Claus, PROST Kimberly, « Article 98 : Cooperation with respect to a waiver of immunity and consent to surrender », *in* Otto.TRIFFTERER (éd.) *Commentary on the Rome Statute of the International Criminal Court:* Observers' Notes, Article by Article, 2nd edition, München/Oxford/Baden-Baden, Nomos, 2008, pp.1601-1629, p.1606.

l'instauration des modèles politico-juridiques favorables à la diffusion du droit international pénal.

CHAPITRE 2

L'INSTAURATION EN AFRIQUE DES MODELES POLITICO-JURIDIQUES FAVORABLES A LA DIFFUSION DU DROIT INTERNATIONAL PENAL

331.-Concept de modèle politico-juridique. Il n'existe pas de définition officielle ou académique du concept de *« modèle politico-juridique »,* d'où l'intérêt de le manier avec beaucoup de circonspection. Il peut faire référence à un système ou à un ordre sociétal qui révèle ses aspects à la fois politiques et juridiques. C'est en tout cas dans ce sens qu'il est entendu ici.

Toutefois, il faut préciser qu'un modèle en lui-même fait penser à une *« technique de représentation d'un objet ou d'un processus »*[1898]. Il s'agit bien entendu d'un objet social ou d'un processus social. L'avantage des modèles dans le domaine des sciences sociales est qu'ils permettent d'identifier des champs d'études qu'il est ensuite possible de ranger par catégories. Pourtant, ils peuvent être à l'origine des simplifications ou des extrapolations pas toujours conformes à la réalité sociale qui est très souvent plus complexe que les analyses effectuées par les chercheurs. C'est pourquoi, en tant que *« simple instrument de recherche, tout modèle est réfutable, et l'utilité de la représentation schématique tient précisément dans cette faiblesse et cette fragilité »*[1899]. Néanmoins, le régime politique ou la politique criminelle d'un Etat sont par exemple des paramètres utiles pour déterminer l'impact des modèles politico-juridiques sur l'effectivité de certaines normes juridiques et en l'occurrence le droit international pénal.

332.-Impact des modèles politico-juridiques sur l'effectivité du droit international pénal. Une étude approfondie des divers régimes politiques et des différentes politiques criminelles permet de prendre conscience de l'impact des modèles politico-juridiques sur l'effectivité du

---

[1898] DELMAS-MARTY Mireille, *Les grands systèmes de politique criminelle,* Editions PUF, Collection Thémis, Paris, mai 1992, 462 p., p.75.

[1899] *Ibid.*

droit international pénal dans les ordres juridiques internes. Il faut toujours partir du postulat que la diffusion du droit international en droit interne va dépendre en grande partie de la philosophie juridique ou politique d'un Etat qui va définir en amont les rapports que la règle de droit entretient avec l'ensemble de ses institutions.

Ainsi, il ne fait aucun doute qu'en déterminant les relations entre les différents pouvoirs d'Etat, un régime politique affiche ou non son attachement à l'Etat de droit qui a comme corollaire la séparation des pouvoirs, dont il est impossible d'ignorer l'intérêt pour l'indépendance des magistrats qui ont besoin d'être à l'abri de toute pression politique pour sanctionner en toute quiétude les responsables des crimes internationaux les plus graves.

Aussi, l'effectivité du droit international pénal peut être liée à la politique criminelle d'un Etat qui peut décider soit d'appliquer les normes internationales pénales introduites dans son ordre juridique, soit d'organiser au nom de certains impératifs politiques, une forme d'impunité pour ceux qui sont suspectés d'avoir participé à la commission des génocides, des crimes de guerre ou des crimes contre l'humanité. Dès lors, il devient opportun non seulement d'étudier la mise sur pied en Afrique des régimes politiques garantissant la diffusion du droit international pénal **(SECTION 1)**, mais aussi d'insister sur l'intérêt du développement des politiques criminelles africaines permettant le recours effectif aux normes de droit international pénal **(SECTION 2)**.

SECTION 1. La mise sur pied en Afrique des régimes politiques garantissant la diffusion du droit international pénal

333.-Notion de régime politique. Bien que largement enseigné dans les universités et couramment employé par les auteurs, le concept de régime politique mérite quelques clarifications terminologiques puisque sa définition est loin de faire l'unanimité dans la doctrine. Pendant longtemps, et sous l'influence de Maurice DUVERGER, un régime politique était vu comme *« une certaine combinaison d'un système de partis, d'un mode de scrutin, d'un ou plusieurs types de décisions, d'une ou plusieurs structures de groupes de pression »*[1900]. Jean-Louis QUERMONNE par contre considère qu'un régime

1900 DUVERGER Maurice, « Introduction à une sociologie des régimes politiques », *in* GURVITCH Georges (dir.), *Traité de sociologie*, Paris, PUF, 1963, tome 2, p.4, cité par QUERMONNE Jean-Louis, *Les régimes politiques occidentaux,* Editions du Seuil, cinquième édition, Paris, janvier 2006, 301 p., p.8.

politique est *« l'ensemble des éléments d'ordre idéologique, institutionnel et sociologique qui concourent à former le Gouvernement d'un pays donné pendant une période déterminée »*[1901].

Toutefois, cette définition n'est pas du tout satisfaisante car elle instaure la confusion entre le régime politique concept lié à la science juridique et le système politique qui est normalement rattaché à la science politique. D'ailleurs, parlant du système politique, Gabriel ALMOND et Bingham POWEL font référence aux organes politiques, à l'ordre économique et social, à la culture, à l'histoire, aux valeurs, bref à *« toutes les structures dans leurs aspects politiques »*[1902]. Il faut tout simplement dire qu'un régime politique est l'ensemble des règles et pratiques juridiques, fondées en général sur la Constitution, qui déterminent la nature des rapports entre les différents pouvoirs d'Etat et entre ceux-ci et les particuliers[1903]. La nature des régimes politiques influe sur le fonctionnement d'ensemble des ordres juridiques, d'où leur impact sur la diffusion effective du droit international pénal.

334.-Régimes politiques et diffusion du droit international pénal. Les régimes politiques ont une grande influence sur l'adoption des mécanismes juridictionnels et plus précisément sur le fonctionnement des systèmes juridiques répressifs. Ainsi, les régimes politiques démocratiques, qui ont comme leitmotive les droits de l'homme, seront davantage favorables à l'application des normes internationales pénales que les régimes politiques non démocratiques qui très souvent s'illustrent par la mise en œuvre des politiques liberticides voire criminelles. Malheureusement, beaucoup d'Etats africains semblent appartenir à cette dernière catégorie. C'est pourquoi, il faut assurer au sein de ces Etats, le contrôle des pouvoirs d'Etat influençant la diffusion effective du droit international pénal **(§1)**, ce qui favorisera l'aménagement des droits fondamentaux des particuliers africains soumis à l'application des normes internationales pénales **(§2)**.

[1901] QUERMONNE Jean-Louis, *op. cit.*, p.9.

[1902] Voir ALMOND Gabriel, POWEL Bingham, *Comparative Politics,* Boston, Little, Brown, 1996 ; auteurs cités par QUERMONNE Jean-Louis, *op. cit.*, p.9.

[1903] Maurice DUVERGER a finalement conclu qu' *« au sens large, on appelle régime politique la forme que prend dans un groupe social donné la distinction des gouvernants et des gouvernés ».* Lire DUVERGER Maurice, *Les régimes politiques,* Paris, PUF, « Que sais-je ? », 1981, p.7.

§1. Le contrôle des pouvoirs d'Etat influençant la diffusion effective du droit international pénal

335.-Contrôle des pouvoirs en Afrique et droit international pénal. L'une des principales causes des conflits ayant débouché sur la commission des crimes de droit international pénal en Afrique peut être le déséquilibre structurel ou fonctionnel qui existe parfois au sein des différents pouvoirs d'Etat. Ce déséquilibre ayant très souvent profité à l'Exécutif, il n'est pas étonnant que ce dernier ait quelquefois eu la propension à instaurer un mode de gouvernement non démocratique.

Il faut admettre que l'Etat africain issu de la colonisation juridique occidentale a eu du mal à assimiler les leçons de MONTESQUIEU sur la séparation des pouvoirs. Le grand penseur français disait à juste titre que *« pour qu'on ne puisse abuser du pouvoir, il faut que par la disposition des choses, le pouvoir arrête le pouvoir »*[1904]. C'est cette idée de contrôle mutuel des pouvoirs qui devrait justifier d'une part l'encadrement des pouvoirs politiques susceptibles d'entraver la diffusion des normes internationales pénales dans les droits internes africains **(A)** et d'autre part l'organisation des systèmes juridictionnels favorisant la diffusion effective du droit international pénal dans les droits internes africains **(B)**.

A- L'encadrement des pouvoirs politiques susceptibles d'entraver la diffusion des normes internationales pénales dans les droits internes africains

336.-Intérêt de la limitation du pouvoir exécutif. Dans les pays occidentaux où le libéralisme politique a été érigé en principe sacro-saint d'organisation de l'Etat, les régimes politiques sont, à l'exception du modèle atypique de la France[1905], soit présidentiel, soit parlementaire[1906] avec d'une part une séparation rigide des pouvoirs et d'autre part une séparation souple

---

[1904] MONTESQUIEU, *De l'Esprit des Lois,* Livre XI, chapitre 4.

[1905] La rationalisation du parlementarisme en France a fait de ce pays un régime politique hybride qualifié de semi-parlementaire ou de semi-présidentiel dans lequel des pouvoirs accrus sont octroyés au président de la République qui apparait comme étant la figure centrale de la démocratie française. Sur le parlementarisme rationalisé, voir FAVOREU Louis et alii, *Droit constitutionnel,* 16ème édition, Dalloz, Paris, septembre 2013, 1070 p., p.404, §520.

[1906] Sur les régimes politiques, voir notamment DE VERGOTTINI Giuseppe, « Régimes politiques », *in* CHAGNOLLAUD Dominique, TROPER Michel, (dir.), *Traité international de droit constitutionnel, (Distribution des pouvoirs),* tome 2, Editions Dalloz, Paris, 2012, 805 p., pp.113-157.

des pouvoirs[1907]. C'est l'expérience du passé marqué par les abus de l'Exécutif qui a justifié la limitation des pouvoirs de ce dernier et en particulier du chef de l'Etat.

Par contre, Rodolfo SACCO a pu dire que malgré l'héritage colonial, *« dans toute l'Afrique, on constate une grande concentration du pouvoir dans les mains du chef de l'Etat »*[1908]. Les régimes politiques africains, qualifiés généralement de présidentialistes, sont très souvent soit une altération du modèle français dans la plupart des pays francophones, soit une déviation du régime présidentiel dans les autres pays. Toujours est-il que les pouvoirs considérables dont disposent les chefs d'Etat africains leur permettent d'exercer un certain contrôle sur le pouvoir judiciaire. Ceci est d'autant plus vrai que dans la plupart des pays africains francophones par exemple, le chef de l'Etat est encore[1909] le chef de la magistrature dont il préside le Conseil[1910]. Ce pouvoir sur la justice n'est pas seulement formel à l'image de celui qui émanait de l'article 65 de la Constitution française antérieur à la réforme constitutionnelle du 23 juillet 2008[1911] ; il est bien réel dans la mesure où, dans la pratique constitutionnelle, le chef de l'Etat africain francophone exerce son emprise sur les institutions pouvant faire contrepoids à son pouvoir[1912]. Il faut dire qu'on a pu observer dans des pays africains, une *« préséance*

[1907] A propos de la séparation des pouvoirs, lire les récentes réflexions de Mauro BARBERIS, « La séparation des pouvoirs », *in* CHAGNOLLAUD Dominique, TROPER Michel, (dir.), *Traité international de droit constitutionnel, (Théorie de la constitution),* tome 1, Editions Dalloz, Paris, 2012, 816 p., pp.705-732.

[1908] SACCO Rodolfo, *Le droit africain, Anthropologie et droit positif,* Editions Dalloz, Paris, janvier 2009, 566 p., p.224.

[1909] En France le président de la République ne préside plus le Conseil supérieur de la magistrature depuis la réforme constitutionnelle du 23 juillet 2008 (faire une lecture comparée des articles 65 ancien et nouveau de la Constitution française du 4 octobre 1958).

[1910] Voir notamment l'article 104 de la Constitution ivoirienne, l'article 45 de la Constitution malienne, l'article 71 de la Constitution gabonaise, l'article 79 de la Constitution de la République du Congo.

[1911] L'article 65 ancien de la Constitution de la Vème République française disposait que *: « Le Conseil Supérieur de la Magistrature est présidé par le Président de la République ».* L'article 65 nouveau de la même Constitution prévoit aujourd'hui que : *« Le Conseil supérieur de la magistrature comprend une formation compétente à l'égard des magistrats du siège et une formation compétente à l'égard des magistrats du parquet. La formation compétente à l'égard des magistrats du siège est présidée par le premier président de la Cour de cassation. (...) La formation compétente à l'égard des magistrats du parquet est présidée par le procureur général près la Cour de cassation ».*

[1912] Sur le sujet, voir HOURQUEBIE Fabrice, «Quel statut constitutionnel pour le chef de l'État africain ? Entre principes théoriques et pratique du pouvoir », *in Afrique contemporaine*, n°242, 2012/2, 156 p., pp.73-86.

présidentielle directe si elle est une volonté explicite du texte constitutionnel ; ou indirecte si elle est une conséquence de l'interprétation de ses pouvoirs dans un sens ultra-personnel par le chef de l'État lui-même »[1913]. Dans ces conditions, il est impossible d'imaginer qu'un procès puisse avoir lieu sereinement dans la plupart des pays africains si le pouvoir exécutif décide de s'y opposer. C'est conscient de cette réalité que la CPI a considéré que des criminels soudanais, kenyans ou libyens[1914] devaient impérativement lui être remis afin d'éviter toute obstruction du pouvoir exécutif dans le déroulement des procès.

Dans les procès à forte connotation politique comme ceux portant sur les crimes de droit international pénal, il n'est pas exclu que l'Exécutif se livre à des manœuvres visant à protéger certaines personnalités proches du pouvoir et responsables des crimes internationaux les plus graves. Ainsi, au Rwanda[1915], en Libye[1916] ou encore en Côte d'Ivoire[1917] il a été reproché aux nouveaux dirigeants d'avoir instauré une justice des vainqueurs à l'issue des conflits au cours desquels les crimes de droit international pénal avaient été commis[1918].

Il peut d'ailleurs arriver que les manœuvres politiciennes de l'Exécutif visant à paralyser la fonction juridictionnelle trouvent leur justification dans une disposition légale. Ainsi, au Cameroun par exemple, le très controversé article 64 du code de procédure pénale prévoit que *« le Procureur Général près une Cour d'Appel peut, sur autorisation écrite du Ministre chargé de la*

[1913] *Ibid.* p.74.

[1914] Pour toutes les demandes de remise de la CPI, voir le site internet de la juridiction (http://www.icc-cpi.int) ou celui de la Coalition pour la Cour Pénale Internationale (http://www.iccnow.org).

[1915] A propos du Rwanda, *Human Right Watch* a pointé du doigt la tendance à la garantie d'une forme d'impunité pour les responsables du Front Patriotique Rwandais impliqués dans la commission des crimes internationaux les plus graves. Lire l'article « Rwanda: Le Tribunal pénal international pour le Rwanda risque d'encourager une « justice des vainqueurs » », publié le 1er juin 2009. Article disponible sur http://www.hrw.org/fr/news/2009/06/01/rwanda-le-tribunal-p-nal-international-pour-le-rwanda-risque-d encourager-une-justic.

[1916]DURKIN Neil, « Saif Gaddafi's Trial in Libya Is Victor's Justice » (« Le procès de Seïf Kadhafi en Libye c'est la justice des vainqueurs »), Amnesty International Royaume-Uni, Huffington Post, 21 septembre 2013.

[1917] Sur la Côte d'Ivoire lire l'article publié dans le journal Libération (par Maureen GRISOT) intitulé « La justice des vainqueurs à Abidjan », 11 avril 2013, voir http://www.liberation.fr/monde/2013/04/11/la-justice-des-vainqueurs-a-abidjan_895558.

[1918] Sur l'idée de la justice des vainqueurs, voir Danilo ZOLO, *La justice des vainqueurs, De Nuremberg à Bagdad,* éditions Actes Sud, Jacqueline Chambon, octobre 2009, 231 p.

Justice, requérir par écrit puis oralement, l'arrêt des poursuites pénales à tout stade de la procédure avant l'intervention d'une décision au fond, lorsque ces poursuites sont de nature à compromettre l'intérêt social ou la paix publique »[1919].

Dans les faits, beaucoup d'Etats africains semblent considérer la séparation des pouvoirs plus comme un outil fonctionnel qu'un moyen visant à démocratiser le fonctionnement des institutions étatiques. Dès lors, il n'est pas surprenant que la prééminence de l'Exécutif ainsi que son incursion dans les domaines réservés traditionnellement aux autres pouvoirs, soient érigées en mode de gouvernement[1920].

Pour relativiser l'influence de l'Exécutif au sein des institutions africaines, il est possible de souligner le fait que même dans les pays occidentaux, la puissance exécutive est devenue la *« clé de voûte »*[1921] des institutions. Pour Louis FAVOREU, elle *« apparaît désormais comme le véritable centre d'impulsion et de décision, en matière politique, économique ou sociale comme en matière diplomatique ou militaire »*[1922]. Cet auteur relève le fait qu'un gain de légitimité démocratique des chefs d'Etats ou de Gouvernements est à l'origine d'une forme de personnalisation du pouvoir par le détenteur du pouvoir exécutif[1923]. Néanmoins, dans les grandes démocraties, des contre-pouvoirs permettent d'éviter tout risque d'autoritarisme de l'Exécutif.

Par contre, en Afrique, les élections confèrent au chef de l'Etat des pouvoirs à la fois institutionnels et symboliques d'une portée exceptionnelle. En effet, dans l'inconscient collectif africain réside l'idée qu'une fois élu, un chef n'est pas tenu de partager le pouvoir avec les autres organes de l'Etat ou avec d'autres personnalités[1924]. Cette réalité sociologique est confortée par une

---

[1919] Sur l'article 64 du code de procédure pénale camerounais *(Loi N°2005/007 du 27 Juillet 2005),* voir la critique de Guy Olivier MOTENG DJOUM dans son article intitulé « Réflexions sur l'article 64 du code de procédure pénale camerounais », disponible sur http://www.village-justice.com/articles/Reflexions-article-procedure,8572.html.

[1920] Lire HOURQUEBIE Fabrice, «Quel statut constitutionnel pour le chef de l'État africain ? Entre principes théoriques et pratique du pouvoir », article précité, p.84.

[1921] Dans un discours prononcé le 27 août 1958 devant l'Assemblé générale du Conseil d'Etat, Michel Debré avait qualifié le président de la République française de *« clé de voûte »* des institutions.

[1922] Lire FAVOREU Louis et alii, *Droit constitutionnel,* 16ème édition, Dalloz, Paris, septembre 2013, 1070 p., p.647.

[1923] *Ibid.*

[1924] Sur la conception du chef de l'Etat en Afrique, voir Rodolfo SACCO, *op. cit.* p.224.

conception surannée de la démocratie qui repose d'abord et avant tout sur le suffrage politique, et qui fait souvent abstraction de la séparation des pouvoirs telle qu'elle est mise en œuvre en Occident. Dans un contexte où le risque d'autoritarisme du pouvoir exécutif est très élevé, il est difficile de mettre effectivement en œuvre les normes internationales pénales, d'autant plus qu'en Afrique, les instances parlementaires chargées de transposer le droit international en droit interne sont très souvent inféodées au chef de l'Etat, d'où l'intérêt de préconiser une nécessaire indépendance du pouvoir législatif.

337.-Indépendance du pouvoir législatif en Afrique. L'indépendance du pouvoir législatif dans les Etats africains est une nécessité dans la mesure où il est souvent instrumentalisé par l'Exécutif, qui lui retire ainsi toute légitimité en termes de représentativité nationale. La soumission de la plupart des instances législatives du continent africain au chef de l'Etat découle du fait que malgré les transitions démocratiques amorcées depuis le début des années 1990, le spectre du parti unique continue de planer sur les institutions de certains Etats au risque de faciliter une forme de confusion des pouvoirs au profit de l'Exécutif qui considère que le fonctionnement des assemblées parlementaires doit lui être favorable.

De plus, par le contrôle qu'il exerce sur l'administration et le processus électoral, le président de la République détermine souvent la composition du Parlement où des personnalités politiques lui sont en général inféodées. Nul besoin de souligner que dans ces conditions, il n'existe pas de pouvoir législatif indépendant du pouvoir exécutif. Dès lors, donner son indépendance au Parlement revient au final à limiter les pouvoirs du chef de l'Etat dont les affinités religieuses, ethniques ou politiques avec certains parlementaires peuvent lui permettre de bénéficier le cas échéant d'un soutien inconditionnel dans le cadre de sa politique législative. En effet, comme le dit à juste titre Rodolfo SACCO, en Afrique, *« le lien avec la société intermédiaire, tribu ou confrérie, est fortement ressenti, et c'est pourquoi le représentant politique pense qu'il doit d'abord protéger les intérêts de la société intermédiaire qui l'a élu »*[1925].

Une telle conception du pouvoir a des conséquences graves sur le contenu des normes juridiques adoptées au sein des instances parlementaires. Parfois, c'est sous la pression du pouvoir Exécutif que le Parlement va adopter ou abroger des lois. En ce qui concerne précisément les normes internationales pénales, le Parlement kenyan par exemple a, sous la pression de l'Exécutif, décidé d'adopter en septembre 2013 une motion visant à permettre le retrait

[1925] SACCO Rodolfo, *op. cit.*, p.222.

du Kenya du Statut de la CPI[1926]. Ce pays avait pourtant ratifié le Statut de Rome en mars 2005[1927] avant qu'Uhuru Kenyatta, élu président en 2012 et cité à comparaitre devant la CPI depuis 2011[1928] pour son rôle supposé dans les crimes liés aux violences postélectorales de 2007/2008, ne décide de militer activement pour que les pays africains arrêtent de coopérer avec la juridiction pénale internationale permanente[1929], même si les charges qui pesaient contre lui ont été finalement abandonnées par la CPI le 13 mars 2015[1930]. Pour éviter que ce dangereux précédent ne se reproduise dans les autres Etats africains parties au Statut de Rome, il devient impérieux d'œuvrer en faveur de l'organisation des systèmes juridictionnels favorisant la diffusion du droit international pénal dans l'ordre juridique interne.

B- L'organisation des systèmes juridictionnels favorisant la diffusion du droit international pénal dans les droits internes africains

338.-Arrimage des magistratures africaines aux problématiques du droit international pénal. La diffusion effective du droit international pénal dans les ordres juridiques africains dépend en grande partie de la capacité des magistratures africaines à répondre aux exigences internationales en matière de répression des crimes internationaux les plus graves. En attendant, en Afrique, on reproche très souvent à la justice de rendre *« des décisions qui ne sont pas, en général et malheureusement, à la hauteur des espérances des populations africaines, de plus en plus avides de démocratie et de respect des droits de l'homme »*[1931]. Pourtant, en droit international, le principe de

---

[1926] Lire Œil d'Afrique, « Kenya: Les députés kényans adoptent une motion demandant un retrait de la CPI », 5 septembre 2013, http://oeildafrique.com/kenya-les-deputes-kenyans-adoptent-une-motion-demandant-un-retrait-de-la-cpi.

[1927] Lire le communiqué de presse de l'Assemblée des Etats parties au Statut de Rome du 15 mars 2005, ICC-CPI-20050316-93.

[1928] CPI, *Le Procureur c/ Uhuru Muigai Kenyatta,* ICC-01/09-02/11, 8 mars 2011.

[1929] Au moment de la clôture d'un sommet de l'Union africaine à Addis Abeda le 31 janvier 2016, Uhuru Kenyatta a plaidé pour un retrait des pays africains du Statut de la CPI. Lire dans le journal *Jeune Afrique*, l'article de Natacha Gorwitz intitulé « UA : Kenyatta fait adopter une résolution en faveur du retrait des pays africains de la CPI », 02 février 2016, http://www.jeuneafrique.com/298780/politique/ua-kenyatta-adopter-resolution-faveur-retrait-pays-africains-de-cpi/

[1930] Sur ce point, voir le site de la CPI : https://www.icc-cpi.int/fr

[1931] BADARA FALL Alioune, « Le juge, le justiciable et les pouvoirs publics : pour une appréciation concrète de la place du juge dans les systèmes politiques en Afrique », *in Les défis des Droits fondamentaux,* Actes des Deuxièmes journées scientifiques du réseau Droits

subsidiarité favorable à la compétence des juges nationaux pour la répression des crimes de génocide, des crimes de guerre et des crimes contre l'humanité, est conditionné par le respect scrupuleux des principes modernes de la justice par le droit interne.

Au-delà de l'aspect matériel du droit pénal qui relève surtout de la responsabilité du législateur, le juge africain doit se montrer vigilant à l'égard des règles procédurales dont il doit assurer le respect à l'occasion d'un litige. Cette sollicitation peut apparaitre comme étant élémentaire et même sans intérêt étant donné que toute juridiction pénale est soumise à un certain nombre de principes directeurs qui régissent impérativement le procès. Mais Alioune BADARA FALL a fait le constat selon lequel la justice africaine fait preuve de laxisme dans le respect des normes pénales portant aussi bien sur la recevabilité d'une requête que sur le déroulement du procès.[1932] Pour cet auteur, la situation du juge africain est alarmante puisqu'il est *« dépendant du pouvoir politique, incapable de fixer une jurisprudence fiable formés de règles cohérentes, peu scrupuleux des règles déontologiques ou morales, il se retrouve très souvent écarté dans un premier temps et n'est sollicité par le justiciable que lorsque d'autres modalités de résolution des conflits mieux connues sont épuisées sans donner satisfaction »*[1933].

Il semblerait que la justice moderne africaine ne réponde pas toujours aux aspirations des justiciables. De plus, il est impossible de nier la responsabilité des magistrats africains dans le discrédit de l'institution juridictionnelle. Seulement les errements des juges ne semblent pas spécialement préoccuper les pouvoirs publics tant que les répercussions sociales ou politiques d'un procès restent limitées. Mais, suite à la commission des crimes internationaux particulièrement graves qui risquent de compromettre irrémédiablement la paix sociale, l'Etat va s'appuyer, comme au Rwanda ou encore au Burundi, sur une justice traditionnelle qui suscite davantage l'adhésion des populations.

Toutefois, le discrédit de la justice moderne en Afrique est peut-être moins lié à sa conception sur le plan juridique qu'à sa pratique. Au reste, le fait qu'aujourd'hui les victimes africaines des crimes internationaux les plus graves souhaitent faire appel à la justice pénale internationale permet de relativiser la méfiance qu'ils éprouvent à l'égard des institutions juridictionnelles modernes africaines. Ainsi, ces dernières pourraient bénéficier d'un regain de légitimité et de crédibilité auprès des justiciables si

---

fondamentaux de l'Agence Universitaire de la Francophonie (AUF), Québec du 29 septembre au 2 octobre 1999, Aupelf-Uref, Editions Bruylant/AUF, 2000, p.309-346., p.327.

[1932] *Ibid.*, p.315

[1933] *Ibid.* p.324.

elles assimilaient et mettaient en œuvre les principes du droit international pénal. Il va sans dire qu'elles ne devraient pas se limiter, comme c'est en général le cas en Afrique, à de simples *« opérations ponctuelles, commandées par la pression d'un facteur puissant : l'opinion publique, nationale et extranationale »*[1934]. En effet, les citoyens ne se sentent moralement liés par les décisions d'une juridiction que si celle-ci est réputée pour rendre des décisions justes et équitables[1935]. Il est constant que le manque d'équité que l'on peut reprocher à la justice moderne africaine a été à l'origine de son discrédit, même s'il ne faut pas négliger un paramètre important qui est l'absence d'indépendance des magistrats africains.

339.-Indépendance des magistrats africains. L'indépendance est la condition *sine qua non* de l'impartialité du juge *« puisqu'un juge qui est dépendant de quelque façon que ce soit de l'une des parties ne peut être, et plus particulièrement ne peut apparaitre, comme étant impartial »*[1936]. Le fait est que dans la plupart des Etats africains, c'est le pouvoir politique qui est garant de l'indépendance de la justice[1937]. Cette immixtion de la politique dans l'univers réservé normalement au juge ne peut que contribuer à la paralysie de la justice lorsque l'Exécutif notamment, décide de perturber ou tout simplement d'interrompre le cours d'un procès.

Ainsi, dans une affaire survenue en République du Congo, dite des *« disparus du Beach »*[1938] et qui remonte au mois de mai 1999, la Fédération

---

[1934] PIE Frédérique, « La justice à la recherche de son effectivité : le cas de la justice pénale », *in* DU BOIS DE GAUDUSSON Jean, CONAC Gérard (dir.), *La justice en Afrique,* La documentation française, Afrique contemporaine, n°156 (spécial), 4e trimestre 1990. 320 p., pp.65-71., p.68.

[1935] Sur l'importance d'une décision de justice juste et équitable, voir RAWLS John, *Théorie de la justice,* Editions du Seuil, novembre 1997, 666 p., et notamment p.29ss.

[1936] GUARNIERI Carlo, « La configuration institutionnelle du pouvoir judiciaire », *in* CHAGNOLLAUD Dominique, TROPER Michel (dir.), *Traité international de droit constitutionnel* (tome 2), *Distribution des pouvoirs,* Editions Dalloz, Paris, août 2012, 805 p., pp.287-320., p.289.

[1937] Les pays africains francophones ont repris dans leurs constitutions respectives les dispositions de l'article 64 de la constitution française qui prévoit que : *«le Président de la République est garant de l'indépendance de l'autorité judiciaire. »*. A titre d'exemples voir l'article 37al.3 de la constitution camerounaise du 18 janvier 1996 ou encore l'article 69 de la constitution gabonaise du 26 mars 1991, modifiée par les lois du 18 mars 1994, du 29 septembre 1995, du 22 avril 1997 et du 11 octobre 2000.

[1938] Dans les premières semaines du mois de mai 1999 (notamment du 5 au 14 mai 1999), 350 personnes furent victimes de disparitions forcées au port fluvial du Beach à Brazzaville alors qu'elles retournaient en République du Congo après s'être réfugiées en République démocratique du Congo à l'occasion de la guerre civile qui avait commencé en 1997. Sur cette

internationale des droits de l'homme a dénoncé les pressions exercées par les autorités politiques congolaises sur les magistrats déterminés à poursuivre des personnes suspectées de crimes contre l'humanité[1939]. Finalement, lorsque la France décida, à partir de 2002, de poursuivre certains suspects de l'affaire au titre de sa règle de compétence universelle[1940], le pouvoir congolais organisa un simulacre de procès qui aboutit d'ailleurs à l'acquittement des quinze principaux accusés poursuivis[1941]. La Chambre criminelle de la Cour d'appel de Brazzaville qui prononça ledit acquittement le 17 août 2005 retint cependant la responsabilité civile de l'Etat congolais qui fut condamné à verser dix millions de Francs CFA (15000 euros) à chaque famille des victimes[1942]. Aussi, le 04 mai 2007, la Chambre pénale de la Cour suprême congolaise rendit un arrêt demandant à l'Etat congolais de verser des indemnités supplémentaires aux familles des victimes[1943]. En vérité, dans cette affaire, il ressort que le pouvoir politique congolais a fait le choix d'orienter les juges vers des sanctions civiles plutôt que vers une répression pénale qui aurait pû rattraper certains caciques du pouvoir.

Pourtant, les constitutions africaines garantissent en principe l'indépendance de la justice, même si une certaine incongruité juridique voudrait que cette indépendance soit assurée par le président de la République. Toutefois, Jean DU BOIS DE GAUDUSSON a fait remarquer qu'en Afrique, les normes juridiques ne sont pas effectivement mises en œuvre ; à telle enseigne qu'*« au-delà des principes proclamés, la justice est dans la réalité de ses relations avec le pouvoir politique un service subordonné et étroitement dépendant »*[1944]. En Afrique, l'emprise des politiques sur les juges contraint très souvent ceux-ci à fonder leurs décisions sur des concepts juridiques aux contours insaisissables. Ainsi, pour les affaires particulièrement sensibles dans lesquelles le pouvoir politique a tout intérêt à tirer les ficelles, le juge

---

affaire lire le texte de la Coalition française pour la Cour pénale internationale, publié le 22 mars 2007 sur http://www.cfcpi.fr/spip.php?article82

[1939] Lire FIDH, Groupe d'action judiciaire de la FIDH, *République du Congo, Affaire des « disparus du Beach » de Brazzaville, Développements et enjeux des procédures en cours en France, en République du Congo et devant la Cour internationale de Justice*, Décembre 2001-Novembre 2007, n° 400 novembre 2007, 60 p., p.5. Document disponible sur le site http://www.fidh.org/IMG/pdf/GAJRepCongoBeach400fr2007.pdf

[1940] *Ibid., p.7.*

[1941] *Ibid., p.35.*

[1942] *Ibid., p.35.*

[1943] *Ibid., p.36.*

[1944] DU BOIS DE GAUDUSSON Jean, « Le statut de la justice dans les Etats d'Afrique francophone », *in* DU BOIS DE GAUDUSSON Jean, CONAC Gérard (dir.), *La justice en Afrique, op.cit.* pp.6-12., p.7.

soumis à toutes sortes de pressions va recourir à des notions telles que l'ordre public ou encore l'intérêt général pour justifier les verdicts qui doivent être en phase avec les intérêts défendus avec opiniâtreté par l'Exécutif. Ce dernier peut d'autant plus aisément influencer la justice qu'en tant que chef suprême de la magistrature, le chef de l'Exécutif[1945] est souvent responsable de la carrière des magistrats[1946]. Ainsi, la promotion de ces derniers dépendra très souvent de leur docilité, ou de leur volonté de se laisser assujettir par le pouvoir politique.

Lorsque s'ouvriront les contentieux portant sur la commission des crimes internationaux les plus graves, les politiques tapis dans l'ombre de la justice n'hésiteront pas le cas échéant à invoquer des concepts très en vogue depuis les indépendances tels que l'unité nationale, la paix publique, ou encore l'intégrité territoriale[1947]. Mais ces notions trop fuyantes pour l'analyste juridique risquent d'être employées d'une part pour protéger des personnalités proches du pouvoir suspectées d'être compromises dans la commission des crimes les plus graves, et d'autre part au contraire pour sanctionner sévèrement certains adversaires politiques, car les procès concernant les génocides, les crimes de guerre ou les crimes contre l'humanité, sont en général des moments de règlement des comptes politiques. De plus, dans les pays africains francophones, la notion d'acte de Gouvernement[1948] pouvant s'appuyer au demeurant sur un mobile politique[1949], confère une immunité

[1945] Au Maroc c'est le Roi qui est le véritable chef de l'Exécutif qui a notamment pour attribution de présider le Conseil supérieur du pouvoir judiciaire (article 56 de la Constitution marocaine du 29 juillet 2011), aussi, il *« approuve par dahir la nomination des magistrats par le Conseil supérieur du pouvoir judiciaire »* (article 57 de la Constitution marocaine du 29 juillet 2011).

[1946] L'article 37 al.3 de la Constitution camerounaise du 18 janvier 1996 dispose clairement que : *« le président de la République est garant de l'indépendance du pouvoir judiciaire. Il nomme les magistrats. Il est assisté dans cette mission par le Conseil Supérieur de la Magistrature qui lui donne son avis sur les propositions de nomination et sur les sanctions disciplinaires concernant les magistrat du siège (...) »*.

[1947] Lire notamment BADARA Fall Alioune, article précité, p.328-329.

[1948] La notion d'acte de Gouvernement englobe en principe les mesures prises par le pouvoir exécutif dans ses rapports avec le Parlement ou dans le cadre des relations internationales. Mais en dehors de ces deux hypothèses les hautes autorités administratives africaines peuvent invoquer le mobile politique permettant à certaines décisions de bénéficier du qualificatif d'actes de Gouvernement car, ces actes sont insusceptibles de recours devant les juridictions nationales.

[1949] En France le mobile politique a été abandonné depuis un arrêt du Conseil d'Etat (prince Napoléon) rendu le 19 février 1875. La notion était jugée trop large et permettait à l'Exécutif français de ranger diverses mesures dans la catégorie d'acte de Gouvernement.

juridictionnelle à certaines mesures prises par l'Exécutif au détriment de l'indépendance de la justice[1950].

L'absence d'indépendance du juge africain ne peut être sans conséquence sur la diffusion des normes internationales pénales dans les ordres juridiques internes. La sérénité des magistrats est liée à leur indépendance à la fois formelle et fonctionnelle par rapport à l'environnement dans lequel s'exerce la fonction de juger. C'est pourquoi, il est normalement admis que *« l'Etat, titulaire du droit de punir, l'institution judiciaire, cadre d'intervention du magistrat, et le justiciable, partie au procès, se voient privés de tout pouvoir de pression sur l'auteur de la décision »*[1951].

La partialité du juge a pour principale cause les pressions que les acteurs externes à une juridiction exercent sur la justice. Très souvent, c'est le magistrat du parquet, véritable cheval de Troie au sein du prétoire, vu la tutelle que le ministre de la justice exerce sur lui, qui se fait le porte-parole de la politique pénale de l'Exécutif à l'occasion d'un litige. Telle est en tout cas la réalité qui prévaut au sein des Etats africains francophones qui ont hérité d'une organisation juridictionnelle analogue à celle de la France[1952]. Mais partout ailleurs, le magistrat sera écartelé entre la nécessité de dire le droit ou de rendre la justice et sa fidélité à l'Exécutif dont il prendra en compte les exigences s'il ne veut pas voir sa carrière être compromise.

Il est vrai qu'en théorie, le fait que le juge ne soit soumis qu'au droit et en l'occurrence à la Constitution et à la loi, devrait garantir son indépendance vis-à-vis des autres institutions de l'Etat. Pourtant, sous la pression de l'Exécutif pouvant s'opposer à la tenue de certains procès, le juge peut toujours se contenter d'invoquer de manière lapidaire, l'ordre public ou l'intérêt général, pour éviter d'être accusé d'avoir foulé au pied le droit ou de s'être rendu coupable d'un déni de justice. Le fait est que l'indépendance du juge implique aussi sa liberté de raisonnement, qui peut être appréciée à la lecture de la décision de justice qu'il rend. Il doit être libre de qualifier lui-

---

[1950] Au Cameroun par exemple le juge a reconnu que le mobile politique était un élément rentrant dans la définition de l'acte de Gouvernement. Voir jugement n°34/CS/CA/79-80 du 24 avril 1980 *ESSOUGOU Benoît c. Cameroun.*

[1951] JOSSERAND Sylvie, *L'impartialité du magistrat en procédure pénale,* LGDJ, Paris, juin 1998, 651 p., p.436.

[1952] Au Sénégal par exemple, l'article 6 al.1er de la loi organique n°92/27 du 30 mai 1992 portant statut des magistrats dispose que : *« les magistrats du parquet sont placés sous la direction et le contrôle de leurs chefs hiérarchiques et sous l'autorité du Garde des Sceaux, Ministre de la Justice ».*

même les faits et s'appuyer en conséquence sur les dispositions juridiques y afférentes.

Le pouvoir d'appréciation que le juge a sur un dossier pénal doit lui permettre de déterminer en toute liberté si la personne poursuivie est coupable ou innocente des faits qui lui sont imputés[1953]. Ensuite, seules les voies de recours permettront aux justiciables et éventuellement au ministère public de remettre en cause la décision du juge auprès d'une juridiction supérieure. Mais paradoxalement, plus le pouvoir d'appréciation du juge conféré par la loi sera large, plus il faudra imaginer qu'il subira les assauts répétés des acteurs externes et tout particulièrement de l'Exécutif qui le poussera à adopter une certaine ligne de conduite.

Les pressions de l'Exécutif peuvent transparaitre dans le réquisitoire du parquet. Toutefois, dans les systèmes juridictionnels des Etats modernes y compris ceux d'Afrique, la fonction du juge est indépendante de celle du ministère public[1954], généralement incarné par le procureur. Celui-ci a normalement la latitude que lui donne la loi pour décider si une affaire est digne de faire l'objet d'une poursuite auprès d'une juridiction[1955]. Lorsqu'il aura décidé de l'opportunité des poursuites, il prendra ensuite les réquisitions nécessaires pour convaincre le juge du bien-fondé d'une sanction pénale qu'il faudra infliger à la personne poursuivie. Néanmoins, les réquisitions du ministère public n'ont pas force contraignante au point où les juges ont *a priori* les coudées franches pour prendre leurs décisions en toute indépendance et en toute impartialité. C'est pourquoi, tous les actes de réquisition du parquet sont antérieurs à la décision définitive du juge.

Il ne faut toutefois pas se faire beaucoup d'illusion sur l'indépendance du juge dans le contexte africain marqué par la prééminence du pouvoir exécutif, secondé par le pouvoir législatif. MONTESQUIEU lui-même, pourtant grand théoricien de la séparation des pouvoirs, ne reconnaissait en réalité que la puissance législative et la puissance exécutive représentant *« l'une la volonté générale de l'Etat, l'autre l'exécution de cette volonté générale »*[1956]. Ainsi,

---

[1953] *Ibid.* p.437.

[1954] Ce dualisme au niveau de l'appareil juridictionnel avec d'une part un ministère public et d'autre part les juges, se retrouve aussi bien dans les pays de droit romano-germanique que dans les pays de tradition *Common Law*.

[1955] Voir notamment l'article 32 du code de procédure pénale sénégalais, ou encore l'article 32 du code de procédure pénale togolais.

[1956] Voir MONTESQUIEU, *De l'Esprit des lois,* livre XI. « Des lois qui forment la liberté politique dans son rapport avec la Constitution », Chapitre VI, « De la Constitution d'Angleterre ».

même s'il lui arrive de parler de la puissance de juger, il finit par dire sans fard que *« des trois puissances dont nous avons parlé, celle de juger est en quelque façon nulle. Il n'en reste que deux... »*[1957]. Même si ce point de vue a été exprimé il y a plusieurs siècles déjà[1958], il est plus que d'actualité dans la plupart des Etats africains aujourd'hui.

Finalement, l'indépendance du juge africain ne s'exerce effectivement qu'à l'égard des particuliers qui ne peuvent en principe poursuivre en justice des magistrats parce ce que ceux-ci auraient rendu une décision qui leur est défavorable. De plus, lorsque les juges statuent en collégialité, aucun particulier ne peut normalement exiger de l'un d'eux la révélation de la décision qu'il a prise dans le secret des délibérations[1959]. La seule voie de droit qui reste aux particuliers insatisfaits devant une juridiction est l'exercice des voies de recours. Cette règle est valable aussi bien pour les procédures pénales ordinaires que pour celles qui sont en rapport avec la mise en œuvre des normes internationales pénales qui semblent militer en faveur d'un meilleur aménagement des droits fondamentaux des particuliers.

§2. L'aménagement des droits fondamentaux des particuliers africains soumis à l'application des normes internationales pénales

340.-Droits des particuliers et normes internationales pénales. Les normes internationales pénales sont issues d'un ordre juridique qui est fortement imprégné de l'idée de droit de l'homme en tant que prérogative réservée essentiellement à l'individu[1960]. C'est une conception du droit qui n'est pas en phase avec la philosophie juridique africaine qui est avant tout préoccupée par la préservation des intérêts collectifs[1961]. Dès lors, il n'est pas étonnant que pendant longtemps, la plupart des régimes politiques africains se

---

[1957] *Ibid.*

[1958] L'ouvrage de MONTESQUIEU remonte à 1748.

[1959] Ce principe est de mise dans la plupart des ordres juridiques modernes. En France par exemple, l'article 6 de l'ordonnance du 22 décembre 1958 portant loi organique relative au statut de la magistrature dispose que : *« tout magistrat, lors de sa nomination à son premier poste et avant d'entrer en fonction prête serment de garder religieusement le secret des délibérations ».* Dans le même sens, voir l'article 8 de la loi sénégalaise de 1992 portant statut des magistrats ou l'article 9 de la béninoise du 21 février 2003 portant statut de la magistrature.

[1960] Lire DE FROUVILLE Olivier, *Droit international pénal, Sources, incriminations, responsabilité,* Editions A. Pedone, Paris, 2012, 523 p., p.8.

[1961] Lire MBAYE Kéba, *Les droits de l'homme en Afrique*, Editions A. Pedone, Paris, 1992, 312 p.

soient illustrés par la négation des droits fondamentaux des particuliers et plus précisément des personnes physiques.

Dans le champ pénal, au droit traditionnel marqué par une volonté de conciliation pas forcément favorable aux victimes, les pouvoirs publics africains ont superposé un système pénal moderne draconien basé sur l'idée d'une sanction exemplaire faisant souvent fi des droits-garanties des délinquants. C'est pourquoi, la diffusion du droit international pénal dans les ordres juridiques internes des Etats africains implique nécessairement une meilleure prise en compte des droits des accusés **(A)**, mais aussi de ceux des victimes **(B)**.

A- Les droits des accusés et la diffusion du droit international pénal en Afrique

341.-Importance des droits des accusés. Lorsqu'il est fait allusion au droit pénal, le commun des mortels songe d'abord et avant tout à la répression, aux mécanismes qui la président, ainsi qu'à son efficacité. Pourtant, les systèmes répressifs modernes s'appuient prioritairement sur des principes consignés aussi bien dans la *Magna Carta* anglaise du 15 juin 1215[1962], que dans la Déclaration des droits de l'homme et du citoyen du 26 août 1789[1963], et qui voudraient qu'il ne soit possible de *« valablement statuer et juger qu'en observant les formes d'une procédure régulière »*[1964]. L'histoire de l'Angleterre et de la France révèle d'ailleurs que très souvent, ce sont les arrestations et les condamnations arbitraires qui ont poussé les hommes à faire des révolutions qui ont fortement contribué à façonner les sociétés contemporaines. Ainsi, de nos jours, les régimes politiques démocratiques reconnaissent un certain nombre de prérogatives aux accusés afin de les prémunir notamment contre les erreurs judiciaires qui feraient d'eux les victimes de l'appareil répressif. Ces prérogatives rentrent normalement dans la catégorie des droits-garanties conçus comme *« l'ensemble des prérogatives*

1962 Voir notamment le point 39 de cette Grande Charte disponible sur le site internet www.aidh.org.

1963 Lire notamment les articles 7, 8 et 9 de la Déclaration des Droits de l'Homme et du Citoyen de 1789.

1964 ZOLLER Elisabeth, *Droit constitutionnel,* PUF, 2ème édition, 1999, n°288, p.577., citée par BUISSON Jacques et GUINCHARD Serge, *Procédure pénale,* 9ème édition, LexisNexis, Paris, septembre 2013, 1633.p., p.180, §135.

dont dispose l'individu pour faire valoir et assurer la défense de ses autres droits et libertés, spécialement devant la justice »[1965].

L'importance des droits-garanties de l'accusé est attestée par leur dimension internationale. Au reste, bon nombre d'auteurs s'accordent pour dire que *« parmi les droits fondamentaux, ce sont ceux dont la portée universelle est sans doute la plus forte car on ne conçoit pas, à la différence de la liberté de religion, du droit de propriété par exemple, qu'ils puissent être appliqués de manière différente selon les pays au-delà d'un standard minimum »*[1966]. Au niveau international par exemple, le Statut de Rome consacre son long article 67 aux droits de l'accusé impliqué dans la commission des crimes internationaux les plus graves. Pour réprimer ces crimes dans leurs ordres juridiques, les Etats et en particulier les Etats africains, sont tenus de respecter les droits-garanties des personnes poursuivies s'ils ne veulent pas fouler aux pieds les standards minimum de procédure pénale reconnus par les normes internationales qui découlent notamment du Pacte international relatif aux droits civils et politiques (articles 9 et suivants). Cette exigence est très importante pour les individus car c'est l'assurance que ceux-ci ne se verront pas infliger une sanction inique à l'occasion d'un procès irrégulier et arbitraire qui ignore le contenu de leurs droits.

342.-Contenu des droits des accusés. Le contenu des droits reconnus aux personnes poursuivies pour avoir commis des actes graves dépend sans conteste de la nature du régime politique du pays où les faits incriminés seront sanctionnés. Ainsi, de grands délinquants seraient plutôt dans une mauvaise posture s'ils se retrouvaient face au juge d'un Etat dictatorial ou autocratique ; tant il est certain que cette catégorie d'Etat ne fait pas grand cas de leurs droits, et les considère au contraire comme des ennemis à abattre. Dans les Etats démocratiques, la réalité sera toute autre, puisque ceux-ci admettent normalement que même les criminels les plus invétérés puissent bénéficier d'un minimum de garanties face à la justice.

Toutefois, la répression des crimes internationaux les plus graves se fait généralement au sein d'Etats qui sortent d'un conflit armé, qui peut être la conséquence soit d'une dictature sanguinaire ayant débouché sur une guerre civile (cas de la Libye au moment de la chute de Mouammar Kadhafi en 2011), soit d'un processus démocratique ayant avorté (cas des violences post-électorales au Kenya en 2007/2008 et en Côte d'Ivoire en 2010/2011). C'est

---

[1965] FAVOREU Louis et alii, *Droits des libertés fondamentales,* 6ème édition, Dalloz, Paris, octobre 2012, 701 p., p.643.

[1966] FAVOREU Louis et alii, *Droit constitutionnel, op. cit.* p.978.

pourquoi, même si les Etats africains, qui en vertu du principe de subsidiarité prévu par le Statut de Rome peuvent réprimer les crimes internationaux les plus graves, reconnaissent formellement un certain nombre de droits-garanties aux accusés, il n'en demeure pas moins que les tensions sociales et le besoin viscéral de régler des comptes qui animent les populations d'une société post conflictuelle, peuvent être à l'origine de la remise en cause des droits des personnes accusées des crimes les plus graves. Ainsi, il est utile de mettre en exergue le contenu des droits des accusés que les Etats africains concernés sont tenus de respecter afin de ne pas heurter les principes du droit international des droits de l'homme devant favoriser un procès équitable.

Dans les systèmes juridiques démocratiques, les accusés bénéficient d'au moins trois principaux droits fondamentaux qui font l'objet d'une reconnaissance au niveau international. Il s'agit d'abord du droit au juge, ensuite des droits de la défense et enfin du droit à la sécurité juridique[1967].

Le droit au juge peut être considéré comme une banalité. Pourtant, du point de vue de l'accusé une telle garantie n'est pas toujours évidente, en l'occurrence lorsqu'on lui impute des crimes d'une certaine gravité. Ce droit permettra à un criminel de bénéficier effectivement d'un procès équitable, placé sous la houlette d'un juge impartial se trouvant au-dessus de toute considération partisane.

Louis FAVOREU a rappelé que le droit au juge tire sa source des règles juridiques anglo-saxonnes qui préservent, grâce à l'*habeas corpus,* les individus contre une arrestation et un emprisonnement arbitraire[1968] ; sans oublier le fait que la clause de *due process of law*[1969] issue du droit américain,

---

[1967] Sur la question, lire FAVOREU Louis, *Droit constitutionnel, op. cit.,* p.978.

[1968] Voir FAVOREU Louis, *Droit des libertés fondamentales, op. cit.,* p.376. Dans son ouvrage sur les libertés publiques et les droits fondamentaux, Dominique TURPIN parle des droits-garanties dans un chapitre consacré à la sûreté, notion qui figure dans l'article 2 de la DDHC du 26 août 1789. Voir TURPIN Dominique, *Libertés publiques et droits fondamentaux,* Editions du Seuil, Paris, février 2004, 623 p., pp.295-317.

[1969] La clause de *« due process of Law »* découle du cinquième amendement à la constitution américaine qui dispose que : *« Nul ne sera tenu de répondre d'un crime capital ou infamant sans un acte de mise en accusation, spontané ou provoqué, d'un Grand Jury, sauf en cas de crimes commis pendant que l'accusé servait dans les forces terrestres ou navales, ou dans la milice, en temps de guerre ou de danger public ; nul ne pourra pour le même délit être deux fois menacé dans sa vie ou dans son corps ; nul ne pourra, dans une affaire criminelle, être obligé de témoigner contre lui-même, ni être privé de sa vie, de sa liberté ou de ses biens sans procédure légale régulière ; nulle propriété privée ne pourra être réquisitionnée dans l'intérêt public sans une juste indemnité ».*

garantit le droit d'être entendu par un juge[1970]. Les principes de *l'habeas corpus* et du *due process* ont été repris dans la plupart des constitutions démocratiques ainsi que dans les textes internationaux tels que la Convention européenne des droits de l'homme[1971] (CEDH), la Charte africaine des droits de l'homme et des peuples[1972] (CADHP) ou encore le Statut de la CPI[1973]. Le droit au juge implique nécessairement les devoirs du juge. Celui-ci doit notamment faire en sorte que le principe du contradictoire soit respecté. De plus, il a l'obligation de motiver sa décision afin de prouver son impartialité.

Quant aux droits de la défense, ils sont le corollaire nécessaire du droit au juge, ce qui peut expliquer le fait qu'ils soient eux aussi liés à l'*habeas* corpus et au *due process*. Ils constituent un *« ensemble de droits appartenant à une personne qui se trouve partie à un litige soit en dehors de tout procès, qui est l'objet d'une mesure défavorable, ayant le caractère de sanction ou prise en considération de sa personne »*[1974]. Les droits de la défense impliquent d'entrée de jeu qu'un accusé soit tenu informé des faits qu'on lui impute ; ce qui suppose qu'on puisse l'autoriser à accéder au dossier contenant les charges retenues contre lui[1975]. Aussi, un criminel a le droit d'être interrogé oralement ou par écrit sur les actes qu'on lui reproche, afin qu'il puisse éventuellement faire des observations préliminaires à l'accusation, tout en sachant bien entendu qu'il doit disposer d'un délai raisonnable pour préparer sa défense comme l'exige le principe du contradictoire.

Pour se défendre, l'accusé a droit à l'assistance d'un avocat et le cas échéant, de l'aide d'un interprète. Dans un Etat de droit, le soutien d'un avocat est normalement de mise dès la garde à vue[1976] et l'accusé peut également

---

[1970]Sur ce droit, *(« Right to be heard in Court »),* voir la décision de la Cour suprême des Etats-Unis *Windsor v. Meveigh,* 93 US 274, 1876.

[1971] Voir les articles 5 et 6 de la CEDH.

[1972] Voir l'article 7 de la CADHP.

[1973] Lire l'article 67 du Statut de Rome.

[1974] Cette définition est celle proposée par Thierry RENOUX et citée notamment par Louis FAVOREU (*Droit constitutionnel, op. cit.,* p.980).

[1975] En France par exemple, cette idée a été affirmée avec force par la décision n°248 DC du 17 janvier 1989, *Conseil supérieur de l'audiovisuel,* GD n°21. L'article 172 al.3 du code de procédure pénale du Cameroun prévoit que pour le compte de l'inculpé, *« le dossier de procédure est tenu à la disposition de l'avocat au cabinet d'instruction vingt quatre (24) heures avant chaque interrogatoire ou confrontation ».*

[1976] Dans le cadre français, voir notamment la décision du Conseil constitutionnel *garde à vue II*, n°2011-191/194/197 QPC du 18 novembre 2011. Au Cameroun, les articles 118 et suivants du code de procédure pénale garantissent les droits des justiciables pendant la phase de la garde à vue.

bénéficier d'une assistance judiciaire lorsqu'il est dans l'indigence[1977]. A l'audience, un accusé doit avoir la possibilité de présenter au juge, tous les éléments qui peuvent lui permettre de se disculper ; et en cas de condamnation, bénéficier des voies de recours[1978]. Il peut aussi faire intervenir au procès des témoins[1979] à décharge ou contester les éléments de preuve apportés par les témoins à charge[1980].

Par ailleurs, comme l'a souligné le Conseil constitutionnel français, la garantie des droits de la défense *« implique, notamment en matière pénale, l'existence d'une procédure juste et équitable garantissant l'équilibre des droits des parties »*[1981]. Il faut en effet éviter que l'accusation représentée souvent par le ministère public, n'utile de manière disproportionnée les moyens institutionnels dont il dispose pour remettre gravement en cause les droits-garanties d'un accusé.

En ce qui concerne la sécurité juridique, elle permet *grosso modo* à un individu de ne pas voir ses droits acquis être remis en cause et de continuer ainsi à bénéficier de toutes les protections juridiques afférentes à l'Etat de droit. Considérée comme un droit fondamental, la sécurité juridique repose sur des règles telles que le principe de légalité des délits et des peines[1982], le droit à la non rétroactivité des lois pénales d'incrimination plus sévère[1983], le droit à l'application rétroactive d'une loi pénale plus douce[1984], le droit de ne

---

[1977] Lire par exemple le décret burkinabè n°2009-558/PRES/PM/MJ/MEF/MATD du 22 juillet 2009 portant organisation de l'asssistance judiciaire au Burkina Faso. JO n°33 du 13 août 2009.

[1978] Lire par exemple l'article 2 du code de procédure pénale malien.

[1979] Sur l'audition des témoins au cours d'un procès pénal, voir notamment les articles 109 et suivants du code de procédure pénale marocain.

[1980] Sur tous les droits de l'inculpé, voir par exemple les articles 167 à 176 du code de procédure pénale camerounais.

[1981] Décision du Conseil constitutionnel français, *injonction pénale,* 2 février 1995, 95-360 DC.

[1982] L'article 8 de la Déclaration des Droits de l'Homme et du Citoyen de 1789 (DDHC) prévoit par exemple que : *« (...) nul ne peut être puni qu'en vertu d'une loi (...) ».*

[1983] L'article 8 de la DDHC sus-évoquée dispose que : *« (...) nul ne peut être puni qu'en vertu d'une loi établie et promulguée antérieurement au délit (...) ».*

[1984] Dans une décision n°80-127 DC du 20 janvier 1981, *Sécurité et liberté,* le Conseil constitutionnel français a considéré que le principe de nécessité de la peine découlant de l'article 8 de la DDHC impliquait l'application d'une loi pénale plus douce aux infractions déjà commises.

se voir infliger que des peines nécessaires[1985], sans oublier bien entendu le droit à la présomption d'innocence[1986].

Appliquées scrupuleusement dans le contexte africain, les garanties juridiques octroyées aux accusés dans les Etats démocratiques et dans l'ordre juridique international devraient favoriser une meilleure diffusion du droit international pénal qui prend aussi en considération les droits des victimes.

B- Les droits des victimes et la diffusion du droit international pénal en Afrique

343.-Problématique des droits des victimes. La principale justification des droits des victimes réside dans le fait que celles-ci sont l'incarnation d'une société meurtrie par les effets d'une infraction. Lorsqu'en plus les infractions qu'elles ont subies sont de nature criminelle, elles ont d'autant plus besoin de la protection de l'Etat qui leur accorde dès lors un certain nombre de droits leur permettant de faire réparer dans la mesure du possible, le préjudice qui est à l'origine de leur souffrance.

Dans le contexte africain, la problématique des droits des victimes est d'autant plus importante que celles-ci sont souvent sacrifiées sur l'autel de la réconciliation tant dans la société traditionnelle (pardon au sein des juridictions traditionnelles), que dans la société moderne (pardon avec les lois d'amnistie).

Mais en réalité, même dans les sociétés démocratiques, les victimes ont souvent été marginalisées au sein du procès pénal. C'est ainsi que parlant de la situation des victimes en France, Serges GUINCHARD et Jacques BUISSON considèrent qu'elles sont soumises à *« une certaine idéologie qui tend à les écarter du procès pénal, en tout cas à les cantonner à une place plus axée sur leurs intérêts civils que sur leur participation à la poursuite d'une sanction répressive »*[1987]. Il est vrai que dans un Etat, lorsqu'un trouble est occasionné par un délinquant, le pouvoir exécutif met tout en œuvre, grâce à la police, à la gendarmerie ou à tout autre service d'investigation, pour faire

---

[1985] L'article 8 de la DDHC dispose aussi que : *« la loi ne doit établir que des peines strictement et évidemment nécessaires (...) »*.

[1986] Lire notamment l'article 9 de la DDHC qui dispose que *« tout homme étant présumé innocent jusqu'à ce qu'il ait été déclaré coupable, s'il est jugé indispensable de l'arrêter, toute rigueur qui ne serait pas nécessaire pour s'assurer de sa personne doit être sévèrement réprimée par la loi »*.

[1987] BUISSON Jacques, GUINCHARD Serge, *Procédure pénale, op.cit.*, p.326.

appliquer la loi sans toutefois prendre toujours directement en compte les intérêts des victimes parfois reléguées au statut de partie civile.

De plus, à l'issue d'un conflit armé au cours duquel les crimes internationaux les plus graves ont été commis, tout laisse croire que la grande préoccupation des pouvoirs publics devrait avant tout être d'une part de restaurer l'autorité de l'Etat, et d'autre part de rétablir dans la mesure du possible la paix sociale. Cette paix se construit souvent sur la base de conciliabules politiques qui peuvent favoriser soit le recours aux lois d'amnistie partielle ou totale pour les crimes commis à l'occasion d'un conflit armé, soit la mise en œuvre du pouvoir de grâce exercé par le chef de l'Etat. Il va sans dire qu'une telle situation est loin d'être favorable aux victimes dont la reconnaissance des souffrances et des préjudices subis doit être à la base de la reconstruction d'une société post-conflictuelle.

Aujourd'hui, en droit international pénal, la défense des intérêts de l'humanité est au fond indissociable de ceux des victimes. Pourtant, pendant longtemps les tribunaux pénaux internationaux *ad hoc* répugnaient à admettre un droit d'accès des victimes à leurs prétoires et préféraient leur accorder un statut de témoin[1988]. Il faut attendre la création de la CPI pour que les victimes aient voix au chapitre dans le cadre de la procédure pénale internationale[1989]. C'est sans doute la particularité de l'ordre juridique international, où les personnes morales de droit public comme les Etats et les organisations internationales occupent une place prépondérante, qui a justifié durant des lustres le rôle très effacé des victimes devant les juridictions pénales internationales. Il a fallu des décennies pour prendre conscience du fait que la justice pénale internationale ne pouvait plus ignorer les droits des victimes. Le Statut de Rome prend très bien en compte les droits des victimes des crimes internationaux les plus graves dont il détermine assez clairement la portée[1990].

344.-Portée des droits des victimes. Bien avant le Statut de Rome, la plupart des systèmes juridiques modernes avaient déterminé la portée des droits des personnes victimes d'infractions pénales. En fait, le droit international pénal n'a pu s'inspirer au fil du temps que des principales

---

[1988] Anne-Laure VAURS CHAUMETTE souligne le fait que *« l'individu, victime d'un crime de droit international, ne peut pas participer au procès devant les T.M.I. ou devant les T.P.I. sinon comme témoin »*. Voir son ouvrage sur *Les sujets du droit international pénal, Vers une nouvelle définition de la personnalité juridique internationale ?* Editions A. Pedone, Paris, 2009, 545 p., p.55.

[1989] L'article 75 du Statut de la CPI porte expressement sur les réparations en faveur des victimes.

[1990] Voir notamment les articles 68, 75 et 79 du Statut de la CPI.

législations nationales. Celles-ci se sont construites en prenant en compte progressivement la notion de victime pénale qui fait référence à la personne *« qui a subi personnellement l'atteinte à l'intérêt légitime protégé par l'infraction dont elle dénonce la commission au juge répressif »*[1991].

La personne victime peut être aussi bien physique que morale ; réalité que reconnait d'ailleurs la règle 85 (a et b) du Règlement de procédure et de preuve de la CPI[1992]. Le premier droit de la victime est celui de l'action civile s'il est possible de concevoir ce droit comme étant celui d'exiger une réparation pour le préjudice subi. Mais, en droit français par exemple, l'action civile semble avoir une portée plus large même si elle est d'abord et avant tout une facette du droit au juge. Quoiqu'il en soit, Anne D'HAUTEVILLE considère qu'*« en se constituant partie civile, la victime demande à la justice pénale de rechercher la vérité et de condamner les coupables, ainsi que d'évaluer l'indemnisation de tous ses préjudices indemnisation qui devra être payée par l'auteur responsable (ou par son assureur de responsabilité, ou par le Fonds de garantie des victimes) »*[1993].

Mais en France, si la victime *« est un agent de la répression pénale, un sujet du droit »*[1994], la réalité est différente dans les autres démocraties occidentales, où l'on considère la plupart du temps l'Etat comme le dépositaire de l'action pénale dont il a en quelque sorte l'exclusivité. C'est pourquoi, en Allemagne, aux Etats-Unis ou aux Pays Bas, il est couramment admis que *« the victim does not have a right to be heard at the trial, to appeal a decision or to private prosecution »*[1995].

Pour les Etats africains, si le droit international pénal ne les contraint pas *a priori* à adopter une procédure pénale fort avantageuse pour les victimes

---

1991 BUISSON Jacques, GUINCHARD Serge, *op. cit.*, p.831.

1992 Règle 85 du RPP de la CPI (Définition des victimes) : *« Aux fins du Statut et du Règlement :*

a) Le terme « victime » s'entend de toute personne physique qui a subi un préjudice du fait de la commission d'un crime relevant de la compétence de la Cour ;

b) Le terme « victime » peut aussi s'entendre de toute organisation ou institution dont un bien consacré à la religion, à l'enseignement, aux arts, aux sciences ou à la charité, un monument historique, un hôpital ou quelque autre lieu ou objet utilisé à des fins humanitaires a subi un dommage direct ».

1993 D'HAUTEVILLE Anne, « Les droits des victimes », *in Rev. Sc. Crim., 2001,* pp.107-116, p.107.

1994 VAURS CHAUMETTE Anne-Laure, *Les sujets du droit international pénal, op.cit.,* p.54.

1995 ARONOWITZ A.A, « The World Factbook of Criminal Justice Systems - The Netherlands » U.S. Department of Justice, Office of Justice Programs, Bureau of Justice Statistics, circa 1992, cité par VAURS CHAUMETTE Anne-Laure, *op.cit.,* p.55.

à l'image de celle de la France, ils pourraient toujours se rapprocher d'une solution adoptée par le Statut de Rome qui a réussi à trouver une voie médiane entre les règles faisant des victimes des acteurs au procès pénal et celles les excluant complètement.

Ainsi, devant la CPI, les individus et en particulier les victimes, *« peuvent stimuler le début d'enquête par le Procureur »*[1996] qui pourrait débuter une affaire en présentant des arguments pertinents à la chambre préliminaire. Mais, dans les Etats africains ayant adopté une procédure pénale analogue à celle de la France, les victimes ont en principe la possibilité de porter une plainte leur permettant le cas échéant de mettre en mouvement l'action publique[1997]. Rien n'interdit en effet aux Etats d'accorder aux victimes des droits plus importants que ceux prévus en droit international pénal.

Les victimes ont aussi droit à l'information qui leur permettra de prendre conscience de la portée de leurs prérogatives. Ce droit peut viser par exemple à les renseigner sur la procédure comme le prévoit notamment la règle 92 du Règlement de procédure et de preuve de la CPI. Leur droit de représentation doit aussi être assuré[1998], avec au besoin, une aide juridictionnelle pour les plus démunis[1999]. Ce droit de représentation leur permet notamment d'intervenir à toutes les étapes de la procédure dès la phase préliminaire du procès[2000].

[1996] BLENGINO C. « La position juridique de l'individu dans le Statut de la Cour pénale internationale », *in* CHIAVORO M. (dir.), *La justice pénale internationale, entre passé et avenir,* A. Giuffrè Editore, Milan, 2003, pp.153-166, p.164.

[1997] L'article 60 du code de procédure pénale camerounais prévoit par exemple que : *« l'action publique est mise en mouvement et exercée par le Ministère Public. Elle peut aussi être mise en mouvement par une administration ou par la victime, dans les conditions déterminées par la loi ».* Dans le même sens, voir l'article 3 du code de procédure pénale malien.

[1998] Sur le droit à la représentation des victimes, lire notamment l'article 68§3 du Statut de la CPI et la règle 89§3 du RPP de la CPI.

[1999] Voir l'article 4 du décret burkinabè n°2009-558/PRES/PM/MJ/MEF/MATD du 22 juillet 2009 portant organisation de l'assistance judiciaire au Burkina Faso. JO n°33 du 13 août 2009. Lire aussi l'article 75 du code de procédure pénale algérien.

[2000] Il ressort de l'article 15§3 du Statut de Rome que : *« (...) Les victimes peuvent adresser des représentations à la Chambre préliminaire, conformément au Règlement de procédure et de preuve ».*Dans le même sens, la règle 50§3 du RPP prévoit que : *« (...) les victimes peuvent faire des représentations par écrit à la Chambre préliminaire dans le délai fixé dans le Règlement de la Cour ».* Dans les pays africains francophones, l'action civile est ce qui permet généralement aux victimes d'agir au sein des instances pénales. Voir notamment les articles 2 et suivants du code de procédure pénale centrafricain, l'article 4 du code de procédure pénale

Il est constant que la possibilité de demander des réparations et surtout de les obtenir reste un droit fondamental pour les victimes[2001]. C'est pourquoi, le Statut de la CPI a prévu d'une part, un droit de réparation pour le compte des victimes dans son article 75 et d'autre part, un fonds au profit de ceux-ci dans son article 79.

Les réparations peuvent porter sur *« la restitution, l'indemnisation ou la réhabilitation, à accorder aux victimes ou à leurs ayants droit »*[2002]. Il est vrai que certaines modalités d'indemnisation pour le compte des victimes peuvent nécessiter des moyens financiers trop importants pour des Etats africains qui peuvent se trouver dans une situation économique déplorable. Mais, c'est surtout leur volonté politique qui pourrait constituer un obstacle à la mise en œuvre des mesures émanant du droit international pénal, d'où l'intérêt de préconiser le développement des politiques criminelles africaines permettant la diffusion effective des normes de droit international pénal.

SECTION 2. L'intérêt du développement des politiques criminelles africaines permettant la diffusion effective des normes de droit international pénal

345.-Notion de politique criminelle. Christine LAZERGES fait remarquer que le concept de politique criminelle a été employé dès la fin du XVIIIème siècle par des auteurs tels que KLEINSHROD et FEUERBACH[2003]. Pour le premier, *« la politique criminelle c'est la connaissance des moyens que peut trouver le législateur selon la disposition spéciale de chaque Etat pour empêcher les délits et protéger le droit naturel de ses sujets »*[2004]. Plus laconique, le second affirme que *« la politique criminelle c'est la sagesse de l'Etat légiférant »*[2005].

---

malien, l'article 7 du code de procédure pénale marocain ou encore les articles 72 et suivants du code de procédure pénale algérien.

[2001] Lire notamment l'article 7 du code de procédure pénale marocain et l'article 385 du code de procédure pénale camerounais.

[2002] Voir l'article 75§1 du Statut de Rome.

[2003] LAZERGES Christine, *Introduction à la politique criminelle,* Editions l'Harmattan, Paris, septembre 2000, 141.p. p.8. Cette auteure souligne tout de même le fait que des penseurs tels que PLATON, ARISTOTE, CICERON, ou encore MONTESQUIEU ont mené des réflexions se rattachant directement à la politique criminelle.

[2004] *Ibid.*

[2005] *Ibid.*

Aussi, en considérant la politique criminelle comme *« l'ensemble de procédés répressifs par lesquels l'Etat réagit contre le crime »*[2006], FEUERBACH ne fait aucune distinction entre cette notion et la politique pénale[2007]. Pourtant, certains auteurs sont persuadés que si la politique criminelle entre dans le champ de la réflexion universitaire ou doctrinale, la politique pénale devrait être vue sous le prisme de la stratégie déployée par les pouvoirs publics et en particulier le ministère de la justice pour juguler la criminalité dans la société[2008]. La politique criminelle se fonde en effet sur une analyse doctrinale chère aux spécialistes des sciences criminelles. Néanmoins, elle ne peut pas faire abstraction des réalités ayant un rapport avec les politiques d'action publique. C'est pourquoi il peut être intéressant de prendre en compte l'idée selon laquelle, *« la politique criminelle est une réflexion épistémologique sur le phénomène criminel, un décryptage du phénomène criminel et des moyens mis en œuvre pour lutter contre les comportements de déviance ou de délinquance ; elle est également une stratégie juridique et sociale, fondée sur des choix politiques pour répondre avec pragmatisme aux problèmes posés par la prévention et la répression du phénomène criminel entendu largement. »*[2009].

De fait, il est possible de penser que la politique criminelle puisse constituer une source d'inspiration pour la politique répressive d'un Etat. Le fait que la notion ait une acception plus large justifie qu'elle soit préférée au concept de politique pénale qui est manifestement trop étriqué, sans oublier qu'il est en plus boudé par la doctrine. Quoiqu'il en soit, la politique criminelle peut porter sur tous les aspects du droit répressif y compris sur le droit international pénal ; d'où l'intérêt de voir comment ce dernier est pris en compte au sein des systèmes africains de politique criminelle.

346.-Systèmes africains de politique criminelle et droit international pénal. La politique criminelle se déploie normalement au sein d'un système vu comme un ordre sociétal ou un ensemble d'institutions organisées de manière cohérente et placées sous la houlette d'un Etat. C'est la

---

2006 FEUERBACH, *Lehrbuch,* 1803.

2007 Bien que Mireille DELMAS-MARTY ait critiqué une telle définition, elle propose une autre qui ne s'en éloigne que très peu. Elle affirme en effet que *« la politique criminelle comprend l'ensemble des procédés par lesquels le corps social organise les réponses au phénomène criminel, et apparait donc comme « théorie et pratique des différentes formes du contrôle social ». ».* Voir DELMAS-MARTY Mireille, *Les grands systèmes de politique criminelle,* PUF, Thémis, Paris, mai 1992, 462 p., p.13.

2008 BRUSCHI Christian (dir.), *Parquet et politique pénale depuis le XIXème siècle,* PUF, Collection Droit et justice, Paris, juin 2002, 381 p., p.17.

2009 LAZERGES Christine, *Introduction à la politique criminelle, op. cit.,* p.9.

raison pour laquelle, la doctrine a pu développer l'idée du *« système de politique criminelle »*[2010]. Le concept a l'avantage scientifique de permettre l'identification des Etats qui mettent en œuvre une politique criminelle analogue.

Ainsi, est-il assez aisé d'opposer les systèmes de politique criminelle démocratiques aux systèmes de politique criminelle non démocratiques. Cette dichotomie se retrouvant au sein des Etats africains, il est possible de parler de la diffusion effective du droit international pénal dans ceux s'appuyant sur une politique criminelle démocratique **(§1)**, laquelle diffusion ne peut être effective chez ceux qui s'inspirent d'une politique criminelle non démocratique **(§2)**.

§1. La diffusion effective du droit international pénal dans les systèmes africains de politique criminelle démocratiques

347.-Objectif des politiques criminelles démocratiques. Les politiques criminelles démocratiques visent à mettre en œuvre un ordre répressif qui bénéficie d'un certain consensus sur le plan social. Elles reposent sur l'idée que l'assentiment des citoyens est le principal gage de leur efficacité ou de leur effectivité. C'est pourquoi, lorsqu'elles sont mises en œuvre, elles prennent en compte des paramètres tels que les droits de l'homme qui font normalement partie des aspirations des justiciables. Ainsi, dans les Etats africains favorables à la démocratie, la politique criminelle repose souvent sur une approche libérale propice à la diffusion du droit international pénal **(A)**, tout en sachant que sa soumission à l'Etat de droit peut être perçue comme un signe d'ouverture à la diffusion du droit international pénal **(B)**.

A- L'approche libérale de la politique criminelle propice à la diffusion du droit international pénal

348.-Conception libérale du droit pénal. Mireille DELMAS-MARTY est persuadé que le libéralisme remonte à la fin du Moyen Age, même si le concept s'est enrichi au cours des XVIIème et XVIIIème. Comme elle l'affirme, *« le courant libéral n'a évidemment de sens qu'en référence à la liberté : état primitif de l'homme, origine première, principe que l'Etat et la*

[2010] Voir notamment, DELMAS-MARTY Mireille, *Les grands systèmes de politique criminelle, op. cit.*

société ne peuvent ni contraindre, ni limiter, la liberté est ce qui donne à l'homme sa qualité d'être humain, ce qui l'instaure comme humanité »[2011].

En droit pénal, l'idéologie libérale vise à concilier l'impératif de la répression avec la nécessité de préserver les droits naturels de l'homme qui se caractérisent par leur intangibilité. Mais dans un Etat moderne, c'est au législateur qu'il revient de protéger les droits inaliénables et imprescriptibles de l'homme. Ainsi, d'un point de vue juridique, le libéralisme présente l'avantage d'instaurer au moins une démocratie formelle. De plus, son attachement à la loi en tant qu'expression de la volonté générale a favorisé l'émergence du principe de légalité qui a influencé non seulement les droits internes, mais aussi le droit international pénal. Dès lors, il faut supposer que ce dernier pourra être effectif dans les pays africains favorables à la politique criminelle libérale.

349.-Effectivité du droit international pénal dans les pays africains favorables à la politique criminelle libérale. Au fil des siècles, le principe de légalité a pu émerger comme la pierre angulaire de la politique criminelle libérale. Il s'est d'ailleurs parfaitement adapté aux différents systèmes juridiques du monde, puisqu'il ne fait pas référence à la loi formelle mais à la loi matérielle qui peut porter aussi bien sur le droit écrit que sur le droit coutumier.

Ainsi, dans le contexte africain, la politique criminelle libérale pourrait concerner aussi bien les pays de droit romano-germanique, que les Etats de tradition *Common Law.* Toujours est-il que, les chances d'effectivité du droit international pénal dans les pays africains appliquant un droit pénal libéral sont indéniables[2012]. En effet, comme les ordres juridiques des Etats libéraux, le droit international pénal est particulièrement préoccupé par l'idée de préserver le principe de légalité[2013]. Mais, le principe de légalité doit reposer sur un certain nombre d'exigences. Il est en effet admis que *« par souci d'humanisme, de solidarité et d'efficacité, la loi ne serait véritablement de*

[2011] DELMAS-MARTY Mireille, *Les grands systèmes de politique criminelle, op. cit.,* p.46.

[2012] Dans une étude KOUAKOU Eloi Yao (« Les choix de politique criminelle dans le code pénal ivoirien », *in Archives de politique criminelle*, 2005/1, n°27, 276 p. pp.201-223, p.203ss) démontre que la Côte d'ivoire a depuis son indépendance opté pour un système libéral. Il est clair que le Statut de Rome ratifié par ce pays en 2013 pourrait être mis en œuvre effectivement par un législateur habitué à une conception en principe libérale de la politique criminelle.

[2013] Sur le principe de légalité en droit international pénal, voir notamment les articles 22, 23 et 24 du Statut de Rome.

politique criminelle que si elle permet d'individualiser la sanction ou le contrôle social pour favoriser l'insertion des délinquants et des déviants »[2014].

Le droit international pénal est aussi en phase avec la politique criminelle libérale dans la mesure où il est favorable à une prise en compte des intérêts des victimes dont la plus grande illustration demeure l'adoption par le Statut de Rome d'un dispositif juridique visant à leur accorder une indemnité pour le préjudice subi[2015]. Aussi, la politique criminelle libérale peut opter pour des solutions concrètes visant à indemniser effectivement les victimes. Ces solutions peuvent résider dans la création d'un fonds au profit des victimes comme celui prévu dans l'article 79 du Statut de Rome.

Mais le libéralisme sur le plan pénal suppose de plus en plus le développement d'une justice participative tolérée et encadrée par l'Etat qui peut s'appuyer par exemple sur des associations d'aide aux victimes. Ces dernières peuvent être d'une très grande utilité lorsqu'il s'agit de faire la lumière sur les crimes internationaux les plus graves suite auxquels bon nombre de victimes sont dans l'incapacité de faire valoir leurs droits.

Avec une politique criminelle libérale, le recours à la justice participative a aussi pour avantage d'associer par exemple les médias, les citoyens et les autres membres de la société civile afin de créer une conscience citoyenne qui à terme peut contribuer à la légitimation de l'ordre juridique répressif. Au reste, Christine LAZERGES est convaincu qu'il faut *« associer le plus grand nombre d'acteurs à la politique criminelle avec tous les décloisonnements que cela suppose, non pas parce qu'on opterait idéologiquement pour moins d'Etat, mais par pragmatisme »*[2016].

Il est vrai que la participation du public à la politique criminelle peut être perçue comme un signe d'affaiblissement de l'Etat. Mais une telle remarque n'est pas forcément l'expression d'un rejet de la politique criminelle libérale qui peut même être salutaire au sein des Etats fragilisés suite à un conflit armé au cours duquel des crimes de masse ont été commis.

Finalement, les Etats africains généralement sous-développés, gagneraient à encourager une forme de justice participative qui est d'ailleurs vivement recommandée même dans les pays les plus développés[2017]. Au fond,

---

2014 LAZERGES Christine, *Introduction à la politique criminelle, op. cit.*, p.63.

2015 Voir l'article 75 du Statut de Rome.

2016 LAZERGES Christine, *op. cit.*, p.108.

2017 Voir la recommandation du Comité des Ministres du Conseil de l'Europe du 23 juin 1983 à propos de la participation du public à la politique pénale.

les Etats africains qui ont adopté les mécanismes de la justice transitionnelle (au Rwanda, au Libéria, au Burundi...) ont manifesté une certaine ouverture vis-à-vis de la justice participative. En effet, la mise sur pied d'une bonne justice transitionnelle implique nécessairement la participation du public à une justice qui est plus consensuelle que coercitive. Toutefois, à côté d'une politique libérale portant sur la répression des crimes internationaux les plus graves, la mise sur pied d'une politique criminelle en accord avec l'Etat de droit peut apparaitre aussi comme un signe d'ouverture à la diffusion du droit international pénal.

B- La soumission de la politique criminelle à l'Etat de droit comme signe d'ouverture à la diffusion du droit international pénal

350.-Politique criminelle de l'Etat de droit. Selon les vœux des juristes allemands du XIXème siècle[2018], l'Etat de droit vise à limiter le pouvoir en soumettant l'Etat à ses propres règles. Cette idée a fait florès après la Seconde Guerre mondiale, grâce au mouvement constitutionnaliste dont l'auteur d'origine autrichienne Hans KELSEN fut l'un des défenseurs les plus patentés[2019]. L'Etat de droit favorise le contrôle de constitutionnalité qui a pour conséquence de placer la Constitution au sommet de la hiérarchie des normes juridiques. Ainsi, les citoyens sont-ils protégés contre l'arbitraire qui émane très souvent des lois liberticides, car depuis la Déclaration des droits de l'homme et du citoyen de 1789, il est admis qu'une bonne Constitution doit garantir les droits fondamentaux et assurer la séparation des pouvoirs[2020].

La politique criminelle d'un Etat de droit est nécessairement en phase avec l'idée de préservation des droits fondamentaux qui émane de la Constitution. C'est pourquoi, même le législateur qui a pour mission d'adopter les lois pénales, voit son champ d'action strictement encadré par la Loi fondamentale de l'Etat. En effet, l'Etat de droit est à l'origine de l'émergence de la démocratie sociale qui se dresse comme un rempart contre les abus des pouvoirs publics qui constituent une entrave à l'épanouissement des droits de l'homme.

[2018] Parmi ceux-ci il faut citer notamment, VON MOHL, VON GNEIST et STAHL mais aussi GERBER et JHERING.

[2019] Voir notamment KELSEN Hans, *Théorie pure du droit,* 1934.

[2020] Article 16 de la Déclaration des Droits de l'Homme et du Citoyen du 26 août 1789 : *« Toute société dans laquelle la garantie des droits n'est pas assurée, ni la séparation des pouvoirs déterminée n'a point de constitution ».* Sur la séparation des pouvoirs voir notamment TURPIN Dominique, *Droit constitutionnel,* 2ème édition, PUF, Quadrige, Paris, septembre 2007, 846 p., pp.246-272.

Au reste, l'Histoire enseigne que la démocratie politique qui est de mise même dans l'Etat légal caractérisé par la sacralisation de la loi et le culte de l'infaillibilité des assemblées parlementaires, n'est pas une garantie suffisante pour la protection des justiciables contre les politiques pénales liberticides[2021].

Les politiques criminelles que l'Exécutif met en œuvre dans un Etat de droit par le truchement des lois à caractère pénal, et dans une certaine mesure par les règlements, peuvent faire l'objet d'un contrôle juridictionnel en vue d'établir leur conformité avec l'esprit de l'ordre juridique concerné. Dans une telle situation, les destinataires de la norme pénale se trouvent dans une certaine sécurité juridique puisque le droit répressif doit être en phase avec les principes fondamentaux contenus dans la Constitution[2022]. Toutefois, le constituant se réservera toujours la possibilité de modifier, parfois sous l'influence du droit supranational, la Constitution pour permettre à l'Etat de mettre en œuvre la politique criminelle qui lui convient[2023].

Elisabeth FORTIS évoque clairement l'influence que la Constitution exerce sur la politique criminelle des Etats. Elle affirme qu' *« en premier lieu, la Constitution peut déterminer le ou les pouvoirs compétents pour établir les incriminations, les sanctions et la procédure pénale (...). En second lieu, la Constitution, au sens large, peut constituer une norme de référence dans la mesure où elle peut contenir des principes fondamentaux que le pouvoir répressif doit respecter »*[2024].

Les infractions les plus graves, à l'instar des crimes de droit international pénal, relèvent de la compétence du législateur qui a pour mission de fixer leur régime juridique. C'est l'héritage juridique de la démocratie libérale qui permet à la loi de continuer à jouer un rôle dans le cadre de la politique

---

2021 Il est souvent rappelé à juste titre que, les régimes politiques dictatoriaux européens (fascistes et nazi) des années 1920 et 1930 ont pu se construire grâce à l'assentiment des Parlements nationaux.

2022 Voir le contrôle de constitutionnalité dans les pays africains tels que le Cameroun (articles 46 et suivants de la Constitution), le Kenya (article 163 de la Constitution), le Maroc (articles 133 et suivants de la Constitution), la Tunisie (articles 120 et suivants de la Constitution) etc.

2023 En France par exemple suite à la reconnaissance de la juridiction de la CPI, la Constitution a été modifiée par un article 53-2 issu de la loi constitutionnelle n°99-568 du 8 juillet 1999. Cet article dispose que *« la République peut reconnaitre la juridiction de la Cour pénale internationale dans les conditions prévues par le traité signé le 18 juillet 1998 »*.

2024 FORTIS Elisabeth, « Politique criminelle », *in* CHAGNOLLAUD Dominique, TROPER Michel (dir.) *Traité international de droit constitutionnel, Suprématie de la Constitution,* Tome 3, éditions Dalloz, Paris 2012, 825 p. pp.708-734, p.711.

criminelle[2025], même s'il faut souligner le fait qu'un Etat libéral n'est pas nécessairement un Etat de droit[2026]. Ce dernier peut aussi contraindre les pouvoirs publics à respecter les dispositions d'un traité international inséré dans l'ordre juridique interne, ce qui peut laisser penser que le droit international pénal a toutes les chances d'être effectivement diffusé dans les pays africains ayant opté pour la conception juridique de l'Etat de droit.

351.-Politique criminelle de l'Etat de droit et effectivité de la diffusion du droit international pénal dans les Etats africains. Dès que les Etats africains ont accédé à la souveraineté internationale à partir des années 1950[2027], ils ont fait le choix d'adopter des constitutions calquées formellement sur celles des anciennes puissances coloniales[2028]. Il est vrai que sur le plan matériel, les premières constitutions africaines pouvaient difficilement apparaitre comme des textes fondateurs d'Etats de droit ; car elles n'assuraient en réalité ni une réelle séparation des pouvoirs, ni une protection efficiente des droits fondamentaux. Ceci n'était pas sans conséquence pour le choix de la politique criminelle qui était dictée par le pouvoir exécutif, seul organe détenant pendant longtemps la réalité du pouvoir.

Néanmoins, avec de la transition démocratique amorcée au début des années 1990, *« le processus africain de démocratisation aborde la seconde phase de la consolidation »*[2029]. Ainsi, il est possible d'affirmer qu'un vent constitutionnaliste souffle sur au moins une partie de l'Afrique (l'Afrique du Sud et le Sénégal par exemple). Mais, il ne faut pas pour autant conclure que l'Etat de droit semble pouvoir s'imposer sur le continent africain. Les droits constitutionnels africains doivent en effet être étudiés avec beaucoup de circonspection.

[2025] Sur le sujet lire FAVOREU Louis, *Droit constitutionnel, op. cit.*, p.92.

[2026] La Grande Bretagne est généralement citée comme un exemple de pays ayant une forte tradition libérale mais ne constituant pas un Etat de droit *stricto sensu.*

[2027] Le Maroc et la Tunisie par exemple sont devenus indépendants en 1956, le Ghana en 1957 et la Guinée en 1958. Toutefois, c'est au cours de l'année 1960 que va débuter la *« fièvre des indépendances »* qui va concerner tout particulièrement les pays d'Afrique noire francophone.

[2028] Lire notamment KPODAR Adama, « Bilan sur un demi siècle de constitutionnalisme en Afrique noire francophone », in Afrilex, 33 p., p.2ss. Article disponible sur http://afrilex.u-bordeaux4.fr/sites/afrilex/IMG/pdf.

[2029] GICQUEL Jean, GICQUEL Jean-Eric, *Droit constitutionnel et institutions politiques*, 26ème édition Montchrestien, Lextenso éditions, Paris, septembre 2012, 882 p., p.435.

Si Jean GICQUEL et Jean-Eric GICQUEL par exemple ont pu qualifier un pays comme le Gabon d'Etat de droit[2030], la réalité est que malgré la démocratie apparente, le président de la République apparait dans certains Etats africains comme une autorité se trouvant au-dessus du droit. Les pouvoirs de celui-ci semblent d'ailleurs renforcés en particulier lorsque des crimes internationaux les plus graves ont été commis à l'occasion d'une guerre civile. Il apparait d'ailleurs qu'il est très souvent l'instigateur de la politique criminelle post-conflit ; ce qui n'est pas sans susciter des controverses. Il a été par exemple reproché aux présidents rwandais Paul Kagamé[2031] et ivoirien Alassane Ouattara[2032] d'avoir initié, après les crises qui ont secoué leurs pays respectifs, des politiques pénales visant à ne sanctionner que des personnes considérées comme des opposants politiques, tout en protégeant des partisans qui pouvaient à juste titre être poursuivis pour des crimes qui leur sont imputés. Au Soudan, le président Omar Al Bashir, tout en bravant l'autorité de la CPI, a pu organiser l'impunité pour lui-même et pour ses acolytes pour des crimes commis dans la région du Darfour. Quant au président kenyan Uhuru Kenyatta, en réaction aux poursuites de la CPI, il a réussi un véritable coup de force politico-juridique en convaincant le Parlement de son pays à adopter une motion visant à dénoncer le Statut de Rome[2033].

En réalité, l'exemple français démontre que même dans les Etats de droit, la diffusion du droit international pénal peut être tributaire d'une réforme de l'ordre constitutionnel comme en témoigne l'adoption de l'article 53-2 de la Constitution française visant à reconnaitre la juridiction de la CPI, et qui a pour effet de limiter l'immunité de certains responsables politiques afin de se conformer à l'article 27 du Statut de Rome[2034]. Le fait est que dans une

---

[2030] *Ibid.*, p.434

[2031] Lire Afrik.com, « Le génocide rwandais : 20 ans de justice des vainqueurs », 7 avril 2014, sur le site http://www.afrik.com/genocide-rwandais-20-ans-de-justice-des-vainqueurs.

[2032] Lire Libération, « La justice des vainqueurs à Abidjan, 11 avril 2013, sur le site http://www.liberation.fr/monde/2013/04/11/la-justice-des-vainqueurs-a-abidjan_895558.

[2033] Lire Œil d'Afrique, « Kenya: Les députés kényans adoptent une motion demandant un retrait de la CPI», 5 septembre 2013, http://oeildafrique.com/kenya-les-deputes-kenyans-adoptent-une-motion-demandant-un-retrait-de-la-cpi.

[2034] A titre de rappel l'article 27 du Statut de la CPI prévoit que : *« 1. Le présent Statut s'applique à tous de manière égale, sans aucune distinction fondée sur la qualité officielle. En particulier, la qualité officielle de chef d'État ou de gouvernement, de membre d'un gouvernement ou d'un parlement, de représentant élu ou d'agent d'un État, n'exonère en aucun cas de la responsabilité pénale au regard du présent Statut, pas plus qu'elle ne constitue en tant que telle un motif de réduction de la peine.*

démocratie digne de ce nom, il faut soumettre la politique criminelle des gouvernants au respect des droits des justiciables. Une telle exigence n'est envisageable sur le continent africain que si les pouvoirs publics manifestent la volonté d'adhérer aux principes universels de l'Etat de droit, qui visent surtout à protéger les particuliers contre les abus du pouvoir politique. Stéphane ENGUELEGUELE a raison lorsqu'il affirme que *« le « paradigme des droits de l'homme » prône l'harmonisation des systèmes répressifs et des procédures pénales, pour assurer une meilleure ouverture du système pénal à ses usagers »*[2035].

Toutefois, dans un Etat de droit, l'ouverture du système pénal aux particuliers peut entrainer la remise en cause de la politique criminelle classique au profit de ce que Christine LAZERGES a qualifié de politique criminelle judiciaire dans la mesure où, celle-ci fait référence à *« la politique criminelle inscrite dans les décisions et les pratiques des juridictions de l'ordre judiciaire »*[2036].

Ce qu'il convient plutôt de qualifier de politique criminelle juridictionnelle permet aux juges de faire respecter dans l'ordre juridique interne, aussi bien le droit national que les normes internationales reconnues par l'Etat. Grâce aux juridictions compétentes, *« des frontières sont marquées au-delà desquelles, au regard des droits de l'homme et des libertés publiques, aucun texte ou aucune pratique de politique criminelle n'est acceptable »*[2037]. Il est évident qu'une telle politique peut favoriser la mise en œuvre du droit international pénal par un juge à qui l'Etat de droit a donné une marge de manœuvre en ce qui concerne ses propres pratiques pénales. Seulement, une telle analyse n'est pas toujours de mise dans le contexte africain, où il est facile de constater l'ineffectivité de la diffusion du droit international pénal dans les systèmes de politique criminelle non démocratiques.

---

2. Les immunités ou règles de procédure spéciales qui peuvent s'attacher à la qualité officielle d'une personne, en vertu du droit interne ou du droit international, n'empêchent pas la Cour d'exercer sa compétence à l'égard de cette personne ».

[2035] ENGUELEGUELE Stéphane, *Les politiques pénales (1958-1995),* Editions l'Harmattan, Paris, novembre 1998, 377 p., p.114.

[2036] LAZERGES Christine, *Introduction à la politique criminelle, op. cit.* p.91.

[2037] *Ibid.* p.92.

§2. L'ineffectivité de la diffusion du droit international pénal dans les systèmes africains de politique criminelle non démocratiques

352.-Caractéristiques des politiques criminelles non démocratiques. Alors que dans les systèmes de politique criminelle démocratiques les gouvernants voient leurs prérogatives en matière pénale limitées par des normes juridiques qui reposent sur les aspirations des citoyens, les systèmes de politiques criminelles non démocratiques partent du postulat que l'Etat incarné par ses dirigeants ne peut être limité par le droit. Ces systèmes accordent généralement une prééminence au pouvoir exécutif qui par contre exclut toute idée de politique pénale participative pouvant intégrer les citoyens et les acteurs de la société civile. Il va sans dire que dans de tels systèmes, les risques de violation des droits fondamentaux des justiciables sont très élevés, car la politique criminelle peut être inspirée par un régime politique autoritaire, ou pire encore reposer sur une stratégie politique déployée par un Etat totalitaire.

Dire que les Etats autoritaires ou totalitaires sont opposés à une politique pénale libérale ou en phase avec le constitutionnalisme est un truisme. Ces Etats sont particulièrement hostiles aux normes internationales qui véhiculent souvent une idéologie basée sur les droits de l'homme. C'est pourquoi, dans le contexte africain, il ne peut exister qu'une remise en cause des exigences du droit international pénal dans les systèmes autoritaires de politique criminelle **(A)**. De plus, il sera assez aisé de constater l'incompatibilité des systèmes totalitaires de politique criminelle avec le droit international pénal **(B)**.

A- La remise en cause des exigences du droit international pénal dans les systèmes autoritaires de politique criminelle

353.-Identification des systèmes autoritaires de politique criminelle. Dire que les systèmes autoritaires de politique criminelle se développent surtout au sein des régimes politiques autoritaires est un raisonnement trivial. Mais au fond, en fonction des circonstances, certains Etats pourront basculer facilement d'une politique criminelle libérale à une politique criminelle autoritaire ; c'est sans doute pourquoi Mireille DELMAS-MARTY a pu parler de *« l'Etat autoritaire, née au confluent imprévu du courant libéral et de la branche autoritaire du courant socialiste »*[2038]. Aussi, Christine LAZERGES considère que le modèle de politique criminelle des Etats autoritaires

---

[2038] DELMAS-MARTY Mireille, *Les grands systèmes de politique criminelle, op. cit.*, p.166.

« renvoie à des expériences conduites par des Etats dont le régime politique est lui-même autoritaire, mais des Etats par ailleurs libéraux peuvent se rattacher, par certaines formes de réponse à l'infraction ou à la déviance, à ce modèle »[2039].

Les politiques criminelles autoritaires ont la particularité d'accorder une certaine importance aux institutions chargées du maintien de l'ordre. Celles-ci sont placées sous la houlette du pouvoir exécutif qui a tendance à marginaliser la justice dans le cadre de sa politique pénale. Ainsi, les risques d'exactions ou de bavures policières sont-ils élevés et les magistrats qui ont une marge de manœuvre limitée peuvent difficilement s'ériger contre les pratiques répréhensibles visant quelquefois plus à garantir la survie d'un régime politique, dont la légitimité est contestée, qu'à défendre l'intérêt général. Ceci est favorisé par le fait que dans un système politique autoritaire, l'Etat de droit est soit faible, soit tout simplement inexistant.

Les politiques criminelles autoritaires sont de mise dans un certain nombre d'Etats africains qui ne peuvent qu'entretenir des rapports complexes avec le droit international pénal.

354.-Politiques criminelles autoritaires africaines et droit international pénal. En Afrique, l'autoritarisme semble être la règle dans la plupart des régimes politiques ; ce qui n'est pas surprenant dans un contexte où la plupart des Etats n'ont pas atteint la phase de maturité démocratique. L'Etat autoritaire africain est souvent obnubilé par la nécessité de juguler les troubles sociaux qui peuvent être une cause d'effondrement du régime[2040]. Ainsi, la politique criminelle est-elle particulièrement draconienne vis-à-vis des actes pouvant être constitutifs d'atteinte à une forme de stabilité publique. La sévérité des sanctions concernant les infractions constitutives d'acte de rébellion vise à dissuader tout individu qui aurait l'imprudence de s'attaquer au fondement du régime[2041].

Une politique criminelle autoritaire repose parfois sur la paranoïa des gouvernants dont la légitimité politique peut n'être que relative ou vivement

---

[2039] LAZERGES Christine, *Introduction à la politique criminelle, op. cit.*, p.34.

[2040] Faisant allusion à la révolution, l'article 114 (nouveau) du code pénal camerounais dispose qu'*« est puni de l'emprisonnement à vie celui qui tente par la violence soit de modifier les lois constitutionnelles, soit de renverser les autorités politiques instituées par lesdites lois ou de les mettre dans l'impossibilité d'exercer leurs pouvoirs »*.

[2041] En Afrique beaucoup de code pénaux répriment très sévèrement les actes considérés comme des atteintes à la sûreté intérieure (articles 111 et suivants du code pénal camerounais) ou extérieure de l'Etat (articles 88 et suivants du code pénal burkinabè).

contestée. Ainsi, les opposants politiques peuvent être assimilés aux délinquants dans la mesure où ils se livrent à des formes de contestation considérées comme des actes de déviance. Dans un tel contexte, il est évident que le droit international pénal ne peut que difficilement être mis en œuvre ; au contraire la répression qui est de mise, facilitée par l'instauration d'un puissant système policier, peut donner lieu à la commission des crimes contre l'humanité. En effet, la violence policière peut déboucher sur une pratique récurrente et même systématique de la torture dans certains Etats. De plus, les manifestations sont très souvent réprimées dans le sang sans que le juge national ou même la communauté internationale parvienne réellement à faire établir les responsabilités des personnes impliquées dans les tueries.

Ainsi, en Guinée par exemple, suite aux massacres d'opposants à l'occasion d'une protestation publique ayant eu lieu le 28 septembre 2009[2042], les pouvoirs publics ont très peu manifesté leur volonté d'incriminer les responsables. Les autorités guinéennes qui ont ratifié le Statut de Rome le 14 juillet 2003 ont reçu une sollicitation de la CPI pour poursuivre des personnes coupables de meurtres et de viols constituant d'après la Cour, des crimes contre l'humanité[2043]. Toutefois, en octobre 2013 le président guinéen n'a pas caché dans un entretien[2044] son hostilité à la CPI[2045], en allant jusqu'à affirmer qu'il serait disposé à adhérer à une résolution de l'Union Africaine permettant à certains membres de cette institution de se retirer du système de la CPI[2046]. Si la plupart des Etats africains ont déjà manifesté leur soutien au projet de l'Union Africaine, c'est qu'ils ont le sentiment que les pressions de la CPI visant à les contraindre de sanctionner les crimes internationaux les plus graves commis sur leurs territoires peut remettre en cause la logique de leur

---

[2042] La manifestation qui était organisée par l'opposition s'était terminée dans un bain de sang. Il a été reproché aux forces de l'ordre d'avoir commis des meurtres et de s'être livrées aux actes de viol pouvant être qualifiés de crimes contre l'humanité.

[2043] Sur la position de la CPI par rapport aux évènements du 28 septembre 2009 en Guinée, voir le site internet de la Cour, http://www.icc-cpi.int/fr.

[2044] L'entretien a été accordé à la BBC Africa - Africa n°1 et diffusé le samedi 5 octobre 2013.

[2045] Toutefois, dans un rapport de 2015, la CPI fait état de l'amélioration des relations avec les autorités guinéennes. Voir le *Rapport sur les activités menées en 2015 en matière d'examen préliminaire*, 12 novembre 2015, p. 47

[2046] A propos du rebondissement de la tension entre la CPI et l'Union Africaine, voir MABANGA Ghislain, « Cour pénale internationale (article 27 du Statut de Rome) : Union Africaine versus Cour pénale internationale, quand le politique tient le judiciaire en l'état », *in La Revue des Droits de l'Homme*, Centre de recherches et d'études sur les droits fondamentaux (CREDOF-Paris Ouest Nanterre-La Défense), 17 octobre 2013. Article disponible sur http://revdh.org.

politique criminelle qui reconnait par exemple un droit à l'immunité pour les hauts responsables politiques et en l'occurrence le président de la République.

Il est en effet reconnu que l'une des particularités des systèmes autoritaires de politique criminelle est qu'ils préfèrent généralement s'appuyer sur des stratégies politiques plutôt que de se plier aux exigences du droit. Pour les dirigeants africains, les pressions qui émanent notamment de la CPI afin de mettre en œuvre les dispositions de son Statut, peuvent apparaitre comme une atteinte à la souveraineté pénale de leur pays. Par conséquent, l'effectivité du droit international pénal dans un certain nombre d'Etats africains ne peut qu'être compromise dès lors que la volonté politique fait défaut dans un contexte où il n'y a pas de réelle indépendance de la justice. Un tel constat est encore plus radical dans les régimes politiques qui mettent en œuvre une politique criminelle totalitaire *a priori* incompatible avec le droit international pénal.

B- L'incompatibilité des systèmes totalitaires de politique criminelle avec le droit international pénal

355.-Fonctionnement des systèmes totalitaires de politique criminelle. Pour comprendre le fonctionnement des systèmes totalitaires de politique criminelle, il faut partir de l'idée qu'un régime totalitaire se caractérise par le fait qu'il a une approche holiste de la société. Celle-ci est considérée comme un tout qu'il faut façonner selon une idéologie qui constitue en général l'antithèse des libertés publiques. Ainsi, une politique criminelle totalitaire n'est en réalité qu'un des nombreux avatars du totalitarisme politique. Les nombreux auteurs qui se sont intéressés à la notion de totalitarisme[2047] sont en général d'accord pour reconnaitre qu'elle fait référence à un *« régime politique confisquant la totalité des activités sociales (activité, travail, loisir, éducation, etc.), en n'admettant ni opposition organisée ni contre-pouvoir »*[2048] .

[2047] Parmi les plus significatifs voir notamment ARENDT Hannah, *Le système totalitaire,* Editions Le Seuil, Paris, septembre 2005, 380 p.; ARON Raymond, *Démocratie et totalitarisme,* Editions Gallimard, Paris, 1965, 378 p.; BRUNETEAU Bernard, *Les totalitarismes,* Editions Armand Colin, Paris, juillet 1999, 240 p.

[2048] LAKEHAL Mokhtar, *Dictionnaire de science politique,* 3ème édition revue et mise à jour, L'Harmattan, Condé-sur-Noireau, octobre 2007, 448 p., p.386.

Si la notion même de totalitarisme est relativement récente dans l'histoire de la pensée politique[2049], elle a fait l'objet d'une riche analyse empirique à l'issue de son expérimentation politique par le régime fasciste italien à partir des années 1920, et par le parti Nazi dès l'avènement du III Reich en 1933. La politique criminelle est un outil indispensable pour convertir la population à l'idéologie totalitaire. La répression généralisée qui est mise sur pied a pour objectif de mettre hors d'état de nuire toutes les personnes considérées comme hostiles à l'Etat. Quant aux juges, seuls ceux qui se seront montrés suffisamment fidèles au régime auront la possibilité de continuer à servir un système juridictionnel placé sous étroite surveillance du pouvoir exécutif incarné en principe par un homme qui se distingue par son charisme.

L'appareil répressif totalitaire s'appuie sur une police dont l'efficacité se veut être sans faille. Il n'hésite d'ailleurs pas le cas échéant, à solliciter le soutien d'une armée prompt à éliminer tant les ennemis de l'intérieur que de l'extérieur.

La politique criminelle totalitaire vise à protéger par tous les moyens les valeurs suprêmes de la société. Elle défend aussi l'idée selon laquelle l'esprit des lois doit se confondre avec l'esprit du régime politique. C'est pourquoi, le principe de légalité en matière pénale tel que conçu par les libéraux peut être aboli ; puisque pour des raisons idéologiques, les juges peuvent être amenés à recourir à un raisonnement par analogie pour sanctionner les délinquants[2050].

Dans un régime totalitaire, la conscience idéologique doit guider les comportements de tous les acteurs sociaux y compris les juges. Cette réalité prévaut aussi bien dans les Etats totalitaires laïcs que chez ceux qui fondent leur politique sur une religion. Ces derniers se caractérisent par le fait qu'ils s'appuient sur un intégrisme religieux qui s'oppose à toute sécularisation de la société. La politique criminelle repose par conséquent sur des normes

---

[2049] Il est couramment admis que c'est Benito Mussolini qui est l'un des premiers à faire usage du mot totalitarisme lors de son discours à l'Augusteo le 22 juin 1925. Lire à propos ALCAUD David et alii, *Dictionnaire de sciences politiques,* 2ème édition, Sirey, Herstal, novembre 2010, 520 p., p.485.

[2050] Une loi allemande de 1935 disposait par exemple que : *« sera puni quiconque commettra un délit que la loi déclare punissable ou qui méritera une peine en vertu des principes fondamentaux de la loi pénale et d'après le sain instinct du peuple. Si aucun texte légal ne s'applique au cas en question, l'acte sera puni conformément au texte dont l'idée fondamentale s'en rapproche le plus ».* Voir sur cette disposition le commentaire de Mireille DELMAS MARTY dans son ouvrage *Les grands systèmes de politique criminelle, op. cit,* p.201.

religieuses comme le révèlent les sociétés islamistes qui veulent appliquer à la lettre les préceptes juridiques de l'Islam.

La stratégie des régimes totalitaires peut consister soit à convertir l'ensemble de la population à l'idéologie commune, ce que recherche très souvent les dictatures théocratiques, soit à éliminer comme l'ont fait les nazis, les personnes considérées comme non assimilables notamment pour des raisons raciales.

Ainsi, dans la mise en œuvre de leur politique, les Etats totalitaires peuvent recourir à des pratiques favorisant l'homogénéisation de la pensée en convertissant de force des personnes à l'idéologie nationale, en déportant certains opposants ou en assassinant purement et simplement les irréductibles. C'est sur ces derniers points que les régimes totalitaires ne seront jamais en phase avec le droit international pénal. En effet, alors que ce dernier a pour mission de sanctionner les crimes internationaux les plus graves, les Etats totalitaires quant à eux érigent souvent les crimes contre l'humanité et même les génocides en moyens visant à *« purifier »* la société qui voudrait se débarrasser de ses éléments les plus gênants. Une telle analyse est bien évidemment de mise pour les Etats africains qui ont pu adhérer à un système totalitaire de politique criminelle.

356.-Ineffectivité du droit international pénal dans les systèmes totalitaires africains de politique criminelle. Le totalitarisme qui prévaut dans certains Etats africains se manifeste lui aussi par le recours à une politique criminelle répressive. Comme dans les Etats qui s'appuient sur le même paradigme politique, les régimes totalitaires africains ne considèrent pas comme répréhensible tout acte même grave étant en phase avec l'idéologie étatique.

Ainsi, en Afrique du Sud par exemple, l'Apartheid qui était considéré dès 1972 comme un crime contre l'humanité par les Nations Unies[2051] n'a pu être aboli qu'au début des années 1990[2052]. Aussi, dès le début des années 2000, la réforme agraire du président zimbabwéen Robert Mugabe a laissé libre cours

[2051] Dans sa résolution 2922 (XXVII) du 15 novembre 1972, l'Assemblée générale des Nations Unies affirmait que l'Apartheid pratiqué en Afrique du Sud était contraire aux principes de la Charte de l'ONU et constituait un crime contre l'humanité. Un an plus tard, la même assemblée adoptait la résolution 3068 (XXVII) du 30 novembre 1973 en vue d'adopter la Convention internationale sur l'élimination et la répression du crime d'Apartheid.

[2052] C'est en février 1991 que le président sud-africain Frederik De Klerk annonce la volonté de son pays d'abolir les lois de l'Apartheid, ce que fera effectivement le Parlement au courant de la même année.

à une politique discriminatoire (pouvant être qualifiée de crime d'apartheid selon la logique du Statut de Rome[2053]), à l'égard des fermiers blancs expulsés *manu militari* de leurs terres. Ces derniers qui ont subi des actes qui d'après le droit international pénal peuvent être qualifiés de *« transfert forcé »*[2054] ou de *« persécution »*[2055] n'ont pas pu bénéficier d'une réelle protection de la justice trop inféodée au pouvoir politique. Mais ceci n'a rien de surprenant puisque tous les régimes totalitaires tendent à s'affranchir de la tutelle de la loi.

L'histoire récente a démontré que le totalitarisme en Afrique est parfois la conséquence d'une grave crise politique au sein des Etats qui n'ont pas encore atteint le stade de Nation[2056]. Ainsi, au Rwanda, c'est la rivalité entre Hutu et Tutsi qui a donné naissance à l'idéologie suprémaciste (Hutu Power) qui a été à l'origine du génocide de 1994. Aussi, au Soudan, des décennies de rivalités entre les musulmans et les chrétiens a débouché sur la persécution en toute impunité des seconds par les premiers qui détenaient la réalité du pouvoir politique jusqu'en 2011, année de la sécession de la partie australe du pays, aujourd'hui gouvernée par les chrétiens[2057].

Parfois, du fait de l'affaiblissement de l'Etat, les systèmes totalitaires de politique criminelle sont implantés juste sur une partie du territoire national. Il s'agit des systèmes communautaires de répression pénale qui s'opposent aux politiques pénales étatiques jugées contraires aux valeurs sociales d'un

---

[2053] D'après l'article 7§2-h du Statut de Rome : *« Par « crime d'apartheid », on entend des actes inhumains analogues à ceux que vise le paragraphe 1, commis dans le cadre d'un régime institutionnalisé d'oppression systématique et de domination d'un groupe racial sur tout autre groupe racial ou tous autres groupes raciaux et dans l'intention de maintenir ce régime ».*

[2054] Article 7§2-d du Statut de Rome : *« Par « déportation ou transfert forcé de population », on entend le fait de déplacer de force des personnes, en les expulsant ou par d'autres moyens coercitifs, de la région où elles se trouvent légalement, sans motifs admis en droit international ».*

[2055] Article 7§2-g du Statut de Rome : *« Par « persécution », on entend le déni intentionnel et grave de droits fondamentaux en violation du droit international, pour des motifs liés à l'identité du groupe ou de la collectivité qui en fait l'objet ».*

[2056] En s'appuyant sur la conception subjective de la Nation défendue notamment par Ernest RENAN (voir sa conférence de 1882 intitulée Qu'est-ce que la Nation ?) celle-ci fait référence à une communauté d'être humains présentant les mêmes éléments d'identification, et surtout manifestant la volonté de vivre ensemble. Sur le concept de Nation, lire BADIE Bertrand et alii, *Dictionnaire de la science politique et des institutions politiques,* 7ème édition, Armand Colin, février 2010, 315 p., p.195.

[2057] Le référendum d'autodétermination organisé du 9 au 15 janvier 2011 a permis au Sud Soudan de se détacher du Soudan le 9 juillet 2011.

groupe donné. Ces *« modèles sociétaux »*[2058], de politique criminelle totalitaire ont pu pour l'instant trouver leur expression dans l'intégrisme islamiste mis en œuvre dans le Nord du Nigéria par la secte *Boko Haram*[2059], en Somalie par les miliciens *Al Shebab*[2060], et au Nord du Mali par *AQMI* (Al-Qaida au Maghreb Islamique)[2061] et les mouvements qui lui étaient proches[2062], jusqu'à l'intervention militaire française[2063] et multinationale[2064] en début d'année 2013. Tous ces mouvements islamistes se sont illustrés par la commission d'actes pouvant être qualifiés de crimes de droit international pénal en l'occurrence, la persécution des populations ne pratiquant pas un islam rigoriste, ou encore, comme ce fut le cas au Mali, les destructions pour des raisons idéologiques, des biens culturels et religieux, acte constitutifs de crimes de guerre d'après le Statut de Rome[2065]. Au reste, le 27 septembre 2016, la Chambre de première instance VIII de la CPI a condamné Ahmad Al Mahdi à 9 ans d'emprisonnement pour crimes de guerre lié à la destruction des

---

[2058] Ce concept est utilisé par Mireille DELMAS MARTY dans son ouvrage *Les grands systèmes de politique criminelle, op.cit.,* voir notamment p.223ss.

[2059] Boko Haram est née en 2002 et a pour objectif de faire appliquer la Charia sur l'ensemble du territoire nigérian. La CPI a dû ouvrir un examen préliminaire dans le cadre du conflit qui oppose cette organisation à l'Etat du Nigéria et qui aurait favorisé la commission des crimes contre l'humanité. Lire le Rapport sur les activités menées en 2015 par la CPI en matière d'examen préliminaire, sur https://www.icc-cpi.int/iccdocs/otp/OTP-PE-rep-2015-Fra.pdf, p. 49ss.

[2060] Le mouvement *Al Shebad* a vu le jour en 2006 et veut instaurer un islam rigoriste dans toute la Somalie.

[2061] D'origine algérienne, AQMI né en 2007, est devenu en quelque sorte un mouvement islamiste international puisqu'il a pu s'implanter dans divers pays tels que la Mauritanie, le Niger et le Mali.

[2062] AQMI était appuyé notamment par les islamistes du MUJAO (Mouvement pour l'unité du Jihad en Afrique de l'Ouest né en 2011) et par Ansar Dine (Mouvement touareg se faisant passer pour le défenseur de la religion musulmane et apparu en 2012).

[2063] Dans l'optique d'appliquer la résolution 2085 du Conseil de sécurité de l'ONU visant à rétablir l'intégrité territoriale du Mali, la France a mis sur pied l'opération militaire dénommée *« Serval »* dès le 11 janvier 2013.

[2064] A la suite de la France, l'Union Africaine a lancé la MISMA (Mission internationale de soutien au Mali sous conduite africaine), relayée par la MINUSMA (Mission multidimensionnelle intégrée des Nations Unies pour la stabilisation du Mali crée le 25 avril 2013 par la résolution 2100 du Conseil de sécurité de l'ONU) dès le 1er juillet 2013 et le Tchad l'opération FATIM (Force armée tchadienne d'intervention au Mali).

[2065] L'article 8§2-e (iv) considère comme crime de guerre, *« Le fait de diriger intentionnellement des attaques contre des bâtiments consacrés à la religion, à l'enseignement, à l'art, à la science ou à l'action caritative, des monuments historiques, des hôpitaux et des lieux où des malades et des blessés sont rassemblés, pour autant que ces bâtiments ne soient pas des objectifs militaires ».*

bâtiments à caractère religieux et historique à Tombouctou en juin et juillet 2012[2066].

357.-Conclusion. En définitive, que ce soit dans le contexte africain ou ailleurs, songer à l'effectivité du droit international pénal dans un système juridique ou politique totalitaire n'est qu'une simple vue de l'esprit ; car le totalitarisme apparait normalement comme étant l'antithèse du droit ou en tout cas préfère le droit de la force à la force du droit que seules les juridictions indépendantes peuvent garantir. Dès lors, seuls les régimes politiques démocratiques mettant en œuvre une politique criminelle compatible avec l'idée des droits de l'homme peuvent effectivement diffuser les principes du droit international pénal dans leurs ordres juridiques.

[2066] Voir CPI, *Le Procureur c. Ahmad Al Faqi Al Mahdi*, 27 septembre 2016, ICC-01/12-01/15, https://www.icc-cpi.int/mali/al-mahdi

CONCLUSION DU TITRE II

358.-Impact de la volonté politique sur la diffusion du droit international pénal dans le contexte africain. Bien que les juristes soient globalement attachés à l'idée selon laquelle la norme juridique doit être effective au sein de la société pour laquelle elle est conçue, ils sont plutôt lucides pour constater qu'une règle de droit ne peut produire tous ses effets dans un ordre juridique que si elle arrive à prouver ses capacités à surmonter les paramètres politiques qui peuvent constituer de véritables pierres d'achoppement.

Du fait de sa structuration limitée, l'ordre juridique international est tributaire de la volonté politique des Etats dont les aspirations et les intérêts peuvent varier en fonction des circonstances. Ainsi, si pendant des années les Etats africains s'étaient montrés plutôt réceptifs à l'égard des exigences imposées par le droit international pénal, leurs attitudes semblent avoir évolué négativement vis-à-vis des juridictions internationales pénales et en particulier la CPI.

L'hostilité des pays africains à l'égard du droit international pénal se manifeste aujourd'hui par un refus collectif de coopérer avec la CPI si bien que l'Union Africaine, créée normalement pour maintenir la paix et promouvoir la justice en Afrique, est devenue le porte étendard d'une *« croisade »* contre les normes internationales pénales[2067].

Les arguments pseudo-juridiques évoqués par les dirigeants africains cachent mal leurs intentions purement politiciennes d'organiser l'impunité pour eux-mêmes ainsi que pour leurs sbires. L'attitude des Etats africains a certes été vivement critiquée par les institutions garantes du respect du droit international pénal en particulier l'ONU et la CPI, convaincues que les contraintes juridiques peuvent suffire à modeler le comportement des sujets du droit international pénal. Pourtant, des conciliabules avec l'Union Africaine pourraient contribuer vivement à infléchir l'attitude politique des dirigeants africains qui fragilise un peu plus l'ordre juridique international.

De plus, il est important de rappeler que bon nombre d'Etats africains qui refusent de coopérer avec la CPI ont en réalité pris l'engagement d'insérer

---

[2067] Sur le rôle joué par l'UA dans la fragilisation du droit international pénal, lire MABANGA Ghislain, « Cour pénale internationale (article 27 du Statut de Rome) : Union Africaine versus Cour pénale internationale, quand le politique tient le judiciaire en l'état », *in La Revue des Droits de l'Homme,* Centre de recherches et d'études sur les droits fondamentaux (CREDOF-Paris Ouest Nanterre-La Défense), 17 octobre 2013. Article disponible sur http://revdh.org.

le droit international pénal dans leurs ordres juridiques[2068]. Mais, l'insertion n'a pas forcément donné lieu à une application effective des normes internationales pénales dans les droits internes concernés.

L'incompatibilité des régimes politiques de certains Etats avec le droit international pénal est apparue comme l'une des causes de l'inapplicabilité de ce dernier dans les ordres juridiques internes. Il est en effet reconnu que seuls les régimes politiques démocratiques peuvent se soumettre aux normes internationales pénales par le truchement des politiques criminelles s'appuyant sur les principes de la démocratie libérale et de l'Etat de droit. Or en Afrique, les régimes démocratiques sont plutôt rares et la plupart des Etats mettent en œuvre une politique criminelle qui est soit autoritaire, soit totalitaire, ce qui a normalement pour effet de rendre ineffective la diffusion du droit international pénal au sein des ordres juridiques qui subissent les caprices des gouvernants qui sont avant tout attachés à la préservation de leurs privilèges politiques.

[2068] En juillet 2017, la CPI dénombrait 34 pays africains parties à son Statut. Voir le site internet de l'Assemblée des Etats parties au Statut de Rome, https://asp.icc-cpi.int/fr_menus/asp/states, consulté le 21 juillet 2017 à 10h 55.

CONCLUSION DE LA SECONDE PARTIE

359.-Ampleur des réformes juridiques. La diffusion effective du droit international pénal dans le contexte africain dépendra en grande partie de la nature des réformes qui seront entreprises afin d'arrimer les ordres juridiques internes et international qui pourront dès lors entretenir des rapports systémiques. Inutile de rappeler que ces réformes devraient embrasser l'ensemble des normes pénales des Etats africains dans la mesure où celles-ci pourraient être en déphasage avec le droit international pénal. Il s'agit certes d'une opération fastidieuse et de grande ampleur, qui suppose un examen minutieux non seulement de l'ensemble des droits pénaux substantiels, mais aussi du contenu des règles procédurales. Cependant, le principe de subsidiarité recommande qu'il soit établi une certaine cohérence entre le droit international pénal et les droits internes, afin de lutter plus efficacement contre la commission des crimes internationaux les plus graves.

Par ailleurs, il est important de définir avec une plus grande clarté la délimitation des compétences entre les juridictions pénales nationales et les juridictions internationales pénales, afin d'éviter que les Etats n'invoquent le principe de la complémentarité comme argument permettant aux juridictions nationales de statuer alors même que la situation politique n'est pas propice à une application effective des normes internationales pénales.

De plus, les différents droits internes africains devraient favoriser un peu plus le dialogue entre leurs juges et les juges étrangers ayant une certaine maitrise des exigences du droit pénal moderne que véhicule le droit international pénal. Mais, tout cela ne permet pas de dire comment surmonter les obstacles politiques qui constituent un frein à la diffusion du droit international pénal dans la plupart des Etats africains.

360.-Solution pour les obstacles politiques. Les obstacles politiques empêchent l'effectivité du droit international pénal non seulement dans l'ordre juridique international, mais aussi dans les ordres juridiques internes. Au niveau international, c'est le refus de coopération des Etats africains qui est susceptible de paralyser l'action des juridictions internationales pénales. Sur le plan interne, la nature des régimes politiques ainsi que les politiques criminelles mises en œuvre, sont souvent loin de pouvoir garantir une réelle application des normes internationales pénales.

Ces problèmes peuvent trouver un début de solution si d'une part la communauté internationale, et en particulier l'ONU, prend conscience du rôle joué par le droit international pénal dans le maintien de la paix et de la sécurité internationales, et décide d'agir en conséquence au moyen d'outils politiques ou juridiques prévus notamment par le Chapitre VII de la Charte des Nations Unies.

D'autre part, les Africains devraient songer, bien sûr à moyen ou à long terme, à mettre sur pied des régimes politiques plus en phase avec l'idée d'Etat de droit. Il est vrai qu'à ce niveau, l'impulsion peut venir davantage des citoyens très souvent victimes des crimes internationaux les plus graves que des dirigeants qui sont les premiers bénéficiaires de l'impunité que leur garantit le système politique. C'est pourquoi, il faut miser tout spécialement sur le rôle de la société civile, tant nationale qu'internationale, représentée notamment par les ONG et les associations qui insufflent aux populations des pays sous-développés un esprit démocratique pouvant favoriser l'émergence d'une nouvelle conscience politique des personnes qui aspirent à vivre dans un Etat protégeant les droits de l'homme et permettant aux juges de rendre une justice équitable pour tous les citoyens.

CONCLUSION GENERALE

361.-Problématique de la diffusion du droit international pénal dans les ordres juridiques internes. La diffusion du droit international pénal dans les droits internes n'est jamais sans poser un certain nombre de difficultés qui peuvent être liées notamment à la particularité des ordres juridiques internes par rapport à l'ordre juridique international. La première difficulté vient du fait que les Etats sont jaloux de leur souveraineté pénale représentée par des lois de police[2069] qui sont façonnées par une philosophie juridique propre à chaque société. Cette souveraineté peut être remise en cause si du fait des pressions, les Etats se trouvaient contraints de chambouler leur ordonnancement juridique en vue d'y insérer des normes juridiques internationales.

Par ailleurs, quand bien même les Etats, parfois dans le but de contenter la communauté internationale, décideraient d'adopter des normes internationales, encore faudrait-il qu'ils puissent surmonter les difficultés techniques permettant à celles-ci d'avoir force de loi en droit interne. Il est en effet admis que les normes internationales pénales par exemple, découlant notamment du Statut de Rome, ont vocation à être appliquées dans les ordres juridiques internes.

Dans le contexte africain, les modalités de diffusion de la norme internationale varient considérablement selon la nature des systèmes juridiques concernés. Dans les pays de tradition juridique romano-germanique ayant normalement opté pour un système moniste favorable au droit international, il est possible d'imaginer que les normes internationales pénales pourraient être, le cas échéant, plus facilement prises en considération par le droit interne. Quant au système dualiste qui est mis en œuvre dans les Etats africains appliquant la *Common Law,* il est réputé pour le choix qu'il fait en général d'accorder la primauté au droit interne au détriment du droit international qui doit impérativement être transposé en droit interne pour éviter d'être inapplicable.

[2069] David CHILSTEIN, a pu dire que, *« la territorialité des lois pénales a longtemps reposé sur leur caractère de lois de police ».* Lire CHILSTEIN David, *Droit pénal international et lois de police, Essai sur l'application dans l'espace du droit pénal accessoire,* Thèse de droit (Paris I/ Panthéon-Sorbonne), Editions Dalloz, Paris, 2003, 467 p., p.1.

Toutefois, il faut dire qu'en réalité, l'expérience, du moins en ce qui concerne la diffusion du droit international pénal, a démontré qu'indépendamment de la nature de leurs systèmes juridiques, les Etats sont souvent, comme c'est le cas avec le Statut de Rome, obligés d'adopter des lois d'adaptation de leurs ordres juridiques aux normes internationales pénales[2070]. Pour les Etats africains, ces lois ne sont pas sans soulever quelques difficultés dans la mesure où leurs ordres juridiques reposent très souvent sur un pluralisme juridique qui juxtapose le droit moderne et le droit traditionnel. C'est ce dernier qui est parfois difficile à concilier avec le droit international pénal. Pourtant, l'histoire récente a révélé que les africains n'ont pas hésité à puiser dans leurs mécanismes juridiques de droit traditionnel pour sanctionner des crimes qui relèvent normalement du droit international pénal. Ce dernier a ainsi vu sa vocation universelle être quelque peu remise en cause par des sociétés qui ont décidé de s'appuyer sur une philosophie juridique différente pour régler des litiges liés à la commission des infractions telles que les génocides, les crimes de guerre ou les crimes contre l'humanité[2071]. Cette réalité a contribué à limiter l'effectivité de la diffusion du droit international pénal dans le contexte africain.

362.-Effectivité limitée de la diffusion du droit international pénal dans le contexte africain. La plupart des pays africains ne semblent pas tout à fait préparés pour permettre aux normes internationales pénales d'être effectivement mises en œuvre dans leurs ordres juridiques. Il y a plusieurs raisons à cela ; les unes sont juridiques et les autres sont politiques.

Sur le plan juridique, nombreux sont les Etats africains qui doivent procéder à un véritable toilettage juridique au niveau de leurs législations pénales pour permettre à celles-ci d'être arrimées au droit international pénal ou au droit international des droits de l'homme. Au cas où elles seraient engagées, les réformes nécessaires s'étaleront sans aucun doute sur de nombreuses années et porteront aussi bien sur le droit pénal substantiel que sur le droit pénal processuel. Elles devront notamment redéfinir le rôle des juges pénaux africains, et préciser les compétences de ces derniers par rapport à leurs homologues internationaux. Par la suite, les juges nationaux devront faire preuve d'intelligence et d'imagination dans le cadre de leur politique

---

[2070] Voir par exemple le cas de la France avec la *loi n°2010-930 du 9 août 2010 portant adaptation du droit pénal à l'institution de la Cour pénale internationale*.

[2071] Voir dans ce sens le rôle joué par les *Gacaca* au Rwanda, les *Bushingantahe* au Burundi, ou encore les autres juridictions traditionnelles chargées de régler les litiges dans des contextes d'après-guerre au Libéria ou en Ouganda par exemple.

jurisprudentielle, ce qui dépendra à la fois de la qualité de leur formation et de la marge de manœuvre que leur laissera le législateur.

En ce qui concerne les paramètres politiques qui influent sur l'effectivité de la diffusion du droit international pénal, ils sont nombreux dans les Etats africains, et naissent souvent au gré des caprices des dirigeants politiques qui ont l'avantage de gouverner des pays qui la plupart du temps ne sont pas à proprement parler des Etats de droit. Ainsi, derrière le refus catégorique de certains Etats de coopérer avec la CPI se cache en réalité la volonté de certains responsables politiques d'échapper, à l'échelle internationale, aux poursuites qu'ils ont su éviter au niveau national grâce aux régimes politiques et aux politiques criminelles non démocratiques qui leur sont largement favorables. Cette situation est en réalité liée à l'éternelle friction entre le droit international pénal et la politique.

363.-Eternelle friction entre le droit international pénal et la politique. Dès leur apparition dans le but de réprimer les crimes les plus graves qui heurtent la conscience humaine, les normes internationales pénales sont très vite entrées en confrontation avec des paradigmes politiques. Au moment de leur invocation après la fin de la Seconde Guerre mondiale, elles étaient déjà contestées par ceux qui considéraient qu'elles ne pouvaient que favoriser la justice des vainqueurs[2072].

Aujourd'hui encore, faire triompher le droit international pénal est un véritable travail de Sisyphe[2073]. Il semble en effet qu'à l'image du roi légendaire, le juriste internationaliste soit condamné à essayer de hisser la norme internationale pénale jusqu'au sommet de l'ordre juridique international, mais qu'ensuite, celle-ci, sous la pression des impératifs politiques, amorce une chute vertigineuse et irrépressible au point de devenir inopérante. Au demeurant, qui peut oser affirmer que toutes les victimes des crimes internationaux sur tous les continents ont depuis Nuremberg obtenu qu'il leur soit rendu justice ? En Afrique, les cadavres s'amoncellent sans que les solutions juridiques apparaissent comme étant réellement concluantes. Sur ce continent, il est fort à parier que de nombreuses victimes des guerres dévastatrices ne réussiront jamais à faire entendre leur cause devant un juge.

[2072] Sur la notion de *« justice des vainqueurs »,* voir ZOLO Danilo, *La justice des vainqueurs, De Nuremberg à Bagdad,* Editions Jacqueline Chambon, Actes sud, Arles, octobre 2009, 232 p.

[2073] Le Mythe de Sisyphe est invoqué notamment par HOMERE dans *L'Iliade* et *L'Odyssée* (œuvres datant du IXème ou VIIIème siècle avant J.C.), mais aussi par Albert CAMUS dans un essai éponyme, (*Le Mythe de Sisyphe*) publié en 1942.

En vérité, il est assez fréquent que pour des raisons politiques, les morts, parfois oubliés, soient passés par pertes et profits dans les méandres de l'Histoire. Le pardon et les conciliabules politiques apparaissent souvent comme une nécessité pour amorcer un processus de réconciliation entre les peuples et au sein des peuples, à telle enseigne que les subtilités juridiques auxquelles sont accoutumés les spécialistes du droit international pénal, sont perçues par les *« non-initiés »* comme de simples querelles byzantines faisant penser aux théologiens spéculant du sexe des anges au cœur de la Cité assiégée[2074].

[2074] L'expression *« querelles byzantines »* est en effet liée à la chute de l'Empire byzantin après le sac de Constantinople par les ottomans le 29 mai 1453 ; car alors que la ville était assiégée, les théologiens étaient occupés à débattre sur des sujets inopportuns étant donné la gravité de la situation. Parmi les questions abordées, la tradition historique veut qu'y figure la détermination du sexe des anges. Sur l'Empire byzantin, lire notamment RUNCINAM Steven, *La Chute de Constantinople,* Editions Tallandier, mars 2007, 348 p.

BIBLIOGRAPHIE

I.- DROIT INTERNATIONAL PUBLIC, DROIT REGIONAL

1. Généralités

ANZILOTTI Dionisio, *Cours de droit international,* Paris, Librairie du Recueil Sirey, 1929, 534 p.

BARSAC Tessa, *La Cour africaine de justice et des droits de l'homme,* CEDIN, Perspectives internationales N°32, Pedone, mars 2012, 132 p.

BROWNLIE Ian, *Principles of Public International Law*, 8ème édition, Oxford University Press, septembre 2012, 888 p.

COMBACAU Jean, **SUR** Serge, *Droit international public,* 10ème édition, Montchrestien, lextenso éditions, octobre 2012, 820 p.

DAILLIER Patrick, **FORTEAU** Mathias, **PELLET** Alain, *Droit international public*, 8ème édition, LGDJ, lextenso éditions, Paris, novembre 2009, 1709 p.

DUPUY Pierre-Marie, **KERBRAT** Yann, *Droit international public,* 11ème édition, Dalloz, Paris, septembre 2012, 929 p.

DUPUY René-Jean, *La communauté internationale entre le mythe et l'histoire,* Economica, Paris, 1986, 182 p.

MIGLIOLI Carlo, *La sanzione nel diritto internazionale,* Milan, Giuffrè, 1951, 367 p.

PETROVIC Drazen, *L'effet direct des accords internationaux de la communauté européenne : A la recherche d'un concept,* publication de l'Institut Universitaire des Hautes Etudes Européennes et Internationales (IUHEI), Genève, PUF, Paris, 2000, 304 p.

RIVIER Raphaële, *Droit international public,* 2ème édition, PUF, Thémis, Paris, octobre 2013, 701 p.

SINKONDO Marcel, *Droit international public,* Editions ellipses, Paris, septembre 1999, 508 p.

VERHOEVEN Joe, *Droit international public,* Editions Larcier, Bruxelles, mars 2000, 856 p.

2. Ouvrages spécialisés

BLECKMANN Albert, *Begriff und Kriterien der innerstaatlichen Anwendbarkeit völkerrechtlicher Verträge (Versuch einer allgemeinen Theorie des self-executing Treaty auf rechtsvergleichender Grundlage),* Schriften zum öffentlichen Recht, n°123, Duncker & Humblot, Berlin, 1970, 333 p.

COULEE Frédérique, *Droit des traités et non-réciprocité, recherches sur l'obligation intégrale en droit international public,* Thèse de doctorat, soutenue le 12 mai 1999 à l'Université Panthéon-Assas (Paris II), ronéotypée, 620 p.

DECAUX Emmanuel, *La réciprocité en droit international,* LGDJ, Paris, 1980, 374 p.

DJIENA WEMBOU Michel-Cyr, *Le droit international dans un monde en mutation, Essais écrits au fil des ans,* Editions L'Harmattan, Paris, 2003, 399 p.

FROWEIN Jochen, **PEUKERT** Wolfgang, *Europäische Menschenrechtskonvention- Kommentar,* Engel, Kehl Strasbourg 1985, 604 p.

LATTY Franck, *La lex sportiva, Recherche sur le droit transnational*, coll. Études de droit international, Martinus Nijhoff Publishers, Leiden/Boston, 2007, 849 p.

LECOURT Robert, *L'Europe des juges,* Bruylant, collection Droit de l'Union européenne, Grands écrits, Bruxelles, septembre 2008, réédition de l'ouvrage de 1976, 321 p.

MOULIER Isabelle, *La compétence pénale universelle en droit international,* Thèse, Paris I, 2 tomes, 2006, 1050 p.

PICTET Jean (dir.), *Commentaire des Conventions de Genève du 12 août 1949,* CICR, Genève, 1952-1959, 4 vol.

SANDOZ Yves, **SWINARSKI** Christophe, **ZIMMERMANN** Bruno (dir.), *Commentaire des Protocoles additionnels du 8 juin 1977 aux Conventions de Genève du 12 août 1949,* Martinus Nijhoff Publishers, Genève, 1986, 1647 p.

SCIOTTI-LAM Claudia, *L'applicabilité des traités internationaux relatifs aux droits de l'Homme en droit interne,* Bruylant Bruxelles, 2004, 728 p.

TURGIS Noémie, *La justice transitionnelle en droit international,* Thèse de l'Université Paris-Sorbonne, 2012, 576.p.

VASAK Karel, *La Convention Européenne des Droits de l'Homme,* Bibliothèque constitutionnelle et de sciences politiques, LGDJ, Paris, 1964, 326 p.

VILLALPANDO Santiago, *L'émergence de la communauté internationale dans la responsabilité des Etats,* PUF, Paris, 2005, 527 p.

WAELBROECK Michel, *Traités internationaux et juridictions internes dans les pays du Marché commun,* Pedone, Paris, 1969, 348 p.

3. Articles

ABRAHAM Ronny, « Les effets juridiques en droit interne, de la Convention de New York relative aux droits de l'enfant », Conclusions sur Conseil d'Etat, Section, 23 avril 1997, GISTI, *RFDA,* 1997, p.585-596.

ALLAND Denis, « Droit international et droit interne », *in* **ALLAND** Denis (dir.*), Droit international public,* coll. Droit fondamental, droit international et droit communautaire, PUF, Paris, 2000, 807 p., p.351-397.

BHAGWATI Natwarlal « Domestic Application of Human Rights Norms », *in* Judicial Colloquium in Abuja, Nigeria, 9-11, December 1991, *Developing Human Rights Jurisprudence: The Domestic Application of international Human Rights Norms,* vol. 4, Commonwealth Secretariat, London, 1992, 280 p., p.23-33.

BOUTROS-GHALI Boutros, « L'ONU et les opérations de maintien de la paix à la croisée des chemins », *in Relations internationales et Stratégiques,* automne 1993, pp.15-22.

CAMERON Iain, « The Swedish experience of the European Convention on Human Rights since Incorporation », *ICLQ,* 1999, p.20-56.

CARREAU Dominique, « La compétence universelle au regard du droit international » *in* Mélanges **BOULOC** Bernard, Dalloz, 2007, 1195 p., p.89ss.

CHABERT Cyril, « L'applicabilité directe de la Convention de New-York sur les droits de l'enfant : une question en voie de réexamen ? », *RRJ,* 1997, p.615-650.

COHEN-JONATHAN Gérard, « Conclusions générales », *in La protection des droits de l'homme et l'évolution du droit international,* Colloque de la SFDI, Editions A. Pedone, Paris, 1998, 344 p., p.307-341.

CRAWFORD James, **EDESON** W.R., « International Law and Australian Law » *in* **RYAN** K.W. (dir.), *International Law in Australia,* 2nd Edition, The Law Book Company, Sydney, 1984, 523 p., p.71-135.

DECAUX Emmanuel, **EISEMANN** Pierre Michel, **GOESEL-LE BIHAN** Valérie, **STERN** Brigitte, « Rapport sur la France » *in* **EISEMANN** Pierre Michel (dir.), *L'intégration du droit international et communautaire dans l'ordre juridique national, étude de la pratique en Europe,* Kluver Law International, La Haye, 1996, 587 p., p.241ss

DHOMMEAUX Jean, « Monismes et dualismes en droit international des droits de l'homme », *AFDI,* 1995, p.447-468.

DI RATTALMA Frigessi, **TREVES** Tullio, « Rapport sur l'Italie », *in* **EISEMANN** Pierre-Michel (dir.), *L'intégration du droit international et communautaire dans l'ordre juridique national, étude de la pratique en Europe,* Kluwer Law International, La Haye, 1996, 587 p., p.365-406.

DUBOUIS Louis, « La portée des instruments internationaux de protection des droits de l'homme dans l'ordre juridique français » *in* SMITH Eivind (dir), *Les droits de l'homme dans le droit national en France et en Norvège,* Collection droit public positif, Presse Universitaire d'Aix-Marseille, Economica, Paris, 1990, 204 p., p.131-156, p.

DUGARD John, « The Application of Customary International Law Affecting Human Rights by national tribunals » *in American Association of International Law Proceedings of the 76th Annual Meeting, 1982,* p.245-251.

DUPUY René-Jean, « Coutume sage et coutume sauvage », *in* Mélanges Rousseau, A. Pedone, 1974, p.75-87.

DUTHEIL DE LA ROCHERE Jacqueline, « Le droit international fait-il partie intégrante du droit anglais ? Réflexions sur les relations entre le droit international et le droit interne au Royaume-Uni à la lumière de l'appartenance communautaire de ce pays », *in Le droit international : unité et diversité,* Mélanges offerts à Paul Reuter, Editions A. Pedone, Paris, 1981, 584 p., pp.243-268

ELLOUMI Taïeb, « La justice et les conventions internationales », *in* **BEN ACHOUR** Rafâa, **LAGHMANI** Slim, *Droit international et droits internes : développement récents,* Colloque des 16-17-18 avril 1998, Rencontre internationale de la Faculté des Sciences Juridiques, Politiques et Sociales de Tunis, Pedone, Paris, 1998, 318 p. pp.281-289.

FELDMAN David, «Remedies for violations of Convention Rights under the Human Rights Act», *in EHRLR,* 1998, p.691-711.

GANSHOFF VAN DER MEERSCH W.J., « La règle d'application directe », *in RBDI,* 1980, p.345-354.

IWASAWA Yuri, « The doctrine of self-executing treaties in the United States: a critical analysis » *Virginia journal of International Law,* vol. 263, 1986, p.627-692.

JACKSON John, « Status of treaties in domestic legal systems: a policy analysis », *in AJIL,* 1992, p.310-340.

KAMTO Maurice, « Les interactions des jurisprudences internationales et des jurisprudences nationales », *in Société Française pour le Droit International, La juridictionnalisation du droit international,* Colloque de Lille, Editions A. Pedone, Paris 2003, 545 p., pp.393-460.

LASOK Dominik, « Les traités internationaux dans le système juridique anglais », *in RGDIP,* Editions A. Pedone, Paris, vol. LXX, (1966) p.961-994.

LAVALLEE Carmen, « La Convention internationale relative aux droits de l'enfant et son application au Canada », *in RIDC,* 1996, p.605-630.

LILLICH Richard, « Invoking International Human Rights Law in Domestic Courts », *in Cincinnati Law Review,* 1985, p.367-415.

MANIN Philippe, « De l'utilisation des directives communautaires par les personnes physiques ou morales », *in AJDA,* 1994, p.259-269.

MARCOFF Marco, « Les règles d'application indirecte en droit international », *in RGDIP*, 1976, p.386-424.

MAREK Krystina, « Les rapports entre le droit international et le droit interne à la lumière de la jurisprudence de la Cour Permanente de Justice Internationale », *in RGDI,* 1962, pp.260-298.

MARTINEAU Robert Jr, « Interpreting the Constitution : The use of International Human Rights Norms », *in HRQ,* 1983, p.87-107.

PINTO Roger, « Le juge devant les traités non publiés de la France », *in Le juge et le droit public,* Mélanges offerts à Marcel WALINE, tome 1, 858.p. LGDJ, Paris, 1974, p.233-239.

POLAKIEWICZ Jörg, **JACOB-FOLTZER** Valérie, « The European Human Rights Convention in Domestic Law : the impact of Strasbourg cas-Law in States where direct effect is given to the Convention», (Première partie) *in HRLJ,* 1991, p.65-85.

PROVOST René, « Reciprocity in Human Rights and Humanitarian Law », *in BYIL,* 1994, p.383-454.

RIGAUX François, « KELSEN et le droit international », *in RBDI,* 2-1996, p.381-408.

SALL Alioune, « Le droit international dans les nouvelles constitutions africaines », *in RJPIC,* 1997, p.339-352.

SCELLE Georges, « Quelques réflexions sur l'abolition de la compétence de guerre », *in RGDIP*, 1954, p.5-22.

SCHEININ Martin, « General Introduction to International Human Rights Norms in Nordic and Baltic Countries », *in* SCHEININ Martin (dir.), *International Human Rights Norm in the Nordic and Baltic Countries,* NIJHOFF Martinus, La Haye, 1996, 310 p., p.11-26.

SEIDL-HOHENVELDERN Ignaz, « Transformation or Adoption of International Law into Municipal Law », *ICLQ,* 1963, p.88-124.

SIMMA Bruno, « International Human Rights and General International Law: A Comparative Analysis », *in CCAEL*, 1993, vol. IV-2, p.153-236.

TAVERNIER Paul « Sécurité internationale, droit international humanitaire et droits de l'homme. Quelques réflexions sur le rôle des juridictions internationales », *in Sécurité internationale entre rupture et continuité,* Mélanges en l'honneur du professeur Jean-François **GUILHAUDIS,** Bruylant, Bruxelles, 2007, 638 p., pp.541-558.

TAXIL Bérangère « Méthodes d'intégration du droit international en droits internes » *in Internationalisation du droit, internationalisation de la Justice,* 3ème congrès de l'AHJUCAF, Cour Suprême du Canada, Ottawa, 21-23 juin 2010, 190 p. pp.104-115.

TAXIL Bérangère, « Les critères de l'applicabilité directe des traités internationaux aux Etats-Unis et en France », *in RIDC,* volume 59, numéro 1, 2007, pp.157-176.

VALABREGA Piero Vittorio, « Invoking the application of the ECHR in the italian Supreme Criminal Cour », *in The Finnish yearbook of international law,* 1995, p.279-315.

VERHOEVEN Joe « La notion d'applicabilité directe du droit international », *in RBDI,* 1980, p.243-264.

VIRALLY Michel, « Réflexions sur le *« jus cogens » », in AFDI,* Vol. 12, 1966, pp.5-29.

WAELBROECK Michel, « Portée et critère de l'applicabilité directe des traités internationaux », note sous Cour de cassation belge, 21 avril 1983, *in RCJB*, 1985, p.22-42.

WENGLER Wilhelm, « Réflexion sur l'application du droit international public par les tribunaux internes », *in RGDIP,* 1968, p.921-990.

II.- DROIT INTERNATIONAL PENAL

1. Généralités

ASCENCIO Hervé, **DECAUX** Emmanuel, **PELLET** Alain (dir.), *Droit international pénal*, 2ème édition révisée, A. Pedone, Paris, octobre 2012, 1280 p.

BASSIOUNI Mahmoud Cherif, *International Criminal Law,* 3ème édition, Transnational Publishers, New York, décembre 2008, 3 vol.

BASSIOUNI Mahmoud Cherif, *Introduction au droit pénal international,* Editions Bruylant, Bruxelles, 2002, 344 p.

DE FROUVILLE Olivier, *Droit international pénal, Sources, incriminations, responsabilité,* Editions A. Pedone, Paris, mars 2012, 523 p.

GLASER Stephan, *Introduction à l'étude du droit international pénal,* Bruxelles, Bruylant, Paris, Librairie du Recueil Sirey, 1954, 207 p.

GLASER Stephan, *Droit international pénal conventionnel,* Bruylant, 1970, Broché, 649 p.

2. Ouvrages spécialisés

ASCENSIO Hervé, **LAMBERT-ABDELGAWAD** Elisabeth, **SOREL** Jean-Marc, *Les juridictions pénales internationalisées (Cambodge, Kosovo, Sierra Leone, Timor Leste), Société de législation comparée*, Paris, 2006, 383 p.

BASSIOUNI Mahmoud Chérif, *The legislative History of the International Criminal Court : Introduction, Analysis and Integrated Text,* vol. I, Ardsley, NY, Transnational Publishers, 2003, 823 p.

BOSLY Henri, **VANDERMEERSCH** Damien, *Génocide, crimes contre l'humanité et crimes de guerre face à la justice, Les juridictions internationales et les tribunaux nationaux,* 2ème édition, Bruylant, Bruxelles, 2012, 285 p.

BOURDON William, **DUVERGER** Emmanuelle, *La Cour pénale internationale, Le Statut de Rome,* Editions Seuil, Paris, 2000, 364 p.

CALVO-GOLLER Karin Notburga, *La procédure et la jurisprudence de la Cour pénale internationale,* Gazette du Palais, Lextenso éditions, Paris, juillet 2012, 392 p.

CASSESE Antonio, **DELMAS-MARTY** Mireille (dir.), *Juridictions nationales et crimes internationaux*, PUF, Paris, juin 2002, 673 p.

CASSESE Antonio, **SCALIA** Damien, **THALMANN** Vanessa, *Les grands arrêts de droit international pénal,* Editions Dalloz, Paris, septembre 2010, 475 p.

DUPAQUIER, Jean-François, (dir), *La justice internationale face au drame rwandais,* Editions Karthala, Paris, 1996, 253 p.

FERNANDEZ Julian, *La politique juridique extérieure des Etats Unis à l'égard de la Cour pénale internationale,* Editions A. Pedone, février 2010, 649 p.

FERNANDEZ Julian, **PACREAU** Xavier, *Statut de Rome de la Cour pénale internationale, Commentaire article par article,* Editions A. Pedone, Paris, septembre 2012, 2 tomes, 2460 p.

FREDIANI Sophie, *Les juridictions pénales internationales et les Etats : Etude du face à face,* Thèse Montesquieu-Bordeaux IV, 2 tomes, 18 octobre 2004, 1128 p.

GLASER Stefan, *Infraction internationale, ses éléments constitutifs et ses aspects juridiques, exposé sur la base du droit pénal comparé,* LGDJ, Paris, 1957, 225 p.

HIERAMENTE Mayeul, *La Cour pénale Internationale et les Etats-Unis : une analyse juridique du différend,* Editions L'Harmattan, mai 2008, 87 p.

LA ROSA Anne-Marie, *Juridictions pénales internationales, La procédure et la preuve,* PUF, Paris, mars 2003, 507 p.

LEE Roy, *The International Criminal Court : The Making of the Rome Statute, Issues, Negociations Results,* La Haye, Kluwer Law International, 1999, 692 p.

MALEKIAN Farhad, *The Monopolization of International Criminal Law in the United Nations, A Jurisprudential Approach,* 2nd edition, Almquist &Wiksell international, Stockholm, 1995, 226 p.

PELLA Vespasien, *La criminalité collective des Etats et le droit pénal de l'avenir,* 1925.

TRIFFTERER Otto, *Commentary on the Rome Statute of the International Criminal Court, Observer's notes, article by article,* Baden-Baden, Nomos, 2ème édition, 2008, 1200 p.

UBEDA-SAILLARD Muriel, *La coopération des Etats avec les juridictions pénales internationales,* Thèse de l'Université Paris-Ouest, Nanterre La Défense, 4 décembre 2009, 797 p.

VAURS CHAUMETTE Anne-Laure, *Les sujets du droit international pénal, Vers une nouvelle définition de la personnalité juridique internationale ?* Editions A. Pedone, Paris, avril 2009, 545 p.

WIBABARA Charity, *Gacaca Courts versus the International Criminal Tribunal for Rwanda and National Courts, Lessons to Learn from the Rwandan Justice Approaches to Genocide,* Nomos, 22 août 2014, 298 p.

ZAPPALA Salvatore, *La justice pénale internationale*, Montchrestien, Paris, février 2007, 154 p.

ZIMMERMANN Robert, *La coopération judiciaire internationale en matière pénale,* 2e édition, Bruylant SA Bruxelles, Staempfli éditions SA Berne, 2004, 733 p.

3. Articles

ADJOVI Roland « Le Conseil de sécurité des Nations Unies et la Cour pénale internationale », *African Yearbook of International Law,* Vol. 13, 2005, pp.187-211.

AKANDE Dapo, « International Law Immunities and the International Criminal Court », *in American Journal of International Law,* Vol. 98, n°3, 2004, pp.407-433.

AKANDE Dapo, « The Bashir Case: Has the South African Supreme Court Abolished Immunity for all Heads of States? », 29 mars 2016, http://www.ejiltalk.org/the-bashir-case-has-the-south-african-supreme-court-abolished-immunity-for-all-heads-of-states/

AMBOS Kai, « International Criminal Law has Lost its Innocence », *German Law Journal,* n°10, 1er octobre 2002, HTML-Offprint from: www.germanlawyournal.com

BERTHELOT Pierre, « La CPI face à la tragédie du Darfour », *in Géopolitique africaine,* n°35, juillet-septembre 2009, pp.235-252.

BLENGINO Chiara. « La position juridique de l'individu dans le Statut de la Cour pénale internationale », *in* CHIAVORO Mario (dir.), *La justice pénale internationale, entre passé et avenir,* A. Giuffrè Editore, Milan, 2003, 399 p., pp.153-166.

CASSESE Antonio, « présentation de la IIIème partie », in **ASCENSIO** Hervé, **DECAUX** Emmanuel et **PELLET** Alain (dir.), *Droit international pénal,* Pedone, Paris, 2000, pp.621-631.

CHIAVARIO Mario, « Droits de l'accusé… Et autres dans la perspective de la justice pénale internationale », *in* **CHIAVARIO** Mario, *La justice pénale internationale entre passé et avenir,* Giuffrè Editore, Milan, 2003, 398 p., pp.329-333.

CONDORELLI Luigi, « Présentation de la IIème partie », *in* **ASCENSIO** Hervé, **DECAUX** Emmanuel, **PELLET** Alain (dir), *Droit international pénal,* Pedone, Paris, 2000, pp.241-247.

CONDORELLI Luigi, **VILLALPANDO** Santiago, « Referral and Deferral by the Security Council », *in* **CASSESE** Antonio, **GAETA** Paola, **JONES** John (R.W.D.), *The Rome Statute of the International Criminal Court : A Commentary,* Oxford, Oxford University Press, 2002, 2018 p., pp.644ss.

DELMAS-MARTY Mireille, « Les crimes internationaux peuvent-ils contribuer au débat entre universalisme et relativisme des valeurs ? », *in* **CASSESE** Antonio, **DELMAS-MARTY** Mireille (dir.), *Crimes internationaux et juridictions internationales*, PUF, Paris, 2002, pp.59-67.

DELMAS-SAINT-HILAIRE Jean-Pierre, « La définition juridique de la complicité de crime contre l'humanité au lendemain de l'arrêt de la Chambre criminelle du 23 janvier 1997 », *in Dalloz,* 1997, pp.249-254.

DESPLAND Delphine « La procédure de coopération des Etats à l'égard des Tribunaux Pénaux Internationaux et la Cour Pénale Internationale », *in* **BICHOVSKY** Aude, **MASSROURI** Maryam, **MOREILLON** Laurent (éditeurs), *Droit pénal humanitaire,* 2ème édition, Collection Latine, Série II, Volume 5, Helbing Lichtenhahn, Bruylant, Bâle, 2009, 503 p., pp.347-363.

DONNEDIEU DE VABRES Henri, « De la piraterie au génocide…Les nouvelles modalités de répression universelle », *in* Mélanges RIPERT Georges, Tome I, LGDJ, 1950, p.226ss.

DONNEDIEU DE VABRES Henri, « Le système de répression universelle », *in Revue Critique de Droit International Public,* 1922-1923, p.533ss.

DU PLESSIS Max, « South Africa's implementation of the Rome Statute », *in Power and Prosecution, Challenges and Opportunities for International Criminal Justice in Sub-Saharan Africa,* **AMBOS** Kai, **MAUNGANIDZE** Ottilia A., (Eds.), Göttingen Studies in Criminal Law and Justice, Volume 24, 2012, 202 p. pp.23-38.

DURKIN Neil, « Saif Gaddafi's Trial in Libya Is Victor's Justice » (« Le procès de Seïf Kadhafi en Libye c'est la justice des vainqueurs »), *Amnesty International Royaume-Uni,* Huffington Post, 21 septembre 2013, http://www.huffingtonpost.co.uk/neil-durkin/saif-gaddafi-trial

FALKOWSKA Martyna, **VERDEBOUT** Agatha, « L'opposition de l'Union Africaine aux poursuites contre Omar Al Bashir, Analyse des arguments juridiques avancés pour entraver le travail de la Cour pénale internationale et leur expression sur le terrain de la coopération », *in Revue belge de droit international,* Bruylant Bruxelles, Vol. XLV, 2012-1, 343 p. pp.201-236.

FERNANDEZ Julian, « Justice pénale internationale : des promesses aux impasses », *in Questions internationales,* N°27, septembre/octobre 2007, pp.102-108.

FICHET-BOYLE Isabelle, **MOSSE** Marc « L'obligation de prendre des mesures internes nécessaires à la prévention et à la répression des infractions », *in* **ASCENCIO** Hervé, **DECAUX** Emmanuel, **PELLET** Alain (dir.), *Droit international pénal*, 2ème édition révisée, A. Pedone, Paris, octobre 2012, 1280 p., pp.1055-1070.

FOMETE Jean-Pélé, « De l'articulation entre le national et l'international à la lumière de la stratégie d'achèvement du Tribunal Pénal International pour le Rwanda », *in AADI,* vol. 14, 2006, pp.125-143.

GLASER Stefan, « La méthode d'interprétation en droit international pénal », *in Revista italiana di diritto e procedura penale*, 1966, pp.757-778.

HENZELIN Marc, « Droit international pénal et droits pénaux étatiques. Le choc des cultures », *in* **HENZELIN** Marc, **ROTH** Robert, *Le droit pénal à l'épreuve de l'internationalisation,* LGDJ, GEORG librairie de l'Université, Bruylant, mai 2002, 355 p., p.68-118.

JACQUELIN Mathieu, « De l'ombre à la lumière : l'intégration contrôlée des victimes au sein de la procédure pénale internationale », *in* **GIUDICELLI-DELAGE** Geneviève, **LAZERGES** Christine (dir), *La victime sur la scène pénale en Europe,* PUF, Paris, mai 2008, 290 p., pp.179-204.

JALLOW Bubacar Hassan, « How the International Criminal Tribunal For Rwanda is a Crucial Element in the Re-Establishment of a New Situation of Peace and Security in Rwanda », *in* RIBBELINK Olivier (ed.), *Beyond the UN Charter :Peace, Security and the Role of Justice,* The Hague, Hague Academic Press, « From Peace to Justice Series », 2008, pp.187-199.

KOUDOU Gallo Blandine, « Amnistie et impunité des crimes internationaux », *Droits fondamentaux,* n°4, janvier-décembre 2004, pp.67-95 ; disponible sur www. Droits-fondamentaux.org

LA PRADELLE (de) Géraud, « la compétence universelle », *in* **ASCENSIO** Hervé, **DECAUX** Emmanuel et **PELLET** Alain, *Droit international pénal,* Deuxième édition, A. Pedone, octobre 2012, 1280 p., pp.1007-1025.

LATTANZI Flavia, « La Corte penale internazionale : una sfida per le giurisdizioni degli Stati », *Diritto Pubblico Comparato ed Europeo,* 2002, III, pp.1365-1382.

LATTY Franck, « Le combat acharné des États-Unis contre la Cour pénale internationale », *in L'état du monde 2004*, Paris, La découverte, 2003, p.37 (traduit en espagnol : « La encarniza lucha de Estados Unidos contra el TPI », *in El Estado del Mundo*, *op. cit.*, p.37).

LATTY Franck, « La fin de la Guerre froide permet l'émergence laborieuse d'une justice pénale internationale », *in* Serge Cordellier (dir.), *Le nouvel état du monde - Les 80 idées-forces pour entrer dans le 21e siècle*, Paris, La Découverte, 1999, pp.69-71.

LATTY Franck, « La création de la Cour pénale internationale : de Nuremberg à La Haye », *Revue internationale et stratégique*, P.U.F., n°33, printemps 1999, pp.85-98.

LEWIS Peter, **FRIMAN** Hakan, « Reparations to victims », *in* **LEE** Roy (ed.), *The International Criminal Court- Elements of Crimes and Rules of Procedure and Evidence,* Transnational Publishers, Ardsley, 2001, pp.474-491.

LUDI Regula, « The vectors of Postwar Victim Reparations: Relief, Redress and Memory Politics » *in Journal of Contemporary History,* 2006, pp.421-450.

MABANGA Ghislain, « Cour pénale internationale (article 27 du Statut de Rome) : Union Africaine versus Cour pénale internationale, quand le politique tient le judiciaire en l'état », *in La Revue des Droits de l'Homme,* Centre de recherches et d'études sur les droits fondamentaux (CREDOF-Paris Ouest Nanterre-La Défense), 17 octobre 2013. Article disponible sur http://revdh.org

MAHIOU Ahmed, « Processus de codification du droit international pénal », *in* **ASCENSIO** Hervé, **DECAUX** Emmanuel, **PELLET** Alain (dir), *Droit international pénal,* Pedone, Paris, 2000, pp.37-53.

MBOKANI Jacques, « L'impact de la stratégie de poursuite du Procureur de la Cour pénale internationale sur la lutte contre l'impunité et la prévention des crimes de droit international », *in Droits fondamentaux,* n°7, décembre 2008, 46 p., www.droits-fondamentaux.org

MEGRET Frédéric, « Cour pénale internationale et néocolonialisme : au-delà des évidences », *in* **VILMER** Jeangène Jean-Baptiste, *L'Afrique face à la justice pénale internationale*, Etudes internationales, volume XLV, n°1, mars 2014, 171 p., pp.27-48.

MILITELLO Vincenzo, « The Personal Nature of Individual Criminal Responsibility and the ICC Statute », *in JICJ,* 2007, pp.941-952.

MUSEKE S, « La contribution de la jurisprudence des tribunaux pénaux internationaux pour l'ex-Yougoslavie et le Rwanda à la concrétisation de l'incrimination du crime contre l'humanité », *in* **CHIAVORIO** Mario, (dir.), *La justice pénale internationale, entre passé et avenir*, Giuffrè Editore, Milan, 2003, pp.173-222.

NGONO Solange, « La participation du Cameroun à la répression internationale du génocide rwandais. Réflexion à propos des décisions de la Cour d'appel de Yaoundé », *in Afrilex* n°4, décembre 2004, pp.373-396.

PAOLI Jules, « Contribution à l'étude des crimes de guerre et des crimes contre l'humanité en droit pénal international », *in RGDIP,* 1941-45, pp.129-165.

PAVIA Marie-Luce, « La place de la victime devant les Tribunaux Pénaux Internationaux », *in Archives de politique criminelle,* Editions A. Pedone, 2002/1 –n°24 pp.61-79.

PELLA Vespasien, « Fonctions pacificatrices du droit pénal supranational et fin du système traditionnel des traités de paix », *in RGDIP*, 1947, pp.1-27.

PLAWSKI Stanislaw, « La notion du droit international pénal », in *Rev. Sc. Crim.,* 1978, pp.789-809.

POULET-GIBOT LECLERC Nadine, « Les démarches du pardon : l'exemple de l'Afrique du Sud », *in* **GABORIAU** Simone, **PAULIAT** Hélène, *La justice pénale internationale,* Presses Universitaires de Limoges, Pulim, mars 2002, 614 p., pp.243-256.

SCHABAS William A., « Droit pénal international et droit international des droits de l'homme : faux frères ? *in* **HENZELIN** Marc, **ROTH** Robert, *Le droit pénal à l'épreuve de l'internationalisation,* Georg éditeur, Genève, 2002, 355 p., pp.165-181.

SCHLÜCHTER Stéphanie, « Le procès de Nuremberg et les autres procès des camps de concentration d'Allemagne de l'ouest », *in* **CLERC** Jean-Benoît, *Analyses critiques et réfutations systématiques d'un opuscule négationniste, L'Holocauste au scanner de Jürgen Graf,* Collège de Grambach, Fribourg, 2003, 146 p., pp.135-143.

SIMMA Bruno, **PAULUS** Andreas, « Le rôle relatif des différentes sources du droit international pénal (dont les principes généraux de droit), *in* **ASCENSIO** Hervé, **DECAUX** Emmanuel, **PELLET** Alain, *Droit international pénal,* 2ème édition révisée, A.PEDONE, Paris, octobre 2012, 1280 p., pp.67-80.

SINOPOLI Laurence, « Les droits de la défense », *in* **ASCENSIO** Hervé, **DECAUX** Emmanuel, **PELLET** Alain, *Droit international pénal,* Editions A. Pedone, CEDIN Paris X, 2000, 1053.p., chapitre 65, pp.791-805.

STERN Brigitte, « La compétence universelle en France : le cas des crimes commis en ex-Yougoslavie et au Rwanda », *German, Y.B.I.L.*, 1997, vol. 40, pp.280-299.

SWART Bert, « La place des critères traditionnels de compétence dans la poursuite des crimes internationaux », *in* **CASSESE** Antonio, **DELMAS-**

MARTY Mireille, *Juridictions nationales et crimes internationaux,* PUF, juin 2002, 673 p., p.567ss

SZUREK Sandra, « La formation du droit international pénal », *in* **ASCENSIO** Hervé, **DECAUX** Emmanuel, **PELLET** Alain (dir), *Droit international pénal,* 2ème édition révisée, A. Pedone, Paris, octobre 2012, 1280 p., pp.21-35.

TEANI Anne-Lise, « Article 26 du Statut de la CPI », in FERNANDEZ Julian et PACREAU Xavier, *Statut de Rome de la Cour pénale internationale, Commentaire article par article*, Editions A. Pedone, Paris, juillet 2012, 2459 p. Tome I, pp.835-841.

TRAPASSO Maria Teresa, « Responsabilité pénale des personnes morales et crimes internationaux : Réflexions sur le principe de complémentarité », *in* **GIUDICELLI-DELAGE** Geneviève, **MANACORDA** Stefano (dir.), *La responsabilité pénale des personnes morales : Perspectives européennes et internationales,* Société de législation comparée, Association de Recherches pénales européennes, Collection de l'UMR de droit comparé de Paris, Volume 30, Paris, avril 2013, 303 p., pp.295-300.

TRIFFTERER Otto. « The Preventive and Repressive Function of the International Criminal Court », *in* **POLITI** Mauro, **NESI** Giuseppe, *The Rome Statute of the International Criminal Court- A Challenge to impunity,* Ashgate, Burlington, 2001, pp.137-175;

UBEDA-SAILLARD Muriel, « L'obligation de coopérer avec les juridictions pénales internationales », *in* **ASCENSIO** Hervé, **DECAUX** Emmanuel, **PELLET** Alain (dir.), *Droit international pénal,* 2ème édition révisée, Editions A. Pedone, Paris octobre 2012, 1280 p., pp.1137-1157.

WECKEL Philippe, « L'institution d'un Tribunal International pour la répression des crimes de droit humanitaire en Yougoslavie », *A.F.D.I.,* 1993, Vol. 39, pp.232-261.

III.- DROIT INTERNE ET DROIT COMPARE

1. Généralités

BERNARDINI Roger, *Droit pénal général, Introduction au droit criminel, Théorie générale de la responsabilité pénale,* Gualino éditeur, Paris, 2003, 681 p.

BOULOC Bernard, *Droit pénal général,* 23ème édition, Dalloz, août 2013, 742 p.

BOULOC Bernard, *Procédure pénale,* 23e édition, Dalloz, février 2012, 1102.p.

BUISSON Jacques, **GUINCHARD** Serge, *Procédure pénale,* 8ème édition, LexisNexis, Paris, septembre 2012, 1634.p.

CHAGNOLLAUD Dominique, **TROPER** Michel (dir.) *Traité international de droit constitutionnel (tome 3), Suprématie de la Constitution*, Editions Dalloz, Paris 2012, 825 p.

CHAGNOLLAUD Dominique, **TROPER** Michel (dir.), *Traité international de droit constitutionnel (tome 2), Distribution des pouvoirs*, Editions Dalloz, Paris, 2012, 805 p.

CHAGNOLLAUD Dominique, **TROPER** Michel, (dir.), *Traité international de droit constitutionnel (tome 1), Théorie de la constitution,* Editions Dalloz, Paris, 2012, 816 p

DANTI-JUAN Michel, **PRADEL** Jean, *Droit pénal spécial,* Editions Cujas, Paris, août 2007, 861 p.

DAVID René, **JAUFFRET-SPINOSI** Camille, *Les grands systèmes de droit contemporains,* Editions Dalloz, Paris, 2002, pp. 301-345.

DEBOVE Frédéric, **DUPIC** Emmanuel, **FALLETTI** François, *Précis de droit pénal et de procédure pénale,* PUF, 5ème édition, septembre 2013, 968 p.

DELMAS-MARTY Mireille, *Les grands systèmes de politique criminelle,* PUF, Thémis, Paris, mai 1992, 462 p.

DESPORTES Frédéric, **LE GUNEHEC** Francis, *Droit pénal général,* 16ème édition, Economica, Paris, septembre 2009, 1248 p.

DONNEDIEU DE VABRES Henri, *Les principes modernes du droit pénal international,* Paris, Sirey, 1928, réédition Panthéon-Assas, janvier 2005, 469 p.

DREYER Emmanuel, *Droit pénal général,* LexisNexis, Litec, Paris, août 2012, 1228 p.

DUVERGER Maurice, *Les régimes politiques,* Paris, PUF ? « Que sais-je ? », 1948, 128 p.

EISENMANN Charles, *Cours de droit administratif*, LGDJ, Paris, 1983, 908 p.

FAVOREU Louis et alii, *Droit constitutionnel,* 16ème édition, Dalloz, Paris, septembre 2013, 1070 p.

FAVOREU Louis et alii, *Droits des libertés fondamentales,* 6ème édition, Dalloz, Paris, octobre 2012, 701 p.

GICQUEL Jean, **GICQUEL** Jean-Eric, *Droit constitutionnel et institutions politiques,* 26ème édition Montchrestien, Lextenso éditions, Paris, septembre 2012, 882 p.

GREWE Constance, **RUIZ-FABRI** Hélène, *Droits constitutionnels européens*, coll. Droit fondamental, Droit politique et théorique, P.U.F., Paris, 1995, 661 p.

GUINCHARD Serge, **BUISSON** Jacques, *Procédure pénale,* LexisNexis, Paris, septembre 2012, 1634 p.

GUINCHARD Serge, **CHAINAIS** Cécile, **FERRAND** Frédérique, *Procédure civile,* Dalloz, 31ème édition, septembre 2012, 1400 p.

*Guy Ladreit de **LACHARRIERE** et la politique juridique extérieure de la France,* Editions Masson, Paris, mars 1999, 411 p.

HUET André, **KOERING-JOULIN** Renée, *Droit pénal international,* 3ème édition, Thémis droit, PUF, Paris, 2005, 507 p.

JEANCLOS Yves, *Droit pénal européen, Dimension historique,* éditions Economica, Paris 2009, 581 p.

KOLB Patrick, **LETURMY** Laurence, *Droit pénal général,* 2ème édition, Gualino éditeur, Lextenso éditions, Paris, 2008, 512 p.

LAMBERT Edouard, *Fonction du droit civil comparé,* V. Giard & E. Brière, Paris, 1903, 927 p.

LAZERGES Christine, *Introduction à la politique criminelle,* Editions L'Harmattan, Paris, septembre 2000, 141 p.

LEROY Jacques, *Droit pénal général,* 4ème édition, LGDJ, Lextenso éditions, Paris, 2012, 574 p.

LOMBOIS Claude, *Droit pénal international*, 2ème édition, Dalloz, Paris, 1979, 688 p

MALABAT Valérie, *Droit pénal spécial,* 5ème édition, Dalloz, Paris, septembre 2011, 565 p.

MASCALA Corinne, *Droit pénal général*, Editions Montchrestien, Paris, février 2003, 218 p.

MAYAUD Yves, *Droit pénal général,* 3ème édition, PUF, octobre 2010, Paris, 647 p.

MERLE Roger, **VITU** André, *Traité de droit criminel,* 7ème édition, Cujas, Tome I, Paris, octobre 1997, 1068 p.

MUYART DE VOUGLANS Pierre-François, *Mémoire sur les peines infâmantes,* 1781.

ORTOLAN Joseph, *Éléments de droit pénal,* Librairie de Plon Frères, 1855, 907 p.

PRADEL Jean, *Droit pénal comparé,* 3ème édition, Dalloz, Paris, octobre 2008, 892 p.

PRADEL Jean, *Droit pénal général,* 19ème édition, Cujas, Paris, septembre 2012, 756 p.

PRADEL Jean, *Manuel de droit pénal général*, 17ème édition, Cujas, Paris, 2008-2009, 836 p.

PRADEL Jean, *Procédure pénale,* 15ème édition, Cujas, Paris, septembre 2010, 883 p.

RASSAT Michèle-Laure, *Droit pénal spécial, Infractions des et contre les particuliers,* 5ème édition, Dalloz, avril 2006, 724 p.

ROBERT Jacques-Henri, *Droit pénal général,* 6ème édition, Thémis, PUF, Paris, novembre 2005, 564 p.

TERRE François, *Introduction générale au droit,* 8ème édition, Dalloz, Paris, octobre 2009, 656 p.

TURPIN Dominique, *Droit constitutionnel,* 2ème édition, PUF, Quadrige, Paris, septembre 2007, 846 p.

TURPIN Dominique, *Libertés publiques et droits fondamentaux,* Editions du Seuil, Paris, février 2004, 623 p.

VANDERLINDEN Jacques, *Histoire de la Common Law,* Bruylant, 1996, 104 p.

VANDERLINDEN Jacques, *Les systèmes juridiques africains*, Editions Que sais-je ? PUF, Paris, août 1983, 127 p.

WACHSMANN Patrick, *Les droits de l'homme,* coll. Connaissance du droit, 3ème édition, Dalloz, Paris, 1999, 173 p.

ZOLLER Elisabeth, *Droit constitutionnel,* PUF, 2e édition, 1999, 640 p.

2. Ouvrages spécialisés

ADOUKI Delphine Edith Emmanuel, *Le Congo et les traités multilatéraux,* Editions L'Harmattan, 2007, 256 p..

AL DJAZAIRI Aboubaker Djaber, *Minhaj al Muslim,* Médine, 1964, trad. *La voie du musulman,* Editions Aslim, Paris, 1986, 570 p.

ALLOTT Antony, *Essays in African Law,* London, Butterworth & Co 1960, 323 p.

AN NÛR Awâd al Hasan, *Le code pénal islamique soudanais (code de 1991),* Commentaire de la partie générale et des hudûd, Khartoum, 1991, 264 p.

ANDRIEU Kora, *La justice transitionnelle : De l'Afrique du Sud au Rwanda,* éditions Folio, Poche, 16 novembre 2012, 672 p.

BERGEL Jean-Louis, *Méthodologie juridique,* PUF, juin 2001, 400 p.

BLANC François-Paul, *Le droit musulman,* 2ème édition, Dalloz, janvier 2007, 143 p.

BOTIVEAU Bernard, *Loi islamique et droit dans les sociétés arabes,* Editions Karthala, IREMAM, Paris, décembre 1993, 379 p.

BRUSCHI Christian (dir.), *Parquet et politique pénale depuis le XIXème siècle,* PUF, Collection Droit et justice, Paris, juin 2002, 381 p.

CARBONNIER Jean, *Droit et passion du droit sous la Vème République,* Editions Flammarion, juin 2006, 276 p.

CHARNAY Jean-Paul, *Esprit du droit musulman,* Editions Dalloz, Paris 2008, 218 p.

CHILSTEIN David, *Droit pénal international et lois de police, Essai sur l'application dans l'espace du droit pénal accessoire,* Thèse de droit (Paris I/ Panthéon-Sorbonne), Editions Dalloz, Paris, 2003, 467 p.

CHOFFAT Paul Jean, *L'applicabilité directe de l'Accord de libre-échange du 22 juillet 1972 entre la CEE et la Confédération suisse,* Thèse, Université de Lausanne, Faculté de droit, 1977, 239 p.

DUMETZ Marc, *Le droit du mariage en Côte d'Ivoire,* LGDJ, janvier, 1975, 421 p.

ENGUELEGUELE Stéphane, *Les politiques pénales (1958-1995),* Editions L'Harmattan, Paris, novembre 1998, 382 p.

FAUCONNET Paul, *La responsabilité,* Félix Alcan, 1920, 400 p.

GEIGER Rudolf, *Grundgesetz und Völkerrecht, (Die Bezüge des Staatsrechts zum Völkerrecht und Europarecht),* Juristische Kurz-Lehrbücher), 2ème édition, Verlag C.H. Beck, Munich 1994, 432 p.

GUASTADINI Christelle, *Droit pénal et droits de l'homme, La dignité en prison : genèse et avènement,* Editions Buenos Books International, Paris, 2010, 103 p.

HENZELIN Marc, *Le principe de l'universalité en droit pénal international,* Helbing & Lichtenhan, faculté de droit de Genève, Bruylant, 2000, 527 p.

JACONELLI Joseph, *Enacting a Bill of Rigths, the legal problems,* Clarendon Press, Oxford, 1980, 328 p.

JOSSERAND Sylvie, *L'impartialité du magistrat en procédure pénale,* LGDJ, Paris, juin 1998, 651 p.

KABUDI John, *Human rights jurisprudence in East Africa: a comparative study of fundamental rights and freedoms of the individuals in Tanzania, Kenya and Uganda,* coll. Verfassung und Recht in Übersee, n°15, Nomos Verlagsgesellschaft, Baden-Baden 1995, 392 p.

KÄLIN Walter, MALINVERNI Giorgio, NOVAK Manfred, (dir.), *La Suisse et les Pactes des Nations Unies relatifs aux droits de l'homme,* Nouvelle Littérature Juridique, Helbing und Lichtenhahn, Bâle, 1994, 253 p.

LICHERE François, POTVIN-SOLIS Laurence, RAYNOUARD Arnaud (dir.). *Le dialogue entre les juges européens et nationaux : incantation ou réalité ?* Droit et justice n°53, Editions Némésis, Bruylant, Bruxelles, 2004, 242 p.

LUKASZEWICZ Boleslaw, **OBERDORFF** Henri (dir.), *Le juge administratif et l'Europe : le dialogue des juges,* Actes du colloque du 50e anniversaire des tribunaux administratifs, Collection Europa, Presses Universitaires de Grenoble, 360 p.

MARY Philippe, *Délinquant, délinquance et insécurité. Un demi-siècle de traitement en Belgique (1944-1997),* Bruxelles, Bruylant, 1998, 784 p.

MBAYE Kéba, *Les droits de l'homme en Afrique*, Editions A. Pedone, Paris, 1992, 312 p.

MUTATA LUABA M, *Droit pénal militaire congolais. Des peines et des incriminations de la compétence des juridictions militaires en RDC,* Editions du service de Documentation et d'Etudes du ministère de la justice et garde des sceaux, Kinshasa,

NACH.MBACK Charles, *Démocratisation et décentralisation, Genèse et dynamiques comparés des processus de décentralisation en Afrique subsaharienne,* Paris Karthala, PDM, mars 2003, 528 p.

PETTITI Louis-Edmond et alii, *La Convention Européenne des Droits de l'Homme, Commentaire article par article,* 2ème édition, Economica, Paris, mai 1999, 1230 p.

QUERMONNE Jean-Louis, *Les régimes politiques occidentaux,* Editions du Seuil, cinquième édition, Paris, janvier 2006, 301 p.

REBUT Didier, *Droit pénal international,* 1ère édition, Dalloz, Paris, janvier 2012, 659 p.

ROS Mirko, *Die unmittelbare Anwendbarkeit der europäischen Menschenrechtskonvention, ein Beitrag zur lehre der Self-Executing Treaties,* (L'applicabilité directe de la Convention européenne des droits de l'homme, une contribution à l'enseignement de l'auto-exécution des traités), coll. Etudes suisses de droit international, vol. 8, Schulthess Polygraphischer Verlag, Zürich, 1984, 210 p.

SCHACHT Joseph, *Introduction au droit musulman,* Éditions Maisonneuve et Larose, Paris, 1999, 252 p.

STELZIG-CARON Slovia, *La Cour de cassation et le dialogue des juges,* Thèse de droit privé, Université de Grenoble, 09 juin 2011, 438 p.

TOUALBI-THAÂLIBÎ Issam, *Introduction historique au droit musulman : De la Révélation Coranique à la formalisation juridique*, Editions Albouraq, 1er mai 2013, 352 p.

ULLA Malgorzata, *La lustration dans les Etats postcommunistes européens,* Thèse de droit public, Université d'Auvergne (Clermont-Ferrand I), LGDJ, Lextenso éditions, Collection des Thèses du Centre Michel de l'Hospital, juin 2014, 663 p.

VARAUT Jean-Marc, *Le droit au juge,* Éditions Quai Voltaire, 1991, 287 p.

WILHELM Christophe, *Introduction et force obligatoire des traités internationaux dans l'ordre juridique suisse, Études suisses de droit international,* Vol. 82, Schulthess Polygraphischer Verlag, Zürich 1993, 343 p.

WILLIAMS Mélissa, *Transitional justice,* New York University Press, Collections Nomos, 2012, 367 p.

ZANDER Michael, *A Bill of Rights ?,* 4ème édition, Sweet and Maxwell, London, 1997, 179 p.

3. Articles

ABRAHAM Ronny, « L'applicabilité directe devant la juridiction administrative », *in RUDH,* 1991, p.275-280.

ADOUKI Delphine Edith Emmanuel, « La consécration du *jus cogens* par le juge constitutionnel congolais. Commentaires critiques de l'Avis de la Cour Suprême n°007/CS/98 du 24 mars 1998 », *Revue de Droit Africain*, n°29/04, 2004, p.41-57.

AKTYPIS Spyridon, « L'adaptation du droit pénal français au Statut de la Cour Pénale Internationale : Etat des lieux », *in Droits fondamentaux,* n°7, janvier 2008-décembre 2009, www.droits-fondamentaux.org, 35 p.

ALLAND Denis, « Le juge français et le droit d'origine internationale », *in* DUPUY Pierre-Marie (dir.) *Droit international et droit interne dans la jurisprudence comparée du Conseil constitutionnel et du Conseil d'Etat,* Paris, Editions Panthéon-Assas, LGDJ, 2001, p.47-59.

ALLARD Julie, « Le dialogue des juges dans la mondialisation », *in Le dialogue des juges,* Actes du colloque organisé le 28 avril 2006 à l'Université libre de Bruxelles, Les Cahiers de l'Institut d'études sur la Justice, Bruylant, Bruxelles, 2007, 166 p., pp.77-91.

AMBOS Kaï, « Réflexions sur la théorie française de l'infraction pénale du point de vue allemand », *in Vers un nouveau procès pénal.* Neue Wege des

Strafprozesses, **LEBLOIS-HAPPE** Jocelyne (dir.), Société de législation comparée, colloques. Vol. 9, 2008, p.147ss.

ANDREWS Neil H. « L'Angleterre doit-elle adopter une déclaration des droits assortie d'un contrôle juridictionnel des lois ? », *in AFDC,* 1989, p.35-56.

AN-NA'IM Abdullahi Ahmed « Droit islamique et droits humains de nos jours », *in Interrights Bulletin,* 2000, n°1, vol.1, p.33ss.

ARONOWITZ A.A, « The World Factbook of Criminal Justice Systems - The Netherlands », *U.S. Department of Justice, Office of Justice Programs, Bureau of Justice Statistics,* circa, 1992, http://www.ojp.usdoj.gov/bjs/abstract/wfcj.htm

BADARA FALL Alioune, « Le juge, le justiciable et les pouvoirs publics : pour une appréciation concrète de la place du juge dans les systèmes politiques en Afrique », *in Les défis des Droits fondamentaux,* Actes des Deuxièmes journées scientifiques du réseau Droits fondamentaux de l'Agence Universitaire de la Francophonie (AUF), Québec du 29 septembre au 2 octobre 1999, Aupelf-Uref, Editions Bruylant/AUF, 2000, p.309-346.

BARBERIS Mauro, « La séparation des pouvoirs », *in* **CHAGNOLLAUD** Dominique, **TROPER** Michel (dir.), *Traité international de droit constitutionnel, (Théorie de la constitution), tome 1,* Editions Dalloz, Paris, 2012, 816 p., pp.705-732.

BLEEKER Mô, « Justice transitionnelle et construction d'une paix durable : des agendas complémentaires », *in La justice transitionnelle dans le monde francophone : état des lieux,* Actes du séminaire de Yaoundé du 04 au 06 décembre 2006, 2007, 190 p., pp.71-81. Document disponible sur le site www.cnudhd.org/rapportjustice.pdf.

BLEUCHOT Hervé, « Le code pénal islamique soudanais de 1983 », *in Revue de la recherche juridique.* Droit prospectif, 1990-2, p.313-337.

BOULAN Fernand, « Le double visage de l'action civile exercée devant la juridiction répressive », *in Semaine Juridique,* Edition Générale, 1973, 2563.

BUERGENTHAL Thomas, « Modern Constitutions and Human Rights Treaties », *Columbia Journal of Transnational Law,* vol. 36, 1997, p.211-223.

BURGORGUE-LARSEN Laurence, « De l'internationalisation du dialogue des juges, Missive doctrinale à l'attention de Bruno Genevois », *in Mélanges en l'honneur du président Bruno GENEVOIS,* Editions Dalloz, Paris, 2009, 1166 p., pp.95-130.

CAMERON Iain, « The Swedish Experience of the European Convention on Human Rights since Incorporation », *ICLQ,* 1999, p.20-56.

CANIVET Guy, « Les influences croisées entre juridictions nationales et internationales, Eloge de la « bénévolance » des juges », *in Revue de science criminelle et de droit pénal comparé,* Paris, n°4, oct.-déc.2005, 1032 p., p.799-817.

CHARLESWORTH Hilary, « Australia's Split Personality : Implementation of Human Rights Treaty Obligations in Australia, » *in* **ALSTON** Philip, **CHIAM** Madelâine (dir.), *Treaty-Making in Australia: Globalization Versus Sovereignty?,* The Federation Press in association with The Centre for International and Public Law, Faculty of Law, Australian National University, 1995, 309 p., p.129-141.

CISSE Abdoullah, « Introduction. A propos des pays d'Islam », *in* DELMAS-MARTY Mireille (dir.), *Criminalité économique et atteintes à la dignité de la personne,* vol. VI : Europe-Pays d'Islam, Paris, Editions de la MSH, 1999.

CONTE Philippe, « « Effectivité », « Inefficacité », « Sous-effectivité », « Sur-efficacité » : variations pour droit pénal », *in Le droit privé français à la fin du XXe siècle,* Mélanges en l'honneur de Pierre CATALA, Litec, 2001, p.125ss.

CORELL Hans, « Incorporation of the European Convention seen from a Swedish point of view », *in* REHOF L.A., GULMAN .C (dir.), *Human Rights in domestic law and development assistance policies of the Nordic Countries,* NIJHOFF Martinus, Dordrecht, 1989, 212 p., p.153-159.

COSTA-LASCOUX Jacqueline, « Le droit pénal, l'unité nationale et le développement économique », *in Archives de politique criminelle n°1,* Centre de Recherches de Politique Criminelle, Editions A. Pedone, Paris, 262 p., pp.93-118.

CRAWFORD James, **EDESON** W.R. «International Law and Australian Law », *in* RYAN K.W. (dir.), *International Law in Australia,* 2ème édition, The Law Book Company, Sydney, 1984, 523p., p.71-135.

D'HAUTEVILLE Anne, « Les droits des victimes », *in Rev. Sc. Crim.,* 2001, pp.107-116.

D'HAUTEVILLE Anne, « Rapport introductif. La problématique de la place de la victime dans le procès pénal », *in Archives de politique criminelle*, Editions A. Pédone, 2002/1 n°24, p.7-13.

DANELIUS Hans, « The ECHR in the Case-Law of the Supreme Court of Sweden », *in The dynamics of the protection of human rights in Europe: Essays in Honour of H.G. Schermers*, vol. III, NIJHOFF Martinus, Dordrecht, 1994, 416 p., p.113-121.

DEKKER Albert, **OSTIEN** Philip, « L'application du droit pénal islamique dans le Nord du Nigéria », in *Afrique contemporaine*, n° 231, 3/2009, pp.245-264.

DE VERGOTTINI Giuseppe, « Régimes politiques », *in* CHAGNOLLAUD Dominique, TROPER Michel, (dir.), *Traité international de droit constitutionnel, (Distribution des pouvoirs),* tome 2, éditions Dalloz, Paris, 2012, 805 p., pp.113-157.

DELMAS-MARTY Mireille, « Du dialogue à la montée en puissance des juges », *in Le dialogue des juges,* Mélanges en l'honneur du président Bruno GENEVOIS, éditions Dalloz, Paris 2009, 1166 p., pp.305-316.

DHOMMEAUX Jean, « Monismes et dualismes en droit international des droits de l'homme », *AFDI*, 1995, p.447-468.

DOLVA Trond, « Pro et Contra Incorporation of the European Convention into Scandinavian law », *in* **REHOF** L.A., **GULMAN** C, (dir.), *Human Rights in Domestic Law and Development Assistance Policies of the Nordic Countries,* Martinus Nijhoff, Dordrecht, 1989, 212 p., p.171-175.

DOMINICE Christian, «Le droit international coutumier dans l'ordre juridique suisse», *in* **BELHUMEUR** Jeanne, **CONDORELLI** Luigi (dir.), *L'ordre juridique international : entre tradition et innovation,* Recueil d'études, Publication de l'Institut Universitaire des Hautes Etudes Internationales de Genève, PUF, Paris, 1997, 535 p., p.397-419.

DU BOIS DE GAUDUSSON Jean, « Le statut de la justice dans les Etats d'Afrique francophone », *in* **DU BOIS DE GAUDUSSON** Jean, **CONAC** Gérard (dir.), *La justice en Afrique,* La documentation française, Afrique contemporaine, n°156 (spécial), 4e trimestre 1990, 320 p., pp.6-12.

EGGEN Kyrre, « Incorporation and implementation of Human Rights in Norway », *in* **SCHEININ** Martin (dir.), *International Human Rights Norms in the Nordic and Baltic Countries,* NIJHOFF Martinus, La Haye, 1996, 310 p., p. 203-220.

EWING K.D., **GEARTY** C.A., « Rocky Foundations for Labour's New Rights », *in EHRLR,* 1997, p.146-151.

FLAUSS Jean-François « L'incorporation de la Convention européenne dans le droit suédois », *in Liber amicorum EISSEN Marc-André,* Bruylant, Bruxelles, 1995, 487 p., p.141-156.

FORTIS Elisabeth, « Politique criminelle », *in* **CHAGNOLLAUD** Dominique, **TROPER** Michel (dir.) *Traité international de droit constitutionnel (tome 3), Suprématie de la Constitution*, éditions Dalloz, Paris 2012, 825 p. pp.708-734.

GASSIN Raymond, « Le crime existe-t-il ? », *in* Université de droit, d'économie et des sciences d'Aix-Marseilles, *Problèmes actuels de sciences criminelles* XII, Aix-en-Province, Presses universitaires d'Aix-Marseilles, 1999, pp.9-32.

GEEROMS Sofie, « La responsabilité pénale de la personne morale : Une étude comparative», *in RIDC,* N°3, volume 48, 1996, pp.533-579.

GOGORZA Amane, « CPI, TPI, tribunaux internationalisés, juridictions nationales : Quel juge pour quelle infraction internationale ? », *in* MALABAT Valérie (dir.), *Juge national, européen, international et droit pénal,* Actes de la journée d'étude organisée le 24 juin 2011 par l'institut de Sciences Criminelles et de la Justice de Bordeaux, Editions CUJAS, avril 2012, 157 p., pp.61-80.

GONZALES CUEVA Eduardo, « Commissions de vérité : mythes et leçons apprises», *in La justice transitionnelle dans le monde francophone : état des lieux,* Actes du séminaire de Yaoundé du 04 au 06 décembre 2006, 2007, 190 p., pp.17-20.

GUARNIERI Carlo, « La configuration institutionnelle du pouvoir judiciaire », *in* **CHAGNOLLAUD** Dominique, **TROPER** Michel (dir.), *Traité international de droit constitutionnel (tome 2), Distribution des pouvoirs,* éditions Dalloz, Paris, août 2012, 805 p., pp.287-320.

GUILLAUME Gilbert, « La compétence universelle, Formes anciennes et nouvelles », *in* Mélanges **LEVASSEUR** Georges, Litec, 1992, p.23ss.

HOFMANN Rainer, « Das Dänische Gesezt vom 29. April 1992 zur innerstaatlichen Anwendbarkeit der Europäischen Menschenrechtskonvention », (littéralement, « Les sens du droit danois du 29 Avril 1992 sur l'applicabilité nationale de la Convention européenne des droits de l'homme ») *in EuGRZ,* 1992, p. 253-256, p.253.

HOURQUEBIE Fabrice, «Quel statut constitutionnel pour le chef de l'État africain ? Entre principes théoriques et pratique du pouvoir », *in Afrique contemporaine*, n°242, 2012/2, 156 p., pp.73-86.

HOURQUEBIE Fabrice, « La notion de « justice transitionnelle » a-t-elle un sens ?, article publié sur le site www.droitconstitutionnel.org/congresParis/.../HourquebieTXT.pdf, 12 p.

IWASAWA Yuri, « The doctrine of self-executing treaties in the United States : a Critical Analysis » *in Virginia Journal of International Law,* vol. 263,1986, p.627-692,

JACOBS G. Francis, « The Convention and the English Judge » *in Protection des droits de l'homme : la dimension européenne,* Mélanges en l'honneur de G.J. Wiarda, Carl Heymans Verlag AG, 1990, 758 p., p.273-279.

JENSEN Asbjørn, « Incorporation of the European Convention seen from a Danish point of view», *in* **REHOF** L.A., **GULMAN** C., (dir), *Human Rights in domestic law and development assistance policies of the Nordic Countries,* Martinus Nijhoff, Dordrecht, 1989, 212 p., p.161-170.

JOINET Louis, « Un état des lieux des principes et standards internationaux de la justice transitionnelle », *in La justice transitionnelle dans le monde francophone : état des lieux,* Actes du séminaire de Yaoundé du 04 au 06 décembre 2006, 2007, 190 p., pp.3-15. Document disponible sur le site www.cnudhd.org/rapportjustice.pdf

KENTRIDGE Sydney, « Parliamentary supremacy and the Judiciary under a Bill of Rights : some lessons from the Commonwealth », *in Public Law,* 1997, p.96-112.

KOFOD OLSEN Birgitte, « Incorporation and Implementation of Human Rights in Denmark », *in* SCHEININ Martin (dir.), *International Human Rights Norms in the Nordic and Baltic Countries, in* NIJHOFF Martinus, La Haye, 1996, 310 p., p.227-246.

KOUAKOU Eloi Yao (« Les choix de politique criminelle dans le code pénal ivoirien », *in Archives de politique criminelle*, 2005/1, n°27, 276 p. pp.201-223.

KPODAR Adama, « Bilan sur un demi-siècle de constitutionnalisme en Afrique noire francophone », in Afrilex, 33 p. Article disponible sur http://afrilex.u-bordeaux4.fr/sites/afrilex

LACHAUME Jean-François, « Juridiction administrative et contrôle de réciprocité des traités et accords internationaux (article 55 de la Constitution)», *in RFDA,* 1999, p.937-958.

LAFONTAINE Fannie, « La compétence universelle et l'Afrique : ingérence ou complémentarité ? », *in* **VILMER** Jeangène Jean-Baptiste, *L'Afrique face à la justice pénale internationale,* Etudes internationales, volume XLV, n°1, mars 2014, 171 p., pp.129-148.

LAVALLEE Carmen, « La Convention internationale relative aux droits de l'enfant et son application au Canada », *in RIDC,* 1996, p.605-630.

LE CANNU Paul, « Rapport de synthèse », *in* SAINTOURENS Bernard (dir.), *Dépénalisation, régulation et renouvellement des sanctions en droit comparé des affaires,* Litec, collection « colloques et débats », tome 24, décembre 2009, 100 p., p.89ss.

LEPOUTRE Naïké, « Le renvoi préjudiciel et l'instauration d'un dialogue des juges, Le cas de la Cour de justice de l'Union européenne et du juge administratif français », *in Jurisdoctoria* n°6, 2011, 144 p., pp.43-74.

LYELL Nicholas, « Whither Strasbourg ? Why Britain should think long and hard before incorporating the European Convention on Human Rights », *in EHRLR,* 1997, p.132-140.

MABAKA Mukwabuhika Placide, « L'incorporation de la CEDH dans l'ordre juridique britannique », *in RTDH,* 2000, p.11-42.

MARCOFF Marco, « Les règles d'application indirecte en droit international », *in RGDIP*, 1976, p.386-424.

MATHIEU Bertrand, « La dignité de la personne humaine : quel droit ? Quel titulaire ? », *in Dalloz,* 1996, pp.282-286.

MAYER-RIECKH Alexander, « Réforme du système de sécurité et procédures de vérification et de filtrage de la fonction publique (vetting) », *in La justice transitionnelle dans le monde francophone : état des lieux,* Actes du séminaire de Yaoundé du 04 au 06 décembre 2006, 2007, 190 p., pp.43-52.

MELANDER Göran, « Incorporation and Implementation of Human Rights in Sweden», *in* **SCHEININ** Martin (dir.), *International Human Rights Norms in the Nordic and Baltic Countries,* NIJHOFF Martinus, La Haye, 1996, 310 p., p.295-302.

MOSE Erik, « Incorporation des conventions de droits de l'homme dans le droit norvégien », *in RUDH,* 1992, p.386-387.

OLINGA Alain-Didier, « Considérations sur les traités dans l'ordre juridique camerounais », *in RADIC* 1996, p.283-308.

OUAZZANI CHAHDI Hassan, « L'article 31 de la Constitution de 1972 et le droit des traités » (Maroc), *in Revue Marocaine du Droit et D'Economie du Développement,* 1982, p.87-107.

PELLONPÄÄ Matti, «The Implementation of the ECHR in Finland», *in* **ROSAS** Allan (dir.), *International Human Rights Norms in Domestic Law : Finnish and Polish Perspectives, Finnish Lawyers,* Publishing Company, Helsinki, 299 p., 1990, p.44-67.

PIE Frédérique, « La justice à la recherche de son effectivité : le cas de la justice pénale », *in* **DU BOIS DE GAUDUSSON** Jean, **CONAC** Gérard (dir.), *La justice en Afrique,* La documentation française, Afrique contemporaine, n°156 (spécial), 4e trimestre 1990, 320 p., pp.65-71.

PIN Xavier, « Les victimes d'infractions définitions et enjeux », *in Archives de politique criminelle,* Editions A. Pédone n°28, pp.49-72.

PRADEL Jean, « Le rôle du juge pénal dans la charge de la preuve approche comparée des systèmes de Common Law et romano-germanique », article issu de l'intervention aux deuxièmes journées juridiques franco-polonaises Cracovie (23-24 novembre 2012), 15 p. Voir le site internet www.law.uj.edu.pl..

RANJEVA Raymond, « La juridiction internationale et l'Afrique » *in* **CONAC** Gérard, **DU BOIS DE GAUDUSSON** Jean (dir.) *Afrique contemporaine,* n°156, 1990, Numéro spécial : La justice en Afrique, pp.284-288.

ROTHWELL R. Donald, « Quasi-Incorporation of International Law in Australia: Broadcasting standards, Cultural sovereignty and international trade », *in Federal Law Review,* 1999, vol. 27, n°3, pp.527-545.

SAVADOGO Raymond Ouigou, « Les Chambres africaines extraordinaires au sein des tribunaux sénégalais. Quoi de si extraordinaire ? **VILMER** Jeangène Jean-Baptiste, *L'Afrique face à la justice pénale internationale,* Etudes internationales, volume XLV, n°1, mars 2014, 171 p., pp.105-124.

SCHEININ Martin, « General introduction to international Human Rights Norms in Nordic and Baltic Countries », *in* SCHEININ Martin (dir.),

International Human Rights Norms in the Nordic and Baltic Countries, NIJHOFF Martinus, La Haye, 1996, 310 p., p.11-26.

SCHEININ Martin, « Incorporation and implementation of Human Rights in Finland », *in* SCHEININ Martin (dir.), *International Human Rights Norms in the Nordic and Baltic Countries,* NIJHOFF Martinus, La Haye, 1996, 310 p., p.257-281.

SCHEININ Martin, « The Status of the Covenant on Civil and Political Rights in Finland », *in* REHOF L.A. et GULMAN C. (dir.), *Human Rights in Domestic Law and Development Assistance Policies of the Nordic Countries,* NIJHOFF Martinus, Dordrecht, 1989, 212 p., p.195-201.

SCHLETTE Volker, « Les interactions entre les jurisprudences de la Cour européenne des droits de l'homme et la Cour constitutionnelle fédérale allemande », *in RFDC,* 1996, p.747-768.

SCHUTTER Olivier, « Les affaires Total et Unocal : complicité et extraterritorialité dans l'imposition aux entreprises d'obligations en matière de droits de l'homme », *in AFDI,* 2006, pp.55-101.

SMITH Carsten, « The interaction between the European Convention and and the protection of Human Rights and the fundamental Freedoms within the Norwegian legal system», *in protection des droits de l'homme: perspective européenne,* Mélanges à la mémoire RYSSDAL Rolv, HEYMANN Verlag KG, Köln, 2000, 1585 p, p.1297-1316.

STEFANSSON M. Stefan, **ADALSTEINSSON** Ragnar, « Incorporation and implementation of Human Rights in Iceland », *in* **SCHEININ** Martin (dir.), *International Human Rights Norms in the Nordic and Baltic Countries,* Martinus Nijhoff, La Haye, 1996, 310 p., p.169-194.

STERN Brigitte, « A propos de la compétence universelle », *in* Mélanges BEDJAOUI Mohammed, Kluwer Law International, 1999, p.735ss.

SUNDBERG Frederik, « La question de l'effet direct de la CEDH, la situation dans les pays scandinaves », *in* **TAVERNIER** Paul (dir.), *Quelle Europe pour les droits de l'homme ?,* Bruylant, Bruxelles, 1996, 513 p., p.109-123.

SUNDBERG W.F. Jacob, « The European Convention on Human Rights and the Nordic Countries », *in GYIL,* 1997, vol.40, p.181-242.

TRETTER Hannes, «Fundamental Rights in Austria», *in* **BLACKBURN** Robert, **POLAKIEWICZ** Jörg, *Fundamental Rights in Europe, the ECHR and its Member States, 1950-2000,* Oxford University Press, Oxford, 2001, 1090 p., p.103-165.

VALABREGA Piero Vittorio, « Invoking the application of the ECHR in the Italian Supreme Criminal Court », *in The Finnish yearbook of International Law,* 1995, p.279-315.

VAN VELSEN Jaap, « Procedure Informality, Reconciliation and False Comparisons », *in* **GLUCKMAN** Max, *Ideas and Procedures in African Customary Law,* 1960, London Oxford University Press, 376 p., pp.137-152.

VANDERMEERSCH Damien, « La compétence universelle », *in* **CASSESE** Antonio, **DELMAS-MARTY** Mireille (dir). *Juridictions nationales et crimes internationaux,* PUF, juin 2002, 673 p., pp.589-611.

VIDAL José, « Observations sur la nature juridique de l'action civile », *in Rev. Sc. Crim.*, 1963, pp.481-528.

VITU André, « La division du procès pénal en deux phases », *in RIDP*, 1969, p.485ss.

ZIEMELE Ineta « Incorporation and implementation of Human Rights in Latvia », *in* **SCHEININ** Martin (dir.), *International Human Rights Norms in the Nordic and Baltic Countries,* NIJHOFF Martinus, La Haye, 1996, 310 p., p.73-110.

IV.- THEORIE DU DROIT ET PHILOSOPHIE DU DROIT

1. Généralités

BECCARIA Cesare, *Des délits et des peines*, 1764, trad. Editions Flammarion, avril 1991, 187 p.

DRAI Raphaël, *Le mythe de la loi du Talion. Une introduction au droit hébraïque,* Editions Economica, Paris, décembre 1996, 270 p.

DU PASQUIER Claude, *Introduction à la théorie générale et à la philosophie du droit,* Neufchâtel-Paris, Delachaux et Niestlé, 6ème édition, décembre 1998, 364 p.

GROTIUS Hugo, *Le droit de la guerre et de la paix (1625),* 2ème édition, PUF, juin 2012, 894 p.

KELSEN Hans, *Théorie pure du droit*, Bruylant, LGDJ, Paris, 1999, 367 p.

KOLB Robert, *Réflexions de philosophie du droit international, Problèmes fondamentaux du droit international public : Théorie et philosophie du droit* *international,* Editions Bruylant, éditions de l'Université de Bruxelles, 2003, 436 p.

LEJBOWICZ Agnès, *Philosophie du droit international, l'impossible capture de l'humanité,* PUF, Paris, 1999, 442 p.

ROUBIER Paul, *Théorie générale du droit, Histoire des doctrines juridiques et philosophie des valeurs sociales,* Editions Dalloz-Sirey, septembre 2005, 337 p.

VATTEL (de) Emer, *Le droit des gens, ou Principes de la loi naturelle, appliqués à la conduite et aux affaires des Nations et des Souverains (Londres, 1758). 2 vols.*

VILLEY Michel, *Philosophie du droit, Définitions et fins du droit, Les moyens du droit*, Editions Dalloz-Sirey, janvier 2001, 339 p.

VITORIA Francisco (de), *De Jure Belli*, 1532.

2. Ouvrages spécialisés

ACOLLAS Emile, *Les délits et les peines,* Delagrave, 1887, 195 p.

ANCEL Marc, *La défense sociale nouvelle,* Editions PUF, Que sais-je ? 1985, 128 p.

BECK Ulrich, *Qu'est-ce que le cosmopolitisme ?* Editions Aubier, Paris, février 2006, 345 p.

BENTHAM Jeremy, *Théorie des peines légales,* 1775 ;

Principes du code pénal, 1789 ;

Introduction aux principes de morale et de législation, 1789 ; *Panoptique ou maison d'inspection,* 1791 ;

Traité de législation civile et pénale, 1802 ;

Théorie des peines et des récompenses, 1811.

BERGEL Jean-Louis, *Théorie générale du droit,* 5ème édition Dalloz, Paris, 2012, 399 p.

BERGEL Jean-Louis, *Une problématique des sanctions pénales?, in* Mélange, GASSIN Raymond, PUAM, 2007, 598 p.

CALABRESI Guido, *The cost of accident, A Legal and Economic Analysis,* Yale University Press, 1970, 350 p.

DUBOUT Edouard, **TOUZE** Sébastien (dir.), *Les droits fondamentaux : charnières entre ordres et systèmes juridiques,* Editions A. Pedone, Paris, juin 2010, 336 p.

FOUCAULT Michel, *Surveiller et punir,* Editions Gallimard, mai 1993, 360 p.

GAROFALO Raffaele, *La criminologie : étude sur la nature du crime et la théorie de la pénalité,* Librairie Germer Baillière et Cie., 2ème édition Félix Alcan, 1890, 452 p.

GARRAUD René, *Traité théorique et pratique du droit pénal français,* 6 tomes, Editions Sirey, Paris, 1913-1935.

GENY François, *Science et technique en droit privé positif,* librairie de la société du recueil Sirey, 1913, 212 p.

GUIZOT François, *De la peine de mort en matière politique*, Editions Béchet aîné, Paris, 1822, 185 p.

GURVITCH Georges, *L'expérience juridique et la philosophie pluraliste du droit,* Pedone, Paris, 1935, 299 p.

JOUFFROY, *Traité de droit naturel,* Paris, 1830.

LACASSAGNE Alexandre, *Précis de médecine légale,* Editions Masson, 1906, 891 p.

LOMBROSO Cesare, *L'Homme criminel : étude anthropologique et médico-légale,* Editions Félix Alcan, 1887, 682 p.

LUCAS Charles, *Traité du système pénal, du système répressif et de la peine de mort en particulier,* 1827, 424 p.

MABILLON Jean, *Réflexions sur les prisons des ordres religieux*, Editions G. Woinez, 1845, 55 p.

MILL John Stuart, *The utilitarianism (1863),* Batoche books, Kitchener, 2001, 63 p.

OBRECHTS-TYTECA Lucie, **PERELMAN** Chaïm, *La nouvelle rhétorique. Traité de l'argumentation,* Bruxelles, Editions de l'Université de Bruxelles, 6ème édition, septembre 2008, 740 p.

OGUS Anthony, **FAURE** Michael, *Economie du droit : le cas français,* Editions Panthéon-Assas, collection Droit comparé, 176 p.

ORTOLAN Joseph, *Eléments de droit pénal,* Editions Plon Frères, 1855, 907 p.

PERELMAN Charles, *Logique juridique, Nouvelle rhétorique,* Dalloz, 2ème édition, Dalloz décembre 1999, 193 p.

PRINS Adolphe, *La défense sociale et les transformations du droit pénal,* Editions Misch et Thron, 1910, 170 p.

PRINS Adolphe, *Science pénale et droit positif,* Editions Bruylant, 1899, 589 p.

RAWLS John, *Théorie de la justice,* Editions du Seuil, novembre 1997, 666 p.

ROMANO Santi, *L'ordre juridique,* traduction par Lucien FRANCOIS et Pierre GOTHOT de la 2ème édition de *l'Ordinamento giuridico,* 1918, (2ème édition, 1945), Dalloz collection « philosophie du droit », Paris, 1975, 174 p.

ROSSI Pellegrino, *Traité de droit pénal,* Editions L. Hauman et compagnie, 1829, 555 p.

ROYER Guillaume, *L'efficience en droit pénal économique, Etude de droit positif à la lumière de l'analyse économique du droit,* LGDJ, Lextenso éditions, Paris, mars 2009, 520 p

SALEILLES Raymond, *L'individualisation de la peine,* Editions Alcan, 3ème édition, 1927, 288 p.

SENN Félix, *De la justice et du droit,* Sirey, 1927, 96 p.

SIDIBE Sow Amsatou, *Le pluralisme juridique en Afrique, L'exemple du droit successoral sénégalais,* LGDJ, 1991, 383 p.

TASSIN Etienne, *Un Monde commun. Pour une cosmopolitique des conflits,* Paris, Seuil, collection « La couleur des idées », 2003, 312 p.

TRIGEAUD Jean-Marc, *Humanisme de la liberté et philosophie de la justice,* Bibliothèque de Philosophie comparée, Collection Philosophie du droit, vol. 1, Bordeaux, Éditions Bière, 1985, 169 p.

VILLEY Michel, *Essais de philosophie du droit,* Gênes, Studio Ed. di Cultura (Bibl. di « Filosofia Oggi »- 35, dir. P.P.Ottonello), 1987, 350 p.

3. Articles

ALLARD Julie, « La « cosmopolitisation » de la justice : entre mondialisation et cosmopolitisme », *Revue de philosophie politique de l'ULg* – N°1 – Décembre 2008, 147 p., pp.61-83.

ANDENAES Johannes, « Les effets de prévention générale du droit pénal », *in Archives de politique criminelle,* n°3, 1978, p.5-11.

ARNAUD Pierre, « Juste et utile-Deux attributs de « l'ordre réel » qui n'en font qu'un », *in Archives de Philosophie du droit,* T.XXVI, 1981.

BOBBIO Norberto, « Nouvelles réflexions sur les normes primaires et secondaires », *in* PERELMAN Chaïm, *La règle de droit,* Bruylant, Bruxelles, 1971, pp.104-122.

CARBONNIER Jean, « La religion, fondement du droit ? », *Archives de philosophie du droit,* tome 38, 1993, pp.17-21.

CENTI Jean-Pierre, « Quel critère d'efficience pour l'analyse économique du droit ? », *in RRJ* 1987-2, p.455ss.

CHEVALLIER Jacques, « L'ordre juridique », in *Le droit en procès*, PUF, 1983, pp.7-49.

DELVAUX Paul, « L'utile et le juste dans les droits de l'homme révolutionnaire », *in Archives de Philosophie du droit,* T. XXVI, 1981.

FAGOT-LARGEAULT Anne, « Sur quoi fonder philosophiquement un universalisme juridique ? », *in* **CASSESE** Antonio, **DELMAS-MARTY** Mireille (dir.), *Crimes internationaux et juridictions internationales,* PUF, 2002, pp.85-92

FRISON-ROCHE Marie-Anne, « L'idée de mesurer l'efficacité économique du droit », *in* **CANIVET** Guy, **FRISON-ROCHE** Marie-Anne, **KLEIN** Michael (dir.), *Mesurer l'efficacité économique du droit,* LGDJ, Paris Montchrestien, novembre 2005, 156 p., pp.19-32.

GURVITCH Georges, « Droit naturel et droit positif intuitif », *in Archives de Philosophie du droit et de la sociologie juridique,* 1933, p.55-90.

JORDA Claude, « Le point de vue juridique », *in* **CASSESE** Antonio, **DELMAS-MARTY** Mireille (dir.), *Crimes internationaux et juridictions internationales*, PUF, 2002, 336 p.

LANGLAIS Eric, « Analyse économique et droit pénal : contributions, débats, limites », *in* economix.fr/docs/889/CRIME_DEBATSété2011, 11 novembre 2011, 36 p.

LEVAL Georges, « Droits de l'homme et réflexion sur l'efficacité de la justice », *in* Association Syndicale des Magistrats (ASM), *in Les droits de l'homme et l'efficacité de la justice,* Editions Larcier, Bruxelles 2010, 334 p., pp.299-327.

RANGEON François, « Réflexions sur l'effectivité du droit », *in* **LOCHAK** Danièle (dir.) *Les usages sociaux du droit,* PUF, 1989, 335 p., pp.126-149.

ROCHER Guy, « L'effectivité du droit », *in* **LAJOIE** André, **MACDONALD** Roderick, **JANDA** Richard (dir.), *Théories et émergences du droit : pluralisme, surdétermination et effectivité,* Thémis, Montréal et Bruylant, Bruxelles, 1998, p.133ss.

SAINT-ARNAUD Jocelyne, « Les définitions aristotéliciennes de la justice : leurs rapports à la notion d'égalité », *in Philosophiques,* vol. 11, n° 1, 1984, p.157-173.

VAN DE KERCHOVE Michel, « Les fonctions de la sanction pénale, Entre droit et philosophie », *in CNAF/Informations sociales,* n°127, juillet 2007, pp.22-31.

VILLEY Michel, « L'utile et le juste », *in Archives de Philosophie du droit,* T. XXVI, 1981, pp.411-418.

V.- ANTHROPOLOGIE DU DROIT, SOCIOLOGIE DU DROIT

1. Généralités

CARBONNIER Jean, *Flexible droit, Pour une sociologie du droit sans rigueur,* 10ème édition, LGDJ, Paris, 2001, 493 p.

CARBONNIER Jean, *Sociologie juridique*, 2ème édition Quadrige, PUF, 2004, 416 p.

EHRLICH Eugen, *Fundamental principles of the sociology of law*, Transaction Publishers, 1936, 541 p.

FERRI Enrico, *Sociologie criminelle,* Editions Nabu Press, février 2012, 666 p.

SACCO Rodolfo, *Le droit africain, Anthropologie et droit positif,* Editions Dalloz, Paris, janvier 2009, 566 p.

2. Ouvrages spécialisés

ABU-SAHLIEH ALLDEEB Sami, *Les mouvements islamiques et les droits de l'homme,* Bochum, Winkler, 1998, 128 p.

ALLARD Julie, **GARAPON** Antoine, *Les juges dans la mondialisation, La nouvelle révolution du droit,* Editions du Seuil, Collection « La République des idées », 2005, 96 p.

BELLEY Jean-Guy, *Conflit social et pluralisme juridique en sociologie du droit,* thèse, Paris II, 1977, 1138 p.

BIDIMA Jean-Godefroy, *La palabre, Une juridiction de la parole,* Editions Michalon, collection le bien commun, Paris, 1997, 127 p.

BLEUCHOT Hervé, *Les cultures contre l'homme ? Essai d'anthropologie historique du droit pénal soudanais,* Presses Universitaires d'Aix-Marseille, 1994, 480 p.

BORNKAMM Paul Christoph, *Rwanda's Gacaca Courts : between retribution and reparation,* Oxford University Press, 2012, 242 p.

CLASTRES Pierre, *La société contre l'Etat,* Paris, Editions de Minuit, 186 p.

DELMAS-MARTY Mireille, *Le pluralisme ordonné, Les forces imaginantes du droit (II)*, Editions du Seuil, février 2006, 360 p.

DELMAS-MARTY Mireille, *Le relatif et l'universel, Les forces imaginantes du droit (I),* Editions du Seuil, Paris, octobre 2004, 439 p.

DELMAS-MARTY Mireille, *Pour un droit commun,* Editions du Seuil, avril 1994, 306 p.

DIKA AKWANYA Bonambela, *La sphère du sacré en Afrique noire* –Thèse, Paris VII, 1972, 377 p.

EBERHARD Christoph, **VERNICOS** Geneviève, *La quête anthropologique du droit,* Editions Karthala, septembre 2006, 611 p.

GARAPON Antoine, *L'âne portant des reliques : Essai sur le rituel judiciaire*, Broché, Paris, 1985, 211 p.

GARAPON Antoine, *Le gardien des promesses, Justice et démocratie,* Odile Jacob, Paris, 1996, 288 p.

HAZAN Pierre, *La paix contre la justice ? Comment reconstruire un Etat avec des criminels de guerre ?,* GRIP, André Versailles éditeur, 2010, 127 p.

LE ROY Etienne, *Le jeu des lois. Une anthropologie « dynamique » du Droit,* LGDJ, collection Droit et société, vol.28, Paris 1999, 432 p.

LE ROY Etienne, *Les africains et l'institution de la justice, Entre mimétisme et métissages,* Editions Dalloz, 2004, 284 p.

MEL MELEDJE Raymond, *Système de gestion des conflits chez les Odjukru,* Thèse EHESS, Paris, 1994, 330 p.

MOLL L. Walter; **PETRAZYCKI** Léon, *Law and Morality,* Un. Press. 1955, traduit par **BABB**. W. Hugh; **WEBER** Max, On *Law in Economy and Society*, Cambridge, Harvard, UN. Press. 1954.

RAYNAL Maryse, *Justice traditionnelle-justice moderne, le divin, le juge, le sorcier,* éditions l'Harmattan, Paris, 1994, 338 p.

ROULAND Norbert, *L'anthropologie juridique,* PUF, Que sais-je? 2ème édition, Paris, décembre 1995, 127 p.

SALAH Mahmoud Mohamed, *Les contradictions du droit mondialisé,* Collection, Droit, Ethique et Société, Presse Universitaire de France, octobre 2002, 250 p.

VAN BILLOEN Salomé, *Les juridictions Gacaca au Rwanda : une analyse de la complexité des représentations,* éditons Bruylant, Bruxelles, 2008, 143 p.

3. Articles

ALENI L. « Diversité culturelle et tribunaux pénaux internationaux », *in Revue de droit international et de droit comparé,* n°3, 2010, vol. 87, pp.89-304.

ALLIOT Michel, « Über die Arten des « Rechts-Transferts » », *Entstehung und Wandel rechtlicher Traditionen,* Freiburg-München, K. Alder, 1980, 161-231.

ALLOTT Antony, « La place des coutumes juridiques africaines dans les systèmes juridiques africains modernes », *in* POIRIER Jean, (dir.), *Etudes de droit africain et malgache,* 1965, p.257-266.

APPIAH Kwame Anthony, « Comprendre les réparations. Une réflexion préliminaire », *in Cahiers d'études africaines,* n°173-174, 2004, pp.25-40.

ATANGANA Benoît, « Actualité de la palabre ? », *in Etudes,* n°324, Paris, 1966, 7 p.

BAKOMBA Diong, « La palabre africaine » *in Les imaginaires,* Paris, UGE, 1976.

BOURDIEU Pierre, « Habitus, code et codification, », *in Actes de la recherche en science sociale,* n°65, 1986, pp.40-44.

BOURDIEU Pierre, « La force du droit. Eléments pour une sociologie du champ juridique », *in Actes de recherche en sciences sociales,* 1986, n°64, p.3ss.

BUSS Andréas, « Les rationalités du droit et l'économie dans la sociologie du droit de Max Weber », *in Revue Juridique Thémis,* 2005, pp.111-150.

DESCHAMPS Hubert, « Les fondements religieux du droit quotidien malgache », *in* Etudes de droit africain et malgache, Editions Cujas, 1965, p.19-25.

DESLAURIER Christine, « Le bushingantahe peut-il réconcilier le Burundi », *in Justice et réconciliation : ambiguïté et impensés, Politique africaine,* Paris, Khartala, n° 92- décembre 2003, 202 p., pp.76-96.

GARAPON Antoine, « La justice pénale internationale à l'épreuve du cosmopolitisme », *in* **EBERHARD** Christoph, **VERNICOS** Geneviève, *La quête anthropologique du droit, Autour de la démarche d'Etienne LE ROY,* Editions KARTHALA, Paris, septembre 2006, 611 p., pp.43-57.

JEWSIEWICKI Bogumil, « Héritages et réparations en quête d'une justice pour le passé et le présent », *in Cahiers d'études africaines,* n°173-174, 2004, pp.7-24.

LE ROY Etienne, « Communautés d'Afrique noire et protection des droits de l'individu face au pouvoir : problématique, modalités et actualité », *in* Société Jean BODIN, *L'individu face au pouvoir,* Paris, Dessain et Tolra, Recueil de la société n°XLVII, 1988, p. 37-63.

LE ROY Etienne, « Comparaison n'est pas raison, Anthropologie juridique et Droit comparé face aux traditions non européennes », *in Scritti in onore de Rodolfo Sacco*, Milano, Giuffré, 1994. P.675-692.

LE ROY Etienne, « Des croyances aux pratiques de médiation en France et en Afrique », *in Palabre et médiation, apports réciproques France-Afrique,* Paris, CNAM, 2002, pp.8-14.

LE ROY Etienne, « Les fondements anthropologiques des droits de l'homme. Crise de l'universalisme et post modernité », *in Revue de la recherche juridique- Droit prospectif,* n°1, 1992, p.139ss.

NACH MBACK Charles, « La chefferie traditionnelle au Cameroun : ambiguïtés juridiques et dérives politiques», *in Africa development,* Vol. XXV, n°3&4, 2000, pp.77-118.

NAEPELS Michel, « Baisser la tête, parler haut en Nouvelle-Calédonie », *in* DULONG Renaud (dir.), *L'aveu. Histoire, sociologie, politique,* Paris, P.U.F., 2001, p.117-134.

NKOU MVONDO Prosper, « La crise de la justice de l'Etat en Afrique noire francophone. Etudes des causes du divorce entre la justice et les justiciables », *in Penant*, 1997, p.208-228.

NKOU MVONDO Prosper, « La justice parallèle au Cameroun : la réponse des populations camerounaises à la crise de la justice de l'Etat », *in Droit et société,* n°51/52, 2002, pp.369-381.

PANNIKAR Raimundo, « La notion des droits de l'homme est-elle un concept occidental ? » *in Interculture,* vol XVII, n° 1-2, Cahiers 82-83.

VANDERLINDEN Jacques, « Vers une nouvelle conception du pluralisme juridique », *in Revue de la Recherche Juridique,* Droit prospectif, Vol 2, 1993, pp.573-583.

VERDIER Raymond. « Chef de terre et terre de lignage », *in* **POIRIER** Jean. (dir.), *Etudes de droit africain et de droit malgache,* éditions Cujas, 1965, p.333-359.

YADO TOE Jean, « Les modes informels de régulation des délits et des conflits dans les quartiers pauvres de Ouagadougou », *in Pauvreté urbaine et accès à la justice en Afrique,* Paris, L'Harmattan, 1995, p.333ss.

VI.- DICTIONNAIRES ET ENCYCLOPEDIES JURIDIQUES ET POLITIQUES

ALCAUD David et alii, *Dictionnaire de sciences politiques,* 2e édition, Sirey, Herstal, novembre 2010, 520 p.

ALLAND Denis, RIALS Stéphane (dir.), *Dictionnaire de la culture juridique,* Quadrige/Lamy-PUF, novembre 2010, 1649 p.

ARNAUD André-Jean et alii (dir.), *Dictionnaire encyclopédique de théorie et de sociologie du droit,* LGDJ, coll. Droit et société, 2e édition, 1993, 800 p.

BADIE Bertrand et alii, *Dictionnaire de la science politique et des institutions politiques,* 7ème édition, Armand Colin, février 2010, 315 p.

CORNU Gérard, *Vocabulaire juridique, Association Henri Capitant,* PUF, Quadrige août 2011, 1095 p.

LAKEHAL Mokhtar, *Dictionnaire de science politique,* 3ème édition revue et mise à jour, L'Harmattan, Condé-sur-Noireau, octobre 2007, 448 p.

VII.-DIVERS

1. Livres

ALMOND Gabriel, **POWELL** Bing, **STROM** Kaare, **DALTON** Russell, *Comparative politics, A Theoretical Framework,* 3rd edition, Broché, 2001, 224 p.

ARENDT Hannah, *Le système totalitaire,* Editions Le Seuil, Paris, septembre 2005, 380 p.

ARON Raymond, *Démocratie et totalitarisme,* Editions Gallimard, Paris, 1965, 378 p.

AUGE Marc, *Théorie des pouvoirs et idéologie,* Paris, Hermann, 1975, 439 p.

AUGUSTIN (Saint), *Traité du libre arbitre,* trad. 1952.

BANGE Pierre, *Analyse conversationnelle et théorie de l'action,* Paris, Hatier/Didier, 1992, 223 p.

BRUNETEAU Bernard, *Les totalitarismes,* éditions Armand Colin, Paris, juillet 1999, 240 p.

CAMUS Albert, *Le Mythe de Sisyphe,* publié en 1942, Gallimard 1985, 169 p.

D'AQUIN Thomas (Saint), *Somme théologique,* 1266.

DEGEORGE Gérard, *La grande mosquée des Omeyyades, Damas,* Editions Actes Sud, Paris, 1er septembre 2010, 271 p.

DESCARTES René, *Discours de la méthode, Pour bien conduire sa raison, et chercher la vérité dans les sciences* (1637), édition « j'ai lu » du 1er juillet 2001, 96 p.

DUCLOS Denis, *Société-monde : le temps des ruptures,* Editions La Découverte, Collection Recherches, avril 2002, 250 p.

DURKHEIM Emile, *Les règles de la méthode sociologique,* 18ème édition, Quadrige, PUF, Paris, 1973, 149 p.

DUROZOÏ Gérard, ROUSSEL André, *Dictionnaire de philosophie,* Paris, Nathan, 1997, 380 p.

EL MECHAT Samya, *Les administrations coloniales XIXème–XXème siècles, Esquisse d'une histoire comparée,* PU Rennes, Collection Histoire, 3 décembre 2009, 265 p.

FINKIELKRAUT Alain, *L'humanité perdue-Essai sur le XXème siècle,* Seuil, Paris, 1996, 170 p.

FROELICH Jean Claude, *Animistes, Les religions païennes de l'Afrique de l'ouest,* éditions de l'Orange, Paris, 1964, 254 p.

GURVITCH Georges (dir.), *Traité de sociologie,* Paris, PUF, octobre 2007, 1504 p.

HIBOU Béatrice, *La privatisation des Etats,* Editions Karthala, 1999, 398 p.

HOBBES Thomas, *De cive,* 1647, Edition critique par Warrender, original latin et traduction anglaise, Oxford, Clarendon Press, 1983.

HOBBES Thomas, *Le Léviathan, Traité de la matière, de la forme et du pouvoir ecclésiastique et civil* paru en 1651.

HOMERE, *L'Iliade* et *L'Odyssée* IXème ou VIIIème siècle avant J.C.

KERBRAT-ORECCHIONI Cathérine, *Les interactions verbales,* Paris, 3ème édition, Armand Colin, tome I, 1998, 318 p.

LABURTHE-TOLRA Philippe, *Les seigneurs de la forêt,* Paris, Publications de la Sorbonne, 1981, 470 p.

LLEWELLING Karl, **HOEBEL** Adamson, *The Cheyenne Way, Conflict and Case Law in Primitive Jurisprudence,* Norman, University of Oklahoma Press, 1941, 360 p.

LUGAN Bernard, *Rwanda : Un génocide en questions,* Editions du Rocher, Clamecy, janvier 2014, 278 p.

LUTHER Martin, *Traité du serf-arbitre,* trad. **LAGARRIGUE** Georges, Editions Folio, février 2011, 720 p.

MONTESQUIEU, *De l'Esprit des Lois*, 1748.

NKRUMAH Kwame, *Consciencism,* Londres, Heinemann, 1964.

RUNCINAM Steven, *La Chute de Constantinople,* Editions Tallandier, mars 2007, 348 p.

SCHOPENHAUER Arthur, *Essai sur le libre-arbitre,* trad. 1900.

THOMAS Louis-Vincent, *La mort africaine. Idéologie funéraire en Afrique noire,* Payot, Paris 1982, 273 p.

VALERY Paul, *Regards sur le monde actuel*, Paris, Gallimard, 1951.

WIEVIORKA Annette, *Le procès de Nuremberg*, Editions Liana Levi, Collection Piccolo, septembre 2009, 312 p.

ZAHAN Dominique, *Religion, spiritualité et pensée africaines,* éditions Payot, Paris, 1970, 244 p.

ZIEGLER Jean, *Les nouveaux maîtres du monde et ceux qui leur résistent,* éditions Fayard, décembre 2002, 361 p.

ZOLO Danilo, *La justice des vainqueurs, De Nuremberg à Bagdad,* Editions Jacqueline Chambon, Actes Sud, 03 octobre 2009, 231 p.

2. Articles

MULAGO Vincent, « La religion traditionnelle, élément central de la culture Bantu », *in Les religions traditionnelles comme source de valeurs de civilisation,* Colloque de Cotonou du 16 au 22 août 1970, Actes publiés aux éditions Présence Africaine, 1972, pp.115-155.

NOVAK David, « Les lois noahides et les relations entre juifs et non-juifs », *in* **TRIGANO** Shmuel (dir.), *La civilisation du judaïsme, De l'exil à la diaspora,* Éditions de l'Éclat, 2012, 400 p., pp.197-213.

PERROT Claude-Hélène, « Les autorités traditionnelles et l'État moderne en Afrique Subsaharienne au début du XXIe siècle », in *Cadernos de Estudos Africanos,* 16/17, 2009, p.15-33.

VIII.- COURS DE L'ACADEMIE DE DROIT INTERNATIONAL DE LA HAYE

ABELLAN Honduras Victoria, « La responsabilité internationale de l'individu », *in RCADI,* 1999, pp.135-428.

BARBOZA Julio, « International Criminal Law », *in RCADI,* 2005, pp.325-454.

BUERGENTHAL Thomas, « Self-Executing and Non-Self-Executing Treaties in National and International Law », *in RCADI,* 1992-IV, p.301-400.

DAVID Éric, « La Cour pénale internationale », *in RCADI,* 2005, pp.325-454.

KELSEN Hans, « Théorie du droit international public », *in RCADI,* III-1953.

TRIEPEL Heinrich, « Les rapports entre le droit interne et le droit international », *in RCADI,* 77-1923.

VIRALLY Michel, « Cours général de droit international public », *in RCADI,* 1983-V, p.13-382.

VISSCHER (De) Paul, « Les tendances internationales des constitutions modernes », *in RCADI,* 1952-II, p.511-578.

IX.- DOCUMENTS OFFICIELS

1919. Traité de Paix de Versailles entre les Puissances alliées et associées et l'Allemagne (articles 227 à 230).

1945. Accord concernant la poursuite et le châtiment des grands criminels de guerre des puissances européennes de l'Axe, Londres, 8 août 1945, Statut du Tribunal militaire international de Nuremberg.

1946. Charte du Tribunal militaire international pour l'Extrême-Orient, approuvée le 19 janvier 1946 par le Commandant suprême des Forces alliées en Extrême-Orient.

1948. Convention pour la prévention et la répression du crime de génocide, New York 9 décembre 1948.

1950. Principes du droit international consacrés par le Statut du Tribunal de Nuremberg et dans le jugement de ce tribunal, New York, 5 juin 1950.

1957. FITZMAURICE Gerald, « Deuxième rapport sur le droit des traités », *in Annuaire de la Commission du droit international* 1957.

1968. Convention sur l'imprescriptibilité des crimes de guerre et des crimes contre l'humanité, New York, 26 novembre 1968.

1984. Convention contre la torture et autres peines ou traitements cruels, inhumains ou dégradants, New York, 10 décembre 1984.

1993. Statut du Tribunal international pour l'ex-Yougoslavie, S/RES/828(1993).

1994. Statut du tribunal international pour le Rwanda, S/RES/955 (1994).

1994. Règlement de procédure et de preuve du TPIY, 11 février 1994.

1995. Règlement de procédure et de preuve du TPIR, 29 juin 1995.

1996. Rapport de la C.D.I. sur les travaux de sa 48ème session, 1996, Doc. O.N.U. A/51/10.

1998. Statut de Rome de la Cour pénale internationale, A Conf- 183/9.

1998. Protocole relatif à la Charte africaine des droits de l'homme et des peuples, portant création d'une Cour africaine des droits de l'homme et des peuples, publié le 10 juin 1998 et entré en vigueur le 25 janvier 2004.

2000. Rapport de l'Organisation de l'Unité Africaine sur le génocide au Rwanda, mai 2000, 295 p., p.15., disponible sur le lien http://cec.rwanda.free.fr/documents/doc/Rapport_OUA

2002. Accord pour le Statut du Tribunal spécial pour le Sierra Leone, 16 janv. 2002.

2002. Amnesty International, *Rwanda, Gacaca : une question de justice,* Londres, AFR 47/007/02, novembre 2002, 50.p.

2002. Conseil de sécurité de l'ONU, 4572e séance, Résolution 1422, S/RES/1422 (2002), 12 juillet 2002.

2002. Eléments des crimes de la CPI, septembre 2002.

2002. Règlement de procédure et de preuve de la CPI.

2003. Conseil de sécurité, 4772e séance, Résolution 1487, S/RES/1487 (2003), 12 juin 2003.

2003. Conseil de sécurité, 4803e séance, Résolution 1497, S/RES/1497 (2003), 1er août 2003.

2003. Protocole de la Cour de justice de l'UA adopté par la 2ème session ordinaire de la Conférence de l'UA à Maputo, le 11 juillet 2003.

2005. Rapport de synthèse de minotoring et de recherche sur la Gacaca, phase pilote, janvier 2002 à décembre 2004, décembre 2005, 60 p., *in* www.penalreform.org.

2007. Rapport, « justice transitionnelle et Désarmement, Démobilisation et Réinsertion (DDR) en Afrique », Rapport commandé par les Nations-Unies pour la deuxième conférence internationale sur le DDR et la stabilité en Afrique, Kinshasa, République Démocratique du Congo, 12-14 juin 2007, 43 p.

2007. FIDH, Groupe d'action judiciaire de la FIDH, *République du Congo, Affaire des « disparus du Beach » de Brazzaville, Développements et enjeux des procédures en cours en France, en République du Congo et devant la Cour internationale de Justice*, Décembre 2001-Novembre 2007, n° 400, novembre 2007, 60 p.

2008. Protocole portant Statut de la Cour africaine de justice et des droits de l'homme adopté par la 11e Session ordinaire de la Conférence de l'UA tenue à Charm El-Cheikh (Egypte) le 1er juillet 2008.

2009. Conférence de l'UA, décision Assembly/AU/Dec. 245(XIII), 3 juillet 2009.

2009. Décision sur la demande par le Procureur de la CPI de la mise en accusation du président de la République du Soudan, Assembly/AU/Dec. 221 (XII).

2009. Rapport de la Commission sur la Réunion des Etats africains parties au Statut de Rome, 1er-3 juillet 2009, Assembly/AU Dec. 245 (XIII), Doc. Assembly/AU/13 (XIII).

2010. Conférence de l'UA, Décision Assembly/AU/Dec. 270(XIV) Rev.1, 2 février 2010.

2010. CPI, Document de politique générale relatif aux examens préliminaires, Projet, La Haye, octobre 2010. 22 p.

2010. Décision sur le Rapport de la deuxième réunion des Etats Parties au Statut de Rome de la CPI, à l'occasion de la Conférence de l'Union Africaine, 14e session ordinaire, 31 janvier/ 2 février 2010, Addis-Abeba (Ethiopie), Assembly/AU/Dec.270 (XIV) Rev.1, Doc. Assembly/AU/8 (XIV).

2011. Communiqué du Conseil de paix et de sécurité de l'UA du 21 juillet 2011, PSC/MIN/Comm(CXLII), Rev.1.

2011. Congressional Research Service, *International Criminal Court Cases in Africa: Status and Policy Issues,* 11 juillet 2011, 32 p.

2011. Conférence de l'UA, Décision Assembly/AU/Dec.334(XV), 30-31 janvier 2011, §6 ; Décision Assembly/AU/Dec.397(XVIII), 30 janvier 2012.

2011. Décision sur la mise en œuvre des décisions de la Conférence relatives à la CPI, Doc. EX.CL/670(XIX), Assembly/AU/Dec. 366(XVII), adoptée lors de la 17e Session ordinaire de la Conférence de l'UA tenue à Malabo (Guinée Equatoriale) du 30 juin au 1er juillet 2011.

2011. Décision sur le rapport du Comité des dix chefs d'Etat et de Gouvernement sur la réforme du Conseil de sécurité des Nations Unies, Conférence de l'Union Africaine, 17e session ordinaire, 30 juin-1er juillet 2011, Malabo (Guinée équatoriale), Doc. Assembly/AU/6 (XVIII).

2012. Conférence de l'UA, décision Assembly/AU/Dec. 397 (XVIII), 30 janvier 2012.

2012. Décision Assembly/AU/Dec. 397(XVIII), 30 janvier 2012.

2012. Décision Assembly/AU/Dec. 397(XVIII), 30 janvier 2012.

Scor, UN Doc. S/2002/246.

2012. Rapport de l'UE, *Droits de l'homme et démocratie dans le monde*, juin 2012, 353 p. Voir http://eeas.europa.eu/human_rights/docs/2011_hr_report_fr.pdf

2012. Union africaine, Conseil exécutif, 21ème session ordinaire (9-13 juillet 2012 à Addis-Abeba), Loi nationale type de l'Union africaine sur la compétence universelle en matière de crimes internationaux. EX.CL/731(XXI)c.

X.- SITES INTERNET

http://fpc.state.gov/documents/organization/169373.pdf: site institutionnel lié au Gouvernement des Etats-Unis d'Amérique.

http://europa.eu/index_fr.htm: site de l'Union Européenne.

http://ledroitcriminel.free.fr: site du professeur Jean-Paul **DOUCET**, reproduisant divers codes pénaux et de procédure pénale.

http://www.achpr.org/fr: site de la Commission africaine des droits de l'homme et des peuples.

http://www.african-court.org/fr: site de la Cour africaine des droits de l'homme et des peuples.

http://www.asf.be: site belge d'Avocats Sans Frontières où se trouvent notamment des documents relatifs aux activités des juridictions *Gacaca.*

http://www.au.int/fr: site de l'UA.

http://www.corteidh.or.cr: site de la Cour interaméricaine des droits de l'homme.

http://www.eccc.gov.kh/fr: site des Chambres extraordinaires au sein des tribunaux cambodgiens.

http://www.echr.coe.int: site de la Cour EDH.

http://www.ess.uwe.ac.uk/genocide/war_criminals.htm: site faisant référence à plusieurs décisions des TMI de Nuremberg et de Tokyo.

http://www.fidh.org: site de la Fédération Internationale des ligues des Droits de l'Homme.

http://www.icc-cpi.int/fr_menus: site de la CPI.

http://www.iccnow.org: site de la Coalition pour la CPI.

http://www.icj-cij.org: Site de la CIJ.

http://www.icrc.org/ihl-nat: site rassemblant les bases de données nationales relatives aux violations du droit international humanitaire.

http://www.icty.org: site du TPIY.

http://www.la-constitution-en-afrique.org: site de Stéphane **BOLLE** consacré à l'actualité constitutionnelle africaine et répertoriant notamment les diverses constitutions du continent africain.

http://www.preventgenocide.org/fr: site d'information juridique pour la lutte contre le génocide.

http://www.danielturp.org: site d'enseignement du professeur Daniel TURP

http://www.sc-sl.org: site du TSSL.

http://www.cfcpi.fr: site de la Coalition française pour la Cour pénale internationale.

http://www.trial-ch.org: site recueillant les informations relatives à la répression des crimes internationaux les plus graves.

http://www.un.org/fr: site de l'ONU.

http://www.un.org/fr: site de la CDI.

http://www.unictr.org: site du TPIR.

INDEX ALPHABETIQUE

(Les chiffres renvoient aux numéros de paragraphes et non aux pages)

A

Accords bilatéraux, 328

Accords de Dayton, 309

Acte d'agression, 327

Action

V. Omission

-civile, 151, 344

-pénale, 151, 344

-publique, 147, 211, 344, 345

Afrique, 1, 7, 21, 62, 88, 193, 200, 206, 224, 233, 252, 286, 307, 324, 338, 358

Afrique du Sud, 356

Agression, 5, 154, 327

V. Crimes

Akayesu, 157, 168, 212

Algérie, 313

Amnistie, 147, 227, 343

Angleterre, 20, 21, 341

Apartheid, 168, 227, 356

Applicabilité directe, 71, 74, 81, 120, 128

Applicabilité immédiate, 39, 72, 78, 106, 121

Armée de résistance du Seigneur, 312

Arrestation, 263, 309, 313, 321, 328, 342

Assemblée générale des Nations Unies, 321, 326

Attaque, 149, 246

Aut dedere, aut judicare, 154

B

Balkans, 309

Bemba (Jean-Pierre), 283, 312

Biens culturels et religieux, 157, 356

Blaskic, 315

Bosnie-Herzégovine, 309

Burkina-Faso, 310

Burundi, 37, 234, 288, 338

C

Cameroun, 11, 106, 170, 211, 214, 252, 285, 310, 318

CEDEAO, 86, 163

CEEAC, 163

CEMAC, 163

Chambre préliminaire, 170, 248, 271, 279, 280, 283, 290, 313, 326, 329, 344

Charte africaine des droits de l'homme et des peuples, 37, 64, 94, 169, 220, 342

Charte des Nations Unies, 164, 279, 285, 306, 309, 313, 321, 326, 329, 360

Citation à comparaitre, 270

Combattants, 252

COMESA, 163

Comité international de la Croix-Rouge (CICR), 54

Commission du droit international (C.D.I.), 252

Commission Vérité et Réconciliation, 225, 227

Common Law, 16, 19, 20, 88, 138, 140, 149, 156, 170, 194, 212, 223, 232, 246, 248, 257, 285, 298, 349, 361

Communauté internationale, 5, 35, 52, 56, 62, 99, 106, 115, 135, 153, 162, 189, 226, 245, 253, 260, 265, 280, 285, 297, 305, 322, 326, 354, 361

Compétence

- matérielle *(ratione materiae)*, 278, 280

- personnelle *(ratione personae)*, 278, 281, 284

- *ratione temporis*, 310

- territoriale, 278, 279, 283, 288

- universelle, 153, 277, 283, 284, 287, 302, 323

Complémentarité (principe de), 223, 253, 264, 266, 276, 286, 288, 317, 318

Complicité, 81

Conflits armés, 59, 118, 148, 205, 224

Congo (République du), 40

Conseil de sécurité (de l'ONU, des Nations Unies), 1, 164, 169, 279, 282, 283, 285, 298, 306, 309, 313, 321, 326, 329

Constitution

- béninoise, 39

- camerounaise, 66

- congolaise, 40

- française, 25, 33, 37, 39, 51, 61, 64, 106, 336, 351

- gabonaise, 37

- malgache, 37

- marocaine, 106

- nigériane, 14

- sénégalaise, 37,

- sud-africaine, 128

- tunisienne, 69

Contentieux, 66, 129, 206, 234, 339

Contumace, 170

Convention contre la torture (et autres peines ou traitements, cruels, inhumains ou dégradants), 76, 81, 86, 280

Conventions de Genève (du 12 août 1949), 54, 56, 157, 220, 246, 285, 310

Convention de Vienne (sur le droit des traités), 50, 53, 54, 56, 122, 130, 154, 168, 315

Convention européenne des droits de l'homme, 54, 132, 169, 220, 342

Convention pour la prévention et la répression du crime de génocide, 40

Coopération

-internationale, 135, 319

-judiciaire, 5, 163, 269, 288, 312, 318

Coran, 13, 202, 208

Côte d'Ivoire, 9, 37, 164, 214, 226, 279, 282, 310, 312, 322, 336

Cour africaine de justice et des droits de l'homme, 293, 323, 324

Cour africaine des droits de l'homme et des peuples, 54, 293, 323

Cour européenne des droits de l'homme, 292

Cour interaméricaine des droits de l'homme, 54, 290

Cour internationale de justice (CIJ), 33, 54, 292, 328

Cour pénale internationale (CPI), 5, 25, 28, 34, 35, 36, 50, 56, 69, 76, 96, 99, 103, 112, 123, 134, 148, 157, 164, 223, 229, 238, 245, 255, 271, 287, 292, 297, 307, 312, 315, 327, 342, 362

Cour permanente de justice internationale, 75, 78

Coutume (V. Droit coutumier)

- africaine, 205

- internationale, 25, 33, 56, 86, 140, 295, 328

Crimes

- contre l'humanité, 9, 14, 34, 35, 56, 59, 83, 86, 101, 145, 146, 153, 157, 161, 170, 182, 186, 190, 194, 208, 216, 221, 245, 279, 285, 288, 293, 310, 313, 323, 328, 338, 361

- d'agression, 186, 280

- de génocide, 9, 101, 154, 157, 190, 197, 293, 338

- de guerre, 14, 34, 56, 83, 101, 145, 153, 157, 168, 170, 182, 186, 190, 194, 197, 208, 216, 245, 280, 285, 287, 297, 310, 323, 328, 332, 338, 356, 361

- internationaux, 1, 9, 14, 25, 35, 59, 78, 100, 106, 146, 164, 188, 205, 212, 227, 246, 252, 259, 271, 282, 293, 299, 309, 317, 324, 341, 351, 363

D

Darfour, 164, 313, 321, 326, 327, 351

Déclaration universelle des droits de l'homme (DUDH), 37, 38, 169

Déportation, 157

Diffusion, 1, 5, 23, 25, 27, 28, 65, 72, 84, 87, 95, 104, 115, 126, 139, 157, 235, 257, 293, 302, 332, 340, 351, 359, 362.

Dol

-aggravé, 248

-direct, 248

-général, 248

-indirect, 248

-simple, 248

-spécial, 248

Droit au juge, 263, 342, 344

Droit coutumier, 9, 10, 18, 22, 25, 193, 196, 197, 199, 204, 215, 234, 240, 302, 349

Droits de la défense, 169, 170, 263, 342

Droit humanitaire, 54, 56, 220, 279

Droit international pénal, 1, 4, 5, 11, 15, 22, 25, 30, 36, 39, 57, 65, 76, 79, 81, 86, 99, 103, 107, 119, 129, 135, 144, 149, 151, 164, 168, 170, 181, 187, 192, 210, 216, 222, 225, 234, 250, 256, 260, 264, 274, 282, 293, 296, 298, 302, 304, 330, 338, 342, 344, 350, 357, 359, 361

Droit international public, 3, 5, 33, 51, 140

Droit moderne, 10, 13, 14, 25, 194, 197, 200, 207, 212, 215, 233, 241, 361

Droit musulman, 13, 193, 201, 207, 209, 240, 257, 302

Droit naturel, 182, 207, 219, 345

Droit pénal international, 1, 4, 163, 269

Droit privé, 3

Droit public, 3, 158, 343

Droit régional, 300

Droit traditionnel, 19, 193, 195, 198, 201, 204, 216, 224, 233, 340, 361

Droits de l'homme, 14, 37, 49, 64, 69, 86, 118, 154, 165, 178, 187, 217, 219, 310, 324, 347, 357, 360

Droits nationaux, 147, 149, 166, 238, 249, 252, 265, 289, 291, 302

Droits-garanties, 266, 340, 341, 342

Dualisme, 25, 26, 67, 88, 100, 106, 107, 113, 118, 120, 122

E

Effectivité, 24, 120, 135, 223, 234, 235, 237, 240, 242, 245, 257, 303,

332, 334, 338, 342, 347, 349, 351, 354, 357, 360, 362

Effet utile, 67, 121

Enfants soldats, 35, 252

Erga omnes, 153, 154, 309

Esclavage, 56, 157, 168, 187, 214, 220

Etats dualistes, 27, 73, 79, 90, 96, 99, 103, 106, 113, 119, 129, 132, 135, 137, 233, 298

Etats monistes, 27, 33, 37, 40, 66, 68, 73, 76, 79, 83, 101, 121, 135, 233, 238, 298

Etats-Unis, 21, 164, 309, 312, 327, 328, 344

Ethnies, 8, 161, 297

Extradition, 285, 288, 318

F

Faute, 174, 198, 248, 255, 272

France, 16, 19, 33, 36, 39, 62, 178, 206, 238, 246, 265, 269, 323, 336, 339, 341, 344

G

Gbagbo (Laurent), 282, 312, 322, 328

Génocide (s), 5, 9, 14, 33, 40, 54, 56, 81, 83, 101, 112, 118, 145, 149, 153, 157, 168, 181, 186, 190, 197, 206, 212, 215, 234, 245, 248, 280, 282, 285, 293, 310, 313, 318, 323, 332, 338, 355, 361

Guerre (V. Crimes de guerre)

H

Habeas corpus, 342

Hissène Habré, 86, 284

Humanité, (V. Crimes contre l'humanité)

Hutu, 206, 212, 310, 356

I

Immunité (s), 98, 112, 133, 146, 257, 286, 311, 313, 321, 325, 328, 339, 351, 354

Impartialité, 177, 229, 269, 276, 339

Impunité, 146, 168, 206, 227, 230, 276, 282, 287, 301, 307, 311, 321, 332, 351, 356, 358, 360

Imputabilité, 242, 248, 249, 252

Indemnisation, 123, 236, 265, 344

Indépendance (s),

- des Etats, 1, 18, 37, 160, 190, 206, 251, 305, 339,

- des magistrats, 332, 339

Individu (s), 4, 8, 38, 56, 65, 78, 86, 118, 139, 155, 173,187, 197, 205, 211, 226, 250, 257, 282, 294, 340, 344, 354

Infractions, 1, 4, 14, 81, 112, 118, 157, 162, 175, 189, 208, 222, 241, 251, 257, 271, 280, 283, 295, 302, 350

Initiation, 198, 215

Interprétation, 24, 33, 72, 96, 106, 125, 133, 168, 177, 184, 197, 202, 208, 212, 290, 294, 298, 328

Islam, 12, 13, 201, 203, 207, 208, 214, 356

J

Janjaouid, 313

Juridiction nationale, 119, 170, 282, 285

Juridictions pénales internationales, 5, 164, 168, 174, 212, 224, 229, 241, 256, 262, 270, 283, 292, 304, 307, 343

Jurisprudence, 27, 37, 62, 72, 77, 84, 119, 135, 150, 157, 248, 257, 295, 298, 315, 328, 338

Jus cogens, 33, 40, 154, 298

Justice internationale, 229, 321, 338

Justice pénale internationale, 164, 165, 212, 223, 227, 276, 305, 343

Justice transitionnelle, 217, 225, 227, 229, 349

K

Kadhafi, 321

Kagamé (Paul), 323, 351

Kampala, 326

Kenya, 21, 100, 252, 279, 285, 288, 313, 315, 321, 337

L

Légitime défense, 148, 149, 208, 282

Lex posterior, 33, 84, 126

Libéria, 21, 311, 327

Libye, 14, 164, 279, 282, 313, 321, 327, 336

M

Madagascar, 8, 37, 138, 193, 205

Maintien de la paix, 10, 164, 190, 215, 229, 326, 360

Mali, 211, 285, 356

Mandat d'arrêt, 270, 312, 313, 322, 326, 328

Maroc, 19, 106, 252

Milosevic, 328

Mineur (s), 147, 208, 249, 252

Monisme, 25, 27, 29, 31, 35, 89, 103, 106, 121, 122, 238

N

Négligence, 248

Nigéria, 120, 203, 311, 356

Non bis in idem, 257, 271

Nuremberg, 1, 5, 84, 140, 145, 148, 150, 154, 170, 251, 256, 294, 306, 328, 363

O

Omission, 14, 157, 250

ONG, 164, 360

Ordre d'un supérieur, 168

Ordre public, 5, 52, 141, 154, 160, 174, 177, 178, 190, 280, 339, 343

Ouattara (Alassane), 312, 351

Ouganda, 21, 200, 205, 214, 224, 285, 288, 312

P

Pacta sunt servanda, 25, 33, 130, 315

Pacte international relatif aux droits civils et politiques, 168, 169, 255

Peine, 4, 35, 76, 86, 150, 174, 178, 186, 203, 208, 214, 244, 248, 254, 256, 272, 310

Plainte, 208, 344

Planificateur, 250

Populations, 9, 11, 14, 19, 157, 161, 193, 194, 200, 202, 206, 208, 212, 216, 224, 230, 338, 342, 356, 360

Présomption d'innocence, 38, 167, 168, 263, 265, 342

Preuve (s), 19, 151, 170, 173, 208, 212, 258, 265, 271, 288, 305, 315, 317

Primauté, 17, 30, 34, 40, 84, 103, 106, 115, 124, 129, 238, 285, 361

Principes généraux du droit international, 27, 294

Prisonnier (s), 154, 174, 178, 206, 250, 255

Proprio motu, 312, 313, 321, 329

R

RCA, 283

RDC, 34, 76, 280, 290, 295, 297, 310, 312

Réciprocité (principe de), 52, 54, 58

Référence (aux traités), 37, 90, 102, 136

Relativisme, 139, 191, 194, 216, 220

Religieux, 153, 157, 172, 173, 179, 196, 202, 208, 209, 246, 248, 355

Réparation (s), 150, 187, 211, 229, 230, 265, 344

Répression, 5, 11, 15, 22, 25, 35, 49, 56, 83, 86, 101, 112, 123, 135, 145, 151, 161, 168, 175, 182, 190, 205, 215, 221, 229, 254, 266, 275, 280, 286, 291, 293, 295, 301, 307, 314, 322, 338, 342, 345, 354, 356

Réserves, 54, 119, 122, 303

Résolution 827, 307, 309

Résolution 955, 310

Résolution 1422, 327

Résolution 1487, 327

Résolution 1593, 313, 327, 329

Résolution 1970, 313, 321, 327

Responsabilité pénale individuelle, 38, 174, 252

Royaume-Uni, 21, 54, 129

RPP, 76, 150, 169, 170, 257, 269, 286, 306, 317

Rwanda, (V. TPIR)

S

SADC, 163

Saisine, 115, 164, 313, 321, 329, 330

Sanction, 4, 145, 150, 176, 190, 253, 259, 277, 284, 294, 339

Seconde Guerre mondiale, 5, 148, 150, 157, 166, 181, 219, 254, 302, 307, 350, 363

Sénégal, 10, 37, 86, 284, 288

Sierra Leone, V. TSSL

Société internationale, 5, 153, 187, 262, 305

Sociologie, 98

Soudan, 15, 208, 279, 313, 327, 352, 356

Souveraineté, 26, 37, 51, 89, 129, 136, 148, 164, 265, 279, 292, 303, 308, 318, 322, 351, 361

Statut,

- de la CPI, 5, 34, 282, 318

- du TPIR, 148, 257, 279, 285, 310

- du TPIY, 148, 168, 257, 286, 309

- du TSSL, 311

Subsidiarité (principe de), 1, 5, 11, 28, 59, 139, 238, 297, 338, 342, 359

Suspension (des poursuites), 313, 325

T

Tadic, 168, 290

Tanzanie, 21, 99, 163, 285, 288, 310

Taylor (Charles), 311, 328

Tchad, 37, 86, 284, 313, 320, 328, 329

Témoins, 170, 208, 212, 227, 262, 266, 271, 310, 342

Territoire, 4, 69, 160, 165, 209, 262, 279, 284, 288, 310, 317, 321, 356

Terrorisme, 285

Torture, 76, 81, 86, 157, 168, 176, 214, 220, 263, 280, 285, 312, 354

Traitements cruels, inhumains ou dégradants, 81

Traités internationaux, 26, 31, 33, 37, 51, 70, 79, 81, 87, 95, 101, 107, 111, 119, 125, 129, 136, 168, 208, 280, 293

Transfert forcé, 157, 356

Transformation (méthode de), 90, 92, 93, 98, 101, 136

Tribunal de Nuremberg, 1, 145, 170, 251, 256, 306

Tribunal de Tokyo, 306

Tribunal pénal international pour l'ex Yougoslavie (TPIY), 148, 150, 154, 157, 168, 255, 257, 285, 286, 289, 292, 305, 310, 315

Tribunal pénal international pour le Rwanda (TPIR), 1, 148, 156, 157, 163, 168, 212, 250, 256, 279, 285, 290, 306, 310, 318

Tribunal spécial pour la Sierra Leone (TSSL), 228, 252, 307, 310, 311

Tribunaux *ad hoc*, 145, 164, 169, 170, 262, 295, 298, 314, 315, 318

Tribunaux pénaux internationaux, 212, 252, 254, 292, 307, 318, 328, 343

Tunisie, 12, 64, 69, 203, 313

U

Union africaine (UA), 163, 284, 287, 293, 299, 313, 319, 354, 358

Union européenne (UE), 285, 321

Universalisation, 290, 295, 296, 297

Universalisme, 191, 217, 219, 221, 223, 231, 234, 297, 300, 302

V

Validité, 69, 89, 122, 129, 294, 303

Victimes, 9, 35, 59, 84, 86, 118, 123, 150, 154, 170, 175, 185, 187, 200, 205, 211, 224, 229, 248, 254, 262, 265, 271, 280, 283, 318, 338, 340, 343, 349, 360

Viol, 84, 157, 354

Violence (s), 150, 208, 212, 230, 279, 312, 313, 338, 354

Voies de recours, 258, 267, 270, 272, 339, 342

Volontarisme, 287, 303, 304

Y

Yougoslavie (ex), (V. TPIY

INDEX DE LA JURISPRUDENCE

(Les chiffres renvoient aux numéros de paragraphes et non aux pages)

I- Jurisprudences des instances internationales ou internationalisées

CIJ

28 mai 1951 — CIJ, *Avis consultatif relatif aux réserves à la Convention pour la prévention et la répression du crime de génocide*, 54, 303

20 décembre 1974 — CIJ, *Australie contre France*, 25

8 juillet 1996 — CIJ, Décision sur la licéité de l'emploi d'armes nucléaires, 33

14 février 2002 — CIJ, Affaire du Mandat d'arrêt, *République démocratique du Congo c. Belgique*, 306, 328

3 février 2006 — CIJ, *Affaire des activités armées sur le territoire du Congo, RDC c. Rwanda*, 119

20 juillet 2012 — CIJ, *Questions concernant l'obligation de poursuivre ou d'extrader (Belgique c. Sénégal)*, 284

Comité des droits de l'Homme

8 juillet 1988 — Comité des droits de l'homme, *Vuolanne c. Finlande*, 100

3 août 1993 — Comité des droits de l'homme observations sur le rapport présenté par l'Islande en application de l'article 40 du PIDCP, CCPR/C/79/Add.26, 120, 208

2 novembre 1994 — Comité des droits de l'homme, Observations générales sur les réserves au PIDCP, 54

Comité des droits économiques, sociaux et culturels

12 décembre 1997 — Comité des droits économiques, sociaux et culturels (observations finales sur le troisième rapport présenté par le Royaume-Uni, E/C.12/1/Add.19, 120

CPI

17 janvier 2006 — CPI, *Situation en République Démocratique du Congo,* Chambre préliminaire I, 290

29 janvier 2007 — CPI, Affaire *Lubanga,* Chambre préliminaire I, 250

27 avril 2007 — CPI, *Procureur c. Ahmad Muhammad Harun*, Mandat d'arrêt, Chambre préliminaire I, 146

10 juin 2008	CPI, Chambre préliminaire III, *Situation in the Central African Republic, The Prosecutor v. Jean-Pierre Bemba Gombo,* Decision on the Prosecutor's Application for a Warrant of Arrest against Jean-Pierre Bemba Gombo, 248
26 septembre 2008	CPI, Affaire *Katanga/Ngudjolo Chui,* Chambre préliminaire I, 250
30 septembre 2008	CPI, Chambre préliminaire I, *Situation en République Démocratique du Congo, Le procureur c. Thomas Lubanga Dyilo*, Décision sur la confirmation des charges, 248
30 septembre 2008	CPI, *Le Procureur c. Germain Katanga et Mathieu Ngudjolo Chui*, Décision sur confirmation des charges, 248
4 mars 2009	CPI, Chambre préliminaire I, *Le Procureur c. Omar Hassan Ahmad Al Bashir*, Décision relative à la requête de l'Accusation aux fins de délivrance d'un mandat d'arrêt à l'encontre d'Omar Hassan Ahmad Al Bashir, 326, 146, 329
15 juin 2009	CPI, Situation en République Centrafricaine, *Affaire le Procureur c. Jean Pierre Bemba Gombo,* Chambre préliminaire II, 248
12 juillet 2010	CPI, *Le Procureur c. Omar Hassan Ahmad Al Bashir,* Deuxième décision relative à la requête de l'accusation aux fins de délivrance d'un mandat d'arrêt, 313
27 août 2010	CPI, *Le Procureur c. Omar Hassan Ahmad Al Bashir,* Décision informant le Conseil de sécurité de l'ONU et l'Assemblée des Etats parties au Statut de la CPI de la récente visite d'Omar Al Bashir en République du Tchad, 313
25 octobre 2010	CPI, *Le Procureur c. Omar Hassan Ahmad Al Bashir,* Decision requesting observations from the Republic of Kenya, 313
1er décembre 2010	CPI, *Le Procureur c. Omar Hassan Ahmad Al Bashir,* Demande de coopération et d'information adressée à la République Centrafricaine, 313
8 mars 2011	CPI, *Le Procureur c. William Samoei Ruto, Henry Kiprono Kosgey et Joshua Arap Sang,* 337
12 mai 2011	CPI, *Le Procureur c. Omar Hassan Ahmad Al Bashir,* Décision informant le Conseil de sécurité de l'ONU

	et l'Assemblée des Etats parties au Statut de la CPI de la visite récente d'Omar Al Bashir à Djibouti, 313
27 juin 2011	CPI, *Le Procureur c. Muammar Mohammed Abu Minyar Qadhafi, Saïf Al-Islam Qadhafi et Abdullah Al-Senussi,* Décision relative à la requête déposée par le Procureur en vertu de l'article 58 du Statut concernant Muammar Mohammed Abu Minyar Qadhafi, Saïf Al-Islam Qadhafi et Abdullah Al-Senussi, 279
18 août 2011	CPI, *Le Procureur c. Omar Hassan Ahmad Al Bashir,* Décision sollicitant le dépôt d'observations relatives au récent séjour d'Omar Al Bashir en République du Tchad, 313
20 septembre 2011	CPI, *Chambre préliminaire II, Situation en République du Kenya, Procureur c. Francis Kirimi Muthaura, Uhuru Muigai Kenyatta et Mohammed Hussein Ali,* Decision on the Request by the Government of Kenya in Respect of the Confirmation of Charges Proceedings, 315
19 octobre 2011	CPI, *Le Procureur c. Omar Hassan Al Bashir,* Decision requesting observations about Omar Al Bashir's recent visit to Malawi, 313
12 décembre 2011	CPI, Chambre préliminaire I, *Le Procureur c. Omar Hassan Ahmad Al Bashir,* Situation au Darfour, Decision Pursuant to article 87-7 of the Rome Statute on the Failure by the Republic of Malawi to Comply with the Cooperation Requests Issued by the Court with Respect to the Arrest and Surrender of Omar Hassan Ahmad Al Bashir, 328
13 décembre 2011	CPI, Situation au Darfour, *Le procureur c. Omar Hassan Ahmad Al Bashir*, Chambre préliminaire I, Décision fondée sur l'article 87§7 du Statut de Rome, à propos du refus de la République du Tchad de répondre favorablement aux demandes de coopération de la Cour pour l'arrestation et la remise d'Omar Hassan Ahmad Al Bashir, 329
13 décembre 2011	CPI, Chambre préliminaire I, *Le Procureur c. Omar Hassan Ahmad Al Bashir,* Rectificatif de la Décision rendue en application de l'article 87§7 du Statut de la CPI (Malawi), 320, 328
29 juin 2012	CPI, *Le Procureur c. Joseph Kony, Vincent Otti, Okot Odhiambo et Dominic Ongwen,* 312

27 septembre 2016	CPI, *Le Procureur c. Ahmad Al Faqi Al Mahdi*, 356
27 avril 2017	CPI, *Le Procureur c. Al-Tuhamy Mohamed Khaled,* 282
	CPJI
17 août 1923	CPJI, *Affaire du vapeur Wimbledon,* 303
3 mars 1928	CPJI, avis consultatif, *Tribunaux de Dantzig*, 75, 78
	TMI
20 décembre 1947	Tribunal Militaire Américain de Nuremberg, Affaire *Milch*, 5
22 décembre 1947	Tribunal militaire américain de Nuremberg, Affaire *Flick and Others*. 5, 145
	TPIR
17 mai 1996	TPIR, *Le Procureur c. Théoneste Bagosora,* Chambre de première instance, 318
2 septembre 1998	TPIR, *Le Procureur c. Akayesu*, ICTR-96-4, Jugement, Chambre de première instance I, 157, 168, 212, 295
2 octobre 1998	TPIR, *Le Procureur c. Jean Paul Akayesu*, Chambre de première instance I, 1
6 avril 1999	TPIR, Jugement *Semanza*, 250
21 mai 1999	TPIR, *Le Procureur c. Kayishema, Ruzindana*, ICTR-95-1, Jugement, Chambre de première instance II, 156, 168
3 juin 1999	TPIR, *Le Procureur c. Kanyabashi* (Cas n° ICTR-96-15-A), Joint and Separate Opinion of Judge McDonald and Judge Vohrah, 168
3 juin 1999	TPIR, *Nsengiyumva c. Procureur* (Cas n° ICTR-96-12-A), Joint and Separate Opinion of Judge McDonald and Judge Vohrah, 168
7 juillet 2006	TPIR, Arrêt *Gacumbitsi*, 250
	TPIY
10 août 1995	TPIY, *Le Procureur c. Tadic* (Cas n°IT-94-1-T), Décision sur la requête du procureur sollicitant des mesures de protection des témoins et des victimes, 168
20 février 1997	TPIY, *Le Procureur c. Tihomir Blaskic,* Reply to Subpoena Duces Tecum, Government of the Republic of Croatia, Zagreb, 315
7 mai 1997	TPIY, *Le Procureur c. Tadic*, IT-94-1, Jugement, Chambre de première instance II, 157

23 juin 1997	TPIY, *Le Procureur c. Delalic et al.* Chambre II, Order on Zdavko Mucic's Oral Request for Croatian Interpretation, 170
18 juillet 1997	TPIY, *Le Procureur c. Tihomir Blaskic,* Chambre d'Appel, Arrêt relatif à la requête de la République de Croatie aux fins d'examen de la décision de la Chambre de première instance II, 309
16 novembre 1998	TPIY, *Le Procureur c. Mucic et consorts*, IT-96-21, Jugement, Chambre de première instance II, 150, 157, 250
10 décembre 1998	TPIY, *Le Procureur c. Furundzija*, IT-94-17/1, Jugement, Chambre de première instance II, 154, 157, 227, 280
17 février 1999	TPIY, *Le Procureur c. Kupreskic et consorts*, IT-95-16, Chambre de première instance, 148, 154
15 juillet 1999	TPIY, *Le Procureur c. Dusko Tadic*, IT-94-1, Arrêt, Chambre d'appel, 157, 248, 290
14 décembre 1999	TPIY, *Le Procureur c. Jelisic*, IT-95-10, Jugement, Chambre de première instance I, 157
14 janvier 2000	TPIY, *Le Procureur c. Kupreskic et consorts,* IT-95-16, Jugement, Chambre de première instance I, 154
3 mars 2000	TPIY, *Le Procureur c. Blaškić,* Chambre de première instance, 248
22 février 2001	TPIY, *Le Procureur c. Kunarac et consorts,* IT-96-23&23/1, Jugement, Chambre de première instance II, 157, 255
26 février 2001	TPIY, *Le Procureur c. Kordic et Cerkez*, IT-95-14/2, Jugement, Chambre de première instance III, 157
29 novembre 2002	TPIY, *Le Procureur c. Vasiljevic*, IT-98-32, Jugement, Chambre de première instance II, 149, 154, 157, 250
31 mars 2003	TPIY, *Le Procureur c. Naletilic et Martinovic*, IT-98-34, Jugement, Chambre de première instance I, 157
31 juillet 2003	TPIY, *Le Procureur c. Stakic*, IT-97-24, Jugement, Chambre de première instance II, 157
17 octobre 2003	TPIY, *Le Procureur c. Simic et consorts*, IT-95-9, Jugement, Chambre de première instance I, 157
5 décembre 2003	TPIY, *Le Procureur c. Galic*, IT-98-29, Jugement, Chambre de première instance I, 157
29 juillet 2004	TPIY, *Le Procureur c. Blaškić,* Chambre d'appel, 248, 251
12 juin 2007	TPIY, *Milan Martic*, 148

3 avril 2008	TPIY, *Le Procureur c. Haradinaj et consorts,* IT-04-84, Jugement, Chambre de première instance I, 157

TSSL

2 août 2007	TSSL, Affaire *Fofana et Kondewa*, Ch. I, Judgement, SCSL-04-14-T, 148
28 mai 2008	TSSL, Affaire *Fofana et Kondewa*, Arrêt de la Chambre d'appel, 148

II- Jurisprudences régionales et sous régionales

Chambre africaine extraordinaire d'assises

30 mai 2016	Chambre africaine extraordinaire d'assises *Ministère public contre Hissein Habré*, 284
27 avril 2017	Chambre africaine extraordinaire d'assises d'appel, *Le procureur c. Hissein Habré,* 284

Commission européenne des droits de l'homme

6 décembre 1983	Commission européenne des droits de l'homme, *France et autres contre Turquie*, 54

Commission africaine des droits de l'homme

22 mars 1995	Commission africaine des droits de l'homme et des peuples, Avis 17ème session de la Commission africaine des droits de l'homme et des peuples, Communication 129/94, Civil *Liberties Organization vs Nigeria*, 120

Cour européenne des droits de l'homme

6 février 1976	CourEDH, Décision du *Syndicat suédois des conducteurs de locomotives*, 120
18 janvier 1978	Cour EDH, Arrêt, *Irlande contre Royaume-Uni,* 54
13 février 2001	Cour EDH, Affaire *Krombach c. France,* 170
3 avril 2001	Cour EDH, Arrêt *Keenan c. Royaume-Uni*, 290
8 janvier 2004	Cour EDH, Arrêt *Ayder et autres c. Turquie,* 290
20 septembre 2011	Cour EDH, *Ullens De Schooten et Rezabek c. Belgique,* 293

Cour interaméricaine des droits de l'homme

24 septembre 1982	Cour IADH, Avis consultatif, *Les effets des réserves à la CADH*, 54

Cour de justice de la CEDEAO

18 novembre 2010	Cour de justice de la CEDEAO, Affaire *Hissein Habré c. République du Sénégal,* 86

III- Jurisprudences nationales

Cameroun

15 mars 1996	Cour d'appel du Centre, Arrêt n°433/COR Ministère public c. BAGOSORA Théoneste, 163, 285, 318
31 mai 1996	Cour d'appel du Centre, Arrêt n°615/COR, Ministère public c. RUZINDANA Augustin et autres, 163, 285
21 février 1997	Cour d'appel du Centre, Arrêt n°337/COR, Ministère public c. RUZINDANA Augustin et autres, 163, 285

Congo

24 mars 1998	Avis de la Cour Suprême congolaise n°007/CS/98, 40
17 août 2005	Chambre criminelle de la Cour d'Appel de Brazzaville, Affaire des *disparus du Beach,* 339
04 mai 2007	Chambre pénale de la Cour suprême, Affaire des *disparus du Beach,* 339

Etats-Unis

11 mai 1949	Cour d'Appel du District de Columbia, *Flick v. Johnson*, 5

France

25 juillet 1887	Cass. Req., *Sarrut,* 33
22 décembre 1931	Cass. Civ., *Sanchez*, 33
23 décembre 1949	CE *Société Cominfi.* 33
15 mars 1972	CE, *Dame veuve Sadok Ali,* 33
15 janvier 1975	CC, Décision n° 74-54 DC, *Loi relative à l'IVG,* 33, 39, 62
24 mai 1975	C. cass, *Administration des douanes c. Société des cafés Jacques Vabre,* 33
7 juillet 1978	CE, Ass., *Croissant,* 33
22 décembre 1978	CE Ass. *Ministre de l'intérieur c. Cohn-Bendit,* 289
29 mai 1981	CE, Ass. *Rekhou*, 62
13 décembre 1983	Cass. Crim., *Skandar,* 33
6 mars 1985	C. cass, civ. Ière, 62
27 avril 1987	CE, *Berder et Satmar*, 33
20 octobre 1989	CE, Ass., *Nicolo,* 33

3 juillet 1996 CE, Arrêt *Koné*, 33
23 avril 1997 CE, *GISTI*, 75, 79
6 juin 1997 CE Arrêt *Aquarone*, 33
30 octobre 1998 CE, Arrêt *Sarran*, 33
22 janvier 1999 CC, Décision n°98-408, *Traité portant Statut de la Cour pénale internationale*, 23, 36, 62
05 août 2010 CC, Décision n°2010-612, *Loi portant adaptation du droit pénal à l'institution de la Cour pénale internationale,* 23

Grande Bretagne

3 décembre 1945 Cour militaire britannique de Wuppertal, *Killinger and Others*, 157
1er février 1946 Cour militaire britannique de Kuala Lumpur, Affaire *Chusaburo,* 149
1949 King's Bench, *Youghusband v. Luftig,* 156

Madagascar

14 février 2001 Décision de la Haute Cour constitutionnelle n°01-HCC/D2, 37

République démocratique du Congo

24 mars 2006 TMG de l'Ituri, Affaire *Bongi,* 297
12 avril 2006 TMG, Affaire *Songo Mboyo,* 35
20 juin 2006 TMG de Mbandaka, Affaire des *mutins de Mbandaka*, 34, 35
2 août 2006 TMG de l'Ituri, Affaire *Kahwa*, 34, 297
4 novembre 2006 Cour Militaire de la Province Orientale, Affaire *Bongi*, 35
19 février 2007 TMG de l'Ituri, Affaire *Bavi*, 34, 35, 297
19 février 2007 TMG de l'Ituri, Affaire *Milobs*, 34
28 juin 2007 Cour Militaire du Katanga, Affaire *Kilwa.* 34

Table des matières

AVERTISSEMENT ---------- 7

REMERCIEMENTS ---------- 11

SIGLES ET ABRÉVIATIONS ---------- 13

SOMMAIRE ---------- 19

PREFACE ---------- 21

INTRODUCTION ---------- 25

SECTION 1. Le concept de droit international pénal ---------- 27

SECTION 2. La notion de droit pénal dans le contexte africain ---------- 38

§1. Droit pénal traditionnel africain ---------- 39

A- Droit pénal coutumier africain ---------- 39

B- Droit pénal musulman africain ---------- 42

§2. Droit pénal moderne africain ---------- 46

A- Droit pénal romano-germanique africain ---------- 46

B- Droit pénal *Common Law* africain ---------- 49

SECTION 3. La démarche méthodologique ---------- 51

PARTIE I ---------- 57

UN PROCESSUS COMPLEXE DE DIFFUSION DU DROIT INTERNATIONAL PENAL DANS LES ORDRES JURIDIQUES AFRICAINS ---------- 57

TITRE I ---------- 61

LES MODALITES VARIABLES DE DIFFUSION DU DROIT INTERNATIONAL PENAL DANS LES ORDRES JURIDIQUES AFRICAINS ---------- 61

CHAPITRE 1 ---------- 63

LA DIFFUSION DU DROIT INTERNATIONAL PENAL DANS LES SYSTEMES MONISTES AFRICAINS ---------- 63

SECTION 1. Les fondements des systèmes monistes africains *a priori* favorables au droit international pénal--64

§1. La conception moniste africaine en principe compatible avec le droit international pénal --65

A- Le caractère supra-législatif du droit international pénal dans les Etats monistes africains --66

1. Les fondements du caractère supralégislatif du droit international pénal-66

2. Application du principe au Statut de la CPI -----------------------------------70

B- L'ébauche d'une constitutionnalisation des règles relatives au droit international pénal dans certains Etats monistes africains ---------------------77

1. La déduction d'une certaine constitutionnalisation des règles du droit international pénal --77

2. Les limites à la constitutionnalisation des règles du droit international pénal--85

§2. Les systèmes monistes africains favorisant une mise en œuvre sans condition du droit international pénal--89

A- L'absence de condition de réciprocité dans le cas des traités relatifs au droit international pénal ---90

1. Le fondement de l'exclusion du principe de réciprocité --------------------91

a) Les explications théoriques du rejet de la condition de réciprocité pour certains traités---95

b) Les explications empiriques de l'exclusion de la condition de réciprocité pour certains traités --97

2. L'application de l'exclusion du principe de réciprocité dans les ordres juridiques internes d'Afrique francophone--------------------------------------99

a) La problématique constitutionnelle de l'exclusion de la condition de réciprocité pour les traités relatifs au droit international pénal dans les Etats d'Afrique francophone---99

b) L'impossibilité de la mise en œuvre de la condition de réciprocité pour les traités relatifs au droit international pénal dans les Etats d'Afrique francophone -- 101

B- La suppression de la condition de publication dans le cas des traités relatifs au droit international pénal -- 103

1. Le caractère néfaste de l'obligation de publication pour les traités relatifs au droit international pénal-- 104

2. Le rejet progressif de la condition de publication pour certains traités - 106

SECTION 2. Les conséquences des conceptions monistes africaines favorables au droit international pénal-- 109

§1. L'applicabilité directe du droit international pénal dans les ordres juridiques monistes africains-- 109

A- L'applicabilité directe d'un traité de droit international pénal en droit interne --- 110

1. La distinction entre l'applicabilité directe et l'applicabilité immédiate- 111

2. Les effets de l'élargissement de l'interprétation de la notion d'applicabilité directe pour les normes internationales pénales dans les systèmes monistes africains -- 114

B- Les critères de l'applicabilité directe et leurs effets sur les systèmes monistes africains -- 118

1. Le critère subjectif de l'applicabilité directe et les systèmes monistes africains -- 118

2. Le critère objectif de l'applicabilité directe et les systèmes monistes africains -- 121

§2. La reconnaissance juridictionnelle du droit international pénal dans les ordres juridiques monistes africains--- 125

A- Le renforcement du pouvoir prétorien de sanction des crimes internationaux dans les systèmes monistes africains--------------------------- 125

B- La proclamation de l'incompétence du juge en cas d'absence d'insertion du droit international pénal dans les systèmes monistes africains----------- 128

CHAPITRE 2 --- 133

LA DIFFUSION DU DROIT INTERNATIONAL PENAL DANS LES SYSTEMES DUALISTES AFRICAINS -- 133

SECTION 1. La complexification des méthodes de transformation et de référence aux traités relatifs au droit international pénal dans les systèmes juridiques dualistes africains -- 135

§1. L'insuffisance des garanties apportées par la méthode de transformation des traités relatifs au droit international pénal dans le contexte africain --- 135

A- La logique de la méthode de transformation et son impact sur les Etats dualistes africains -- 135

B- Les lacunes découlant de la méthode de transformation ----------------- 139

1. Les insuffisances liées au contenu de la loi de transformation d'un traité -- 139

2. Les insuffisances relatives à l'interprétation dynamique d'un traité----- 146

§2. L'efficacité limitée de la méthode de référence aux traités relatifs au droit international pénal dans les ordres juridiques africains---------------- 148

A-L'absence de clarté dans la mise en œuvre de la méthode de référence 149

B- L'inadéquation de la méthode de référence avec la garantie des traités relatifs au droit international pénal -- 153

SECTION 2. L'efficacité de la méthode d'incorporation des traités dans les systèmes dualistes africains --- 157

§1. La plus grande simplification de la méthode d'incorporation favorable à la diffusion du droit international pénal dans les Etats dualistes africains- 158

A- La clarté de la conception théorique de la méthode d'incorporation --- 158

1. Les lois classiques d'incorporation--- 161

2. Les lois spéciales d'incorporation -- 163

B- La simplification de la mise en œuvre de la méthode d'incorporation - 166

1. La malléabilité de la méthode d'incorporation------------------------------ 166

2. L'applicabilité effective des traités incorporés------------------------------- 171

§2. Le renforcement de l'efficacité de la méthode d'incorporation par le rapprochement du système dualiste au système moniste--------------------- 174

A- La revalorisation du statut du traité international dans l'ordre juridique interne --- 176

1. Les techniques de détermination du rang hiérarchique des traités incorporés-- 176

2. La tendance à la primauté de la loi d'incorporation du traité sur les lois ordinaires -- 182

B- La consolidation du rôle des instances d'exécution des traités par l'incorporation -- 186

1. La délimitation des compétences entre le pouvoir législatif et le pouvoir judiciaire en matière d'exécution des traités------------------------------------ 187

2. Le renforcement d'une certaine complémentarité entre les instances nationales et internationales de contrôle de l'exécution du traité----------- 190

CONCLUSION DU TITRE I--- 195

TITRE II --197

L'EXACERBATION DE LA DIFFICULTE DE DIFFUSION DU DROIT INTERNATIONAL PENAL PAR L'EXISTENCE D'UN PLURALISME JURIDIQUE AU SEIN DES ETATS AFRICAINS --197

CHAPITRE 1 --- 201

LA COMPATIBILITE DES ORDRES PENAUX MODERNES AFRICAINS AVEC LES AMBITIONS UNIVERSALISTES DU DROIT INTERNATIONAL PENAL --- 201

SECTION 1. La promotion commune d'une dimension fonctionnelle et régulatrice du droit criminel moderne --- 203

§1. La définition partagée de la nature des rapports criminels --------------- 204

A- La précision des rapports criminels entre les protagonistes de l'infraction-- 204

1. Le statut du responsable pénal --- 205

a) La portée de la responsabilité pénale -------------------------------------- 205

b) Les limites de la responsabilité pénale ------------------------------------ 210

2. La qualité de victime--- 218

B- La détermination des rapports entre le criminel et la société nationale ou internationale -- 224

1. Le criminel comme sujet portant atteinte aux intérêts de la société nationale ou internationale -- 225

2. Le comportement du criminel comme élément justifiant une réprobation pénale de la société nationale ou internationale---------------------------------- 231

§2. La reconnaissance commune d'un ordre pénal moderne bipolaire ----- 239

A- L'ordre pénal moderne garant de la sécurité nationale ou internationale -- 240

1. Le droit pénal moderne et la sécurité nationale ------------------------------ 240

2. Le droit pénal moderne et la sécurité internationale ------------------------ 244

B- L'ordre pénal moderne protecteur des droits de l'Homme -------------- 250

1. Droit pénal substantiel et droits de l'homme --------------------------------- 251

2. Droit pénal procédural et droits de l'homme --------------------------------- 257

SECTION 2. Les fondements théoriques communs aux ordres pénaux modernes africains et international -- 265

§1. Les fondements conceptuels analogues ------------------------------------- 265

A- L'incontournable socle religieux des ordres pénaux modernes africains et international -- 265

B- L'incontestable référence aux principes de la philosophie du droit ----- 270

1. Philosophie juridique classique et droit pénal moderne -------------------- 271

2. Philosophie juridique moderne et droit pénal moderne -------------------- 281

§2. Les fondements téléologiques communs pour la société ----------------- 286

A- Les fondements téléologiques traditionnels -------------------------------- 287

B- Les fondements téléologiques récents ------------------------------------- 294

CHAPITRE 2 -- 301

LA REVELATION DU RELATIVISME JURIDIQUE DU DROIT INTERNATIONAL PENAL PAR LES ORDRES PENAUX TRADITIONNELS AFRICAINS -- 301

SECTION 1. Les raisons du relativisme juridique du droit international pénal par rapport aux ordres pénaux traditionnels africains-------------------------- 303

§1. La conception particulière du droit pénal traditionnel comme instrument de rétablissement de l'ordre social en Afrique ---------------------------------- 305

A- La spécificité de l'ordre social en droit traditionnel africain ------------- 305

1. L'ordre social en droit coutumier africain ------------------------------------ 305

2. L'ordre social en droit musulman africain ------------------------------------ 311

B- La fonction téléologique particulière du procès pénal en droit traditionnel africain -- 314

1. L'originalité du procès pénal en droit coutumier africain------------------ 315

2. La particularité du procès pénal en droit musulman africain-------------- 321

§2. La survivance en Afrique des systèmes communautaires de règlement des litiges en déphasage avec le droit international pénal--------------------- 327

A- L'existence d'un symbolisme judiciaire inhérent à la justice communautaire -- 328

B- La palabre comme mode de justice efficace de rétablissement de la paix sociale -- 333

SECTION 2. Les éléments d'une atténuation du relativisme juridique du droit international pénal par rapport aux ordres pénaux traditionnels africains --- 340

§1. La justification philosophique et juridique de l'atténuation du relativisme juridique du droit international pénal dans le contexte africain-------------- 341

A- L'existence d'un irréductible humain comme point de convergence entre le droit international pénal et les ordres juridiques pénaux traditionnels africains --- 342

B- L'émergence d'un cosmopolitisme juridique articulant le relatif et l'universel -- 347

§2. L'expérimentation en Afrique des formes de justice transitionnelle opérant un certain rapprochement avec le droit international pénal -------- 352

A- La mise en œuvre en Afrique des justices transitionnelles intégrant des mécanismes juridiques compatibles avec le droit international pénal ------ 353

B- Les objectifs des justices transitionnelles africaines souvent en phase avec ceux du droit international pénal-- 358

CONCLUSION DU TITRE II -- 363

CONCLUSION DE LA PREMIERE PARTIE -------------------------------- 365

PARTIE II ---367

UNE EFFECTIVITE CONDITIONNELLE DE LA DIFFUSION DU DROIT INTERNATIONAL PENAL DANS LES ORDRES JURIDIQUES AFRICAINS---367

TITRE I ---373

LA COHERENCE ENTRE LES ORDRES JURIDIQUES AFRICAINS ET LE DROIT INTERNATIONAL PENAL ----------------------------373

CHAPITRE 1 --- 375

LA RECHERCHE D'UNE COHERENCE NORMATIVE ENTRE LE DROIT INTERNATIONAL PENAL ET LES ORDRES REPRESSIFS AFRICAINS -- 375

SECTION 1. La cohérence normative au niveau du droit pénal substantiel -- 376

§1. La coordination dans la conception de l'infraction internationale pénale--- 378

A- Le recours à une logique analogue en matière d'incrimination de droit international pénal -- 378

1. La logique fondée sur une définition commune de la notion d'incrimination de droit international pénal ---------------------------- 378

2. La logique basée sur une conception précise de l'acte criminel international-- 383

B- La délimitation du champ d'imputabilité------------------------------ 391

§2. L'instauration d'une politique commune des peines en matière de crimes de droit international pénal--- 399

A- La cohérence dans les objectifs des peines infligées--------------------- 400

B- La coordination dans la mise en œuvre des peines légales--------------- 404

SECTION 2. La cohérence normative au niveau du droit pénal procédural --- 413

§1. L'adoption des principes processuels communs en matière de répression des crimes de droit international pénal-- 415

A- La nature des principes processuels de droit international pénal -------- 415

B- L'importance des principes processuels communs en phase avec le droit international pénal -- 421

§2. L'harmonisation des phases de déroulement du procès portant sur les crimes de droit international pénal --- 426

A- La conception commune des notions d'instruction préparatoire et de poursuite en matière de crimes de droit international pénal ----------------- 427

B- La clarté dans la fixation des phases de jugement et la délimitation des voies de recours en matière de crime de droit international pénal----------- 429

CHAPITRE 2 --- 435

L'INSTAURATION D'UNE COHERENCE FONCTIONNELLE ENTRE LES JURIDICTIONS PENALES AFRICAINES ET INTERNATIONALES--- 435

SECTION 1. La cohérence fonctionnelle au niveau des règles de compétence--- 436

§1. L'impératif de clarté dans le recours aux critères classiques de compétence pour la répression des crimes internationaux commis dans les Etats africains-- 438

A- L'intérêt de la délimitation de la compétence juridictionnelle liée au contexte et à la nature de l'infraction commise -------------------------------- 438

B- L'importance d'une détermination précise de la compétence juridictionnelle liée au statut du criminel ou de la victime ------------------ 444

§2. La définition des rapports entre les juridictions africaines et les juridictions internationales pénales au niveau de la compétence universelle-- 450

A- La compétence universelle des juridictions pénales africaines et le principe de primauté en rapport avec les TPI *ad hoc* ------------------------- 453

B- La compétence universelle des juridictions pénales africaines et le principe de complémentarité avec la CPI --------------------------------------- 459

SECTION 2. La cohérence fonctionnelle liée au dialogue des juges------- 463

§1. L'harmonisation progressive dans la diffusion du droit international pénal sur le continent africain -- 465

A- La nature du dialogue harmonisant la jurisprudence en matière de répression des crimes de droit international pénal----------------------------- 466

B- La portée d'une harmonisation par la jurisprudence ---------------------- 471

§2. La cohérence jurisprudentielle comme gage d'une certaine universalisation du droit international pénal------------------------------------ 477

A- La possible émergence d'un consensus jurisprudentiel entre les juges africains et avec les juges internationaux pénaux------------------------------ 478

B- La cohérence jurisprudentielle favorisant le développement d'un droit pénal commun africain compatible avec l'universalisme du droit international pénal --- 483

CONCLUSION DU TITRE I--- 487

TITRE II --- 489

L'INFLUENCE DES CHOIX POLITIQUES AFRICAINS SUR LA DIFFUSION DU DROIT INTERNATIONAL PENAL------------------ 489

CHAPITRE 1 --- 493

LE NECESSAIRE RENFORCEMENT DE LA COOPERATION DES ETATS AFRICAINS AVEC LES JURIDICTIONS INTERNATIONALES PENALES -- 493

SECTION 1. La tendance à une coopération limitée des Etats africains avec les juridictions internationales pénales -- 495

§1. La coopération résiduelle de principe des Etats africains avec les juridictions internationales pénales--- 496

A- La coopération relative avec les juridictions *ad hoc* ---------------------- 497

B- La coopération sélective avec la CPI-- 503

§2. Le risque de recours à une conception élargie des motifs légitimes de non coopération avec les juridictions internationales pénales -------------------- 512

A- La possible définition extensive des intérêts nationaux intangibles ---- 513

B- L'éventuel recours à un régime de coopération favorable aux Etats et aux dépens des juridictions internationales pénales -------------------------------- 517

SECTION 2. La conception politique par les Etats africains de l'obligation juridique de coopération avec les juridictions internationales pénales ----- 521

§1. Le recours des Etats africains à une Union Africaine non coopérative vis-à-vis de la CPI -- 522

A- La contestation récurrente par l'Union Africaine de la sollicitation de coopération des Etats africains par les juridictions internationales pénales 523

B- La volonté de substitution d'un organe panafricain à la CPI ------------ 527

§2. L'invocation politique par les Etats africains des règles statutaires remettant en cause la coopération effective avec la CPI --------------------- 530

A- La sollicitation du Conseil de Sécurité des Nations Unies en vue de la suspension des poursuites requérant la coopération des Etats africains---- 531

B- Le recours à un régime d'immunité limitant les possibilités de demande de coopération de la CPI-- 536

CHAPITRE 2 -- 545

L'INSTAURATION EN AFRIQUE DES MODELES POLITICO-JURIDIQUES FAVORABLES A LA DIFFUSION DU DROIT INTERNATIONAL PENAL -- 545

SECTION 1. La mise sur pied en Afrique des régimes politiques garantissant la diffusion du droit international pénal -- 546

§1. Le contrôle des pouvoirs d'Etat influençant la diffusion effective du droit international pénal -- 548

A- L'encadrement des pouvoirs politiques susceptibles d'entraver la diffusion des normes internationales pénales dans les droits internes africains -- 548

B- L'organisation des systèmes juridictionnels favorisant la diffusion du droit international pénal dans les droits internes africains ------------------- 553

§2. L'aménagement des droits fondamentaux des particuliers africains soumis à l'application des normes internationales pénales ------------------ 560

A- Les droits des accusés et la diffusion du droit international pénal en Afrique ---------- 561

B- Les droits des victimes et la diffusion du droit international pénal en Afrique ---------- 566

SECTION 2. L'intérêt du développement des politiques criminelles africaines permettant la diffusion effective des normes de droit international pénal ---------- 570

§1. La diffusion effective du droit international pénal dans les systèmes africains de politique criminelle démocratiques ---------- 572

A- L'approche libérale de la politique criminelle propice à la diffusion du droit international pénal ---------- 572

B- La soumission de la politique criminelle à l'Etat de droit comme signe d'ouverture à la diffusion du droit international pénal ---------- 575

§2. L'ineffectivité de la diffusion du droit international pénal dans les systèmes africains de politique criminelle non démocratiques ---------- 580

A- La remise en cause des exigences du droit international pénal dans les systèmes autoritaires de politique criminelle ---------- 580

B- L'incompatibilité des systèmes totalitaires de politique criminelle avec le droit international pénal ---------- 583

CONCLUSION DU TITRE II ---------- 589

CONCLUSION DE LA SECONDE PARTIE ---------- 591

CONCLUSION GENERALE ---------- 593

BIBLIOGRAPHIE ---------- 597

INDEX ALPHABETIQUE ---------- 647

INDEX DE LA JURISPRUDENCE ---------- 657

Table des matières ---------- 665

Questions juridiques aux éditions L'Harmattan

Dernières parutions

LES OBJECTIFS DE LA RÉGULATION ÉCONOMIQUE ET FINANCIÈRE
Sous la direction de Gabriel Eckert et Jean-Philippe Kovar
Les buts de la régulation économique et financière impriment profondément le droit de la régulation mais semblent avoir considérablement évolué depuis une trentaine d'années. Ainsi l'objectif traditionnel de la construction de marchés concurrentiels, dans des secteurs anciennement sous monopole ou très fortement réglementés, est complété par de nouveaux objectifs extraconcurrentiels. La diversité des buts assignés aux régulateurs oblige les autorités de régulation à opérer une conciliation des objectifs au risque de dénaturer leur office.
(Coll. Logiques Juridiques, 28.50 euros, 276 p.)
ISBN : 978-2-343-11504-7, ISBN EBOOK : 978-2-14-003398-8

LA RESPONSABILITÉ CIVILE DES ENSEIGNANTS EN CAS D'ACCIDENT SCOLAIRE
Brusorio Aillaud Marjorie
Le régime de responsabilité civile des enseignants en cas d'accident scolaire fut envisagé dans le Code civil dès 1804 puis modifié en 1899 et 1937. La loi est actuellement inadaptée et critiquée à la fois par les victimes et les enseignants, mais les tentatives de la jurisprudence pour la réformer se révèlent insuffisantes. Il faut rechercher un autre fondement pour engager la responsabilité civile de l'enseignant ou un autre débiteur que ce dernier, afin que les victimes d'accidents scolaires obtiennent facilement réparation.
(Coll. Logiques Juridiques, 55.00 euros, 750 p.)
ISBN : 978-2-343-11346-3, ISBN EBOOK : 978-2-14-003367-4

SPORT ET DROIT EUROPÉEN
Miège Colin
Le droit européen a eu une influence déterminante sur le sport, à mesure que celui-ci devenait une activité économique à part entière. Lorsque le sport a été intégré dans les compétences de l'Union par le traité de Lisbonne en 2007, les organisations sportives avaient déjà subi de plein fouet l'impact du droit européen avec notamment l'arrêt Bosman de 1995. Voici un panorama complet des règlements ou décisions de justice qui ont eu un impact sur le sport depuis les débuts de la construction européenne.
(Coll. Le Droit aujourd'hui, 34.00 euros, 328 p.)
ISBN : 978-2-343-11822-2, ISBN EBOOK : 978-2-14-003468-8

LES INNOVATIONS CRIMINOLOGIQUES
Sous la direction de Erwan Dieu
Ce livre s'attelle à circonscrire la théorie et la pratique des modèles d'évaluation et d'accompagnement des auteurs et victimes d'infractions via des présentations d'outils d'exercices et de programmes. Les populations visées sont variées : problèmes d'addiction, de violence,

d'infraction sexuelle ou conjugale, etc. Au sein des différents chapitres, des présentations de méthodes concrètes explicitent les modèles qui aujourd'hui démontrent des effets pertinents.
(Coll. Logiques des pénalités contemporaines, 39 euros, 406 p.)
ISBN : 978-2-343-11337-1, ISBN EBOOK : 978-2-14-003517-3

70 ANS DE JUSTICE PÉNALE DES MINEURS
Entre spécialisation et despécialisation
Beddiar Nadia
L'année 2015 marque la célébration des 70 ans de l'ordonnance du 2 février 1945 relative à l'enfance délinquante. Par ce texte, la France a institué, après bien d'autres pays, une justice et un traitement pénal des mineurs véritablement spécifiques. Cet anniversaire offre l'occasion de revenir sur le passé, d'aborder le présent et de se projeter dans l'avenir de cette justice qui se veut singulière. Cet ouvrage permettra au lecteur d'apprécier la richesse des débats et les enjeux fondamentaux de ce sujet pour notre société.
(Coll. Colloques et rencontres, 20.50 euros, 196 p.)
ISBN : 978-2-343-11815-4, ISBN EBOOK : 978-2-14-003530-2

LA JURISPRUDENCE ET LA DOCTRINE
Barraud Boris
La jurisprudence est l'un des phénomènes juridiques les plus problématiques, comme source du droit réel mais non officielle. Ce livre retrace son parcours dans l'histoire de la pensée juridique, longtemps dominée par le légicentrisme. Il s'intéresse également à la difficile identification doctrinale des jugements, arrêts et décisions à portée jurisprudentielle. Il s'attache enfin à la jurisprudentialisation du droit, qui constitue l'une des données les plus remarquables du droit contemporain, ainsi qu'aux critiques que la doctrine adresse à un droit trop abandonné au « gouvernement des juges ».
(Coll. Le Droit aujourd'hui, 29.00 euros, 290 p.)
ISBN : 978-2-343-11552-8, ISBN EBOOK : 978-2-14-003187-8

MESURER LE PLURALISME JURIDIQUE
Une expérience
Barraud Boris
Cet ouvrage propose une approche et une analyse scientifiques et statistiques du pluralisme juridique. Défini en tant que coexistence de sources étatiques et non étatiques de règles de droit, le pluralisme juridique appelle à la fois une réponse théorique et empirique. Ce livre procède à une enquête de terrain et pose les jalons de ce travail scientifique visant à évaluer l'effectivité du pluralisme juridique en n'ayant d'égards que pour les seuls faits normatifs.
(Coll. Le Droit aujourd'hui, 32.00 euros, 308 p.)
ISBN : 978-2-343-11264-0, ISBN EBOOK : 978-2-14-003156-4

ANNALES DE LA FACULTÉ DE DROIT ET SCIENCE POLITIQUE DE NICE
Année 2016
Strickler Yves
Comme les éditions précédentes, ces annales de l'année 2016 parcourent des domaines très variés passant par l'histoire (affaire Calas), l'actualité (laïcité, statut du Ministère public, relations amoureuses au travail, lanceur d'alertes etc.) sans négliger les questions de principe (la liberté académique).
(Coll. Droit privé et sciences criminelles, 36.00 euros, 354 p.)
ISBN : 978-2-343-11519-1, ISBN EBOOK : 978-2-14-003271-4

L'EXPERTISE SOUS LE REGARD DE LA PSYCHANALYSE
« Faux-Pas » ou la question des mères
Villa-Portenseigne Arlette
C'est toujours un enrichissement personnel et professionnel pour un-e psychologue que d'être nommé-e par la justice pour éclaircir les zones d'ombre qui obscurcissent la vérité. De pratique hospitalière en expertises judiciaires, la psychanalyse a fait voyager l'auteure de cet ouvrage

dans tout ce qu'il y a d'intime dans l'être humain. Au-delà des crimes dont la chronique se fait régulièrement l'écho, ce livre émerge d'une réflexion sur la pratique. Croisant les démarches des juges, des soignants et des travailleurs sociaux, il témoigne des ressources de la clinique face aux itinéraires complexes des individus confrontés à la loi.
(Coll. Psycho-Logiques, 17.50 euros, 164 p.)
ISBN : 978-2-343-11083-7, ISBN EBOOK : 978-2-14-003119-9

LE DROIT DU BIEN-ÊTRE ANIMAL DANS LE MONDE
Évolution et universalisation
Brels Sabine
En ce début de XXIe siècle, les consciences s'éveillent de plus en plus à la protection des animaux. La société reconnaît aujourd'hui la sensibilité de ces êtres vivants et le droit à la protection de leur bien-être contre les souffrances évitables qui leur sont infligées. Un tournant s'opère et modifie profondément notre rapport aux animaux dans la société comme dans le droit. Cet ouvrage fait état de la protection juridique du bien-être animal à l'échelle mondiale et de la possibilité d'établir une protection universelle à l'ONU.
(Coll. Le Droit aujourd'hui, 42.00 euros, 500 p.)
ISBN : 978-2-343-10666-3, ISBN EBOOK : 978-2-14-003201-1

MÉLANGES EN L'HONNEUR DU DOYEN ROGER BERNARDINI
Parcours pénal
Les « mélanges » sont un recueil d'articles rédigés par ses amis en hommage à un maître. Le doyen Roger Bernardini a été un grand serviteur de l'Université et fait partie de ces professeurs qui marquent les esprits. Ses amis ont choisi, pour intitulé de ses mélanges « Parcours pénal », champ qu'il n'a jamais cessé d'arpenter, d'explorer, d'approfondir et de rénover.
(Coll. Droit privé et sciences criminelles, 32.50 euros, 315 p.)
ISBN : 978-2-343-10962-6, ISBN EBOOK : 978-2-14-002983-7

OHADA
Traité de fiscalité des entreprises (première édition)
Amboulou Hygin Didace
La politique fiscale est souvent reconnue comme le domaine par excellence où chaque État exerce sa souveraineté économique en fonction de ses réalités, ses objectifs et ses potentialités. Mais pour réussir l'intégration économique de l'espace OHADA, encourager les investissements, assainir l'environnement des affaires et atténuer la pression fiscale sur les entreprises, les États doivent harmoniser, unifier ou coordonner leurs politiques fiscales. C'est l'objet de ce traité.
(Coll. Études africaines, 29.00 euros, 278 p.)
ISBN : 978-2-343-10523-9, ISBN EBOOK : 978-2-14-003211-0

OHADA
Code des investissements et des activités économiques (première édition)
Amboulou Hygin Didace
Pour mieux accompagner les opérateurs économiques de toutes origines et promouvoir ainsi les investissements, les États membres de l'OHADA disposent chacun d'une législation et d'une réglementation qui régissent l'ensemble des activités économiques, celles des petites et moyennes entreprises et celles des petites et moyennes industries. En attendant l'harmonisation de ces différentes législations, les voici présentées pour chaque État concerné.
(Coll. Études africaines, 42.00 euros, 464 p.)
ISBN : 978-2-343-10520-8, ISBN EBOOK : 978-2-14-003208-0

OHADA
Traité de droit des transports de marchandises par route et des opérations de dédouanement (première édition)
Amboulou Hygin Didace
Pour mieux comprendre la place qu'occupe le droit des transports dans la politique d'intégration économique des États membres de l'OHADA, ce livre analyse en profondeur les dispositions

de l'Acte uniforme du 22 mars 2003 et celles de la Convention de Genève dite «CMR» du 19 mai 1956 encore applicable, ces deux législations étant complémentaires et relatives au contrat de transport de marchandises par route. Grâce à une actualité juridique récente et sélectionnée, ce livre s'impose comme un outil de travail de référence, avec un apport remarquable sur la procédure de dédouanement.
(Coll. Études africaines, 31.00 euros, 306 p.)
ISBN : 978-2-343-10524-6, ISBN EBOOK : 978-2-14-003213-4

OHADA
La construction du marché commun africain et la problématique de l'harmonisation des traités régionaux
Amboulou Hygin Didace
Comment vaincre les résistances et les réticences des États et construire un marché commun en Afrique ? Comment supprimer les barrières douanières et fondre en une seule toutes les unions économiques sectorielles ? Comment harmoniser les traités régionaux (UEMOA, CEEAC, CEMAC, CEDEAO) ? La construction du marché commun africain exige une politique de solidarité entre les États membres et leurs ressortissants, en suscitant une forte adhésion aux valeurs d'intégration, de démocratie et de citoyenneté. Ce livre traite les questions qui peuvent accélérer l'assimilation du droit OHADA et faciliter la construction de l'Union africaine.
(Coll. Études africaines, 23.50 euros, 222 p.)
ISBN : 978-2-343-10521-5, ISBN EBOOK : 978-2-14-003207-3

OHADA
La problématique du conflit de normes et de compétences dans la situation de coexistence des juridictions communautaires
Amboulou Hygin Didace
Depuis l'entrée en vigueur du traité en 1993, l'OHADA dispose d'une Cour commune de justice et d'arbitrage. Toutefois, dans ce même espace économique, se juxtaposent, entres autres, la Cour de justice de la CEMAC, la Cour de justice de l'UEMOA et la Cour de justice de la CEDEAO, celle de la CEAAC n'étant pas encore fonctionnelle. Comment gérer leur cohabitation et quelle solution apporter à la question du conflit de normes et de compétences ? C'est l'objet de ce livre.
(Coll. Études africaines, 28.00 euros, 272 p.)
ISBN : 978-2-343-10522-2, ISBN EBOOK : 978-2-14-003210-3

LE JURIDIQUE
Cahiers de l'IREA n°9 - 2017
Au sommaire de ce numéro : Situation du travail domestique au Cameroun : indicateurs de vulnérabilité et violations des droits (Alain Roger Boulla Meva'a, Adonis Toukoo et Célestin Pierre Mboua) ; Migrations, à la fois problème et solution pour l'Europe - quelles mesures prendre en Afrique pour mettre fin aux migrations massives ? (Claude Garrier) ; Les transformations du principe d'équilibre budgétaire : la problématique (Pierre Belebenie) ; De la suspension de l'exercice des droits politiques pour la consolidation des droits de l'homme : respect ou violation de la charte africaine de la démocratie, des élections et de la gouvernance - l'expérience du Burkina-Faso est-elle extrapolable en RD Congo ? (Dieudonné Kalindye Byanjira)...
(Coll. Cahiers de l'IREA, 22.50 euros, 224 p.)
ISBN : 978-2-343-11607-5, ISBN EBOOK : 978-2-14-003247-9

DÉLINQUANCE SÉRIELLE ET POLICE JUDICIAIRE
Impini Jean-François
Sérialité de la délinquance, information judiciaire, analyse criminelle sérielle désignent des notions familières mais peu étudiées par les sciences criminelles. Postulant l'idée assez commune d'une délinquance largement réitérante, l'ouvrage tente de dérouler le fil logique que pourrait suivre l'investigation policière pour exploiter de façon systématique ce caractère sériel des infractions.
(Coll. Sécurité et société, 37.50 euros, 372 p.)
ISBN : 978-2-343-11147-6, ISBN EBOOK : 978-2-14-002864-9

L'HARMATTAN ITALIA
Via Degli Artisti 15; 10124 Torino
harmattan.italia@gmail.com

L'HARMATTAN HONGRIE
Könyvesbolt ; Kossuth L. u. 14-16
1053 Budapest

L'HARMATTAN KINSHASA
185, avenue Nyangwe
Commune de Lingwala
Kinshasa, R.D. Congo
(00243) 998697603 ou (00243) 999229662

L'HARMATTAN CONGO
67, av. E. P. Lumumba
Bât. – Congo Pharmacie (Bib. Nat.)
BP2874 Brazzaville
harmattan.congo@yahoo.fr

L'HARMATTAN GUINÉE
Almamya Rue KA 028, en face
du restaurant Le Cèdre
OKB agency BP 3470 Conakry
(00224) 657 20 85 08 / 664 28 91 96
harmattanguinee@yahoo.fr

L'HARMATTAN MALI
Rue 73, Porte 536, Niamakoro,
Cité Unicef, Bamako
Tél. 00 (223) 20205724 / +(223) 76378082
poudiougopaul@yahoo.fr
pp.harmattan@gmail.com

L'HARMATTAN CAMEROUN
TSINGA/FECAFOOT
BP 11486 Yaoundé
699198028/675441949
harmattancam@yahoo.com

L'HARMATTAN CÔTE D'IVOIRE
Résidence Karl / cité des arts
Abidjan-Cocody 03 BP 1588 Abidjan 03
(00225) 05 77 87 31
etien_nda@yahoo.fr

L'HARMATTAN BURKINA
Penou Achille Some
Ouagadougou
(+226) 70 26 88 27

L'HARMATTAN SÉNÉGAL
10 VDN en face Mermoz, après le pont de Fann
BP 45034 Dakar Fann
33 825 98 58 / 33 860 9858
senharmattan@gmail.com / senlibraire@gmail.com
www.harmattansenegal.com

www.ingramcontent.com/pod-product-compliance
Lightning Source LLC
LaVergne TN
LVHW011216061026
849535LV00001BA/54